U0430478

国家科学技术学术著作出版基金资助出版

车用生物燃料制备原理与关键技术

Preparation Principle and Key Technologies of Vehicle Biofuel

屈凌波　许敬亮　等 编著

化学工业出版社

·北京·

内容简介

本书从车用生物燃料制备的生态产业链出发，系统介绍了车用生物燃料制备的原理、转化工艺、典型工程案例及其技术、经济分析，同时也从微观角度详细阐述了转化过程涉及的生化反应机理，力求集宏观与微观、技术与工程、单元与系统于一体，融合生物、环境、化学、能源、管理等多学科，理论与实践知识并重。

本书内容既强调车用生物燃料转化理论的基础性，又注重转化过程工艺的实用性及其研究开发的新颖性，具有较强的针对性和实践性，可供从事生物能源研发及制备等的工程技术人员、科研人员和管理人员参考，也可供高等学校生物工程、化学工程、能源工程、环境工程、资源循环科学与工程及相关专业师生参阅。

图书在版编目（CIP）数据

车用生物燃料制备原理与关键技术 / 屈凌波等编著. —北京：化学工业出版社，2024.5
ISBN 978-7-122-45191-0

Ⅰ.①车… Ⅱ.①屈… Ⅲ.①汽车燃料-生物燃料-制备 Ⅳ.①U473②TK63

中国国家版本馆 CIP 数据核字（2024）第 049224 号

责任编辑：刘兴春　刘　婧　　文字编辑：王云霞
责任校对：宋　玮　　　　　　装帧设计：王晓宇

出版发行：化学工业出版社
　　　　　（北京市东城区青年湖南街 13 号　邮政编码 100011）
印　　装：北京建宏印刷有限公司
787mm×1092mm　1/16　印张 26　彩插 2　字数 628 千字
2025 年 5 月北京第 1 版第 1 次印刷

购书咨询：010-64518888　　　　售后服务：010-64518899
网　　址：http://www.cip.com.cn

凡购买本书，如有缺损质量问题，本社销售中心负责调换。

定　价：198.00 元　　　　　　　　　版权所有　违者必究

《车用生物燃料制备原理与关键技术》
编著人员名单

编著者（以姓氏拼音排序）：

常　春　陈俊英　贾开志　李　攀　李　涛
鲁吉珂　马秋林　屈凌波　任保增　宋安东
田　龙　王　志　熊文龙　徐桂转　许敬亮
张鹏帅　张永胜　赵肖玲

前言

车用生物燃料是指以生物质资源为原料,通过物理、化学、生物等技术手段转化产生的气体和液体燃料,作为生物质能源利用的主要形式,其产品包括燃料乙醇/丁醇、生物柴油、生物质热解油、合成燃料、氢能和生物燃气等。车用生物燃料转化技术繁多,各种能源产品发展也不均衡。部分车用生物燃料如生物燃气、生物柴油、糖质/淀粉质乙醇等生产技术已取得了重大突破,进入产业化或商业化应用阶段,产业得到了快速发展。但一些新型的车用生物燃料(如纤维素液体燃料等)的制备技术尚处在关键技术突破或中试阶段,是近期和未来一段时间发展的重点和热点。

但总体而言,我国在车用生物燃料领域与国外相比还存在诸多的问题和较大差距:一是关键共性技术还有待突破,装置的大型化和技术稳定性不足;二是技术较单一,发展不平衡;三是缺乏一定规模的技术集成,尚未建立高效能的多联产系统,原料综合利用水平较低;四是部分技术的目标产品品位还需提高。因此,有必要梳理和分析车用生物燃料制备技术的基本原理和实现工艺途径,技术发展现状,产业发展中存在的关键技术瓶颈、制约因素、发展潜力和发展趋势。

为系统梳理国内外车用生物燃料制备技术的最新进展,特组织生物基运输燃料技术全国重点实验室等单位的一线专家和学者编著了《车用生物燃料制备原理与关键技术》一书。本书第1章概论,由屈凌波编著;第2章车用生物燃料生产原料,由熊文龙和许敬亮编著;第3章生物制氢技术,由李涛和任保增编著;第4章生物燃气制备技术,由徐桂转和宋安东编著;第5章燃料乙醇制备技术,由王志、许敬亮和张永胜编著;第6章燃料丁醇制备技术,由贾开志编著;第7章生物柴油制备技术,由田龙和鲁吉珂编著;第8章其他新型车用燃料制备技术,由李攀和赵肖玲编著;第9章车用生物燃料典型生产设备,由陈俊英、马秋林和常春编著;第10章车用生物燃料生产过程模拟,由张鹏帅编著。全书最后由屈凌波、许敬亮统稿并定稿。本书编著工作得到了生物基运输燃料技术全国重点实验室的战略咨询专家和学术委员,以及国内从事车用生物燃料技术研发的专家和学者的大力支持和帮助,在此一并表示感谢。

本书结合了国内外车用生物燃料工程领域的研发现状,以及生物基运输燃料技术全国重点实验室专家在车用生物燃料工程领域的从业经历和工程技术经验,系统分析介绍了车用生物燃料工程应用领域的最新理论、工艺、方法和技术进展等。编著者努力使本书能为从事和关心车用生物燃料技术研发的人们(包括从事科学研究、技术研发的人士和企业界人士等)提供一些有益的帮助,希望本领域高等学校的教师和学生也能够从中受益。

车用生物燃料制备研发领域科技发展日新月异,对最新科技进展的介绍难免有疏漏和不当之处;同时,限于编著者的时间和水平,对原理和工艺技术的阐述未必能达到透彻和全面,敬请广大读者批评指正,不胜感激!

屈凌波
2023 年 10 月于郑州

目录

第1章 概论   001

1.1 车用生物燃料分类   001
    1.1.1 车用生物燃料分类方法   002
    1.1.2 常见生物燃料   008

1.2 发展车用生物燃料的意义   012

1.3 国内外车用生物燃料产业、技术推广政策   014
    1.3.1 国内外车用气体生物燃料产业、技术推广政策   014
    1.3.2 国内外车用液体生物燃料产业、技术推广政策   017

1.4 国内外车用气体生物燃料产业、技术现状及发展趋势   025

1.5 国内外车用液体生物燃料产业、技术现状及发展趋势   027

参考文献   029

第2章 车用生物燃料生产原料   030

2.1 车用气体生物燃料生产原料   030
    2.1.1 车用气体生物燃料分类   031
    2.1.2 氢能生产原料   031
    2.1.3 车用生物燃气生产原料   032

2.2 车用液体生物燃料生产原料   037
    2.2.1 车用液体生物燃料分类   037
    2.2.2 淀粉质原料   039
    2.2.3 糖质原料   051
    2.2.4 纤维质原料   056
    2.2.5 生物柴油生产原料   058

参考文献   064

第3章 生物制氢技术　066

3.1 氢能源特点　066
3.2 生物质发酵制氢类型及机理　067
3.2.1 生物制氢方法　067
3.2.2 生物制氢机理　068
3.3 生物制氢技术研究现状　070
3.3.1 生物制氢技术国外研究现状　070
3.3.2 生物制氢技术国内研究现状　071
3.3.3 暗发酵法生物制氢的研究现状　072
3.4 生物质发酵制氢技术原料和主流技术路线　075
3.4.1 生物质发酵制氢技术的原料研究现状　075
3.4.2 不同生物质作为原料发酵制氢　075
3.4.3 生物质发酵制氢技术的原料　077
3.4.4 生物质发酵制氢技术路线　077
3.5 生物质发酵制氢技术经济性分析　081
3.5.1 生物质发酵制氢流程经济性　081
3.5.2 生物质发酵制氢技术原料经济性　081
3.5.3 生物质发酵制氢过程参数　083
3.5.4 生物质发酵制氢过程基本流程及消耗　083
3.5.5 MEC工厂流程及消耗　089
3.5.6 生物制氢工厂投资预算　090
3.6 光生物制氢技术经济性分析　093
3.6.1 光生物制氢技术及其机理　093
3.6.2 光生物制氢研究现状　094
3.6.3 发酵法生物制氢技术与光合法生物制氢技术的比较　095
3.6.4 光生物制氢技术经济性　096

参考文献　101

第4章 生物燃气制备技术　104

4.1 生物燃气制备生化途径　104
4.1.1 生物燃气制备的生化历程　104
4.1.2 生物燃气厌氧发酵微生物　107
4.2 生物燃气制备工艺　110
4.2.1 原料预处理工艺　110
4.2.2 厌氧发酵工艺　114

4.3 生物燃气利用模式 ... 122
4.3.1 生物燃气简单利用模式 ... 122
4.3.2 生物燃气发电提质利用模式 ... 122
4.3.3 生物燃气车用燃料利用模式 ... 123
4.3.4 生物燃气燃料电池利用模式 ... 125
4.3.5 生物燃气其他利用模式 ... 125

4.4 生物燃气发酵剩余物利用模式 ... 126
4.4.1 厌氧发酵剩余物的特性与质量标准 ... 126
4.4.2 发酵剩余物利用技术 ... 128
4.4.3 发酵剩余物利用模式 ... 129

4.5 国外生物燃气产业化典型案例 ... 133
4.5.1 混合中温厌氧发酵案例——瑞典 Västeras 沼气厂 ... 133
4.5.2 混合高温厌氧发酵案例——德国 Behringen 沼气厂 ... 134
4.5.3 厌氧干发酵沼气工程案例 ... 135

4.6 我国生物燃气产业化典型案例及技术经济性分析 ... 138
4.6.1 北京大兴留民营生物燃气产业化案例 ... 138
4.6.2 北京德青源生物燃气发电产业化案例 ... 140
4.6.3 中广核节能产业发展有限公司河北分公司衡水生物天然气产业化项目 ... 141
4.6.4 河北京安生物燃气发电产业化案例 ... 141
4.6.5 浙江临安山坞养猪场沼气工程经济效益分析 ... 142
4.6.6 山东民和牧业 3MW 热电肥联产沼气工程 ... 143

4.7 我国生物燃气产业技术现状与发展趋势 ... 144
4.7.1 我国生物燃气产业政策环境分析 ... 144
4.7.2 我国生物燃气技术现状 ... 145
4.7.3 我国生物燃气技术发展趋势 ... 147

参考文献 ... 148

第5章 燃料乙醇制备技术 ... 151

5.1 乙醇的理化特性与用途 ... 151
5.1.1 乙醇的理化性质 ... 151
5.1.2 乙醇的用途 ... 152
5.1.3 乙醇用作车用燃料的优缺点 ... 153

5.2 燃料乙醇制备方法 ... 153
5.2.1 化学合成法 ... 154
5.2.2 发酵法 ... 155

5.3 淀粉质原料乙醇制备技术 ... 159

  5.3.1 淀粉质原料预处理技术 159
  5.3.2 淀粉质原料乙醇发酵技术 160
  5.3.3 发酵成熟醪后处理 162
  5.3.4 淀粉质原料乙醇生产典型案例及技术经济性分析 162

5.4 糖质原料乙醇制备技术 164
  5.4.1 糖质原料预处理技术 164
  5.4.2 糖质乙醇发酵技术 165
  5.4.3 糖质乙醇生产典型案例及技术经济性分析 167

5.5 纤维素乙醇生产技术 168
  5.5.1 纤维原料预处理 168
  5.5.2 纤维原料酶解糖化 170
  5.5.3 纤维糖发酵利用 171
  5.5.4 纤维素乙醇生产典型案例及技术经济性分析 173

5.6 合成气发酵制乙醇 174
  5.6.1 合成气发酵制乙醇微生物 175
  5.6.2 合成气发酵制乙醇原理和途径 176
  5.6.3 合成气发酵制乙醇工艺 177
  5.6.4 合成气发酵制乙醇典型案例及技术经济性分析 178

5.7 我国燃料乙醇产业、技术现状与发展趋势 179
  5.7.1 我国燃料乙醇产业政策环境分析 179
  5.7.2 我国燃料乙醇产业、技术现状 180
  5.7.3 我国燃料乙醇产业、技术发展趋势 181

参考文献 182

第6章 燃料丁醇制备技术 185

6.1 丁醇的理化特性 185

6.2 丁醇发酵技术原理 186
  6.2.1 丁醇发酵微生物 186
  6.2.2 丁醇发酵生化历程 193
  6.2.3 丁醇发酵菌株选育 195
  6.2.4 高产和高比例丁醇发酵菌株构建 197

6.3 丁醇发酵工艺 198
  6.3.1 淀粉和糖基丁醇发酵 199
  6.3.2 纤维素丁醇发酵 199
  6.3.3 合成气丁醇发酵 199
  6.3.4 丁醇发酵主要影响因素 200

		6.3.5 丁醇发酵分离技术	200
	6.4	我国丁醇发酵产业化典型案例及技术经济性分析	205
		6.4.1 我国丁醇发酵产业化典型案例	205
		6.4.2 我国丁醇发酵产业技术经济性分析	206
	6.5	我国丁醇发酵产业、技术现状与发展趋势	206
		6.5.1 我国丁醇发酵产业政策环境分析	206
		6.5.2 我国丁醇发酵产业、技术现状	207
		6.5.3 我国丁醇发酵产业、技术发展趋势	207
	参考文献		209

第7章 生物柴油制备技术　　217

7.1	生物柴油理化特性与用途	217
	7.1.1 生物柴油的理化特性	217
	7.1.2 生物柴油的用途	220
7.2	生物柴油制备方法与原理	222
	7.2.1 化学法	222
	7.2.2 酶法	223
	7.2.3 生物化学耦合法	224
	7.2.4 其他制备新技术	225
7.3	生物柴油制备工艺与标准	227
	7.3.1 生物柴油生产工艺流程	227
	7.3.2 生物柴油生产催化剂	229
	7.3.3 生物柴油副产品综合利用	232
	7.3.4 生物柴油生产国内外标准	236
7.4	生物柴油提质制备高附加值产品	238
	7.4.1 脂肪酸甲酯生产润滑油	238
	7.4.2 脂肪酸甲酯生产航空煤油	239
	7.4.3 脂肪酸甲酯生产工业溶剂	240
	7.4.4 脂肪酸甲酯的间接利用	240
7.5	我国生物柴油产业化典型案例及技术经济性分析	241
	7.5.1 我国生物柴油产业化典型案例	241
	7.5.2 我国生物柴油产业技术经济性分析	244
7.6	我国生物柴油产业、技术现状与发展趋势	245
	7.6.1 我国生物柴油产业政策环境分析	245
	7.6.2 我国生物柴油产业、技术现状	247
	7.6.3 我国生物柴油产业、技术发展趋势	247

参考文献　248

第8章　其他新型车用燃料制备技术　250

8.1　生物质热裂解及合成燃料技术　250
8.1.1　生物质热裂解基本原理　250
8.1.2　生物质热裂解液化工艺　251
8.1.3　生物质热裂解合成燃料与产物深加工技术　256

8.2　合成气制合成油技术　257
8.2.1　合成气制合成油技术原理　257
8.2.2　合成气制合成油工艺和催化剂　259
8.2.3　合成气制合成油典型案例及技术经济性分析　262

8.3　生物汽油制备技术　263
8.3.1　生物汽油生产工艺和原理　263
8.3.2　糖类加氢制备多元醇技术　268
8.3.3　多元醇制备生物汽油技术　269

8.4　二甲醚制备技术　271
8.4.1　二甲醚气化合成工艺　271
8.4.2　二甲醚气化合成国内外进展　273

8.5　长链醇生物合成　278
8.5.1　长链醇理化特性　278
8.5.2　长链醇生物合成途径　278
8.5.3　提高长链醇生物合成的方法　280
8.5.4　展望　281

参考文献　282

第9章　车用生物燃料典型生产设备　286

9.1　车用气体燃料生产设备　286
9.1.1　生物沼气典型生产设备　286
9.1.2　生物燃气储存装置　291
9.1.3　生物燃气净化提纯技术　294
9.1.4　生物沼气提纯方法及生产设备　297
9.1.5　其他车用气体类燃料生产设备　303

9.2　车用醇类燃料生产设备　315
9.2.1　车用燃料乙醇典型生产设备　315
9.2.2　纤维燃料乙醇特殊生产设备　326

9.2.3　其他车用醇类燃料生产设备　　331

9.3　生物柴油生产设备基础　　334

9.3.1　生物柴油制备反应器　　334

9.3.2　生物柴油典型生产设备　　336

9.3.3　生物柴油特殊生产设备　　339

9.3.4　生物柴油生产设备技术现状与发展趋势　　342

9.4　其他新型车用燃料生产设备基础　　344

9.4.1　生物质热裂解液化主要设备　　344

9.4.2　合成气制合成油主要设备　　348

9.4.3　新型车用燃料生产设备技术现状与发展趋势　　351

参考文献　　356

第10章　车用生物燃料生产过程模拟　　359

10.1　化工过程模拟　　359

10.1.1　化工过程基本特点与构成　　359

10.1.2　化工数据估算方法与计算机模拟　　360

10.1.3　过程单元物料衡算与计算机模拟　　367

10.1.4　过程单元能量衡算与计算机模拟　　373

10.1.5　过程单元物料衡算与能量衡算联解　　379

10.2　化工模拟软件 Aspen Plus 在车用生物燃料生产过程中的应用　　382

10.2.1　物性方法　　383

10.2.2　简单单元模拟　　387

10.2.3　流体输送单元模拟　　390

10.2.4　换热器单元模拟　　392

10.2.5　塔单元模拟　　392

10.2.6　反应器单元模拟　　394

10.2.7　过程模拟工具　　397

10.2.8　工艺流程模拟　　399

参考文献　　402

第 1 章 概　论

　　能源、资源和环境问题是当前人类生存和发展所面临的三大严重挑战，也是制约我国经济、社会又好又快发展的主要因素。我国的原油储量仅占世界的2.4%，而当前的能源消耗已持续多年位居世界第一。继2019年我国原油进口量创纪录地突破5亿吨后，我国2022年原油进口量达到5.08亿吨，同比略减0.9%，作为全球第一大原油进口国，我国原油对外依存度高达71.2%。我国"富煤、贫油、少气"的能源禀赋特点决定了在未来很长一段时期，化石能源消耗仍将是我国能源利用的主要形式。化石能源的大量使用，也造成近18年来我国的CO_2排放量一直位居世界榜首，这也给我国实现"碳中和"目标带来了巨大的挑战。

　　当前，世界能源、政治环境变化日趋复杂，化石资源短缺已经成为制约我国经济和社会快速、健康发展的重要因素。近年来，以燃料乙醇为代表的车用生物燃料产业和技术在世界范围内得到了蓬勃发展。从美国燃料乙醇的减排效果来看，美国玉米基乙醇温室气体减排有望在未来几年达到47%~70%，减排效果非常显著。我国政府也非常支持燃料乙醇的推广和应用，2017年，国家发展改革委、国家能源局等十五部门联合印发《关于扩大生物燃料乙醇生产和推广使用车用乙醇汽油的实施方案》，明确了扩大生物燃料乙醇生产和推广使用车用乙醇汽油工作的重要意义、指导思想、基本原则、主要目标和重点任务。以此为契机，我国车用生物燃料产业、技术发展正步入可持续、健康发展轨道。

　　从世界能源、资源和环境问题的发展趋势和未来可行解决办法来看，大力发展燃料乙醇、生物燃气等车用生物燃料，也是实现经济、社会可持续发展的必然选择。因此，系统梳理和分析车用生物燃料产业、技术发展现状和趋势，研究车用生物燃料制备技术的基本原理和实现工艺途径，突破产业发展中存在的关键技术瓶颈，是实现车用生物燃料高效制备、践行"碳中和"目标的必由之路。

1.1　车用生物燃料分类

　　车用生物燃料是指以生物质资源为原料，通过物理、化学、生物等技术手段转化产生的气体和液体燃料，作为生物质能源利用的主要形式，其产品包括燃料乙醇/丁醇、生物柴油、生物质热解油、合成燃料、氢能和生物燃气等。车用生物燃料转化技术繁多，各种能源产品发展也不均衡。部分车用生物燃料如生物燃气、生物柴油、糖质乙醇等生产技术已取得了重大突破，进入产业化或商业化应用阶段，产业得到了快速发展。但一些新型的车用生物燃料（如纤维素液体燃料等）的制备技术尚处在关键技术突破或中试阶段，是近期和未来一段时间发展的重点和热点。

1.1.1 车用生物燃料分类方法

发展车用生物燃料，既能减轻对化石能源的依赖，又能有效控制环境污染，推动农业产业链升级，是解决能源、资源和环境问题的有效途径和抓手。目前，车用生物燃料的种类很多，从产品物理特性划分，可分为气体生物燃料和液体生物燃料；从品种划分，主要产品包括燃料乙醇、生物柴油、氢能等。车用生物燃料的生产技术从发展阶段划分，可分为以粮食为原料的第1代生产技术、以纤维原料为代表的第2代生产技术、以微藻为原料的第3代生产技术和概念性的第4代生产技术[1]。

1.1.1.1 按产品物理特性划分

（1）气体生物燃料

目前，气体生物燃料生产技术主要包括三种，即厌氧发酵产沼气技术、生物质气化制取合成气技术和生物质发酵制取氢气技术。

1) 厌氧发酵产沼气技术

厌氧发酵产沼气是指有机物质（如人与畜及家禽粪便、秸秆、杂草等）在一定的水分、温度和厌氧条件下，通过种类繁多、数量巨大且功能不同的各类微生物的分解代谢，最终形成甲烷和二氧化碳等混合性气体（沼气）的复杂的生物化学过程。微生物厌氧发酵产甲烷过程又可分为三个阶段，分别是水解阶段、产氢产酸阶段和产甲烷阶段。厌氧发酵技术又可分为单相厌氧发酵技术、两相厌氧发酵技术和混合厌氧发酵技术。

厌氧发酵原料既是产生沼气的底物，又是厌氧发酵细菌赖以生存的养料来源。沼气的主要成分是甲烷和二氧化碳，两种气体的含量达90%。C是转换甲烷的原料，N是甲烷菌繁殖必需的元素，甲烷菌的产生特点为只能利用简单的C_1和C_2化合物作为营养物质，代谢的主要终产物是CH_4和CO_2。目前发现的甲烷生物合成过程有三种：以乙酸为原料的甲烷生物合成；以氢和二氧化碳为原料的甲烷生物合成；以甲基化合物为原料的甲烷生物合成。其中，以乙酸为原料的甲烷生物合成占自然界甲烷合成的60%以上，以氢和二氧化碳为原料的甲烷生物合成占30%；也有学者认为乙酸的裂解占甲烷合成的70%以上，以甲基化合物为原料的甲烷生物合成不足10%。

2) 生物质气化制取合成气技术

生物质热解气化是在部分缺氧且高温的条件下将生物质转化为气态产物的过程，生物质中的烃类有机化合物链断裂，转化为分子量较低的H_2、CO_2和CO等。合成气的组分会随热解气化工艺条件的变化而变化，例如以氧气或者水蒸气为气化剂时，气态产物的主要成分为CO和H_2，但此工艺条件成本较高。因此，从经济性上考虑，目前国内大多选择空气作为气化剂，合成气中除了含有体积分数为15%～22%的CO、8%～12%的H_2以及10%～15%的CO_2外，还有50%左右的N_2。该技术的主要问题是合成气的热值低（低于$5MJ/m^3$，沼气约$20MJ/m^3$，天然气约$35MJ/m^3$）以及含有高浓度的CO。

生物质气化制取的合成气，经净化、除尘等处理后可直接作为燃料使用，也可通过两种方法转化为乙醇，即费-托（F-T）合成法和微生物发酵法。微生物发酵多以厌氧梭菌为生产菌株，产物除乙醇外还有乙酸、丁酸和丁醇等。与合成气化学催化合成乙醇（F-T合成）相比，合成气乙醇发酵具有反应条件温和、产物得率高、副产物少、对CO和H_2

比例要求不严格及对硫化物耐受性高等优点。此外，气化过程可将原料中所有组分转化为以 CO_2、CO 和 H_2 为主组分的合成气，可消除原料之间的化学差异性，一些有毒或难降解的有机物也可通过气化、发酵等过程转化为乙醇和其他有用化学品。

3）生物质发酵制取氢气技术

主要是以高浓度有机废水或固体有机废物为原料，利用微生物进行厌氧发酵制取氢气。它不仅可提高有机污染物的处理能力，而且可提供极具利用价值的氢气和甲烷。但是目前产氢率不高，利用产酸相反应器并不一定能获得可观的氢气量，因为在产酸相反应器中有一种耗氢产乙酸菌，它们能利用 H_2 和 CO_2 生成乙酸，降低了氢气产率。生物质发酵制氢起步比较晚，技术不是很成熟，推进发酵法生物制氢产业化的关键因素是培育高效产氢发酵菌种、进一步提高系统的产氢能力、降低生产成本。

此外，微藻亦可通过生物质间接发酵或利用天然氢化酶（hydrogenase，HydA）直接诱导氢气产生。在直接产氢的代谢工程中，铁氧还蛋白或 NAD(P)H 的能量能直接用于氢化酶催化产氢的可逆反应。这种不经过暗反应直接利用氢化酶产生氢气的过程具有较高的光能转化效率，但缺陷在于氢化酶类对氧气极其敏感。因此，利用微藻生产氢气的关键问题在于如何将氢化酶与光合过程中产生的氧气隔离开来，从而提高产氢效率。为了利用光反应中的能量直接生产氢气，人们发展了两类策略：其一是将产氧过程与产氢反应隔离于不同的细胞中，从而降低氧气对氢化酶的影响；其二，通过基因改造可以提高氢化酶对氧气的耐受程度和稳定性，从而提高氢气产量[2]。

（2）液体生物燃料

生物质液体燃料是唯一的以液体为储能载体的可再生能源形式。利用农作物秸秆等生物质资源和地沟油等生产生物醇类燃料和生物柴油，并实现能源化利用，是推动能源生产和消费革命、突破能源和环境约束以及增加能源供给的重要手段。在不同种类的生物质液体燃料中乙醇已成为全球应用最为广泛的一种生物能源。近年来，随着产品规模不断扩大，以粮食为基础的乙醇生产模式受到限制，以低值纤维质农林废弃物和微藻为基础原料的第 2 代、第 3 代生物燃料乙醇和生物柴油制备技术开发受到世界各国的重视[3]。

1.1.1.2 按品种划分

车用生物燃料原料来源丰富，不仅可以利用动植物油脂，也可利用餐饮废弃地沟油，经过组分分离、提油、酯化以及分离提纯等过程转化制备生物柴油；也可利用垃圾和畜禽粪便等通过厌氧发酵制备生物燃气或氢；同时糖类以及木质纤维原料可通过预处理、酶解和发酵等过程转化，生成燃料乙醇、燃料丁醇等生物质液体燃料（图 1-1）。目前，车用生物燃料有生物柴油、燃料乙醇和生物燃气 3 种主流产品（品种）形式（表 1-1）。

表 1-1 车用生物燃料的分类、应用发展阶段及发展瓶颈[1]

分类	适用车辆	应用发展阶段	发展瓶颈
生物柴油	柴油车	低比例产品 BD20 实现商业化	原料来源有限、成本过高
燃料乙醇	汽油车	已在部分省（自治区、直辖市）推广应用	二代乙醇生产技术亟待突破
氢能	氢燃料电池车	示范阶段	燃料供应网点少、存储困难
二甲醚	改装柴油车	局部地区应用示范	存储、运输成本高
生物燃气	单一燃气汽车、双燃料汽车	部分地区推广应用	燃料供应网点少、存储困难
燃料丁醇	汽油车	示范阶段	产醇浓度低、生产成本高

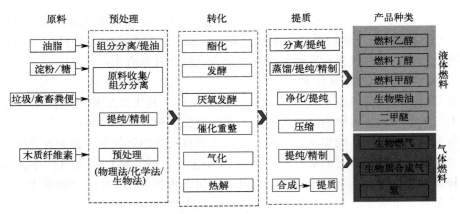

图 1-1　车用生物燃料转化过程及产品分类

1.1.1.3　按发展阶段划分

总体而言，车用生物燃料的发展可分为以下几个阶段。

（1）第 1 代生物燃料

第 1 代生物燃料是指使用糖类等原料进行发酵所制得的生物乙醇燃料，还包括使用粮食及油类作物生产的生物柴油。第 1 代生物燃料是目前发展较为成熟的一类车用生物燃料，并且也投入了实际的生产和应用中。玉米是我国第一大粮食品种，占粮食种植面积的 42%，它也是目前第 1 代燃料乙醇生产的主要原料，2022 年全国玉米产量达 27720.30 万吨，比上年增加 465.24 万吨，同比增长 1.71%，占粮食总产量的 36.40%。2022 年中国玉米的需求量达到 29781.89 万吨，较 2021 年减少了 1250.86 万吨，同比减少 4.03%。2022 年中国玉米进口量为 2062 万吨，出口量仅为 0.11 万吨。随着玉米净进口量的不断增加，国际市场对国内玉米产业的影响不断加深。目前玉米下游消费主要有饲用、工业加工、食用及种用四大用途，其中，饲用、工业加工、食用及种用占比分别为 53.78%、36.53%、2.88%、0.36%，饲用及工业加工占比高达 90.31%。我国玉米年度产消情况见图 1-2（书后另见彩图）。

目前，我国生物燃料乙醇的生产原料构成：以玉米为主，占比 60%～80%；薯类为辅，占比 20%～30%；纤维素较少，占比约 5%。2018 年，我国玉米酒精产量约 609 万吨，占乙醇总产量的 79%；其次是木薯，产量约为 100 万吨；糖蜜酒精产能、产量相对较小，纤维素和煤制乙醇等尚未形成规模化生产。在未来可以预见的时期内，玉米依然是制备生物燃料乙醇的最主要原料（表 1-2）。

表 1-2　常见作物原料的乙醇产量和乙醇产率对比[4]

原料	乙醇产量/(L/hm^2)	乙醇产率/(g/g)
玉米秸秆	1050～1400	0.260
小麦薯	2590	0.308
木薯	3310	0.118
甜高粱	3050～4070	0.063
玉米	3460～4020	0.324
甜菜	5010～6680	0.079
甘蔗	6190～7599	0.055
微藻	46760～140290	0.235～0.292

注：1. 1hm^2=10000m^2。
2. 乙醇产率以单位质量（g）生物质产生的乙醇的质量（g）计。

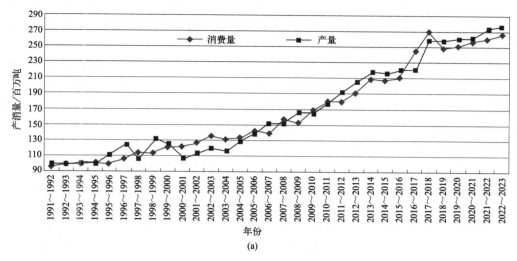

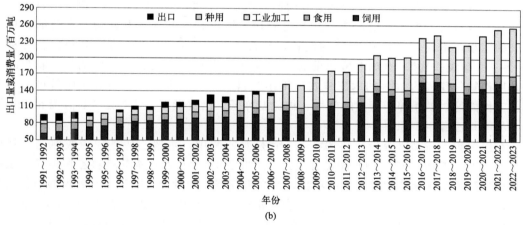

图 1-2 我国玉米年度产消情况

利用糖质原料生产乙醇其工艺过程和设备简单、转化速度快、发酵周期短,与淀粉质原料生产乙醇相比,可以省去蒸煮、制曲、糖化等工序,是一种成本较低、工艺操作简便的乙醇生产方法。目前,我国燃料乙醇生产所用的糖质原料主要来源于糖蜜、甘蔗和甜高粱。糖蜜是甘蔗或甜菜糖厂的一种副产品,含糖量较高,因其本身就含有相当数量的可发酵性糖,只需添加酵母便可直接发酵生产乙醇,是大规模工业生产乙醇的良好原料。随着我国制糖工业的发展,糖蜜的产量日益增加,我国不少糖厂都附设乙醇生产附属车间,综合利用糖蜜来生产乙醇。

(2) 第1.5代生物燃料

第1.5代生物燃料即指燃料乙醇。我国生产燃料乙醇最初是以消化陈化粮为主要目标,从2001年开始,国家批准河南天冠企业集团有限公司、吉林燃料乙醇有限责任公司、安徽丰原生物化学股份有限公司(现安徽中粮生化燃料酒精有限公司)和黑龙江华润酒精有限公司[现中粮生化能源(肇东)有限公司]4家企业作为试点生产燃料乙醇,总产能为102万吨。因为第1代粮食乙醇的发展引起人们对粮食安全的忧虑,大多数石油进口国家都大力鼓励发展第2代生物燃料乙醇——纤维素乙醇。目前,美国等国的纤维素乙醇生产技术已取得部分重要进展。虽然纤维素乙醇是各国发展燃料乙醇产业的必然趋势，但是在工业化生产方面还存在许多问题，制约了其商业竞争力，所以1.5代燃料乙醇——非粮乙醇，是我国在过渡期的必然选择[5]。

我国薯类产量世界第一，甘薯、木薯、芭蕉芋和葛根等淀粉质作物因具有可发酵物质含量较高、在我国种植面积广、资源分布区域具有互补性等优点，是目前我国燃料乙醇生产的理想非粮原料。近年来，我国木薯、甘薯的主产区已逐步建成以木薯、甘薯为原料的燃料乙醇试生产厂。以菊芋、葛根为原料生产生物燃料乙醇仍处于实验研究阶段，芋头、耶路撒冷菜蓟等淀粉质原料也正逐渐引起重视。

木薯具有光合效率高、产量大的优点。现广泛栽培于热带和部分亚热带地区，全球90多个国家均有种植，分布于南北纬30°之间、海拔2000m以下，为热带地区重要的热能来源，有6亿多人口以木薯为生。其中，非洲和亚洲分别占全球木薯种植量的50%和20%。木薯总产量最高的国家是尼日利亚，亚洲木薯生产国为泰国、印度尼西亚、中国和越南等。我国于19世纪20年代引种栽培，现已广泛分布于华南地区，其中广西壮族自治区和广东省的栽培面积最大，福建省和台湾省次之，云南、贵州、四川、湖南、江西等省份亦有少量栽培。木薯目前的主要用途是食用、饲用和工业上开发利用。木薯的块根含30%的淀粉，木薯干则含有70%的淀粉，被誉为"淀粉之王"，与马铃薯和甘薯并称为"世界三大薯类作物"。全球木薯产量的65%用于人类食物，是热带湿地低收入农户的主要食用作物。我国约30%的木薯被农户用作饲料，70%用于加工淀粉和酒精等产品。木薯加工性能好、易粉碎、蒸煮时间短、糊化温度低，已被世界公认为是一种具有很大发展潜力的燃料乙醇生产原料。

在以薯类、甜高粱等为原料的第1.5代燃料乙醇中，木薯乙醇是较为成熟的原料模式。2007年，广西中粮生物质能源有限公司建成了年产20万吨木薯燃料乙醇项目，该示范工程是我国第一套非粮燃料乙醇项目，具有里程碑式的意义。随后，几家大型燃料乙醇企业都开展了非粮原料燃料乙醇生产装置的建设，2012年7月天冠集团30万吨/年木薯非粮燃料乙醇装置通过验收；2012年10月中粮生物化学（安徽）股份有限公司15万吨/年木薯燃料乙醇装置通过鉴定；2018年，广东中能酒精15万吨/年木薯燃料乙醇通过竣工环境保护验收。

近年来，随着我国燃料乙醇产业的蓬勃发展，木薯作为优良的淀粉质原料，其供应不足的问题逐渐显现。目前，我国木薯原料大部分依赖进口，每年都要从越南、泰国等东南亚国家进口大量木薯，木薯贸易对世界依存度高达70%。根据海关统计数据，我国进口木薯类产品中80%为木薯干片，其次是木薯淀粉和少量鲜薯。在2000~2020年期间，2017年我国木薯进口量为812.76万吨，同比增长5.9%；木薯进口金额为144998.64万美元，同比增长3.94%。我国木薯淀粉主要进口自泰国和越南，2019年自泰国进口了156.14万吨木薯淀粉，占进口总量的65.73%；自越南进口了75.37万吨木薯淀粉，占进口总量的31.73%。为解决依存度高的问题，我国许多乙醇生产企业都在东南亚当地建立了木薯原料基地。

甜高粱是禾本科高粱属食用高粱的一个变种，具有光合效率高、生物常量高和抗逆性强、适应性广等特点，在10℃以上积温2600~4500℃的地区（从海南岛至黑龙江）均可栽培甜高粱。最适宜栽培的区域是东北、华北、西北和黄淮河流域部分地区。东北地区包括黑龙江、吉林、辽宁和内蒙古的非高寒地区；华北地区包括北京、天津、山西、河北、山东、河南、湖北；西北地区包括陕西、宁夏、青海、甘肃以及新疆南部地区；黄淮河流域包括江苏、安徽等地。目前，甜高粱在我国种植规模还不大，相对比较分散，以北方为主。目前，我国已培育出"醇甜系列""原甜系列""辽甜系列"等甜高粱品种，适于边际土地种植。

甜高粱除获得亩产200～500kg的粮食籽粒外，还可获得茎秆4000～5000kg，茎秆中含有大量的汁液和18%～24%的糖分，含糖量与甘蔗相当，其糖分组成主要是蔗糖，占比最高达79%，其次是葡萄糖和果糖。甜高粱茎秆富含的糖分经过发酵可直接获得乙醇，每16～18t鲜茎秆可转化1t燃料乙醇，已成为近年来一种新兴的能源作物。甜高粱对土壤、肥料要求不高，南北方均能生长，尤其适合我国北方广大干旱、贫瘠、盐碱地区的边际性土地栽种，不与民争粮，不与粮争地，对于我国北方地区发展生物燃料乙醇具有重要意义。

(3) 第2代生物燃料

第2代纤维素乙醇以纤维素物质为原料，将其预处理后通过具有高转化率的纤维素酶将原料中的纤维素转化为可发酵的糖类物质，然后经特殊的发酵法制造燃料乙醇，在技术上同粮食乙醇和非粮乙醇存在较大的差别，在原料上也脱离了农作物的范畴。利用玉米芯、玉米秸秆等农林废弃物，充分发掘生物质资源的价值，目前是燃料乙醇的新兴研究方向，而且已有国内企业规模化量产。

第2代生物燃料以非粮作物乙醇、纤维素乙醇和生物柴油等为代表，原料主要使用非粮作物，秸秆、枯草、甘蔗渣、稻壳、木屑等废弃物，以及主要用来生产生物柴油的动物脂肪等。由此可见，第2代生物燃料与第1代最重要的区别之一就在于是否以粮食作物为原料。在环境保护方面，第2代生物燃料的表现也远较第1代出色。据美国能源部研究，更注重生态效应的第2代生物燃料有望减少最高达96%的温室气体排放。

以纤维素乙醇为代表的第2代生物燃料，其使用秸秆、枯草等农业废弃纤维生物质为原料，经预处理后通过高转化率的纤维素酶，将原料中的纤维素和半纤维素转化为可发酵的糖类物质，然后利用微生物发酵生产燃料乙醇，在技术上同粮食乙醇存在较大的差别（各种纤维原料成分组成见表1-3）。目前，国内外已有企业实现了规模化量产，但在生产技术和成本效益上还存在一些问题，但利用玉米芯、玉米秸秆等农林废弃物制备燃料乙醇，既可充分利用并发掘生物质资源的价值，实现"变废为宝"，又可保护环境，实现可持续发展，是未来燃料乙醇生产技术发展的重要方向。

表1-3 纤维原料的成分组成[6]

原料	纤维素/%	半纤维素/%	酸不溶木质素/%	灰分/%
稻草	34.20	26.10	11.70	17.10
稻壳	36.10	19.70	19.40	20.10
大豆秸秆	38.00	16.00	16.00	6.00
木薯秆	31.59	11.17	18.01	—
花生壳	35.70	18.70	30.20	5.90
烟草茎秆	42.40	28.20	27.00	2.40
甘蔗渣	42.16	23.51	19.30	3.66
甘蔗叶	38.84	27.51	23.94	8.05
香蕉秆	43.16	21.33	11.85	3.81
菠萝叶	33.60	21.91	6.40	5.65

(4) 第 3 代生物燃料

第 3 代生物燃料主要是指利用藻类为原料生产的各种燃料，主要包括燃料乙醇和生物柴油，其他利用藻类为原料生产的生物甲醇、生物氢、生物丁醇等，也属于第 3 代生物燃料范畴。下面主要介绍第 3 代燃料乙醇和油脂。

第 3 代燃料乙醇以微藻中含有的淀粉、纤维素、半纤维素等大量碳水化合物为原料。我国具有广阔的海域，并且藻类分布广泛，只需要在海水里进行光合作用就能快速生长，与其他原料相比，生长周期大幅度缩短；此外，藻类的生长不占用土地资源和淡水资源，并且由于它的适应性强而不需要特殊培养，既节约了土地资源又节省了人力和经济成本。作为原料在生产方面较传统作物有巨大优势；同时微藻生长过程中以大气中的 CO_2 为主要碳源，对减少温室气体排放具有极大的贡献。微藻乙醇目前还处于研发阶段，各项技术瓶颈正在逐步攻克中，还未达到工业化生产水平。

海藻的油脂含量很高，每亩（1 亩＝666.67m^2）海藻就可产高达 2～3t 的油，因此还可以藻类为原料从中提取油脂。但藻类的种类很多，需要从众多藻类中筛选出能产油的品种，并且从海藻中提取油的技术也还不成熟。因此第 3 代生物燃料还只是停留在理论阶段，如何投入实际生产中还需要进一步研究。

(5) 第 4 代生物燃料

第 4 代生物燃料主要利用代谢工程技术改造藻类的代谢途径，使其直接利用光合作用吸收二氧化碳合成乙醇、柴油或其他高碳醇等。传统技术在生产生物燃料过程中会产生大量的有害气体、固体废物，而且排放大量 CO_2。第 4 代技术不仅不会产生任何废弃物，而且能吸收大量 CO_2，有助于碳减排。在"碳中和"背景驱动下，预计未来 10～20 年间，生物燃料生产技术研发将逐步向第 4 代过渡。未来的生物燃料技术将会朝着操作简单、成本低、绿色无污染的方向稳步前进。

1.1.2 常见生物燃料

(1) 燃料乙醇

燃料乙醇是指利用酵母等微生物，在缺氧环境下通过特定酶系分解代谢可发酵糖生成乙醇，乙醇经变性后与汽油按一定比例混合可作为车用乙醇汽油。乙醇可作为燃油的增氧剂，使汽油内增加氧含量，充分燃烧，达到节能和环保的目的。在汽油中加入一定量（10%～15%）的乙醇作为增氧剂，可以减少 CO、烃类化合物等有害物质的排放量 20%以上。乙醇还可以经济有效地降低芳烃、烯烃含量，降低炼油厂的改造费用，达到新汽油标准。通常车用汽油的辛烷值一般要求为 90 或 93，乙醇的辛烷值可达到 111，所以向汽油中加入燃料乙醇可大大提高汽油的辛烷值，而且乙醇对烷烃类汽油组分（烷基化油、轻石脑油）辛烷值的调合效应好于烯烃类汽油组分（催化裂化汽油）和芳烃类汽油组分（催化重整汽油），添加乙醇还可以较为有效地提高汽油的抗爆性，使汽油燃烧更加充分，从而降低尾气中一氧化碳、烃类化合物等有害物质的排放（表 1-4）。

燃料乙醇的生产原料多种多样，主要有玉米、小麦等淀粉质原料，甘蔗、糖蜜、甜菜等糖质原料，秸秆、稻草、碎木屑等木质纤维素类原料，以及微藻及其代谢工程构建的微藻基原料。当前已实现产业化的燃料乙醇生产技术是以淀粉质原料和糖质原料生产燃料乙醇技术，其目前也是全球生产量最大、应用最为广泛的生物质液体燃料技术。

表 1-4　变性燃料乙醇的理化要求

项目	指标
外观	清澈透明,无正常视力可见悬浮物和沉淀物
乙醇含量(体积分数)/%	≥92.1
甲醇含量(体积分数)/%	≤0.5
溶剂洗胶质/(mg/100mL)	≤5.0
水分(体积分数)/%	≤0.8
无机氯(以 Cl^- 计)/(mg/L)	≤8
酸度(以乙酸计)/(mg/L)	≤56
铜含量/(mg/L)	≤0.08
pH 值	6.5~9.0
硫含量/(mg/kg)	≤30

（2）生物柴油

生物柴油是指植物油（如菜籽油、大豆油、花生油、玉米油、棉籽油等）、动物油（如鱼油、猪油、牛油、羊油等）、废弃油脂或微生物油脂与甲醇或乙醇经酯转化而形成的脂肪酸甲酯或脂肪酸乙酯。作为柴油的替代燃料，生物柴油具有可生物降解、可再生、储运安全、与现有燃料具有相同销售渠道等优点。

采用生物柴油尾气中有毒有机物排放量仅为石化柴油的 10%，颗粒物为石化柴油的 20%，一氧化碳和二氧化碳排放量仅为石化柴油的 10%，二氧化硫和硫化物的排放量低。生物柴油的生物降解性高达 98%，降解速率是石化柴油的 2 倍，可大大减轻意外泄漏时对环境的污染。和石化柴油相比，生物柴油具有良好的发动机低温启动性能，冷滤点达到 −20℃。生物柴油的润滑性能比石化柴油好，可以降低发动机供油系统和缸套的摩擦损失，延长发动机的使用寿命，从而间接降低发动机的成本；生物柴油的闪点高于石化柴油，不属于危险燃料，在运输、储存、使用等方面的优点明显（表 1-5）。

表 1-5　生物柴油和石化柴油的性能比较

特性	生物柴油	石化柴油
夏季产品冷滤点(CEPP)/℃	−10	0
冬季产品冷滤点(CEPP)/℃	−20	−20
20℃的密度/(g/mL)	0.08	0.83
40℃动力黏度/(mm²/s)	4~6	2~4
闭口闪点/℃	>100	60
十六烷值	≥56	≥49
热值/(MJ/L)	32	35
燃烧功效(石化柴油=100%)/%	104	100
硫含量(质量分数)/%	<0.001	<0.2
氧含量(体积分数)/%	10	0
燃烧 1kg 燃料按化学计算法的最小空气耗量/kg	12.5	14.5
水危害等级	1	2

（3）燃料丁醇

乙醇作为燃料虽然具有清洁、环保以及辛烷值高等优点，但热值较低，乙醇热值仅为汽油的 62%，对部分汽车橡胶部件容易产生溶胀作用，也会对某些金属部件产生腐蚀作用；易吸水，吸水后易与汽油分层，乙醇也只能在成品油出库阶段添加，给生产、储运和使用带来极大的不便。乙醇的汽化热大，理论空燃比下的蒸发温度高于常规汽油，影响混合气的形成及燃烧速度,导致汽车动力性、经济性和冷启动性的下降。相比乙醇,丁醇在作为液体燃料使用时具有高能量含量、低蒸气压、不吸湿、挥发性小、燃料混合灵活和辛烷值高等优点,极有潜力发展为新一代生物液体燃料(表1-6)。

表1-6 燃料丁醇的理化要求

项目	要求	
	Ⅰ型	Ⅱ型
外观	透明液体,无可见杂质	
色度(铂-钴号)/Hazen ≤	10	15
密度(ρ_{20})/(g/cm³)	0.809~0.811	0.808~0.812
正丁醇含量/% ≥	99.6	98.5
硫酸显色试验(铂-钴号)/Hazen ≤	20	40
酸度(以乙酸计)/% ≤	0.003	0.010
水分/% ≤	0.08	0.20
蒸发残渣/% ≤	0.003	0.010

注:产品按正丁醇含量分为Ⅰ型、Ⅱ型。

目前,工业上大规模生产丁醇的方法包括化学合成法和发酵法。丁醇化学合成主要通过丙烯羰基合成,发酵生产丁醇的传统方法是利用产溶剂梭菌通过丙酮-丁醇-乙醇(ABE)工艺实现,但生产成本较高。造成生物丁醇成本高的主要原因是ABE发酵副产溶剂产物较多。理论上,葡萄糖底物对ABE发酵的总溶剂转化率为0.4g/g,其中丁醇的转化率仅为0.24g/g左右,远低于乙醇的理论转化率0.51g/g。由于严重的丁醇产物细胞毒性,生物丁醇制备过程中的能量消耗主要集中在产物分离阶段;多种副产物的存在也进一步增加了ABE发酵下游分离的技术难度;此外,产物的毒性使得ABE发酵的溶剂时空产率较低。在生产规模上,生产单位质量纤维丁醇产能的设备投入和生产规模远超纤维乙醇。

(4)生物燃气

生物燃气是一个统称,包含沼气、生物质燃气等。生物燃气一般由体积分数为50%~70%的甲烷(CH_4)和体积分数为30%~50%的二氧化碳(CO_2)组成,CH_4和CO_2的相对含量主要取决于有机质原料的性质和生物反应器体系的温度、pH值等参数。除了这两种气体外,生物燃气还包含少量其他化合物,如体积分数为0%~3%的N_2、体积分数为5%~10%的H_2O、体积分数为0%~1%的O_2、质量浓度为0.1~100g/m³的H_2S、质量浓度为0~200mg/m³的多碳烃和质量浓度为0~41mg/m³的硅氧烷及少量源自蛋白质物质或尿素水解的NH_3[7]。

传统生物燃气中含有较高含量的H_2S和CO_2,而生物燃气用作车用生物天然气,首先需要净化脱除H_2S,净化后的生物燃气还需要进一步提纯脱除CO_2以提高热值。因此,采取高效的脱硫、脱碳方法是实现生物天然气高效制备的关键。表1-7列举了常用的脱硫和脱碳的方法。

氢燃烧时只生成水,不产生任何污染物,甚至也不产生CO_2,可以实现真正的"零排放"。此外,氢在燃烧后产生的水可以通过回收来制氢,做到循环利用。因此,氢能不仅是世界上最干净的能源,而且还是一种可回收利用的能源。此外,氢的能量密度高,是普通汽油的2.68倍;将氢转换为动力,热效率比常规化石燃料高30%~60%,如作为燃料电池的燃料,效率可高出1倍;氢适于管道运输,可以和天然气共用输送系统;在各种能源中,氢的输送成本最低,损失最小,优于输电。氢也可直接作为发动机的燃料,目前日本已开发了几种型号的氢能车。氢能是一种极具发展潜力的化石燃料替代能源。与传统的热化学和电化学制氢技术相比,生物制氢技术具有能耗低、污染少等优势,受到人们的广泛关注。

表 1-7 生物燃气常用脱硫、脱碳方法

脱硫	物理化学脱硫	络合铁法
		氧化铁吸附
	微生物脱硫	嗜酸微生物
		嗜盐、嗜碱微生物
脱碳	物理化学吸收	高压水洗法
		有机溶剂吸收法
		胺吸收法
	变压吸附	—
	膜分离	—
	低温分离	—
	新型生物脱碳	

生物制氢包括光合生物制氢和厌氧发酵制氢两大类。在生物制氢研究领域,最早以碳水化合物为供氢体,利用纯的光合细菌或厌氧细菌制备氢气,并先后用一些微生物载体或包埋剂和细菌固定化技术。直到20世纪90年代后期,人们开始以厌氧活性污泥作为天然产气微生物,以碳水化合物为供氢体,通过厌氧发酵成功制备出生物氢,从而使生物制氢成本大大降低,并逐步走向实用化。在上述生物制氢方法中,发酵细菌的产氢速率最高,而且对条件要求最低,具有直接应用前景;而光合细菌产氢的速率比藻类快,能量利用率比发酵细菌高,并且能将产氢与光能利用、有机物的去除有机地耦合在一起,因而相关研究也最多,也是具有潜在应用前景的一种方法。非光合生物可降解大分子物质产氢,光合细菌可利用多种低分子有机物光合产氢,而蓝细菌和绿藻可光裂解水产氢,依据生态学规律将之有机结合的共产氢技术已引起人们的研究兴趣。混合培养技术和新生物技术的应用将使生物制氢技术更具有开发潜力。但总体而言,我国生物制氢技术目前多还处于实验室研究阶段,离实际生产运用还有不小的距离。生物制氢技术分类和生物制氢方法比较见图1-3和表1-8。

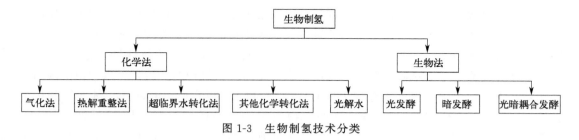

图 1-3 生物制氢技术分类

表 1-8 几种生物制氢方法比较

生物制氢方法	产氢效率	转化底物类型	转化底物效率	环境友好程度
光解水制氢	慢	水	低	需要光,对环境无污染
光发酵制氢	较快	小分子有机酸、醇类物质	较高	可利用各种有机废水制氢,制氢过程需要光照
暗发酵制氢	快	葡萄糖、淀粉、纤维素等碳水化合物	高	可利用各种工农业废弃物制氢,发酵废液在排放前需处理
光暗耦合发酵制氢	最快	葡萄糖、淀粉、纤维素等碳水化合物	最高	可利用各种工农业废弃物制氢,在光发酵过程中需要氧气

1.2 发展车用生物燃料的意义

（1）发展车用生物燃料，有利于改善生态环境

目前世界上最严重的大气污染主要来自化石燃料燃烧，产生了诸如温室效应、酸雨、大气颗粒物污染和臭氧层破坏等生态环境问题，生态环境污染正日益严重地困扰着整个人类社会的和谐发展。因此，世界各国都认识到了开发使用"绿色能源"的重要性。燃料乙醇、燃料丁醇、生物柴油、生物燃气等生物燃料作为绿色清洁的可再生替代能源，其硫和氮含量均很低，灰分也很少，燃烧后SO_2、NO_x和微粒物质（PM）的排放量比石化燃料要少得多，其广泛使用有助于缓解日益严峻的环境问题。

例如，使用燃料乙醇与使用纯汽油相比，使用E10汽油在35℉下，普通车的PM排放可减少36%，高排量车的PM排放可减少64.5%，可见燃料乙醇的使用对降低PM的排放具有重要作用。所以，在应对化石能源危机和全球气候变化过程中，世界各国均逐渐由以化石能源或碳基能源为基础的发展模式向以新能源和低碳为特征的"绿色经济"发展模式转变。

（2）发展车用生物燃料，有利于优化和改善能源结构

能源是人类社会赖以生存和发展的重要物质基础，当前，世界能源的供应主要依赖于化石能源。我国的石油储备目前占世界的2%，而能源消耗目前已位居世界第二。从1993年开始，我国成为世界石油净进口国。此后，我国的原油对外依存度由当年的6%一路攀升，2003年达到36.4%，石油进口量首超日本，成为世界上仅次于美国的第二大石油进口国；2006年突破45%，此后每年均以2个百分点左右的速度迅速攀升，2007年为47%，2008年为49.4%，2009年为51.3%，2010年我国原油净进口量首次突破2亿吨，对外依存度达53.8%。2022年我国原油进口5.08亿吨，同比下降0.9%，对外依存度降至71.2%。随着我国经济持续高位运行和增长，以及汽车保有量的继续增加，我国的原油对外依存度将继续保持高位。

我国"富煤、少气、缺油"的能源特性，决定了短期内我国以化石能源为主的能源消费格局不会发生大的改变，而过分依赖进口原油等化石能源，也对我国能源和资源供应战略安全构成了潜在威胁。我国的生物质资源相当丰富，每年产生的秸秆量就超过7亿吨，木材及林业废弃物近2亿吨。此外，我国还有大量的不易耕种的农田，可以种植能源植物的土地约有1亿公顷，可人工造林土地有4667万亩（1亩=666.67m²），按20%利用率计算，可年产10亿吨生物质。若将这些生物质用于生产燃料乙醇、燃料丁醇、生物柴油等生物燃料，其产量是非常惊人的。生物质液体燃料可以灵活的方式进行规模化生产，非常适合我国地域分散的能源结构，从能源安全角度上看是十分有利的。特别是开发利用农作物秸秆、甜高粱茎秆等不与粮食争耕地的农林废弃物以及山野丘陵的林木，生产乙醇、丁醇等生物质液体燃料，既具有现实意义又有长远前景，可有效优化我国能源消费结构。

（3）发展车用生物燃料，可减少温室气体排放，有利于"碳中和"目标实现

据中国气象局发布的观测结果，由于化石燃料燃烧和土地利用变化等人类活动排放的温室气体，我国1908～2007年地表平均气温升高了1.1℃，自1986年以来经历了21个暖冬，2007年是自1951年有系统气象观测以来最暖的一年。近30年来，我国沿海海表

温度上升了0.9℃,沿海海平面上升了90mm。近年来,日益严重的全球变暖趋势受到世界各国的重视,温室气体减排越来越紧迫。2007年12月在印度尼西亚巴厘岛召开的联合国气候变化大会、2009年4月的G20峰会都把减少化石能源消耗、发展替代能源、保护人类共同的地球作为首要任务。

我国政府高度重视发展循环经济,积极推进资源利用减量化、再利用、资源化,从源头和生产过程减少温室气体排放。我国已制定了到2020年单位国内生产总值二氧化碳排放比2005年下降40%~45%的雄伟减排计划,并将其作为约束性指标纳入国民经济和社会发展中长期规划,并制定相应的国内统计、监测、考核办法。大力发展可再生能源,也是我国为应对全球气候变化所采取的一项重大举措。2020年9月22日,习近平总书记在第七十五届联合国大会上提出,中国将提高国家自主贡献力度,采取更加有力的政策和措施,二氧化碳排放力争于2030年前达到峰值,努力争取2060年前实现碳中和。

我国自2006年起,二氧化碳排放量已居世界首位,减少二氧化碳排放短期内会对我国经济造成重大的影响。但同时,碳达峰目标和碳中和愿景是我国发展转型的内在要求,也是实现现代化的必要条件。我国的国内生产总值(GDP)能源强度是世界平均水平的1.5倍,是欧盟的3倍多。我国的GDP碳强度是世界平均水平的3倍多,欧盟的6倍多[8]。当前宣示的碳达峰目标和碳中和愿景,就是要倒逼我国发展转型,从而激发出更多的创新活力。同时借鉴欧盟等近30年的减排经验和相应的技术积累,深信我国的减排之路会走得更好更稳一些,甚至更快一些。

为了减少二氧化碳排放,目前世界各主要经济体都纷纷宣布了"碳中和"时间表(表1-9)。世界各国碳中和目标的提出,有利于加速全球能源从化石能源向新能源转型,以车用生物燃料为代表的新能源已成为第3次能源转换主角,未来将在碳中和目标实现中发挥主导作用。燃料乙醇/丁醇、生物柴油等生物质液体燃料作为一种可再生的清洁能源,含硫量比化石燃料低得多,在采用先进利用技术和科学管理的条件下,可以实现95%的CO_2再循环。也就是说,燃料乙醇/丁醇、生物柴油等生物质液体燃料的CO_2净排放量仅相当于化石燃料的5%左右。如果利用非粮食用地大量种植能源林,实现生物质液体燃料规模化生产的话,以年产1亿吨计,每年CO_2减排量达3.7亿吨,可实现5.5%的CO_2减排目标。同时,以我国可利用的5.9亿吨秸秆资源产生1652亿立方米生物燃气计,每年可减排温室气体18.5亿吨CO_2当量;以12.5亿吨畜禽粪便产生750亿立方米生物燃气计,每年可减排温室气体8.4亿吨CO_2当量。因此,发展生物质液体燃料、生物燃气等车用生物燃料清洁转化技术,对于减少化石能源的消耗与温室气体排放,积极应对气候变化、实现我国"碳中和"减排目标、推动我国可持续发展与和谐社会建设具有重要意义。

表1-9 世界主要经济体承诺实现碳中和时间表[9]

碳中和时间	正在立法	立法规定	国家承诺
2035年			芬兰
2040年			奥地利、冰岛
2045年		瑞典	
2050年	欧盟、加拿大、韩国、西班牙、智利、斐济	英国、法国、丹麦、新西兰、匈牙利	日本、德国、瑞士、挪威、爱尔兰、南非、葡萄牙、哥斯达黎加、斯洛文尼亚、马绍尔群岛
2060年			中国

（4）发展车用生物燃料，有利于促进"三农"问题解决

我国是一个人口众多的发展中国家，根据最新的人口普查结果，目前中国的纯农村人口为7.2亿，而能用于生产燃料的粮食资源极其有限，如果没有稳定可靠和足够的原料来源就不足以支持庞大的生物质燃料工业。为了避免与人类争夺粮食，我国的生物质燃料生产原料必须建立在多元结构的基础上，开发木质纤维素类、畜禽粪便、地沟油等废弃生物质高效转化技术，降低原料成本，是我国生物质燃料发展的必由之路。

生物质液体燃料生产可以在原料集中地建设，可以根据资源状况、种植收集成本和运输条件等的差异建设不同规模、不同产品的加工转化系统，有利于农村富余劳动力的就近转移和使农民重新走上集约化劳动密集型的集体经济道路，促进农村社会改革，减少大中城市人口及就业压力，缩小工农及城乡间的差距和矛盾，走出一条具有中国特色的现代化发展道路。

此外，我国制备生物燃气的资源也主要集中在农村和城郊，生物燃气产业将从根本上改变传统的农村废弃物和粪便的利用方式，推进农民生活用能从主要依靠秸秆、薪柴向高品位的生物燃气能源转变。生物燃气的推广能改变农村环境卫生，也能改变农民的生产生活方式和精神面貌。加强农业废弃物和农村生活废弃物的资源化、能源化利用，对于保障农村能源供给、调整农村产业结构、扩大农民就业、增加农民收入、提高农民生活质量、加速社会主义新农村建设起到积极的推动作用。生物燃气产业的发展可为农村剩余劳动力提供至少60万个就业机会，每年可使农民增收300亿元。因此，生物燃气产业也是实现我国社会主义新农村建设的有效途径。

1.3 国内外车用生物燃料产业、技术推广政策

车用生物燃料因其优异的环保和可再生性引起了国内外燃料与汽车行业的广泛重视。欧盟、美国、加拿大、巴西、日本、澳大利亚、印度等国家和地区纷纷制定了生物能源发展规划，积极推进生物燃料产业和技术的发展，如美国"生物质技术路线图"提出，到2020年生物燃料占总燃料的10%；欧盟计划2020年生物燃料占总燃料的20%。此外，日本、印度、巴西也分别制定"阳光计划""绿色能源工程""酒精能源计划"等。

1.3.1 国内外车用气体生物燃料产业、技术推广政策

1.3.1.1 我国车用气体生物燃料产业、技术推广政策

（1）国家法律

我国与沼气相关的法律法规主要有7部，涉及沼气的原料利用、技术开发、产品推广应用及财政鼓励政策等。《中华人民共和国农业法》（2012年第二次修订）、《中华人民共和国退耕还林条例》明确规定应积极发展沼气技术；《中华人民共和国可再生能源法》规定"利用生物质资源生产的燃气和热力，符合城市燃气管网、热力管网的入网技术标准的，经营燃气管网、热力管网的企业应当接收其入网"；《中华人民共和国节约能源法》、《中华人民共和国循环经济促进法》、《中华人民共和国清洁生产促进法》（2012年修订）、《畜禽规模养殖污染防治条例》分别从节约能源、废物循环综合利用等角度鼓励发展沼气，并提供税收优惠政策。这些法律、法规的颁布，为沼气产业的原料供应、技术开发及产品的应用提供了法律保障，同时也为国家和地方政府管理提供了法律依据。

(2) 发展规划

除国家立法外,农业农村部、国家发展改革委等部委也结合分管领域,对我国沼气产业的发展现状进行了梳理,并拟订了今后一段时期内的发展规划。例如,农业农村部的《大中型畜禽养殖场能源环境工程建设规划》《全国农村沼气工程建设规划(2006—2010 年)》《农业生物质能产业发展规划(2007—2015 年)》、国家发展改革委制定的《可再生能源中长期发展规划》、国家能源局制定的《可再生能源发展"十二五"规划》《生物质发展"十二五"规划》《生物质能发展"十三五"规划》、国家发展改革委制定的《可再生能源发展"十三五"规划》等,分别对沼气产业和技术的发展方向、建设内容、规模数量、利用方式等方面做了详细的规划布局,也对应制定了相应的补贴标准与保障措施。同时,也将沼气产业和技术发展相关的原料、设备、利用等内容作为优先或鼓励发展项目,并给予重点支持[10]。

(3) 财税政策

目前,我国在沼气产业的原料利用、工程建设及产品上均有相应的财政扶持政策,主要采取资金投入、补贴及免征或退税等形式。在原料利用方面,对于秸秆等原料利用及原料基地建设,可享受《秸秆能源化利用补助资金管理暂行办法》《关于发展生物能源和生物化工财税扶持政策的实施意见》《生物能源和生物化工原料基地补助资金管理暂行办法》等政策规定的补助及税收优惠政策。

在沼气工程建设方面,我国于 2003 年将农村沼气建设列入国债资金支持范围;2003~2005 年,国家每年投入 10 亿元;2006~2007 年,每年投入 25 亿元;2008~2010 年,每年投入超过 50 亿元;2011~2013 年,平均每年投入 40 余亿元。截至 2011 年,国家投入资金累计达到 370 余亿元,用于扶持户用沼气、沼气服务体系及养殖小区和联户沼气建设。此外,财政部、国家发展改革委等部委也出台了《农村沼气建设国债项目管理办法(试行)》《全国农村沼气服务体系建设方案(试行)》《养殖小区和联户沼气工程试点项目建设方案》等政策,制定了相应的补贴标准。国家发展改革委和农业部 2015 年联合印发了《2015 年农村沼气工程转型升级工作方案》,中央预算内投资将支持建设日产沼气 500 立方米以上的规模化大型沼气工程,开展日产生物天然气 1 万立方米以上的工程试点,可每年新增沼气生产能力 4.87 亿立方米,处理 150 万吨农作物秸秆或 800 万吨畜禽鲜粪等农业有机废物。同时鼓励各地利用地方资金开展中小型沼气工程、户用沼气、沼气服务体系建设。

在产品方面,2001 年以来,财政部国家税务总局先后发布 4 份财税文件,不断对以农林剩余物为原料生产产品的退税政策进行调整,如《关于调整完善资源综合利用产品及劳务增值税政策的通知》规定,利用农林资源发酵产生的沼气为原料生产的电力、热力、燃料产品实行增值税即征即退 100% 的政策;沼气发电可享受国家发展改革委制定的《可再生能源发电价格和费用分摊管理试行办法》《可再生能源电价附加收入调配暂行办法》《关于完善农林生物质发电价格政策的通知》《电网企业全额收购可再生能源电量监管办法》政策中规定的电价补贴;沼液生产有机肥可享受财政部、国家税务总局制定的《关于有机肥产品免征增值税的通知》中规定的免征增值税政策。

(4) 规范与标准

沼气标准化是服务于行业发展的基础,是加强市场管理的重要依据,国家专门成立了"全国沼气标准化技术委员会(SAC/TC515)",挂靠于农业农村部科技发展中心,以便加强沼气行业的规范标准工作。原农业部科技教育司已制定沼气标准共 47 项,其中已作废 8 项。现行的国家标准有 7 项(GB/T 26715—2011、GB/T 30393—2013、GB/T

29488—2013、GB/T 4750—2016、GB/T 4751—2016、GB/T 4752—2016、GB/T 3606—2001），行业标准有32项，涉及材料及设备、菌剂、测定方法、工程设计与施工、运行与管理等。

1.3.1.2 国外车用气体生物燃料产业、技术推广政策

车用气体生物燃料产业和技术的发展在很大程度上取决于国家的产业、技术扶持政策，包括上网电价、沼液和沼渣的综合利用，以及当地的燃料价格等。凡是车用气体生物燃料发展迅速的国家都有相应的激励政策出台。欧盟的沼气发展也表明激励政策是目前沼气工程发展的原动力，例如沼气工程发展较快的德国、瑞典和丹麦等国家都制定了相应的沼气发展扶持激励政策。

在欧洲国家中，德国是发展中小型农场沼气工程的典型代表。从1970年开始，德国在能源危机时期开始研究沼气并在德国联邦农业研究中心（FAL）建设了德国第一座沼气工程。1990年实施的《可再生能源电力上网法》，特别是2000年实施的《可再生能源法》，以及鼓励沼气发电上网等一系列配套政策的出台，为广大农场主建设沼气工程并通过发电上网增加收入创造了良好的法律环境。2004年，德国国会对《可再生能源法》进行了补充和修订，使得小型农场沼气发电上网更有吸引力。除了上网电价优惠外，对低于70kW的沼气工程还可获得15000欧元的补助金和低息贷款。德国沼气产业和技术发展主要得益于三种能源优惠政策，即基本补助政策、可再生能源作物补助和热电联产优惠政策。此外，在鼓励创新方面德国也出台了对应政策。正是这些激励政策的陆续出台，刺激了农场沼气工程的快速发展，又通过鼓励种植能源作物来开发沼气工程，使德国成为世界沼气工程领先的国家。2009年，德国沼气工程数量达到4984座，总装机容量为1893MW，产量达到90多亿立方米，占欧洲沼气产量的1/2，沼气发电量占欧洲总量的49.9%。

瑞典是使用沼气作为车用燃料技术最先进的国家，早在20世纪90年代初就根据自己的能源资源特点制定了降低能源依赖和发展环境友好产品的计划。1991年瑞典引进了CO_2排放税。在道路运输领域，降低能源依赖和发展环境友好产品计划促进了发展环境友好轻型汽车政策的引入。这类汽车包括燃用液化石油气（LPG）、甲醇（来自化石或生物原料）、生物柴油、合成油、乙基叔丁基醚（ETBE）、甲基叔丁基醚（MTBE）或乙醇、混合燃料以及将来可能出现的二甲醚（DME）及氢。沼气作为汽车燃料开始于1996年，并建立沼气作汽车燃料的标准。目前有沼气燃料公共汽车、小汽车和火车先后投入使用。在交通工具的气体燃料中，至2009年沼气占60%，其余是天然气，未来则全部采用沼气。沼气燃料汽车同时还可以享受少支付税费、停车费，不用缴纳拥堵费（首都斯德哥尔摩实施）等几方面的优待。另外，为鼓励沼气产业和技术发展，在中央政府购买的车中将有35%的车辆为沼气等环境友好轻型车。

美国政府和国会非常支持关于沼气等生物质能发展的战略和项目，美国农业部（USDA）、环保署（EPA）和能源部（DOE）共同推出AgSTAR项目，建立沼气项目发展服务管理平台，提供沼气工程建设的政策、法律、技术、设备和市场服务信息。美国联邦政府和各州也制定了鼓励发展沼气工程的项目，并提供财政支持。2002年的《农场法》中可再生能源和能源效率9006条款规定支持沼气项目，从2003年以来，美国农业部已经为厌氧消化系统总计拨款3100万美元。明尼苏达州的《产甲烷消化池贷款项目》也为建沼气发电工程的农场主提供无息贷款（国际沼气产业发展现状报告，https://max.book118.com/html/2018/0312/156934858.shtm）。

1.3.2 国内外车用液体生物燃料产业、技术推广政策

1.3.2.1 我国车用液体生物燃料产业、技术推广政策

我国政府非常积极支持液体燃料产业和技术的发展,从国家级的发展战略规划和计划,到法律、法规和条例的制定,政府主管部门的行政监督与管理,以及经济激励和财税优惠,都为生物质液体产业和技术发展提供了法律基础和环境(表1-10)。

表1-10 我国车用液体生物燃料产业、技术推广政策

颁布时间	政策名称	内容提要	发布单位
国家战略规划与计划(第一类)			
1996年	《中华人民共和国国民经济和社会发展"九五"计划和2010年远景目标纲要》	提出中国能源发展要"以电力为中心,以煤炭为基础,加强石油、天然气资源的勘探开发,积极发展新能源,改善能源结构"	第八届全国人民代表大会第四次会议
2001年	《中华人民共和国国民经济和社会发展第十个五年计划纲要》	第一次明确提出要开发燃料酒精等石油替代品等要求	第九届全国人民代表大会第四次会议
2005年	《全国能源林建设规划》	"十一五"期间,我国将发展生物柴油能源林83万公顷,到2020年定向培育能源林1333万公顷,满足年产600万吨生物柴油	国家林业局
2006年	《中华人民共和国国民经济和社会发展第十一个五年规划纲要》	进一步明确提出要大力发展可再生能源,加快开发利用生物质能,扩大生物燃料乙醇和生物柴油的生产能力	第十届全国人民代表大会第四次会议
2007年	《高技术产业发展"十一五"规划》和《生物产业发展"十一五"规划》	对发展生物液体燃料等高新技术和产业显示了明确的支持态度	国家发展改革委
2007年	《可再生能源中长期发展规划》	进一步明确生物燃料近期和中长期的发展方向和具体目标,提出2010年生物燃料年替代石油200万吨、2020年生物燃料年替代石油1000万吨的发展目标	国家发展改革委
2011年	《产业结构调整指导目录(2011年本)》	将生物柴油提升为鼓励类产业	国家发展改革委
2016年	《中华人民共和国国民经济和社会发展第十三个五年规划纲要》	加快发展生物质能,开展成品油质量升级行动计划,拓展生物燃料等新的清洁油品来源	第十二届全国人民代表大会第四次会议
2016年	《中共中央 国务院关于全面振兴东北地区等老工业基地的若干意见》	适当扩大东北地区燃料乙醇生产规模	中共中央、国务院
2016年	《生物质能发展"十三五"规划》	到2020年,生物质能基本实现商业化和规模化利用。生物质能年利用量约5800万吨标准煤,沼气发电50万千瓦时,生物天然气年利用量80亿立方米,生物液体燃料年利用量600万吨(其中燃料乙醇400万吨,生物柴油200万吨),推进燃料乙醇推广应用,大力发展纤维素乙醇;加快生物柴油在交通领域应用;推进技术创新与多联产示范	国家能源局
2016年	《可再生能源发展"十三五"规划》	2020年燃料乙醇开发利用目标400万吨,稳步扩大燃料乙醇生产和消费	国家发展改革委
2016年	《"十三五"国家战略性新兴产业发展规划》	创新生物能源发展模式,着力发展新一代生物质液体和气体燃料,开发高性能生物能源转化系统解决方案,拓展生物能源应用空间。推进先进生物液体燃料产业化,重点突破高效低成本的生物质液体燃料原料处理和制备技术瓶颈,建设万吨级生物质制备液体燃料及多产品联产综合利用示范工程	国务院

续表

颁布时间	政策名称	内容提要	发布单位
国家战略规划与计划(第一类)			
2016年	《"十三五"生物产业发展规划》	推进利用纤维素生产燃料乙醇、丁醇等的示范,加大油藻、纤维素生物柴油和生物航空燃料等前沿技术的研发力度,推动产业化示范与市场应用	国家发展改革委
2017年	《能源发展"十三五"规划》	积极发展生物质液体燃料。推广使用生物质燃料等清洁油品。重大示范工程——生物质能梯级利用多联产。示范试验——非粮燃料乙醇	国家发展改革委、国家能源局
法律、法规与条例(第二类)			
2005年	《可再生能源法》	(1)明确了相关部门的职责,确定国务院能源、农业和林业等主管部门负责组织协调全国生物液体燃料原料的调查 (2)国务院能源主管部门负责制定可再生能源开发利用中长期总量目标及其发展规划并会同各省市区政府制定地区的总目标及发展规划 (3)国家标准化主管部门负责制定、公布生物液体燃料的国家标准 (4)明确指出国家鼓励生产和利用生物液体燃料,石油销售企业有责任将符合国家标准的生物液体燃料纳入其燃料销售体系;如果石油销售企业未按照规定将符合国家标准的生物液体燃料纳入其销售体系,造成生物液体燃料生产企业经济损失的,应当承担赔偿责任,并责令限期改正;拒不改正的,处以相当于经济损失一倍以下的罚款	第十届全国人民代表大会常务委员会
2005年	《可再生能源产业发展指导目录》	为配合《可再生能源法》的实施,颁布该目录。对生物燃料发展提出了生物液体燃料生产、生物液体燃料生产成套装备制造、能源植物种植和能源植物选育4项支持对象	国家发展改革委
2005年	《中华人民共和国可再生能源法》	以法律的形式确立了生物柴油的合法地位,鼓励企业和个人投资生产生物柴油,明确规定了石油销售企业将符合国家标准的生物柴油纳入其燃料销售体系	中华人民共和国第十届全国人民代表大会常务委员会第十四次会议
2017年	《战略性新兴产业重点产品和服务指导目录》(2016版)	生物法制备或生物质原料制备的大宗与精细化学品及其衍生物(乙醇)。纤维素乙醇生产的工艺技术和装备,主要有高效、低耗、高产率的原料纤维素分离技术工艺及装备,低成本糖化酶。餐厨废弃物制成生物柴油、有机肥及沼气、工业乙醇等资源化产品与提纯净化技术及装备。秸秆、生活垃圾、餐厨垃圾、林产品加工剩余物、园林绿化垃圾、城市粪便等废弃生物质材料制成纤维素乙醇或成型燃料。地表水体污染治理装备。包括藻类及水生植物的厌氧产沼气和制取乙醇	国家发展改革委
2017年	《关于扩大生物燃料乙醇生产和推广使用车用乙醇汽油的实施方案》	明确了扩大生物燃料乙醇生产和推广使用车用乙醇汽油工作的重要意义、指导思想、基本原则、主要目标和重点任务	国家发展改革委、国家能源局等十五部门联合
行政监督与管理(第三类)			
2006年	《关于发展生物能源和生物化工财税扶持政策的实施意见》	提出将建立风险基金制度、实施弹性亏损补贴,提供原料基地补助和示范补助以及税收优惠等措施,扶持发展生物液体燃料	财政部、国家发展改革委、农业部、国家税务总局、国家林业局

续表

颁布时间	政策名称	内容提要	发布单位
行政监督与管理（第三类）			
2006年	《关于加强生物燃料乙醇项目建设管理，促进产业健康发展的通知》	强调要按照系统工程的要求对生物燃料乙醇进行统筹规划，严格生物燃料乙醇市场准入标准和政策，严格项目建设管理与核准，强调在"十一五"期间国家继续实行生物燃料乙醇定点生产、定向流通、市场开放、公平竞争等相关政策。要求要强化组织领导，完善工作体系	国家发展改革委、财政部
2006年	《非粮生物液体燃料工作会议纪要》	会议商定的事项和下一步工作安排是： (1) 高度重视生物液体燃料工作，把生物液体燃料作为重要的能源技术纳入能源管理范畴 (2) 开展生物液体燃料的资源评价工作，对生物燃料乙醇，除已有的粮食乙醇外，今后主要发展甜高粱、木薯、甘薯等非粮作物燃料乙醇 (3) 完善生物液体燃料的市场销售体系 (4) 国家发展改革委负责研究制定《非粮生物燃料示范工程实施方案》和相应的投资补贴、市场销售、价格、原料种植、资金补助等经济政策	国家发展改革委办公厅
2007年	《关于促进油料生产发展的意见》	要求控制油料转化项目，坚持食用优先，严格控制油菜转化生物柴油项目	国务院办公厅
2007年	《关于促进玉米深加工业健康发展的指导意见》	对玉米燃料乙醇加工业做出如下布局：以黑龙江、吉林、安徽、河南等省现有企业和规模为主，按照国家车用燃料乙醇"十一五"发展规划的要求，不再建设新的以玉米为主要原料的燃料乙醇项目；暂不允许外商投资生物液体燃料乙醇生产项目和兼并、收购、重组国内燃料乙醇生产企业	国家发展改革委
2016年	《关于进一步促进农产品加工业发展的意见》	加快推进秸秆、稻壳米糠、麦麸、油料饼粕、果蔬皮渣、畜禽皮毛骨血、水产品皮骨内脏等副产物综合利用，开发新能源、新材料、新产品等，不断挖掘农产品加工潜力，提升增值空间	国务院办公厅
经济激励与财税优惠（第四类）			
2006年	《可再生能源发展专项资金管理暂行办法》	规定以无偿资助和贷款贴息的方式支持发展可再生能源，并明确规定对替代石油的可再生能源开发利用提供专项资金支持，重点扶持发展用甘蔗、木薯、甜高粱等制取的燃料乙醇以及用油料作物、油料林木果实、油料水生植物等为原料制取的生物柴油	财政部
2006年	《关于生物柴油征收消费税问题的批复》	以动植物油为原料，经提纯、精炼、合成等工艺生产的生物柴油，不属于消费税征税范围	国家税务总局
2006年	《关于发展生物能源和生物化工财税扶持政策的实施意见》	提出将建立风险基金制度、实施弹性亏损补贴、提供原料基地补助和示范补助以及税收优惠等措施，扶持发展生物液体燃料；明确了发展麻风树等生物质能源林不与粮争地的扶持政策原则，扶持政策涵盖实施弹性亏损补贴、原料基地补助、示范补助和税收优惠等	财政部、国家发展改革委、农业部、国家税务总局、国家林业局
2007年	《生物能源和生物化工原料基地补助资金管理暂行办法》	中央财政部对符合相关要求和标准的林业原料基地补助标准为200元/亩，对农业原料基地补助标准原则上为180元/亩	财政部
2008年	《国务院关于实施成品油价格和税费改革的通知》	确定了生物柴油消费税征收额度与普通柴油相同，均为0.8元/升，即每吨生物柴油征收900多元的消费税	国务院

续表

颁布时间	政策名称	内容提要	发布单位
经济激励与财税优惠（第四类）			
2010年	《关于对利用废弃的动植物油生产纯生物柴油免征消费税的通知》	增大了生物柴油生产利润空间	财政部、国家税务总局
2011年	《关于组织申报生物能源和生物化工原料基地补助资金的通知》	对生物柴油提供生产资金补贴	财政部
2011年	《关于调整完善资源综合利用产品及劳务增值税政策的通知》	对生物柴油提供销售退税补贴	财政部、国家税务总局
2014年	《生物柴油产业发展政策》	明确规定石油销售体系必须将合格的生物柴油纳入销售体系，拒不纳入者将追究责任，并给予生物柴油企业相关的税收补贴	国家能源局
2017年	《国务院关于扩大对外开放积极利用外资若干措施的通知》	取消燃料乙醇生产领域外资准入限制	国务院
2017年	《"十三五"生物技术创新专项规划》	力争到2020年，实现以废弃生物质资源为原料的能源补充替代和改善生态环境，重点提升木质纤维素制备燃料、玉米和秸秆制备燃料乙醇、秸秆和畜禽粪污制备沼气以及生物柴油等绿色能源制造能力	科技部
相关标准（第五类）			
2008年	《工业酒精》（GB/T 394.1—2008）	GB/T 394的本部分规定了工业酒精的要求、分析方法、检测规则和标志、包装、运输、贮存。本部分适用于以发酵法生产的工业酒精，不适用于食用酒精	国家质量监督检验检疫总局和国家标准化管理委员会
2008年	《食用酒精》（GB 10343—2008）	本标准规定了食用酒精的术语和定义、要求、分析方法、检验规则以及标志、包装、运输和贮存。本标准适用于食用酒精的生产、检验和销售	国家质量监督检验检疫总局和国家标准化管理委员会
2011年	《乙醇、变性燃料乙醇及燃料乙醇 pHe 测定法》（CNS 15090—2011）	本标准规定乙醇、变性燃料乙醇及燃料乙醇等含有高浓度燃料乙醇之pHe（乙醇酸碱值）测定法，适用于含有70%以上乙醇之燃料乙醇Ed75~Ed85	台湾地方标准（CNS）
2011年	《生物柴油评价技术要求》	该标准适用于生物柴油质量、环保等性能的评价和检验、生产环境效益的评价，主要包括科技创新指标、质量评价指标、环境效益评价指标、服务与发展评价指标四方面，共13类	中国环境保护产业协会
2013年	《变性燃料乙醇》（GB 18350—2013）	本标准规定了变性燃料乙醇的术语和定义、要求、试验方法、检验规则和标志、包装、运输、贮存。本标准适用于以淀粉质、糖质纤维素等为原料，经发酵、蒸馏、脱水后制得乙醇并加变性剂使其变性的燃料乙醇	国家质量监督检验检疫总局和国家标准化管理委员会
2016年	《车用柴油》（GB 19147—2016）	本标准规定了由石油制取的或加有添加剂的车用柴油的术语和定义、产品分类、技术要求和试验方法、取样、标志、包装、运输和贮存、安全及标准的实施。本标准适用于压燃式发动机汽车使用的、由石油制取或加有改善使用性能添加剂的车用柴油。本标准不适用于以生物柴油为调合组分的车用柴油	国家质量监督检验检疫总局和国家标准化管理委员会
2017年	《车用乙醇汽油调合组分油》（GB 22030—2017）	本标准规定了车用乙醇汽油调合组分油的术语和定义、产品分类和命名、要求和试验方法、取样、标志、包装、运输和贮存、安全及标准的实施。本标准适用于由石油制取的液体烃类或由石油制取的液体烃类及改善使用性能添加剂组成的，作为调合满足GB 18351要求的车用乙醇汽油（E10）的组分油	国家质量监督检验检疫总局和国家标准化管理委员会

续表

颁布时间	政策名称	内容提要	发布单位
相关标准（第五类）			
2017 年	《车用乙醇汽油 E10》(GB 18351—2017)	本标准规定了车用乙醇汽油（E10）的术语和定义、产品分类、要求和试验方法、取样、标志、包装、运输和贮存、安全及标准实施。本标准适用于在不添加含氧化合物的车用乙醇汽油调合组分油中加入一定量变性燃料乙醇及改善性能添加剂组成的车用乙醇汽油（E10）	国家质量监督检验检疫总局和国家标准化管理委员会
2017 年	《B5 柴油》(GB 25199—2017)	本标准规定了由 BD100 生物柴油和石油柴油调合的 B5 柴油的术语和定义、分类和标记、要求和试验方法、检验规则及标志、包装、运输和贮存及安全。本标准适用于压燃式发动机使用的，以 BD100 生物柴油为调合组分的 B5 普通柴油和 B5 车用柴油	国家质量监督检验检疫总局和国家标准化管理委员会
2021 年	《柴油十六烷值测定法》(GB/T 386—2021)	本标准描述了用十六烷值试验机测定柴油十六烷值的试验方法。样品在特定操作条件下，由一个标准的单缸、四冲程、可变压缩比、间歇喷射柴油发动机进行测试。本标准适用于压燃式发动机十六烷值的定量测定。十六烷值的范围为 0～100，但典型的测试范围为 30～65	国家市场监督管理总局和国家标准化管理委员会
2021 年	《燃料乙醇工业用秸秆》(NB/T 10896—2021)	本文件规定了燃料乙醇工业用秸秆的外观与质量要求、检测方法，以及存储和运输要求。本文件适用于燃料乙醇工业用秸秆的收购、储存、运输和使用	国家能源局
2021 年	《燃料乙醇工业用木薯干》(NB/T 10895—2021)	本文件规定了燃料乙醇工业用木薯干的要求、试验方法、检验规则及运输和存储等要求。本文件适用于以木薯为原料加工而成，作为工业生产原料的干木薯块、片等形态木薯的品质分类等级	国家能源局
2023 年	《化学试剂 乙醇（无水乙醇）》(GB/T 678—2023)	本文件规定了化学试剂乙醇（无水乙醇）的性状、技术要求、试验方法、检验规则和包装及标志。本文件适用于化学试剂乙醇（无水乙醇）的检验	国家市场监督管理总局和国家标准化管理委员会

信息来源：《中国生物液体燃料现行政策的实施与回顾》(http://www.doc88.com/p-6897808793499.html) 等。

1.3.2.2 国外车用液体生物燃料产业、技术推广政策

（1）美国液体生物燃料产业、技术推广政策

美国是世界第一燃料乙醇生产国，主要生产原料为玉米。同时，美国也是世界上第二大生物柴油的生产地。自 1970 年石油危机起，美国开始利用农作物发展生物燃料。1978 年的《能源税收法案》首次规定在汽油中添加 10% 的生物乙醇。每加仑（1 加仑＝3.785412dm^3）乙醇补贴从 1978 年的 40 美分上升到 1984 年的 60 美分。1990 年发布的《清洁空气法修正案》及 1992 年发布的《能源政策法案》都为发展生物燃料提供了良好的国内法律环境。2002 年，美国能源部和农业部联合提出了《生物质技术路线图》，计划 2020 年使生物质能源和生物质基产品较 2000 年增加 10 倍，达到能源总消耗量的 25%；到 2050 年，在 2020 年基础上增加 2～3 倍，达到能源总消耗量的 50%。2005 年，发布《2005 年能源政策法案》，将生物燃料产量提高到 75 亿加仑。2007 年实施的《2007 能源独立和安全法案》，将生物燃料产量提高至 360 亿加仑，并要求 60% 的可再生燃料来自纤维素乙醇等先进生物燃料。2008 年，美国能源部和农业部联合发布了《国家生物燃料行

动计划》，提出要在 10 年内减少石油消费 20%，加大生物燃料的用量，计划到 2017 年生物燃料的用量达到 350 亿加仑。

同时，美国为推广生物燃料，也制定了积极的经济鼓励政策，如减免燃料税，每加仑燃料乙醇可以得到 51 美分的减免税；美国政府鼓励人们使用至少掺杂 20% 生物柴油的车辆燃料；同时，对生产、使用车用生物燃料的厂家和个体给予补贴。根据美国环保署（EPA）公布的数据，美国生物柴油行业近年已经连续呈增长态势，美国从 2001 年开始商业化生产生物柴油，过去 10 余年，美国生物柴油产业迅速增长，年产量均保持在 300 万吨以上，2015 年美国生物柴油产量达到 422 万吨。美国液体生物燃料相关的主要法规与标准见表 1-11。

表 1-11　美国液体生物燃料相关的主要法规与标准[11]

颁布时间	法规名称	法律类别	内容概述
1970 年	《清洁空气法案》	法律法规	对空气质量做出了严格规定，从而为生物燃料乙醇的发展提供了法律依据和外部推动力
1978 年	《能源税收法案》	法律法规	第一次对乙醇-汽油混合燃料做出规定：在汽油中至少添加 10% 的乙醇
1990 年	《清洁空气法修正案》	法律法规	强制规定美国 39 个二氧化碳排放超标地区必须使用混配 7.7% 乙醇的汽油
2005 年	《2005 年能源政策法案》	法律法规	明确在全美范围内实施可再生能源的标准，规定了未来几年生物燃料的最低使用量，要求美国近 1/2 的汽油混配乙醇，平均混配量为 10%
2005 年	可再生燃料标准（RFS）计划	产业标准	规定 2006 年汽油中可再生燃料使用量为 40 亿加仑（约 1180 万吨），2007 年为 65 亿加仑（约 1950 万吨），2012 年和 2015 年要分别达到 75 亿加仑（2240 万吨）和 150 亿加仑（4480 万吨）。强制推行可再生燃料识别码，要求任何生产在美国使用的汽油的厂商，包括炼油、进口和混合汽油加工（增氧混合汽油除外）厂商，都必须承担 RFS 计划任务。美国环保署下达每年参与计划各方可再生燃料体积计划任务指标（RVO）
2007 年	《生物燃料安全法案》	法律法规	该法案为分销商、零售商和司机在生物燃料的销售和使用方面提供相应帮助，并提出美国 2030 年消费 600 亿加仑（约 1.79 亿吨）乙醇和生物柴油
2007 年	修订通过美国可再生燃料新标准，升级至 RFS II	产业标准	促进和跟踪"可再生能源标准"的执行落实。美国可再生燃料生产商或进口商必须给出其生产或进口的可再生燃料识别码。环保署设立一个自愿的第三方质量保证程序，验证可再生燃料识别码，规范可再生燃料识别码的转让或使用。参与方可通过交易机制购买可再生燃料识别码，完成其可再生燃料体积年度计划任务指标
2007 年	《2007 能源独立和安全法案》	法律法规	更新了可再生燃料标准（RFS II）。提出美国在 2022 年生物燃料（主要是燃料乙醇）的利用量标准。增加了对以纤维素乙醇为代表的二代燃料乙醇的要求。RFS II 标准将生物燃料分为常规燃料和先进燃料两类
2014 年	《2014 农业法案》	法律法规	燃料乙醇相关项目得到扩展。要求美国政府相关机构采购生物质能源的数量必须达到设定目标，并接受目标审计，同时研究项目的经济影响

资料来源：世界主要国家生物液体燃料产业政策研究报告。

(2) 欧盟液体生物燃料产业、技术推广政策

欧盟委员会从 20 世纪 90 年代开始实施生物能源开发计划，1994 年欧盟委员会通过决议决定发展生物能源，并给予生物燃料中试产品免税的优惠政策，以鼓励生产和使用燃

料乙醇，提出2010年燃料乙醇在欧盟的消费比例占整个汽油的12%的目标，到2020年运输燃料的20%用燃料乙醇等生物燃料替代。在1997年1月，成立欧洲生物柴油委员会（European Biodiesel Board，EBB），总部设在布鲁塞尔。EBB为非营利性组织，主要目的为联合生物柴油生产者，推动生物柴油在欧盟的使用，代表其会员与欧盟议会以及其他国际组织交涉，推动与生物柴油有关的科学技术以及经济、法律等研究活动，搜集、分析和传播信息，研究生物柴油产业所面临的困难，在技术、制度、法律、政策和经济等层面上提出解决这些困难的建议。

2003年，欧盟《生物燃料指令》（Biofuels Directive）开始实施，该指令要求欧盟成员国在2005年和2010年确定各自的生物燃料销售量指令性目标，并要求在确定其指令性目标时考虑到以下两项参考值：

① 在2005年12月31日前，按照能量含量计算，生物燃料应占投入运输市场的汽油和柴油总量的2%；

② 在2010年12月31日前，按照能量含量计算，生物燃料应占投入运输市场的汽油和柴油总量的5.75%。

为了达到此目标，欧盟委员会制定了相应的鼓励政策。至2009年，欧盟委员会制定并实施了《可再生能源指令》（RED），计划到2020年可再生能源的使用比例达到20%。《可再生能源指令》同样规定了生物燃料使用的强制性目标："至2020年每个成员国应确保国内交通用途的可再生能源消耗量，至少要占总交通能源消耗量的10%。"在此背景下，燃料乙醇的使用几乎遍布欧盟27个成员国。2014年，欧盟委员会提出了2020~2030年的《可预见的能源和气候目标框架》，该框架强调发展可再生生物燃料将会应对碳减排的挑战，对改善空气质量、减少汽车尾气有很重要的作用。在今后的能源战略发展中，将可再生生物燃料作为主流能源发展。在2015年，欧盟公布了生物柴油调合燃料的B20/B30标准，将生物柴油与石化柴油的掺混比例提高到20%或30%，生物燃料的使用大大提高。2018年，欧盟修订《可再生能源指令》，提出到2030年欧盟可再生能源使用占比目标为32%，其中交通领域可再生燃料使用占比目标为14%。欧盟对生物燃料的主要政策支持类型有生产配额、强制性混合目标和税收减免形式的财政奖励等。在27个成员国中，20个国家对市场上供应的每升生物燃料提供全额或部分免税（9个国家对生物乙醇提供全额免税）。可再生能源在保障欧盟能源安全上发挥了重要作用，由于减少化石燃料进口而节约的资金在150亿欧元以上，预计到2030年将节约550亿欧元以上。

欧洲柴油短缺，因此非常重视生物柴油技术的发展，是全球推广生物柴油最早的地区，生物柴油的产量及使用量均居世界第一。欧盟通过对能源作物种植予以补贴、对生物能源产品予以优惠，大力发展生物燃料产业。法国通过减少消费税和征收污染税等政策推动生物燃料产业的快速发展。德国的车用生物燃料主要是生物柴油，通过减少生物燃料的矿物油税及征收环境税等促进生物燃料的发展。2008年，德国成为生物柴油第一生产国，其次是法国和意大利。瑞典引进CO_2排放税和超低硫柴油，根据自身能源特点采取降低能源依赖和发展环境友好产品计划。欧洲将乙醇转化为乙基叔丁基醚作为调合汽油的组成部分。2007年，欧盟提出要开发推广第2代车用生物燃料及混合动力技术，主要以菜籽油、大豆油、棕榈油及回收的动植物油脂为原料生产生物柴油。此外，欧盟采用减免燃料税、货物税等措施，使生物柴油的价格低于石化柴油。另外，欧盟鼓励种植油料作物，并给予相应的补贴，大型汽车厂家也配合推动实施[12]。

(3) 巴西液体生物燃料产业、技术推广政策

巴西是世界第二大生物燃料生产国，主要以甘蔗为原料，在燃料乙醇开发利用方面也最具特色。在1973年和1975年的石油危机之后，巴西政府开始积极探索可再生生物燃料的发展，于1975年颁发旨在确保国家能源自给的《国家酒精计划》，该计划在当时是世界上规模最大的石油替代计划，强制规定从1977年开始将从甘蔗中提取乙醇应用于动力汽车，客车设计必须适合使用乙醇。由于该计划的实施，目前巴西通过所有加油站建立起一个全国性乙醇供应网。通过法律的形式保护燃料乙醇和汽车生产商及消费者的利益，汽油中燃料乙醇的比例以法律的形式确定，对于不执行者给予相应的处罚。另外，巴西法律明确规定联邦一级的单位购换公用车时必须优先考虑使用包括燃料乙醇在内的可再生燃料的汽车。

巴西现有100多家工厂专门研发、生产生物燃料，是世界上唯一不供应纯汽油的国家。1991年，规定乙醇掺杂比例为20%～24%。为鼓励生物燃料的发展，巴西同样实行了一系列的财税补贴政策。1982年，将乙醇燃料汽车的工业产品税减免5%，使用乙醇燃料的残疾人交通工具和出租车免征工业产品税，部分州政府对乙醇燃料汽车减征1%的增值税，在乙醇燃料汽车销售不旺时曾全免增值税。2017年，时任总统特梅尔批准《国家生物燃料发展规划》。该规划明确提出，到2030年要把可再生能源的比重在全国能源结构中提高到45%，其中生物燃料的比重占18%；同时，可推广到1/3的城市进行生物燃料开发，为国民经济提供大约1500亿雷亚尔（约合283亿美元）的产值，还将创造大约100万个就业岗位。为加快生物乙醇在国际上的影响力，巴西与美国合作设立了美洲乙醇委员会，鼓励在中美洲及加勒比海地区使用乙醇；与日本国际合作银行达成协议，计划引资13亿美元，用于乙醇生产技术的开发及工厂的设立。美国、巴西和欧盟燃料乙醇政策对比见表1-12。

表1-12　美国、巴西和欧盟燃料乙醇政策对比[11]

国家或地区	主要政策	具体措施
美国	(1)调整可再生燃料标准 (2)税收优惠 (3)加强生物燃料基础设施建设 (4)征收进口关税	(1)下调纤维素燃料的混配量，保持主流的玉米燃料乙醇混配量，未来几年有望超过原定标准150亿加仑 (2)对与汽油混合的乙醇给予每加仑45美分的税收返还 (3)在美国多个州的多家加油站新增乙醇混配泵，包括E15和E85乙醇汽油混配泵 (4)为防止进口燃料乙醇对国内市场的冲击，对进口燃料乙醇征收54美分/加仑的进口关税
巴西	(1)提高乙醇混配比例 (2)恢复燃油税 (3)提高乙醇进口关税 (4)制定能源规划	(1)自2015年3月16日起将汽油中乙醇的含量由25%增至27% (2)从2015年2月1日起恢复对汽油征收0.22雷亚尔/升的消费税，国内汽油价格提高了7% (3)从2015年6月22日开始，将自美国进口的乙醇关税从9.25%上调至11.75% (4)巴西政府通过了最新的10年能源规划，计划到2024年将巴西乙醇产量从285亿升提高到439亿升
欧盟	(1)明确强制混配政策 (2)对进口乙醇征收反倾销税	(1)2015年4月，欧洲议会将2020年交通领域的燃料乙醇使用目标定为7% (2)自2013年2月起，欧洲议会开始对进口自美国的生物乙醇施以9.5%的反倾销税，按照62.3欧元/吨的固定费用征收，2016年6月9日废止

资料来源：广发证券发展研究中心。

(4）日本液体生物燃料产业、技术推广政策

日本已于 2002 年制定生物能源国家战略，主要框架包括：全面宣传生物能源利用与国民生活的密切关系；构筑从生产到收集/转移直至利用的有机结合的循环系统；环境非政府组织（NGO）、产学官协等相关人员的任务分担和协调；研究各种生物质的标准化、识别标志制度等；实施各种生物质的风险评价、示范性利用验证。

1.4 国内外车用气体生物燃料产业、技术现状及发展趋势

目前，气体生物燃料生产技术主要包括 3 种，即厌氧发酵产沼气技术、生物质气化制取合成气技术和生物质发酵制取氢气技术。德国沼气工程技术在世界上处于领先地位，此外，瑞士、丹麦、加拿大等国家也是当前国际上沼气净化提纯技术发展较快的国家。我国政府也非常重视车用气体生物燃料产业和技术的研发，近年在产、学、研、金等各方推动下，车用生物燃气部分技术取得了突破性进展，进入大规模产业化应用阶段。

厌氧发酵制沼气（甲烷）是一项较为成熟的技术，近 30 年来被国内外广泛用于处理各种有机废物，包括食品和发酵加工业废水、畜禽粪便、污泥等。近 10 年，由于部分欧洲发达国家实行严格的城市生活垃圾源头分类收集制度，沼气发酵技术还用于处理城市生活有机垃圾。然而对于沼气发酵的研究从未间断过，通过对国外数据库（Elsevier 和 Springer 等）的检索，可以发现每年关于厌氧发酵制沼气的公开发表文献数量均超过 200 篇。主要的研发机构分布在德国、丹麦、瑞典、奥地利、西班牙、意大利、中国、英国、美国等国，例如西班牙 Cadiz 大学、澳大利亚 Murdoch 大学、瑞典 Lund 大学、丹麦技术大学、意大利 Verona 大学和 Venice 大学、美国加利福尼亚大学、奥地利自然资源与生命科学大学、比利时 Organic Waste Systems 公司、瑞士 Kompogas AG 公司和法国 Steinmueller Valorga Sarl 公司。因为沼气发酵是一种涉及面较广且适宜各种原料的技术，不同的研究者可以从不同的角度（原料、发酵微生物、影响因素、工艺、反应器、工程等）切入，因此参与的研究机构以及获得的研究成果较多。目前的研究开发重点及热点主要包括以下几个方面[13]：

① 新兴原料（餐厨和果蔬废弃物、城市生活有机垃圾、农作物秸秆、能源作物等）的沼气发酵；

② 混合原料厌氧发酵；

③ 新型高效沼气发酵工艺和反应器开发；

④ 以沼气发酵为核心的能源生态工程或能源农场建立；

⑤ 规模化沼气工程的技术、经济和环境评估。

随着对全球气候变暖意识的增强，开发氢能的迫切性已是共识，生物制氢技术已经成为生物技术领域和能源开发领域的一个重要组成。目前，国际上各种生物制氢技术的研究齐头并进，包括以下几种生物制氢方式：真核绿藻的生物光解水制氢、蓝细菌的生物光解水制氢、光合细菌的光发酵制氢、一氧化碳营养菌的水汽生物转化制氢和发酵性细菌的厌氧暗发酵制氢等。从应用前景和发展态势来看，真核绿藻和蓝细菌的生物光解水制氢尚处于实验室尝试阶段，由于技术瓶颈较多，包括光合效率较低、产氢速率极慢、对自身代谢产物（O_2、N_2、NH_4^+）极为敏感等问题，而且近期难以有实质性的突破，因此国际上主要的研究热门为发酵性细菌的厌氧暗发酵制氢、光合细菌的光发酵制氢。另外，由于一氧化碳营养菌的水汽生物转化制氢技术具有水汽转化反应条件温和、能够在极低 CO 浓度条件下实现有效转化、制氢产物中的 CO 浓度低于质子交换膜的毒性浓度、可以间接利用木

质类废弃物（该类原料不能通过传统的厌氧暗发酵技术制氢）制氢等优点，近年来该方向已成为国际上的一大研究热点。当前，生物制氢领域研究的热点集中在以下 7 个方面：

① 产氢细菌（光合产氢菌、暗发酵产氢菌和一氧化碳营养产氢菌）的选育和产氢特性研究；

② 产氢关键酶（氢酶、固氮酶和一氧化碳脱氢酶等）的结构和功能研究；

③ 产氢（光发酵制氢、厌氧暗发酵制氢、一氧化碳营养菌水汽生物转化制氢）的影响因素优化（含动力学研究）及产氢促进因子研究；

④ 高效生物制氢（光发酵制氢、厌氧暗发酵制氢、一氧化碳营养菌水汽生物转化制氢）反应器的开发；

⑤ 发酵性细菌＋光合细菌的共发酵制氢系统开发；

⑥ 厌氧暗发酵制氢＋光发酵制氢的组合系统研发；

⑦ 厌氧暗发酵制氢＋厌氧甲烷发酵的组合系统研发。

车用生物天然气产业和技术发展符合我国实施节能减排、推动循环经济的大政方针。然而，该领域涉及环境、化工、生物、能源、环卫、汽车、机械加工制造等多个传统行业，各个行业发展水平参差不齐，技术、产品、装备等各个方面尚未形成统一的标准，上下游产业的衔接存在一定困难，行业之间也存在一定的技术和市场壁垒。未来我国车用气体生物燃料产业和技术发展方向见表 1-13。

表 1-13 我国车用气体生物燃料产业和技术发展方向

研究定位	发展方向
基础研究	(1)厌氧系统微生物群落及代谢网络解析 (2)厌氧系统对环境变化的应答机制 (3)固态发酵传质传热机理
前沿与核心技术	(1)厌氧系统失稳预警与调控 (2)固态原料干发酵过程调控 (3)生物燃气化工转化平台 (4)生物燃气燃料电池 (5)加氢天然气的输送与利用
共性关键技术	(1)秸秆、能源草的青贮/黄贮 (2)非流态化原料的进出料与搅拌 (3)工程全系统余热回收与利用 (4)工程系统的智能监测与调控 (5)发酵残余物的安全利用 (6)生物燃气纯化与储运
新产品研发	(1)原料预处理制剂与设备 (2)连续式干发酵反应器 (3)低能耗搅拌设备 (4)系统余热回收设备 (5)发酵残余物活性成分产品 (6)生物燃气净化提纯设备及材料
产业发展方向	(1)集中供气 (2)热电联产 (3)管道燃气 (4)车用燃气 (5)投融资与运营服务 (6)装备制造与工程建设

1.5 国内外车用液体生物燃料产业、技术现状及发展趋势

生物质液体燃料的发展大致经历了两大阶段,即第 1 代生物燃料和第 2 代生物燃料。第 1 代生物燃料主要以粮食、油料作物(如玉米、甘蔗、大豆和油菜等)为原料,生产燃料乙醇和生物柴油。例如,美国主要用玉米、巴西主要用甘蔗生产燃料乙醇。在生物柴油方面,美国主要利用高产转基因大豆、欧洲各国采用油菜籽、东南亚地区利用油棕榈树来生产。这些国家生产燃料乙醇和生物柴油价格高于普通石化汽油或柴油,生物厂商靠政府补贴和税收减免获利。同时,由于这些生物燃料的生产原料都是人类生活中所需的重要的农作物,"与粮争地、与人争粮"的问题十分突出。因此第 1 代生物燃料颇受争议,发展新一代生物燃料也势在必行。

第 2 代生物燃料以非粮作物乙醇、纤维素乙醇和生物柴油等为代表。第 2 代生物燃料与第 1 代生物燃料最重要的区别就在于是否以粮食作物为原料,第 2 代生物燃料尤其是纤维素乙醇的取材范围相当广泛,秸秆、枯草等农业废弃物均可入料。第 2 代生物燃料是目前世界生物燃料研究的热点和重点,世界各国也竞相加大科研攻关力度,近年来对第 2 代生物燃料的投入也呈几何级数增长。

在第 2 代生物质液体燃料生产中,原料问题是制约其产业化的一个关键性问题。所以,利用遗传改良和生物工程手段培育生物量大、抗性和耐性强的能源植物及替代原料就显得十分必要。目前能源植物研发主要集中在油料植物、糖类植物以及纤维质植物 3 个方面。在糖类植物方面,目前世界第一大燃料乙醇生产国——美国,已将燃料乙醇生产原料由传统的玉米转向其他非粮原料,并已研发出一种高淀粉红薯,其单位质量生产的燃料乙醇量要高于玉米,可成为生产燃料乙醇的好原料,从而有助于减少生物燃料业对玉米的使用。能源植物中,纤维质植物的开发利用不仅最具潜力,同时又最具前瞻性和挑战性。在纤维生物质的开发利用方面,美国政府更是花了极大的心血与本钱,在 2007 年投资 3.75 亿美元建立了 3 个生物质研究中心,以期通过加强对细胞壁生物质的研究来抢占有效利用生物质资源的先机,并绘制了 50 年的进程图,从上游基础研究、能源植物培育到下游材料收集、菌种培育、转换工艺的改进等方面进行了全方位的布局。

在第 2 代生物质液体燃料生产中,纤维素乙醇研究在国外起步较早,在美国、加拿大、欧洲都建有示范工厂。著名的研究机构包括美国可再生能源实验室、普渡大学、林产化学实验室等。目前已有 33 套中试示范工程,其中 4 套投入运行,29 套在建。加拿大 Iogen 公司建成 300 万升/年示范工程,每吨纤维可产 340L 乙醇,转化率达 26%,成为当前世界纤维素乙醇领域的领跑者。虽然目前国内外已经建立很多的中试示范装置,但一些关键瓶颈技术尚未攻克,导致纤维素乙醇的生产成本仍然很高,还没有达到可以商业化生产的地步。纤维素乙醇目前主流的生产工艺为预处理、酶水解和微生物发酵 3 个步骤,但这里面就存在诸如预处理效率较低、纤维素酶成本高和半纤维素的水解产物——五碳糖发酵效率较低等技术瓶颈问题。所以,开发高效低污染的预处理技术、低成本纤维素酶制备技术、高效水解过程工艺和戊糖-己糖共发酵技术,是国内外目前诸多科研机构所面临的重大挑战。

在燃料丁醇研发方面,采用传统原料(如小麦、玉米等)成本高昂,约占丙酮丁醇发酵总成本的 60%,而且存在着"与人争粮"的缺陷,木质纤维素原料将是其未来生产的最佳选择。但其生产所面临的直接技术障碍也存在五碳糖、低聚糖的共发酵问题。国内外燃料丁醇生产还主要以淀粉质原料为主,木质素原料大多还处于实验室探索或小试(中

试）阶段。所以，如何开发高效的木质素原料燃料丁醇规模化转化技术是未来亟待解决的难题。此外，利用生物方法和化学方法结合，开展木质纤维素原料的高效利用，也将是未来生物炼制的一个重要发展方向。

生物柴油原料研究方面，目前主要集中在小桐子等能源植物和能源微藻两个方面。在能源植物小桐子研究上比较活跃的国家有中国、新加坡、荷兰、英国、印度等，研究涉及小桐子的遗传图谱、基因功能、遗传转化、资源收集、评价等多方面。在能源微藻研究方面，国内外的研究主要集中在微藻光合固碳和高密度培养产油微藻的光生物反应器的研制两个方面。尽管目前国外出现了许多微藻能源公司，但利用工业废气（CO_2）培养微藻来生产生物柴油（或其他液体生物燃料）还存在许多问题，其中很多涉及 CO_2 的固定机制。另外，大规模培养光合微生物和植物细胞所面临的另一个棘手问题是如何利用最有效的光能促进生长，而有效光源的选择和研制则是多种类型光生物反应器研制成功的关键所在。利用微生物转化碳水化合物生产油脂，作为生物柴油的新型原料，具有不占耕地、可工业化连续生产等技术优势，近年来也受到了国内外学术界和企业界的关注。在生物柴油转化工艺研究方面，化学合成法存在诸如醇用量大、能耗高、有大量废碱液排放和原料选择性差等缺点，脂肪酶转化就可以有效避开上述缺陷。国外许多国家如日本目前也在开发脂肪酶催化生物柴油生产技术。但世界上生物柴油生产基本全部采用丹麦 NOVO 公司的脂肪酶，价格昂贵，脂肪酶价格在 10000 元/kg，导致酶法工艺成本高，无法和化学法相竞争。所以，开发高效的酶法转化工艺、有效降低生物柴油的脂肪酶使用成本是目前行业内所面临的共同挑战。

除燃料乙醇、生物丁醇和生物柴油外，应用代谢工程、合成生物学技术或化学催化技术生产先进生物燃料，是国际上生物质液体燃料研究的新动向，值得高度关注。这些先进生物燃料分子，如非发酵性低碳醇、烃类化合物、脂肪酸乙酯等，具有更优良的燃料性质，或者可能具有转化过程上的优势[14]。此外，利用秸秆、垃圾等气化产生的 CO、CO_2 和 H_2 等发酵生产乙醇、丁醇等有机酸/醇也逐渐成为研究热点。该工艺不仅能将全部木质纤维素类生物质（纤维素、半纤维素以及木质素等）或垃圾等通过气化转化为合成气，有效利用丰富的生物质资源，大大提高生物质的利用效率，而且也可有效避开传统纤维素乙醇酸/酶水解的技术障碍以及木质素废渣的处理问题。未来我国车用液体生物燃料产业和技术发展方向见表 1-14。

表 1-14 我国车用液体生物燃料产业和技术发展方向

研究定位	发展方向
基础研究	(1) 能源植物光能利用率的提升 (2) 生物质超分子结构解析与解聚 (3) 化学催化分子剪裁与组装
前沿与核心技术	(1) 新型能源植物生物信息学技术与遗传转化技术 (2) 复配纤维素酶开发 (3) 分子印迹酶催化技术 (4) 木质纤维素复杂大分子解构解聚技术 (5) 五碳糖、六碳糖共发酵技术 (6) 生物燃油定向气化重整技术 (7) 水溶性化合物催化重整制氢技术 (8) 水解液催化制取羟甲基糠醛/糠醛等平台化合物技术 (9) 木质素衍生物选择性催化断裂制取烷烃和芳烃技术 (10) 油脂催化加氢制取航空燃油技术

续表

研究定位	发展方向
共性关键技术	(1)利用废水、边际性土地的规模化培养能源植物技术 (2)生物质原料收储及预处理技术 (3)全组分综合利用的生物炼制 (4)碳水化合物选键反应技术 (5)生物质水解液直接水相催化合成烷烃技术 (6)生物质水解液定向催化裂解制备含氧燃料技术 (7)小分子化合物碳链增长及催化加氢脱氧合成长链烷烃技术 (8)裂解液化制取高品位燃油和化学品集成 (9)复合型多功能催化剂设计与制备 (10)生物柴油品质提升与综合利用技术 (11)生物油精制及联产化学品技术
新产品研发	(1)燃料乙醇/丁醇联产化学品 (2)生物柴油及富烃燃油 (3)生物车用及航空烃燃料 (4)生物高碳醇燃料 (5)呋喃类等生物质基含氧燃料 (6)高品位燃油和精细化学品
产业发展方向	(1)基于木薯、甜高粱的第1.5代燃料乙醇产业 (2)以木质纤维素为原料的第2代燃料乙醇产业 (3)水相化学催化合成车用及航空燃料产业 (4)F-T合成燃料产业 (5)生物柴油产业 (6)生物质分散液化集中提质生产高值燃料模式

参考文献

[1] 张经然. 车用生物燃料技术研发决策评价研究 [D]. 武汉：武汉理工大学，2014.
[2] 郑艺，王志鹏，蒋振雄，等. 微藻生物燃料及高价值产物的代谢研究进展 [J]. 中国科学：生命科学，2019，49 (6)：717-726.
[3] 谭天伟，苏海佳，陈必强，等. 绿色生物制造 [J]. 北京化工大学学报：自然科学版，2018，45 (5)：107-118.
[4] 赵海，许敬亮. 燃料乙醇生产制备技术 [M]. 北京：化学工业出版社，2020.
[5] 何皓，胡徐腾，齐泮仑，等. 中国第1.5代生物燃料乙醇产业发展现状及展望 [J]. 化工进展，2012，31 (S1)：1-6.
[6] 袁振宏. 生物质能资源 [M]. 北京：化学工业出版社，2020.
[7] 杨嘎玛，穆廷桢，杨茂华，等. 生物燃气净化提纯制备生物天然气技术研究进展 [J]. 过程工程学报，2021，21 (6)：617-628.
[8] 李俊峰，李广. 碳中和——中国发展转型的机遇与挑战 [J]. 环境与可持续发展，2021，46 (1)：50-57.
[9] 邹才能，熊波，薛华庆，等. 新能源在碳中和中的地位与作用 [J]. 石油勘探与开发，2021，48 (2)：411-420，428.
[10] 袁振宏. 生物质厌氧发酵制备生物燃气技术 [M]. 北京：化学工业出版社，2020.
[11] 娄岩. 美国燃料乙醇行业发展现状与启示 [J]. 国际石油经济，2019，27 (9)：99-106.
[12] 张宗喜，张营华，周宇光，等. 车用生物燃料技术发展现状及建议 [J]. 能源与环境，2019 (3)：85-87.
[13] Sahota S，Shah G，Ghosh P，et al. Review of trends in biogas upgradation technologies and future perspectives [J]. Bioresource Technology Reports，2018，1：79-88.
[14] Ambaye T G，Vaccari M，Bonilla-Petriciolet A，et al. Emerging technologies for biofuel production：A critical review on recent progress，challenges and perspectives [J]. Journal of Environmental Management，2021，290：112627.

第2章
车用生物燃料生产原料

近年来，我国汽车产业发展迅速，汽车产量和销量飞速增长，在推动国民经济快速发展的同时也带来了许多社会问题，例如能源短缺、大气环境污染等。汽油和柴油等化石燃料产品作为车用燃料的主体，面临需求日益增长的挑战。车用生物燃料是由生物质（包括农业、林业及相关工业的产品、副产品、残留物、废弃物，以及城市垃圾、工业废水等）经过热转化、化学转化或生物化学转化制备的燃料，无需经过矿物燃料（如煤、石油、天然气等）形成的漫长地质过程。因为可再生、可持续、经济效益高且温室气体排放量较少，车用生物燃料被认为是最有前景的化石燃料替代品。此外，车用生物燃料可以农业、林业和工业废弃物为生产原料，有助于城镇废弃物管理、改善城镇卫生状况。

根据车用生物燃料的生产原料来源，将其大体分为4代生物燃料。一般来说，第1代生物燃料主要是指以甘蔗、玉米、大豆等传统农作物为原料，通过化学、生物转化途径（水解和发酵）生产的燃料乙醇，这是人类最早利用的生物能源种类，也被称为"常规生物燃料"。第2代生物燃料是指以非粮作物、农林废弃物（如秸秆、枯草、甘蔗渣、稻壳、木屑等）等为主要原料，通过化学、生物转化途径将原料中的纤维素转化为生物燃料，主要包含纤维素乙醇、合成生物燃油、生物二甲醚、生物氢等产品，其中纤维素乙醇和合成生物燃油是两种最重要的第2代生物燃料产品。第3代生物燃料是指从藻类中提取的各种生物燃料，包括植物油、生物柴油、生物乙醇、生物甲醇、生物丁醇、生物氢等。第4代生物燃料是指利用合成生物学工具，通过对光合微生物代谢进行改造生产的生物燃料，目前尚停留在基础研究层面。

2.1 车用气体生物燃料生产原料

生物质能源是地球上使用最古老也是应用最广泛和传统的能源，其使用量仅次于煤、石油和天然气三大常规能源，位列世界能源消费第四。生物质能源因具有可再生、清洁卫生和CO_2产生量少等优点，受到世界各国的重视。鉴于我国能源结构、储量、生产和消费情况，以及国内汽车产量和保有量的快速增长，我国车用燃料已呈现出多元化发展趋势[1]。大力开发车用生物燃料制备新技术，发展新型燃料汽车，不仅是汽车工业可持续发展的需要，还能够有效降低我国对石油进口的严重依赖[2]。

2.1.1 车用气体生物燃料分类

目前,从转化生产技术上来讲,车用气体生物燃料的生产技术主要有三种,即厌氧发酵产沼气技术、生物质气化制取合成气技术和生物质发酵制取氢气技术。目前,研究最多的车用气体生物燃料主要是生物氢和生物燃气。

氢能凭借储量丰富、清洁、高效等特点,已成为当前能源领域研究的热点。根据国际氢能委员会发布的 Hydrogen, Scaling up(氢能源市场发展蓝图),预计到 2030 年全球燃料电池乘用车将达到 1000 万~1500 万辆,预计到 2050 年氢能源需求将是目前的 10 倍。由于市场潜力巨大,世界各国和企业纷纷加大研发和支持力度,力图通过发展氢能来解决能源、资源和环境问题,并抢占国际能源领域的制高点。2018~2019 年,全球氢能市场的规模进一步扩大,尤其在日本、美国、欧洲迅速发展。日本、美国、德国和中国等主要国家陆续启动氢能源项目,在制氢、储氢和加氢等环节提出了许多创新性技术,使得氢能产业在一些关键技术上取得了重大突破[3]。

生物燃气广义上包括沼气、生物质燃气和生物氢等,一般由体积分数为 50%~70% 的甲烷(CH_4)和体积分数为 30%~50% 的二氧化碳(CO_2)组成[4]。生物燃气的生产和利用至今已有 100 多年历史,但高含量的 CO_2、H_2S 和 H_2O 等组分限制了其大规模商业化利用。因此,必须对原始生物燃气进行净化提纯,得到 CH_4 含量更高的生物天然气(又称生物甲烷)。我国是一个农业和人口大国,废弃生物质资源丰富,每年可转化为生物燃气的资源潜力约为 2220 亿立方米,折合天然气 1250 亿立方米,相当于我国 2012 年天然气消费量(1471 亿立方米)的 85%。

2.1.2 氢能生产原料

氢气燃烧后产物为水,是目前较理想的清洁燃料,它与太阳能、风能、潮汐能等清洁能源不同,可直接燃烧且燃烧热量高、产物无污染。氢作为清洁燃料,可直接用于氢发动机,也可作为燃料电池的燃料。以氢气作为能源代用品,已成为通用、奔驰等许多汽车制造商和壳牌等大型石油公司关注的焦点,目前已有氢燃料电池电动汽车投入市场。氢气的能源化利用是一个渐进、耗时长的过程,目前主要面临三大问题——氢气的来源、氢气的储存和运输、氢气的利用。在汽车领域,氢能的使用主要有氢燃料电池和氢内燃机两种方式。氢燃料电池是汽车动力系统转型升级和新能源汽车的重要方向。我国已经提出氢能与燃料电池技术创新、先进储能技术创新等重点任务,而且在 2016 年新能源汽车补贴政策中,氢燃料电池客车补贴达 30 万~50 万元/辆。国内也有一些科研院所开展氢发动机研究,如浙江大学对氢气燃料发动机的优化控制研究、华北水利水电大学对氢内燃机燃烧过程的数值模拟研究等[5]。

氢能的制备技术目前主要分为化石燃料制氢、水制氢和生物制氢三大类。其中化石燃料因不可再生性,用其制氢不符合未来可持续发展的趋势。水制氢技术近年来发展迅速,但在规模化应用技术上仍需要突破。此外,生物制氢也是快速发展的技术方向之一,该技术具有原料来源广泛、可再生等优点,属于可再生能源范畴,但如何进一步提高产氢效率是其面临的关键难题。生物制氢是未来氢能制备技术发展的重要方向之一,可分为化学法和生物法(生物质发酵制氢)两类。其中化学制氢的方法较多,如生物质气化、热解、超临界转化和生物质液相解聚产物的蒸汽重整、水相重整和光催化重整等。生物法即利用生物学方法将生物质转化为氢气,根据反应条件和微生物产氢机理的不同,该技术又分为光发酵生物制氢和厌氧生物暗发酵制氢两种。相比化学制氢而言,生物质发酵制氢技术是一种环境友好型的制氢技术,近年来受到了广泛重视。该技术具有工艺简单、底物来源丰富、成本低、反应条件温和、能够在常温常压下进行、清洁、节能和不消耗矿物资源等特点,被认为是最具发展潜力的制氢技术之一[6]。

从2016年开始,我国新能源汽车产业进入了加速发展阶段。新能源汽车的政策导向为研究和推广氢气作为车用替代燃料提供了必要条件。从能源经济性的角度来看,氢动力汽车优于传统汽车,大批量生产氢燃料汽车的前景良好。然而,目前氢作为能源面临一些亟待解决的问题,主要包括生产成本高、暂时还无法同价格低廉的石油和天然气相竞争、缺乏向用户输送的基础设施以及单位体积氢热值较低导致车辆的动力和行驶里程距实用仍有一定距离等。目前,氢能的研究在我国已成为一个新兴的前沿领域,越来越多的研究机构和研究人员加入其中,已初步形成一支由高等院校、中国科学院和石油化工部门及相关企业为主的氢能研发和利用专业队伍,部分技术已达到国际领先水平[7]。

据统计,我国2015年城乡有机废物产生量超过60亿吨,其中畜禽粪便产生量约38亿吨,秸秆产生量超过10亿吨,这是最主要的两大有机废物来源。面对潜力巨大的废弃物资源,我国整体利用率偏低。事实上,畜禽粪便可以作为产氢的原料,仅需要对粪便进行热处理或采用微波、超声、酸或碱等常规方式进行预处理,以消除产甲烷菌的影响。此外粪便中的氨浓度不能太高,否则会对发酵产生抑制作用。秸秆可通过化学制氢或生物制氢方式转化为氢气。

我国2016年城市生活垃圾产生量约2亿吨(其中餐厨垃圾约9000万吨),城市污泥产生量约3500万吨。此外,还有较大数量的沼渣、工业废弃物、肉食品加工废弃物、病死畜禽等。然而,我国城镇生活垃圾绝大部分处于"混合倾倒、混合清运、混合掩埋"状态,而且传统的填埋、焚烧等处理方式约占95%。城乡有机废物资源化利用空间大,但已有的资源化利用技术存在减量化利用不彻底、资源化利用不完全等问题[8]。

城镇生活垃圾主要是指来自家庭、餐饮业、食品加工企业的有机废物,这些废弃物含有多糖组分(如淀粉、纤维素、半纤维素等)以及蛋白质和脂肪等,可作为生物制氢的原料来源。屠宰场废弃物原料主要富含蛋白质和脂肪,以其进行发酵产氢的量可达$25cm^3/g$,而食物废物主要以碳水化合物为主,产氢量可达$85cm^3/g$。此外,污泥富含单糖、二糖和多肽等物质,也被认为是产氢的理想原料来源。为了有效利用污泥产氢,需要消除可耗氢细菌(如甲烷菌)对发酵过程的不利影响,可采用热冲击、超声、酸碱预处理等方法或补充有机物等方式对污泥进行处理。富含碳水化合物的工、农、牧业废水也是生物厌氧发酵制氢的良好原料,通过发酵制氢可以达到产氢与环保的双重效果[6]。

2.1.3 车用生物燃气生产原料

生物燃气俗称沼气,是指生物质在厌氧和其他适宜条件下被产甲烷菌等多种微生物分解利用所产生的气体,主要成分是甲烷(CH_4)和二氧化碳(CO_2),还含有氮气(N_2)、氧气(O_2)、一氧化碳(CO)和硫化氢(H_2S)等。作为生物质能源利用形式的典型代表,生物燃气具有来源广、环境污染小、成本低廉和可再生等优点,其经过净化提纯后可制成生物质天然气,进而可作为车用气体燃料或输入管网替代石化天然气。

目前,生物燃气作为最接近产业化应用的生物质能源,是能源领域战略性新兴产业拓展的重点方向。因此，积极发展生物燃气产业符合创新驱动发展战略，对综合解决生态环境和能源问题、促进循环经济产业链的形成具有重要意义。我国沼气工程的发展始于20世纪20年代末，但当时的技术极不成熟，直到20世纪80年代初我国才正式建立第一座养殖场沼气工程装置。近年来，我国沼气工程的建设数量逐渐增多。随着一些沼气工程新技术、新材料的蓬勃发展，我国沼气工程可靠性大幅提升。目前，我国农业沼气工程多分布于沿海地区、大中城市和畜禽养殖大省，近年中小型沼气工程、特大型沼气工程的数量迅速增加[1]。

从原料到产品使用的全周期来看，生物燃气具有"零碳排放"的特点，已在发达国家广泛使用。瑞典使用沼气提纯的生物天然气作为车用燃料，可减排90%的尾气颗粒物和CO_2。目前，国外主要发达国家生物燃气产业的商业模式主要有热电联产模式、车用生物燃气模式和管道生物天然气模式，其中车用生物燃气模式是将经过净化、提纯、压缩的沼气用作交通燃料。瑞典是应用该模式的典型国家，率先开展了生物燃气净化提纯制车用生物燃气和管道生物天然气的研究工作，开发出了世界上第一辆沼气火车。目前，瑞典交通工具使用的气体燃料中，车用生物燃气占58%。在净化提纯能力方面，德国的生物燃气净化提纯处理能力（以标准立方米每小时计）最强，达到$11.78\times10^4 m^3/h$；其次是美国，为$7.37\times10^4 m^3/h$；瑞典为$2.65\times10^4 m^3/h$[9]。

目前，生物燃气的生产原料主要包括农业废弃物、林业剩余物、畜禽粪便、工业废水和生活污水以及市政类废弃物等，具体如下。

2.1.3.1 农业废弃物

用于生产生物燃气的农业废弃物主要指农作物秸秆，是农业生产过程中收获了稻谷、小麦、玉米、薯类、油菜、棉花、甘蔗和其他农作物籽粒以后残留的不能食用的茎、叶等农作物副产品，不包括农作物地下部分。我国的粮食生产带具有明显的区域性特点，辽宁、吉林、黑龙江、内蒙古、河北、河南、湖北、湖南、山东、江苏、安徽、江西、四川13个粮食主产省（区）的秸秆理论资源量占全国秸秆理论资源量的70%以上。

在我国，已有利用农业废弃物大规模生产沼气的案例。2006年，山东省的10万秸秆沼气用户年沼气产量突破4亿立方米。2014年，四川省最大的农业废弃物综合利用项目——自贡市富顺县晨光科技园区$3000m^3$的沼液池竣工，通过对畜禽粪便、农作物秸秆等进行处理，可日产沼气5万立方米。2018年，安徽省阜阳市阜南县批准农业废弃物沼气与生物天然气开发利用PPP项目，该项目完成了15个沼气和生物天然气处理站点及产业相关设施的建设，实现覆盖区范围内10%的农作物秸秆直接处理，可日产沼气18万立方米（折合生物甲烷10.8万立方米）。

2.1.3.2 林业剩余物

林业剩余物即在林业育苗、管理、采伐、造材、加工和利用整个过程中产生废弃物潜在量的总和，包括林木采伐和造材剩余物、木材加工剩余物、竹材采伐和加工剩余物、森林抚育与间伐剩余物、城市园林绿化废弃物、经济林修剪废弃物、废弃木质材料共七大类，但不包括各林种的凋落物（即枯枝、落叶和弃果等）和经济林收获物加工及食用产生的废弃物（即果皮、果壳、残渣等）。2014年我国林木采伐和造材剩余物为5201.72万吨，木材加工剩余物为2259.34万吨，竹材采伐和加工剩余物为6005.87万吨，森林抚育与间伐剩余物为8336.83万吨，城市园林绿化废弃物为2427.21万吨，经济林修剪废弃物为 14174 万吨，废弃木质材料为 7000 万吨。

无论国内还是国外都有利用林业剩余物生产生物燃气的案例。2018 年底，光谷蓝焰（房县）新能源有限公司生物质热解气化项目在房县开工，该项目可年处理秸秆、竹片、树枝、锯末等农林废弃物 9 万吨，年产生物质燃气 1095 万立方米。2019 年，清洁能源初创公司 G4 Insights 现场试验证明林业残留物可转化为生物质天然气，可助力加拿大实现天然气输送行业设定的到 2030 年生物质天然气含量达到 10% 的理想目标。

2.1.3.3 畜禽粪便

全国畜牧总站调查资料显示，我国每年的畜禽粪便排放量大约为 38 亿吨，其中畜禽直接排泄的粪便约 18 亿吨。我国每年产生约 18 亿吨猪粪便，占总量的 47%；牛粪便年产生量约 14 亿吨，占总量的 37%，其中肉牛粪便 10 亿吨、奶牛粪便 4 亿吨；家禽粪便年产生量约 6 亿吨，占总量的 16%。畜禽粪便于 2014 年已经成为我国三大面源污染之一，畜禽粪污排放量随着养殖业规模的持续扩大，对生态环境造成的污染也越来越严重[10]。从循环农业和经济的角度来看，畜禽粪便是非常理想的沼气原料。通过沼气工程可以将畜禽粪便的污染治理与能源回收利用有机结合，从而促进畜禽养殖业健康发展，缓解能源紧缺问题。

2015 年我国畜禽粪便资源理论产生总量为 24.6 亿吨，其中粪资源量 17.3 亿吨，尿资源量 7.3 亿吨。如图 2-1 所示，各类畜禽的粪便产生量中肉牛的粪尿资源产生量最高，约为 5.84 亿吨，占总量的 23.7%；其次是猪，粪尿产生量约为 4.98 亿吨，占总量的 20.2%；肉禽的粪尿产生量排在第三，约为 3.16 亿吨，占总量的 12.8%；羊和蛋禽的粪尿产生量接近，分别约为 2.95 亿吨和 2.82 亿吨，占总量的比例分别为 12.0% 和 11.5%；兔、马和驴骡的粪尿产生量合计 7511 万吨，占总量的比例仅为 3%。可以看出，牛、猪、羊和禽类是我国畜禽粪便的主体，其中牛类（包括肉牛、奶牛和役用牛）约占 40%。

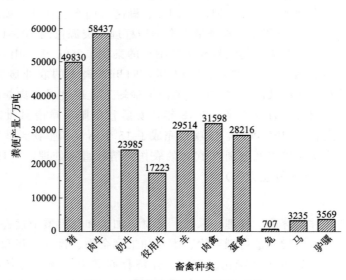

图 2-1 我国各类畜禽粪便产生量

我国主要畜禽（猪、牛、羊和禽类）粪便产量为 23.9 亿吨，可生产沼气潜力为 1202 亿立方米。以沼气中甲烷含量为 60% 计算，折算甲烷生产潜力为 721 亿立方米，折合标准煤 8810 万吨。其中肉禽和肉牛粪便的沼气生产潜力最高，分别为 296 亿立方米和 294 亿立方米，折合标准煤分别为 2171 万吨和 2153 万吨，合占全国总量的 49%；蛋禽、猪和奶牛粪便的沼气生产潜力在 130 亿～200 亿立方米范围，合计 513 亿立方米，折合标准煤 3765 万吨。

几十年来，美国一直利用沼气加热或驱动发电机、微型燃气轮机。位于美国科罗拉多州的 Persigo 废物处理厂每天都将当地约 800 万加仑的人类排泄物加工成可再生天然气，给大约 40 辆货车供给燃料，包括垃圾车、扫路机、自卸货车和公交车。位于我国河北省三河市国家农业科技园区的天龙规模化生物天然气工厂，已经建设完备 9 座大型厌氧罐和一个圆球形膜式储气设施，总投资超过 2 亿元，通过厌氧发酵将畜禽粪便生产为沼气，年消纳农作物秸秆 11 万吨、畜禽粪便 2 万吨，年产沼气 1179 万立方米、生物天然气 528 万立方米供应货车和出租车使用。天水国家农业科技园区"日产 1 万方生物天然气及有机肥生态循环利用项目"，以园区企业生产所产生的畜禽粪便和食用菌菌渣及园区周边的农作物秸秆等农业废弃物为原料，可实现日产生物天然气 1 万立方米，能提供给天水市及周边县区的压缩天然气（CNG）加气站，为出租车、公交车及私家车提供清洁能源。2020 年，山西省朔州市国新能源有限公司应县畜禽粪污处理及资源化利用项目启动，采用膜法生物天然气提纯装置，年处理牛粪粪污 55 万吨，年产沼气 1825 万立方米，年产生物天然气 632.16 万立方米，用于企业生产和车辆燃料。2021 年，长江生态环保集团有限公司联合中持水务股份有限公司中标江苏灌云 2.5 亿畜禽粪污资源化项目，年处理畜禽粪污 30 万吨（干清粪，含水率 80%）、餐厨垃圾 1.8 万吨（城区＋各乡镇区餐厨垃圾产生量，含水率 85%）并适当预留部分处理能力协同处理区域内的部分其他有机废物，可年产生物天然气 720 万立方米。

2.1.3.4 工业废水和生活污水

食品、农产品等加工业产生的有机废水、废渣以及城市生活污水中均含有大量的有机物污染物。如果将这些有机物作为废物随意排放，必然造成环境污染，而通过厌氧发酵产生沼气则可实现变废为宝。2015 年我国废水排放总量为 735 亿吨，与 2014 年相比增加了 2.67%，其中工业废水、城镇生活污水和集中式污染治理设施废水排放量分别为 199 亿吨、535 亿吨和 0.62 亿吨，所占比例分别为 27.1%、72.8% 和 0.08%。2015 年全国废水中 COD 排放量为 2224 万吨，与 2014 年相比减少了 3.1%，其中农业源 COD 排放量占 48.1%，工业废水和城镇生活污水 COD 排放量分别占 13.2% 和 38.1%。

2015 年我国处理工业废水和生活污水的甲烷产量分别为 207 万吨和 67.1 万吨。结合甲烷密度和折标准煤系数，全国工业废水和生活污水处理量可产生甲烷 34.8 亿立方米，折合标准煤 425 万吨（表 2-1）。各区域废水处理量的甲烷生产潜力如下：长江中下游区为 10.98 亿立方米，折合标准煤 134 万吨，占全国总量的 31.6%；华南为 6.31 亿立方米，折合标准煤 77.2 万吨，占全国总量的 18.1%；华北区和西南区相当，均在 5 亿～6 亿立方米之间，折合标准煤 60 万～70 万吨。

2.1.3.5 市政类废弃物

目前，我国生活垃圾无害化处理方式主要有卫生填埋、焚烧、堆肥等，现阶段卫生填埋是最常见的处理方式。填埋垃圾在厌氧环境条件下产生大量垃圾填埋气，其主要成分包括 CH_4、CO_2 等，是一种可燃的混合气体。甲烷是一种重要的温室气体，将垃圾填埋气收集、能源化利用，不仅能用于发电、生产生物天然气等，还具有减排温室气体的效果[11]。

表 2-1　我国各区域处理废水的甲烷生产量

生态区	甲烷产量/10^4t			甲烷产量/10^8 m^3		
	生活	工业	合计	生活	工业	合计
东北区	17.60	5.35	22.95	2.23	0.68	2.91
华北区	28.70	10.90	39.60	3.64	1.39	5.03
黄土高原区	11.50	6.03	17.53	1.45	0.77	2.22
长江中下游区	67.30	19.20	86.50	8.54	2.44	10.98
华南区	39.10	10.60	49.70	4.96	1.35	6.31
西南区	34.30	8.21	42.51	4.35	1.04	5.39
蒙新区	7.18	6.17	13.35	0.91	0.78	1.69
青藏区	1.49	0.61	2.10	0.19	0.08	0.27
全国	207.17	67.07	274.24	26.27	8.53	34.80

目前，城市有机废物包括生活垃圾中的有机垃圾、城市污泥和餐厨垃圾。生活垃圾中，纸类、木制品、橡塑等有价值的有机垃圾，大部分由拾荒者和环卫工人进行分拣后再由企业回收利用，小部分使用焚烧和填埋的方式无害化处理[8]。国外大力推行生活垃圾综合分类，将可回收物（如金属、玻璃等）直接回收利用，对有机物进行厌氧发酵、堆肥或焚烧并将残渣等填埋，由传统单一的处理方式转变为综合处理方式。例如，比利时 Brecht 厂将收集的垃圾进行综合分选以获取可发酵的物料，再将物料按比例混合后送入发酵罐，物料在罐内发酵时间为 20d，每吨垃圾产沼气量可达 43m^3；该厂垃圾处理规模为 12000t/a，每年可生产沼气约 51.6 万立方米。加拿大安大略省 Newmarket 厂将收集的垃圾经分选后与水混合，并送入发酵罐，采用 BTA 厌氧发酵技术进行发酵，停留时间 15d；年处理 15 万吨有机垃圾，可年产 6 万吨有机肥，产生的沼气用于发电，每年产生约 5MW·h 电力。"综合分选＋厌氧发酵"技术在国外已经得到广泛应用，很好地实现了生活垃圾综合处理。

根据《中国统计年鉴》（中华人民共和国国家统计局，2016）的数据，2015 年全国城市生活垃圾清运量为 1.91 亿吨，无害化处理量为 1.80 亿吨，处理率为 94.1%。其中卫生填埋量为 1.15 亿吨，占生活垃圾清运量和无害化处理量比例分别为 60.0% 和 63.7%；焚烧量为 0.62 亿吨，占生活垃圾清运量和无害化处理量比例分别为 32.3% 和 34.3%；堆肥等其他处理量为 354 万吨，占生活垃圾清运量和无害化处理量比例分别为 1.85% 和 1.97%。

依据我国现阶段垃圾处理方式和实际生活垃圾填埋场处理的垃圾量估算，2015 年我国实际填埋的城市生活垃圾的甲烷生产潜力为 46.3 亿立方米，折合标准煤 566 万吨（表 2-2）。在全国范围内，各区域的填埋城市生活垃圾的甲烷排放潜力与垃圾填埋量分布一致，东部的长江中下游区、华北区和华南区的排放潜力最大，3 个区占全国甲烷排放潜力总量的 60% 以上。长江中下游区甲烷排放量为 11.4 亿立方米，折合标准煤 139 万吨，占全国总量的 24.6%；华北区和华南区分别是 9.16 亿立方米（折合标准煤 112 万吨）和 8.26 亿立方米（折合标准煤 101 万吨），占全国总量的 19.8% 和 17.8%；黄土高原区、蒙新区和青藏区的甲烷排放量均在 5 亿立方米以下，3 个区总量为 7.15 亿立方米，约占全国总量的 15%。

但是，目前填埋气回收利用的主要方式是发电和燃烧利用，从资源回收的角度来看，仍存在能源转化率不高、产品附加值较低的问题。未来填埋气综合利用的发展方向是通过提纯浓缩制备高纯度甲烷，将其用作高附加值的管道天然气或者汽车燃气，不但可以减少石油消耗，而且燃烧更加充分，体现出清洁能源属性。从这个角度来看，我国清洁能源发展机制将可能进一步促进填埋气的回收利用[12]。

表 2-2 全国各区域清运及填埋城市生活垃圾的甲烷排放潜力

生态区	清运生活垃圾甲烷排放潜力			填埋生活垃圾甲烷排放潜力		
	产量/10^4 t	产量/10^8 m^3	折标准煤量/10^4 t	产量/10^4 t	产量/10^8 m^3	折标准煤量/10^4 t
东北区	52.6	7.84	95.9	37.4	5.58	68.2
华北区	106	15.9	194	61.4	9.16	112
黄土高原区	33.3	4.97	60.7	26.5	3.96	48.4
长江中下游区	154	22.9	280	76.2	11.4	139
华南区	93.8	14.0	171	55.3	8.26	101
西南区	51.4	7.67	93.7	31.8	4.74	57.9
蒙新区	22.7	3.39	41.4	19.5	2.9	35.5
青藏区	3.11	0.46	5.67	1.94	0.29	3.53
全国	516.91	77.13	942.37	310.04	46.29	565.53

2.2 车用液体生物燃料生产原料

2.2.1 车用液体生物燃料分类

液体生物燃料一般指以生物质为原料生产的液态燃料，用于车辆、船只或航空等交通运输工具，主要包括燃料乙醇、生物柴油与生物航空煤油等，通常将其分为常规液体生物燃料和先进液体生物燃料。常规液体生物燃料包括以糖基（如甘蔗、甜高粱和甜菜）或含淀粉农作物（如木薯、玉米和小麦）为原料生产的乙醇、以木本油料作物（如小桐子、黄连木、棉籽和油棕榈）或废弃动植物油脂为原料生产的生物柴油与生物煤油；先进液体生物燃料包括以纤维素类、藻类等生物质为原料，通过生物催化或化学催化转化而成的液体燃料。同时，液体生物燃料根据与粮食的相关性，又可被划分为粮食生物燃料与非粮生物燃料[13]。

液体生物燃料可以不同的形式提供给不同的内燃机使用。根据 21 世纪可再生能源政策网官方统计，2017 年全球每年生物燃料产量达到 980 亿升乙醇、300 亿升生物柴油和 49 亿升氢化植物油（HVO）[14]。目前，我国生产的液体生物燃料主要有燃料乙醇、生物柴油和生物航空煤油。生物燃料乙醇的生产原料主要有小麦、玉米、薯干、木薯、纤维素类生物质等，其中发展纤维素燃料乙醇符合长远发展需求；生物柴油、生物航空煤油的主要生产原料有废弃油脂、木本油料、进口棕榈油等[15]。

下面详细介绍生物燃料乙醇和生物柴油。

（1）生物燃料乙醇

自我国 2002 年开始推广车用乙醇汽油以来，截至 2019 年年底，累计生产了 2841 万吨生物燃料乙醇，消化以陈化粮为主的原料约 9200 万吨，联产各类高蛋白饲料、油脂等产品约 2800 万吨，调配出约 2.7 亿吨车用乙醇汽油，替代原油约 8600 万吨[16]。目前，生物燃料乙醇生产技术按原料来源可分为 3 代，分别为以玉米、小麦、甘蔗等为原料的第 1 代燃料乙醇技术，以木薯、红薯、甜高粱等非粮经济作物为原料的第 1.5 代燃料乙醇技术，以农林废弃物（秸秆等）为主要原料的第 2 代燃料乙醇技术和以微藻为主要原料的第 3 代燃料乙醇技术[17]。

历代生物燃料乙醇的基本情况详见表 2-3。第 1 代燃料乙醇技术已比较成熟，在世各国广泛使用。随着我国国内储备陈化粮减少、国家补贴和税收优惠政策取消，而且第1代技术存在"与人争粮"等问题，尤其是与美国的贸易战加剧，国内玉米一度达到2400~2500元/吨，导致第1代燃料乙醇技术的经济效益降低；第1.5代燃料乙醇主要以木薯等淀粉类非粮作物为原料，这类作物大规模种植于我国南方地区或通过东南亚等热带地区进口，但由于薯类纤维、果胶及支链淀粉含量高，造成薯类醪液黏度高，无法发酵生产高浓度乙醇，而且淀粉利用率低，木薯在我国大规模种植同样存在"与粮争地"的问题，而进口则会由于国际贸易争端导致原料供应受限[17]。

表 2-3 各代际燃料乙醇优缺点对比

代次	产品	原料	核心步骤	优点	缺点
第1代	粮食乙醇	玉米、小麦等	(1)淀粉转化为可发酵糖 (2)发酵制取乙醇	(1)原料种植面积最大 (2)工艺较为简单、成熟	与人畜争食,资源有限
第1.5代	非粮乙醇	木薯、红薯、甜高粱等	(1)淀粉转化为可发酵糖 (2)可发酵糖类发酵 (3)原材料预处理	(1)生物特性好,淀粉生产率高 (2)适应性广泛,种植面积广阔 (3)乙醇生产效率高 (4)成本较低	与粮林争地,资源有限
第2代	纤维素乙醇	农产品废弃物、林产废弃物	(1)制取高效纤维素酶 (2)将纤维素转化为可发酵糖 (3)糖化发酵制取乙醇	(1)不与人畜争粮、不与粮林争地 (2)原料易得,资源丰富	产能规模有待提升
第3代	微藻乙醇	微藻	(1)筛选抗逆性强并富含碳水化合物的优良藻株 (2)进行高效的微藻培养 (3)生物质采收 (4)发酵产醇	(1)生长迅速、培养周期短 (2)乙醇产率远高于其他原料 (3)微藻养殖可全年进行 (4)可减少温室气体排放	(1)技术尚未完善 (2)养殖需要大量水体 (3)收获难度较大,藻液容易染菌和其他杂藻
第4代	微藻乙醇	微藻	(1)培养藻类； (2)代谢工程技术改造微藻代谢途径	(1)不产生废弃物 (2)生产环节很少	只停留在理论,未投入实际应用

第2代燃料乙醇技术以纤维素类生物质为原料，经预处理后通过使用高转化率的纤维素酶将原料中的纤维素转化为可发酵的糖类物质，最后经发酵生产乙醇。该技术同粮食乙醇和非粮乙醇技术存在较大差异。目前，第2代燃料乙醇因其原料来自农林废弃物，资源丰富，而且不与人畜争粮，不与粮林争地，成为各国生物燃料乙醇产业争相发展的方向。国际能源署预测，到2050年全球液体生物燃料消耗量将达到11亿吨，占全世界交通运输燃料的27%，其中主要依靠发展第2代燃料乙醇来实现[18]。第3代燃料乙醇主要以微藻中所含的碳水化合物，如淀粉、纤维素和半纤维素为原料来生产乙醇，能够实现温室气体的减排。但目前第3代燃料乙醇还主要处于实验室研究阶段，暂未实现工业化生产。

通过比较表2-4所列出各种生物燃料乙醇的成本可以看出，纤维素乙醇的原料成本最低，投入产出效率最高，如果能够改进生产技术，降低其生产成本，未来发展潜力巨大。欧洲地区用小麦和甜菜制备生物燃料乙醇的成本较高，而且投入产出率较低，因此欧洲的液体生物燃料以生物柴油为主，生物乙醇产量较低。巴西主要发展以甘蔗为原料的生物乙醇，是因为其原料成本非常低，总成本也在所有原料中处于最低的位置，成本甚至低于国际汽油价格，这也是巴西的生物燃料乙醇产业发展良好的一个重要原因。现阶段，我国以玉米和木薯为原料的生物乙醇的成本都高于汽油价格，成本较高，利润较低。

表 2-4　各种原料生物燃料乙醇的成本及投入产出效率

原料	总成本/(美元/升)	原料成本/(美元/升)	生产成本/(美元/升)	投入产出效率
玉米(美国)	0.56	0.23	0.33	1∶1.3
小麦(欧洲)	0.75~1.27	0.22~0.34	0.53~0.93	1∶1.2
甜菜(欧洲)	0.83~1.22	0.20~0.32	0.63~0.90	1∶1.9
甘蔗(巴西)	0.467	0.127	0.340	1∶9
纤维素(美国)	0.517~0.627	0.087~0.097	0.430~0.530	1∶10

燃料乙醇在我国已经实现了万吨级的工业化生产规模，技术相对成熟，但其使用的原料主要是陈化粮（玉米、小麦）、能源作物（马铃薯、甘薯）和含糖作物（甘蔗、甜菜），纤维素乙醇的商业化还有许多难点亟待突破。我国 2017 年发布的《关于扩大生物燃料乙醇生产和推广使用车用乙醇汽油的实施方案》中指出，到 2020 年全国范围内将基本实现车用乙醇汽油全覆盖；到 2025 年力争实现纤维素乙醇规模化生产，先进液体生物燃料技术、装备和产业整体达到国际领先水平，形成更加完善的市场化运行机制。燃料乙醇产业未来将为支持国家"三农"事业、改善大气环境、减少原油进口做出更多贡献[19]。

（2）生物柴油

生物柴油是以植物果实、种子、植物导管乳汁或动物脂肪油、废弃的食用油等为原料，与醇类（甲醇、乙醇）经酯化反应获得的可供内燃机使用的一种燃料。生物柴油是一种清洁含氧燃料，具有可再生、易于降解、燃烧污染排放低、温室气体排放低等特点。此外，生物柴油具有来源广泛、污染小、能量密度高、经济性好、使用性能好等优点[20]。

生产生物柴油所用植物油的选择标准是可用性、成本、油质量（成分）和产品保质期。与化石资源相比，世界不同地区可以用来生产生物柴油的植物油资源不同。早期用于生物柴油的主要原料是菜籽油（RSO，占比 84%）、葵花籽油（SNO，占比 13%）、大豆油（SBO，占比 1%）、棕榈油（PMO，占比 1%）和其他油（包括麻风树油等，占比1%）。随着美国、南美洲和亚洲生物柴油产量的增加，生物柴油企业和生产管理组织的市场份额迅速增加。作为燃料作物种植的含油植物每年有超过 350 种（包括成千上万的亚物种）。多年生植物的生产力较高，它们具备抗侵蚀性能，可以在山区种植，有些物种一年内可以多次收获，许多含油植物在热带气候和条件下产油更多。

用于生产生物柴油的植物逐渐由一年生能源作物转向多年生作物（例如棕榈、麻风树）。一般来说，地理、气候和经济等因素决定了何种植物油具备更大的生物柴油生产潜力。用于生产生物柴油的原材料因国家/地区而异，例如欧盟产 RSO、SNO，美国产 SBO、薏苡仁油（CSO），加拿大产蓖麻油（CO），尼加拉瓜产麻风树油、PMO，日本回收蔬菜油，中国、印度产麻风树油，东南亚产米糠油（RBO），菲律宾产腰果油（CNO）。事实上，用于生物柴油的油质量规格在美国（大豆柴油）和欧洲（油菜柴油）之间有所不同。美国虽一直专注于"大豆柴油"，但其生物柴油的生产原料逐步多样化，从 2001 年的 90% 大豆原料到 2007 年的 45% 大豆、39% 多种原料、3% 动物脂肪/大豆、3% 动物脂肪、4% 油菜籽和 6% 其他原料，而且美国的生物柴油生产原料正在进一步多样化，新的原料包括油菜籽、黄芥末、玉米、向日葵、花生、椰子、麻风树、食用油和黄色油脂等。

2.2.2　淀粉质原料

目前世界燃料乙醇的生产原料中，玉米或小麦等淀粉质原料占比高达 33%。淀粉质原料主要包括玉米、甜高粱、红薯、木薯、马铃薯、小麦、大麦、菊芋等。美国的燃料乙醇几乎全部以玉米为原料进行生产，法国用小麦生产少量乙醇，泰国用木薯生产部分乙醇。我国发酵乙醇的原料中，淀粉质原料占80%，其中薯类约占30%，玉米等谷物约占50%[21]。

2.2.2.1 粮食淀粉质原料

(1) 玉米

玉米在全球170余个国家和地区均有种植，其产量在作物生产领域位居第二。2016年其种植面积约为1.88亿公顷，产量约为106万吨[22]。它是目前人类最重要的粮食来源之一，也是生产生物燃料乙醇的主要作物之一。

玉米植株是一种高大的一年生草本植物，茎秆结实直立，高度可达4m。从温带到热带，不同气候可以种植不同的玉米品种。根据联合国粮食及农业组织（FAO）[22]的统计数据，中等成熟的谷物需要500~800mm的降水量才能达到最大产量。有资料表明，在灌溉条件下，优良的商品粮玉米产量为6~9t/hm^2（10%~13%降水条件下）。全球玉米以南北半球分为两个生长期，北半球的播种期在4~5月，南美洲（巴西、阿根廷）在9~11月。南美洲（巴西、阿根廷）玉米的收获期是每年的3~5月，而地处北半球的美国、中国的玉米收获期是9~10月。由于南美洲（巴西、阿根廷）玉米产量相对较少，所以玉米集中供应期为每年的9~10月，主要由北半球的美国和中国供应。

近十几年来全球玉米产量高位波动调整。如图2-2所示，从2014年开始，全球玉米年产量一直保持在10亿吨以上；2020年全球玉米产量最高，约为11.34亿吨，此后呈逐年下降趋势，截至2022年降低至10.86亿吨。

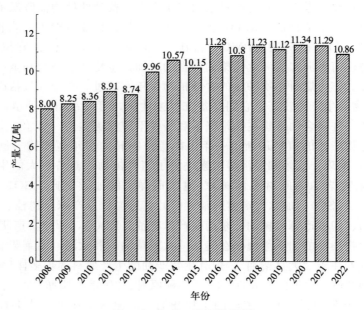

图2-2 全球玉米产量情况

近年来全球主要国家玉米产量变化情况如图2-3所示。2016年玉米产量最高，美国是领头羊（占比34.1%），其次是中国和巴西，分别占世界总产量的23.4%和8.8%。欧洲是世界第三大玉米产区，2016年产量为1.17亿吨，法国位居第一（10.2%）。截至

2022年，美国的玉米产量大幅下降，产量降至 3.05 亿吨，但仍占全球总产量的 28% 左右。我国是全球第二大玉米主产国，玉米产量自 2015 年之后趋于平稳，2022 年产量为 2.71 亿吨，占全球总产量的 25% 左右。

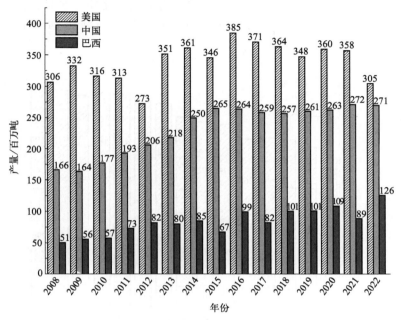

图 2-3 全球主要国家玉米产量变化情况

近年来，全球玉米消费量增长迅速，如图 2-4 所示，从 2008 年的 7.83 亿吨增长至 2022 年的 11.85 亿吨，累计增幅约 51%，年复合增长速度约 3.7%，略高于同期 2% 的年均增速。2022 年，全球玉米消费量较前几年略有增加，达到 11.85 亿吨。

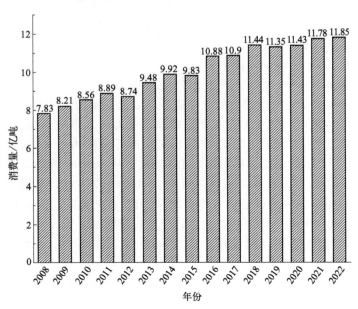

图 2-4 全球玉米消费量统计情况

近十多年来全球主要国家和地区玉米消费量变化情况如图2-5所示,美国和中国是全球最大的两个玉米消费国,2022年度美国和中国的玉米消费量分别为3.16亿吨和2.95亿吨,两国玉米消费量之和约占全球消费总量的52%。其中,近十多年中国玉米需求量的年均增速高达6.6%,高于同期美国1.6%的年均增速。此外,欧盟、巴西和墨西哥的玉米消费量也相对较大,2019年分别达到8250万吨、6700万吨和4450万吨,约占全球的7.3%、5.9%和3.9%。

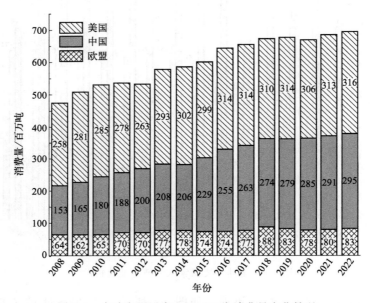

图2-5 全球主要国家和地区玉米消费量变化情况

玉米作为世界上公认的黄金作物,其淀粉含量高,是转变成变性淀粉、酒精、糖浆、燃料乙醇的理想原材料,所以在整个玉米加工行业中玉米淀粉具有十分重要的作用。作为玉米的消费大国,我国近十多年的玉米产量变化情况如图2-6所示,从2009年开始,我国玉米产量持续上升,到2015年产量达到顶峰;2016年开始我国玉米产量开启下行趋势,当年产量约为2.64亿吨,同比下降0.52%;至2018年玉米产量已连续三年下降,2019年又呈回升趋势,至2022年回升至2.78亿吨左右。

近几年,随着国家玉米供给能力的大幅提升,以及玉米加工产业的迅猛发展,我国对玉米的需求也在逐渐加大,我国从玉米净出口国转变为玉米净进口国。2017年产需差额由正转负,库存消费比持续下行;2019年我国玉米产需差额约为6715.2万吨,库存消费比为40.19%,为近7年最低位。从图2-7可以看出,从2010年开始,我国玉米进口量出现大幅度增长,进口量从2009年8万吨激增至2010年157万吨,暴增149万吨,增长率为1862.5%。之后两年玉米进口量仍持续大增,2012年玉米进口量达到峰值,年进口高达521万吨,逼近进口配额720万吨。此后,年进口量在260万～479万吨之间波动。但自2020年开始,我国玉米进口量暴增,2021年达到2835万吨,2022年也超过了2000万吨。

在未来一定时期内,玉米依然是制备生物燃料乙醇的最主要原料。受玉米临储收购政策影响,我国玉米库存连年上行。2008年起推行的临储收购政策致使我国玉米产量大幅提高,消费需求却未同步增长,2013～2015年供需矛盾加剧,玉米库存快速增长,每年

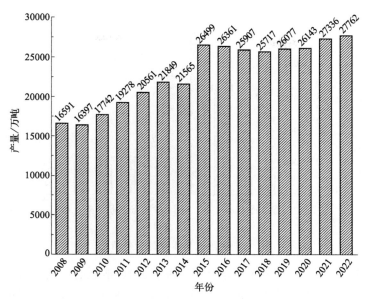

图 2-6　我国玉米产量变化情况

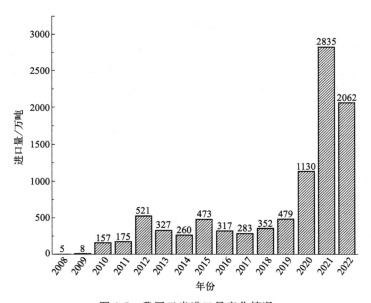

图 2-7　我国玉米进口量变化情况

库存增量平均为 6148.5 万吨（图 2-8）。国家库存的持续高增长造成库存压力急剧加大。为了推动超高玉米库存的消化，国家在 2016 年取消玉米临储政策，玉米价格市场化机制打通，大量玉米出库促进国家库存快速消化。2019 年拍卖结束后，临储玉米库存结余量总计约 5759 万吨，远低于 2016 年的高点 2.37 亿吨，当前阶段我国玉米库存已降至低位，2022 年库存结余量只有约 2830 万吨（图 2-8）。玉米库存量的大幅降低，以及进口量的快速攀升，致使 2020 年 3 月以来玉米价格持续上涨，在 2021 年 1 月时涨到近 2900 元/吨，创历史新高，这对燃料乙醇的生产盈利造成了重大影响。

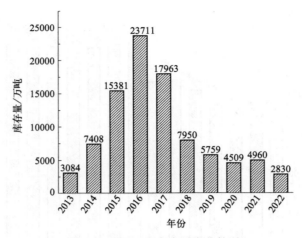

图 2-8 我国玉米库存量变化情况

从图 2-9 来看，我国玉米进口来源变化明显。2014 年之前，我国最大玉米进口来源国是美国，超过 70% 的玉米从美国采购。但是从 2014 年开始，我国玉米的主要进口来源国开始由美国转变为乌克兰，从乌克兰进口玉米的数量持续上升，2014 年我国从乌克兰进口玉米量为 96.4 万吨，占比 37%。2015 年这一比例进一步上升，增长至 385.1 万吨，占 2015 年全年进口量的 81.4%。之后的 2016～2019 年，乌克兰一直是我国最主要的玉米进口国。随着针对中美贸易摩擦的经贸磋商取得进展，我国自 2020 年开始逐渐恢复从美国大量进口玉米；至 2021 年后，美国再次成为我国进口量最大的玉米进口国，特别是 2021 年进口量接近 2000 万吨；2022 年进口量有所下降，但也接近 1500 万吨。

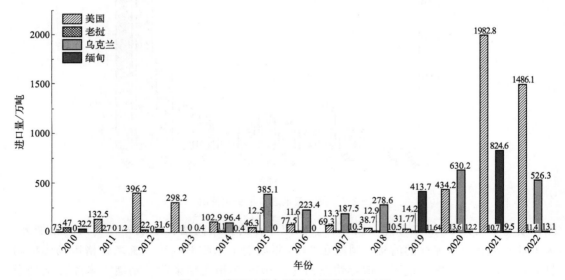

图 2-9 我国玉米主要进口贸易国进口量

玉米淀粉是玉米的初级加工产品，不但可以直接食用，也可以广泛用于其他行业（如医药、啤酒、制糖、化工等），其下游产品达 3500 多种。当前，美国、日本等工业较发达的国家对玉米淀粉的加工重视程度很高，玉米淀粉相关产业已创造出可观的社会和经济效益。作为车用生物燃料的重要淀粉质原料,玉米淀粉产量占淀粉产量的比重最大。如图2-10所示,近几年我国玉米淀粉产量总体呈逐年增长态势。2018年我国淀粉产量为3009.3万吨,其中玉米淀粉产量为2814.9万吨,占比高达93.5%;2021年我国淀粉产量为4024.24万吨,其中玉米淀粉产量为3918.6万吨,占比进一步提升至97.4%。

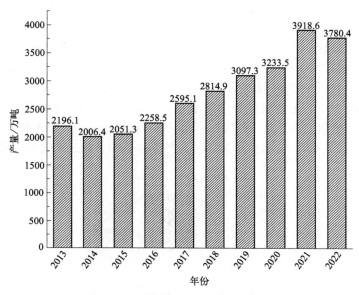

图 2-10 我国玉米淀粉产量变化情况

据中国淀粉工业协会统计数据,2019年我国玉米淀粉需求量为2725万吨,2020年1~11月玉米淀粉需求量为2311万吨。2019~2022年期间我国玉米淀粉需求结构变动较小,主要以淀粉糖需求为主,2022年淀粉糖对玉米淀粉需求量为2116万吨,占总需求量比重为54%;其次为造纸,对玉米淀粉需求量为431万吨,占总需求量比重为11%(图2-11)。

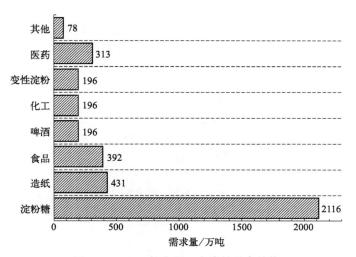

图 2-11 2022年我国玉米淀粉需求结构

玉米深加工是优化产业结构、延长产业链、增加产品附加值的具体表现,也是解决"三农"问题的一个重要措施。截至2020年11月底,我国玉米深加工行业主要产品中味精、淀粉、柠檬酸等生产企业开工率较高，但各产品的利润差异较大。玉米深加工需求主要是淀粉和酒精两大类产业，其中淀粉加工行业的玉米消耗占比约58%。在区域集中度方面，我国玉米深加工产能主要集中在东北三省和华北黄淮等地区。我国玉米深加工行业虽起步晚，但发展迅速。我国玉米深加工企业规模不断扩大，拥有玉米综合加工能力亚洲第一、世界第三的大型企业。在玉米深加工研发方面，已自主研发了一批玉米深加工新技术，节能、减排等技术已在发展中国家处于领先地位。

我国农产品网数据显示，2019年全国统计在内的在生产玉米深加工企业总计159家，总玉米加工能力达到7466万吨，较2018年增加740万吨。其中黑龙江省最为集中，新增深加工玉米消耗能力为500万吨；其次山东省100万吨，吉林省80万吨，河南省60万吨。从2022年我国玉米深加工行业区域竞争格局来看（图2-12，以最主要的产品玉米淀粉为例），玉米深加工产能主要集中在华北、黄淮和东北三省等地区。其中，山东省玉米深加工产能最高，占全国总量的51%；河北省位居第二名，产能占19%，超过东北三省总和。

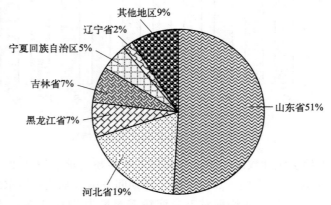

图2-12 我国玉米淀粉区域竞争格局

2022年我国玉米深加工下游产品需求结构如图2-13所示，下游产品需求主要是玉米淀粉和酒精，其中生产淀粉的玉米消耗占比约55%，生产酒精的玉米消耗占比约为26%。随着国家对玉米深加工的产业政策开始放松以及玉米价格的下降，极大地刺激玉米深加工产能的快速扩张，玉米深加工业进入了新一轮快速扩张期。

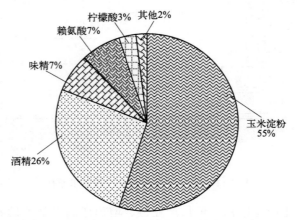

图2-13 2022年我国玉米深加工下游产品需求结构

相比之下,作为世界燃料乙醇第三大生产和消费国,我国燃料乙醇的发展远远滞后于美国和巴西,2017年我国的燃料乙醇产量只有87.5亿加仑,仅占全世界总产量的3%,相应的玉米年消耗量占我国玉米总产量的3.27%左右。我国汽油年产量超1.04亿吨,燃料乙醇产量仅占汽油产量的2%左右,若未来在全国范围内推广使用E10乙醇汽油,则燃料乙醇需求缺口巨大;若全部利用玉米生产燃料乙醇,则玉米年消耗量将达到我国玉米总产量的15.64%。实际上,其他谷物,如小麦、大麦和燕麦等,亦可采用与玉米相同的工艺生产乙醇。

(2) 小麦

小麦是世界上第三大生产谷物,仅次于玉米和大米,是人类生存和发展所依赖的最重要食物来源。据了解,欧盟燃料乙醇产业虽起步较晚,但是发展迅速。欧盟以谷物为原料生产燃料乙醇,2013年燃料乙醇产量达364万吨,其中1/3以小麦为原料制得。20世纪末,我国的粮食积压严重,大量富余的粮食无法释放,国家粮库超负荷,如何解决陈化粮问题成了当务之急。2001年国家投资50亿元,在黑龙江省、吉林省、安徽省和河南省建立了4家大型燃料乙醇生产企业,分别以玉米和陈化的小麦为原料制燃料乙醇。在4家企业中,河南天冠企业集团有限公司是唯一一家以小麦原料为主生产燃料乙醇的企业,在2006年已经可用小麦生产出30万吨燃料乙醇。

随着世界粮食危机日益严重,粮食价格逐渐升高,利用小麦等人类直接口粮生产燃料乙醇的经济性必然大幅下降。此外,与玉米燃料乙醇相比,以小麦为原料制备燃料乙醇的部分工艺环保不达标,不符合人类的绿色、可持续发展要求。从2007年开始,国家发展改革委已明确表示将不再利用粮食作为生物质能源的生产原料,取代粮食生产燃料乙醇的将是非粮作物。

2.2.2.2 非粮淀粉质原料

随着世界燃料乙醇产业的快速发展,玉米等农作物的用量以及价格与日俱增,粮食原料成为制约燃料乙醇产业进一步发展的因素。发展非粮生物乙醇已成为世界范围内生物乙醇技术的发展趋势。目前我国已禁止新上以玉米、小麦等粮食作物为原料的燃料乙醇项目,可用于生产燃料乙醇的非粮淀粉质原料主要包括木薯、马铃薯、甘薯、蕉藕、葛根等,以下对其种植、应用状况及原料特点等进行分析。

(1) 木薯

木薯属高产作物,耐干旱、耐贫瘠、易栽培,在亚热带产量较高,是现阶段一种可以大规模工业利用、经济上可行的非粮燃料乙醇生产原料。它是多年生植物(高1~5m),耐酸性土壤,能高效利用水和土壤养分。成熟时其根块含有60%的水分和20%~32%的淀粉,以及蛋白质和脂肪等其他微量成分[23]。木薯是亚洲、非洲和拉丁美洲仅次于水稻和玉米的最重要的粮食作物,与谷物一样需衡量其非粮食用途前景。

全世界木薯种植总面积约1850万公顷,主产区是非洲和东南亚,分别占世界总种植面积的66%和16%。我国不是木薯主产国,种植面积约44万公顷,占世界总种植面积的2%,年产量约600万吨,主要分布在广西、广东、云南、海南和福建等地。鲜木薯含有27%~33%的淀粉、4%左右的蔗糖。乙醇生产是利用木薯块根中的淀粉,平均7t鲜木薯可产1t乙醇[24]。

近年来,由于木薯种植面积不断减小,使得我国木薯淀粉产量呈下降趋势。中国淀粉工业协会数据显示(图2-14),从2014年开始,木薯淀粉产量逐年下降,到2019年降至最低，仅为 17.01 万吨，同比下降 35.25%。自 2020 年以后，我国木薯淀粉产量有所回升，但整体依然呈下降趋势。

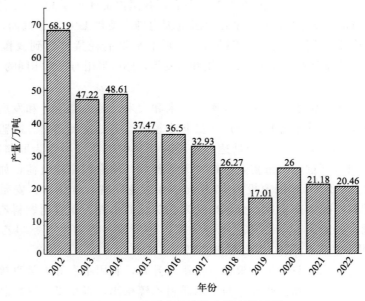

图 2-14　我国木薯淀粉产量变化情况

2019 年木薯淀粉前十名企业产量合计为 15.28 万吨，占总产量的 89.83%，前十名企业集中度比 2018 年提高近 33 个百分点。其中，广西红枫淀粉有限公司木薯淀粉产量为 3.26 万吨，居第一位，产量比 2018 年增加 41.74%，占总产量的 19.17%；广西高源淀粉有限公司木薯淀粉产量为 2.80 万吨，居第二位，产量比 2018 年增加 7.69%，占总产量的 16.46%；崇左市群力淀粉有限责任公司木薯淀粉产量为 1.90 万吨，居第三位，产量比 2018 年减少 3.80%，占总产量的 11.17%。

虽然我国木薯淀粉的产量逐年下降，但木薯淀粉应用广泛，整体需求相对旺盛。我国木薯淀粉需求量变化情况如图 2-15 所示，自 2014 年之后，我国的木薯淀粉年需求量均在 200 万吨以上，而且自 2019 年需求量再次回升至 250 万吨左右之后我国木薯淀粉需求量呈大幅增长趋势，至 2022 年已达 391.8 万吨。

我国木薯淀粉产量逐年下降，国内木薯淀粉供不足需，巨大的供应缺口需依靠进口弥补。我国木薯淀粉进口量变化情况如图 2-16 所示。自 2016 年以来，我国木薯淀粉的进口量都维持在每年 200 万吨以上。2019 年我国对边贸木薯淀粉进口管控趋严，大量越南木薯淀粉由边贸改为正贸进入我国，致使 2019 年之后木薯淀粉进口量大幅增加，到 2022 年已达 431.01 万吨。

2007 年，广西中粮生物质能源有限公司的年产 20 万吨木薯燃料乙醇生产装置建成投产，各项生产技术指标居于世界领先水平。木薯资源同样也面临产量的限制，原料主要依赖于进口，因此带来了成本不稳定的隐患。以年产 30 万吨木薯乙醇项目为例（总投资 21.6 亿元，木薯价格 1400 元/吨），经测算其成本在 5300 元/吨左右，较高的成本影响了木薯燃料乙醇的规模化发展，寻找更为丰富的原料及掌握配套生产技术成为燃料乙醇产业发展亟待解决的问题。

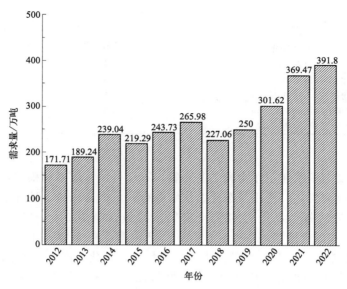

图 2-15　我国木薯淀粉需求量变化情况

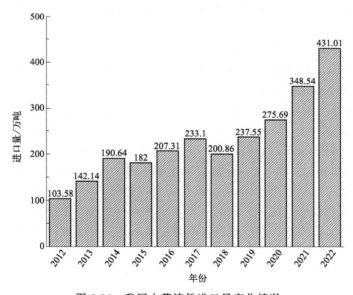

图 2-16　我国木薯淀粉进口量变化情况

2015~2018年我国主要木薯深加工企业的燃料乙醇产能如表2-5所列。受制于原料供应及污水处理要求较高，现有木薯乙醇生产企业的产能有限，我国木薯乙醇产品主要有食用酒精、工业酒精及燃料乙醇。随着产品向多元化及进一步深加工发展，加大生产高纯度酒精、无水酒精、电子级酒精等产品，以及进一步深加工为丙酸乙酯、乙酸乙酯和丁酸乙酯等高附加值的生物化工产品，也成为木薯深加工企业的新的发展趋势[25]。

表 2-5　2015~2018年我国木薯乙醇产能

公司名称	原料	产能/(万吨/年)
河南天冠燃料乙醇有限公司	木薯	30
广西中粮生物质能源有限公司	木薯	20

续表

公司名称	原料	产能/(万吨/年)
中兴能源有限公司	木薯	3
浙江燃料乙醇有限公司	木薯	30
海南椰岛集团	木薯	10
天冠生物能源(天津)有限公司	木薯	60
国投广东生物能源有限公司	木薯	15
中聚天冠生物能源(福建)有限公司	木薯	30

(2) 马铃薯

马铃薯是重要的粮菜兼用作物和工业原料，不仅可用作蔬菜和粮食，还可以用作畜禽的饲料，或加工成淀粉，广泛用于医药、纺织等行业，而且也是一种优良的用于生产燃料乙醇的原料。鲜马铃薯含水量为68%～85%，淀粉含量为9%～25%，粗蛋白含量为0.7%～3.67%，灰分含量为0.5%～1.87%。马铃薯淀粉颗粒大小范围为15～100μm，平均约65μm，在常见淀粉粒中颗粒最大，容易糊化，糊化温度是59～64℃，其中直链淀粉含量为25%，每吨马铃薯可生产出110L燃料乙醇。马铃薯作为一种优良的淀粉质原料，利用其生产燃料乙醇的技术较为成熟[26]。

世界上许多国家很早就开始了以马铃薯为原料生产燃料乙醇的研究，尤其是发达国家规模较大，如德国，用于生产燃料乙醇的原料中马铃薯约占35%；美国使用马铃薯加工后的废弃物作为生产燃料乙醇的原料。从工艺角度看，目前国外的马铃薯燃料乙醇的生产工艺较为成熟。另外，损伤块茎、收获过程剔除的小块茎、成熟度不足的块茎以及马铃薯废弃物等均可作为燃料乙醇的生产原料[27]。

我国马铃薯种植面积位居世界第1位，与传统原料玉米和小麦相比，以马铃薯为原料生产燃料乙醇优势较大。联合国粮食及农业组织（FAO）的统计数据显示，我国2011年马铃薯种植面积达到542.7万公顷，总产量为8835万吨，种植面积和总产量均居世界第1位[27]。然而，我国马铃薯的工业化加工转化率不到5%，如果利用马铃薯作为燃料乙醇原料能极大地带动我国马铃薯产业的发展。发展马铃薯产业正成为我国农业种植结构调整、增加农民收入的战略选择之一。与玉米和小麦原料相比，以马铃薯为原料生产乙醇优势明显，不但单位面积燃料乙醇产量高，而且经济效益好，因此发展前景广阔。

(3) 甘薯

甘薯是高产作物，喜暖怕冷，对土壤适应性强，耐酸碱性好。据联合国粮食及农业组织（FAO）统计，2013年我国甘薯种植面积达351.5万公顷，鲜薯总产量为7887.5万吨，单产为22.44t/hm^2，其中甘薯种植面积和总产量分别占世界的42.65%和71.22%，居世界首位，单产比世界水平高67%[28]。鲜甘薯含有70%～75%的水分、20%～25%的淀粉、2%的可溶性糖、2%的蛋白质和少量脂肪，其中淀粉是制乙醇的原料，平均8t鲜甘薯可产1t乙醇[24]。目前，我国甘薯的主要用途是生产饲料、工业加工和食用，其中甘薯加工以淀粉、酒精为主产品，以粉丝为次产品。2008年，甘薯产量大省四川省的总甘薯中48%作饲料、20%作鲜食、加工占8%、留种占4%、腐烂占20%。

从甘薯应用现状看，生产燃料乙醇的甘薯原料可从饲料用途中争取一部分，也可从腐烂损失中挽救一部分，估计可争取到总产量的5%左右。以甘薯产量大省四川省为例，年均鲜甘薯产量1700万吨，按照现有产量，争取总产量的5%，每年则可获得约85万吨鲜甘薯；按8t鲜甘薯产1t燃料乙醇估算，可满足10万吨/年燃料乙醇规模的生产需要。若通过种植高淀粉品种提高产量，还可进一步提高燃料乙醇生产规模。

甘薯在我国分布极广，几乎遍布各省，但主要分布在我国北纬 40°以南的东南部地区。适宜甘薯种植的总面积达 16040.8 万公顷，其中适宜的未利用地面积为 29.7 万公顷。适宜未利用地的甘薯乙醇生产潜力为 83.3 万～166.6 万吨/年，可满足我国目前 E10 乙醇汽油需求的 13.2%～26.3%，主要分布在山东省和河北省，其次是湖南、江西、福建等地。总体而言，如未来采用新品种和良好的田间管理及提高甘薯储藏生产技术，在保证粮食安全的前提下，甘薯乙醇生产潜力可达 391.6 万吨/年，至少可满足我国目前 E10 乙醇汽油 50%以上的乙醇需求。因此，甘薯可以作为我国近阶段燃料乙醇的重要原料来源，相关部门应加大对甘薯乙醇的技术研究和产业发展支持。

(4) 蕉藕

蕉藕又名芭蕉芋，属美人蕉科草本植物，广泛分布于我国四川、贵州、云南等地。蕉藕块茎产量 45t/hm² 左右，淀粉含量在 22%以上，比甘薯略低，其淀粉也是制乙醇的理想原料，平均 9t 鲜蕉藕产 1t 乙醇。与其他淀粉作物相比，蕉藕生长适应性更强，荒瘠薄地均可种植，而且种植成本较低。目前，对于蕉藕的应用研究仅限于食品加工、种植管理、花卉赏识或者通过生物发酵后作为牲畜饲料添加等用途。开发以蕉藕为原料的更加高效、节能、节粮且无污染的燃料乙醇生产工艺，可以为西部贫困地区寻找出一条帮助农户脱贫致富的现代农业产业化新途径，也能够推动我国燃料乙醇产业发展。

(5) 葛根

葛根具有适应性强、耐干旱、耐瘠薄的特点，适合于在荒山和荒地等区域种植，目前在盆地周围山地有较大规模的自然分布。四川省野生葛根资源相当丰富，野生葛根资源面积约 100 万亩，人工栽培面积约 10 万亩，尚未形成一定规模。葛根淀粉含量在 25%以上，比甘薯略高，与木薯相近，全国平均亩产可达 3t 左右，7t 葛根可生产 1t 乙醇。

目前葛根加工企业以生产保健功能食品为主要利用途径，例如加工生产药食兼优的绿色保健食品——葛粉，提取异黄酮类活性物质（异黄酮中葛根素、大豆苷元等）作为药物中间体。葛根在 2009 年的收购价格一般为 1.2 元/千克，市场上零星出售价格为 2～4 元/千克，目前如果以这样高价位的葛根作为燃料乙醇生产原料，暂时还不具备经济性，但若发展黄酮类活性物质联产乙醇将不失为一种良好选择。

2.2.3 糖质原料

2.2.3.1 甘蔗

甘蔗是能将太阳能高效转化为生物质的 C_4 植物，同时其还具备许多优点，如含糖总量高、糖浓度高、环境适应性较强、抗病性较好等。甘蔗是世界上最重要的用来生产糖、生物乙醇和生物能源的含糖经济作物之一。甘蔗不仅产量高，而且相比于化石能源，利用其制备燃料乙醇能减少 CO_2 的排放且能量转化效率更高，这些优势让其成为规模化生产燃料乙醇的首选原材料之一。

甘蔗这种作物主要由茎秆组成，这里也是积累蔗糖的地方，其顶部则称为秸秆。甘蔗中大约 1/3 的能量以蔗糖的形式储存在茎秆中，另有 1/3 存在于提汁后的甘蔗渣中，剩余的 1/3 则位于秸秆中。甘蔗中的组成成分受到许多因素的影响，如气候、土壤条件、成熟度等。一般的甘蔗由质量分数 8%～14%的纤维和 86%～92%的汁液组成，而后者中含有 10%～25%的可溶性固体。

甘蔗主要分布在北纬33°至南纬30°之间，其中主要集中于南北纬25°之间，如以温度线区分世界甘蔗产区，其主要分布在平均气温17～18℃的等温线以上。全球每年甘蔗产量约10.6亿吨，产量排名前三位的国家是巴西、印度和中国。根据联合国粮食及农业组织的统计数据，全球用于甘蔗种植的土地面积达2677.43万公顷。其中，巴西、印度、中国和泰国的甘蔗产量分别占全球甘蔗产量的38.2%、18.5%、6.2%和4.8%。图2-17是2022年甘蔗产量前十的国家及其产量情况，其中巴西的甘蔗产量高达7.157亿吨，我国为1.081亿吨。

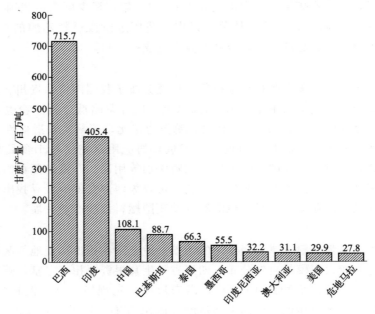

图2-17　全球甘蔗产量前十国家

我国甘蔗区从北纬12°至29°，覆盖南方13个省（自治区、直辖市），可分为华南、华中两大蔗区。20世纪90年代以来，由于东南沿海地区产业结构升级和农业结构调整，我国甘蔗生产布局逐渐向西部地区转移。国家统计局数据显示，从播种面积来看，2013～2022年我国甘蔗种植面积整体呈下降趋势（图2-18），自2019年以来，播种面积基本稳定在130万～140万公顷范围。然而从产量来看（图2-19），虽然甘蔗种植面积呈下降趋势，但我国甘蔗产量在2017～2019年间整体呈上升趋势，2019年我国甘蔗产量为10938.81万吨，随后开始逐年下降，2021年降至10666.38万吨，2022年又回升至10810.14万吨。

甘蔗对热量、水分要求严格，种植技术性较强，商品率较高，在地区分布上具有明显的地域性，并形成相对集中的分布区。2022年我国甘蔗行业产量分布格局如图2-20所示，种植区域集中在南方，主要分布在广西、云南、广东等地，其中，广西壮族自治区是我国甘蔗种植面积最大的地区，2022年广西壮族自治区甘蔗产量约7412.51万吨，占全国甘蔗总产量的68.57%。

用甘蔗生产燃料乙醇，首先需要提取甘蔗汁液，再进行浓缩、发酵、蒸馏和脱水等工艺过程。糖厂里蔗汁提取、浓缩的工艺和设备都是现成的。至于发酵过程，大型甘蔗糖厂都有食用乙醇车间，其发酵原料主要是制糖过程中产生的废蜜（糖蜜），以甘蔗糖蜜生产燃料乙醇在经验和技术上都是成熟的，而用甘蔗生产燃料乙醇，其采用的原料主要是甘蔗糖浆。糖浆和糖蜜同样是糖，只是含糖量不一样而已[29]。

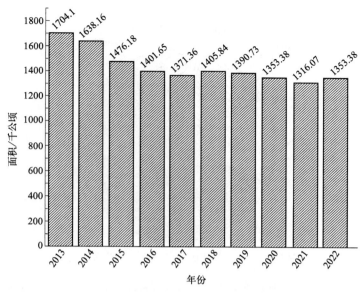

图 2-18　我国甘蔗播种面积变化情况

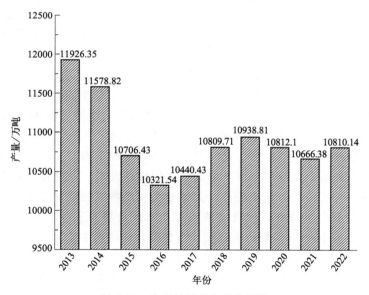

图 2-19　我国甘蔗产量变化情况

甘蔗特别是糖蔗，其糖分含量都较其他作物高，一般都在 13% 以上，更高的可达 16%。糖蔗的产量一般为 75～90t/(hm²·a)，故其单位面积上的可发酵糖产量为 9.75～14.85t/(hm²·a)。糖蔗主要用于生产结晶糖，但蔗茎中能结晶的糖只有蔗糖，蔗茎中的果糖、葡萄糖等都不能结晶，也就不能用于生产结晶糖。虽然能源甘蔗的糖分含量与糖蔗差不多，但由于能源甘蔗主要用于生产燃料乙醇，其蔗茎中的蔗糖、果糖和葡萄糖都可通过发酵转化成乙醇；而能源甘蔗的蔗茎产量远高于糖蔗，故其单位面积土地上的可发酵糖产量远高于糖蔗和水果型甘蔗，甚至也远高于其他乙醇原料作物。能源甘蔗的糖分与糖蔗相当，一般为 13%～16%，加上果糖和葡萄糖等还原糖 0.5%～1.5%，其可发酵糖含量为 13.5%～17.5%。能源甘蔗的单位面积可发酵糖产量一般为 150～180t/(hm²·a)，是糖

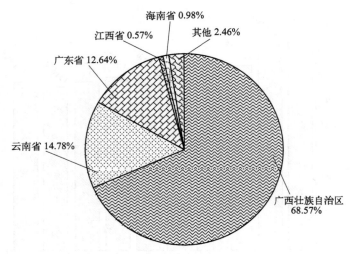

图 2-20　2022 年我国甘蔗行业产量分布格局

蔗的 2 倍多。由此可见，能源甘蔗是理想的燃料乙醇原料作物之一。20 世纪 80 年代印度和美国实施印美协作计划后，所育成的能源甘蔗品种的乙醇产量高达 12000L/hm² 以上；广州甘蔗糖业研究所的研究表明，8.28t 蔗糖含量 14.78% 的蔗茎可产乙醇 500kg（625L），每公顷可产乙醇 7.50t（9375L）。若以能源甘蔗为原料，其乙醇产量则可大幅度提高，达 9058～10870kg/hm²（11323～13587L/hm²），最高可达 12077kg/hm²（15077L/hm²）。

一般情况下，1t 甘蔗能够生产出 90L 含水乙醇或 85L 无水乙醇。若以含糖量（TRS）计算，生产出 1L 无水乙醇和含水乙醇分别需要 1.765kg 和 1.6913kg TRS。甘蔗不仅能够直接生产乙醇，制糖副产品糖蜜也可以用于发酵乙醇。制糖过程中，1t 甘蔗通常能够得到 120kg 左右的糖和由糖蜜发酵生成的 10L 左右的乙醇[30]。

国内大部分蔗糖厂以生态经济、循环经济的理念指导生产。甘蔗叶可用于畜牧养殖或燃烧发电，广西柳城县就建立了以甘蔗叶为主要燃料的发电厂；蔗糖、甘蔗燃料乙醇的主要副产品为滤泥、甘蔗渣和酒精废醪液，其中滤泥和酒精废醪液可以用来制造复合肥，甘蔗渣可以用来燃烧发电或造纸，而且以蔗渣作为木质纤维原料生产纸浆，可节省木材原料，保护生态环境。生产 1t 燃料乙醇需要 13t 甘蔗，同时产生 1.5～1.8t 绝干蔗渣，这些蔗渣可生产 0.7～0.8t 纸，产值 3000～4000 元，利润 2000～3000 元。在甘蔗燃料乙醇生产过程中产生的冷却水完全符合环保一级排放标准，由精馏塔排出的低浓度废水的 COD、BOD 及 SS 等指标均符合环保排放标准，对环境基本无污染[31]。

由此可见，利用甘蔗进行燃料乙醇生产不仅具有与粮食乙醇相当的社会效益与经济效益，而且也可极大地简化乙醇生产工艺，降低乙醇生产成本，增加车用乙醇汽油与汽油的竞争优势，同时也为制糖业开辟了理想的出路。因此，以甘蔗为原料进行燃料乙醇生产具有一定的开拓性与创新性，不仅可扩大车用乙醇汽油的原料来源，缓解粮食危机，而且在纤维素燃料乙醇商业化之前可为车用乙醇汽油的持续发展提供有力保障，具有重要的现实意义[32]。

2.2.3.2　甜高粱

甜高粱是一种原产于非洲东北部的植物，能高效利用水资源，耐干旱和洪水，最佳生长温度为 27～30℃，在美国、巴西、印度、中国、墨西哥、苏丹、阿根廷以及亚洲和欧洲的许多其他国家广泛种植。其作为一种短日植株，生长期约为 4 个月，适合与早熟作物间作。

甜高粱在自然降水量不低于 350～450mm 的区域作为燃料乙醇生产原料的潜力非常大。

甜高粱的汁液总量可达总生物量的 78%，而糖的浓度在 16%～18% 之间，主要由蔗糖（70%）、葡萄糖（20%）和果糖（10%）组成。从茎秆中提取富含糖果汁的过程与甘蔗类似，因此也产生了富含纤维的甜高粱渣，其可以用于生产乙醇和其他有价值的附加副产品等。

国外对甜高粱的研究较早，19 世纪末澳大利亚从美国引入大量的甜高粱品种，主要用作饲料。目前甜高粱用来作牧草、青饲料、青贮饲料的种植面积已达到 10 万公顷。我国对甜高粱的研究起步较晚，始于 20 世纪 80 年代。目前编入《中国高粱品种资源目录》的甜高粱品种共 1536 份，其中国内品种有 384 份，从国外引入的品种有 1152 份；甜高粱注册资源共 374 份，其中 59 份为地方品种，种植分布在 17 个省（自治区、直辖市），主要集中于长江中下游地区，从上海到新疆、从云南到黑龙江都有种植。我国研究人员通过杂交也选育出一些新品系，如"原甜杂一号""沈农二号""辽饲杂二号"等，这些新品系在一些地区也已被逐步推广应用[33]。

甜高粱与其他能够生产酒精的能源作物相比优势明显，例如甜高粱生长旺盛时期，每 667m^2 甜高粱秸秆每天合成的碳水化合物可产 3.2L 酒精，而玉米只有 1L、小麦为 0.2L、粒用高粱也只有 0.6L。甜高粱不仅产量高，而且其所需化肥、灌溉用水量比玉米低 1/3，并且基本不使用农药和除草剂[34]。

目前，甜高粱在我国未形成产业化的形势下，以零星种植为主。2005 年全国甜高粱的种植面积达到 5 万公顷。2006 年山东、河北等地甜高粱种植面积较大，仅在河北省沧州盐碱地上规模成片种植甜高粱就达 40 公顷。2011 年在内蒙古自治区种植 2 万公顷甜高粱。目前，我国已经建立了优良能源作物甜高粱示范育种基地，甜高粱种植示范面积达 6500 公顷以上，建成年产 2 万吨燃料乙醇的工业化生产能力，进入工业化建设阶段[35]。

只利用秸秆当中的糖分生产无水乙醇，约需 16t 茎秆生产 1t。每生产 1t 无水乙醇所需原料茎秆的能量投入在 $(2.7～7.4)×10^3$ MJ/t 之间，平均为 $4.9×10^3$ MJ/t。而利用甜高粱的糖分、纤维素、半纤维素和淀粉等生产无水乙醇，理论上每生产 1t 无水乙醇所需原料的能源投入在 $(1.4～3.9)×10^3$ MJ/t 之间，平均为 $2.6×10^3$ MJ/t。无水乙醇的能量值按 29700MJ/t 计算，只利用茎秆生产乙醇的能量产出投入比为 4.0～10.9，平均为 7.1。综合利用甜高粱的糖分、纤维素、半纤维素和淀粉，理论上原料能量产出投入比在 7.6～20.7 之间，平均为 13.6，远高于只利用茎秆生产乙醇的能量产出投入比[36]。

我国可种植耐盐碱、干旱作物甜高粱的边际土地约有 2 亿亩，具备年产 5000 万吨燃料乙醇生产潜力，可替代 5000 万吨原油。例如，将北京市、河北省、天津市、东北三省、内蒙古自治区现有的 2200 万亩青贮玉米地改种甜高粱，既满足牛饲料需求，又额外生产 700 万吨燃料乙醇、300 万吨高粱米，显著提高土地利用率和农民收入；将全国 900 万亩普通高粱地改种甜高粱，在保证酿酒用高粱米供应的同时，还能生产 300 万吨燃料乙醇。可以预见，无论是否彻底实现纤维素燃料乙醇商业化，甜高粱在燃料乙醇甚至更广阔的先进生物燃料领域都将发挥举足轻重的作用。但是，甜高粱中的可发酵糖组分容易被降解，必须在短时间内加工，无法长期保存，会造成原料供应的中断，如何延长贮藏期已成为甜高粱乙醇产业化面临的最大技术难题[37]。

2.2.3.3 其他糖质原料

（1）糖蜜

甘蔗糖蜜是以甘蔗为原料，经过压榨获取蔗汁，蔗汁经澄清、净化、过滤处理后，再经蒸发浓缩、结晶、分离所得的物质,其产量为原料甘蔗的 2.5%~3.0%。按照形态划分,目前的甘蔗糖蜜有液体和固体两种。液体甘蔗糖蜜是一种深褐色黏稠状的液体;现有的固体甘蔗糖蜜是以液体甘蔗糖蜜为原料,通过添加大豆粕、玉米芯粉、小麦麸皮、蔗渣等辅料或载体制成固体甘蔗糖蜜,但是辅料或载体的加入使得产品纯度不高,仅限于一定的动物饲料加工过程中使用[38]。

广西壮族自治区的甘蔗产量位居全国第一,甘蔗糖业的产值占自治区工业总产值的 12%以上,蔗糖产量超全国 60%。糖蜜是蔗糖生产过程的废弃物,广西壮族自治区每年的糖蜜产量约 300 万吨。广西壮族自治区的糖蜜乙醇企业与木薯乙醇企业一样,受到国家环保要求的影响,3 万吨/年规模以下的企业逐渐被关停。目前,广西壮族自治区的糖蜜乙醇生产企业或车间有 20 多家。由于木薯乙醇生产线可直接利用糖蜜原料生产乙醇,实际使用糖蜜生产乙醇的企业超过 30 家。广西壮族自治区的糖蜜乙醇企业同样存在着酒分低、能耗高、发酵工艺技术落后等问题。由于糖蜜是蔗糖生产的废弃物,含有大量蔗糖生产过程中添加的各种辅料,其成分比木薯更为复杂,对菌种和工艺的要求更为严格,其酒分比木薯乙醇低 5%~10%(体积分数),而且废水极难处理。"十一五"期间,广西壮族自治区的糖蜜乙醇企业通过技术创新,其酒分已提高到 10%~13%(体积分数),但多数情况仍在 10%(体积分数)以下。低酒分造成了能耗高、污染严重等诸多问题,影响了糖蜜乙醇的快速发展。广西凭祥市丰浩酒精有限公司使用糖蜜乙醇基因工程菌株后,将酒度提高到 13%(体积分数)、节能 30%、减排 30%,但该技术由于缺乏推广资金而未能全面推广运用[39]。

(2) 甜菜

甜菜主要种植于工业化国家,其提供了大约 16%的蔗糖产量。2016 年,全世界的甜菜产量为 2.77 亿吨,种植面积接近 4.5 亿公顷。在 2016 年,俄罗斯是甜菜第一生产国,产量 5133.68 万吨,占全球总产量的 18.5%,其次是法国、美国和德国。甜菜是两年生作物,起源于亚洲,其生长需要适宜的气候和土壤。根据联合国粮食及农业组织的数据,甜菜产量在 55~65t/hm^2 之间,含糖量为 14%~16%。

在德国和法国等欧洲国家,用甜菜生产乙醇燃料。而在美国等其他重要生产国,目前还没有用甜菜生产乙醇。根据欧洲第二大甜菜加工企业 TEREOS 的相关数据,1t 甜菜平均可生产 90~100L 乙醇,同时甜菜浆和糖蜜作为该工艺的副产品,广泛用作牲畜的饲料添加剂[40]。

(3) 菊芋

菊芋适应性强,耐贫瘠、耐旱、耐寒、耐盐碱,可在滩涂、盐碱地上推广耕种,产量高,普通地块可产菊芋块茎 30~60t/hm^2。菊芋新鲜块茎含有约 15%的菊粉,菊粉是一种天然果聚糖,可以用来制乙醇,平均 12.2t 鲜块茎产 1t 乙醇。目前菊粉已被世界 40 多个国家批准作为食品的营养补充剂,有较高的附加值。考虑菊芋的菊粉成分有较高的功能食品附加值,生产每吨乙醇所需原料比例高达 12 左右,原料成本较高[24]。

2.2.4 纤维质原料

几乎所有在农业、林业和基于生物质的工业活动中产生的生物质废物,包括城市固体废物,都含有大量可转化为生物燃料的木质纤维素材料。农业和森林残留物产生于粮食/饲料作物和森林产品的生产过程中(如秸秆和树叶或商业林业的木材间伐),通常是散落于田间、野外，必须被收集起来以供进一步利用。在许多情况下，大部分残留物需要留在田间，以防止侵蚀，并提供微量营养素、土壤有机质和增强土壤结构。然而，在土地相对肥沃和/或采用保护性耕作方法的情况下，一部分作物残留物可以持续收获[41]。

根据统计，最有可能用于生物乙醇生产的作物残留物是玉米秸秆、谷物（小麦、大麦和水稻）秸秆和甘蔗秸秆[42]。谷物秸秆是植物的地上部分，约占作物总干重的1/2，目前被用作牲畜的饲料和垫料或掺入土壤中。稻草是水稻生产的下脚料，是世界上最丰富的木质纤维素废料之一。虽然相比其他农业残留物（如小麦秸秆等）稻草中无机物二氧化硅的含量较高，但它仍旧被认为是第2代生物燃料乙醇生产的理想原料之一。据统计，亚洲的稻草年产量约为7.31亿吨，占全球稻草年产量的90%以上[42]。

对于巴西等拉丁美洲国家来说，利用甘蔗和秸秆生产生物燃料乙醇已经非常普遍。虽然大多数巴西甘蔗糖厂使用甘蔗渣在锅炉中燃烧发电，以保证能源自给自足，但越来越多的糖厂甘蔗渣产生了盈余，可用于乙醇生产。据报道，甘蔗渣通过不同的预处理和水解及发酵途径生产第2代生物燃料乙醇的潜力较大，每吨甘蔗渣的乙醇产量为180～190L。

林分清理、间伐或最终砍伐产生的森林残留物包括小树、树枝、树顶和采伐作业后留在森林中的废木材。这些林业残留物的主要缺点是体积庞大、难以收集和运输，而且价格昂贵，因此商业价值较低。目前在世界范围内，这些残留物都被用作当地的燃料来源，通过在木材燃烧器或生物质锅炉中进行燃烧产热，但实际上这些残留物也是生产生物燃料的理想原料。据统计，2011年欧盟林业残留物的量为8070万吨，数量巨大，其中斯堪的纳维亚半岛国家是大量收获林业残留物的欧盟成员国[41]。尽管具备生产生物燃料的巨大潜力，但目前木材工业生产的大部分木材残渣仍旧主要用于提供生产过程所需的能量。比如在制浆造纸工业中，很大一部分木材废料被用作锅炉燃料；实际生产中还需要额外的设备处理制浆过程中产生的黑液残渣，但这些黑液残渣其实也是生物燃料的潜在原料。在不久的将来，人们会逐渐对使用黑液残渣生产燃料乙醇产生兴趣，因为用于制浆的木质纤维原料中的半纤维素组分产生的残渣中含有大量的五碳（C_5）和六碳（C_6）糖，可作为燃料乙醇生产的理想原料[43]。

过去十年，由于城市生活垃圾的连续处理能力大幅提高、成本低且生产高附加值化学品的潜力巨大，以城市生活垃圾为原料生产液体生物燃料引起了人们越来越浓厚的兴趣。据估计，2030年欧盟可提供4400万吨生活垃圾[41]。工业化国家已具备将城市垃圾中有机组分转化为乙醇的热化学和生物化学技术，并且拥有相关的工业化规模设施。总的来说，生物质残渣和废物与市场的复杂性相关联。许多残渣可用作饲料、肥料和土壤改良剂，或者是其他产品的原料，如刨花板、中密度纤维板和再生纸。因此，考虑到这些替代用途，必须评估利用生物质残余物和废物生产生物燃料的经济性。

木质纤维素生物质也可以从专用能源作物中获得，如多年生草和短周期矮林。关于草本作物，如芒属（禾本科芒属）、柳枝稷属（禾本科黍属）和金丝雀藨草属（高羊茅科）等高草物种是多年生作物，其在欧洲和北美作为第2代生物燃料的生产原料引起了极大的兴趣。欧洲的专用木本作物主要包括杨树和柳树还有桉树（也被称为短轮伐期木本作物）。在拉丁美洲的智利、巴西和乌拉圭等木本工业发达的国家，短轮伐期种植的松树和桉树等森林物种的受关注度很高。然而，评估和开发能源作物的研究工作仍处于相对早期的发展阶段，利用先进的植物科学和农学技术提高能源作物的产量具有很大的发展潜力。

我国拥有丰富的秸秆资源，秸秆的主要成分是木质纤维素。2016 年 11 月，为进一步加强秸秆综合利用和禁烧工作，加快推进秸秆的资源化、商品化利用，促进资源节约、环境保护、农民增收和农业可持续发展，国家发展改革委办公厅和农业部办公厅印发了《关于编制"十三五"秸秆综合利用实施方案的指导意见》。据调查统计，2022 年全国秸秆理论资源量为 9.77 亿吨，其中玉米秸秆 3.4 亿吨、水稻秸秆 2.2 亿吨、小麦秸秆 1.75 亿吨、油料作物秸秆 4200 万吨、豆类作物秸秆 3600 万吨、薯类作物秸秆为 2200 万吨、棉花秸秆 2100 万吨；可收集资源量约为 7.37 亿吨，利用量约为 6.62 亿吨，秸秆综合利用率达到 89.8%。秸秆资源中玉米、小麦和水稻秸秆占秸秆资源总量的 75% 以上，这些秸秆资源收集难度较小，可实现集约化和机械化收储。

此外，我国每年可作为能源利用的林业废弃物资源量约 3.5 亿吨。理论上每 6～7t 秸秆或林业废弃物可产生 1t 生物乙醇，因此，如果把未利用秸秆和林业废弃物全部用于生产生物乙醇，产量将达 6000 万吨左右，完全可以满足未来乙醇市场需求。还有一些高纤维素含量的能源作物如柳枝稷、杨树和芒草等，也可用作生物燃料的生产原料，相关研究工作正在进行。木质纤维素主要由纤维素（30%～40%）、半纤维素（25%～35%）和木质素（20%～30%）组成。纤维素主要由六碳糖组成，葡萄糖占 90% 以上，而半纤维素主要由五碳糖组成，木糖占 80% 以上。葡萄糖和木糖占木质纤维素理论糖产量的 90% 以上，因此只有把这些糖全都转化为目标产品，在生产成本上才更具有竞争优势。

2.2.5 生物柴油生产原料

生物柴油是世界上公认的可再生能源，主要用于动力燃料和生物材料领域。用于生产生物柴油的原料种类很多，包括由植物生产的油（如大豆油、菜籽油等）、动物脂肪和动物油（如猪油、牛油等）、回收油或废油（如地沟油、食用油等）、乳制品工业的副产品以及其他饱和与不饱和脂肪酸等。生物柴油生产原料来源多样，世界不同地区有着适合各自地区环境生长的植物油资源。生物柴油的生产原料主要分三大类：一是大豆油、菜籽油等传统油料；二是棕榈果生产的棕榈油；三是废弃油脂。

近年来，随着生物柴油在世界范围内的大规模推广和使用，全球生物柴油产量保持持续稳定增长。21 世纪可再生能源政策网络（REN21）发布的 2019 年版《全球再生能源现况报告》中的数据显示，全球生物柴油产量达 474 亿升，较 2018 年增长了 13%，10 年间生物柴油产量的复合增速达到了 10.3%。由于不同国家具有明显的资源差异和作物差异，因而全球生物柴油的生产原料差异明显。2019 年，全球前五大生物柴油生产国分别为印度尼西亚（以棕榈油为主）、美国（以大豆油为主）、巴西（以大豆油为主）、德国（以菜籽油为主）和法国（以菜籽油为主），合计生物柴油产量占全球总产量的 57%。

根据联合国经济合作与发展组织的数据，近几十年来油料作物一直是世界农业作物中最具经济活力的一部分，2014～2016 年全球平均产量为 4.655 亿吨（79% 用于食品，13% 用于生物燃料）[44]。目前，欧盟生产生物柴油的原料基本上是植物油，主要是菜籽油，其次是大豆油和葵花籽油；美国、阿根廷和巴西生产生物柴油的原料是大豆油；马来西亚和印度尼西亚生产生物柴油的原料是棕榈油。在过去几年中，生物燃料生产对植物油的需求被认为是消费增长的主要驱动力之一[44]。

2.2.5.1 大豆

大豆原产于我国,是世界上最重要的油脂和蛋白质生产作物之一。2016年,全球1.21亿公顷的土地上生产了近3.35亿吨大豆。大豆品种较多,能适应包括欧洲在内的多种地区环境。在温暖潮湿的亚热带气候地区,温度在20~25℃,降雨量在500~700mm,气温适宜,大豆产量较高。据统计,在适宜、优良的生长条件下大豆产量为1.5~3.5t/hm^2;种子油浓度范围为83~279g/kg,平均值为195g/kg;种子蛋白质浓度范围为341~568g/kg,平均值为421g/kg。

全球大豆生产地区高度集中,巴西、美国、阿根廷是全球主要的大豆生产国。美国、巴西及阿根廷经过多年的发展,农业机械化程度较高,长期培育并推广转基因大豆种植,2019年全球有80%以上大豆产量集中于这三个国家。美国、巴西的大豆作为油料供应充足,因而主要以大豆为原料生产生物柴油。大豆提炼油脂后会产生大量的豆粕等副产品,蛋白质含量高,是良好的饲料来源,因而美国、巴西在满足自身需求后其大豆产品主要以出口为主。而美国和巴西以大豆为原料生产的生物柴油多数以自用为主,极少用于出口,形成了自给自足的原料、产品供应体系。

大豆油是包含甘油三酯和高比例多不饱和脂肪酸(多不饱和脂肪酸占63.0%)的复杂混合物,其中大豆磷脂极易受到分子氧的过氧化作用。以前的大豆油通常缺乏重要的食品质量特性(氧化稳定性、饱和脂肪含量、风味)或生物柴油特性(氮氧化物排放、冷流)。现如今由于密集的品质育种,大豆的脂肪酸模式呈现多变性。大豆油通常含有16%~20%(质量分数)的饱和脂肪酸(13%~16% C16:0 和 3.4% C18:0),低饱和大豆油含有3.6%~8%(质量分数)的饱和脂肪酸,零饱和大豆油中饱和脂肪酸含量<3.6%(质量分数)。

低亚麻酸品种[1.5%~2.3% C18:3,碘值(以I_2计)120g/100g]大豆主要用于食品领域,这一品种提升了大豆的氧化稳定性。改良大豆品种以获得富含油酸的油,例如中油酸[43.7% C18:1,碘值(以I_2计)107g/100g]和高油酸[81.3% C18:1,碘值(以I_2计)90g/100g],是大豆作物的重要育种目标。这些油比低油酸油的氧化稳定性更高。一种转基因大豆种子,其油成分包含高含量的油酸和亚油酸、低含量的亚麻酸和饱和脂肪酸。大豆植物育种工作目前集中于开发低棕榈酸、低亚麻酸的大豆。在阿根廷,几乎所有的大豆生产和改良都是基于转基因材料。

尽管大豆油已经通过各种育种方法进行了改良,为特定市场创造了利益,但食品和工业市场所需的优质大豆油仍旧不容易获得。理想大豆油[C16:0,2.1%(质量分数,下同);C18:0,1.0%;C18:1,71.3%;C18:2,21.4%;C18:3,2.2%;其他,2.0%]的特征在于浊点、凝点和冷滤点分别为255K、252K和252K,与石油柴油的相应值相当。

2.2.5.2 油菜籽

油菜是一种原产于地中海地区的一年生植物,目前是欧洲生产生物柴油的主要原料来源,油菜籽中油含量大约为43%。目前,中国、加拿大和印度是世界上领先的油菜籽生产国,占世界总产量的58.8%,2016年全球油菜籽产量接近6900万吨。

菜籽油在加拿大和日本是产量排名第一的植物油,在墨西哥和美国是产量排名第二的植物油。总体而言,菜籽油是世界上第三大食用植物油。2018年全球菜籽油产量为

2767.2万吨，2019年全球菜籽油产量为2770.6万吨。加拿大是全球最大的油菜籽生产国，也是最大的油菜籽、菜籽油出口国。根据美国农业部报告，自2007年以来加拿大的油菜籽产量仅仅低于欧盟地区，在世界油菜籽产量占比逐年提高。2018年加拿大菜籽油产量达415万吨，2019年加拿大菜籽油产量达435万吨。虽然加拿大是最大的油菜籽生产国，但我国是全球第一大菜籽油生产国和消费国，菜籽油产量于2017年达到顶点后呈下降趋势，2018年国内菜籽油产量为642.5万吨，2019年降至602.6万吨，均高于加拿大相应年份的菜籽油产量。2019年我国菜籽油消费量为798万吨，比2018年菜籽油消费量834万吨略有下降。

菜籽油具有较高含量的单不饱和脂肪酸（约60%）、中等含量的多不饱和脂肪酸（约32.5%）和低含量的饱和脂肪酸（约5.5%），因为其具有优异的燃烧特性、氧化稳定性和较高的燃烧温度，被认为是生物柴油理想的生产原料。随着欧洲大力推行可再生能源，德国、法国积极推广使用以菜籽油为原料的生物柴油，并对农民种植油菜籽给予补贴。随着油菜籽的种植面积扩大，以菜籽油为原料的生物柴油已经占据了欧洲主要的可再生能源市场。欧洲也是世界上主要的油菜籽生产地区，2007年的油菜种植总面积接近420万公顷，油菜籽产量达到760万吨，但仍难以满足日益增长的需求。在2004～2005年，欧洲非食品部门已经使用了大约1/3的欧洲油菜籽作物，而根据2010年欧盟所需的油脂量（生物燃料占5.75%）统计，生物柴油的生产将消耗欧洲85%的油菜籽作物，可见欧洲的油菜籽作物供应远远不足。虽然可以使用替代油，但会引起油品流动性差等问题。菜籽油需求受限主要是由于油菜籽作物需要轮作。与谷物或玉米不同，油菜籽作物不能自我维持，因此不可能进行单一栽培。此外，欧洲花了大约50年的时间才使油菜籽作物的产量增加3倍。2006年，德国在约150万公顷的土地上种植油菜籽作物，占该国农业土地总面积的11%。

高芥酸菜籽油（芥酸含量＞45%）是芥酸的经典来源，并且是用于油脂化学和润滑目的的重要植物油。在欧洲和加拿大，含有芥酸的油菜籽品种被视为特产作物。然而，中国、俄罗斯和印度仍然使用高芥酸菜籽油供人食用。这些国家的商品低芥酸菜籽油现已广泛供应，而且供应量超过了食品所需；而欧洲低芥酸油菜籽的供应量已大大减少，低芥酸菜籽油现已成为欧洲一些非食品应用的油源和生物柴油的主要原料，大约60%的低芥酸菜籽油用于非食品用途。从低芥酸菜籽油获得的生物柴油具有较低的饱和脂肪酸和较高的单不饱和脂肪酸含量，表现出良好的稳定性和冬季可操作性。

2.2.5.3 棕榈

棕榈原产于西非的热带雨林地区，是热带国家生产生物柴油的主要原料，主要在印度尼西亚、马来西亚和东南亚其他国家被用于生产生物燃料。几千年来，棕榈果实在非洲一直被加工成食用油。自1990年以来，全球约42个国家的棕榈油产量翻了一番，种植面积从约400万公顷增加到2006年的910万公顷（超过3500万吨油）。种植棕榈的初始成本很高，第一次收获一般在5年后，在第7～12年时产量最高。油棕被认为是最具成本效益的植物油作物，正常油产量约为5.0t/(hm^2·a)，一棵油棕树在种植园的实际生产寿命约为25年。然而，马来西亚种植园的平均油产量可达19t/(hm^2·a)，最高甚至可达25t/(hm^2·a)。

棕榈油，在热带环境下是一种黏性半固体，在温带气候下是一种固体脂肪，主要用作食用油；其非食品用途（化妆品、盥洗用品、生物柴油）占比相对较低，约为20%。棕桐油需与其他16种油脂（总量约为13500万吨/年）竞争市场份额，其需求的波动主要受豆油竞争影响。

从全球不同阶段的棕榈油的增长驱动力来看，1960～1980年间（第一阶段），全球棕榈油的需求主要来自人口增长；1980～2000年间（第二阶段），棕榈油主要作食物和油脂化学用途，这期间人口增长、新兴经济体成为全球棕榈油需求的重要驱动力；到了2000～2010年（第三阶段），食物、油脂化学、生物柴油成为棕榈油的主要用途，而需求的驱动力变成了人口增长、发展中国家的需求强劲增长以及中亚与美国等新兴市场；最后是2010～2020年间（第四阶段），棕榈油的用途依然是食物、油脂化学、生物柴油，但是人口增长、强劲的经济增长、生物能源、可降解塑料成为全球棕榈油需求的主要驱动力。

油棕属中有两种经济价值较高的棕榈树种，即非洲油棕和美洲油棕，它们含有不同比例的软脂酸（C16:0）、油酸（C18:1）等主要脂肪酸。马达加斯加棕榈的碘值高，不饱和油（C18:2）含量高。油棕不同于大多数其他油料作物，因为它的果浆和种子均能产油。油棕可以生产两种完全不同的油——橙红色的棕榈油和无色的棕榈仁油。棕榈油（熔点298～323K）是从果实的外层红黄色肉质和果皮中提取的，棕榈仁油是从胚乳的白色仁（位于硬壳内部）中提取的。

根据绿色棕榈组织统计，2015年印度尼西亚是世界棕榈油的最大生产国（3340万吨），其次是马来西亚（1990万吨），这两个国家的棕榈油产量占世界总产量的84%[45]。由于全球对食用棕榈油的需求不断增长，南美洲一些国家如哥伦比亚、厄瓜多尔的棕榈油产量也有所增加。与椰子油相似，棕榈油中月桂酸（C12:0）等饱和脂肪酸含量高。棕榈油与棕榈仁油的脂肪酸组成差异很大，彼此之间的相容性很差，二者的产量比例为（5～10）:1。

棕榈柴油由粗棕榈油或粗棕榈硬脂精与甲醇进行酯交换反应制得。Chavanne于1937年首次报道了使用脂肪酸烷基酯特别是棕榈油酸乙酯作为柴油。第二次世界大战前，棕榈油乙酯已在比利时、刚果用作生物柴油。

棕榈油中的游离脂肪酸（FFA）含量高（最高30%），因此必须进行脱酸或酸催化的预酯化处理过程。在已获得专利权的MPOB/Petronas工艺中，使用固体酸催化剂将粗棕榈油、粗棕榈硬脂精和粗棕榈仁油中存在的FFA酯化为甲酯，然后在碱性催化剂的存在下进行中性甘油酯的酯交换反应。由棕榈油生产的生物柴油具有很高的十六烷值，因此使其能够作为生物燃料。毛棕榈油（CPO）中高含量的饱和脂肪酸（47.0%）限制了棕榈油酸甲酯（POMEs，倾点288K）在热带气候条件下作为汽车燃料使用。目前已开发出低倾点（258K）分馏棕榈柴油（不含添加剂），适用于温带气候。两种棕榈柴油（普通棕榈柴油和低倾点棕榈柴油）都符合EN 14214和ASTM D6751的所有规范。

2012年棕榈油的消费量最高，惠及150个国家的30亿人口。尽管棕榈油的主要用途仍然是食品领域，但用作生物柴油生产原料的部分逐渐增多。来自种植园的生物柴油油棕需要通过砍伐热带森林获得种植面积，因此，在评估棕榈油生产生物柴油的可行性时，必须将棕榈种植对森林的破坏性考虑在内。棕榈油生物柴油产业的大规模发展，特别是在印度尼西亚和马来西亚，导致东南亚每年1.5%的毁林率，产生了相当大的环境和社会成本，并引起了非政府组织和公共机构的极大关注[46]。

2.2.5.4 废油脂

不同于全球主要的生物柴油生产国，我国人口基数大，对于粮食及油品的需求量旺盛，2018～2019年度，我国食用油产量达2545万吨，但仍有近800万吨的食用油缺口尚未自给，而在我国生产的食用油中，作为主要油料原料的大豆仍长期依赖进口。例如，2019年，我国进口大豆8851万吨，产品自给率不足20%。在国内油品尚未自给状态下，我国难以形成以传统油料作物为原料生产生物柴油的产业链。然而，我国人口众多，地域辽阔，具有多样的饮食文化，因此餐厨垃圾数量巨大。据统计，我国餐厨垃圾占城市生活垃圾的37%～62%。据测算，2019年全国餐厨垃圾产生量突破1.2亿吨，其中含有大量的废油脂。

根据国家粮油信息中心数据，2018年我国食用植物油消费量为3190万吨，以废油脂产生量占食用油总消费量的30%进行估算，由食用油产生的废油脂约为900万吨/年，再加上油脂精加工后以及各类肉及肉制品加工产生的废油脂（超过100万吨/年），我国每年产生约1000万吨废油脂，可为生物柴油的生产提供大量废油脂原料。2019年，我国大约使用90万吨废油脂生产生物柴油，还有大量废油脂资源未能有效利用，而根据欧盟数据统计，欧盟废油脂原料进口中约有1/3来自我国。将废油脂回收后生产成生物柴油，不仅能实现废油脂资源化处置，减少废油脂的环境污染和非法利用等问题，而且能够节约我国有限的石油资源，这对我国生物柴油行业的发展极为有利。

2.2.5.5 其他油料作物

(1) 向日葵

向日葵原产于中美洲和北美洲，是仅次于大豆的第二大油料作物。它可生长在温暖的气候中，能适应各种各样的土壤环境，从砂质土到黏土，pH值从6.5到8不等。向日葵种子含油量一般在27%～37%之间，最高可达45%，是生产生物柴油的理想原料选择。2016年向日葵的世界种植面积为2600万公顷，总产量达到4700万吨，其中乌克兰、俄罗斯和阿根廷的产量居于世界领先地位。由于葵花籽油富含多不饱和脂肪酸（油酸和亚油酸），导致葵花籽油酸甲酯的碘值（以I_2计）高，超过了欧洲生物柴油标准（EN 14214）的120g/100g值，因此其在燃料生产中的用途有限。

(2) 麻风树

麻风树原产于中美洲和非洲，最高可达5m，种子产量为6～8t/hm^2[47]。它能在干旱和半干旱的土壤中良好生长，并且在未经耕种的土地上可以恢复土地养分并恢复受到侵蚀影响的土壤。麻风树的全球种植面积约90万公顷，约85%种植在亚洲，主要种植于中国、缅甸、印度和印度尼西亚。此外，非洲约有12万公顷麻风树，拉丁美洲约有2万公顷麻风树且主要在巴西种植。

麻风树作为生物柴油的原料在过去几年引起了极大的关注，印度、菲律宾和许多非洲国家已经开始大规模种植这种作物。然而，专家们意识到，在最佳种植生产方法和对环境的影响方面缺乏足够认知的前提下，目前还难以确定这种作物作为生物柴油生产原料的真正潜力[48]。

(3) 亚麻荠

亚麻荠，也称为假亚麻，是一种一年生植物，在温带气候中生长最佳，在美国的产量为450～1300kg/hm^2，在东欧约为2880kg/hm^2[49]。Ciubota-Rosie等研究发现，单个亚麻荠种子的脂质含量在35%～45%之间，蛋白质含量在27%～32%之间。由于含油量高且不能食用，亚麻荠成为通过酯交换反应生产生物柴油以及通过加氢脱氧/加氢裂化生产可再生喷气燃料的非常有竞争力的原料[50]。亚麻籽的主要非食品用途是生产染料、涂料和油毡。干性油如亚麻籽油、加拿大亚麻子油和伊比利亚龙头油通常分别含有54.1%、60.2%和68%的亚麻酸（C18:3），并表现出211g/100g、226g/100g和236g/100g的高理论碘值（以I_2计）和低十六烷值。亚麻籽脂肪酸的多烯烃结构的高反应性导致其对自动氧化的敏感性很高。亚油酸和亚油酸酯结构因含有双烯丙基氢原子，能够被快速氧化。

现代育种技术的发展使亚麻籽品种产量提高，含油量得到控制，不饱和脂肪酸含量增加。通过传统的育种方法，亚麻酸的含量已经从50%显著降低至2%。去饱和酶活性的遗传育种技术阻断了发育种子中双不饱和亚麻酸（C18:2）向三不饱和亚麻酸（C18:3）的转化，从而产生了亚油酸含量非常高（65%～76%）的低亚麻酸突变体。亚麻酸的减少大大增加了亚麻籽油的氧化稳定性。此外，多年来作为工业油籽作物（约50%种子油含量）使用的蓖麻籽已被视作生产生物柴油的替代原料[51]。

（4）红花

红花是一种一年生抗旱生态位作物，生长在温带气候环境。印度是最大的红花生产国，红花是专门为食用油而种植的，以提升食用油中必需不饱和脂肪酸的含量。美国约有1/2的红花种植在加利福尼亚州。种植$1hm^2$红花的成本仅比大麦高一点。传统植物育种和植物生物技术在改良红花品种方面起着重要作用，改良品种往往具有更高的种子油产量和脂肪酸含量，可以进一步满足食品和非食品用途。此外，利用基因工程能够开发出有特定脂肪酸成分的种子油作物。土耳其已有将红花籽油甲酯化作为生物柴油的技术，但红花籽油不符合欧洲 EN 14214 生物柴油标准，因为其碘含量（以I_2计）高（126～150g/100g）且C、N含量低。

（5）椰子

椰子油是生产碱性油脂化学品（如肥皂、润滑剂、增塑剂、表面活性剂、清洁剂等）的主要原料。椰子油是菲律宾的主要作物油［(1.25～1.75)×10^4t/a］，该国已开发椰子生物柴油。东南亚的椰子油生产经常受到台风等天气灾害的影响。来自椰和棕榈果仁的两种月桂油均可生产生物柴油，均含有高含量的月桂酸（C12:0，约50%）和饱和短链脂肪酸（85%～90%）。椰子油的特点是十六烷值极好，但低温性能较差。

（6）花生

花生原产于南美洲，其每英亩产油量比油菜籽略低，但比大豆高得多。通过合理灌溉，可大幅增加花生产量（最高可达$3.3t/hm^2$）。花生油具有优异的稳定性，非常耐用，在油炸应用中比其他植物油更不容易氧化，但是价格偏高，而且花生油的十六烷值较低（41.8）。使用常规育种开发高油酸花生品种，可使花生油中油酸含量达81%。法国奥托公司曾在1900年巴黎世界博览会上展示过使用花生油的小型柴油发动机。印度卡纳塔克邦也曾积极开发由花生油及其高达10%的混合物制成的纯生物柴油。

（7）藻类

藻类种类繁多，分布极其广泛。藻类按其大小可分为大藻和微藻，大藻是直径>2mm的藻体，微藻是直径<2mm的单细胞或丝状藻体。微藻油脂含量较高，生长较快，是制备生物柴油的理想藻类原料。目前，世界范围内大多以绿藻纲和硅藻纲中的高油脂微藻为

原料进行生物柴油生产工艺研发，尤其是绿藻纲中的小球藻，被视为理想的生物柴油微藻资源，而以大藻为原料生产生物柴油的报道较少。据估计，大规模工业化生产的藻类生物柴油具有潜在的价格竞争优势，与其他燃料相比，藻类生物柴油具有更好的经济效益和环境效益[52]。

藻类的含油量很高，一般占干重的20%～50%，某些微藻的含油量最高可以达到生物质干重的80%以上。影响藻类油脂合成的因素很多，通过改变藻类的培养条件和采用分子生物学技术均可进一步增加藻类的油脂含量。目前，我国是世界上最大的大藻生产国，每年产量在1.4亿吨以上，占全世界产量的62.8%，主要作为人类餐桌上的食物。当前的大藻生产主要来自海岸线上的自然生长，研究人员还开发了漂浮竹排培养和基于岩石的农业培养等方法。但藻类生物柴油的研究还处于起步阶段，每一环节都需要进一步深入研究，从整体上降低生产成本，才能更适合商业化藻类生物燃料生产。

参考文献

[1] 梁正贤. 沼气膜分离净化制取车用气体燃料工艺设计 [D]. 南宁：广西大学，2015.
[2] 张淑华，桃春生，何丹，等. 生物燃料在吉林省的发展前景展望 [C]. 增强自主创新能力促进吉林经济发展——启明杯·吉林省第四届科学技术学术年会，2006.
[3] 鲍金成，赵子亮，马秋玉. 氢能技术发展趋势综述 [J]. 汽车文摘，2020 (2)：6-11.
[4] 杨嘎玛，穆廷桢，杨茂华，等. 生物燃气净化提纯制备生物天然气技术研究进展 [J]. 过程工程学报，2021，21 (6)：617-628.
[5] 李培文. 氢气和天然气作为车用燃料的特性分析 [J]. 汽车实用技术，2018 (4)：10-11，14.
[6] 马国杰，郭鹏坤，常春. 生物质厌氧发酵制氢技术研究进展 [J]. 现代化工，2020，40 (7)：45-49，54.
[7] 刘会丽，马鹏，张百良，等. 车用生物能源的研究现状及展望 [J]. 甘肃科技，2006 (1)：117-118，126.
[8] 李龙涛，李万明，孙继民，等. 城乡有机废弃物资源化利用现状及展望 [J]. 农业资源与环境学报，2019，36 (3)：264-271.
[9] 孙康泰，张辉，魏珣，等. 生物燃气产业发展现状与商业模式创新研究 [J]. 林产化学与工业，2014，34 (5)：175-180.
[10] 李莉，杨昕润，何家俊，等. 我国畜禽粪便资源化利用的现状及展望 [J]. 中国奶牛，2020 (11)：55-60.
[11] 张蓓蓓. 我国生物质原料资源及能源潜力评估 [D]. 北京：中国农业大学，2018.
[12] 李磊，袁光钰. 中国城市生活垃圾处理现状及展望 [J]. 世界环境，2017 (6)：24-27.
[13] 康利平. 生物液体燃料可以大有作为 [J]. 绿叶，2015 (11)：59-65.
[14] Renewable energy policy network for the 21st century renewables [EB/OL]. 2017.
[15] 朱青. 我国液体生物燃料的经济性研究 [J]. 当代石油石化，2017，25 (12)：5-10.
[16] 林海龙，林鑫，岳国君. 我国生物燃料乙醇产业新进展 [J]. 新能源进展，2020，8 (3)：165-171.
[17] 秦汉俊，徐建东，开金龙，等. 中国燃料乙醇的应用现状及推广建议 [J]. 化工管理，2021 (4)：3-4.
[18] 周瑜. 中国发展生物燃料乙醇对粮食市场的影响研究 [D]. 南京：南京航空航天大学，2017.
[19] 魏庭玉. 木质纤维素类生物质转化为液体燃料的能源-环境-经济综合评价 [D]. 杭州：浙江大学，2020.
[20] 马其华，宋建桐. 生物柴油作为汽车新能源的特点 [J]. 农业装备与车辆工程，2007，11：6-8，29.
[21] 靳胜英，张礼安，张福琴. 不同原料生产乙醇的技术发展趋势 [J]. 化学工业，2008 (11)：17-24.
[22] Crops and livestock products [EB/OL]. Food and Agriculture Organization of the United Nations (FAO)，2017.
[23] Howeler R，Lutaladio N B，Thomas G. Save and grow: Cassava. A guide to sustainable production intensification [EB/OL]. FAO，2013.
[24] 靳胜英，孙守峰，宋爱萍，等. 我国非粮燃料乙醇的原料资源量分析 [J]. 中外能源，2011，16 (5)：40-45.
[25] 张芹，李广利，于迎辉，等. 我国木薯深加工现状及发展分析 [J]. 粮食与饲料工业，2017 (1)：31-34.
[26] 李清明，谭兴和，熊兴耀，等. 利用马铃薯生产燃料乙醇的可行性分析 [J]. 酿酒科技，2007 (11)：125-127.
[27] 常圣，王艳红，贾晶霞，等. 马铃薯生产燃料乙醇发展现状 [J]. 农业工程，2014，4 (3)：47-49.

[28] 戴起伟，钮福祥，孙健，等．中国甘薯加工产业发展现状与趋势分析［J］．农业展望，2016，12（4）：39-43．
[29] 赵丽萍，张跃彬，吴彦兰．生物能源甘蔗开发利用探讨［J］．中国糖料，2010（4）：72-74．
[30] 詹啸．巴西燃料乙醇产业概述［N］．期货日报，2012-04-11（4）．
[31] 覃毅延，邓艳萍．我国发展甘蔗燃料乙醇的战略思考［J］．可再生能源，2011，29（5）：152-156．
[32] 闫德冉，王林风，程远超，等．甘蔗生产燃料乙醇工艺探索与应用［J］．酿酒科技，2012（9）：93-95．
[33] 李珊珊，李飞，白彦福，等．甜高粱的利用技术［J］．草业科学，2017，34（4）：831-845．
[34] 塔娜．内蒙古农村能源物质——甜高粱调查报告［J］．内蒙古农业科技，2011（5）：116-117．
[35] 杜瑞恒，李素英，吕芃，等．甜高粱生产生物燃料关键因素分析［J］．中国农业大学学报，2012，17（6）：70-75．
[36] 韩立朴，马凤娇，谢光辉，等．甜高粱生产要素特征、成本及能源效率分析［J］．中国农业大学学报，2012，17（6）：56-69．
[37] 仇磊，李纪红，李十中．燃料乙醇产业发展现状［J］．化工进展，2013，32（7）：1721-1723．
[38] 陈秀霞．甘蔗糖蜜深加工产品开发研究现状及展望［J］．轻工科技，2012，28（7）：3-4．
[39] 黄纪民，李海洪，王何健，等．广西非粮生物质能源产业发展现状及近期技术需求［J］．酿酒科技，2012（9）：104-106．
[40] Tereos，2017［EB/OL］．http：//tereos. com．
[41] Searle S，Malins C. Availability of cellulosic residues and wastes in the EU［EB/OL］. International Council of Clean Transportation（ICCT），2013．
[42] Saini J K，Saini R，Tewari L. Lignocellulosic agriculture wastes as biomass feedstocks for second-generation bio-ethanol production：Concepts and recent developments［J］. 3 Biotech，2015，5（4）：337-353．
[43] Wang W，Tan X S，Wang Q，et al. Commentary on the reuse of black liquor for the enzymatic hydrolysis and ethanol fermentation of alkali-treated sugarcane bagasse［J］. Journal of Microbiology and Biotechnology，2017，6（2）：19-21．
[44] Agricultural outlook 2006—2015［EB/OL］. OECD-FAO，2015．
[45] Green palm：Supporting sustainable palm oil［EB/OL］. 2016．
[46] Round table on sustainable palm oil，RSPO adopts higher palm oil standard，but will there be any buyers?［EB/OL］. 2018．
[47] Galaz-Ávalos R M，Avilez-Montalvo R N，Ucan-Uc C M，et al. Jatropha curcas una alternativa para la obtención de biodiésel sin afectar al sector alimentario［J］. Biotecnología，2012，16（2）：94-114．
[48] Brittaine R，Lutaladio N. Jatropha：a Smallholder Bioenergy Crop：the Potential for Pro-poor Development［M］. Food and Agriculture Organization of the United Nations（FAO），2010．
[49] Obour A K，Sintim H Y，Obeng E，et al. Oilseed camelina（*Camelina sativa* L Crantz）：Production systems，prospects and challenges in the USA great plains［J］. Advances in Plants & Agriculture Research，2015，2（2）：00043．
[50] Ciubota-Rosie C，Ruiz J R，Ramos M J，et al. Biodiesel from *Camelina sativa*：A comprehensive characterisation［J］. Fuel，2013，105：572-577．
[51] Berman P，Nizri S，Wiesman Z. Castor oil biodiesel and its blends as alternative fuel［J］. Biomass and Bioenergy，2011，35（7）：2861-2866．
[52] 王萌，陈章和．藻类生物柴油研究现状与展望［J］．生命科学，2011，23（1）：121-126．

第3章 生物制氢技术

目前，以可持续发展为主题的第三次能源变革正从以化石能源为主的能源系统转向以可再生能源为基础的环境友好型能源系统。因此，开发可持续使用、可替代化石能源的环境友好型清洁能源已成为目前世界各国共同关注的焦点。氢能源具有燃烧速度快、热值大等优点，是当前世界各国力推的可再生动力清洁能源。

当前，燃料电池汽车正在世界范围内得以迅猛发展，对氢能的需求也迅速增加，对大规模氢能基础配套设施的需求也日益迫切，因此急需建造大量加氢站和制氢站，以满足燃料电池汽车日益增长的需要。据统计，世界目前有超过 500 座加氢站在运营和规划中，主要集中在日本、欧洲和美国等国家或地区。我国目前在北京市和上海市分别有 37 座和 15 座加氢站投入运行。中国政府已把氢能与燃料电池技术列为国家中长期科学和技术发展规划战略的重点之一，近年来持续加大对技术研发和示范的投入。因此，系统梳理生物制氢技术的基本原理、工艺流程和技术现状，对于推动氢能产业和技术的发展具有积极意义。

3.1 氢能源特点

氢能源具有燃烧速度快、热值大 [$\Delta H(298.15\text{K}) = -286\text{kJ/mol}$] 的优点，几种典型燃料的燃烧反应及热值如表 3-1 所列。由表 3-1 可以看出，氢能的热值要远高于天然气、汽油和煤等化石燃料。除核燃料外，氢的热值是所有化石燃料、化工燃料和生物燃料中最高的，是汽油发热值的 3 倍，因此，氢能可以作为很好的动力能源。实验证明，氢的燃烧效率比汽油高 45% 以上。在日本、欧洲和美国等国家或地区，氢气可直接进行购买，而对中国而言，氢气则需要自制。因此，氢能制备技术的开发及应用成为生物油、燃料电池等新能源行业发展的关键，将在新能源系统中起到重要的作用。随着不可再生能源的日益短缺和可再生能源制氢技术的迅速发展，世界各地利用可再生能源制氢的示范应用越来越多，不难预见可再生能源制氢技术在未来将被广泛应用。

截至目前，制氢途径主要有以下几种：a. 生物质气化制氢；b. 化石能源制氢；c. 生物油制氢；d. 生物质发酵制氢；e. 利用水制氢。其中，利用水制氢、化石能源制氢和生物质制氢技术发展现状如表 3-2 所列。

表 3-1　典型燃料的燃烧反应及热值

燃料	主要成分	化学反应	热值/(kJ/g)
天然气	CH_4	$CH_4+2O_2 \Longrightarrow CO_2+2H_2O$	56
汽油	C_8H_{18}	$2C_8H_{18}+25O_2 \Longrightarrow 16CO_2+18H_2O$	48
煤	C	$C+O_2 \Longrightarrow CO_2$	33
氢气	H_2	$2H_2+O_2 \Longrightarrow 2H_2O$	142

表 3-2　几种典型制氢技术发展现状

制氢技术		发展现状
利用水制氢	水电解制氢	产品纯度高,操作简便,但电能消耗高
	热化学制氢	能耗低,可大规模工业化生产,可直接利用反应堆的热能,效率高,反应过程不易控制
	高温热解水制氢	过程复杂,成本高
化石能源制氢	煤制氢	生产投资大,易排放温室气体,新型技术正在研发
	气体原料制氢	是化石能源制氢工艺中最为经济合理的方法,主要有4种方法,工艺过程仍需改进
	液体石化能源制氢	甲醇、乙醇、轻质油及重油制氢过程各有利弊
生物质制氢	热化学转化技术	有生物质热解制氢、气化制氢、超临界气化制氢等方法。产氢效率和经济性是选择工艺的关键
	微生物转化技术	对于光合细菌产氢,如何提高光能转化效率是关键;厌氧发酵制氢产率较低,先进的微生物培养技术有待开发

化石能源因其不可再生性不适合作为替代能源;生物油制氢技术的技术经济性较差,也不适合作为替代能源。生物质制氢又分为生物质气化制氢、生物质转化为生物乙醇后再制氢和生物质发酵制氢,生物质转化为生物乙醇等小分子制氢目前还处于实验室研究阶段。生物质发酵制氢技术主要包括光发酵生物制氢、暗发酵生物制氢及光暗耦合发酵生物制氢。光发酵生物制氢技术由于需要光源,过程对于光源的利用效率较低,而且连续光源的获取较难,其产业化应用困难。生物制氢技术中的暗发酵生物制氢技术因其具有操作条件温和、原料来源丰富等优势,已进行了大量广泛的前期研究并取得了较好的产氢效果,具有较好的产业化前景。

3.2　生物质发酵制氢类型及机理

3.2.1　生物制氢方法

生物制氢技术是目前制氢领域的研究热点之一,该技术是利用可再生能源,如太阳能、生物质能等,通过微生物的转化作用来制取氢能。目前,生物制氢方法大致分为5类[1-3]:a. 利用藻类或者青蓝菌的生物光解水法;b. 有机化合物的光合细菌(PSB)光分解法;c. 有机化合物的厌氧发酵制氢;d. 光合细菌和发酵细菌的耦合法制氢;e. 酶催化法制氢。目前,已研究的产氢生物类群有光合生物(绿藻、蓝细菌和厌氧光合细菌)、非光合生物(严格厌氧细菌、兼性厌氧细菌和好氧细菌)等。

生物制氢技术根据微生物生长过程中所需的能量来源,可以分为光合微生物制氢和发酵法制氢两类[4-5]。要全面理解生物制氢过程的机理,首先要知道过程中可能涉及的两种酶:氢酶和固氮酶。它们是生物制氢过程中的两种关键性酶,但是它们均不是专一性产氢酶。这两种酶所催化的产氢反应可以用方程式(3-1)、式(3-2)来表示[6]:

$$2H^+ + 2e^- \xrightarrow{\text{氢酶}} H_2 \tag{3-1}$$

$$2H^+ + 2e^- + 4ATP \xrightarrow{\text{固氮酶}} H_2 + 4ATP + 4Pi \tag{3-2}$$

氢酶除了在有足够还原能力时催化产氢外，还可催化作为一种能量回收机制的吸氢反应。固氮酶的主要功能是催化固氮反应——将分子氮还原为氨，只有当缺乏基质（分子氮）时才发生催化产氢反应。这两种酶不仅在不同的微生物中具有不同的功能，即使在同一种微生物中不同的氧化还原条件下也起到不同的作用。另外，氢酶催化的产氢反应不需要 ATP，固氮酶催化的产氢反应则需要 ATP。

3.2.2 生物制氢机理

在过去 30 年中，生物制氢技术的研究主要集中在光合细菌制氢研究上，但 Benemann 认为利用厌氧发酵细菌产氢比光合细菌更具前景[5]。厌氧菌能利用有机物质作为能量来源，并将其转化为氢气。

能够利用有机物质产氢的厌氧微生物较多，如厌氧菌中的梭状芽孢杆菌属（*Clostridium*）的巴氏梭菌（*C. pasteurianum*）、丁酸梭状芽孢杆菌（*C. butyricum*）、嗜热乳酸梭菌（*C. thermolacticum*）、双酶梭菌（*C. bifermentans*）和类腐败梭菌（*C. paraputrificum* M-21）等[6-9]。按照形成氢的电子供体不同，生物发酵产氢细菌可以分为专性厌氧细菌类群和兼性厌氧细菌类群两大类群。这两大类群包括肠杆菌属、杆菌属、埃希式肠杆菌属和梭菌属四类[8]。

专性厌氧产氢细菌的代表主要是梭状芽孢杆菌属的各种细菌，该类群不包括细胞色素型的电子供体，通过丙酮酸或丙酮酸式二碳单位产生氢，有机物氧化产生的 NADH 和 H^+ 一般可通过与乙酸、丁酸和乙醇发酵等过程相连而使 NAD^+ 再生；但当 NADH 和 H^+ 的氧化过程慢于形成过程时，为了避免 NADH 和 H^+ 的积累，细胞以释 H_2 的形式保持体内氧化还原的平衡，丙酮酸经丙酮酸-铁氧还蛋白氧化还原酶作用后，当环境中无合适的电子受体时，氢化酶将接受铁氧还蛋白（ferredoxin, Fd）传递的电子，以 H^+ 作最终电子受体而产生分子氢。兼性厌氧细菌类群以细胞色素为电子供体通过甲酸来产氢。厌氧菌暗发酵产氢途径如图 3-1 所示。

对于图 3-1 中所示的 7 种厌氧菌暗发酵产氢途径[10]，暗发酵法生物制氢的形式主要有两种：

① 丙酮酸脱氢系统，在丙酮酸脱羧脱氢生成乙酰的过程中，脱下的氢经铁氧还蛋白的传递作用而释放出分子氢；

② $NADH/NAD^+$ 平衡调节产氢，当有过量的还原力形成时，以质子作为电子沉池而形成氢气。

发酵法生物制氢按照产氢途径的不同，主要包括丁酸型发酵途径产氢、混合酸发酵途径产氢和 NADH 途径产氢 3 种主要类型[9]。丁酸型发酵产氢途径的典型微生物主要有梭状芽孢杆菌属（*Clostridium*）、丁酸弧菌属（*Butyrivibrio*）等，其主要发酵末端产物有丁酸、乙酸、CO_2 和 H_2 等。丁酸型发酵产氢的反应方程式可以表示为式(3-3)、式(3-4)：

$$C_6H_{12}O_6（葡萄糖）\longrightarrow 2CH_3COOH（乙酸）+2CO_2+2H_2 \tag{3-3}$$

$$C_6H_{12}O_6（葡萄糖）\longrightarrow CH_3CH_2CH_2COOH（丁酸）+2CO_2+2H_2 \tag{3-4}$$

混合酸发酵途径产氢的典型微生物主要有：埃希氏菌属（*Escherichia*）和志贺氏菌属（*Shigella*）等。发酵末端主产物有乳酸（或乙醇）、乙酸、甲酸、CO_2 和 H_2 等。混

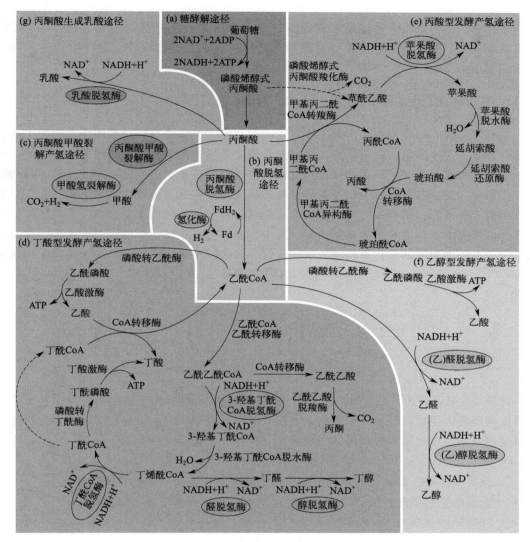

图 3-1　厌氧菌暗发酵产氢途径

ATP—腺嘌呤核苷三磷酸；NADH—还原型烟酰胺腺嘌呤二核苷酸，还原型辅酶Ⅰ；
NAD$^+$—烟酰胺腺嘌呤二核苷酸，辅酶Ⅰ；CoA—辅酶A；Fd—铁氧还蛋白

合酸发酵途径产氢可表示为式(3-5)：

$$C_6H_{12}O_6 + H_2O \longrightarrow CH_3COOH + C_2H_5OH + 2H_2 + 2CO_2 \qquad (3-5)$$

丁酸型发酵途径产氢和混合酸发酵途径产氢是两种直接的产氢途径，NADH途径产氢则是通过调节过程的NADH/NAD$^+$平衡来产氢[9]。在微生物的新陈代谢过程中，经糖酵解(EMP)途径产生的NADH和H$^+$一般均可通过与丙酸、丁酸、乙醇或乳酸等发酵相耦联而得以再生，从而保证NADH/NAD$^+$的平衡。但当NADH和H$^+$的再生相对于其形成较慢时，必然要产生NADH与H$^+$的积累。对此，生物有机体必须采取其他的调控机制，如在氢化酶的作用下通过释放分子氢以使NADH与H$^+$再生，如反应式(3-6)所示：

$$NADH + H^+ \longrightarrow H_2 + NAD^+ \qquad (3-6)$$

Tanisho 等在对产气肠杆菌 E.82005（*Enterobacter aerogenes* E.82005）的产氢情况进行研究时，提出在微生物连续培养条件下，NADH 途径是产氢的主要途径[11]。另外，任南琪等认为，即使在丁酸型发酵途径和混合酸发酵途径的直接产氢过程中，也伴随着 NADH 途径的调节作用[12]。

3.3 生物制氢技术研究现状

自 20 世纪 90 年代以来，世界主要发达国家和相关国际组织都对氢能研发给予了很大重视，进行了大量研究，制订了诸多的研发计划，并投入巨资进行氢能相关技术研发。我国也十分重视对与氢经济相关的氢能和燃料电池技术的研发，经过 30 余年的研究与探索，已初步形成一支由高等院校、科研院所及石油化工企业等部门为主的从事氢能研究、开发和应用的专业队伍。研究人员在制氢技术、储氢材料和氢能利用等方面进行了系列开创性工作，已拥有一批氢能领域的知识产权，其中有些研究工作已达到国际先进水平。现有制取氢能的方法主要包括催化重整法、水解法、分解法、光解法、电解水法以及微生物制氢法等[13-16]。微生物制氢过程的基本原理如图 3-2 所示。

图 3-2 微生物制氢过程的基本原理

由图 3-2 可以看出，微生物制氢主要包括厌氧发酵制氢和光生物制氢两种。其中，生物质发酵制氢以生物活性酶为催化剂，利用含氢有机物和水将生物能和太阳能转化为高能量密度的氢能。生物质发酵制氢技术较前面几种传统制氢方法具有以下优势：

① 原料来源广泛、成本低廉，包括一切植物与微生物材料、工业有机物和水；

② 反应条件较为温和，在生物酶的作用下常温常压进行，操作费用十分低廉；

③ 能量由生物质能和太阳能经产氢转化而得，脱离了常规化石燃料；

④ 过程环境负影响小，反应产物为二氧化碳、氢气和氧气，二氧化碳经过处理仍是有用的化工产品，可实现零排放的绿色无污染环保工程。

由此可见，发展生物制氢技术符合国家对环保和能源发展的中长期政策的要求，前景光明。

随着氢能用途的日益广泛，其需求量也迅速增加。传统的制氢方法均需消耗大量的不可再生能源，不适应社会的发展需求。生物制氢技术作为一种符合可持续发展战略的制氢技术，已在全世界范围引起了广泛的重视。由于其使用的原料价格低廉、生产过程清洁、节能且不消耗化石资源，正日益受到大家的关注。

3.3.1 生物制氢技术国外研究现状

国外很早就开展了生物制氢技术的研究。早在 100 多年前，研究者们就发现在微生物的作用下通过蚁酸钙的发酵可以从水中制得氢气[17]。1931 年，Stephenson 等首次报道了细菌中含有氢酶，它可以催化氢的可逆氧化还原反应：$H_2 \rightleftharpoons 2H^+ + 2e^-$。1937 年，Nakamura 观察到光合细菌在黑暗条件下放氢的现象，这是关于光合细菌产氢最早的报道。1942 年，Gaffron 和 Rubin 发现，一种已在地球上存在 30 亿年之久的蓝绿色海藻——栅藻，能在一定的条件下通过光合作用产生氢气[18]。1949 年，Gest 等在研究了深红红螺菌后，建议利用紫色光合细菌制氢。此类细菌在有机碳源存在下生长会放出氢气，氢也可以通过光还原 CO_2 使之变为醛，接着通过酶催化反应而从中释放出来。此后，很多研究者从不同的角度开展了微生物产氢的研究[19]。1958 年，Spruit 证实了藻类可通过直接光解过程产生氢气，而不需要借助二氧化碳的固定过程。真正意义上利用生物制氢的想法最早是由美国科学家 Lewis 在 1966 年提出的[20,21]。20 世纪 70 年代的石油危机使得各国政府和科学家们意识到急需寻求替代能源，生物制氢第一次被认为具有应用的前景。自此，人们才从获取氢能的角度开展各种生物氢来源和产氢技术的研究[22]。20 世纪 80 年代能源危机结束之前，人们对各种氢源及其应用技术已经进行了大量研究。石油价格回落后，氢及其他替代能源的技术研究一度不再出现在一些国家的议事日程中。到了 20 世纪 90 年代，人们对由以石化燃料为基础的能源所带来的环境问题有了更深入的认识，清醒地认识到石化燃料造成的大气污染，其危害不仅是区域性的，而且对全球气候的变化也会产生显著影响，这使得生物制氢研究再度兴起。同时，各种现代生物技术在生物产氢领域的应用大大推动了生物制氢技术的发展。

目前，国外生物制氢主要采用的方法是发酵法，具体研究方法、研究内容呈现出多样性，研究的重点主要包括产氢效率的提高、发现更多的可被生物利用的基质、产氢菌的分离及其产氢效能分析。此外，有关利用不同基质进行产氢的研究还包括利用与区域有关的来源丰富的基质进行制氢。

同时，国外学者对生物制氢反应器也进行了较深入的研究。生物反应器制氢的选择和设计对于产氢系统的稳定性和实际应用具有决定性作用。目前，用于生物制氢的反应器多以可用于连续产氢的连续流生物制氢反应器和间歇产氢的间歇反应器为主。此外，也有采用升流式厌氧污泥床（UASB）、膨胀颗粒污泥床（EGSB）以及序批式活性污泥反应器（SBR）进行发酵产氢的。Gadhamshetty 等探讨了运用无缓冲反应器在低温条件下进行生物制氢的可行性，对在较低温度下（21℃或 37℃）以蔗糖为底物的厌氧发酵制氢过程进行了研究[23]。Zhang 等运用不饱和流化床反应器进行产氢细菌 *Clostridium acetobutylicum* ATCC824 以葡萄糖为产氢基质的产氢实验，研究发现氢气含量为 74%±3%，液相发酵产物为乙酸和丁酸[24]。Haroun 等利用自行设计的一体式连续流搅拌槽式反应器与重力自沉降反应器（IBRCS）研究了不同有机负荷对生物制氢的影响，在水力停留时间（hydraulic retention time，HRT）为 8h、有机负荷率（OLR，以 COD 计）为 103g/(L·d) 时 1mol 葡萄糖最高产生 2.8mol H_2[25]。

3.3.2 生物制氢技术国内研究现状

我国在生物制氢技术研究上开展较晚，始于 20 世纪 70 年代，但进展十分迅速。而且，在光解生物制氢技术和发酵法生物制氢技术这两方面研究成果均已达到国际先进水平。1979 年，刘克鑫等在沼气发酵污泥的富集培养物中加入薯芋粉完全抑制了产甲烷，转而产氢气，并从中分离出了 24 株产氢细菌[21]。任南琪等 1990 年就开始开展生物制氢技术的研究，并于 1994 年提出了以厌氧活性污泥为氢原料的有机废水发酵制氢技术和利用碳水化合物为原料的发酵法生物制氢技术[22]。2000 年，Lay 等利用热处理后的厌氧消化污泥进行淀粉连续发酵产氢的最适宜条件实验，获得最大产氢速率为 1600L/(m^3·d)、淀粉 COD 转化率为 1.29L/g[26]。2002 年，樊耀亭等以牛粪堆肥为天然混合产氢菌来源，以蔗糖和淀粉为底物，通过厌氧发酵制得了氢气[27]。至此，国内多家科研机构和高校，如中国科学院微生物研究所、清华大学、上海植物生理研究所、厦门大学、华东师范大学、浙江农业大学、复旦大学、浙江大学、哈尔滨工业大学、郑州大学、北京化工大学、天津大学和中国农业大学等开始进行生物制氢技术的研究，他们在发酵生物制氢技术方面，在产氢的机理、细菌的选育、细菌的生理生态学、生物制氢反应设备的研制等多方面进行了大量研究，取得了较大的突破，从而使我国在生物制氢前沿性技术领域占有了一席之地[12,28,29]。

3.3.3 暗发酵法生物制氢的研究现状

3.3.3.1 暗发酵法生物制氢的研究进展

生物发酵制氢过程大体可分为光合发酵制氢和发酵法制氢两大类。其中，前者所利用的微生物为厌氧光合细菌，后者利用的则为厌氧化能异养菌。在此，对发酵法生物制氢技术的研究现状进行简要概述。

到目前为止，研究者对厌氧发酵生物制氢途径进行了大量的探索和研究，取得了一定的成果。大部分研究者主要从两个方面对厌氧发酵生物制氢进行研究：一方面是对菌种的深入研究；另一方面则是对发酵过程中生态因子对产氢细菌发酵产氢能力的影响的研究。另外，研究者还研究了不同产氢菌株利用不同底物时的产氢能力。

（1）发酵法生物制氢菌种的研究

在对菌种的研究上，现有的研究主要集中在纯菌种研究和细胞固定化技术方面。世界各国固定化微生物发酵制氢研究结果表明：细胞固定化技术的使用，提高了反应器内的生物量，使单位反应器的比制氢率和运行稳定性有了很大提高，固定化系统均取得了较好的制氢效果。目前，国内外采用细胞固定技术以增加暗发酵产氢量的研究相对较少。Tsygankov等对固定化微生物制氢和悬浮微生物制氢进行了比较性研究，得出固定化微生物制氢具有制氢速率更快和反应流出液中不含细胞的优点[30]。Karube等利用聚丙烯酰胺凝胶包埋固定化丁酸梭状芽孢杆菌细胞进行产氢实验，以葡萄糖为氢供体，37℃下可连续产氢20d[31]。任南琪等在连续流搅拌槽式反应器（CSTR）中填加密度为1.54g/cm^3、粒径<2mm的多孔物质，以糖蜜废水为底物利用活性污泥制取氢气，考察了填加生物载体后反应器连续流稳定运行的系统特性，得到了较好的实验产氢效果[12]。Yokoi等对产气肠杆菌HO-39菌株进行的非固定化实验中，获得了120mL/(L·h)的产氢率；而采用多孔玻璃为载体对菌体进行固定时，产氢率提高到850mL/(L·h)（HRT=1h），较非固定化细胞产氢率提高了6倍[9]。Tanisho和Ishiwata在对产气肠杆菌E.82005菌株进行的聚氨基甲酸乙酯泡沫固定化细胞产氢实验中，获得持续产氢率（以单位物质的量的糖的产H_2量计）为2.2mol/mol，最大产氢率（以单位物质的量的糖的产H_2量计）达3.5mol/mol，同时，产氢速率最大达到了13mmol/(L·h)[32]。现有研究采用细胞固定技术以增加暗发酵产氢量的研究[33]，主要如表3-3所列。

表3-3 暗发酵制氢生物固定化技术一览表

细菌载体	反应器	接种细菌	发酵底物	悬浮细胞发酵产氢率	固定化细胞发酵产氢率
聚二甲基硅氧烷	CSTR	固定化污水	棕榈油厂废水	—	2.1L/L
有机玻璃、活性炭	SBR	厌氧污泥	蔗糖废水	1.21L/(L·h)	1.8L/(L·h)
木质纤维颗粒	SBR	混合菌种	葡萄糖	40～60mL/d	300～330mL/d
藻酸钙	SBR	厌氧污泥	蔗糖	6.8mmol/(L·h)	21.3mmol/(L·h)

续表

细菌载体	反应器	接种细菌	发酵底物	悬浮细胞发酵产氢率	固定化细胞发酵产氢率
生物菌丝球	CSTR	*Clostridium* sp. T2	木糖	1.13mmol/(L·h)	2.76mmol/(L·h)
木质纤维残渣	生物反应器	*Enterobacte cloacae* Ⅱ T-BT08	木质纤维素	37mmol/(L·h)	62mmol/(L·h)
聚氨酯	IBR	*Clostridium tyrobutyricum* JM1	葡萄糖	—	7.21L/(L·d)
球状活性炭	AFBR	厌氧消化污泥	葡萄糖合成废水	—	2.36L/(L·d)
聚乙烯	SBR	市政污泥	蔗糖	—	488mL/g

注：CSTR—连续流搅拌槽式反应器；IBR—自响应生物反应器；AFBR—厌氧流化床反应器；SBR—序批式活性污泥反应器。

从表3-3可以看出，固定化细胞发酵较相同条件下的悬浮细胞发酵，体系的产氢能力得到了明显的提升。现有研究表明，固定化细胞制氢与非固定化细胞制氢相比有以下优点：a.菌种能在较低的pH值下进行发酵产氢，即菌种能耐低pH值；b.持续制氢时间长；c.可抑制氧气扩散速率；d.有效防止细胞流失等。

但是，固定化纯菌种制氢也存在一些缺陷，主要是：a.底物和反应器都需要高温消毒灭菌；b.配制培养基需要大量蛋白胨、酵母膏和牛肉膏等比较昂贵的营养物质；c.纯菌种在不断制氢过程中易发生变种，甚至被污染，制氢能力会逐渐降低，因而需要定期更换新的细菌；d.需要配套的纯菌种的分离、鉴定和扩大培养等设备，导致生物制氢的成本比较高。

从目前的研究来看，小型的、短期的研究结果较多，长期的、大规模的连续制氢研究报道较少。总之，利用纯菌种固定化制氢在实现生物制氢产业化的路上还有很长的距离要走。

因此，研究者从另一种途径对厌氧发酵的菌种进行研究——混合菌发酵制氢。研究者发现了一些天然菌源，例如活性污泥、产大豆的土壤、不同来源的堆肥等，将它们通过适当的物理化学预处理后，用作天然混合产氢菌源，直接用于厌氧发酵生物制氢。任南琪等以厌氧活性污泥为菌种来源，以废糖蜜和淀粉为原料，采用两相厌氧反应器制得了氢气[12]。Ginkel等以马铃薯地和大豆地土壤为菌种来源，以蔗糖为底物，实现了持续产氢[34]。李涛以牲畜粪尿堆肥为菌源，通过处理蔗糖和淀粉的模拟有机废水成功制备出氢气，最高产氢速率达到381mL/(L·h)[35]。

(2) 发酵工艺条件对微生物发酵产氢能力的影响

发酵工艺条件对产氢发酵细菌的生长和生理代谢有重要影响，也会影响细菌的产氢能力。目前对生态因子的研究主要集中在温度、pH值、氧化还原电位和金属离子等方面。生物发酵制氢过程中，能够影响发酵微生物的发酵末端产物组成和优势种群的限制性因子有温度、pH值、有机和无机营养物质、$NADH/NAD^+$及酸性末端数量，其中可控的独立因子为前三个。李永峰等利用间歇培养研究了碳氮质量比对纯菌种培养制氢工程中发酵产氢细菌产氢性能的影响，结果显示调节碳氮质量比可以成为调控发酵制氢的工程措施之一[36]。

(3) 混合菌种发酵制氢技术

由于纯菌种发酵存在诸多问题，利用混合菌种尤其是利用厌氧活性污泥制取氢气的研究已成为新的焦点之一。这是由于利用混合菌种制氢具有较多优势。首先，它不存在纯菌种系统存在的杂菌污染问题。其次,当厌氧活性污泥中的菌种为混合菌种时,可通过它的培养形成沉降性能良好的絮体,避免菌体在连续流状态下的流失。另外,混合菌种发酵运行操作简单,便于管理,提高了生物制氢工业化生产的可行性。早在1994年,任南琪等就开始了有机废水发酵法生物制氢技术的研究,该研究利用两相厌氧生物处理工艺的产酸相作为生物制氢单元,依靠厌氧活性污泥(混合菌种)的特性,通过发酵从有机废水中制取氢气,小试研究以甜菜制糖厂的废糖蜜为底物,获得了 10.4L/(L·d) 的最大比产氢速率。在中试研究的稳定运行期,产氢能力达到 5.7L/(L·d)[37]。

近年来,混合菌种产氢技术成为生物制氢研究的主流。有研究发现,厌氧折流发酵生物制氢反应器具有结构简单、运行稳定、操作灵活、生物持有量和容积利用率较高等优点,具有很好的开发前景[38]。任南琪等采用连续流搅拌槽式反应器,以制糖废水为底物,利用厌氧活性污泥探讨了生物制氢反应器连续流稳定运行的工程控制参数,对产氢菌群生态学方面也开展了大量的研究工作,成为新的热点[39]。王勇等研究了发酵生物制氢污泥反应系统的启动规律和驯化乙醇型发酵优势菌群的对策[40]。邢德峰等利用分子生物学技术研究了产氢混合菌群的多样性和群落结构的动态变化[41]。但是,发酵产氢菌群的生态学机制仍然没有被完全揭示,尤其是缺乏一套针对群落结构变化的快速、直接的监测系统,使得实验结果滞后于反应系统的运行或是不能准确反映菌群结构,从而限制了生态学研究的深入。

3.3.3.2 暗发酵法制氢技术存在的问题及发展趋势

(1) 暗发酵法制氢技术存在的问题

目前,生物质发酵制氢技术还处于试验阶段,离大规模工业化还有一段距离;同时,菌种的稳定性、反应器的综合性能、过程的代谢途径及机理、底物的使用范围及效率均存在不同程度的问题,存在的主要问题具体为:

① 产氢细菌的代谢机理方面 目前生物质发酵制氢反应器规模和性能上的局限,使得细菌产氢过程特别是连续产氢过程的数据极为有限,需进一步研究。

② 发酵产氢底物研究方面 目前生物质厌氧发酵制氢过程所用底物范围狭窄,利用效率不高,对底物消耗机理的研究不明晰,导致过程对底物的利用受到极大的限制,影响了过程产业化的可行性和成本。

③ 制氢的反应器研究方面 生物质发酵制氢过程对微生物产氢机理、产氢工艺的研究,以及对菌种的筛选与培育、菌种改良和新菌种的培育等与基因工程相关的研究,其目标都是要早日实现氢能的清洁、廉价生产,加快生物质发酵制氢的规模化和工业化。在生物质发酵制氢的产业化进程中,发酵反应器的研制是重要环节和关键内容。以工业化大规模生产为目标的生物质发酵制氢过程,是以各种可利用的生物质为原料,以混合菌为微生物,在一定的环境条件下进行的复杂生物代谢过程。

虽然已有进行其他生产目的的大型生物发酵反应器,但由于不是用于产氢,因此在工作原理和结构特点等方面不完全符合生物质发酵产氢的条件,不能完全满足过程的工艺要求。那么,能够满足生物质发酵连续产氢这一复杂生物代谢过程的反应器的研制应包含对反应器型式与结构、操作模式、反应器中流体的传输及混合、热交换器及温度调控系统等多方面的设计和研究。

(2) 暗发酵法制氢技术的发展趋势

综合上述生物制氢技术存在的主要问题,该技术未来研究的趋势如下:a. 高效产氢菌种的筛选与研发；b. 高效廉价产氢底物的探寻；c. 制氢反应器的放大与设计。具体内容包括：a. 生物发酵反应器放大性能研究；b. 生物质发酵产氢动力学规律探讨；c. 生物质发酵制氢反应器放大模型的开发及工业化应用。

3.4 生物质发酵制氢技术原料和主流技术路线

3.4.1 生物质发酵制氢技术的原料研究现状

生物制氢技术因其具有产生清洁能源和解决环境污染问题的双重功效而日益受到研究者的重视，但是由于技术上的制约，至今仍无法获得廉价的氢气。寻求高效率、低成本的制氢技术是目前亟待解决的问题。降低产氢底物的成本对整个氢气生产成本的降低有着十分重要的意义。

研究者对厌氧发酵法生物制氢的产氢底物进行了大量研究，并取得了一些成果。目前，厌氧发酵制氢所采用的底物大多为糖类，包括一些从糖厂和淀粉厂排出的高浓度有机废水。尽管利用糖和淀粉发酵制氢的效果较好，但是其成本相对较高，要降低发酵制氢的成本，必须进一步对发酵制氢的底物进行研究，找到能够高效产氢的廉价底物。

随着发酵制氢技术的逐渐成熟，研究者也对一些比较复杂的底物进行了深入性的研究。Lay 等对豆渣进行了厌氧发酵研究，比产氢速率达到 45mL/(g·h)，制得的生物气中氢气的含量高于 60%，达到了较好的产氢效果[42]。Nielsen 等对模拟家庭废物做了详尽的研究，并制得了氢气[43]。研究者成功地将一些成分比较复杂的有机固体废物，如马铃薯淀粉渣、麦麸、食物废物、市政有机固体废物等转化为氢气，但产氢效率大多比较低。因此，研究者又对其他底物进行了研究，试图找到一种既廉价、产氢效率又高的底物。

对于纤维素类难生物降解的生物质，如农作物秸秆（玉米秸秆、麦秸秆和稻草等），以这类生物质为底物制氢过程氢的转化效率和产氢速率较低。郑州大学樊耀亭、任保增等进行了大量的研究，以牛粪堆肥为菌源，对生物质玉米秸秆采用物理法和化学法相结合的方法进行预处理后，进行产氢发酵试验，获得了较好的效果[27]。但是，目前秸秆的利用率仍不是很高，发酵过程的稳定性也不是很好。由于纤维素类生物质为可再生资源，来源丰富、价格低廉，将其采用生物发酵的方法转化为氢能，将会是一种可行的途径。因此，如果进一步对其进行深入研究，最大限度地提高秸秆利用率和产氢过程的稳定性，利用秸秆进行生物发酵制氢将会有很好的工业化前景。

3.4.2 不同生物质作为原料发酵制氢

目前，研究较多、产氢效果较好的用于生物发酵制氢的生物质类底物主要包括高浓度有机废水和农作物秸秆两类。下面，就农作物秸秆等作为制氢原料的发酵产氢研究现状及产氢效果进行分析。秸秆类木质纤维素的水解产物是以木糖为主的五碳糖和以葡萄糖为主的六碳糖的混合物，充分有效地利用其中的每一类糖，是提高生物质利用效率、降低成本的最佳途径。在木质纤维素的预处理液中，主要的糖类是以木糖为主的五碳糖和少量的葡萄糖等六碳糖；而预处理物的水解产物是由以葡萄糖为主的六碳糖和少量的木糖等五碳糖组成。

(1) 木质纤维素类原料暗发酵制氢

目前，利用木质纤维素类原料生产氢气的发酵工艺，按照各生物转化程序的特点可以划分为以下 3 种方法：a. 分步糖化发酵法；b. 同步糖化发酵法；c. 统合生物工艺（CBP）。

（2）木糖等五碳糖作为原料暗发酵制氢

作为木质纤维素原料水解产物中含量很丰富的一种单糖，木糖主要是由半纤维素水解生成，含量可达植物纤维素水解糖类的 35% 以上，在有些原料中甚至超过了葡萄糖的含量。因此，能否利用木糖发酵制氢是利用木质纤维素的关键。对这方面的研究较早的是 Taguchi 等，1994 年，他们分离到一株既能利用葡萄糖又能利用木糖的产氢菌 *Clostridium* sp. No.2。但是，在之后很长的一段时间内，并没有专门利用木糖的产氢菌获得。直到进入 21 世纪后，研究者也只是将利用葡萄糖代谢的产氢菌用于发酵木糖，并未获得理想的产氢效果。2004 年，Kadar 等在高温条件下分离获得 *Caldicellulosiruptor saccharolyticus* 产氢菌株，其利用木糖和葡萄糖的比产氢量分别达到了 2.24mol/mol 和 2.5mol/mol，从这之后开启了高温利用木糖产氢的研究。2008 年，Ren 等同样是在高温条件下分离获得 *T. thermosaccharolyticum* W16，具有较高的转化木糖和葡萄糖产氢的能力，利用木糖和葡萄糖的比产氢量分别达到了 2.12mol/mol 和 2.49mol/mol。对于混合菌群发酵木糖产氢的研究也处于起步阶段，并且还未获得比较理想的效果。2006 年，Lin 等以活性污泥为菌源，以木糖为底物，采用连续流工艺研究其产氢特性，结果表明，在 pH 值为 6.5 时体系的产氢状况最佳，得到最大比产氢量和最大产氢速率分别为 1.3mol/mol 和 0.25mol/(L·d)。2006 年，Lin 等利用混合菌种发酵木糖，获得了更好的产氢效果，比产氢量为 1.92～2.25mol/mol，产氢速率则为 5.94～8.93mmol/(L·h)。虽然木质纤维素的转化再利用问题越来越受到人们的重视，但是相比于葡萄糖等六碳糖生物转化的利用效果，对木糖等五碳糖生物转化技术的研究还需要进一步加强，尤其是对于发酵产氢的研究。

（3）木质纤维素的酶解与发酵在不同的反应器中进行

目前，对木质纤维素的分步糖化产氢的研究主要是将木质纤维素经过预处理后发酵。一方面，是以木质纤维素预处理液为基质进行产氢，例如，2006 年 Datar 等研究了热激活性污泥发酵玉米秸秆预处理液的产氢，结果表明，经中性和酸化汽爆后，比产氢量分别为 2.84mol/mol 和 3.0mol/mol，转化效率达到了 71%～75%。由于采用汽爆后得到的水解液中的主要成分是以木糖为主的五碳糖，表明了五碳糖也具有很高的产氢潜力。2008 年，Pattra 等将甘蔗采用不同浓度的硫酸处理后，利用 *Clostidium butyrium* TISTR 1032 发酵半纤维素水解液产氢，获得的预处理的最佳条件为 0.5% H_2SO_4、121℃、0.15MPa，在该条件下处理 60min，可获得 24.5g/L 的总糖（以 COD 计），并且在初始 pH 值为 5.0 和总糖浓度（以 COD 计）为 20g/L 的条件下得到的最大比产氢量为 1.73mol/mol，展示出较好的产氢能力。采用预处理水解液产氢的最大问题是，其中的预处理副产物会对发酵产氢菌造成抑制，从而使得其生长缓慢，产氢延滞期增长，产氢效率低下。目前，解决这个问题的主要办法就是对预处理液进行脱毒处理。

此外，还可以将预处理后所得到的固体物质进行纤维素酶解，再用于发酵产氢。Lo 等采用纤维素分解菌 *Acinetobacter junii* F6-02 水解稻草秸秆，然后通过产氢菌 *Clostridium butyricum* CGS5 发酵酶解液产氢，最后获得 26.8mL/(L·h) 产氢速率。纤维素酶能有效地水解预处理后的固体物，但是会出现产物抑制现象，从而降低纤维素酶的活性，更为重要的是由于商品化的纤维素酶很昂贵，基本上还处于实验阶段。因此，采用生物水解纤维素是一个不错的选择,这也是纤维素糖化研究的一个热点。但是,该方法存在利用率不高和处理成本较高等问题,还需要进一步深入研究。

(4) 预处理秸秆类生物质同步糖化发酵产氢

木质纤维素的酶解与糖的产氢发酵在同一个反应器中进行,这样酶解过程中产生的糖能被微生物所迅速利用,可以解除纤维二糖对纤维素酶的反馈抑制作用,有效地提高了酶解效率。但此工艺存在的主要问题是酶解与发酵的最适温度不一致,使得两者都不能达到最佳状态,为了两者兼顾,一般综合二者取其相对最佳的条件。

(5) 预处理秸秆类生物质一步发酵产氢

预处理秸秆类生物质一步发酵产氢指的是在一个生物反应器中利用同一种微生物,完成木质纤维素转化为氢气所需的酶制备、酶水解及多种糖类的产氢发酵全过程。这就要求纤维素酶的生成和产氢发酵都由同一种微生物或同一个微生物群体来完成。此时的纤维素水解被看作是一步微生物过程,而不仅仅是一步酶反应。木质纤维素如能直接加以利用发酵产氢,将会是最经济的方式。但是,与利用简单基质产氢相比,中温细菌利用木质纤维素产氢的效率极为低下,仍未达到工业化的水平。相比较而言,高温发酵产氢细菌直接利用木质纤维素产氢的能力更强一些,但是其纤维素的降解能力及产氢效率还需要进一步提高。可以说,这是较理想的利用植物纤维素原料生产氢气的工艺,可以大幅度降低产酶成本以及纤维素氢气生产总成本,具有很广阔的应用前景,但是筛选得到高效菌株的研究有待深入。

3.4.3 生物质发酵制氢技术的原料

过程的经济性是生物质发酵制氢技术实现大规模产业化的核心,即如何提高底物到氢气的转化率,降低原料成本,实现在生物发酵反应器内的高效产氢。那么,首要考虑的问题是发酵过程原料的选择。本书作者认为,理想的暗发酵制氢底物应具有以下特点:a. 来源丰富且便宜;b. 氢气转化率高;c. 发酵产氢的稳定性好。

对于高浓度有机废水和农作物秸秆这两类底物,高浓度有机废水存在成分复杂、色度高、可生化性差、成分不稳定等缺陷,以其作为生物发酵制氢底物,可以为该技术的研究及发展提供一定的启发。但是,要进行大规模的工业化生产,高浓度有机废水不具备生物制氢原料的3项基本特征,因而可行性不强。而农作物秸秆来源最为丰富,其价格也较低廉,可再生性强,过程转化率较高,利用其进行发酵制氢,可大大减少秸秆由于其他途径利用产生的污染问题。

据统计数据,2020年全国农作物秸秆理论资源量为9.20亿吨,估算得到的可收集资源量为7.71亿吨,占理论资源量的83.8%,未利用资源量为1.38亿吨。可见,我国秸秆资源十分丰富,以其作为生物质发酵制氢的底物,具有明显的资源和价格优势。但是,要实现过程的大规模工业化,所选择的底物除了应具备来源丰富、廉价等特点外,还需要考虑过程所用微生物对农作物秸秆的降解能力、发酵反应器的运行稳定性和产氢效率等。

3.4.4 生物质发酵制氢技术路线

前文进行了生物质发酵制氢原料的选择,选取农作物秸秆作为发酵产氢的底物。在此基础上,本小节将进一步对生物质发酵制氢技术的路线进行阐述,参考了美国国家认可实验室(NRTL)关于生物质制氢的相关内容中对过程的技术路线的描述[44]。

3.4.4.1 生物发酵制氢的反应机理

生物制氢方法可以分为利用藻类或蓝细菌的生物光解水法、有机化合物的光合细菌（PSB）光分解法、有机化合物的发酵制氢法、光合细菌和发酵细菌的耦合制氢法以及酶法制氢等六类，大体上可归纳为光合法制氢和厌氧发酵法制氢。与光合法生物制氢技术相比，厌氧发酵法生物制氢技术表现出以下优越性：

① 发酵产氢菌种的产氢能力要高于光合产氢菌种，而且发酵产氢细菌的生长速率一般比光解产氢要快很多；

② 发酵产氢无需光源，可以实现持续稳定生产，而且反应装置的设计、操作及管理更为简单方便；

③ 产氢设备的反应容积可以比较大，从而能从规模上提高单台设备的产氢量；

④ 发酵产氢的原料来源广、成本低廉；

⑤ 兼性发酵产氢细菌更易于保存和运输，所以发酵法生物制氢技术的产业化比光合法生物制氢更容易实现。

因此，本书选取对厌氧发酵法进行制氢过程技术经济性分析，并将其与光合法生物制氢技术的技术经济性进行比较。

纤维素和半纤维素类原料是由葡萄糖、木糖和其他糖类构成的多聚体，在发酵反应中，可假定为葡萄糖发酵产氢的过程。理论上，若葡萄糖全部转化为氢气，则该反应可描述为式(3-7)：

$$C_6H_{12}O_6 + 6H_2O \longrightarrow 12H_2 + 6CO_2 \tag{3-7}$$

实际上，反应式(3-7)不可能发生，在生物质发酵制氢过程中，微生物在产氢的同时还会产生乙酸、丁酸等副产物，这导致了氢气产量的降低。那么，在一个葡萄糖的产氢反应中，除转化为 H_2 和 CO_2 外，同时副产乙酸的理想化反应见式(3-8)：

$$C_6H_{12}O_6 + 2H_2O \longrightarrow 4H_2 + 2CO_2 + 2CH_3COOH \tag{3-8}$$

由式(3-8)可知，所产生的氢气的质量产率为葡萄糖原料质量的 4.5%，但是目前还未发现哪种微生物菌源能够达到这一产率。另一种氢转化途径为葡萄糖产生 H_2 和 CO_2 的同时副产丁酸，其反应见式(3-9)。

$$C_6H_{12}O_6 \longrightarrow 2H_2 + 2CO_2 + CH_3CH_2CH_2COOH \tag{3-9}$$

秸秆类含纤维素、半纤维素的原料在发酵前要经过水解和糖化预处理，预处理所得到的糖类用于后续的产氢发酵过程。实际上，糖化和发酵过程在同一个反应器中发生。本论证中，假设水解过程和糖化/发酵过程的转化率均达到 90%。基于此，经过发酵反应，可获得 3.2mol H_2 和 1.6mol CO_2，以及由挥发性脂肪酸、醇及未转化的葡萄糖、木质素和木聚糖等组成的副产物。在该条件下计算，整个发酵产氢过程的氢气质量转化率为 3.6%。而本书选择的底物所含纤维素和半纤维素的理论含量为 64%，因此，氢气的理论转化率为 2.3%。

3.4.4.2 生物发酵制氢过程产氢菌源

目前，对于生物发酵制氢菌源的研究主要分为两类：一类是纯种厌氧产氢细菌；另一类是混合厌氧产氢菌群。

（1）纯种厌氧产氢细菌

纯种厌氧产氢细菌包括严格厌氧产氢细菌和兼性厌氧产氢细菌，严格厌氧产氢细菌主要包括梭状芽孢杆菌属（*Clostridium*）的各种细菌。丁酸梭菌（*Clostridium butyricum*）是一种典型的严格厌氧产氢细菌，1976年，Karube等采用聚丙烯酰胺凝胶对其进行包埋后，用葡萄糖作为底物进行培养，持续产氢达到20d，最大产氢能力为1.8～3.2L/(L·d)。Brosseau等研究了其中的巴氏芽孢梭菌（*Clostridium pasteurianum*）的产氢情况，结果表明，巴氏芽孢梭菌每利用1mol葡萄糖可以产生1.5mol氢气，最大产氢速率达9.0mmol/h，比产氢速率为2.5mmol/(g·h)，产生的气体中只含有H_2和CO_2，而且H_2浓度大于85%。同时，Brosseau等还对兼性厌氧产氢细菌的中间柠檬酸细菌（*Citrobacter intermedius*）的产氢情况进行了试验研究，发现每利用1mol葡萄糖，中间柠檬酸细菌可以产生1mol H_2，最大产氢速率为3.7mmol/h，比产氢速率为9.5mmol/(g·h)，产生的气体中只含有H_2（>60%）和CO_2。阴沟肠杆菌菌株ⅡT-BT08（*Enterobacter cloacae* ⅡT-BT08）也是一种兼性厌氧产氢菌，其可以利用多种碳源产生氢气，当以葡萄糖、蔗糖和纤维二糖为基质时，比产氢量较高，分别达到了2.2mol/mol、6.0mol/mol和5.4mol/mol。

（2）混合厌氧产氢菌群

高效菌种的选育在厌氧发酵法生物制氢过程中非常关键。卢文玉等对产气肠杆菌进行激光诱变，筛选出一株能够耐受pH值3.0的高效产氢突变菌株，产氢量比出发菌株提高48%。高温菌为嗜热微生物，是一种极端微生物，利用嗜热微生物发酵制氢是生物制氢技术新的研究领域。该方法简化了发酵工艺条件，提高了产氢效率，为大幅度降低生物制氢的成本提供了有利条件。牛莉莉等把菌株T42和热自养甲烷嗜热杆菌Z245共培养时，由于降低了氢分压，葡萄糖利用率和H_2产量分别提高了1倍和2.8倍，发酵产物乙酸和乙醇的比例也从1升高到1.7。选择混合法培养制氢，利用菌种之间的互补性，创造互为有利的生态条件，是较为可行的生物制氢途径。

（3）产氢菌源的假定

尽管纯种厌氧产氢细菌也能够得到较好的产氢效率，但大多是在小试实验的规模上进行的，一旦进行大规模的产业化运行，纯菌种存在稳定性差、条件控制困难、对外部环境要求高等缺陷，而混合菌种由于自身可以进行调节，不同类群的细菌之间在一定条件下抵御外部环境变化的能力强于纯菌种，因而稳定性也高于纯菌种。因此，本技术论证采用混合菌种厌氧发酵进行。

在进行过程经济性论证时，对发酵产氢菌源做出如下假定：

① 根据细菌的基因工程，产氢菌源的理论摩尔产氢率为4mol，而且该菌群可长期稳定产氢；

② 发生反应的两种有机物纤维素和半纤维素的糖化与发酵过程在同一反应器中进行；

③ 发酵反应体系具有自我提供纤维素酶的能力，无需外部添加纤维素酶；

④ 假定发酵的非气体产物主要是乙酸，木质素不发生反应。

3.4.4.3 生物发酵制氢反应器

暗发酵制氢反应器的产氢能力直接影响到过程的产氢效果、运行成本和实现大规模产业化的可行性。暗发酵法生物制氢可采用各种形式的反应器，大多数发酵法生物制氢的反应器是序批式的，因为这种类型反应器操作和控制比较简单，但在实际工程应用中更适宜采用连续流发酵反应器。连续流发酵设备有较高的生物持有量，而且在高容积负荷下的稳定运行是获得高效产氢的关键。近几年来，研究者广泛探讨了多种不同形式的生物制氢设备的运行和产氢特性，优化发酵产氢设备形式，以期达到提高设备单位容积的氢气产量。为了尽快把生物制氢技术推向市场，实现其商业化目标，很多研究者对不同生物制氢反应器的设计和产氢特性进行了探讨。发酵法生物制氢反应器的类型主要包括连续流搅拌槽式反应器（CSTR）、上流式厌氧污泥床（UASB）和厌氧膨胀颗粒污泥床（EGSB）等，反应器的产氢能力除了由菌种本身的代谢特性决定外，还与反应器的运行参数有密切的关系。根据工程经验及相关研究结果，本论证采用连续流搅拌槽式反应器（CSTR）进行过程的经济性分析。

3.4.4.4 生物发酵制氢末端产物分离方法

发酵后，发酵末端产物分为气相产物和液相产物，分离任务主要是对气相产物而言。以玉米秸秆厌氧发酵生物制氢为例，气相产物主要成分为 H_2 和 CO_2，两气体的含量（体积分数）分别为：H_2 占 45%～50%、CO_2 占 50%～55%。目前，用于气体分离提纯的成熟工业化技术有变压吸附（PSA）、变温吸附（TSA）、膜分离技术以及电化学泵等。

(1) 变压吸附（PSA）

变压吸附分离技术是利用固体吸附剂对气体组分在不同压力下吸附量的差异以及对不同组分的选择性吸附，通过周期性改变吸附床层的压力来实现气体组分分离的目的。变压吸附常用于石油工业中各种气体的纯化，它也常用于从甲烷蒸气重整气体中分离出氢气。因此，本论证初步采取变压吸附法来纯化生物氢。

(2) 变温吸附（TSA）

变温吸附（TSA）与变压吸附系统相类似，是利用吸附剂的平衡吸附量随温度升高而降低的特性，采用常温吸附、升温脱附的操作方法。TSA 系统的主要优点是不要求对待分离气体进行压缩，可避免混合气体压缩过程出现的安全问题及降低电气要求。但是，TSA 系统需要一个满足较低温度的制冷系统，过程能耗较大，成本较高。因此，TSA 系统没有 PSA 系统经济，在工业应用上也没有 PSA 系统广泛。

(3) 膜分离技术

膜分离技术也是气体分离中应用较为广泛的一种。对于 H_2 的分离可以采用钯膜，钯膜对氢气的选择性很高，但是钯材料较昂贵，直接导致了过程的成本高。目前，市场上销售的钯膜均为小型的，大型钯膜 H_2 净化系统由于性能和成本问题，工业应用还不太广泛。因此，不选择钯膜分离作为生物氢的分离技术。基于纳米多孔材料的膜分离应用较广泛，分子筛纳米多孔材料具有让氢分子优先通过的功能。而且，生物氢的分离是在较低温度下操作，因此高分子膜更适合生物氢的分离。但是，高分子膜选择性不高，这就需要后续的辅助分离。因此，膜分离技术也不作为本书论证生物氢净化的方法。

(4) 电化学泵

氢气的电纯化是利用外加电压驱动氢气通过分离膜，该系统已经被应用于小规模的日常生活中，但工业应用不广泛。除了气体分离功能外，电化学泵还具有压缩氢气流的功能，这可消除或减少对 H_2 的机械压缩。理论上，含 H_2 的混合气体在 1atm（1atm=101325Pa）下进入电化学泵，高纯度的 H_2 可在 10～100atm 的压力下出泵。尽管电化学泵具有以上优点，但是操作时，膜的温度需达到 160℃，所得 H_2 纯度一般，在纯度要求为 0.99999 以上时还需要 PSA 的辅助，装置的电耗也较高。基于以上几点，电化学泵也不作为本书生物氢的分离方法。

通过对以上几种气体的分离方法的比较，PSA 法较其他方法具有分离纯度高、操作条件易于达到、能耗较低、适用性强、工业化成熟度高等优势，更适合于生物氢的分离。因此，本书中选取 PSA 法进行生物氢的经济性分析。

3.4.4.5 生物发酵制氢副产物的资源化利用

由前文假定条件知，生物质发酵制氢末端液相副产物主要成分为乙酸、乙醇、丁酸，以及其余少量的醇、酸。找到利用这些液相副产物的合理方法，可进一步降低生物质制氢的成本，提高过程的经济可行性。

微生物电解池（MEC）可利用简单的有机物如乙酸、乙醇等发生反应产生 H_2。将 MEC 与木质纤维素发酵制氢系统结合起来，MEC 恰好可将发酵制氢所产生的副产物转化为氢气，提高过程的资源利用率。因此，本书将对 NREL 报告中关于发酵法制氢-MEC 组合技术进行详细分析。

3.5 生物质发酵制氢技术经济性分析

前文进行了生物质发酵制氢技术的路线介绍，主要是对发酵过程的发酵产氢机理、菌源、过程所用反应器、发酵末端气相产物的分离以及发酵末端副产物的资源化利用工艺进行了选择。基于此，本节将以所选取的生物质制氢技术路线为理论基础，将发酵法制氢技术与 MEC 技术组合，进行过程的投资预算，通过这些计算分析，对过程的经济性进行评价。

3.5.1 生物质发酵制氢流程经济性

根据前文所述，采用木质纤维素作为发酵制氢的底物，具体物质以玉米秸秆为例。木质纤维素发酵制氢工厂可分为 7 个相互联系的过程，分别为：a. 秸秆预处理过程；b. 预处理/水解过程；c. 发酵过程；d. 发酵种子生产过程；e. 存储过程；f. 废水处理过程；g. 气体产物压缩分离过程。

图 3-3 为生物发酵制氢工厂的基本工艺流程，但是，图中没有详细描述所有过程，各过程之间的相互联系请见后续各过程的流程图。本制氢工厂的流程及评估主要参照 NREL 前期的一个关于木质纤维素制乙醇的工厂设计和成本核算[45]。制氢工厂使用与该报告中燃料乙醇厂相同的原料和近似的过程，因而推算的成本及物料需求得以简化。发酵过程的其他控制参数已在前文做了假定。对于生物制氢工厂的规模，由于系统较复杂，也参考纤维素乙醇工厂的规模。因此，各过程涉及的设备、组件的型号及价格也参照该报告进行评估。过程的生物发酵产氢量按照每天消耗秸秆 2000t（干基）计算（这是纤维素乙醇报告中的秸秆最具经济性的用量）。

3.5.2 生物质发酵制氢技术原料经济性

根据前文所述，本技术分析所选取生物发酵制氢的底物为农作物秸秆，在本技术分析中以玉米秸秆为例进行分析。玉米秸秆的主要成分是木质纤维（包括纤维素、半纤维素和

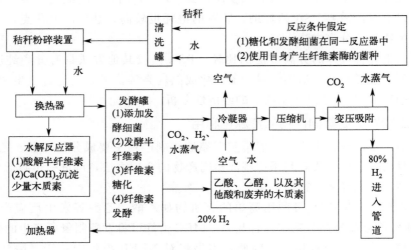

图 3-3　生物制氢工厂工艺流程示意

木质素）。作为细胞壁的主要组成部分，木质纤维不仅为植物提供了必要的支撑，而且塑造了植物的形状。三大农作物秸秆的主要成分及含量如表 3-4 所列。由表 3-4 可以看出，农作物秸秆组成复杂，木质素包裹着纤维素和半纤维素，三者相互交联形成一个完整而紧密的结构。

表 3-4　三大农作物秸秆的主要成分及含量　　　　　　　　　　　　单位：%

主要成分	玉米秸秆	稻草	小麦秸秆
纤维素	32.9	36.5	43.2
半纤维素	32.5	28.4	22.4
木质素	4.6	13.2	9.5
粗蛋白	9.3	8.5	2.6
灰分	7.0	13.4	6.4

（1）纤维素

纤维素是植物细胞壁的主要组成成分。D-葡萄糖长链间通过氢键相互作用形成并列的晶体结构并进一步形成微纤维。天然纤维素实际都是以微纤维的状态存在；同一条 D-葡萄糖长链中的两个葡萄糖单元也会形成氢键。这些链内氢键和链间氢键相互交织形成了天然纤维素的结晶区和无定形区。构成微纤维的纤维素称为结晶性纤维素，其余部分称为非结晶性纤维素，这种特殊结构使纤维素水解变得非常困难。而纤维素是生物制氢过程中产氢的最主要成分，所以纤维素对生物制氢意义重大。

（2）半纤维素

半纤维素是由木糖、甘露糖、半乳糖等组成的高聚物。各单糖聚合体呈现稳定的化学结构。半纤维素种类繁多，结构无定形，而且随原料、产地、植物部位的不同复合糖的组分也不相同，这决定了半纤维素结构的复杂性及不确定性，因而对它的研究利用较少。半纤维素常被分为木聚糖、甘露聚糖和半乳聚糖三部分，其中木聚糖是最主要的部分。

(3) 木质素

木质素是由甲氧基取代的对羟基肉桂酸聚合而成的异质多晶的三维高分子网状化合物，结构复杂且十分稳定。其基本结构单元为苯丙烷结构，这些苯丙烷单元通过醚键或者碳碳键相互连接。木质素主要的三种苯丙烷单体分别是松柏醇、芥子醇和香豆醇，它们常常以糖苷形式储存于细胞中。由于木质素中没有糖，所以对秸秆制氢没有作用，相反它还强化了木质纤维的结构，保护纤维素和半纤维素免遭微生物攻击，因此木质素的降解成为有效地转化、利用植物纤维材料的关键。

《第二次全国污染源普查公报》公布的数据显示，2017年，全国秸秆产生量为8.05亿吨，秸秆可收集资源量为6.74亿吨，秸秆利用量为5.85亿吨。秸秆品种以水稻、小麦、玉米等粮食作物为主。2017年，全国农作物秸秆产量在河南、山东、黑龙江、江苏、四川、安徽、广西、湖北、湖南和新疆等地相对集中，这有利于对秸秆的收集和运输，可有效降低成本。因此，以秸秆为原料进行生物发酵产氢，符合过程对底物的来源丰富、价格低廉等基本要求。

3.5.3 生物质发酵制氢过程参数

下面，将发酵过程的系统基本参数列在表3-5中。

表3-5 发酵系统基本参数

项目		指标
秸秆用量干重/(Mt/d)		2000
H_2产率/(kg/d)	发酵罐出口	46477
	变压吸附出口	37181
厂区面积/英亩		11
土地利用率(以产H_2质量计)/[kg/(英亩·a)]		1112422
用水量/(gal/d)		10539
单位质量H_2用水量/(gal/kg)		0.28
电耗/(kW·h/d)		152389
单位质量H_2电耗/(kW·h/kg)		4.10
产氢微生物		梭状芽孢菌群或梭状芽孢嗜热菌群
持续产氢周期/h		36
发酵温度/℃		55
假定反应效率/水解/%		90
糖化与发酵效率/%		90
原料-H_2转化率/%	以单位质量葡萄糖(g)产氢量(g)计	3.6
	以单位质量秸秆(g)产氢量(g)计	2.3
反应器体积(发酵罐)/m³		18220
理论产物比		4mol H_2：2mol CO_2：2mol CH_3COOH
设定目标产物比		3.2mol H_2：1.6mol CO_2：1.6mol CH_3COOH

注：1英亩=0.41hm²；1gal=3.79dm³；目前研究1mol葡萄糖可得到2mol H_2。

3.5.4 生物质发酵制氢过程基本流程及消耗

(1) 秸秆准备过程

在秸秆进行发酵前需要进行预处理，包括秸秆的收集、运输、储藏、粉碎及水解。该过程需要的基本设备及价格见表3-6。

表 3-6 秸秆预处理车间设备名称及价格（2005 年）

项目	设备名称	价格/万美元
1	秸秆捆运输机	80.0
2	解捆机	30.0
3	玉米秸秆清洗台	20.8
4	粉碎机	120.8
5	混凝土原料存储板	45.1
6	带式压滤卸料机、粉碎机、送料机等	107.2
	合计	403.9

图 3-4 是秸秆水解预处理过程的流程简图。由图 3-4 可以看出，卡车首先运送玉米秸秆捆，然后采用升降机进行称重和卸载。一部分秸秆送至仓库，另一部分直接送往秸秆捆运输机。秸秆捆运输机将捆状的秸秆送至能够自动解捆的输送机，解捆后的秸秆被送至秸秆清洗台清洗。清洗后的秸秆通过磁选机脱去其中的金属质，然后被送到第一、第二级粉碎机粉碎为细小的粉末。最后，秸秆粉末被送往预处理或水解系统。其中，清洗秸秆后的污水由泵输送至澄清浓缩器，澄清浓缩器中得到的清水返回至清洗台循环使用，澄清浓缩器底部的浓水在带式压滤机中得以脱水。大部分的水得到了循环使用，纯清水需求量较低。

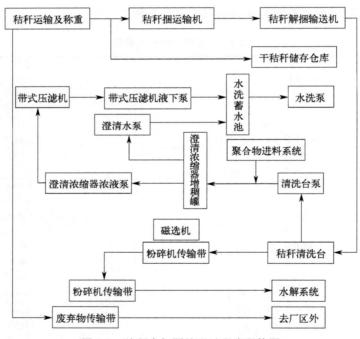

图 3-4 秸秆水解预处理过程流程简图

（2）秸秆水解预处理过程

农作物秸秆主要由纤维素、半纤维素和木质素三种成分组成。据报道[45]，秸秆中纤维素占 36.7%，半纤维素占 27.4%，木质素占 30.8%，其他不起反应的成分占 5.1%。在进行秸秆的预处理和水解时固液比为 1:4（秸秆干重:水）。通过水解，可破坏秸秆的结构，将其转化为多糖，细菌在多糖上可进行糖化和发酵反应。

秸秆水解预处理过程的主要设备组件及成本见表 3-7。

表 3-7　秸秆水解预处理过程的主要设备组件及成本（2005 年）

序号	设备	总价格/万美元
1	水解混合罐式搅拌器、水解搅拌罐	6.06
2	在线硫酸混合器、硫酸泵、硫酸罐、石灰进料器、石灰卸载机、水解池泵	19.33
3	石灰尘风袋式除尘器、石灰储料仓、水解加热锅炉	59.31
	合计	84.70

秸秆水解预处理过程流程如图 3-5 所示。由图 3-5 可以看出，清洗过的秸秆于水解罐中在 150℃、4.7atm（1atm＝101325Pa）下的稀酸溶液中进行水解预处理，经水解转化为半纤维素衍生的可溶性糖和结晶纤维素，以为后续的微生物的糖化和发酵过程提供原料。如图 3-5 所示，来自秸秆准备过程的洁净的秸秆经过换热器 1、换热器 2 加热，然后由锅炉加热至 150℃（该锅炉的热由 PSA 副产的 H_2 燃烧提供）。加热后的秸秆悬浮液由泵输送至加有稀酸（1.1%）、温度为 150℃ 的水解罐中进行反应，秸秆中的半纤维素得到降解。水解 2min 后进行超施石灰处理，此过程体系的 pH 值增大，使得随后需要分离的木质素得到凝结。

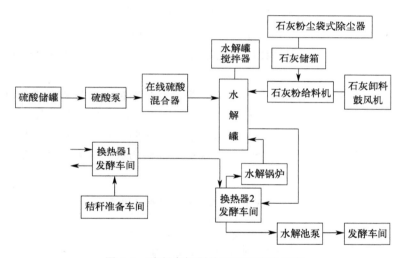

图 3-5　秸秆水解预处理过程流程示意

（3）发酵过程

发酵过程是生物质发酵制氢的核心单元，决定了过程的性能。本书中假定发酵过程包括秸秆水解液的糖化和发酵两个环节。糖化过程在酶的催化作用下进行，水解过程得到的多糖被转化为单糖。发酵过程是利用培养的产氢微生物将糖化过程得到的单糖转化为氢气。该过程所涉及的基本设备及成本见表 3-8。

表 3-8　生物发酵制氢过程基本设备及成本（2005 年）

序号	设备	总价格/万美元
1	发酵罐、搅拌及温控(3套)	800.1
2	乙酸储罐	16.1
3	发酵往复循环泵、木质素湿滤饼螺旋压滤机等	26.3
	合计	842.5

生物发酵制氢过程流程如图 3-6 所示。发酵过程的核心设备为发酵罐。

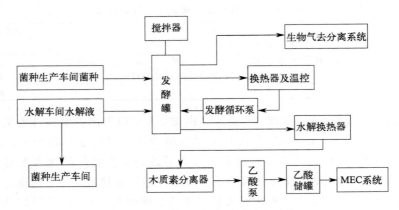

图 3-6　生物发酵制氢过程流程示意

从图 3-6 可以看出，前期水解预处理过的玉米秸秆悬浮液和由种子培养罐培养的发酵菌种被泵送至发酵罐中。为保持体系温度在有利于发酵的状态，部分发酵液在发酵罐的温控下经过发酵罐外的换热器冷却后返回发酵罐循环，一个完整的糖化发酵停留时间约为40h。该过程除产生 H_2 和 CO_2 外，还会产生副产物乙酸，发酵产生的乙酸先储存在一个临时的储罐中，需要时进入后续 MEC 系统进行处理，再次进行产氢或其他处理。

（4）菌种生产过程

菌种生产过程的目的是为发酵产氢反应器提供产氢菌种。该过程所需的基本设备及成本见表 3-9，过程的工艺流程简图如图 3-7 所示。从图 3-7 可以看出，菌种在一系列的种子罐中培养生长。玉米浆和磷酸二氢钾等营养液与在实验室小规模培养的接种菌混合，它们在种子发酵罐中进行放大培养，经过一系列不同规模的放大培养，直至足够满足后续发酵制氢过程的需求。

表 3-9　菌种生产过程设备及成本（2005 年）

序号	设备名称	总价格/万美元
1	各级种子罐及各级发酵罐	78.9
2	种子罐和四、五级种子罐搅拌器	5.6
3	种子传输泵	13.0
4	四、五级种子罐加热线圈	3.3
	合计	100.8

（5）仓库

仓库的作用是为生物制氢各过程所用的化学品及原料提供存储空间，包括主要工艺过程需要用到的水的储存。构成仓库的基本设备及其成本见表 3-10，仓库设计工艺流程简图见图 3-8。

表 3-10　仓库基本设备及成本（2005 年）

项目	设备名称	总价格/万美元
1	CSL 储存罐及搅拌器等	23.1
2	CSL 泵、CSL/DAP 泵、冷却水泵等	29.5
3	DAP 固体输送装置、DAP 卸料鼓风机、DAP 袋式除尘器等	6.2
4	工艺水箱	33.7
	合计	92.5

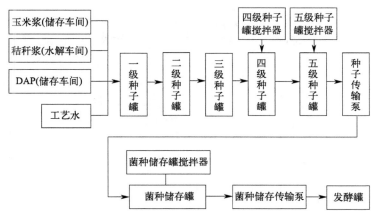

图 3-7 发酵微生物种子培养过程工艺流程简图

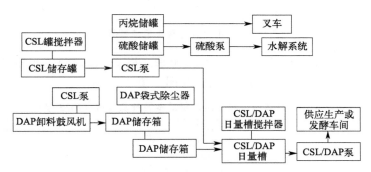

图 3-8 仓库设计工艺流程简图

(6) 废水处理过程

废水处理过程的作用是处理工艺废水，提高废水的回用率，尽量减少工艺补充新鲜水的量。废水首先经过过滤，其中的大颗粒固体物被截留后送至垃圾填埋场。然后，水中的有机物由厌氧-好氧处理除去，该过程会产生消化污泥和沼气，所产生的沼气可用作加热的燃料。废水处理过程所需的基本设备及成本见表 3-11。

表 3-11 发酵废水处理过程基本设备及成本 (2005 年)

项目	设备名称	总价格/万美元
1	调节池搅拌器、厌氧消化池搅拌器、好氧菌塘搅拌器	186.1
2	厌氧消化池料液冷却器、铁栅筛、澄清器等	155.2
3	厌氧消化池进料泵、厌氧消化池污泥泵等泵	23.9
4	均化池、厌氧消化池	410.4
5	带式过滤器、厌氧消化器	428.4
	合计	12040

废水处理过程工艺流程简图如图 3-9 所示。废水处理过程参照 NREL 关于纤维素乙醇的报告，该设计对于过程的流量经过了细致的缩放和优化，本书中的设计是在该设计的基础上进行的线性放大，以匹配书中的设计规模。

(7) 气体压缩和分离过程

气体压缩和分离过程的任务是把所制得的气体压缩到 300psi（1psi＝6894.757Pa），

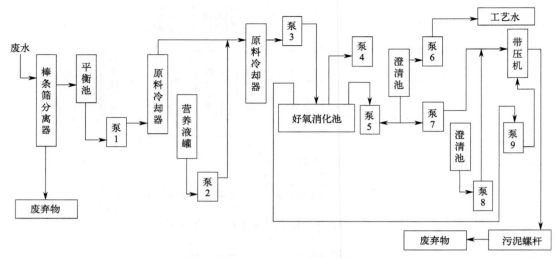

图 3-9 废水处理过程工艺流程简图

把 H_2 从水蒸气、H_2 和 CO_2 的混合气中分离出来,把 H_2 输送到生产界区。该过程的基本设备及成本见表 3-12,该过程的工艺流程简图如图 3-10 所示。

表 3-12 气体压缩和分离过程基本设备及成本(2005年)

项目	设备名称	总价格/万美元
1	两级压缩机	1573.0
2	变压吸附分离器	152.7
3	冷凝器、中间冷却器 1 和 2 等	40.3
	合计	1766.0

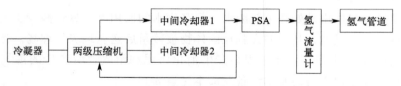

图 3-10 气体压缩和分离过程工艺流程简图

(8) 厌氧发酵制氢过程总成本

由以上生物质厌氧发酵制氢各过程的设备及成本的预算,可得到厌氧法制氢过程的总投资费用,具体见表 3-13。

表 3-13 发酵法制氢总费用及组成(2005年)

项目	过程名称	成本/万美元	组成/%
1	秸秆准备过程	403.9	8.99
2	秸秆水解预处理过程	84.7	1.88
3	发酵过程	842.5	18.74
4	菌种生产过程	100.8	2.24
5	仓库	92.5	2.06
6	废水处理过程	1204	26.79
7	气体压缩和分离过程	1766.0	39.30
	合计	4494.40	100.00

由表 3-13 知，发酵法生物制氢的基本成本为 4494.4 万美元（2005 年），根据汇率变化，折算成人民币（2020 年）为 27981.8 万元。

3.5.5 MEC 工厂流程及消耗

由前文所述知，生物质秸秆在厌氧法发酵制氢过程中，除了产生目标产物 H_2 外，还会产生乙酸等副产物，如不进行合理利用，必然会影响过程的经济性。因此，本书采用 NREL 纤维素乙醇报告中所述的 MEC 过程将发酵法产生的乙酸等副产物转化为 H_2，以降低过程的成本，提高过程的资源利用效率和经济性。

3.5.5.1 MEC 制氢技术

（1）MEC 制氢技术反应机理

在 MEC 体系中加入 1mol 乙酸，当电压高于 0.4V 时，发生的电解反应见式（3-10）。

$$2CH_2COOH + 4H_2O \longrightarrow 7H_2 + 4CO_2 \tag{3-10}$$

MEC 过程已被美国宾夕法尼亚州立大学广泛研究并证实[45]。该课题组在实验室规模获得乙酸转化率达到 96%±1%，其中 95%的反应生成 H_2 和 CO_2。假设过程的转化率为 90%，则乙酸至氢气的转化率为 12.8%。

（2）MEC 制氢技术假定条件

在下文的技术经济分析中，对 MEC 过程做出以下假定：a. 阳极和阴极材料都是低成本且都能够长期持久操作（20 年）；b. 外部电源提供维持反应的电流；c. MEC 系统所需的乙酸及葡萄糖以发酵废水产生的量为准，以实现两过程的系统集成；d. 所使用的乙酸的成本按照国际市场价格 0.595 美元/kg 计算。

3.5.5.2 MEC 制氢过程操作参数

本章中 MEC 制氢系统与发酵法制氢系统进行集成，过程操作的基本条件列在表 3-14 中。

表 3-14　MEC 制氢过程基本参数一览表

项目	参数	备注
操作电压/V	0.9	
乙酸用量/(kg/d)	767277	
氢气产量/(kg/d)	8885	PSA 氢气回收率 90%
厂房面积/英亩	10	
土地使用率/[kg/(英亩·a)]	2788553	
用水量/(gal/d)	9242555	
耗电量/(kW·h/d)	3288962	
耗电量(以单位质量 H_2 耗电量计)/(kW·h/kg)	37.34	
耗电量/[kW·h/(kW·h)]	1.12	
菌源（阳极）	*Pseudomonas* spp. 与 *Shewanella* spp.	
反应周期/h	24	
反应控制温度/℃	30	
假定反应效率/%	90	
乙酸-H_2 转化率/%	12.08	
反应物体积/L	346682121	
反应器体积/L	364016227	

注：1 英亩=0.41hm^2；1gal=3.79dm^3。

3.5.5.3 MEC制氢过程

MEC制氢可分为三个过程，分别是MEC制氢过程、储存过程及气体压缩分离过程。具体的简易工艺流程如图3-11所示。

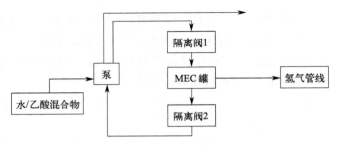

图3-11 MEC制氢过程简易工艺流程

3.5.5.4 MEC制氢工厂设备总投资费用

本书中所选择分析的MEC工厂的乙酸处理量是根据厌氧法发酵制氢产生的乙酸量匹配的。那么，对于独立的MEC体系，所用的乙酸为767277kg/d，过程所产生的气体也配备有独立的气体压缩和提纯过程。MEC制氢工厂的总投资费用见表3-15。

表3-15 MEC制氢工厂总投资费用一览表（2005年）

过程名称	项目	成本/万美元	组成/%
MEC制氢过程	MEC反应器	5748.9	
	电刷阴、阳极	46300.2	
	电力供应、MEC输送泵	2145.7	
	合计	54194.8	96.96
储存过程	乙酸储罐、工艺水储罐	8.9	
	乙酸传输泵、工艺水循环、输送泵	79.5	
	合计	88.4	0.16
气体压缩分离过程	压缩机	1526.8	
	PSA装置、MEC中冷器1和2等	83.3	
	合计	1610.1	2.88
	总成本	55893.3	100.00

3.5.6 生物制氢工厂投资预算

前文主要对发酵法制氢和MEC制氢过程的工艺流程、所需设备及成本进行了分析。对上述两个过程进行投资预算，除以上设备投资外，过程的投资还包括能耗（电耗、水耗）、化学药品消耗、劳动资源消耗、原材料消耗等几方面。下面，就这几方面进行投资预算及分析。

3.5.6.1 原料消耗预算

（1）暗发酵法制氢系统原料消耗

暗发酵法制氢过程的原料消耗见表3-16。

（2）MEC系统原料消耗

表3-17为MEC制氢过程的原料消耗。

表 3-16　暗发酵法制氢过程的原料消耗一览表 (2005 年)

名称	日消耗量/(t/d)	单价/(美元/kg)	年消耗/(万美元/a)	单位消耗(以单位质量 H_2 计)/(美元/kg)
玉米秸秆	2000.0	0.03	2409	1.97
工艺水	279.0	0.004	37.3	0.03
硫酸	78.9	0.03	78.6	0.06
玉米浆	31.5	0.18	202.4	0.17
石灰	57.5	0.08	160.6	0.13
磷酸二氢钾	3.9	0.16	22.2	0.02
丙烷	0.48	0.005	0.08	6.9×10^{-5}
净水聚合物	0.67	2.75	67.5	0.06
合计	—	—	2977.68	2.44

表 3-17　MEC 制氢过程的原料消耗一览表 (2005 年)

名称	日消耗量/(t/d)	单价/(美元/kg)	年消耗/(万美元/a)	单位消耗(以单位质量 H_2 计)/(美元/kg)
乙酸	767.3	0.595	16663.3	5.76
工艺水	9242.6	0.002	561.9	0.19
合计			17225.2	5.95

3.5.6.2　过程能耗预算

（1）过程电能消耗

暗发酵法制氢过程的电耗：暗发酵法制氢过程的电耗设备主要是过程的传输设备、泵及搅拌设备，电耗最大的设备为气体压缩机，PSA 过程的电耗较小（阀门）。

该过程的基本电耗见表 3-18。

表 3-18　暗发酵法制氢过程电耗 (2005 年)

项目	参数
设备总功率/kW	6350
日总电耗/(kW·h)	152389
年总电耗/(kW·h)	55621901
年成本/万美元	278.1
单位 H_2 电耗/(kW·h/kg)	4.10
单位 H_2 成本/(美元/kg)	0.23

由表 3-18 可以看出，发酵法生物制氢的单位 H_2 电耗为 4.10kW·h/kg，单位 H_2 成本为 0.23 美元/kg。

MEC 制氢过程电耗：MEC 制氢过程的功率需求主要来自 MEC 电池本身，另外还有气体压缩、PSA 以及一些泵设备，该过程的主要电耗见表 3-19。

表 3-19　MEC 制氢过程电耗 (2005 年)

项目	参数
总功率/10^4kW	13.7
日总电耗/(10^4kW·h)	328.9
年总电耗/(10^4kW·h)	120047.1
年成本/万美元	6002.4
单位 H_2 电耗/(kW·h/kg)	37.34
单位 H_2 成本/(美元/kg)	2.07

由表 3-19 可知，MEC 制氢过程单位 H_2 电耗为 37.34kW·h/kg，单位 H_2 成本为 2.07 美元/kg。

(2) 制氢过程水消耗

发酵法制氢系统和 MEC 制氢系统均有大量水的消耗。对于发酵系统来说水损失主要发生于发酵反应过程中，另外还有夹杂在固体废物中的水分。过程中的绝大部分水蒸气由冷凝器和中间冷却器凝结回收。过程中反应消耗的水由假定的反应机理根据氢气的产量计算得到。对于液体副产物中的水，大部分则得到回收利用。MEC 系统所需的底物稀释用水较一般的工业发酵罐需要的水多，假定系统每经过 10 个周期的运行后需要进行清洗，那么每天生产氢的过程总体 10% 的水将需要更换来补偿水的消耗。以上两过程的水耗见表 3-20。

表 3-20 暗发酵制氢系统及 MEC 制氢系统水耗

单位：gal/d（除单位净损失外）

项目	暗发酵制氢	MEC 制氢
反应用水	54826	109375
木质素分离水损失	223397	0
MEC 水损失(10%)	0	9132152
PSA 水损失	759	1035
净损失	278983	9241551
单位净损失/(gal/kg)	7.5	105

注：$1gal=3.79dm^3$。

由表 3-20 可以看出，发酵法制氢系统的水净损失为 278983gal/d，单位净损失为 7.5gal/kg，MEC 系统的水净损失为 9241551gal/d，单位净损失为 105gal/kg。

(3) 过程劳动定员

由于本书中生物质发酵制氢过程的经济性是参考 NREL 报告中纤维素乙醇的经济性进行分析的，那么，对于过程的劳动定员可参考纤维素乙醇厂进行近似设定。另外，制氢工厂的劳动力消耗与氢气成本比较相对较小，因此，可以适当增加员工人数。对于 MEC 制氢过程，本书假定该过程需要与发酵法制氢相同的劳动力人数。具体的劳动定员见表 3-21。

表 3-21 生物制氢过程劳动定员

职位	员工人数
厂长	1
总经理	1
总工程师	1
设备维护主管	1
生产主管	5
维修技术师	8
操作工	20
搬运工	32
总人数	69

3.5.6.3 发酵法制氢及 MEC 制氢过程成本分析

(1) 基准化成本假定与计算

暗发酵法生物制氢过程的投资和成本较高，目前没有合适的理论模型对过程进行评估。为了评估过程的经济性，美国贸易代表办公室采用 H2A 生产模型 2.0 版[46]进行了过程的现金折现分析。用户可往该模型中输入影响工厂建设和经营现金流入/流出的相关参数，其中工厂部分特殊参数可选默认值。将所有参数全部输入 H2A 模型，即可获得氢气的单位生产成本。

（2）过程成本分析

经过前文的分析，已经基本了解了生物制氢过程的固定资产投资及其他的可变成本投资情况。下面，将暗发酵法制氢和 MEC 制氢过程投资情况进行总结，结果见表 3-22。

表 3-22　生物制氢过程总成本（2005 年）　　　　单位：美元/kg

系统	暗发酵系统	MEC 系统
建设成本	1.19	4.37
停运成本	0.01	0.05
固定运营成本	0.87	0.71
原材料成本	1.60	5.18
可变成本（包括公用事业）	0.23	2.12
额外耗材	0.43	0.00
总计	4.33	12.43

从表 3-22 可以看出，暗发酵法制氢过程的成本要远低于 MEC 法。同时，暗发酵法制氢过程还会产生大量具有一定价值的副产物。但是，由于该副产物的成分和市场价值的不确定性，本书未对其进行详细的经济性分析。NREL 的报告对相关有机副产物做了测试，得出该系列有机物目前的市场平均价为 0.55 美元/kg，考虑到副产物进入市场后会导致相关产品价格的下降，该副产物的实际效益较难估量。以本书中设定的生产规模，每天副产的有机酸等副产品的量为 700000kg，假定该副产物的价格为 0.20 美元/kg，则每天副产品产生经济效益为 140000 美元，将产生的价值（以单位质量 H_2 计）为 3.76 美元/kg。即使该副产品的价格设定为 0.12 美元/kg，计算得到的氢气成本为 2.09 美元/kg，根据 2020 年美元及美元汇率的变化，计算得到，氢气成本为 15.98 元/kg，换算为体积，则氢气的成本为 1.43 元/m^3。

3.6　光生物制氢技术经济性分析

3.6.1　光生物制氢技术及其机理

微生物光合制氢包括藻类直接利用光能光解水制氢和光合细菌在光照条件下分解有机物的光合细菌产氢两类。藻类等是光合自养微生物，主要依靠分解水来产生氢气；光合细菌是光合异养微生物，主要依靠分解有机质来产生氢气。虽然它们产氢的生化途径不同，但具有相似的光学反应机理。

藻类光合制氢的过程可以分为两个步骤：首先微藻通过光合作用分解水，产生质子和电子，并释放氧气；然后微藻通过特有的产氢酶系的电子还原质子释放氢气，其作用机理和绿色植物光合作用机理相似。

光合细菌产氢的机理：一般认为是光子被捕获得光合作用单元，其能量被送到光合反应中心，进行电荷分离，产生高能电子并造成质子梯度，从而形成腺苷三磷酸（ATP）。

另外，经电荷分离后的高能电子产生还原型铁氧还蛋白（Fd），固氮酶利用 ATP 和 Fd 进行氢离子还原生成氢气。

目前，研究较多的产氢光合细菌主要有深红红螺菌、红假单胞菌、液胞外硫红螺菌、类球红细菌、夹膜红假单胞菌等。光合细菌属于原核生物，催化光合细菌产氢的酶主要是固氮酶。一般而言，光合细菌产氢需要充足的光照和严格的厌氧条件。

3.6.2 光生物制氢研究现状

光合细菌（photosynthetic bacteria，PSB）是一类具有光能合成体系的原核微生物，是地球进化史上最古老的细菌之一。光合细菌在厌氧光照条件下可以将有机物转化为 H_2 和 CO_2。自 1942 年 Gest 发现光合细菌产氢现象以来，国内外的研究者对光合细菌产氢机理、光合细菌内电子转移规律、光反应中心及其立体结构、产氢酶的分子结构、光合基因、光合细菌的进化和遗传规律等进行了广泛研究，逐步揭开了光合细菌的产氢机理，并从分子生物学的角度对光合细菌进行了鉴定和归类。

目前，光合法生物制氢的研究主要集中在光合细菌产氢的应用技术研究方面，如产氢酶结构及基因表达、光合细菌的进化、优势高产菌株的筛选、单一菌株及混合菌群利用不同底物进行联产及光合细菌制氢反应器的研制等，这些研究为光合细菌生物制氢的实际生产提供了理论依据。

下面，对光合法生物制氢过程的几个主要方面进行阐述。

（1）光合产氢菌群

在光合法生物制氢的影响因素中，光合产氢菌群对过程产氢效率的影响较大，进行相关方面研究的也很多。张立宏等对活性污泥中分离得到的光合产氢混合菌群的产氢特性进行了研究，发现混合菌群较单菌株有更高的产氢能力和更好的稳定性，混合菌群可利用淀粉产氢，而单菌株则几乎不能利用淀粉产氢。

（2）光合产氢底物

产氢底物始终是决定产氢过程可行性的关键性因素之一，底物的成本从某种程度上决定了过程的经济性。为了获得低成本的产氢原料，国内外对各种工业废水、生活有机废水及工农业废弃物的光合产氢性能进行了研究，取得了显著的效果。Türkarslan 等研究了牛奶厂的生产废水产氢，发现生产废水中添加苹果酸盐后产氢效果明显；Fascetti 等研究了乳酸发酵废水产氢，发现乳酸废水是一种良好的产氢底物，产氢效果良好，他们还研究了蔬菜市场固体垃圾发酵产酸后联合产氢，也取得了较好的效果。

（3）光合制氢反应器

光合法制氢反应器是光合细菌利用外界环境条件进行生产和产氢的场所。随着光合细菌产氢研究的不断深入和完善，光合制氢反应器的开发逐渐成为另一个研究重点。但是，光合细菌在产氢过程中对光的依赖性及其在产氢过程中的复杂性，使其成为大容积光合生物制氢反应器开发的瓶颈。

在光生物制氢反应器中生长的生物体是利用光能尤其是太阳能产氢。光生物制氢反应器的产氢效率通常采用光化学效率来评价，即光合生物制氢过程中光能转化成氢能的效率。光谱范围和光照强度对光生物制氢反应器的设计具有重要影响。当光强很弱时，光反应器的制氢受到光能的限制，此时需要提高表面积/体积比，从而保证光照。当光强很强时，过高的光强会降低细胞生长速度，从而抑制产氢，甚至会形成光饱和现象，这时可以利用遮光或增大搅拌速率的方法稀释光能。

光反应器的设计受到培养生物种类的限制，绿藻和蓝藻主要利用可见光区的光能，并且细胞的生长需要光暗交替。藻类在光合作用过程中也会释放氧气，氧气会强烈抑制产氢。另外，氧气对于藻类的生长是必不可少的，所以用于培养藻类产氢的光反应器设计更为复杂。光合细菌主要利用近红外区的光能，它的产氢不必有光暗周期，而且在其产氢过程中也不会有氧气的释放，所以用于培养光合细菌产氢的光反应器的设计得到大大简化。

光生物制氢反应器的设计原则主要是充分利用光能，提高光合效率。按照光反应器的形状，可以分为多层光反应器（multi-layered photobioreactors）、平板式光反应器（flat-panel photobioreactors）和管状光反应器（tubular photobioreactors）等。这几种反应器的光能利用效率较高，产氢能力也很强。

光合细菌不是利用水而是利用一些有机酸或碳水化合物作为产氢的底物，与藻类相比，反应需要较少的自由能，并可将有机质全部降解。但是，该过程需要较高能量来驱动氢化酶，所以转化效率也不比藻类细菌光解高。通过对光合制氢理论的分析，微生物将有机物质转化为氢气的潜力很大。但是，在经过半个多世纪的研究后，光合法生物制氢技术并未得到理想的结果，这主要是由于光合微生物生长速度慢，生长过程必须以充足的光照为前提，无法进行大规模的工业化生产等，也成为制约光合法生物制氢技术发展的主要障碍。

3.6.3 发酵法生物制氢技术与光合法生物制氢技术的比较

光合法生物制氢是利用光合细菌直接将太阳能转化为氢能，将太阳能利用、有机废水处理和产氢过程相结合，能利用小分子有机物进行产氢，不存在氧的抑制，是一个较理想的制氢过程。但是，光合法生物制氢技术存在以下问题：a. 由于其不能降解大分子有机物，因而在产氢底物的选择和实际应用上受到一定的限制；b. 固氮酶自身需要大量的能量，太阳能转换效率低；c. 光合法生物制氢氢气产率低，产氢代谢过程稳定性差；d. 光合生物反应器占地面积较大，以及光合生物反应器的设计、运行困难，综合控制能力弱，运行成本较高等。以上系列问题导致光合法生物制氢技术的产业化目前难以实现，需要从菌种的产氢稳定性、光源的利用效率、可利用碳源的拓展和反应器的设计等方面进行进一步的深入研究。

与光合法生物制氢技术相比，发酵法生物制氢技术具有一定的优越性，主要体现在以下几方面：a. 发酵法生物制氢技术的产氢稳定性要好于光合法生物制氢技术，由于发酵法生物制氢是利用有机底物的降解来制取氢气且不需要光源，产氢过程不依赖于光照条件，工艺控制条件温和、易于实现；b. 发酵产氢细菌的产氢能力较强，从国内外目前的研究现状看，迄今为止，综合比较光合细菌和发酵细菌的产氢能力表明发酵细菌的产氢能力要普遍高于光合细菌；c. 发酵细菌的生长速度更快，研究表明，发酵细菌的生长速度要快于光合细菌，对实现生物制氢的规模化，发酵细菌可快速地为发酵设备提供更丰富的产氢微生物；d. 发酵法生物制氢可利用的碳源范围广，包括葡萄糖、蔗糖、淀粉、纤维素、半纤维素、木质素等，研究表明，其底物产氢效率明显要高于光合法生物制氢，因而制氢的综合成本较低。发酵细菌利用的产氢底物大多为植物光合作用的产物，实质上是对太阳能的间接转化和利用技术，而且它可以利用工农业生产的废弃物作为产氢原料，实现废弃物的资源化，从而大大降低了发酵法制取氢气的原料成本。另外，发酵法还可副产有价值的丁酸、乙酸、乳酸等副产品，可以通过对反应末端的发酵液进行进一步处理回收其中的有机酸等副产物，然后用来生产甲烷或进行光合法联合制氢，进一步利用液相有机酸末端产物来生产氢气。在发酵产气过程中，CO_2 存在于生物气体中，可以通过变压吸附等方式进行回收利用，消除气体碳排放。

综上所述，与光合法生物制氢相比，发酵制氢过程具有微生物比产氢速率高、不受光照时间限制、底物可利用范围广、工艺简单、条件温和、易于实现、成本低廉等优点。因而，在生物制氢方法中，厌氧发酵制氢法更具有发展潜力。现代生物技术的飞速发展必将带动生物制氢技术的重大突破。因此，作为产氢重要途径的生物制氢产业化进程也必将备受世人关注。该技术的推广应用必将带来显著的社会效益、经济效益和环境效益。本节将首先对光生物制氢技术经济性进行简要的概述，然后在前文基础上将其和发酵法生物制氢的经济性进行比较。

3.6.4 光生物制氢技术经济性

2007年，美国能源部（DOE）下属的国家可再生能源实验室进行了光生物水解制氢的技术经济性评估。本书将针对该报告的评估结果进行总结，为前文与生物质发酵法制氢的技术经济性进行比较提供依据。

3.6.4.1 技术说明

（1）光生物系统

研究发现，一些藻类和蓝藻以短时间光合产氢作为摆脱多余能量的方式。研究者意识到这种制氢的形式可作为一种能量的来源，经过研究，已经找到了延长和控制它们制氢持久性的方法。本书中，拟采用5种藻类进行光合制氢的经济性分析，它们分别为：a. 具有耐氧氢化酶并同时可产生 H_2 和 O_2 的绿藻（B-1）；b. 具有耐氧氢化酶并同时可产生 H_2 和 O_2 的蓝细菌（B-2）；c. 因叶绿体上硫酸盐通透酶基因突变只产生 H_2 的硫酸盐通透酶突变藻（B-3）；d. 可长时间产氢的固定化去硫酸盐绿藻（B-4）；e. 光照下产氢的紫色非硫菌（B-5）。

（2）光生物制氢机理

1）具有耐氧氢化酶的 B-1 和 B-2 系统

具有耐氧氢化酶的 B-1 和 B-2 的光合产氢反应原理见式(3-11)、式(3-12)和式(3-13)。

产氢过程： $$2H_2O + 光能 \longrightarrow 2H_2 + O_2 \tag{3-11}$$

呼吸作用： $$6O_2 + C_6H_{12}O_6 \longrightarrow 6CO_2 + 6H_2O \tag{3-12}$$

光合/生长： $$6CO_2 + 6H_2O + 光能 \longrightarrow C_6H_{12}O_6 + 6O_2 \tag{3-13}$$

由式(3-11)~式(3-13)知，B-1 和 B-2 系统得到的生物气为 H_2 和 O_2 的混合物，该混合物在一定的比例下为高度可燃气体。该混合气体处于反应器的上方，出反应器后采用 PSA 对其进行纯化。

2）硫酸盐通透酶突变藻 B-3 和固定化去硫酸盐绿藻 B-4 系统

硫酸盐通透酶突变藻 B-3 和固定化去硫酸盐绿藻 B-4 的光合产氢反应原理见式(3-14)~式(3-17)。

① 产氢阶段：

产氢反应 $\qquad 2H_2O + 光能 \longrightarrow 2H_2 + O_2 \qquad$ (3-14)

呼吸作用 $\qquad 6O_2 + C_6H_{12}O_6 \longrightarrow 6CO_2 + 6H_2O \qquad$ (3-15)

② 生长/再生阶段：

光合作用 $\qquad 6CO_2 + 6H_2O + 光能 \longrightarrow C_6H_{12}O_6 + 6O_2 \qquad$ (3-16)

呼吸作用 $\qquad 6O_2 + C_6H_{12}O_6 \longrightarrow 6CO_2 + 6H_2O \qquad$ (3-17)

3) 光照下产氢的紫色非硫菌 B-5 系统

光照下产氢的紫色非硫菌 B-5 系统同前面 4 种系统不同，B-5 为光合异养型的固氮生物，在厌氧条件下，以简单有机物或甘油为电子供体，这些微生物在光驱动下产生 H_2，过程的产氢反应原理见式(3-18)～式(3-20)。

产氢反应： $\qquad C_2H_4O_2 + 2H_2O + 光能 \longrightarrow 2CO_2 + 4H_2 \qquad$ (3-18)

发酵反应： $\qquad 2C_6H_{12}O_6 + 2H_2O \longrightarrow 5C_2H_4O_2 + 2CO_2 + 4H_2 \qquad$ (3-19)

生长反应： $\qquad C_2H_4O_2 \longrightarrow (C_5H_8O_2)_n + CO_2 + H_2O \qquad$ (3-20)

(3) 光合生物水解制氢过程参数

光合生物水解制氢过程除了光合反应床之外，还包括 4 个辅助的过程或设备，分别为：a. 生物原料过程；b. 循环过程；c. 气体捕获过程；d. 控制系统。过程的设计生产规模为日产 H_2 1000kg。

3.6.4.2 过程技术经济性分析

由美国能源部（DOE）下属的国家可再生能源实验室进行的光生物水解制氢的技术经济性评估结果知，5 种藻类中，B-1 进行光合制氢目前更为经济可行，因此，在此以具有耐氧氢化酶并同时可产生 H_2 和 O_2 的绿藻（B-1）为例进行光合生物水解制氢过程的技术经济性分析。

(1) 光合生物制氢过程的理论假定

1) 太阳能假定

日照量是决定藻类生长和产氢速率的关键因素，在后续分析中假设全年平均日照为 $5.5kW \cdot h/(m^2 \cdot d)$。

2) 床深、藻类浓度和产氢速率假设

反应床深度和藻类浓度应相互匹配以保证光子被生物完全捕捉。如果深度一定，生物浓度过稀，光会渗透到床层底部且光子将被"浪费"。如果生物浓度过于集中，光子可能会在反应床上部就完全被吸收，使底层生物处于饥饿状态，对它们的健康产生不利影响。生物体浓度和床的深度很重要，它们也影响其他系统组成的规格，如泵和阀门、固体分离设备的类型、搅拌设备类型。床的深度和藻类浓度的选择取决于生长模式、批处理模式或连续操作模式。对于批处理模式，理想的生物反应器固定量（用于在不断增长的分散细胞中实现恒定的光传输）允许随着细菌数量增长细菌浓度增高，路径长度持续下降。一个固定体积的连续稀释生物反应器可在达到稳态生长之后在一个固定细胞浓度下进行操作，从而有恒定的光子吸收率。如果后者的增长模式不被使用而被批式增长模式代替，则必须选择床的深度来保证达到固定相之后的吸收率，例如在光合产氢的初始阶段产氢率最大。

3) 光子吸收模型——Beer 定律

给定床深度下的光子吸收速率和最大产气量由 Beer 定律决定。在每个深度梯度 Δb 计算吸收的光子数，然后乘以每个光子上的产氢速率（这相当于实验测量不同类型细胞光合制氢的光饱和曲线）。

Beer 定律定义见式(3-21)：

$$A = bC\varepsilon \tag{3-21}$$

式中　A——吸光度；
　　　b——液体深度，cm；
　　　C——细胞浓度（干重），g/L；
　　　ε——吸收系数，L/(cm·g)。

吸光率定义为出、入光强度之比的负对数，见式(3-22)：

$$A = -\lg(I/I_0) \tag{3-22}$$

由此定义可得在一定床深度 b 下的 I/I_0，见式(3-23)：

$$I/I_0 = 10^{-\varepsilon bC} \tag{3-23}$$

要确定所需的床深度和细胞浓度，最大限度地利用生物体捕获光子，需在一定床深度下结合上述方程进行计算。需要注意的是，为了使这种方法和 Beer 定律有效，需要做多种假设：a. 样品的生命周期，假设细胞浓度在恒化器中保持恒定；b. 混合，导致生物膜的形成；c. 细胞密度必须足够低，不会产生细胞的"阴影"，通过稀释使细胞阴影最小化，保持细胞浓度（干重）小于 0.2g/L；d. 生物反应器中由细胞光散射产生的光损失的修正值一般估值较低（在本论证细胞浓度和正常入射角下以 10% 计）。

4) 光饱和假定

设定在光照强度约为 60W/m² 时反应速率达到峰值，如果不受速度限制细胞能够处理 19W/m² 光照强度的光子。虽然 Beer 定律使细胞的光子吸收和床层的特性相关联，但是细胞的光饱和/电子转换能力使 H_2 生产仍有额外的限制。光合作用途径存在一个电荷转移限制或者说是饱和限制，限制了光子/电子通过 PSⅡ反应处理速率。这因而限制了入射光子的利用率，限制了 PSⅠ的反应速率和产氢速率，从而降低了太阳能到氢能的转化率。

5) 光子吸收饱和的替代模型

假设的 M2T 藻类的产氢率条件有以下几个方面。a. 服从 Beer 定律的生物体；b. 衣藻细胞浓度为 0.2g/L 和床深度为 10cm；c. 质量吸收系数 ε 为 1L/(cm·g)（干重）；d. 触角降低突变体与野生型比为 5:1；e. 最大的电荷转移饱和限制为 1mol/(d·g)（干重）；f. 在最大电子转移限制下氢产率与低于产生电子转移需要的光照强度呈线性关系；g. 假设所有被细胞吸收的光子都影响叶绿素触角；h. 所有的光子成功进入 PSⅡ/PSⅠ链高效生产氢气（即没有光子通过增长、热或荧光损失）。据此，估计全年的年度平均 STH（太阳能-氢能转换效率）为 3.1%。

(2) 光合生物制氢过程的工艺流程及设备

1) 光合生物制氢过程系统参数

NREL 在 2008 年的研究报告中指出，某些藻类和蓝藻短时间内以光合产氢作为一种释放多余能量的方式，可利用这种生物系统潜能作为一种能量来源，研究者已经找到延长和控制由这些生物制氢的持久性的方法[46]。本书正是基于这一点，选取具有产生氢气和氧气及拥有耐氧氢化酶的绿藻作为光合生物制氢的微生物有机体。

该制氢路径的基本参数见表 3-23。

表 3-23　绿藻光合生物制氢过程生物参数

指标	参数	备注
有机体	C. reinhardtii	衣藻
触须类型	LHC(收获光线复杂)的缺失突变体	
反应床运行模型	恒化器	
微生物生长条件		
水	新鲜	
温度/℃	25～35	
最终浓度(干重)/(g/L)	0.2	
无机营养物质	含有钾、磷、氮和微量元素的肥料	
日效率(以单位质量有机物计)/(g/g)	$K: 3.071 \times 10^{-6}; P: 4.913 \times 10^{-5}; N: 6.142 \times 10^{-6}$	
日效率/(g/m^2)	$K: 6.14 \times 10^{-5}; P: 9.83 \times 10^{-4}; N: 1.23 \times 10^{-4}$	
日 CO_2 需要量(干重)/(g/g)	0.73	
生长期/d	2	
产氢条件		
水	新鲜	
温度/℃	25～35	
细胞浓度(干重)/(g/L)	0.2	
无机营养物质	含有钾、磷、氮和微量元素的肥料	
日效率/(g/g)	$K: 7.677 \times 10^{-7}; P: 1.228 \times 10^{-5}; N: 1.535 \times 10^{-6}$	
日效率/(g/m^2)	$K: 1.54 \times 10^{-5}; P: 2.46 \times 10^{-4}; N: 3.07 \times 10^{-5}$	
日 CO_2 需要量(干重)/(g/g)	0.16	
厌氧/耗氧类型	耗氧	
生产周期	半间歇/连续型	
气体产物	H_2、O_2	
理论/假定产氢参数		
有效光辐射率/%	44	
光子/H_2/(mol/mol)	4	
理论产率	2mol H_2,1mol O_2	
假定产气量	2mol H_2,1mol O_2	
太阳能-氢气转化率/%	12.2	
太阳能-细胞生长率/%	3	
假定太阳能-氢气转化率/%	9.2	
太阳能-氢气转化率(近期估计)/%	2	
反应床深度/cm	10	
反应器参数		
产 H_2 速率/(kg/d)	1111	
反应床数	20	
反应面积/m^2	80968	

2) 光合生物制氢工厂流程

光合生物制氢工厂分为光生物反应床和 4 个配套设施,分别为:a. 有机质供应车间;b. 循环车间;c. 气体捕集车间;d. 控制系统。各车间的布置如图 3-12 所示。该工厂的装置产氢能力为 1000kg/d,下文将较详细地介绍各车间并分析相关设备投资。

3) 光合生物制氢过程工艺流程及投资

本论证过程选取恒化反应床作为反应装置。恒化反应床的主要特点是单一反应床,在初期生长繁殖后,该反应床同时用于微生物增长和氢气生产。该装置的运作与恒化系统是相同的。在生长初期没有出现产品,此时该床充满了藻类繁殖所需要的适当的营养,用来获得藻类的目标浓度。此后,调整气候条件以便让藻类在其正常速率的 1/4

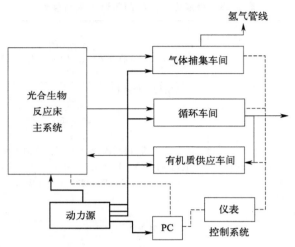

图 3-12　光合生物制氢工厂车间布置简图

下生长并且维持细胞的功能，同时产生氢气。在产 H_2 过程中，生物体使用有限的能源来维持细胞功能，并且其余的能量用于生产氢气。同时进行增长和生产，恒化系统可连续产氢且无需停止和补充藻类。该系统的优势是：只需单一反应区域、面积小、投资少、营养量需求小。缺陷为：连续养分供给可能导致产品的稀释。恒化反应床看上去类似于单床反应器，但它能同时连续进行增长和生产。在增长和生产期间，阳光是必需的。对于该系统，菌落生长所花的时间（d）与产氢时间（d）相比可忽略不计，繁殖的浓度每小时将略有增加。因此，在连续操作时藻类溶液从床上移出，反应床将需要补给额外的水分和养分来维持菌落在恒定浓度、大小、pH 值下繁殖。该反应床由透明薄膜、水池衬里、水池边角、搅拌桨轮和电机、气体阀门、气口、水阀及水口组成。

　　光合生物制氢系统采用具有耐氧性能、带有突变触角的变种衣藻作为产 H_2 微生物。恒化反应床中藻类初始以正常细胞的生长率繁殖生长，达到最高的菌体浓度后切换到稳态模式，在反应床中进行同步增长和产氢，这可通过操纵养分和二氧化碳的提供来达到。预计太阳能-H_2 转化率为 9.2%，而且假定在制氢正常期间有足够的细胞活性来保持微生物有新的细胞产生（20%~80%每天）。20 个宽约 40ft、长约 1090ft（1ft=0.3048m）的水道都用于全年产氢（1000kg/d）。反应床深度为 10cm，细胞浓度为 0.2g/L 以对应全光子捕获，水/衣藻浆通过水车进行循环。水/衣藻浆滑流不断抽出从而维持 0.2g/L 的微生物浓度，通过转鼓过滤器从循环流中移除微生物。移除的滑流量应该与增长速度相匹配以保持系统内恒定的有机体的质量（假设反应床上的藻类浓度为恒定值）。移除的微生物用于土地填充、发酵或以其他方式处置。商业肥料与回用水混合用来提供微生物所需营养。二氧化碳在返回水储液罐中采用鼓泡的形式将二氧化碳溶入水中用来供微生物使用，由于较低的二氧化碳需量就能维持细胞的正常，因而在反应床顶空没有二氧化碳的明显积聚。衣藻产生 33.33% O_2 和 66.66% H_2（加水蒸气）的净产品。在分离混合气体前用活塞压缩机压缩气体混合物到 300psi，采用变压吸附（PSA）系统净化氢气流，该制氢工厂的具体的投资情况见表 3-24，系统总成本约为 217 万美元（2005 年）。

表 3-24　光合生物制氢工厂投资（2005 年）

车间	投资/万美元	备注
光合生物反应床	91.44	
气体捕集车间	73.27	
绿藻供应车间	7.71	
循环车间	28.38	
化学品消耗（CO_2 等）	0.73	
控制车间	14.92	
合计	216.45	

在表 3-24 的基础上，前文已假定过程的太阳能-H_2 转化率的上、下限分别为 9.2% 和 2%，下面分别在假定的太阳能-H_2 转化率的上、下限进行光合生物制氢过程的基准化制氢成本分析，具体见表 3-25。

表 3-25　光合法水解制氢过程的基准化制氢成本（2005 年）　　单位：万美元

系统	上限	下限
固定投资费用	1.74	5.61
折旧费用	0.02	0.06
固定输入/输出	0.60	2.08
原料消耗	0.40	0
其他（公用事业）	0.23	0.41
合计	2.99	8.16

3.6.4.3　结果分析

本章对生物制氢技术的研究现状进行了概述，并对生物制氢技术的经济性进行了简要分析。结合国内外现有技术研究进展，参考美国 NREL 关于生物制氢技术经济性分析的报告，选取较成熟可行的发酵技术和未来具有产业化潜能的 MEC 制氢技术，分别对两种工艺技术及其投资进行了分析。结果表明，在假定条件下，发酵法制氢技术成本要大幅低于 MEC 技术，对于日产 38181kg H_2 规模的制氢工厂，氢气的生产成本为 4.33 美元/kg（2005 年），按照汇率换算为人民币的价格为 30.35 元/kg。如果将发酵过程产生的有机副产物计算在内，其成本为 2.09 美元/kg，根据 2020 年汇率换算为人民币得到氢气成本为 15.98 元/kg，换算为体积，则氢气的制备成本为 1.43 元/m^3。可见，发酵法生物制氢技术成本相对较低，具有一定的应用前景。

生物制氢技术是现有制氢技术领域的前沿研究领域，该技术还处于实验室研究阶段，离产业化应用还有较远的距离。经前文分析，以本书设定的工艺技术进行产业化，生物质发酵制氢的成本约为 1.43 元/m^3（2020 年），成本相对较低。但是，本书中设定的工艺过程还需进一步深入研究才有望实现工业化。因此，笔者认为要实现生物质发酵法制氢的工业化，还需要围绕以下几方面进行深入探讨：a. 高效发酵产氢菌种的培育；b. 大规模高效生物质发酵制氢多相反应器的开发与设计；c. 发酵底物生物质的消耗转化机制研究。相信研究者通过以上几方面的深入研究，生物发酵制氢技术能够尽快实现产业化，以缓解人类日益严峻的能源危机。

参考文献

[1] Levin D B. Re: Bio-hydrogen production: Prospects and limitations to practical application—erratum [J]. International Journal of Hydrogen Energy, 2004, 29 (13): 173-185.

[2] 王建龙，文湘华. 现代环境生物技术 [M]. 北京：清华大学出版社，2000.

[3] Rakhely G, Kovacs A T, Maroti G, et al. Cyanobacterial-type, heterpentameric, NAD$^+$-reducing NiFe hydrogenase in the purple sulfur photosynthetic bacterium *Thiocapsa roseopersincina* [J]. Applied and Environmental Micorobiology, 2004, 70 (2): 722-728.

[4] Kovács Á T, Rákhely G, Kovács K L. Genes involved in the biosynthesis of photosynthetic pigments in the purple sulfur photosynthetic bacterium *Thiocapsa roseopersicina* [J]. Applied and environmental microbiology, 2003, 69 (6): 3093-3102.

[5] Benemann J R. The technology of biohydrogen//Zaborsky O R, ed. BioHydrogen [M]. New York: Springer, 1998.

[6] Yokoi H, Saitsu A, Uchida H, et al. Microbial hydrogen production from sweet potato starch residue [J]. Journal of Bioscience and Bioengineering, 2001, 91 (1): 58-63.

[7] Taguchi F, Hang J D, Takiguchi S, et al. Efficient hydrogen production from starch by a bacterium isolated from termites [J]. Journal of Fermentation and Bioengineering, 1992, 73 (3): 244-245.

[8] Karube I, Urano N, Matsunaga T, et al. Hydrogen production from growing glucose by immobilized growing cells of *Clostridium butyricum* [J]. Applied Microbiology and Biotechnology, 1982, 16 (1): 5-9.

[9] Yokoi H, Tokushige T, Hirose J, et al. Hydrogen production by immobilized cells of aciduric *Enterobacter* aerogenes strain HO-39 [J]. Journal of Fermentation and Bioengineering, 1997, 83 (5): 481-484.

[10] 孙茹茹，姜雾珊，徐叶，等. 暗发酵制氢代谢途径研究进展 [J]. 上海师范大学学报（自然科学版），2020，49 (6): 614-620.

[11] Tanisho S, Ishiwata Y. Continuous hydrogen production from molasses by fermentation using urethane foam as a support of flocks [J]. International Journal of Hydrogen Energy, 1995, 20 (7): 541-545.

[12] 任南琪，林明，马汐平，等. 厌氧高效产氢细菌的筛选及其耐酸性研究 [J]. 太阳能学报，2003，24 (1): 80-84.

[13] Simpson A P, Lutz A E. Exergy analysis of hydrogen production via steam methane reforming [J]. International Journal of Hydrogen Energy, 2007, 32 (18): 4811-4820.

[14] Sakurai M, Ueno S. Preliminary analysis of transportation cost of nuclear off-peak power for hydrogen production based on water electrolysis [J]. International Journal of Hydrogen Energy, 2006, 31 (15): 2378-2385.

[15] Dominguez A, Fidalgo B, Fernandez Y, et al. Microwave-assisted catalytic decomposition of methane over activated carbon for CO_2-free hydrogen production [J]. International Journal of Hydrogen Energy, 2007, 32 (18): 4792-4799.

[16] Kanade K G, Baeg J O, Kale B B, et al. Rosered color oxynitride $Nb_2Zr_6O_{17}$-xN_x: A visible light photocatalyst to hydrogen production [J]. International Journal of Hydrogen Energy, 2007, 32 (18): 4678-4684.

[17] Stickland L H. The bacterial decomposition of formic acid [J]. Biochemical Journal, 1929, 23 (6): 1187.

[18] Gaffron H, Rubin J. Fermentative and photochemical production of hydrogen in algae [J]. The Journal of General Physiology, 1942, 26 (2): 219-240.

[19] 魏琪，孙启玲，张兴宇. 关于生物制氢 [J]. 微生物学杂志，2002，22 (6): 52-54.

[20] Fang H P, Zhang T, Liu H. Microbial diversity of mesophilic hydrogen-producing sludge [J]. Apply Microbial Biotechnology, 2002, 58: 112-118.

[21] 刘克鑫，徐洁泉，廖多群，等. 沼气池中产氢菌的研究 [J]. 微生物学报，1980，20 (4): 385-389.

[22] 任南琪，王宝贞，马放. 厌氧活性污泥工艺生物发酵产氢能力研究 [J]. 中国环境科学，1995，15 (6): 401-406.

[23] Gadhamshetty V, Arudchelvam Y, Nirmalakhandan N, et al. Modeling dark fermentation for biohydrogen production: ADM1-based model vs. Gompertz model [J]. International Journal of Hydrogen Energy, 2010, 35 (2): 479-490.

[24] Zhang H, Bruns M A, Logan B E. Biological hydrogen production by lostridium acetobutylicum in an unsaturated flow reactor [J]. Water Research, 2006, 40 (4): 728-734.

[25] Haroun B M, Hafez H, Nakhla G, et al. Response of acclimatized mesophilic biohydrogen cultures to feed changes [J]. Chemical Engineering Journal, 2017, 314: 358-367.

[26] Lay J J. Modeling and optimization of anaerobic digested sludge converting starch to hydrogen [J]. Biotechnology

and Bioengineering, 2000, 68 (3): 269-278.
- [27] 樊耀亭, 李晨林. 天然厌氧微生物氢发酵生产生物氢气的研究 [J]. 中国环境科学, 2002, 22 (4): 370-374.
- [28] 左宜, 左剑恶, 张薇. 利用有机厌氧发酵生物制氢的研究进展 [J]. 环境科学与技术, 2004, 27 (1): 97-99.
- [29] 杨艳, 卢滇楠, 李春, 等. 面向21世纪的生物能源 [J]. 化工进展, 2002, 21 (5): 299-302.
- [30] Tsygankov A A, Hirata Y, Miyake M, et al. Photobioreactor with photosynthetic bacteria immobilized on porous glass for hydrogen photoproduction [J]. Journal of Fermentation and Bioengineering, 1994, 77 (5): 575-578.
- [31] Karube I, Urano N, Matsunaga T, et al. Hydrogen production from glucose by immobilized growing cells of *Clostridium butyricum* [J]. Applied Microbiology and Biotechnology, 1982, 16 (1): 5-9.
- [32] Tanisho S, Ishiwata Y. Continuous hydrogen production from molasses by fermentation using urethane foam as a support of flocks [J]. International Journal of Hydrogen Energy, 1995, 20 (7): 541-545.
- [33] 董矫. 厌氧污泥暗发酵生物制氢条件优化与填料菌种附着研究 [D]. 天津: 天津大学, 2016.
- [34] Ginkel S V, Sung S, Lay J J. Biohydrogen production as a function of pH and substrate concentration [J]. Environmental Science & Technology, 2001, 35 (24): 4726-4730.
- [35] 李涛. 生物质发酵制氢过程基础研究 [D]. 郑州: 郑州大学, 2013.
- [36] 李永峰, 任南琪, 王兴祖, 等. 发酵液中总碳与总氮对产氢菌释氢行为的影响 [J]. 哈尔滨商业大学学报: 自然科学版, 2004, 20 (6): 681-683.
- [37] 任南琪, 王宝贞. 有机废水处理生物制氢技术 [J]. 中国环境科学, 1994, 14 (6): 411-415.
- [38] Majizat A, Mitsunori Y, Mitsunori W, et al. Hydrogen gas production from glucose and its microbial kinetics in anaerobic systems [J]. Water Science and Technology, 1997, 36: 279-286.
- [39] 任南琪, 宫曼丽, 邢德峰. 连续流生物制氢反应器乙醇型发酵的运行特性 [J]. 环境科学, 2004, 25 (6): 113-116.
- [40] 王勇, 任南琪, 孙寓姣, 等. 乙醇型发酵与丁酸型发酵产氢机理及能力分析 [J]. 太阳能学报, 2002, 23 (3): 366-373.
- [41] 邢德峰, 任南琪. 应用DGGE研究微生物群落时的常见问题分析 [J]. 微生物学报, 2006, 46 (2): 331-335.
- [42] Lay J J, Noike T. Hydrogen production and degradation of cellulose by anaerobic digested sludge [J]. Doboku Gakkai Ronbunshu, 1999 (636): 97-104.
- [43] Nielsen A T, Amandusson H, Bjorklund R. Hydrogen production from organic waste [J]. International Journal of Hydrogen Energy, 2001, 26 (6): 547-550.
- [44] James B D, Baum G N, Perez J, et al. Technoeconomic boundary analysis of biological pathways to hydrogen production [Z]. NREL/SR-560-46674, 2009.
- [45] Aden A, Ruth M, Ibsen K, et al. Lignocelulosic biomass to ethanol process design and economics utilizing Cocurrent dilute acid prehydrolysis and enzymatic hydrolysis for corn stover [Z]. NREL/TP-510-32438, 2002.
- [46] Steward D, Ramsden T, Zuboy J. For further description of the H2A model reference, H2A production model, version 2 user guide [Z]. NREL/TP-560-43983, 2008.

第4章 生物燃气制备技术

生物燃气是以农林废弃物、畜禽粪污、餐厨垃圾和农副产品加工剩余物等有机废物为原料,经厌氧微生物发酵、净化提纯制备的绿色、可再生的可燃性气体,其主要成分是甲烷,热值可达 35.9MJ/m^3,是原煤和标准煤热值的 1.3 倍和 1.9 倍,可以应用于燃气轮机、内燃机等各种动力机械中进行发电或提供动力。因此,发展生物燃气有利于有机废物能源化利用,降低碳排放。我国生物燃气的建设目标为:2025 年建成一定规模的生物燃气新兴产业,年产量超过 150 亿立方米;2030 年,实现生物燃气规模位居世界前列,年产量超过 300 亿立方米。系统梳理生物燃气制备技术的工艺流程、基本原理,以及国内外的研究现状,对于促进生物燃气产业和技术的发展具有积极的意义。

4.1 生物燃气制备生化途径

生物燃气制备生化途径是指有机质(农林废弃物、畜禽粪便、生活垃圾等)在一定的总固体物质含量(TS)、温度和碳氮比(C/N 值)等条件下,利用厌氧微生物菌群发酵形成甲烷和二氧化碳的过程。在厌氧发酵过程中,有机质经水解、酸化和甲烷化,由大分子物质转变成由甲烷、二氧化碳等气体组成的沼气,以及沼液和沼渣。通常,沼气中有 50%~70%(体积分数,下同)的甲烷、25%~50%的二氧化碳,以及微量的氮气(<5%)、氢气(<1%)、硫化氢(0.05%~1%)、氧气(<0.5%)、氨气(0.02%~0.5%)和一氧化碳(<0.05%)。沼气经脱除二氧化碳、硫化氢,提纯得到生物燃气(甲烷含量达 95%以上)。

生物燃气的厌氧发酵过程可分为液态发酵(TS 在 15%以下)和固态发酵(TS 在 20%~50%之间),发酵温度主要为中温(35℃左右)和高温(55℃左右),发酵原料 C/N 值为 20~30,发酵过程中 pH 值应在 6.5~7.8 之间。

4.1.1 生物燃气制备的生化历程

1776 年,意大利物理学家沃尔塔发现了湖底沼泽中的甲烷气体,但直到 1875 年才人工厌氧发酵制得甲烷。甲烷厌氧发酵理论于 1906 年首次提出,该理论认为甲烷和二氧化碳主要由碳水化合物和蛋白质等有机质经产甲烷微生物直接分解得到。目前,主要有厌氧发酵三阶段理论,如图 4-1 所示[1]。

由图 4-1 可知,厌氧发酵三阶段理论将生物燃气制备的生化历程分为厌氧消化水解、

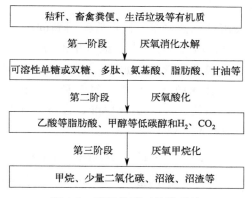

图 4-1 厌氧发酵三阶段理论

厌氧酸化和厌氧甲烷化三个阶段。在第一阶段中,兼性好氧和厌氧菌群产生的胞外酶将大分子和不溶性有机物降解成可溶性小分子有机物;在第二阶段中,产酸菌群将上阶段形成的小分子有机物降解成乙酸、甲酸、甲醇、氢气和二氧化碳等物质,生成的小分子挥发性脂肪酸会造成发酵液pH值下降到5~6,但随着有机酸被分解、利用,pH值又回升到6.5~6.8,使下一阶段能顺利进行;在第三阶段中,厌氧产甲烷菌利用乙酸、甲酸、甲醇、氢气和二氧化碳合成甲烷和二氧化碳,本阶段需要厌氧环境。

4.1.1.1 厌氧消化水解阶段

在厌氧消化水解阶段,原料中的纤维素、淀粉、蛋白质等大分子有机物在细菌胞外酶作用下水解成可溶性小分子物质,纤维素、淀粉等碳水化合物水解成单糖或多糖,蛋白质降解成氨基酸和多肽,脂肪降解为甘油和长链脂肪酸。在该阶段中,原料分子较大,无法直接进入微生物体内,主要利用的是好氧和厌氧微生物分泌的胞外酶或表面酶,如纤维素酶、蛋白酶和脂肪酶等。通常认为,有机质中的共价键首先被破坏,由不溶性大分子物质转换成可溶性小分子物质,然后进入微生物体内进入第二个厌氧发酵阶段。厌氧消化水解阶段为酸化阶段提供发酵底物,其速度影响着酸化阶段,该阶段成为厌氧发酵过程的限速步骤。因此,通常利用预处理加快原料的消化水解速度,从而加快厌氧发酵的速度。

本阶段原料消化水解化学过程如式(4-1)~式(4-3)所示。纤维素类等降解成葡萄糖、纤维二糖等单糖和多糖;蛋白质降解成多种氨基酸和多肽等;脂肪降解成甘油和脂肪酸等[2]。

$$(C_6H_{10}O_5)_n + nH_2O \xrightarrow[\text{水解酶类}]{\text{消化水解}} nC_6H_{12}O_6 \qquad (4-1)$$

(纤维素)

$$\text{蛋白质} \xrightarrow{\text{消化水解}} \underset{NH_2}{\overset{H}{R-C-COOH}} + \underset{SH\ NH_2}{\overset{H\ H}{H-C-C-COOH}} \qquad (4-2)$$

(各种氨基酸)

$$\begin{array}{l} H_2C-OCOR \\ HC-OCOR \\ H_2C-OCOR \end{array} + 3H_2O \xrightarrow{\text{消化水解}} \begin{array}{l} CH_2OH \\ CHOH \\ CH_2OH \end{array} + 3RCOOH \qquad (4-3)$$

(脂肪)   (甘油) (脂肪酸)

4.1.1.2 厌氧酸化阶段

在厌氧酸化阶段中，发酵性细菌将第一阶段降解得到的小分子吸入体内，将其进一步降解成 $C_1 \sim C_5$ 短链醇（甲醇、乙醇等）、脂肪酸（甲酸、乙酸、丙酸、丁酸、乳酸等）、氢气和二氧化碳等物质。该阶段的化学反应如式(4-4)～式(4-7)所示[3]。糖类物质在酸化阶段主要被降解成小分子挥发性脂肪酸、醇类、氢气和二氧化碳等[式(4-4)]；氨基酸类物质首先被降解成有机酸，然后再进一步生成甲酸、乙酸、氨和硫化氢等物质[式(4-5)、式(4-6)]；脂肪酸则逐步形成乙酸[式(4-7)]。

$$2C_6H_{12}O_6 \xrightarrow{\text{厌氧酸化}} \underset{\text{(乙酸)}}{CH_3COOH} + \underset{\text{(丙酸)}}{CH_3CH_2COOH} + \underset{\text{(丁酸)}}{CH_3CH_2CH_2COOH} + 3CO_2 + 3H_2 \quad (4-4)$$

$$\underset{\text{(氨基酸)}}{\underset{|}{\overset{H}{\underset{NH_2}{\overset{|}{R-C-COOH}}}}} \xrightarrow[\text{(脱氨酶)}]{\text{厌氧酸化}} \underset{\text{(有机酸)}}{\overset{H}{\underset{H}{\overset{|}{R-C-COOH}}}} + \underset{\text{(氨)}}{NH_3} \quad (4-5)$$

$$\underset{\text{(半胱氨酸)}}{\underset{SH\ NH_2}{\overset{H\ H}{H-C-C-COOH}}} + 2H_2O \xrightarrow{\text{厌氧酸化}} \underset{\text{(乙酸)}}{CH_3COOH} + \underset{\text{(甲酸)}}{HCOOH} + NH_3 + H_2S \quad (4-6)$$

$$R-CH_2CH_2COOH \longrightarrow R-CH=CHCOOH + H_2O \longrightarrow R-CHOHCH_2COOH$$
$$\xrightarrow{2H} R-COCH_2COOH + H_2O \longrightarrow R-COOH + CH_3COOH \quad (4-7)$$

在本阶段中生成的甲酸、乙酸、甲醇、氢气和二氧化碳等能直接进入第三阶段，然后被产甲烷菌群利用生产甲烷；本阶段产生的乙醇、丙酸、丁酸和乳酸等不能直接被产甲烷菌群利用，需在厌氧酸化阶段中进一步降解成乙酸后，才能进入第三阶段生产甲烷。本阶段中产生的少量氢气和二氧化碳也会进一步被微生物合成乙酸，然后进入第三阶段产甲烷。因此，厌氧酸化阶段的主要产物如图 4-2 所示。

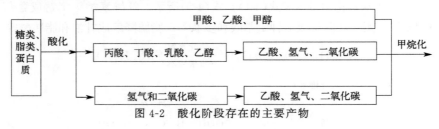

图 4-2 酸化阶段存在的主要产物

由图 4-2 可以发现，进入酸化阶段的原料是糖类、脂类和蛋白质类，酸化阶段的甲酸、乙酸、甲醇、氢气和二氧化碳产物能直接进入第三阶段产甲烷。而酸化阶段产生的丙酸、丁酸、乳酸、乙醇、氢气、二氧化碳等，不能直接甲烷化，需要首先经历乙酸化成为乙酸、氢气和二氧化碳后，才能进入第三阶段产甲烷。因此，本阶段产生的挥发性有机酸，如丙酸、丁酸、乳酸，如果不能被即时利用，将会造成厌氧发酵酸败，抑制生物燃气正常发酵。由图 4-2 可知，乙酸是厌氧酸化阶段的主要产物，约占该阶段产物的 70%；其次是氢气和二氧化碳[4]。式(4-8)～式(4-12)是丙酸、丁酸、乳酸、乙醇、氢气和二氧化碳等物质乙酸化的化学反应方程式。

丙酸转化成乙酸：$CH_3CH_2COOH + 2H_2O \xrightarrow{\text{酸化阶段}} CH_3COOH + CO_2 + 3H_2$ (4-8)

丁酸转化成乙酸：$CH_3CH_2CH_2COOH + 2H_2O \xrightarrow{\text{酸化阶段}} 2CH_3COOH + 2H_2$ (4-9)

乳酸转化成乙酸：$CH_3CHOHCOOH + H_2O \xrightarrow{\text{酸化阶段}} CH_3COOH + CO_2 + 2H_2$ (4-10)

乙醇转化成乙酸：$CH_3CH_2OH + H_2O \xrightarrow{\text{酸化阶段}} CH_3COOH + 2H_2$ (4-11)

二氧化碳和氢气合成乙酸：$2CO_2 + 4H_2 \xrightarrow{\text{酸化阶段}} CH_3COOH + 2H_2O$ (4-12)

当以畜禽粪便为原料时，厌氧酸化阶段主要产生乳酸、乙醇；当以纤维素、脂肪为原料时，主要产生乙醇、丁酸、丙酸和戊酸，其中丙酸累积对厌氧发酵极为不利；当以蛋白质类物质为原料时，主要产生硫化氢和氨，会影响生物燃气的提纯。

4.1.1.3 厌氧甲烷化阶段

厌氧甲烷化是生物燃气厌氧发酵的第三阶段。在本阶段中，产甲烷菌群利用酸化阶段的产物乙酸、氢气、二氧化碳、甲酸和甲醇等生成甲烷。由于酸化阶段产物中70%是乙酸，因此，甲烷化阶段生产的70%甲烷来自乙酸，28%来自氢气和二氧化碳，其余来自甲酸、甲醇等。该阶段中，产甲烷菌利用乙酸等物质生产甲烷的化学方程式如式(4-13)～式(4-16)所示：

乙酸裂解生成甲烷：$CH_3COOH \xrightarrow{\text{甲烷化阶段}} CH_4 + CO_2$ (4-13)

氢气和二氧化碳合成甲烷：$4H_2 + CO_2 \xrightarrow{\text{甲烷化阶段}} CH_4 + 2H_2O$ (4-14)

甲酸裂解生成甲烷：$4HCOOH \xrightarrow{\text{甲烷化阶段}} CH_4 + 3CO_2 + 2H_2O$ (4-15)

甲醇裂解生成甲烷：$4CH_3OH \xrightarrow{\text{甲烷化阶段}} 3CH_4 + CO_2 + 2H_2O$ (4-16)

厌氧发酵三阶段之间并无明显界限，每个阶段的微生物菌群协同作用、动态平衡、协调生长，将原料中的有机质转化为甲烷和二氧化碳。

除三阶段理论外，厌氧发酵四阶段理论目前也得到广泛认可。四阶段理论是在酸化阶段后增加了一个产乙酸阶段，即把丙酸、丁酸、乳酸、氢气和二氧化碳等生成乙酸的过程称为第三阶段，甲烷化阶段称为第四阶段，即厌氧消化水解阶段、厌氧酸化阶段、产乙酸阶段和厌氧甲烷化阶段，其实质与三阶段理论相同。

4.1.2 生物燃气厌氧发酵微生物

在生物燃气厌氧发酵过程中，数量巨大、功能各异、种类繁多的微生物菌群参与各个阶段的生化过程，保证厌氧过程顺利进行。厌氧水解消化和酸化阶段主要是兼氧和厌氧微生物菌群，甲烷化阶段则是厌氧产甲烷菌群。发酵微生物菌群的生理变化、物质迁移影响纤维素、淀粉、蛋白质和脂类物质的降解和厌氧产气速率；营养物质的均衡、挥发性脂肪酸（VFAs）分布的均匀性、体系的温度和pH值等，均会影响微生物体系的生长和厌氧发酵过程。

在消化水解和酸化阶段，主要是不产甲烷菌群，包含发酵性细菌、产氢产乙酸菌和同型产乙酸菌等。发酵性细菌将大分子有机底物转化成各种小分子中间产物，产氢产乙酸菌和同型产乙酸菌则负责乙酸和氢气的生成，代谢有机物形成 VFAs，为产甲烷菌提供充足的食物；产甲烷菌群主要是食氢产甲烷菌群和食乙酸产甲烷菌群，代谢乙酸和氢气生成甲烷和二氧化碳等，是严格的厌氧古菌群，也是生物燃气发酵过程中的主要菌群。产甲烷菌群数量是兼性厌氧菌群的数百倍，而好氧菌群数量最少。厌氧发酵过程每阶段的优势菌群不同，不同发酵底物的优势菌群也不相同。即使是同一种底物，预处理方式、发酵工艺条件不同，优势菌群也不相同。例如，产甲烷八叠球菌属是中温（30℃）发酵的优势菌群，甲烷短杆菌属、甲烷鬃菌属则是低温（15℃左右）厌氧发酵的优势菌群，了解微生物菌群的组成和变化，对生物燃气发酵过程自动控制、发酵条件优化、发酵过程机理探索具有重要作用[5]。

4.1.2.1 厌氧消化水解阶段微生物

厌氧消化水解阶段微生物菌群主要是水解性细菌，有梭菌属（Clostridium）、优杆菌属（Eubacterium）、双歧杆菌属（Bifidobacterium）、丁酸弧菌属（Butyrivibrio）等严格厌氧菌属和兼性的链球菌属（Streptococcus）、肠道菌属等，有蛋白质分解菌、脂肪分解菌、淀粉分解菌和半纤维素分解菌等。这些菌群大多为异养型微生物菌群，分泌纤维素酶、脂肪酶、肽酶等胞外酶。这些微生物菌群的世代周期为数分钟到数十分钟，繁殖速度较快，能比较快地适应环境变化而生存下来。

4.1.2.2 厌氧酸化阶段微生物

厌氧酸化阶段微生物主要为发酵性细菌，包含梭杆菌属（Fusobacterium）、拟杆菌属（Bacteroides）、丙酸杆菌属（Propionibacterium）、气杆菌属（Aerobacter）、酿酒酵母菌属（Saccharomyces）、乳酸杆菌属（Lactobacillus）、链球和片球菌属（Pediococcus）、埃希菌属（Escherichia）、芽孢杆菌属（Bacilus）、肠杆菌属（Enterobacter）及假单胞菌属（Pseudomonas）等 30 余种菌属。本阶段优势菌属与发酵底物、消化阶段产物及厌氧发酵工艺条件密切相关，酸化阶段代谢产物含量变化时，优势微生物群属也发生变化。一般来说，糖类底物优势菌属主要为酿酒酵母菌属、梭菌属（Clostridium）、丁酸杆菌属（Butyribacterium），酸化产物为乙醇、乙酸、丁酸、氢气和二氧化碳等；畜禽粪便类优势菌属主要为丙酸杆菌属、梭菌属、乳酸杆菌属、链球菌属和片球菌属等，酸解产物主要为丙酸、戊酸、乙酸、乳酸、氢气和二氧化碳等。混合原料底物的优势菌属主要有埃希菌属、肠杆菌属、假单胞菌属、芽孢杆菌属、克雷伯氏菌属（Klebsiella）和志贺氏菌属（Shigella）等，酸化产物主要为乙醇、丙酸、丁酸、乳酸及氢气和二氧化碳等中间产物。

厌氧酸化阶段，中间产物乙醇、丙酸、丁酸、乳酸要进一步生成乙酸、氢气和二氧化碳，这个过程由产氢产乙酸（H_2-producing acetogens，HPA）菌群完成。HPA 菌群主要包括丁酸降解菌、丙酸降解菌等。产氢产乙酸菌属有常见的脱硫胡杆菌属和梭菌属，以及不常见的优杆菌属、互营嗜热菌属、互营杆菌属、醋杆菌属及鼠孢菌属等。

同型产乙酸菌在酸化阶段能代谢氢气和二氧化碳生成乙酸，也称为耗氢产乙酸菌，是既能代谢二氧化碳自养又能代谢糖类物质异养的混合营养型细菌，具有底物适用范围广、代谢能力强的特点。目前已经分离得到的同型产乙酸菌类菌株有 100 多株，分属于醋杆菌属、梭菌属、线形醋菌属、穆尔氏菌属等 20 余种菌属，广泛分布在厌氧污泥、淡水沉积物、稻田土壤和瘤胃动物体内，形态差异较大。当同型产乙酸菌将氢气和二氧化碳合成为乙酸时，能降低发酵系统中的氢气分压，促进产氢发酵细菌和产甲烷菌的生长。但是，同型产乙酸菌在与产甲烷菌、硫酸盐还原菌等微生物竞争中处于劣势，只有当氢气浓度较高，达到了同型产乙酸菌利用氢气的阈值时，同型产乙酸菌才能发挥作用。由于厌氧发酵系统中氢气浓度通常较低，同型产乙酸菌并非酸化阶段的优势菌群，而产氢产乙酸菌是优势菌群，能提供将近95%的乙酸。

4.1.2.3 厌氧甲烷化阶段主要微生物

厌氧甲烷化阶段是生物燃气发酵的第三阶段，该阶段主要微生物是产甲烷菌群，将乙酸、氢气和二氧化碳转化成甲烷和二氧化碳。20世纪60年代 Hungate 开创了严格厌氧微生物培养技术，首次从厌氧消化污泥中分离得到了甲烷化微生物——八叠球菌和甲酸甲烷杆菌，1974年 Byrant 首次提出产甲烷菌（Methanogen）一词。在生物学分类上，产甲烷菌属于古细菌（Archaebacteria），其外观、大小与普通细菌（Eubacteria）类似，但细胞壁结构较为特殊，广泛分布于污泥、动物瘤胃、昆虫肠道、堆肥、废水和污水处理系统中。产甲烷菌形态各异，有球状、杆状、螺旋状和八叠球状等，具有共同的生理特性：a. 必须严格厌氧，即使微量氧气也会抑制其生长，甚至致其死亡；b. 只能以乙酸、甲酸、甲醇、氢气和二氧化碳为代谢底物；c. 生长温度范围较宽，有低温优势菌群和高温高压优势菌群，高压下有的菌属适宜温度可达120℃以上，而绝大多数菌群的适宜温度在30～60℃之间；d. 适宜生长的pH值范围为6.0～8.0，也有少量产甲烷菌可以适应4.8和9.5的pH值；e. 生长代谢速度较慢，较难分离和培养。目前，已知和分离出来的产甲烷菌株较少，只有7目200多株，包含以氢气和二氧化碳为底物的甲烷微菌目、甲烷杆菌目，以乙酸为底物的甲烷八叠球菌目，以甲基物为底物的甲烷球菌目、甲烷火菌目、甲烷孢菌目和甲烷马赛球菌目等。

产甲烷菌群利用独特的酶和细胞膜内酶来合成甲烷，是自养型古菌，在厌氧反应器中，其数量可达10^6～10^9个/mL，种类、数量和活性决定着甲烷的产量和质量。根据底物不同，通常将产甲烷菌群分为氢营养型、乙酸营养型和甲基营养型。以氢气和二氧化碳为底物产甲烷的微生物称为氢营养型产甲烷菌群，如产甲烷菌属、甲烷短杆菌属、甲烷螺菌属和甲烷粒菌属等；以乙酸为底物产甲烷的为乙酸营养型菌群，主要有甲烷八叠球菌属和甲烷鬃菌属；以甲醇、甲酸等为底物的为甲基营养型菌群，如甲烷球形菌属等。由于厌氧发酵产生的甲烷70%以上来自乙酸底物、28%左右来自氢气底物，因此甲烷八叠球菌属和氢营养型菌属是厌氧甲烷化阶段的优势菌属。

在厌氧发酵过程中，每个发酵阶段并非严格区分、完全独立，每阶段之间相互作用、协调运行才能保证发酵顺利进行。酸化阶段产氢产乙酸菌群代谢依赖于耗氢产甲烷菌群的活性，当氢营养型产甲烷菌群代谢旺盛时，厌氧系统的氢气不断被消耗掉，氢气分压下降，促进产氢产甲烷菌群生长发育，加快了丙酸、丁酸、乳酸、乙醇等的消耗，避免了有机酸积累对系统造成危害。而底物浓度、底物种类、发酵温度等发酵工艺会影响发酵过程中的优势菌群，如猪粪厌氧发酵系统中的优势菌群为厚壁菌门（Firmicutes）、拟杆菌门（Bacteroidetes）、变形菌门（Proteobacteria）和绿弯菌门（Chloroflexi）等，高 TS 含量的生姜秸秆厌氧发酵优势菌群为甲烷袋状菌属（*Methanoculleus*）、甲烷粒菌属（*Methanocorpusculum*）和甲烷杆菌属（*Methanobacterium*）等；秸秆中温厌氧发酵有90%的细菌和10%的古菌，优势细菌主要有绿弯菌门、变形菌门、拟杆菌门和厚壁菌门等；而青海高寒地区农用沼气池发酵菌群主要有拟杆菌门、厚壁菌门和变形菌门；在猪粪和稻草高温厌氧发酵中，优势菌群主要是甲烷短杆菌属和甲烷八叠球菌属等；牛粪和鸡粪低温沼气系统中的优势菌群有甲烷鬃毛菌属、甲烷袋状菌属、甲烷短杆菌属和甲烷粒菌属等[6-8]。

4.2 生物燃气制备工艺

4.2.1 原料预处理工艺

目前,生物燃气的主要原料来自农林废弃物和有机生化垃圾,其中,农林废弃物包含生物质秸秆、木屑、废纸、树枝和树叶等,主要由纤维素、半纤维素和木质素组成,其各成分含量如表 4-1 所列。其中的纤维素和半纤维素能被微生物利用,而木质素无法被利用。但是,原料中的纤维素、半纤维素和木质素通过非共价键和共价键交联缠绕在一起,结晶的纤维素和半纤维素的聚合基体被高度聚合的酚类木质素包裹着,造成纤维素和半纤维素不易分离降解。因此,为提高厌氧发酵产气速率和产气量,往往需要对原料进行预处理[9]。

表 4-1 农林废弃物原料中纤维素、半纤维素和木质素含量

原料种类	纤维素含量/%	半纤维素含量/%	木质素含量/%
玉米秸秆	32.9	32.5	4.6
小麦秸秆	43.2	34.3	9.5
黄豆秸秆	44.3	22.5	11.2
高粱秸秆	42.2	31.6	7.6
棉花秸秆	39.5	18.2	8.0
稻谷秸秆	39.6	34.6	6.3
甘蔗渣	40~45	30~35	20~30
松木屑	42	21	30
柳枝稷	31	24	18
竹子	45	24	20
废纸	65	13	1

发酵原料的预处理方法主要有物理法、化学法、生物法和综合法,如图 4-3 所示。

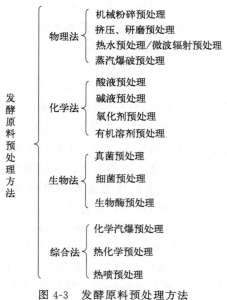

图 4-3 发酵原料预处理方法

4.2.1.1 物理预处理方法

物理预处理方法是在没有化学物质存在的情况下，利用机械能减小原料颗粒尺寸，增大孔隙率和比表面积，破坏细胞壁和秸秆表面蜡层，改变原料微观结构，降低纤维素结晶度和聚合度，从而提高微生物对原料的利用率和甲烷产量及产气速率。常见的物理预处理方法有机械粉碎、挤压、研磨、热物理、微波辐射和蒸汽爆破预处理方法等。

机械粉碎和研磨法利用机械将原料物理结构破坏，可有效破坏原料结晶度、减小原料尺寸、增大原料比表面积，增大发酵微生物和原料的接触面积，提高原料的降解度和原料利用速率，缩短厌氧发酵周期。同时，粉碎后的物料对发酵液具有缓冲作用，能防止和降低发酵液酸化。但是，物理机械粉碎和研磨方法能耗较高，据报道，将软木类原料，如玉米秸秆和柳枝稷粉碎，所需能量分别为 11kW·h/t 和 27.6kW·h/t；对于硬木类原料，如对松木和杨木切片，则需要 85.4kW·h/t 和 118.5kW·h/t。目前，物理研磨预处理法广泛应用于生物质转换技术研究中，如利用球磨机将原料尺寸减小到 0.2mm 以下，能有效提高水解后葡萄糖（24.45%～59.76%）和木糖（11.92%～23.82%）含量，球磨后底物的消化速度更快、沼气发酵速率常数更大。湿法平磨和热物理法结合，在不降低预处理效果的情况下能降低能耗。当用高压热水和湿法平磨处理棕榈皮时，葡萄糖产率可以达到 98%，能量消耗可以降低到 9.6MJ/kg。由于物理研磨预处理法中无有毒物质和发酵抑制物产生，目前常作为木制纤维素类原料的预处理方式。

微波辐射法也是广泛应用的预处理方法之一，具有易操作、节能、抑制物少、能量利用率高和加热效率高等特点。微波辐射预处理中，介电极化会引起分子碰撞并产生热能，从而打破木质纤维素结构。因此，原料的介电性质会影响微波辐射预处理效果。通常，微波辐射辅助热水、酸、碱、离子液体和盐用于原料预处理，例如小麦秸秆在微波辐射和 0.5% 稀硫酸共同作用下（160℃、10min），水解产生的糖含量远远高于微波辐射、碱液或高温热水单独作用的结果。微波辐射加热可以加速纤维素在离子液体中的溶解，提高草本类生物质厌氧发酵效率，如将微波处理过的风信子枝条进行厌氧发酵，甲烷产率比经热水处理的增加了 38.3%。目前，微波辐射结合碱、酸或离子液体预处理生物质是研究热点，能有效提高生物质水解效率和总糖得率。但是，大型微波辐射设备和能量消耗依然是研究难题，限制了微波辐射预处理的产业化应用。

蒸汽爆破预处理方法能量效率较高、成本较低，是极具潜力的一种原料预处理方法，也是预处理研究中的一个热点。在蒸汽爆破预处理中，通常使用 150～260℃（0.50～4.83MPa）的高温蒸汽，保留时间一般为 1～30min，然后突然释放蒸汽，压力突然下降，能有效达到木质素、半纤维素和纤维素分离的目的。目前，蒸汽爆破技术被广泛应用到木质纤维素类原料预处理中，如玉米秸秆经蒸汽爆破处理后比未处理秸秆甲烷产量提高了 16.8%～63.2%，同时将发酵周期从 60d 缩短到了 30d；水稻秸秆经 200℃、120s 蒸汽爆破预处理后，甲烷产量增加了 51%。在蒸汽爆破过程中，原料的湿含量、蒸汽温度和压力、蒸汽保留时间、原料的颗粒尺寸、原料进料密度，以及蒸汽爆破过程中产生的甲酸、乙酰丙酸等抑制物质是影响预处理效果的主要因素。通常，蒸汽爆破预处理对软木预处理效果较差，添加酸或碱液后，可明显改善蒸汽爆破处理效果。但是，蒸汽爆破会破坏半纤维素中的木糖，造成半纤维素流失；高温蒸汽爆破还会产生发酵抑制物，不利于厌氧发酵。

除此之外，物理预处理方法还有热水预处理、超声波预处理等。热水预处理方法利用一定压力和温度（140～220℃）的热水破坏半纤维素，重整木质素，达到处理效果。超声波预处理方法利用超声波产生气穴，气穴会产生剪切力，能切断原料中纤维素、半纤维素和木质素的缠绕，起到分离纤维素、半纤维素和木质素的效果，如桉木超声波预处理后，无定形的半纤维素和木质素被分离，增大了纤维素的可及度，提高了纤维素的利用效率。在超声波预处理中，超声波频率、作用时间、功率和温度是主要影响因素，影响着木质纤维素生物质水解速率。但是，超声波预处理方法也存在能耗较高、大型设备研发和制造困难、难以产业化应用的问题[10-13]。

4.2.1.2 化学预处理方法

化学预处理方法利用稀酸、稀碱、氧化剂、溶剂（离子液体）对原料进行预处理，其中，稀酸和稀碱是常用的、比较成熟的化学预处理方法。

稀酸预处理方法是利用稀酸溶液的强氧化性溶解原料中的半纤维素，打破纤维素、半纤维素和木质素的缠绕结构，使纤维素更容易被厌氧微生物利用，从而提高厌氧发酵效果[14-15]。常用的稀酸主要有 HCl、H_2SO_4、H_3PO_4、H_2O_2 和有机酸等。其中，稀 H_2SO_4 是非常有效的预处理酸液，经其处理的水稻秸秆甲烷产量能增大将近 1 倍；H_2O_2 是二元弱酸，氧化性极强，3% 的 H_2O_2 水溶液处理水稻秸秆产甲烷具有较高的经济性。当用 H_2SO_4、HCl、CH_3COOH 和 H_2O_2 处理水稻秸秆时，发现处理效果的顺序为 3% H_2O_2 ＞ 2% H_2SO_4 ＞ 2% HCl ＞ 4% CH_3COOH，对应的甲烷产率分别是 216.7mL/g、175.6mL/g、163.4mL/g 和 145.1mL/g。H_3PO_4 能够对厌氧发酵液起到缓冲作用，降低其酸化率，提高甲烷产率，6% 的 H_3PO_4 能使甲烷产量提高 40.75%。乙酸、甲酸、草酸和柠檬酸是预处理常用的有机酸，以稻壳为原料，柠檬酸预处理效果最好[16-18]。

稀碱预处理能破坏木质纤维素的化学键，使原料疏松多孔、结构膨胀、表面积增大、结晶度降低，能降解大部分纤维素和半纤维素。常用的碱液有 $NaOH$、$Ca(OH)_2$、KOH 和氨液等。利用稀碱液浸渍或者将其喷洒到原料上，能部分溶解纤维素、半纤维素、木质素和矿物盐，有效提高原料水解速率，如用 $NaOH$ 处理玉米秸秆，可降低其结晶度，削弱纤维素和半纤维素之间的氢键作用，破坏木质素和多糖之间的酯醚键，从而部分溶解半纤维素和木质素。研究发现，浓度为 6% 的 $NaOH$ 预处理效果最好，高浓度 $NaOH$ 虽然能加速原料水解，但会造成发酵液中挥发性脂肪酸积累，抑制厌氧发酵；高浓度碱还会危害环境，不利于碱液循环利用。KOH 可以作为土壤钾肥，目前常被用来处理农业废弃物，如处理玉米秸秆可提高 56.4% 的甲烷产量，而产生的沼液、沼渣可直接作为有机肥施用到田里。尿素则是使用最广的碱液，其能调节发酵液的 pH 值、减少发酵液中有机酸积累、提高甲烷产量和速率，产生的沼液、沼渣可直接作为有机肥进行施用。氨液也是一种有效碱液，其能皂化、裂解木质素与碳水化合物之间的连接键，玉米秸秆经 4% 的氨液预处理后，甲烷产气量可以达到 427.1mL/g。

除此之外，离子液体、有机溶剂也普遍应用于化学预处理方法中。离子液体含有能溶解纤维素和木质素的阳离子和阴离子，阴阳离子可调，容易回收利用，具有蒸气压低、不挥发、无毒、高比热容和化学稳定性强等特性，被认为是一种绿色溶剂。有机溶剂有助于木质素和半纤维素之间的连接键断裂、纤维素分离，能增大纤维素孔体积和表面积，有利于纤维素水解和厌氧发酵。目前常用的有机溶剂有甲醇、乙醇及有机酸水溶液等[19]。

4.2.1.3 生物预处理方法

生物预处理方法利用细菌、真菌等微生物或酶对原料进行处理，破坏原料中木质素，使纤维素和半纤维素脱离出来，能缩短厌氧发酵周期、提高干物质降解率和甲烷产气速率。生物预处理方法处理工艺简单、对环境友好、无废弃物排放、条件温和、成本较低、能耗低、无毒和无抑制物生成，广泛用于固体厌氧发酵工艺中[20]。提高温度、改善工艺条件能降低生物预处理时间、提高生物预处理效果，表 4-2 给出了微生物和酶预处理玉米秸秆、小麦秸秆等原料的工艺条件和处理效果。由表 4-2 可以发现，微生物预处理方法所需要的时间较长，一般在 20d 以上；当预处理时间较短时，所需要的温度和预处理工艺也相对复杂；生物预处理方法对木质纤维素类生物质预处理较为有效，混合真菌处理玉米秸秆 42d，能脱除 43.8% 的木质素，使水解速率提高 7 倍；复合真菌处理稻草，30℃ 和 55℃ 处理 6d，水解速率提高了 7 倍；漆酶处理木片时，45℃ 和 170r/min 搅拌速率下，72h 内可脱除 50% 的木质素。

表 4-2　生物预处理工艺条件和处理效果

原料种类	微生物类型	处理工艺条件	处理效果
玉米秸秆	混合真菌	处理 42d	脱除 43.8% 的木质素,水解速率提高了 7 倍
小麦秸秆	漆酶和过氧化物酶	处理 21d	脱除 39% 的木质素
	虫拟蜡菌	24℃ 固体发酵 7 周	产气量为 297mL/g
水稻秸秆	佛罗里达侧耳菌	25～29℃ 28d	糖化率最高为 75.3%
稻草	复合真菌	30℃ 和 55℃ 处理 6d	水解速率提高了 7 倍
木屑	肺形侧耳菌	28℃ 处理 30d	糖浓度提高了将近 20 倍
木片	漆酶	45℃、170r/min 处理 72h	脱除 50% 的木质素
竹子	白僵菌属	浸泡 28d	脱除 50% 的木质素

在生物预处理方法中，细菌和真菌是最适宜的微生物，包含黑曲霉、木霉、白腐真菌等微生物，或由多种微生物组成复合微生物菌系。利用黑曲霉预处理玉米秸秆，木质素降解率达 25.09%，沼气发酵周期缩短，TS 和挥发性固体物质（VS）去除率都有所提高；黑曲霉、木霉、白腐真菌和草酸青霉复合微生物菌系在 28℃、190r/min 条件下处理玉米秸秆 15d，木质素、纤维素和半纤维素降解率分别可达 3.89%、64.52% 和 51.06%，甲烷产气量提高了 27.4%，发酵启动速度比未处理快 2d[21-23]。

酶预处理法近年来受到极大关注，研究者对近 40 种酶进行了实验研究。常用的有纤维素酶、β-葡萄糖苷酶、木聚糖酶、漆酶、木质素过氧化物酶、锰过氧化物酶和多功能过氧化物酶。经研究，经酶法处理过的原料甲烷产量均会增大，最大可提高 100%，如固体牛粪经纤维素酶、半纤维素酶、木聚糖酶等复合酶在 40℃ 下处理 1～3h 后，甲烷产量提高了 105%；废纸浆经内切葡聚糖酶和木聚糖酶 37℃ 处理 4h 后，甲烷产量提高了 34%[24-26]。

4.2.1.4　综合预处理方法

研究发现，综合使用预处理方法效果更好，经常采用的综合预处理方法为物理和化学综合法、生物和化学综合法及多种物理预处理综合法。在蒸汽爆破过程中添加酸性或碱性化学试剂，在化学预处理结束后再利用生物法进行混合预处理、使用水热和蒸汽爆破混合预处理或使用化学和超声波混合预处理均能提高预处理效果。研究发现，先用 1.5% 的 KOH 处理玉米秸秆后，再用 1.2MPa、10min 的蒸汽爆破进行处理，玉米秸秆的甲烷产量（258.8mL/g）比单独使用蒸汽爆破（223.2mL/g）提高了 11.6%，比单独使用 KOH（206.8mL/g）提高了 25%，比未处理（143.8mL/g）提高了 80%。利用白腐真菌处理柳树木屑后，再用 NaOH 处理，甲烷产量比单独使用 NaOH 和白腐真菌分别提高了 12.5% 和 50.1%。小麦秸秆用循环热水和蒸汽爆破法联合预处理后，其甲烷产量可以提高

24%～34%；猪粪利用物理化学法联合预处理后，甲烷产量提高了114.4%，发酵启动时间提前了2d，日产气量提高了106.5%。

在各种预处理方法中，化学预处理方法最为有效，能有效降解农业废弃物和草本植物中的复杂组分，成本也较低，但会给环境带来危害；物理预处理方法效果较为明显，但能耗较大、成本较高、设备投入较大；生物预处理方法能耗较小、成本较低，但预处理时间较长。

4.2.2 厌氧发酵工艺

原料从进入厌氧反应器到甲烷产出过程中，操作参数和控制步骤称为生物燃气厌氧发酵工艺。影响厌氧发酵工艺的操作参数和控制步骤主要有发酵温度、pH值、底物浓度、底物类型、发酵级数、进料方式和装置类型等。通常来说，根据操作参数和控制步骤可以将生物燃气发酵工艺分为常温发酵、中温发酵和高温发酵，根据进料方式分为间歇发酵、连续发酵，根据料液TS含量分为液体发酵、固体发酵，根据产酸阶段和产甲烷阶段是否分别在不同的发酵罐中进行分为单相发酵和两相发酵。表4-3是生物燃气厌氧发酵工艺分类及参数调控范围。

表4-3 生物燃气厌氧发酵工艺分类及参数调控范围

分类依据	工艺类型	参数调控范围
进料方式	间歇发酵	一次性进料，完成一个发酵周期后全部出料
	半连续发酵	正常发酵，当产气量下降时开始边补料边出料
	连续发酵	发酵正常启动后，按照有机负荷量每天连续进料和出料
发酵温度	常温发酵	发酵温度与当地气温一致，无辅助加热设备
	中温发酵	发酵温度为35～43℃，正常发酵温度，甲烷产量较高
	高温发酵	发酵温度为50～60℃，甲烷产气速度快、产气量大
操作步骤	单相发酵	发酵三阶段在同一个反应装置中进行
	两相发酵	水解和酸化阶段在一个反应装置中进行，甲烷化阶段在另一个反应装置中进行
TS含量	液体发酵	TS≤12%
	固体发酵	TS>15%，通常是20%以上

由表4-3可以发现，可以根据发酵原料进料方式不同将发酵工艺分为间歇发酵、半连续发酵、连续发酵，间歇发酵是将发酵原料一次进料，发酵一定周期后排出；连续发酵是每天按照一定的有机质负荷进行进料和出料；半连续发酵介于间歇发酵和连续发酵之间。按照发酵温度可以分为常温发酵、中温发酵和高温发酵，常温发酵是指没有加热装置进行的发酵工艺，该工艺受环境温度影响，在北方冬季发酵效果较差；中温发酵的温度为35～43℃，通常为35℃，也是实验室研究和工业生产经常采用的发酵工艺；高温发酵是指发酵温度为50～60℃的发酵过程，通常采用的是55℃的发酵温度。

4.2.2.1 厌氧发酵工艺参数

（1）发酵温度

发酵温度与参与有机质降解的微生物的特性有关，根据微生物生长所需适宜温度将厌氧微生物菌群分为嗜冷性微生物、嗜温性微生物和嗜热性微生物。通常，嗜冷性微生物的适宜生长温度在25℃以下，往往不需对发酵底物进行加热，但有机质降解率较低，甲烷产率也低，沼气工程在此温度范围内运行并不经济。大多数发酵微生物为嗜温性微生物，适宜生长温度为35～42℃，在此温度下有机质降解率和甲烷产率均较高，因此，厌氧发酵温度在这个范围内的厌氧发酵过程较为稳定、经济；嗜热性微生物的适宜温度为50～

60℃，此时有机质降解速度较快、发酵液黏度较小、甲烷产气速度较快，但由于嗜热性微生物较少，此时发酵底物变化或工艺条件波动会对发酵过程造成极大影响[27]。

(2) pH 值

厌氧发酵过程不同阶段的微生物菌群对 pH 值要求不同。水解和酸化阶段微生物适宜 pH 值为 5.2~6.3，虽然 pH 值较高时微生物也可生存，但活性降低；产甲烷阶段微生物适宜 pH 值为 6.5~8.0，过低的 pH 值会抑制微生物菌群正常代谢。在厌氧发酵过程中，有机质降解产生的酸性和碱性物质会自动平衡发酵液的 pH 值，发酵液中的碳酸盐和氨也对 pH 值有缓冲作用，使厌氧发酵过程的 pH 值维持在适宜范围内。但是，进料速度过快或进料量过大、原料中有机质含量过高，此时，原料水解和酸化速度快，VFAs 尤其是其中的丙酸积累会造成 pH 值降低，抑制发酵。此外，发酵液中含氮有机质分解，氨积累会使发酵液 pH 值上升，同样抑制厌氧发酵顺利进行。

(3) C/N 值和微量元素

发酵底物中碳水化合物、蛋白质、脂肪、微量元素和维生素含量比例影响着发酵微生物的正常代谢和发酵工程的稳定运行。碳和氮是微生物新陈代谢所需的大量营养物质，一般来说，生物燃气发酵底物适宜 C/N 值为 20~30。除此之外，硫、磷等微量元素也是微生物细胞生长必不可少的，通常，C/N/S/P 值宜为 600/15/5/3。含有畜禽粪便的发酵底物可以满足厌氧发酵对微量元素的需求，但当发酵底物中只有农林废弃物时，会缺乏微生物正常代谢所需的钴、镍、钼、硒、镁、铁、锰和钨等微量元素。发酵底物、工艺条件不同，对微量元素含量的要求也不同，如钴的推荐含量为 0.12mg/L、镍的推荐含量为 0.015mg/L。但是，添加微量元素也可能造成沼液和沼渣中有害物质累积，影响沼液和沼渣作为有机肥料的使用。

(4) 发酵原料特性参数

发酵原料特性参数主要有总固体物质（total solid，TS）含量、悬浮固体物质（suspended solid，SS）含量、挥发性固体物质（volatile solid，VS）含量、化学需氧量（chemical oxygen demand，COD）和生化需氧量（biochemical oxygen demand，BOD）等。这些参数常用来表征发酵原料中有机质的含量，可以此来推算原料的理论甲烷产量。

1) 总固体物质（TS）含量

将原料在 103~105℃烘干至恒重，得到的物质就是总固体，包含可溶性固体物质和不溶性固体物质。总固体又称为干物质，其含量常用百分数表示，称为发酵料液的总固体物质（TS）含量，计算公式如下：

$$TS = \frac{m_2}{m_1} \times 100\% \qquad (4\text{-}17)$$

式中 m_1——烘干前样品质量；
m_2——烘干后样品质量。

2) 悬浮固体物质（SS）含量

悬浮固体是指原料水溶液中无法通过过滤介质的固体物质，可以利用坩埚和定量滤纸测试得到。将原料水溶液通过定量过滤滤纸，得到的滤渣在 103~105℃下烘干并称重，得到原料中不溶于水的固体物质质量，称为悬浮固体物质（SS）含量，单位为 g/L 或 mg/L。

3) 挥发性固体物质（VS）含量、挥发性固体悬浮物（VSS）含量

在总固体物质中除了有机质外，还有灰分、泥沙等无机物，将得到的 TS 或 SS 放于

马弗炉中，在（550±50）℃下灼烧 1h，得到的残留物为灰分，挥发掉的为 TS 或 SS 中的有机质，分别称为挥发性固体物质（VS）和挥发性固体悬浮物质（volatile suspended solid，VSS）。VS 含量和 VSS 含量可以利用 TS 或 SS 与灰分含量之差进行计算，经常用百分数进行表示，可以用式(4-18)、式(4-19)进行计算，即：

$$VS = \frac{m_2 - m_3}{m_1} \times 100\% \quad (4-18)$$

$$VSS = \frac{m_{s_2} - m_{s_3}}{m_{s_1}} \times 100\% \quad (4-19)$$

式中 m_1——烘干前样品质量；

m_2——TS 质量；

m_3——TS 灼烧后的灰分质量；

m_{s_1}——烘干前总样品质量；

m_{s_2}——样品中 SS 总质量；

m_{s_3}——样品中 SS 灼烧后的灰分质量。

4）化学需氧量（COD）

化学需氧量反映了水中有机质含量，尤其是水中有机质浓度较低时更为准确。由于重铬酸钾可氧化水中有机质，测试出水溶液消耗的重铬酸钾质量（需要用硫酸亚铁铵滴定剩余的重铬酸钾，以此计算消耗的重铬酸钾）就可以计算其氧化反应所需氧量，该氧量即为水溶液的化学需氧量（COD），计算公式如式(4-20)所示：

$$COD = \frac{(V_0 - V_1) \times c \times 8 \times 1000}{V_2} \quad (4-20)$$

式中 c——硫酸亚铁铵标准溶液摩尔浓度，mol/L；

V_0——空白样品（去离子水）消耗的硫酸亚铁铵标准溶液体积，L；

V_1——原料水溶液样品消耗的硫酸亚铁铵标准溶液体积，L；

V_2——原料水溶液样品体积，L。

发酵原料中的 1kg COD 能产生 450～500mL 甲烷。

5）生化需氧量（BOD）

在有氧条件下，水中微生物代谢有机物所消耗的氧量，称为生化需氧量（BOD）。通常用水溶液 20℃下培养 5d 所消耗的溶解氧计量生化需氧量，记为 BOD_5。生化需氧量和化学需氧量都反映了水溶液中有机物的浓度，BOD_5/COD 值用来评价有机物的可生物降解性能，反映水溶液中有机物被微生物分解的难易程度。表 4-4 表达了 BOD_5/COD 值与有机质可生物降解特性之间的关系，可见当该值＞0.4 时，有机质生物降解性能好；而该值＜0.2 时，水溶液中有机质无法利用生物进行降解。

表 4-4 BOD_5/COD 值与有机质可生物降解特性之间的关系

BOD_5/COD 值	有机质可生物降解特性	废水类型
＞0.4	降解性好	乙酸、甘油、丙酮等有机废水
0.3～0.4	降解性一般	城市生活污水
0.2～0.3	降解性较差	丁香皂、丙烯醛等有机废水
＜0.2	无法生物降解	丁苯、异戊二烯等有机废水

(5) 厌氧活性污泥

厌氧活性污泥是由厌氧细菌与悬浮物、胶体结合形成的,对有机质有较强的吸附和分解特性,为亮黑色颗粒体、絮凝体或附着膜。在搅拌式反应器中,污泥为黑色颗粒或黑色絮状物质;在升流式厌氧反应器中,污泥为直径1~3mm的黑色颗粒;在流化床反应器中,污泥为附着于惰性固体载体表面的膜状物,称为生物膜、固定膜或附着膜。厌氧发酵启动时形成的污泥中悬浮物较多,细菌较少,此时污泥活性较差。随着发酵逐步进行,污泥逐步形成并成熟,所含悬浮物减少,细菌含量增多,分布均匀、结构良好、活性较高。活性污泥的活性通常用$1m^3$反应器中单位质量VSS所承担的有机负荷(COD)衡量,单位为kg/(kg·d),一般认为0.2~0.5kg/(kg·d)的污泥活性能保证厌氧发酵正常运行。

在厌氧发酵过程中,污泥生长速度较慢,保留活性污泥高浓度、延长活性污泥在反应器中停留时间能提高厌氧发酵的效率。为了实现这一目标,需要污泥具有良好的沉淀性能,而污泥沉淀性能与发酵原料、污泥的有机负荷和发酵工艺有关,如可溶性原料经数月形成絮凝状和颗粒状污泥,具有良好的沉淀性能,此时有机负荷不能过量,否则会造成污泥沉淀性能下降而随出水流失。在污泥形成过程中,钙离子对其沉淀和絮凝性能具有良好的促进作用。而生长良好的活性污泥可以在不添加原料的情况下在厌氧反应器中保持活性数年,为反应器的季节性操作提供了有利的条件。

(6) 容积产气率、单位质量VS产气量

容积产气率也称池容产气量,指单位时间、单位体积反应器产生的甲烷或沼气量,单位为$m^3/(m^3·d)$,为沼气工程日产气量与反应器体积之比。目前,先进的沼气工程中温容积产气率可达1.5~1.8$m^3/(m^3·d)$,高温可达2~3$m^3/(m^3·d)$。

单位质量原料产气量也是重要的沼气工艺性能指标,经常使用单位质量TS和VS的产气(CH_4)量,单位为m^3/kg或m^3/t,与原料种类和发酵工艺有关。表4-5是不同类型厌氧发酵原料单位质量VS甲烷产量,从中可以看出,水果渣、青储全株作物和家禽粪便具有较高的甲烷产量。

表4-5 不同类型厌氧发酵原料单位质量VS甲烷产量

原料类型	单位质量VS甲烷产量/(m^3/t)	原料类型	单位质量VS甲烷产量/(m^3/t)
牛粪	110~275,均值210	麦酒糟	295~443,均值313
猪粪	180~360,均值250	谷物酒糟	258~420,均值385
固体牛粪	130~330,均值250	苹果渣	446~459,均值453
家禽粪便	200~360,均值280	葡萄渣	432~466,均值448
青储玉米	234~364,均值340	树枝枝条及杂草	369
青储全株作物	290~350,均值329	甜菜渣	181~254,均值218
甜菜	340~372,均值350	菜籽饼	396

(7) 有机负荷和水力停留时间

在沼气工程中,有机质在可接受成本下能够达到的最佳降解率是设计反应器和运行工艺条件的基准,涉及有机负荷和水力停留时间两个概念。有机负荷(organic load rate,OLR)是指单位时间内投入反应器的VS质量,单位为kg/($m^3·d$),通常是不计循环物料的新鲜底料的质量,如式(4-21)所示:

$$OLR = \frac{m \times VS}{V_R \times 100} \tag{4-21}$$

式中 m——单位时间内加入的原料质量,kg/d;

VS——原料的 VS 百分含量；
V_R——反应器体积，m^3。

水力停留时间（hydraulic retention time，HRT）是反应器设计的重要参数，决定着厌氧发酵的效果。HRT 是指发酵原料从进入反应器到排出反应器所经历的平均停留时间，可以用反应器体积与每天原料添加量之比进行计算，单位为 d，如式(4-22)所示：

$$HRT=\frac{V_R}{V} \tag{4-22}$$

式中 V_R——反应器体积，m^3；
V——每天加入的原料量，m^3/d。

发酵液的实际停留时间与水力停留时间并不相同，有的料液可能会发生短流，有的料液则在反应器内停留时间过长，但是水力停留时间可以反映料液在反应器中的平均停留时间。通常，根据微生物新陈代谢速度和原料降解速度选择水力停留时间，确保在更换反应器原料的同时使排出的微生物少于新生成的微生物，以保证厌氧发酵的效率。

4.2.2.2 生物燃气厌氧发酵工艺

(1) 间歇、半连续和连续发酵工艺

间歇发酵又称为序批式或分批发酵，指发酵原料和接种物一次性、足量装满生物燃气发酵装置，在发酵过程中不添加也不排出料液，发酵原料在反应装置中完成水力停留时间或发酵周期时，料液一次性全部排出或保留少部分料液的发酵工艺。在间歇发酵过程中，沼气日产量不断变化，发酵原料刚投入发酵装置就开始水解并产沼气，反应器的 pH 值先降低再升高，日产气量通常经历两个产气高峰（第 5~20 天和第 40 天左右的两个日产气量高峰）。

连续发酵工艺是指一定质量的原料投入发酵装置，反应器正常启动、稳定产气后，每日多次或一次按照一定有机负荷向反应器加料，并排出等量料液的发酵工艺。连续发酵工艺能够有效利用反应器空间，保持反应器稳定液位，沼气日产量比较稳定。但是该工艺可能造成新加入料液走短路现象，不容易确定加入料液的水力停留时间。同时，连续运行工艺中每日排出的料液还会产生沼气，需在封闭装置中存放，增加了设备投资成本。半连续发酵与连续发酵工艺类似，在发酵设备中投入大量发酵原料后，定期加料，但每日加料量不一定完全一致，每日的排料量也并不一定完全相同。半连续发酵工艺有助于减少产物，能降低产物积累对料液的抑制作用，为发酵微生物生长提供优质环境，同时可以应用发酵过程中的代谢副产物[28]。

(2) 常温、中温和高温发酵工艺

常温发酵是指在环境温度下或发酵温度低于 20℃ 时进行的发酵，广泛应用于我国西北地区户用沼气池中。常温发酵工艺没有温度调节装置和加热设备，主要采用埋入地下或半埋入地下的厌氧反应器进行发酵。秋冬季节，常温发酵温度通常低于 15℃，不利于厌氧菌群的正常代谢，沼气生产效率较低。一般来说，产酸菌和产甲烷菌在 10℃ 以下时活性受到严重抑制，发酵基本无法正常进行；当发酵温度升高到 10℃ 以上时，产酸菌才能具有活性，产甲烷菌则需要在 15℃ 以上才能恢复活性。15℃ 时，池容产气率（以甲烷计）可以达到 $0.1 \sim 0.2 m^3/(m^3 \cdot d)$，20℃ 以上可以升到 $0.4 \sim 0.5 m^3/(m^3 \cdot d)$。因此，为保证生物燃气发酵的正常进行，应该保证反应器温度在 20℃ 以上。

厌氧发酵大多数微生物正常生长温度在10～60℃之间，最佳生长温度为35～38℃和52～60℃两个范围。目前，我国沼气工程大多采用中温发酵工艺，发酵温度为35～43℃，最优发酵温度与发酵底物和反应装置有关，如蔬菜废弃物和猪粪混合发酵最适温度是32℃，而10℃发酵90d的产气量只是30℃发酵27d产气量的60%。研究发现，对不同发酵原料，(35±2)℃是中温发酵的适用温度。通常来说，发酵温度为25℃时，沼气产率下降15%左右；发酵温度为15℃时，沼气产率下降37%左右[29]。

高温发酵是指发酵料液控制在50～60℃之间的发酵工艺，这一温度能保证发酵料液快速发酵，杀死杂菌，保持清洁发酵，为产甲烷菌提供良好生长环境。高温发酵还可以缓解发酵料液中挥发性脂肪酸累积，更好地控制pH值，为产甲烷菌提供适宜的发酵环境。目前，德国生物燃气发酵工艺多采用高温发酵工艺，发酵速度快、产气量大、池容产气率高，表4-6是欧洲生物燃气沼气工程中温和高温发酵工艺占比变化。由表4-6可以发现，高温发酵工艺在欧洲发酵工艺中占比逐年增大。

表4-6 欧洲生物燃气沼气工程中温和高温发酵工艺占比变化　　　　　　单位：%

反应器类型	1991～1995年	1996～2000年	2001～2005年	2006～2010年
中温反应器	64	64	80	59
高温反应器	36	36	20	41

表4-7是不同发酵原料在中温和高温发酵条件下混合发酵产气效果。由表4-7发现，在相同底物情况下，高温发酵更有利于餐厨垃圾与畜禽粪便混合料液的厌氧发酵。

表4-7 不同发酵原料在中温和高温发酵条件下混合发酵产气效果

发酵工艺	温度/℃	产气量/(L/kg)	发酵原料
中温发酵	35	300	餐厨垃圾与玉米秸秆
中温发酵	35	272	餐厨垃圾与小麦秸秆
高温发酵	55	402	餐厨垃圾与小麦秸秆
高温发酵	55	1.249L/(kg·d)	餐厨垃圾连续发酵
中温发酵	35	551	餐厨垃圾和畜禽粪便
高温发酵	55	439	稻草和猪粪
中温发酵	35	413	稻草和猪粪

(3) 单相和两相发酵工艺

单相发酵是指厌氧发酵三阶段在同一个反应装置中进行的发酵工艺，可以是连续、半连续或间歇发酵过程，是目前沼气工程中应用最广泛的工艺。该工艺具有成本低、操作简便、工艺简单、设备造价低等优点。但是，发酵过程中水解和产酸阶段与产甲烷阶段的菌种对厌氧环境、pH值等要求不同，同一发酵装置中，产酸菌和产甲烷菌无法同时处于最佳生长条件下。此外，高有机负荷会导致厌氧消化前期VFAs积累，发酵液pH值降低，抑制厌氧发酵过程。因此，单相发酵工艺有机负荷量较低、反应装置利用率较低、发酵过程稳定性较差。

1971年，Ghosh和Pholand首次根据厌氧消化阶段理论提出两相厌氧发酵工艺，将产酸和产甲烷两个过程分离，使其分别在两个独立反应器中完成。两相发酵工艺考虑了产酸菌和产甲烷菌生成速率差异：产酸菌代谢时间短，通常为10～30min；产甲烷菌代谢时间则一般为2～4d。两相厌氧发酵工艺中，产酸和产甲烷过程分别在两个独立反应器中进行，能为产酸菌和产甲烷菌提供最适代谢环境，提高微生物新陈代谢速度，同时提高两相发酵的有机负荷。在两相发酵中，高有机负荷对酸化的抑制作用降低，产酸阶段产生的乙酸为产甲烷菌提供了生长代谢基质。研究发现，两相厌氧发酵工艺中，产甲烷反应器中微生物数量比单相中微生物数量高20倍，产甲烷菌活性也高于单相发酵工艺，产甲烷速率是单相工艺的3倍左右[30,31]。同时，两相发酵工艺中产甲烷菌能充分利用产酸反应器产生的小分子酸，实现沼气工程快速启动。表4-8是河南农业大学利用蒸汽爆破预处理玉米秸秆与牛粪两相发酵与单相发酵效果对比。由表4-8可以发现，两相发酵后有机质主要在产酸相反应器中进行降解，总降解率远高于单相发酵的降解率。

表 4-8 单相和两相发酵固体物质降解率

组分	TS 含量/%		VS 含量/%		TS 降解率/%	VS 降解率/%
	发酵前	发酵后	发酵前	发酵后		
单相	4	3.11	13.85	10.26	22.25	25.92
产酸相	4	2.36	13.75	8.25	41.00	40.00
产甲烷相	5	4.75	15.00	13.25	5.00	11.67

表4-9是果酒废水单相和两相中温发酵效果的对比。从表4-9中可以发现，两相发酵池容产气率最高可以达到单相发酵的7倍多，甲烷含量也比单相含量高15%左右；两相厌氧发酵过程中氢气量较多。

表 4-9 果酒废水单相和两相中温发酵效果的对比

相关指标	单相发酵	两相发酵
池容产气率/[$m^3/(m^3 \cdot d)$]	0.4	2.9
气体中甲烷含量/%	61.1	70.5
气体中氢气含量/%	0.0	2.9
出水 pH 值	6.8	7.5
COD 去除率/%	84	96

（4）液体和固体发酵工艺

液体发酵工艺也称湿式发酵，是指 TS≤12% 的发酵工艺，是目前大多数生物燃气工程采用的发酵技术。该工艺耗水量大、发酵设备较为复杂、能耗较大。通常，生物质秸秆类原料高 TS 含量会造成料液酸化，适宜的发酵工艺是液体发酵，TS 含量通常<6%；畜禽粪便等发酵原料，采用液体发酵时 TS 适宜含量为 8%。

固体发酵工艺是指 TS>15%，可以达到 30% 的发酵工艺，也称干式发酵，是近年来发展迅速的一种新工艺，在畜禽粪便、秸秆、餐厨垃圾厌氧发酵方面应用前景较好。固体发酵工艺具有原料处理简单、产气率较高、反应器简单、成本较低等优点，能有效提高有机废物处理量、降低能耗、提高容积产气率，产出的沼渣不用脱水可直接作为有机肥施用，比湿式发酵能减少10%~33%的氮损失。

固体发酵工艺底物浓度高、水分含量低，需要加大接种物或外加接种沼液作为补充微生物。固体发酵过程中 pH 值容易降低造成发酵料液酸化，导致生物燃气发酵失败。为防止固体发酵失败可以采用以下措施：

① 提高接种物添加量，达到 1/3~1/2 的接种物添加量，或发酵时流加接种物；

② 发酵前堆沤原料，降低底物 C/N 值，使易产酸物质首先降解一部分，降低料液酸化的可能性；

③ 向原料中加入1%～2%的石灰水，中和发酵液中的有机酸。

固体发酵工艺可以采用间歇或连续进料方式，采用推流式、搅拌式和车库式等反应装置。连续固体发酵工艺 TS 含量为 15%～25%，主要用于黏度较大的有机废弃物处理；间歇固体发酵工艺 TS 含量通常为 30% 左右，适用于原料颗粒粒径较大、透气性较好的有机废物[32-34]。

目前我国固体发酵工艺尚处于小规模实验室研究阶段，与欧洲差距较大[35]。欧洲 20 世纪 40 年代开始固体发酵工艺的研究，到 20 世纪 80 年代开始出现市场化固体发酵技术，主要有德国 Bioferm（中温）和 Bekon（中温和高温）间歇车库式固体发酵工艺，如图 4-4 所示；比利时 Dranco 干发酵工艺，适合处理分类后的生活垃圾和有机垃圾，已在比利时、德国、奥地利等国家进行商业化应用，采用竖式推流反应器，回流沼液和新鲜原料比例为 6:1，该工艺延长了发酵物料的停留时间，加大了接种量，物料在发酵罐外进行混合搅拌，避免在反应器内安装搅拌装置；法国 Valorga 竖式气体搅拌干发酵工艺，适合处理生活垃圾和有机固体废物，TS 含量为 30% 以上，沼液进行回流，部分沼气通入反应器进行气体搅拌，目前已实现了商业化应用；瑞典 Kompogas BRV 工艺，处理分类后有机废物的卧式推流高温固体发酵工艺，搅拌轴为水平安装方式，物料 TS 含量为 23% 左右，主要是餐厨垃圾、城市有机固体废物、农林废弃物等。这些工艺的运行参数如表 4-10 所列[36,37]。

图 4-4　间歇车库式固体发酵工艺

表 4-10　欧洲主要固体发酵工艺运行参数

固体发酵工艺	处理量/(t/a)	TS 含量/%	发酵温度/℃	停留时间/d
Dranco	10000～70000	10～32	50～55	20
Bioferm	8000	25	37	28
Bekon	7500～40000	25～35	37～55	28～35
Kompogas BRV	10000	20～30	55	17
Valorga	20000～350000	36～60	37～55	20～33

(5) 两级发酵工艺

近年来，有部分学者提出了一种新型发酵工艺，即两级发酵工艺，也称串联发酵工艺。两级发酵工艺中的第一级反应器出料直接进入第二级反应器中继续发酵，可以大幅提高发酵速率，提高有机质降解率和产气速率，受到国内外学者的广泛关注。例如，55℃下两级高温发酵生活污水，每级发酵均使用全混合搅拌式厌氧发酵罐，生物燃气产量能提高

11%左右；利用全混合搅拌式和气升式厌氧发酵罐进行两级发酵，能量回收率可达67%左右。

4.3 生物燃气利用模式

厌氧发酵产生的气体为沼气，主要成分是甲烷（CH_4）、二氧化碳（CO_2）和少量的硫化氢（H_2S），与其他可燃气体相比具有抗爆性良好和燃烧产物清洁等特点。沼气中的CO_2降低了沼气的能量密度和热值；H_2S在压缩、储存过程中会腐蚀压缩机、气体储存罐以及发动机，燃烧时生成的SO_2会污染环境、影响人体健康。因此，沼气经提纯净化处理后可作为生物天然气（BNG）、管道天然气、车用燃料［压缩天然气（CNG）］，并可作为热电联供装置和沼气燃料电池的燃气。

4.3.1 生物燃气简单利用模式

目前，生物燃气简单利用模式有小型户用、养殖农场利用和生态农业利用等，这些利用模式无需对沼气进行复杂的提纯操作。

（1）小型户用、养殖农场利用模式

该利用模式主要是小型畜禽养殖场和农户使用，以人畜粪便作为发酵原料，产生的沼气可用于炊事、照明、供热，沼液、沼渣则就近施于农田作为有机肥料。该模式利用的生物燃气处理方法简单，只需进行简单脱硫。

（2）生态农业利用模式

生物燃气在生态农业中利用是从20世纪开始，由美国和欧洲兴起，该模式引进国内后，结合国内地方农业特色形成了中国特有的生态农业利用模式，如南方的"猪-沼-果""猪-沼-茶"等模式，北方的"温室大棚-沼气-猪舍-厕所"四位一体生态模式。生态农业利用模式适合于具有一定养殖规模的畜禽养殖场，以沼气工程为核心，集养殖、种植和沼气于一体，有利于发展农村经济效益和生态效益[38]。

4.3.2 生物燃气发电提质利用模式

沼气发电技术是沼气高值化利用技术。利用厌氧发酵产生的沼气，驱动发电机组发电。沼气发电并网系统在满足沼气工程及前端系统用电需求的同时，可并入电网，具有良好的经济效益和生态效益。我国偏远农村地区生物质原料丰富、高压输电困难，可因地制宜发展小型沼气发电项目。

沼气发电利用模式主要由沼气净化、储存、发电系统组成，包含沼气净化、储存和发电技术。沼气是一种具有较高热值的气体，但气体成分复杂，在进气前必须经过脱硫、脱水净化处理，防止对发动机造成损害及降低发动机热效率。沼气经脱水、脱硫、脱二氧化碳净化处理后加压通入发电机，驱动发电机发电。沼气发电机排出的废气中余热可经余热利用装置回收后用于厌氧发酵装置的保温和供热。

沼气净化、储存系统主要由沼气净化和储气装置组成。沼气储气装置分为干式和湿式两种，中小型沼气工程采用湿式储气装置，大型沼气工程选用干式储气装置，结构及特点如表4-11所列。沼气中水分会降低沼气热值和发电效率，缩短沼气发电机寿命以及造成安全隐患；硫化氢会腐蚀发电机。因此，沼气在进入发电机组之前，为了保证机组运行安全和环境排放,要进行脱水和脱硫处理[39]。

表 4-11　沼气储气装置对比

类型	应用	工作压力/kPa	特点
干式储气装置	浮罩式储气柜	2.5～4	水密封;结构简单、造价便宜
湿式储气装置	双膜气柜	0.5～5	PVC/PVDC聚酯材料内膜储气,外膜保护;储气量大、维护费用低、使用寿命长

注:PVC—聚氯乙烯;PVDC—聚偏二氯乙烯。

沼气发电系统主要包含沼气稳压装置、沼气发电机和余热回收装置等。沼气稳压装置可以确保沼气内燃机工作压力维持在 0.2MPa 以上,管路压力不高于 5kPa。一般选用罗茨风机对发电管路进行增压稳压,确保储气柜、管路和内燃机压力稳定,使沼气内燃机运行安全平稳。沼气发电机主要包括全部使用沼气的单沼气发电机和部分使用沼气的双燃料沼气-柴油发电机。沼气发电机与燃油发电机工作原理相同。我国大部分小型沼气发电机主要是对燃油机组进行简单改装,热工性能差、发电效率低。目前,大功率沼气发电机组处于研发阶段,与国外先进机组尚有一定差距,是限制沼气发电发展的一大阻碍。余热回收装置利用水-废气热交换器、废热锅炉或冷却水-空气热交换器对废气进行余热回收,可用于发酵罐的保温,提升机组能源利用率。

沼气发电技术在发达国家已得到积极推广应用,美国、日本以及西欧多个国家和地区生物质能并网发电占能源总量的 10%,21 世纪将达到 25%。德国是目前世界上沼气工程技术发展和实践应用的领军者,2000 年出台的《可再生能源法》对沼气产业影响巨大,此后逐渐完善修订,推动了德国沼气工程建设和配套技术的研发。自《可再生能源法》颁布以来,德国沼气发电站数量和装机容量持续增长。德国的《可再生能源法》从 2000 年到 2023 年经过 6 次修订,随着沼气工程的逐渐完善,政策开始偏向促进沼气工程的市场化,取消了能源作物的补贴,促进技术与配套机组性能的提升,使德国沼气工程盈利方式从依赖政府补贴转向技术及设备性能提升。

我国沼气发电研发工作已有 20 多年历史,在可持续发展的时代背景下国家大力支持沼气发电,出台政策和财政补贴,在沼气发电领域建立了相应的科研、生产基地,培养了一批优秀的骨干人才,为沼气发电技术及配套设备研究奠定了良好的基础。我国目前技术成熟的发电机组在 24～600kW 之间。

垃圾填埋场沼气发电是生活垃圾处理的常用方式,因其处理方式简单、运用广泛,在发展中国家得到推广。图 4-5 是垃圾填埋场沼气发电典型工艺流程,包含沼气收集、处理和发电系统。沼气收集系统有竖井和横井两种,竖井主要用于已封场的垃圾填埋场,待填埋作业完毕后,集中打井收集;横井采用水平集气系统,用于运行中的垃圾填埋场,可在填埋垃圾的同时收集沼气。

我国畜禽养殖业不断发展,集约化畜禽养殖场产生了大量畜禽粪污,其中含有大量的氮、磷、钾等物质。利用沼气发电技术对畜禽粪污进行无害化、资源化处理,不仅可实现资源综合利用、改善生态环境,同时具有良好的经济效益,图 4-6 是畜禽粪污沼气发电典型工艺流程。由图 4-6 可以发现,畜禽粪污经预处理后进行厌氧发酵,产生的沼气经净化后进行发电,发电余热回收应用于厌氧发酵过程,发酵产生的沼液和沼渣则施用于农田。

4.3.3　生物燃气车用燃料利用模式

沼气的热值和热转化效率相对于天然气较低,并且因其气体成分复杂限制其应用范

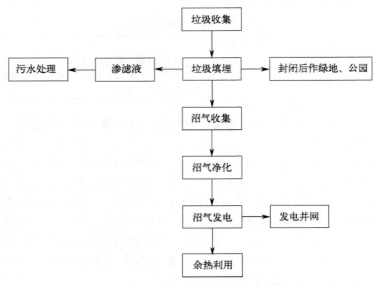

图 4-5 垃圾填埋场沼气发电典型工艺流程

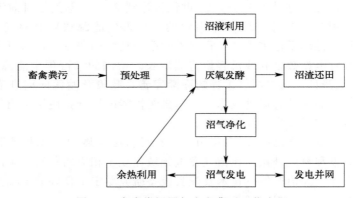

图 4-6 畜禽粪污沼气发电典型工艺流程

围,沼气经提纯后生产的生物甲烷燃烧性能好,可替代天然气,并入天然气管网作为气体燃料,或液化后用作车用燃料。

将沼气提纯为生物甲烷并入低压燃气管网,可利用现有天然气输送网络,输送至居民、工业等使用终端,利用方式灵活多变,应因地制宜地在天然气输送网络设施完善地区推广,节约运输成本,经济效益和环境效益显著。但目前我国缺乏相关行业标准,可参考天然气标准。

瑞士将沼气作为车用燃料,是该方面技术最为先进的国家之一,有一系列优惠政策,如免收能源税、免 CO_2 税、对相应环保类型车辆进行补贴,并制定了相关行业标准。瑞典则主要从环境保护角度考虑,鼓励沼气燃料的使用。近年来,随着输送网络和加气站点的逐渐完善,已经覆盖瑞典全国。瑞典隆德(Lund)大学的研究者 Brjesson 和 Mattiasson,从能源利用效率和环境保护角度将沼气燃料与其他生物质燃料(生物柴油、燃料乙醇等)作车用燃料情况进行对比,从资源效率和全生命周期分析得到生物燃气具有明显优势。

4.3.4 生物燃气燃料电池利用模式

燃料电池是把燃料中的化学能直接转化为电能的装置，只要有充足的燃料和氧化剂，燃料电池就能不断地提供电能。燃料电池根据电解质不同可分为碱性燃料电池（AFC）、磷酸型燃料电池（PAFC）、质子交换膜燃料电池（PEMFC）、熔融碳酸盐燃料电池（MCFC）和固体氧化物燃料电池（SOFC）等。燃料电池具有以下优点：

① 不受卡诺循环限制，能量转化效率高，理论上可达100%，实际转化率为60%~80%；

② 对环境友好，燃料电池所用燃料为氢和氧，生成物为水，几乎不排放任何污染物；

③ 使用寿命长，模块化结构使用方式灵活。

沼气燃料电池将沼气作为燃料，具有高效清洁、噪声低的优点，是未来竞争力较高的清洁发电方式，发电效率高、噪声环境污染小，具有广阔的应用前景。根据其工作温度、电介质及对沼气利用方式，将沼气燃料电池主要分为3个类型，如表4-12所列。固体氧化物燃料电池（SOFC）可直接利用沼气工作；熔融碳酸盐燃料电池（MCFC）必须将沼气进行改质处理为H_2和CO才能使用；磷酸型燃料电池（PAFC）使用纯氢作为燃料。作为燃料电池原料的沼气，在改质和转化环节都需使用催化剂和高温蒸汽，沼气纯度要求也较高。

表4-12 沼气燃料电池类型和特性

燃料电池类型	电介质	运行温度/℃	气源要求
磷酸型燃料电池	磷酸水溶液	190~220	H_2
熔融碳酸盐燃料电池	熔融碳酸盐	600~700	沼气改质为H_2和CO
固体氧化物燃料电池	陶瓷固体	800~1000	直接使用沼气

4.3.5 生物燃气其他利用模式

沼气的主要成分是CH_4和CO_2，将CH_4和CO_2分离提纯，CH_4可替代天然气作为平台化合物用于合成燃料及基础化学品，如通过费-托合成制备液体燃料、合成氨生产化肥，也可转化为甲醇、二甲醚和低碳烯烃类。

利用沼气催化重整制取合成气替代传统天然气合成工艺，符合绿色化学理念，具有低能耗、低成本的优势。沼气化工为沼气高值利用提供了新的思路，使我国沼气由农村户用向化工行业转变，为实现石化基化工向生物基化工转变奠定基础。

我国人口数量众多，同时作为农业和畜牧业大国，农业和畜牧业产生的规模庞大的废物、肥料、农产品废弃物、畜禽粪便和城市生活垃圾等为沼气产业提供了丰富的原料。自1998年实施《节约能源法》以来，《可再生能源法》《全国林业生物质能发展规划（2011—2020年）》《生物质能发展"十三五"规划》《全国农村沼气发展"十三五"规划》推动了沼气工程的建设。农村地区大力发展以沼气为纽带的生态农业，改善环境的同时为农民增收；同时借鉴国外经验，发展沼气后端高值利用产业，如沼气发电、沼气提纯制备生物甲烷、沼气燃料电池和沼气化工等，促使其逐步实现市场化、产业化。沼气作为清洁可再生能源的重要发展方向，缓解了我国所面临的能源与环境危机，创造巨大的经济效益和环境效益。

4.4 生物燃气发酵剩余物利用模式

沼气工程在处理有机废物、产生能源的同时还会产生大量厌氧发酵剩余物，统称为沼液沼渣。沼液沼渣具有堆积迅速、数量庞大且集中的特点，不经处理随意排放会造成资源浪费和二次污染，因此进行无害化、减量化处理关系到沼气工程能否正常运转。

4.4.1 厌氧发酵剩余物的特性与质量标准

沼液沼渣是一种比较复杂的有机复合体，如果厌氧发酵原料不同其形态也会有很大差异。通常将发酵剩余物提取的液态物质称为沼液，将不易分解或无法分解的固形有机残留物以及沼液脱水后形成的固形物质称为沼渣。

4.4.1.1 沼液基本特性

不同原料所产生的沼液成分不同，但均含有机质、腐殖质、氮、磷、钾等。沼液中物质主要分为以下3类。

① 各种微量元素，通过发酵以离子形式存在于沼液中，主要有 Fe^{2+}、Zn^{2+}、Ca^{2+}、Cu^{2+}、Mo^{2+} 等，这些金属离子能够渗透到动植物细胞里，促进动植物细胞发育，从而促进动植物的生长。

② 营养物质，来源于发酵原料中难以被分解的生物大分子。这些生物大分子被厌氧微生物分解为结构简单的小分子物质，容易被植物直接吸收，为植物提供氮、磷、钾等营养元素。

③ 生物活性物质，这些物质能够对生物生长的各方面起到调控的作用。目前已经测到的有氨基酸、生长素、赤霉素、单糖、腐殖酸、不饱和脂肪酸、纤维素、淀粉酶、蛋白酶等，还有 B_1、B_2、B_5、B_6 等多种 B 族维生素，其中维生素 B_6 含量高达 0.76mg/L，含量最少的维生素 B_{12} 也达到了 0.0241mg/L；赤霉素可以刺激种子发芽，提高种子的发芽率，促进植物茎、叶快速生长；抗生素可以提高植物的抗病能力，并且在植物的生殖期诱发作物开花，防止落花落果，提高坐果率等。

沼液对农作物的几十种病虫害有不同程度的防治作用，并且相比于传统农药，沼液价格更低廉，无抗性，是一种良好的农药代替品，被称为"生物农药"。表 4-13 给出了沼液的主要成分[40]。

表 4-13 沼液的主要成分

水分 /%	总氮 /%	总磷 /%	总钾 /%	pH 值	碱解氮（体积分数）/ 10^{-6}	速效氮（体积分数）/ 10^{-6}	有效钾（体积分数）/ 10^{-6}	有效锌（体积分数）/ 10^{-6}
95.5	0.042	0.027	0.115	7.6	335.6	98200.0	895.7	0.4

4.4.1.2 沼渣基本特性

在厌氧发酵过程中，参与发酵的微生物将物料中的生物大分子分解为氨基酸、蛋白质、生长素、维生素以及糖类等物质，这些物质吸附在固态物质上，当沼液沼渣进行脱水时只有易挥发的物质被除去，其他物质仍存在于沼渣里，因此沼渣里基本保有了除气体之外的所有厌氧发酵产物。沼渣中含有有机质、腐殖酸、蛋白质、总氮、总磷以及各种矿物质元素，使得沼渣既可以作为肥料使用又可以用作养殖饲料。发酵原料影响着沼渣的特性，表 4-14 是沼气工程常用原料特性。

表 4-14 沼气工程常用原料特性

原料	主要有机物	有毒有害物质
畜禽粪便	糖类、蛋白质、脂肪	抗生素、重金属、消毒剂
秸秆	糖类、脂肪	除草剂、杀菌剂
草	—	杀虫剂
餐厨垃圾	糖类、蛋白质、脂肪	消毒剂
有机生活垃圾	糖类、蛋白质、脂肪	重金属、有机污染物
污泥	糖类、蛋白质、脂肪	重金属、有机污染物
有机生活垃圾/畜禽粪便	糖类、蛋白质、脂肪	重金属、抗生素、有机污染物
有机生活垃圾/污泥	糖类、蛋白质、脂肪	重金属、有机污染物

由表 4-14 可以看出，每种原料都会含有一种或多种有毒有害物质，多数原料都会含有重金属，如沼渣不经处理就直接资源化利用会造成重金属污染，沼渣成分如表 4-15 所列。

表 4-15 沼渣成分

有机质/%	腐殖酸/%	总氮/%	总磷/%	全钾/%	pH 值
30~50	10~20	0.8~2	0.4~1.2	0.6~2	7.28

由表 4-15 可发现，沼渣中含量最高的是有机质和腐殖酸，可用作土壤改良剂和有机肥。

4.4.1.3 沼液沼渣利用技术标准

沼液沼渣虽然是一个巨大的生物质资源库，但同时又是一个巨大的污染源。沼气工程沼液沼渣的后处理技术的选择，应以提高沼液沼渣综合利用效益、避免对环境造成二次污染为基本原则，未经处理的沼液沼渣中含有抗生素、激素、重金属、虫卵、细菌等有害物质，因此沼液沼渣的使用必须符合相关国家标准[41]。根据沼液沼渣利用途径不同，其需要符合的标准也不同。沼液资源化利用之前要进行消毒处理，其卫生学指标应符合《粪便无害化卫生要求》（GB 7959—2012）。沼液排放前应进行沉淀预处理或机械固液分离，分离后再对分离出的清液进行进一步处理，达标后可进行排放。同时，其中的重金属铜和锌的含量应该满足《污水综合排放标准》（GB 8978—1996）要求，如表 4-16 所列。

表 4-16 GB 8978 中重金属含量标准

分级标准	Cu/(mg/L)	Zn/(mg/L)
一级标准	0.5	2.0
二级标准	1.0	5.0
三级标准	2.0	5.0

沼液中重金属有物理法、化学法和生物法 3 种处理方法。物理法包括吸附法、离子交换法、膜分离法；化学法包括中和沉淀法、硫化物沉淀法、铁氧体沉淀法、电化学法。生物法处理重金属具有效率高、成本低、选择性好、二次污染小等优势，成为沼液重金属脱除的重要研究方向。

通常，沼液排放达标处理的典型工艺为沼液—沉淀—曝气池—稳定塘—膜生物反应器—消毒—达标排放，技术标准如表 4-17 所列。

表 4-17 沼液排放达标处理工艺技术执行标准

流程	执行标准	流程	执行标准
沉淀	NY/T 1220.1～NY/T 1220.6	膜生物反应器	T/CECS 152
曝气池	CECS 114	臭氧消毒	臭氧浓度 100～200mg/L
稳定塘	GJJ/T 54	紫外消毒	GB/T 19837

沼液若用于灌溉其应符合《农田灌溉水质标准》(GB 5084)的要求，其中 $Cu \leqslant 1mg/L$、$Zn \leqslant 2mg/L$，其作为肥料的行业标准如表 4-18 所列。

表 4-18 沼液作为肥料的行业标准

利用途径	标准	利用途径	标准
大量元素水溶肥料	NY/T 1107	含腐殖酸水溶肥料	NY 1106
微量元素水溶肥料	NY 1428	含氨基酸水溶肥料	NY 1429

同样，沼渣进行资源化利用之前也要进行无害化处理。沼渣作为肥料或者基肥利用时，无害化处理应该按照《畜禽粪便无害化处理技术规范》(NY/T 1168)的规定执行，无害化指标按照《粪便无害化卫生要求》(GB 7959)的规定执行。沼渣的储存应符合《沼气工程技术规范 第1部分：工程设计》(NY/T 1220.1)第 11.2 条的规定，储存设施应符合《畜禽养殖业污染治理工程技术规范》(HJ 497)第 6.1.2 条的规定。以沼渣为主要原料制作有机肥时，产品指标应符合《有机肥料》(NY/T 525)的要求。

4.4.2 发酵剩余物利用技术

大型养殖场厌氧发酵剩余物体量巨大，不能像散户一样分散处理，为了避免造成二次污染必须采取相应的工业化处理措施。图 4-7 为大型沼气工程发酵剩余物利用技术工艺流程。

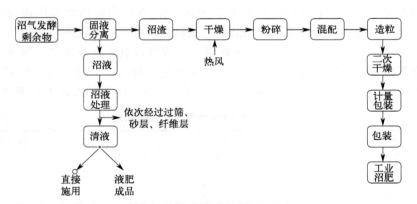

图 4-7 大型沼气工程发酵剩余物利用技术工艺流程

由图 4-7 可以发现，沼气工程发酵剩余物利用技术中，固液分离是其中关键的步骤，此步骤中营养物质易流失、辅助剂配合添加难以控制。除此之外，反应器规模也限制了沼肥产品规模，原料来源限制了其商品化进程。生物燃气产生的发酵剩余物不含有毒物和病菌，但含有多种杀菌物质，可加工成生物农药。图 4-8 为沼液加工成杀虫剂的工艺流程。

在沼液加工处理技术中，膜浓缩技术是沼液进行资源化处理的有效手段。沼液膜浓缩技术利用膜的选择透过性，对分子量不同的组分实现定向分离，可有效减小沼液体积，降低沼液储存和运输成本，大幅提高养分含量（浓缩液中营养物质可以浓缩 4～5 倍），提升

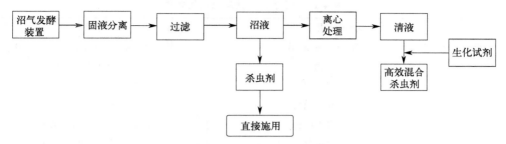

图 4-8 沼液加工成杀虫剂的工艺流程

沼液肥料价值，图 4-9 为常见的沼液膜组合工艺。但是，膜浓缩技术仍存在膜污染严重、成本和能耗过高、浓缩肥认可度较低等限制因素。为了解决这些问题，可以从预处理、工艺参数优化、膜材料改性、膜清洗污染等方面去改进，提高膜浓缩的效率，控制膜污染，延长膜的使用时限[42,43]。

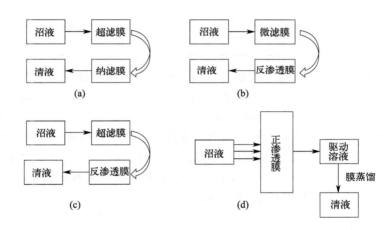

图 4-9 常见的沼液膜组合工艺

4.4.3 发酵剩余物利用模式

4.4.3.1 沼液利用模式

沼液组分复杂，各类物质和营养成分含量、功能不尽相同，通常情况根据其功能将沼液利用模式分为有机肥料化、生物农药化、农业种植辅助化、原生态饲料化利用模式[44,45]。

（1）有机肥料化利用模式

沼液中含有大量的氮、磷、钾等作物亟须的基本元素，而且以速效养分形式存在，沼液可作为纯天然、高效环保速效肥料，其速效营养能力强，养分利用能力高。沼液中水分含量达 90% 以上，施用沼液能大量减少作物灌溉用水；长期使用沼液灌溉可以促进土壤团粒结构形成，增强土壤保水保肥能力，使土壤理化性质得到改善；施用沼液可不同程度提高土壤 pH 值，提高土壤中氨氮、速效钾和有机质的含量，增加土壤中微生物数量，减少土壤中细菌种类。表 4-19 是沼液有机肥料化利用效果。

表 4-19　沼液有机肥料化利用效果

作物	利用方式	结果
棉花	叶面喷施、灌根、稀释浸种	可有效地抑制棉花枯萎病,提高品质
油菜	灌根	产量增加约 18.1%
烟草	灌根	产量增加,病虫害降低
蔬菜	沼液灌溉	产量增加,病害减少
甘蔗	叶面喷施	产量增加 14%,品质提高
茶	灌根	抗逆性与品质明显提升

当沼液作为有机肥料时,沼液可以叶面喷施、作为基肥、作为追肥、无土栽培、根外施肥以及沼液-化肥混合施肥等方式利用,表 4-20 为沼液喷施的一般方法。

表 4-20　沼液喷施的一般方法

喷施方法	适用条件
纯沼液喷施	长势较差的作物和果树
稀释沼液喷施	气温较高时
沼液配合农药喷施	作物或果树的病虫害猖獗时

沼液作为基肥和追肥效果也很明显,在果树种植上使用沼液作为基肥,果树结果大、色泽鲜艳、味道也比施用化肥要好;沼液施用于稻田,作物生长强壮、苗高、根系发达、结穗多、结实率也有所提高,一般果类蔬菜追施沼液 37.5~45.0t/hm^2 可增产 9.8% 以上。将沼液追施到垄面或垄沟内,效果更好,能提高土壤中氮和磷的含量。当沼液作为无土栽培营养液时,需搁置 3d 以上时间,以释放含有的还原态物质,并用 98% 磷酸缓冲液将其 pH 值调节至 5.5~6.0。通常,沼液单一施用无法满足某些作物需求,此时可采用沼液-化肥混合施肥,沼液替代化肥的比例最佳为 50%。

（2）生物农药化利用模式

沼液可以作为一种极其环保的生物农药。沼气发酵过程中,粪便中虫卵及各种病菌会被杀灭,沼液防治病虫害机理主要为:其中的有机酸对病菌有抑制作用,例如赤霉素、吲哚乙酸、B族维生素等,可抑制病菌存活,增强作物抗病抗虫能力;铵盐、抗生素可直接杀菌;沼液里的微生物和病菌、害虫竞争养分,减少病害和虫害发生;激发植物抗逆性,为作物生长提供营养物质,提高作物抵抗力。

表 4-21 和表 4-22 分别为沼液防治的病害和虫害种类。由表 4-21 可以发现,沼液对多种作物具有防病虫害作用,用沼液浇注玉米可以抑制玉米大斑病、小斑病等,提高玉米抗病能力、降低发病率;沼液喷施小麦,赤霉病发病率明显下降;沼液喷施黄瓜和草莓,可以防止白粉病、霜霉病和灰霉病等。

表 4-21　沼液防治的病害种类

作物	病虫害	作物	病虫害
水稻	纹枯病、百叶枯病、小球菌核病	烟草	花叶病、黑胫病、赤星病
小麦	赤霉病、全蚀病、根腐病	黄瓜	白粉病、霜霉病、灰霉病
大麦	叶锈病、黄花叶病	草莓	白粉病、霜霉病、灰霉病
玉米	大斑病、小斑病	花生	病株
棉花	枯萎病、炭疽病	蚕豆	枯萎病

表 4-22　沼液防治的虫害种类

农作物	虫害	农作物	虫害
水稻	稻纵卷叶螟、白背、飞虱、稻叶蝉	白菜	蚜虫、菜青虫
小麦	蚜虫	莲花白	蚜虫、菜青虫
玉米	螟幼虫	大芹菜	蚜虫
黄豆	蚜虫	莴笋	蚜虫
棉花	棉铃虫	番茄	蚜虫、红蜘蛛、白粉虱
柑橘	红蜘蛛、黄蜘蛛、矢尖蚧、蚜虫	草莓	蚜虫、红蜘蛛、白粉虱

由表 4-22 可以看到，沼液喷施到水稻上，可以防止白背、稻纵卷叶螟、飞虱等虫害；而施用到蔬菜上，可以防治蚜虫、红蜘蛛等；施用到小麦、玉米上则可以防治蚜虫和螟幼虫等。

(3) 农业种植辅助化利用模式

农业种植辅助化利用模式中，沼液可作为种子浸泡液，提高种子发芽率，促进种子生理代谢和植物根系发育。因为沼液含有抗生素等杀菌物质，浸种还可以提高种子的抗病、抗虫和抗逆能力，使幼苗"胎里壮"；沼液浸种还可以有效抑制根腐病菌、小球菌核病菌、棉花炭疽病菌、甘薯黑斑病菌、玉米大小斑病菌等，让种子在发芽前更加健康。沼液浸种方法简易且成本低，目前已得到了广泛应用，经济效益较好。表 4-23 给出了沼液浸种的方法和效果。

表 4-23　沼液浸种的方法和效果

农作物	浸种方法	效果
水稻	早稻浸沼液 24h，再浸清水 24h；中稻浸沼液 15h；晚稻浸沼液 24h；杂交稻浸沼液 12h，再浸清水 12h	发芽率提高 5%～10%；成苗率提高 20%；产量早稻提高 6%，中稻提高 7%，晚稻提高 9.8%
小麦	在播种前一天浸种，浸种 12h 后沥干，再用清水清洗干净	发芽率比清水浸泡提高 25%，出芽较清水早 3d，产量较清水浸泡高 7%
柴胡	浓度 60% 的沼液浸泡 24h	发芽率提高 29.93%
辣椒	沼液浸泡 16h	增产 8.97%
棉花	翻晒 1～2d 然后装入袋中，沼液浸泡 24～48h，沥干并用草木灰拌和成黄豆粒状播种	棉籽发芽率提高 7.2%～10.3%，发芽势提高 20.7%～30.1%，活力指数总体提高
玉米	将晒过的玉米装入编织袋中，每袋装入一半，用绳子将其吊入沼液中部，浸泡 24h，然后用清水洗净，沥干即可播种	发芽率达 95%，生长期病株减少 4%，玉米穗平均增长 1.8cm，穗中间平均增加 0.8cm，每行平均增加 3.9 粒，增产约 9.35%

(4) 原生态饲料化利用模式

沼液在养殖业用途很广，可作为饲料饲养淡水生物和食腐生物。沼液含有的芽孢杆菌能产生消化酶，促进食物消化、纤维素合成，改善动物营养条件，产生抗菌和抑制病毒病菌作用；沼液还可以产生氧化物歧化酶，消除氧化自由基，提高牲畜免疫力。沼液用于饲喂时，要选择正常产气 1 个月以上的沼液，没有完全发酵或病池沼液中含有大量病毒、细菌和寄生虫卵，会对牲畜生长造成不良影响。另外，沼液取出后要放置一段时间，一般春秋放置 15min 左右、夏季放置 10min 左右、冬季放置 30min 左右，pH 值控制在 6.8～7.2 之间。

饲喂沼液的猪，食欲旺盛、消化能力强、饲料利用率高、睡眠时间长、皮肤粉嫩、膘肥体壮、抵抗力强、发病率低、肉质良好、无任何传染病和寄生虫病。表 4-24 为不同体重的猪所需饲喂沼液的质量。

表 4-24 不同体重的猪日饲喂沼液的质量

体重/kg	日需饲喂量/kg	体重/kg	日需饲喂量/kg
<20	不可以饲喂	40～60	5～6
20～30	4～5	60～90	6～7

一般鸡长到 0.3kg 以上时可以沼液饲喂，沼液和饲料的比例为 3∶7，最多达到 1∶1。沼液可以刺激母鸡的卵巢，鸡产蛋期会提前 20d 左右并延长 50d 左右，还可有效提高肉鸡重量。沼液喂鸡要注意沼液和饲料要搅拌均匀、不干不湿，取沼液前需用木棒搅拌后才可取用。沼液可增加鱼塘内浮游生物数量和产氧量，减少鱼饵消耗，有效抑制各类鱼病，如烂鳃、赤皮、肠炎、白头、白嘴等，降低鱼的死亡率，使鱼苗成活率提高 10%～20%，改善鱼肉品质，使鱼肉更鲜美。

4.4.3.2 沼渣利用模式

(1) 有机肥利用模式

沼渣作为肥料广泛应用于养殖业和种植业，沼渣肥料化利用模式有以下特征：

① 营养成分丰富且均衡。完全发酵后的沼渣有机质含量达 40% 以上，腐殖酸含量在 20% 左右，生长素和维生素、N、P、K 等含量丰富。

② 增强土壤肥力和保水能力。施用沼肥可有效改善土壤理化性质，土壤的有机质、速效氮、速效磷、速效钾等比施用化肥的土地有一定提高，土壤中微生物数量也会上升，有害真菌数量会下降。

③ 具有环保性。长期使用沼肥能改变土壤颗粒形状，减少土壤板结，降低土地周围水源富营养化。

④ 提高土壤有机质含量。沼渣中含有丰富的有机质和微生物，这些物质可有效改善盐碱地的理化性质。

⑤ 改良盐碱地。沼渣中含有丰富的酸性物质，例如富里酸和胡敏酸，可中和盐碱地里的碳酸钠，降低土壤碱度，土壤交换容量提升、孔隙度增加、胶体更容易形成。

⑥ 提高作物生理活性。沼渣中腐殖酸在适量情况下可以提高作物生理活性，提高粮食产量。腐殖酸盐的稀溶液对作物的糖类新陈代谢具有积极影响，可以加快还原性糖产生速度，使其更快积累，提高细胞渗透压，增强作物吸水能力、抗旱能力。

⑦ 减轻土壤重金属污染。沼渣中的腐殖酸可以和一些重金属元素生成络合物，然后随水排出，减轻土壤重金属污染。

(2) 种植业辅助利用模式

沼渣在种植业的应用很广泛，主要有以下几方面。

① 沼渣育苗。沼渣中养分丰富且均匀，可以满足育苗所需各种养分，十分适合配制营养土。沼渣来源广泛、经济效益高，育苗使用沼渣配制的营养土还可以有效防治蔬菜常见病及地下害虫。

② 栽培蘑菇。沼渣价格便宜且来源广泛，作为基质培养蘑菇效果更好，表 4-25 为沼渣栽培蘑菇的基料配方。由表 4-25 可以发现，配料碳氮比应保持在 30∶1，基料含水量控制在 55%，pH 值适中。用沼渣代替木屑等材料生产菌菇，不仅可以物尽其用，而且减少了木材的消耗，防止了森林退化。

③ 作为玉米营养土。用沼渣作为玉米营养土,可使玉米茎秆更加粗壮、根系更加发达、抓地能力增强、玉米不易倒伏,加快玉米转青速度、降低玉米发病率,比较适合早春季和反季玉米种植。

表 4-25 沼渣栽培蘑菇的基料配方

配方	沼渣	木屑	石膏	糖	含水量	碳氮比
参数	78%	20%	1%	1%	55%	30:1
配方	沼渣	玉米芯	麦麸	石膏	尿素	含水量	碳氮比
参数	60%	20%	18%	1%	1%	55%	30:1

(3) 养殖业辅助利用模式

养殖业中,沼渣主要用来养蚯蚓、猪和鱼。沼渣养殖蚯蚓应用比较广泛,蚯蚓是一种高蛋白、高营养的低级动物,主要以腐烂的有机物为食,通过摄取土壤中的有机物质残渣和微生物维持生长和繁殖,腐烂的叶子、枯草、农作物秸秆、人畜粪便及生活垃圾都可作为蚯蚓的食物。完全发酵后的沼渣有机质含量高、不含病虫卵、酸碱度比较适中,十分适合作为蚯蚓养殖的人工饲料。目前大田养殖、堆肥养殖、大棚养殖以及立体箱养殖蚯蚓方法比较常见,尤其是立体箱养殖占地少、人工成本低、产品易收集、效率高、养殖密度大,适合工厂化养殖。沼渣作为猪饲料的替代品,经济效益较高,总体回报率较好。沼渣代替饲料喂养的猪与饲料喂养的猪相比,肉质无异常,生猪在生产期患消化道疾病的概率明显下降。沼渣喂猪可以提高猪的瘦肉率,提前猪出栏时间。在饲料中添加干重20%的沼渣喂猪,猪重量比不喂沼渣的猪增加 12%以上,饲料利用率提高 12.2%,最高可提高 27%。而且喂食的猪食欲增加,毛发好,睡眠充足,肉质良好。沼渣可为水中浮游动植物提供营养,增加鱼塘中浮游动植物产量。沼渣主要适合养殖鲫鱼、草鱼、鲢鱼,可作为鱼池基肥,也可作为追肥。沼渣用作基肥时,鱼池消毒后,放鱼苗前 7d 以沼渣 $200g/m^2$ 作为培肥水质;用作追肥需用水或沼液调制成含固体物浓度 1%的废液泼浇。沼渣施入鱼塘后耗氧量小、肥水快、肥效持久,部分可被鲫鱼等底层杂食性鱼类直接食用。

4.5 国外生物燃气产业化典型案例

4.5.1 混合中温厌氧发酵案例——瑞典 Västeras 沼气厂

瑞典 Västeras 沼气厂[46]采用中温 37℃发酵技术,沼气厌氧发酵反应器的总容积达到 $4000m^3$,整个工厂生产工艺流程见图 4-10。该沼气厂的原料主要是生活垃圾、青储牧草以及油脂分离产生的污泥。生活垃圾来自当地 144000 个家庭的食品废弃物,约 90%的家庭将分类后的生活垃圾收集在纸袋里,再由集装箱统一运送到沼气厂。运到沼气厂的生活垃圾先被粉碎并加液态有机废物混合,分离杂质后在 70℃下灭菌处理 1h,再送到中温发酵罐中。牧草由当地农民种植,种植面积约 $300hm^2$,主要是起改良土壤结构作用的苜蓿,每年收割 2~3 次。收获的牧草经干燥、切割后,装入直径 3.5m、长度 80~90m 的密闭塑料袋中进行青储,然后作为原料送入厌氧反应器中发酵。

沼气厂生产的大部分沼气经提纯后作为车用燃料使用,剩余部分用于热电联产。沼气提纯采用循环式加压水洗工艺,设备处理能力为 $150 \sim 550m^3/h$。在生产满负荷运行时,系统每小时需补充新鲜水量少于 $1m^3$。此外,沼气提纯工段还接收来自污水处理厂的沼气。该厂每年所产车用燃气总量相当于 $2.5 \times 10^7 L$ 汽油。

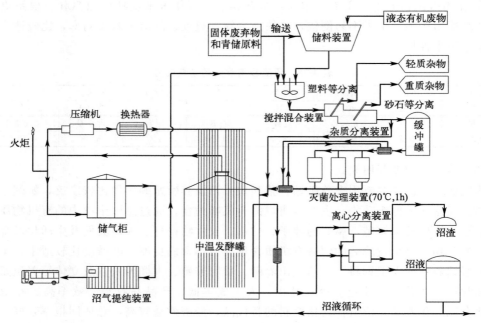

图 4-10 瑞典 Västeras 沼气厂工艺流程

该沼气厂产生的沼气被压缩后储存在容积为 $32m^3$、耐压能力为 35MPa 的高压储罐中。沼气厂设有两个加气站，一个用于公共汽车和垃圾收集车加气，另一个用于家用轿车加气。除此以外还设置了一个储量 21t 的液化天然气储罐作为加气站的备用罐。

由沼气厂发酵液制取的固体生物肥料的干物质含量为 25%～30%，可用常规固体肥料播撒机施用到农田；液体肥料中干物质含量为 2%～3%，可用常规液体肥料喷洒设备喷施。目前，该项目每年减少垃圾焚烧量达 14000t，CO_2 减排 5500t，有机肥中含有 1000t 有机质、100t 氮、60t 钾和 11t 磷。

4.5.2 混合高温厌氧发酵案例——德国 Behringen 沼气厂

Behringen 沼气厂采用混合原料高温发酵工艺，工艺流程见图 4-11。发酵原料为养殖场粪便和工农业有机废物，发酵后的沼渣和沼液在密封储罐中进行厌氧腐熟，罐内设有集气空间并连接到沼气系统。该沼气厂的设计规模为：年处理量为 13000t 奶牛粪、20000t 工业有机废物和来自农场的农业废弃物。

该沼气厂发酵原料有：

① 奶牛场和养猪场的养殖粪便，其中养牛场的粪便来自规模约 1000 头奶牛的封闭牛场的粪水，粪水被泵入储罐（D01）内，养猪场的粪便为用螺旋挤压机脱水后的猪粪，送至地下储罐（D02）；

② 油脂残余物和废食用油，以乳状液被泵入一个加热的储罐（D04）中；

③ 植物油精炼厂固体废物，主要是含油脂的膨润土，散装储存并送到地下储罐（D02）；

④ 啤酒厂污泥和其他固体废物，包括啤酒厂污泥、玉米青储残渣、残次的马铃薯种和菜籽饼等。

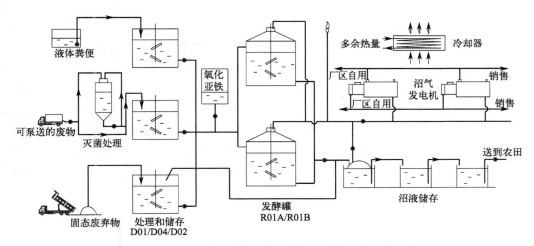

图 4-11　德国 Behringen 混合原料高温厌氧发酵工艺流程

原料散装储存并运送至地下储罐，各种原料混合后加入发酵残液中成为可泵送的悬浮液，或首先用粉碎机处理固体物质成可泵送状态，再添加其他废弃物或发酵残液，然后储存在储罐（D02）内。

Behringen 沼气厂专门设计了一套计量控制系统，使混合发酵沼气产量最大，在混合原料进入发酵罐前加入氯化亚铁以控制发酵罐内硫化氢含量。两个发酵罐（R01A 和 R01B）均由钢板焊接而成，外加保温层降低了 57℃运行温度下的散热量。每个发酵罐可装 800m^3 液体，发酵罐内设置搅拌器，转速较低，可实现罐内物料的混合和传热均匀。发酵罐温度通过内部盘管换热器调节，换热器内加热介质来自本厂热水系统（热电联产的冷却水）。设计滞留期为 18~22d（具体取决于工业废弃物的加料情况），容积有机负荷率（以 VS 计）大约为 5kg/(m^3·d)。

沼气由发酵罐输送到热电联产发电装置生产电力和热能，多余的沼气收集在发酵残液初级储罐顶部的膜式储气袋中，约占全部产气量的 10%。牛粪和工业有机废物混合发酵，1t 固体可产沼气 900~950m^3，甲烷含量约为 68%。沼气发电采用活塞式发电机组，每组发电机装机容量 450kW，热容量 750kW。按照不同的沼气产率，Behringen 沼气厂电站生产 600~700kW 电能，最高可达 800kW。发电机余热和约 30% 的电力用于工厂热水系统，供混合发酵厂和圈养动物设施使用，70% 的电量以 "绿电" 价格卖给当地电网。

沼气厂排出的沼液中固体含量约 9%，其中总氮含量约占总固体的 3.5%，泵送至储罐中储存，在需要时直接施入当地农田。沼气厂共设 4 个大型渣液储罐，每个容量约 2000m^3。每个储罐配备有一个混合器，通常在农田不用液肥时运行以免沉积。储罐可容纳 100d 以上液肥，施肥时采用有拖动式管道系统的槽罐车。

4.5.3　厌氧干发酵沼气工程案例

(1) BASSUM 垃圾处理厂

BASSUM 垃圾处理厂是利用 BEKON 厌氧干发酵技术的一个沼气工程。BEKON 技术是一种间歇发酵工艺，见图 4-12。在该工艺中，新发酵原料与发酵后沼渣混合，通过轮式装载机送到车库型发酵仓中进行厌氧发酵。发酵过程产生的渗滤液，通过仓壁和仓底的排水系统收集后,送到渗滤液储罐进行加热处理,然后再从发酵仓的顶部喷淋到原料堆上。车库型发酵仓的墙壁和地板上铺设有加热管道,可满足发酵过程对温度控制的需求。整个发酵过程没有任何搅拌,发酵所产沼气用于热电联产单元。由于间歇发酵要完成微生物的生长和原料的整个降解过程,产气存在高峰和低谷,为了给热电联产设备提供稳定和连续的气源,通常采用多个发酵仓错时启动运行。所产电力可以输送到电网,发电过程产生的小部分热量就能满足发酵仓增温需要,其他大部分多余热量可对外销售。发酵结束后,仓内的沼渣由轮式装载机全部转移到发酵仓外。由于采用干发酵,沼渣无需分离和挤压脱水。一部分沼渣用作接种物参与到新的发酵过程,剩余部分可做堆肥处理。BEKON开发有配套的隧道式连续堆肥工艺,堆肥过程产生的臭气通过生物过滤器收集,经处理后排空。

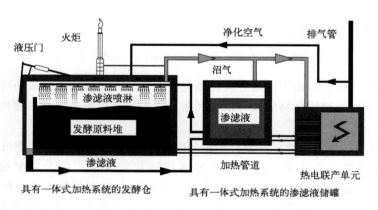

图 4-12　BEKON 车库式厌氧干发酵工艺

BEKON 工艺中,原料适应性较强,无需进行预处理,可以采用轮式装载机进料,适合其他工艺难以进料的原料,如绿化垃圾、生物垃圾、城市有机生活垃圾等,同时还可以采用干发酵和好氧堆肥联产处理技术组成垃圾处理工艺,如图 4-13 所示。车库型发酵仓便于采用模块化结构,使用和维护方便。发酵仓内没有搅拌设备,维护费用低;液压门向上开启,避免了进出料过程中装载机对密封条的破坏;由多个车库型发酵仓模块组成的结构,便于增产。在发酵装置中设置具有远程维护功能的自控操作系统,整套生产设备可完成自动化操作。

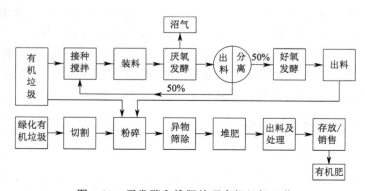

图 4-13　干发酵和堆肥处理有机垃圾工艺

BASSUM 垃圾处理厂利用 BEKON 工艺，每年厌氧发酵处理有机垃圾 18000t，年产电能 3700MW·h 和热能 4000MW·h。每年堆肥处理生物及绿化垃圾 50000t，年产高品质有机肥 16000~18000t，沼气发电后的余热用于当地一家医院集中供暖。

(2) 比利时 Brecht 沼气厂

比利时 Brecht 沼气厂利用 DRANCO 单级立式干发酵工艺进行厌氧发酵。DRANCO (dry anaerobic composting) 工艺由比利时一家公司在 20 世纪 80 年代开发。DRANCO 为单级立式厌氧干发酵系统，发酵罐内没有单独设置混合装置，原料通过输料管被送到发酵罐上部空间，然后以柱塞流方式向下移动，直至底部锥形出口。沼渣由螺旋桨输送，一部分沼渣被送到混合泵，在混合泵内作为接种物回用，并与新鲜原料及加热蒸汽相混合；剩余沼渣被挤压脱水，脱除的水分作为厌氧发酵工艺配水，脱水后的沼渣含有微生物、部分氨和未降解的固体，需首先进行好氧发酵，然后作为有机肥出售。

DRANCO 系统可承受较高有机负荷，1kg 湿物料可产沼气 $0.103 \sim 0.147 m^3$，1t 原料可发电 $0.15 \sim 0.32$ MW·h。比利时 Brecht 沼气厂年平均有机负荷率（以 VS 计）高达 $15 kg/(m^3 \cdot d)$，所用原料中含 15% 的鸡粪、75% 的绿化垃圾和 10% 的废纸。城市有机固体垃圾与沼渣按 1:6 的比例混合，混合过程中通入蒸汽将原料加热到 50℃。加入反应器内的蒸汽冷凝水量 $2 \sim 4 m^3/d$，通过沼渣回用实现原料与微生物混合。系统进料方式为每周前 6d 连续进料 16h/d，周末连续进料 12h/d。系统所用发酵罐总容积为 $3100 m^3$，年处理原料 55000t，反应器内原料 TS 含量为 35%，VS 降解率为 65%，水力停留时间为 14d，原料产气率为 $0.103 m^3/kg$（以单位质量湿物料计）或 $0.468 m^3/kg$（以单位质量 VS 计）。

(3) VALORGA 中温厌氧发酵工程

VALORGA 工艺是由法国研发的一种半连续、高固体含量、塞流式单级干发酵沼气生产过程，该厌氧中温发酵工艺可用于生活垃圾处理，具体见图 4-14。

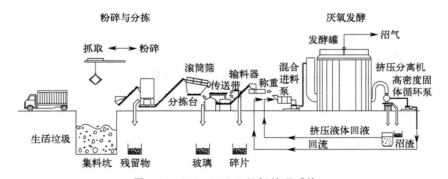

图 4-14 VALORGA 垃圾处理系统

建于 Amiens 的 VALORGA 中温发酵工程有 3 个发酵罐，每个罐容积为 $2400 m^3$，每年可处理 110000t 生活垃圾。收集的垃圾先进行粉碎和分拣，将能够进行循环利用的无机物分离出来；有机物作为发酵原料经过均质化处理后，与循环回流的沼渣和沼液混合，加热到发酵温度后被送至 VALORGA 发酵罐内，进行中温（37℃）厌氧发酵，发酵过程中产生的沼气在出口处收集并储存起来。原料在发酵罐内的滞留期为 15~20d，发酵后的物料从发酵罐的另一位置排出，通过螺旋挤压机进行脱水处理。部分用作回流的沼渣和沼液作为接种物，脱水后的沼渣可用作有机肥。

VALORGA 发酵罐为筒仓式，内部无机械装置，罐内 1/3 直径处设置有一个垂直水泥板。发酵罐的底座上设有 300 个开口，每隔 15min 这些开孔中就会通入约 0.8MPa 压力的沼气，将固体发酵原料搅拌均匀。发酵原料不断地从发酵罐的底部输入，在沼气的推动下缓慢上升，要绕过水泥板才能到达出口。这样可增加发酵原料在罐里的停留时间，直至完全降解。

（4）Kompogas 高温厌氧发酵工程

Kompogas 高温厌氧发酵工程采用 Kompogas 卧式塞流式厌氧发酵罐。该发酵罐全封闭并设有加热式构造，发酵温度为 55℃，可以杀死植物种子和病原微生物。发酵罐内的物料为柱塞流方式，在罐内滞留期为 15～20d。

进入发酵罐内的原料需要经过预先加热处理，搅拌器和发酵罐之间的高压输送泵为发酵罐内原料提供动力，发酵罐中低速转动搅拌器辅助推动原料前进，搅拌器还有助于释放沼气、促进发酵底物均质化。发酵后的沼渣由往复泵排出并传送到脱水单元，利用螺旋挤压机进行脱水。部分废水回流到进料器/搅拌器，将发酵原料含水率调整到最优状态，废水中的沼渣可利用滗水器进一步分离。

脱水后的沼渣进一步好氧堆肥脱除臭味，耗时 2～3 周。沼渣堆肥腐熟在封闭的堆肥车间内进行，在有条缝强制充氧的地板上将沼渣堆成 3m 高的发酵堆，发酵堆每周翻动一次。在进入市场销售之前，可用风选去除夹带的塑料膜等杂质；然后再对堆肥进行分类，通过筛分将其分为高价值精细有机肥和低价值粗有机肥，粗有机肥可作为发酵原料的结构膨胀剂使用。

4.6 我国生物燃气产业化典型案例及技术经济性分析

生物燃气作为一项可再生能源技术，在投资建设之前要考虑其技术合理性与经济性，需对其进行技术经济性论证和可行性研究。生物燃气工程按发酵设备容积可分为特大型沼气工程、大型沼气工程、中型沼气工程和小型户用型沼气工程 4 类，如表 4-26 所列。目前，我国生物天然气产业化应用主要有沼气发电、污水处理厂污泥沼气发电和沼气集中供气等方式，采用特大型或大型沼气发电工程项目结合生态产业园模式、大型沼气发电工程项目结合畜禽养殖和有机肥建设模式、户用沼气工程项目结合沼气服务公司等模式[47-49]。

表 4-26 沼气工程规模分类

工程规模	发酵装置总容积 V/m^3	日产沼气量 V/m^3
特大型	$V \geqslant 5000$	$V \geqslant 5000$
大型	$500 \leqslant V < 5000$	$500 \leqslant V < 5000$
中型	$300 \leqslant V < 1000$	$150 \leqslant V < 500$
小型	$20 \leqslant V < 600$	$5 \leqslant V < 150$

4.6.1 北京大兴留民营生物燃气产业化案例

北京大兴留民营生物燃气工程是我国较早实施生态农业建设的大型沼气工程，建造于北京市大兴区长子营镇西北部留民营村，是北京市最大的生物燃气集中供气工程留民营村也是联合国环境规划署正式认定的中国生态农业第一村。该工程管理人员共有 7 人，使用升流式厌氧发酵设备（USR），工程耗资 2381 万元，政府出资 80%、村民集资 20%，其中 50% 资金用于输气管网建设。工程设计年限 15 年，沼气装置为 2 个容积 800m³ 的发酵罐。工程年产沼气 910000m³，每年运行费用为 109 万元，其中原料费 50 万元、人工 25

万元、设备维护 10 万元、电费 20 万元、其他 4 万元。工程发酵原料主要为鸡粪（22t/d）、猪粪（6t/d）、牛粪（6t/d）和生活污水（63.5t/d）。工程产出的生物燃气供给村民日常使用，沼液沼渣作为有机肥供给村民果树、大棚蔬菜种植使用，少量作为有机肥进行出售。供气村民数量为 1695 户，每日供应生物燃气 1000m³，售价 1.8 元/m³，燃气年收入 42 万元，使用生物燃气比使用液化石油气或天然气节省开支近 1/3。工程于 2010 年竣工，一直正常运行，图 4-15 为北京大兴留民营生物天然气集中供气装置。

图 4-15　北京大兴留民营生物天然气集中供气装置

留民营生物燃气工程实行公司运营、现代化企业式管理，由北京奥世联新能源技术中心自主经营，政府指导用气价格，保证七村村民用气，自负盈亏。公司在发酵工艺、运行管理方面进行了技术创新，安装了在线监测、安全报警、IC 卡燃气计量收费系统等，各村统一供气、统一价格、统一维修和服务，尽量降低运行成本实现盈利。表 4-27 是 2016 年该工程运行参数和技术经济性分析结果。

表 4-27　北京大兴留民营燃气工程运行参数和技术经济性分析

项目	预期年运行成本或效益/万元	实际年运行成本或效益/万元
生产原料	50	42
设备维护	10.2	6
电费	10	9.6＋0.8(冬季)
水费	—	0.876
管理费用	10.6	19.35±0.95
工人工资	—	3.6
检查费	—	6
脱硫剂	1.8	2.4
燃料费	4.6	8.78
运输费	4.5	8.2
药品	—	0.8
沼气	82.5	42.0
沼液	274	2.6
沼渣	183	6.3

由表 4-27 可以发现，该燃气工程运行费用较高，管理费用超预期较多；燃气收入只达到预期收入的 50%，沼液和沼渣只达到预期效益的 1.9%，可通过提高沼液沼渣利用率

和利用效果，优化沼气发酵工艺参数，提高厌氧发酵效率和质量，进而提高整个产业的经济效益。

4.6.2 北京德青源生物燃气发电产业化案例

北京德青源农业科技股份有限公司是亚洲最大的现代化蛋鸡养殖基地和蛋类加工基地，为国内鸡蛋生产龙头企业，是世界领先的生态农业企业，在北京市延庆县（现延庆区）建有健康养殖生态园。其中，每年蛋鸡存栏 300 万羽，工程日处理 80000t 鸡粪、120000t 污水，日产沼气 20000m^3，日发电 40000kW·h。项目于 2007 年建成投产，是我国畜禽养殖领域首个兆瓦级沼气发电工程、亚洲最大蛋鸡养殖场沼气发电工程、北京首个畜禽粪便类沼气多镇联供工程，获"全球大型沼气发电技术示范工程"荣誉称号。该工程以鸡粪和秸秆为原料生产沼气，然后利用沼气进行发电。工程利用热电联产，每年并入华北电网 $1.4×10^7$kW·h 电量、生产 180000t 沼液和 20000t 沼渣有机肥，实现二氧化碳减排 84000t，其工艺流程和发电工程如图 4-16、图 4-17 所示。

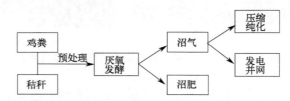

图 4-16 北京德青源生物燃气发电生产工艺流程

图 4-17 北京德青源生物燃气发电工程

德青源生物燃气发电工程建设有 4 座 3000m^3 的厌氧发酵设备，鸡粪和污水经地下管道和传送带输送到水解池进行预处理，然后进入一级、二级厌氧发酵罐和沼渣储存罐，最后沼液从沼渣储存罐里排出，制成有机肥施用于生态园内作物，实现资源循环使用。鸡粪和污水在厌氧发酵罐发酵，产生的沼气通过一级、二级生物脱硫后进入 2150m^3 双膜干式储气柜。储气柜引出三根管道：一根通往新村，为村民提供生活燃气；另一根通往园区的锅炉、供暖设备，提供热量；第三根经增压后进入两台沼气发电机组发电，电力输入华北电网。沼液和沼渣作为有机肥料提供给农民和德青源有机种植园，为德青源蛋鸡养殖提供有机饲料，实现理想的全循环生态养殖。

德青源生物燃气发电工程年发电 $1.4×10^7$kW·h，并网价格 0.3805 元/(kW·h)，享受国家补贴 0.25 元/(kW·h)，每年从电网购入电价 0.57 元/(kW·h)（工程采用 TS

含量为10%的湿发酵工艺，38℃中温发酵)，可实现发电纯收入将近100万元；每年将近$2×10^5$t沼液和沼渣有机肥料供给周边10000亩（1亩＝666.67m^2）苹果园、葡萄园和20000亩饲料基地使用，养殖场实现了"零排放"。循环农业也为农户带来了间接收益，工程每年从当地农户收购60000t绿色玉米，为农户带来了上亿元的收入；沼气提纯后作为燃气，周围用户每月只需交纳50元即可不限量使用；与国外公司签订碳交易，每年收入将近700万元。

4.6.3　中广核节能产业发展有限公司河北分公司衡水生物天然气产业化项目

中广核节能产业发展有限公司是我国目前最大的生物天然气龙头企业，为京津冀协同发展提供清洁的生物燃气。2017年，河北衡水生物天然气项目建成并投入运营，项目以农业废弃物和畜禽粪便为主要原料，是亚洲最大的单体生物天然气工程，位于河北衡水市高新区，是河北省重点建设和国家生物天然气工程试点项目，为中广核生物燃气河北有限公司所有，由杭州能源环境工程有限公司承担建设任务。该项目实现了第三方投资建设、完全市场化运营、全产业链经营，是国家"畜禽养殖污染控制与资源化技术国家工程实验室"实验基地。

工程每年处理玉米秸秆150000t、畜禽粪便150000t、酒糟160000t，采取预处理—干式发酵—沼气净化—沼气压缩—车用燃气生产工艺，年产车用生物天然气$8.91×10^7 m^3$，产品达到并优于国家《车用压缩天然气》（GB 18047）的要求；每年生产沼液沼渣有机肥$2×10^5$t，每年减排二氧化碳$1.7×10^6$t。工程自投入运行至今，实现了全年连续、稳定、安全运行，生产的燃气有效缓解了京津冀地区用气紧张的问题，有机肥施用于大田作物、园林、果蔬、茶园等种植领域。图4-18为中广核河北衡水生物天然气工程。

图4-18　中广核河北衡水生物天然气工程

4.6.4　河北京安生物燃气发电产业化案例

京安沼气发电由河北京安养殖公司承建和运营，项目于2014年底建成，次年3月成功并网发电，工程如图4-19所示。该沼气工程主要以猪粪为原料生产沼气，沼气发电入网，余热用于沼气池保温，提高了产气量，在此模式下，天气较为寒冷的冬天也能维持产气量的稳定。

图 4-19　河北京安生物燃气发电工程

该项目主要运行参数如表 4-28 所列,项目收入为发电收入和沼渣沼液收入的总和。根据表 4-28 可计算出发电收入 1133.85 万元,沼渣沼液收入 602.82 万元,合计收入为 1736.67 万元,该工程年收入远超年成本,经济效益十分可观。

表 4-28　河北京安生物燃气发电工程主要运行参数

项目	参数	项目	参数
总投资	9633 万元	发电设备	德国进口燃气发电机组 2 台共 2MW
占地面积	70 亩	年发电量	15118MW·h
原料来源	10 万头存栏生猪粪便	年产沼渣	19641t,550 元/t
发酵设备	4 座中温厌氧发酵罐共 20000m³	年产沼液	210000t,10 元/t
年产沼气	$6.57 \times 10^6 m^3$		

4.6.5　浙江临安山坞养猪场沼气工程经济效益分析

浙江临安山坞养猪场位于浙江省临安市(现杭州市临安区),养殖场面积 $5.133hm^2$,年存栏生猪 6000 余头,出栏量 1 万余头。2011 年建成沼气工程并投入使用,其工艺特点为三段式处理工艺,具体流程如表 4-29 所列。该沼气工程所产沼液无偿提供给村民的茶园、桑园和竹林作有机肥,养殖场负责铺设沼液输送管道、沼液储存池并聘请相关人员对农民进行沼液施用技术培训,达到种养结合,实现粪污"零排放"。

表 4-29　临安山坞养猪场沼气工程分段工艺流程

流程	作用
上段	分离工艺,污水与粪便分离,粪便制成有机肥
中段	厌氧发酵产沼气
下段	沼气作燃料,发电,照明

该沼气工程建设成本如表 4-30 所列,工程总投资为 384 万元。

表 4-30　临安山坞养猪场沼气工程成本

项目	成本/万元
土建工程投资	112.3
设备投资	199.7
其他投资	72.0
合计	384.0

沼气工程收益如表 4-31 所列。

表 4-31　临安山坞养猪场沼气工程收益

项目	收益
有机肥年产量	1500t,300 元/t,收益 45 万元
年产沼气	87600m^3
年发电量	167900kW·h,节约电费 11.75 万元
沼气发电余热	按标准煤计算约 8.06 万元
年产沼肥	21900t,节约化肥和增加收入约 49.97 万元
总收益	114.78 万元

由表 4-30 和表 4-31 可得出，折旧年限按 10 年计，该沼气工程年成本为 38.4 万元，年收益为 114.78 万元，在不考虑补贴的情况下经济效益已经十分显著。

4.6.6　山东民和牧业 3MW 热电肥联产沼气工程

山东民和牧业 3MW 热电肥联产沼气工程是目前国内最大的畜禽养殖场沼气发电工程，也是国内第一个畜禽养殖场粪污处理大型沼气工程及资源化利用 CDM(clean development mechanism,清洁发展机制)项目。工程一期是集中式 3MW 沼气发电并网项目，采用"分散原料收集—沼气处理—沼气发电—沼肥高值化利用"模式，对三大区域 23 个分散鸡场鸡粪进行集中厌氧发酵处理。该工程日产沼气 30000m^3、发电 60000kW·h，向国家电网供电 2.2×10^7 kW·h/a；工程产生的沼液用于周围 20 多万亩苹果、葡萄、樱桃基地；年回收机组余热相当于 6750t 标准煤。并且运用沼气脱硫工艺将沼气中含有的硫化氢气体脱除至达到国家标准，然后供给热电联产使用。工程发酵后产出的沼肥制作为有机肥料供给周围作物，该工程每年实现温室气体减排 84882t CO_2 当量，获得了额外的减排收益；年售电收益 767 万元，减排获益 593 万元，年总获益 1360 万元，经济效益十分可观。沼气发电工程如图 4-20 所示。

图 4-20　山东民和牧业沼气发电工程

据报道，工程总投资1.3亿元，2016年下半年竣工投产，发酵采用中温厌氧全混合搅拌式发酵工艺，12座反应器，每个反应器体积3724m^3，日处理鸡粪700t，日产沼气70000m^3，提纯生物天然气40000m^3/d。工程建设内容如表4-32所列。

表4-32 民和沼气工程建设内容

项目	建设内容
预处理工程	集水池6000m^3；2000m^3水解除砂池2座
发酵系统	3200m^3厌氧发酵罐8座；后发酵罐2000m^3
沼气净化及储存	生物脱硫塔2座；双膜干式储气柜2150m^3
发电及增温系统	沼气发电机组1064kW 3台；余热蒸汽锅炉0.7t/h 3台；热水罐360m^3

在能源日益紧缺的今天，沼气工业化带来的收益巨大，它为城市提供了继化石能源、太阳能、风能之后的又一种清洁能源，并且不受地域限制，变废为宝，在保护环境的同时源源不断地提供能源。

4.7 我国生物燃气产业技术现状与发展趋势

生物燃气产业横跨环保、能源、农业、民生四大行业，利用城市生活垃圾、工业和农林废弃物工业化连续生产纯度96%以上的甲烷，可以发电、并入天然气管网、作为车用燃气和工商企业用气，实现高值高效利用。目前，我国天然气消费速度远高于煤炭、石油等能源，天然气需求逐年增长，预计到2030年我国天然气对外依存度将达到50%。我国每年有秸秆等农业废弃物约9亿吨、畜禽粪便等废弃物约30亿吨，理论上可生产3000多亿立方米生物燃气，有效缓解我国天然气对外依存度。生物燃气产业化生产不仅有利于环境建设、减少化肥使用量，同时可以降低温室气体排放，有利于我国完成碳减排目标。

生物燃气产业在欧洲形成了成熟的开发和应用市场，德国每年生物燃气发电量达到全国用电量的4.9%，预计2030年生物燃气要达到天然气消费的10%；法国计划到2035年，每年新建400座沼气发电厂，沼气60%入网、40%热电联产进行供热；瑞士沼气发电量到2035年将达到11400GW·h，产生的沼气主要用于集中供气；瑞典生物燃气主要用作车用燃料，年产生物燃气1.4亿立方米，占全国能耗的1.5%[50]。

我国生物燃气产业始于20世纪60年代末，2003～2006年政府对户用沼气的补贴政策促进了户用沼气的快速发展，2012年以后生物燃气产业开始向大中型沼气工程方向发展。我国生物燃气主要用于民用和发电，沼气产业企业总数达1300余个，从业人员超1.2万人，产业投资潜力巨大，2020年生物燃气产业新增投资约1200亿元，占生物质能总投资的61%左右[51]。

4.7.1 我国生物燃气产业政策环境分析

目前，生物燃气产业在我国发展迅速，主要得益于我国国家政策和发展需求。我国生态文明建设和农业供给侧结构性改革加快了生物燃气产业发展，国家制定了一系列法律法规、相关政策和中长期发展规划，加速了生物燃气产业发展。国家已投入上千亿元支持生物燃气产业发展，政府更是明确提出要大力发展生物燃气产业[52]。

2006年，我国施行了《中华人民共和国可再生能源法》，鼓励和支持农村因地制宜地开发和推广沼气生物质资源转化技术。2007年，《全国农村沼气工程建设规划（2006—2010年）》发布，政府再次强调全国各地要高度重视并支持农村沼气技术服务，不断创新技术和服务，推动农村沼气的社会化、市场化、规范化，促进农村小沼气事业健康有序发展。2014 年，国家出台《能源发展战略行动计划（2014—2020 年）》，明确提出到 2020 年替代石油 4000 万吨，鼓励推广生物质能高效清洁利用[53-56]。

自 2015 年起，国家根据沼气发展新形势进一步优化投资结构，重点支持大型规模化沼气工程和生物天然气项目，2015~2019 年，有将近十项相关政策法规出台，对沼气工程项目实行退税补贴政策，工农业废弃物和生活污水污泥作为原料的退税比例达 70%~100%。农业农村部鼓励发展大中型沼气工程，提纯后的生物燃气可通入城镇天然气管网或直接用作汽车燃料，生物燃气产业化步伐加快。《关于"十三五"期间实施新一轮农村电网改造升级工程的意见》《中华人民共和国节约能源法》《生物质能发展"十三五"规划》等政策法规相继出台，鼓励西部偏远地区相关企业建设生物质能局域电网，进一步推进了沼气在农村地区的发展和应用；《关于促进生物天然气产业化发展的指导意见》发布，提出有条件的种植业大县要建设生物天然气示范，到 2030 年，对有资源条件的大县基本完成生物天然气开发建设；2016 年 12 月，习近平总书记在中央财经领导小组会议做出重要指示，以沼气和生物天然气为主要处理方向，力争在"十三五"期间基本解决大规模畜禽养殖粪污处理和资源化问题，开展规模化生物天然气工程建设，建立生物燃气产业化支持和管理体系，完善产业补贴政策，涉及资金达 900 亿元，提出到 2025 年我国生物天然气年产量超过 150 亿立方米，2030 年超过 300 亿立方米。各级政府在税收、土地、资金等方面持续给予了生物燃气产业优惠政策，政府对每立方米生物天然气生产能力投资补助 2500 元，对生物燃气发电项目，则自投产之日开始 15 年内享受 0.25 元/(kW·h)电价补贴[57,58]。

4.7.2 我国生物燃气技术现状

我国生物燃气主要以环保建设为目的，采用的原料为农作物秸秆和畜禽粪污，使用湿式中温发酵工艺，普遍存在沼液沼渣资源化利用程度低、发酵设备容积产气率较低、智能化和自动化程度低等问题。

生物燃气产业原料收集是研究的一个重要方面，目前国内原料收储运模式还有待提高，原料成本较高。通常来说，日产 10000m³ 气体的生物燃气工程年需秸秆和畜禽粪便原料为 20000~40000t，这些原料较为分散，其收集、储存和运输模式影响着原料成本。目前研究较多的是茎秆穗兼收模式，对含水量为 40%~70% 的秸秆进行微储存，利用作物联合收割机和集草车一次性完成玉米摘穗、秸秆切碎和回收装车等作业，有利于秸秆的微储存和沼气发酵。

原料预处理也是生物燃气技术研究内容，在生物燃气沼气工程中普遍采用的是化学预处理技术，如 NaOH、稀酸、石灰预处理技术等。但是化学试剂对发酵过程有抑制作用，造成沼液沼渣在农田施用中受限。生物预处理技术具有环境友好、成本较低、预处理效果显著等特点。微好氧水解预处理秸秆技术潜力较大，使用的微生物菌群有粪壳菌目、乳杆菌目、肉座菌目和酵母菌目等多种微生物复合菌剂，对 TS 含量为 5% 的青储秸秆预处理 48h，木制纤维素降解率达 48% 以上，产气量可提高 20%，产气周期可减少 3d。

我国生物燃气工艺研究包含发酵工艺和抑制物等方面的研究。沼气发酵工艺主要涉及固体和液体发酵、高温和低温发酵、单相和两相发酵等。发酵过程抑制物研究主要涉及预处理产生的抑制物和原料中氮抑制机理研究等。目前，我国生物燃气工程主要采用全混式液体发酵工艺，而大型养殖场基本采用干清粪工艺，发酵过程需要耗费大量水资源，造成沼液储存和施用问题；固体发酵技术主要有间歇覆膜车库式固体发酵技术，发酵液回流、发酵单元并联操作，该技术缺乏有效搅拌，料液混合效果较差，目前处于推广示范阶段；连续式固体发酵技术主要集中在立式平推流和两相发酵技术研究上，内循环喷雾系统可加大新鲜物料接种量；两相固体发酵中，酸液从产酸反应器进入产甲烷反应器后回流一部分，该工艺目前也处于工程示范阶段[59]。我国农作物秸秆和畜禽粪便是生物燃气的主要原料，华中地区农作物秸秆占有量为24.37%，河南省（10.37%）和山东省（8.82%）量最大；其次是东北地区（23.8%），黑龙江省秸秆占有量为8.55%，吉林省秸秆占有量为5.92%，这些具有稳定的丰富的秸秆资源的地区比较适合发展连续式固体发酵技术，而对于秸秆资源量稍欠缺地区则适合发展间歇式固体发酵技术。

沼液回流技术是提高生物燃气发酵效率的一种工艺，可以解决大量沼液储存和使用问题，提高发酵原料接种量和发酵系统稳定性，降低沼气工程建设和运行成本。研究表明，TS含量为8%、温度为42℃、C/N值为25、停留时间为30d的秸秆和牛粪混合发酵工程中，沼液回流量为80%时，甲烷产气量能提高97%～180%。

抑制物作用机理主要涉及氨抑制、预处理产生的各种酚类抑制物及畜禽粪便中抗生素类物质的抑制作用和机理的研究。畜禽粪便堆肥虽然能够有效降低氨抑制，但会造成底物有机质减少、产气量降低，同时会产生有害臭气，对环境造成危害。为了降低氨抑制，大量的研究集中在工艺条件优化上，如采用湿式发酵工艺（TS<10%）、与富含碳的底物混合发酵（农林废弃物秸秆等）、降低发酵液pH值和发酵温度、添加吸附介质（活性炭、生物炭、膨润土等）、添加微量元素（硒、钴、镍、钼和钨等）、对微生物菌群进行驯化或者添加生物菌群等方法来降低氨抑制作用。

在生物燃气提纯技术中，脱硫技术较为成熟，主要采用湿法和干法化学脱硫方法。此外，生物脱硫和间接脱硫技术是研究较多的脱硫方式。生物脱硫利用微生物代谢作用将硫化氢转化成单质硫或硫酸盐，通过生物滤池、洗涤塔或滴滤池完成脱硫，过程简单、条件温和、脱硫效率较高、成本较低、无二次污染；间接脱硫技术通过调节物料成分和发酵工艺条件减少或抑制硫化氢产生，从源头上达到脱硫目的。我国生物燃气产业常用的沼气脱碳技术有吸附法、吸收法、膜分离法和低温深冷法等，常采用活性炭、硅胶、分子筛和天然沸石等吸附剂，利用高压水、胺、有机溶剂、中空纤维膜等物质吸附、吸收实现沼气脱碳净化过程。目前，我国大型生物燃气工程使用较多的是胺洗法和水洗法，脱碳效果较好、能耗低，但需定期补充溶剂，排放标准较高；中小型沼气工程常采用变压吸附法和膜分离法进行脱碳，集成度较高、运输简单、安装方便。

厌氧发酵过程的在线监控和智能化控制系统研究，涉及厌氧发酵在线监测传感器和控制系统两方面的研究，及时、准确采集厌氧消化过程中的关键参数，如发酵温度、pH值、挥发性脂肪酸（VFAs）含量、各种重金属含量、C/N值等，是精确智能化控制生物燃气发酵过程的关键。目前，采集厌氧发酵参数所用到的传感器主要有电化学传感器、色谱传感器、光谱传感器等，这些类型传感器的研发是生物燃气产业中的一个研究方向。电化学传感器根据待测发酵液电流、电压及电阻的变化与相关离子浓度间的关系获得某种物质含量，便携电子舌、电子鼻可以测试甲烷、硫化氢等气体浓度和硝酸盐、氨、铜、锌、COD、VFAs等物质的浓度；荧光光谱法和红外、近红外光谱法可以测试发酵中间产物的荧光光谱，如发酵液中某些种类的酶含量、VFAs含量、氮含量等，从而对发酵过程进行监测；在线气相或液相色谱能快速准确测试厌氧消化液中的VFAs含量。此外，利用软测量模型进行的软测量技术、在线滴定传感器技术以及生物传感器技术可以测试无机碳、碱度或 VFAs 含量。生物燃气的厌氧消化在线控制系统主要采用的有嵌入式微控制系统、基于可编程的逻辑控制系统和基于工业控制的计算机控制系统。中小型发酵系统可以采用嵌入式微控制系统，实时性好、可靠性高，能很好地控制厌氧消化过程中的温度、pH 值、泡沫和溶解氧含量等参数；可编程控制系统工作稳定、抗干扰能力强，可控制 TS 含量、进出料时间、温度、pH 值、甲烷和二氧化碳含量等，实现发酵系统自动补水、自动补料、控制进料、控制沼液回流比等。

沼液作为生物燃气产业的主要副产品，产量大，储运较困难，需要及时消纳利用，对其处理和利用是生物燃气技术中的一个研究热点。我国沼气工程常采用重力沉降法、混凝沉降法、筛分法、带式压滤法、螺旋挤压法和离心分离法对沼液进行固液分离。分离后的沼液通常还含有大量胶体、蛋白质和细菌等，利用超滤和微滤技术可以拦截溶液中的大分子和有机杂质，达到进一步净化沼液的目的。国内经常采用微滤和超滤膜，有聚砜中空纤维膜、聚偏二氟乙烯管式膜、聚偏二氟乙烯中空纤维膜、聚丙烯腈超滤膜等，此外还有无机陶瓷膜等进行沼液固液分离，采用固液分离—超滤—纳滤—反渗透工艺浓缩沼液，生产可用于农业生产的高质量液体有机肥料。

4.7.3 我国生物燃气技术发展趋势

建立科学合理的原料收储运体系是我国生物燃气产业发展的源头，降低原料成本、提高原料质量，大力发展原料青储、黄储技术，拓展发酵原料种类，优化和研发高质量的沼气发酵原料收储运模式，提高发酵原料预处理效果，研发高效、节能的原料预处理技术，是我国生物燃气技术发展的一大趋势。

研发不同发酵原料与工艺对应的微生物群落分布、微生物代谢与发酵工艺相关机理、不同原料和工艺的定向厌氧发酵微生物调控机制，提高生物燃气发酵效率，开发高效厌氧发酵工艺，针对不同发酵原料选用合适的发酵工艺，是生物燃气厌氧发酵工艺研究趋势。在厌氧发酵工艺中，固体发酵和两相发酵工艺是生物燃气厌氧发酵工艺的重要研究内容。固体厌氧发酵作为环境友好型技术已在欧洲实现商业化运行，我国尚处于实验室研究阶段。对发酵过程中原料和预处理产生的抑制物质进行机理研究、开发降低抑制物的工艺和技术是提高和保持沼气稳定发酵的基础，开发新型发酵工艺和发酵设备是提高甲烷产率、降低二氧化碳排放的迫切需求。

研究传感器和控制系统，对生物燃气生产过程进行智能化控制和操作，保证发酵过程稳定、安全、高效，有利于甲烷生产和沼液沼渣的质量控制，有利于后续甲烷提纯和沼液沼渣资源化利用。因此，高精度、稳定性好、抗逆性强的电化学技术、色谱、光谱、生物传感器的研究是生物燃气产业自动控制的研究内容之一，而专家系统控制、模糊控制等新兴控制算法将是生物燃气产业智能化控制的另一研究重点。

利用沼液沼渣生产高附加值农用生态有机肥技术是另一研究内容，将沼液浓缩制取成高标准、便于灌溉施用的有机液肥、叶面肥和植物营养液技术是未来的研究趋势；杀灭沼渣中有害微生物，经造粒后生产便于运输的固体商品有机肥，推进沼肥利用技术，形成完整、成熟的有机肥生产和销售产业链，也是生物燃气产业的重要研究内容。

因此，为了促进生物燃气产业健康、有序发展，应该从生物燃气产业链着手，提高其生产链条上每个节点的技术，实现整体生产过程高效、安全和智能控制，促进生物燃气产业快速、高效发展。

参考文献

[1] Grando R L, de Souza Antune A M, da Fonseca F V, et al. Technology overview of biogas production in anaerobic digestion plants: A European evaluation of research and development [J]. Renewable and Sustainable Energy Reviews, 2017, 80: 44-53.

[2] 邱凌. 生物炭介导厌氧消化特性与机理 [M]. 咸阳: 西北农林科技大学出版社, 2020.

[3] 张全国. 沼气技术及其应用 [M]. 北京: 化学工业出版社, 2017.

[4] 董仁杰, [奥] 伯恩哈特·蓝宁阁. 沼气工程与技术: 沼气指南——从生产到使用 [M]. 北京: 中国农业大学出版社, 2013.

[5] 韩睿. 青海农用沼气池发酵微生物群落结构与功能研究 [D]. 武汉: 华中师范大学, 2018.

[6] 王海鹏. 猪粪和玉米秸秆混合厌氧发酵产气特性及微生物多样性分析 [D]. 大庆: 黑龙江八一农垦大学, 2019.

[7] 唐涛涛, 李江, 吴永贵, 等. 不同类型秸秆对污泥厌氧消化特性及细菌群落结构的影响 [J]. 环境科学研究, 2019, 32 (11): 1936-1944.

[8] 凡慧. 丙酸互营氧化菌群对厌氧消化过程中挥发性脂肪酸累积的调控研究 [D]. 北京: 中国农业科学院, 2017.

[9] Yu Q, Liu R H, Li K, et al. A review of crop straw pretreatment methods for biogas production byanaerobic digestion in China [J]. Renewable and Sustainable Energy Reviews, 2019, 107: 51-58.

[10] Song X C, Wachemo A C, Zhang L, et al. Effect of hydrothermal pretreatment severity on the pretreatment characteristics and anaerobic digestion performance of corn stover [J]. Bioresuorce Technology, 2019, 289: 121646.

[11] Weber B, Estrada-Maya A, Andrea C, et al. Anaerobic digestion of extracts from steam exploded Agave tequilana bagasse [J]. Journal of Environmental Management, 2019, 245: 489-495.

[12] Lamb J J, Islam M H, Hjelme D R, et al. Effect of power ultrasound and Fenton reagents on the biomethane potential from steam-exploded birchwood [J]. Ultrasonics Sonochemistry, 2019, 58: 104675-104679.

[13] 黄弘毅, 薛寒光, 李超, 等. 汽爆预处理对废弃烤后烟叶产甲烷潜力的影响 [J]. 农业环境科学学报, 2020, 39 (8): 1854-1861.

[14] Ortega-Martinez E, Zaldivar C, Phillippi J, et al. Improvement of anaerobic digestion of swine slurry by steam explosion and chemical pretreatment application. Assessment based on kinetic analysis [J]. Journal of Environmental Chemical Engineering, 2016, 4: 2033-2039.

[15] Paul S, Dutta A, Defersha F. Mechanical and alkaline hydrothermal treated corn residue conversion in to bioenergy and biofertilizer: A resource recovery concept [J]. Engergies, 2018, 11: 516-536.

[16] 赵楠, 薛胜荣, 杨改河, 等. 超声联合 NaOH 预处理小麦秸秆与猪粪混合厌氧发酵特性 [J]. 西北农林科技大学学报 (自然科学版), 2019, 47 (9): 44-54.

[17] 梁仲燕. 不同酸预处理对水稻秸秆厌氧消化产沼气的影响 [J]. 广东化工, 2018, 45 (21): 41-43.

[18] 杜静. 秸秆温和的湿热碱预处理与湿-干两级厌氧发酵工艺技术研究 [D]. 南京: 东南大学, 2019.

[19] 马瑞洁, 覃国栋, 李坤, 等. NaOH 与 H_2O_2 综合预处理水稻秸秆及其厌氧发酵产沼气效果研究 [J]. 太阳能学报, 2020, 41 (6): 136-142.

[20] 张怀文, 黄松, 闫夏彤, 等. 白腐真菌预处理对煤厌氧发酵产甲烷的影响 [J]. 煤田地质与勘探, 2020, 48 (2): 120-125.

[21] 潘云霞, 刘思琪, 贺亚清, 等. 复合菌系预处理稻秆半连续厌氧发酵产甲烷性能 [J]. 农业工程学报, 2020, 36 (11): 261-266.

[22] 李雪晖. 白腐菌对玉米秸秆产沼气的试验研究 [J]. 农业与技术, 2018, 38 (8): 47.

[23] Xiao K, Yuan Y, Xiao N, et al. Enzymatic saccharification responses of *Eichhornia crassipes*, sugarcane bagasse and *Metasequoia glyptostroboides* to two oxidation pretreatments for biofuel production [J]. Industrial Crops & Products, 2017, 107: 22-29.

[24] Wang S, Li F, Wu D, et al. Enzyme pretreatment enhancing biogas yield from corn stover: Feasibility, optimization, and mechanism analysis [J]. Journal of Agricultural and Food Chemistry, 2018, 66 (38):

10026-10032.

[25] Schroyen M, Hulle S W H V, Holemans S, et al. Laccase enzyme detoxifies hydrolysates and improves biogas production from hemp straw and miscanthus [J]. Bioresource Technology, 2017, 244: 597-604.

[26] 张欢, 武崇辉, 梁海. 黑曲霉 AS0006 预处理玉米秸秆产沼气研究 [J]. 可再生能源, 2019, 37 (5): 645-649.

[27] 韩睿, 朱德锐, 李屹, 等. 发酵温度对青海农用沼气池微生物群落的影响 [J]. 中国环境科学, 2019, 39 (6): 2483-2494.

[28] 李云芳, 袁海荣, Wachemo A C, 等. 进料配比对牛粪和玉米秸秆半连续厌氧发酵的影响 [J]. 可再生能源, 2020, 38 (1): 3-8.

[29] Kamyab B, Zilouei H. Investigating the efficiency of biogas production using modelling anaerobic digestion of baker's yeast wastewater on two-stage mixed-UASB reactor [J]. Fuel, 2021, 285 (5): 119198.

[30] Vu M T, Nghiem L D, Nguyen L N, et al. Biomethane production from anaerobic co-digestion at wastewater treatment plants: A critical review on development and innovations in biogas upgrading techniques [J]. Science of the Total Environment, 2021, 765: 142753-142765.

[31] Negri C, Ricci M, Zilio M, et al. Anaerobic digestion of food waste for bio-energy production in China and Southeast Asia: A review [J]. Renewable and Sustainable Energy Reviews, 2020, 133: 110138.

[32] 王武娟, 杨膺白. 农业废弃物沼气干发酵技术研究进展 [J]. 环境科学导刊, 2018, 37 (S1): 18-22.

[33] 盛力伟, 李剑. 车库式干发酵产沼技术在农业废弃物资源化利用领域的参数分析 [J]. 农业工程, 2018, 8 (7): 54-58.

[34] Abdelsalam E M, Samer M, Amer M A, et al. Biogas production using dry fermentation technology through co-digestion of manure and agricultural wastes [J]. Environment, Development and Sustainability, 2021, 23 (6): 8746-8757.

[35] 王乐乐, 郑讯涛, 张寓涵, 等. 总固体浓度对猪粪厌氧消化的影响及菌群结构分析 [J]. 江苏农业科学, 2019, 47 (5): 244-248.

[36] 常帅, 赵国明, 邢向欣, 等. 干物质浓度对玉米秸秆厌氧产气影响的研究 [J]. 农业与技术, 2020, 40 (1): 10-11.

[37] Neha K, Bharat B, Shalini M. Control of CSTR using firefly and hybrid firefly-biogeography based optimization (BBFFO) algorithm [J]. Journal of Information and Optimization Sciences, 2020, 41 (6): 1-10.

[38] 董壮丽, 刘佩, 任灵肖. "畜-沼-果"粪污绿色循环利用模式案例 [J]. 北方牧业, 2020 (20): 19.

[39] 林玉礼. 城市生活垃圾填埋场沼气发电技术的探讨 [J]. 环境与发展, 2018, 30 (5): 103, 105.

[40] 宋朝霞, 孙普, 徐荣敏. 沼渣沼液的性质及应用 [J]. 农技服务, 2016, 33 (2): 5-7.

[41] 周文兵, 靳渝鄂, 肖乃东. 沼液无害化处理和资源化利用研究进展及发展建议 [J]. 农业工程学报, 2018, 34 (S1): 115-122.

[42] 李赟, 刘婉岑, 李国学, 罗文海, 等. 沼液膜浓缩处理工艺的现状、问题和展望 [J]. 中国沼气, 2020, 38 (3): 28-41.

[43] 肖华, 徐杏, 周昕, 朱晓明, 等. 膜技术在沼气工程沼液减量化处理中的应用 [J]. 农业工程学报, 2020, 36 (14): 226-236.

[44] 薛斌, 徐涵湄, 阮宏华. 施用沼液对农林土壤生态系统影响的研究进展 [J]. 南京林业大学学报(自然科学版), 2019, 43 (3): 175-182.

[45] 张广运, 汤国民, 张晓华, 等. 我国沼渣沼液资源化利用研究综述 [J]. 山西农业科学, 2019, 47 (10): 1857-1860.

[46] 杨世关, 李继红, 李刚. 气体生物燃料技术与工程 [M]. 上海: 上海科学技术出版社, 2013.

[47] 邱灶杨, 张超, 陈海平, 等. 现阶段我国生物天然气产业发展现状及建议 [J]. 中国沼气, 2019, 37 (6): 50-55.

[48] 蒋萌, 李泉临, 齐正斌, 等. 安徽省农村大中型生物燃气工程现状及策略 [J]. 环境科学导刊, 2015, 34 (2): 76-80.

[49] 吴斌. 生物沼气生产利用系统建模分析及可持续性评价 [D]. 北京: 中国科学院大学, 2016.

[50] Achinas S, Willem Euverink G J. Rambling facets of manure-based biogas production in Europe: A briefing

[J]. Renewable and Sustainable Energy Reviews, 2020, 119: 109566.
- [51] 李景明, 徐文勇, 李冰峰, 等. 关于中国沼气行业发展困境和出路的思考[J]. 可再生能源, 2020, 38 (12): 1563-1568.
- [52] 马鹏飞, 苗海民, 朱俊峰. 我国农村可再生能源政策的经济效果研究[J]. 生态经济, 2020, 36 (1): 120-126.
- [53] 王红彦. 基于LCA的秸秆沼气和秸秆热解气化工程环境影响评价[D]. 北京: 中国农业科学院, 2018.
- [54] Wu S. The evolution of rurual energy policies in China: A review [J]. Renewable and Sustainable Energy Reviews, 2020, 119: 109584.
- [55] Smith K, Liu S M, Liu Y, et al. Can China reduce energy for water? A review of energy for urban water supply and wastewater treatment and suggestions for change [J]. Renewable and Sustainable Energy Reviews, 2018, 91: 41-58.
- [56] Niu S W, Li Z, Qiu X, et al. Measurement of effective energy consumption in China's rural household sector and policy implication [J]. Energy Policy, 2019, 128: 553-564.
- [57] Gao M X, Wang D M, Wang Y B, et al. Opportunities and challenges for biogas development: A review in 2013—2018 [J]. Current Pollution Reports, 2019, 5: 25-35.
- [58] Chen S Y, Feng H, Zheng J, et al. Life cycle assessment and economic analysis of biomass energy technology in China: A brief review [J]. Processes, 2020, 8: 1112.
- [59] 梁浩, 林玉飞, 周思邈, 等. 厌氧消化在线监控技术及发展方向[J]. 农业资源与环境学报, 2018, 35 (3): 208-214.

第5章 燃料乙醇制备技术

燃料乙醇是指以生物质为原料，通过生物发酵等途径获得的可作为燃料用的生物质液体燃料，它不仅是优良的清洁能源，也是一种绿色可再生资源。乙醇的工业生产方法有以化石产品为原料的化学合成法与以生物质为原料的发酵法。目前，我国燃料乙醇生产以发酵法为主，按生产原料的不同，发酵法又分为淀粉质原料生产乙醇、糖质原料生产乙醇、纤维素原料生产乙醇以及合成气生产乙醇等。

燃料乙醇作为目前全球生产使用量最大、应用最为广泛的生物质液体燃料，对替代石化燃料、调整国家能源结构、保障国家能源安全等具有重大的战略意义。特别是近年来，随着煤炭与石油能源危机、空气污染和全球变暖等问题的日益凸显，以及我国"碳中和"目标的提出，燃料乙醇的推广和应用正受到社会的极大关注。因此，系统梳理燃料乙醇生产的基本原理、途径以及生产方法，对于促进燃料乙醇产业和技术的发展至关重要。

5.1 乙醇的理化特性与用途

乙醇不仅是基本的有机化工原料和重要的溶剂，也是最环保的清洁燃料和油品质量改良剂[1]。在环境污染日渐严重、能源危机致使石油价格不断攀升的今天，乙醇作为一种可再生能源在各行各业起着不可或缺的作用。

5.1.1 乙醇的理化性质

乙醇是由碳、氢、氧三种原子组成的有机化合物，由于乙醇是酒的主要成分，所以人们通常称乙醇为酒精，分子式为 C_2H_6O，结构简式为 CH_3CH_2OH 或 C_2H_5OH，分子量为 46.07，其主要物理化学性质见表 5-1。常温常压下，纯乙醇是一种易燃、易挥发的无色透明液体，有特殊香味并略带刺激，低毒性，纯液体不可直接饮用。乙醇密度比水小，蒸发潜热较高，抗爆性能好，氧含量高，能与水以任意比例混溶，但在少量水分存在的情况下容易产生相分离，能与氯仿、乙醚、甲醇、丙酮和其他多数有机溶剂混溶。乙醇的物理性质主要与其低碳直链醇的性质有关。分子中的羟基可以形成氢键，因此乙醇黏度大，比分子量相近的其他有机化合物极性低。

表 5-1　乙醇的主要物理化学性质

项目	参数	项目	参数
液体密度/(g/mL)	0.7893	爆炸上限(体积分数)/%	19.0
熔点/℃	−114.5	爆炸下限(体积分数)/%	4.3
沸点/℃	78.32	生成热/(kJ/mol)	−277.8
饱和蒸气压/kPa	5.33	闪点/℃	16
燃烧热/(kJ/mol)	1367.8	液体黏度(20℃)/(mPa·s)	1.200
临界温度/℃	243.1	引燃温度/℃	363
临界压力/MPa	6.38	电离性	非电解质

乙醇因含有极性的氧氢键，故电离时会生成烷氧基负离子和质子，呈弱酸性，但不能使酸碱指示剂变色，也不能与碱发生化学反应。因为乙醇可以电离出少量的氢离子，所以其只能与少量金属（主要是钾、钙、钠等活泼金属）反应生成对应的有机盐与氢气。乙醇可以与金属钠反应，产生氢气，但反应不如水与金属钠反应剧烈。乙醇可以和卤化氢发生取代反应，生成卤代烃和水。乙醇可以被氧化成为乙醛，也可被高锰酸钾氧化成乙酸，同时高锰酸钾由紫红色变为无色。乙醇也可以与酸性重铬酸钾溶液反应，当乙醇蒸气进入含有酸性重铬酸钾溶液的硅胶中时，硅胶会由橙红色变为灰绿色，此反应现被广泛应用于检验司机是否酒后驾车。在浓硫酸催化并加热的情况下，乙醇可以与乙酸发生酯化作用，生成乙酸乙酯，此反应是可逆反应。乙醇可以在浓硫酸和高温的催化下发生脱水反应，随着温度的不同生成物也不同，温度在140℃左右时，乙醇通过分子间脱水生成乙醚，温度在170℃左右时乙醇则通过分子内脱水生成乙烯。

5.1.2　乙醇的用途

乙醇的用途十分广泛，生活中可用来制造乙酸、饮料、酒等。乙醇也被用作食品添加剂，有助于均化食品着色，增强食品提取物的味道。不同浓度的乙醇在医疗方面发挥着重要的作用。99.5%的乙醇被称为无水乙醇，是良好的有机溶剂，可用于提取叶绿素。95%的乙醇可用于擦拭紫外线灯、相机镜头等。70%~75%的乙醇主要用于医疗消毒。按摩时用少量40%~50%的乙醇能促进身体受压部位的血液循环，从而起到预防褥疮（压疮）生成的作用。25%~50%的乙醇可用于擦拭皮肤物理退热。

乙醇是重要的有机化工原材料，可用于制造乙醛、乙二烯、乙胺、乙酸乙酯、乙酸及氯乙烷等，并衍生出医药、染料、涂料、香料、合成橡胶、洗涤剂及农药等产品的许多中间体，其制品多达300种以上。乙醇也是工业制造中重要的有机溶剂，既能溶解许多无机物，又能溶解许多有机物，被广泛用于各个行业。

此外，乙醇还有一个最大的用途是作为燃料，新型车用乙醇燃料是将乙醇调入汽油，乙醇汽油可以改善油品的质量和性能，降低一氧化碳、烃类化合物等主要污染物的排放量。目前，乙醇汽油已在近20个国家得到推广，其中巴西从1975年开始实施"燃料乙醇计划"，以农作物甘蔗作为原料生产燃料乙醇，率先进入生物燃料时代，也是世界上唯一不使用纯汽油作为汽车燃料的国家。特别是在石油、煤炭等燃料能源日益枯竭的今天，以乙醇为原料研发的各种燃料已经逐渐开始替代化石燃料，并且乙醇燃料的原料来源丰富广泛且生产工艺相对成熟，是一种理想的可再生清洁能源，大力发展燃料乙醇产业可为工业生产提供稳定清洁的能源，同时减少污染气体和温室气体的排放及增加农业收入。

5.1.3 乙醇用作车用燃料的优缺点

乙醇用作车用燃料，是指在不含甲基叔丁基醚（MTBE）含氧添加剂的专用汽油组分油中按体积比加入一定比例（中国暂按 10%）的燃料乙醇，也称为乙醇汽油，是新一代清洁环保型车用燃料。目前，市场上的燃料乙醇利用方式主要有三种，即掺烧、纯烧和变性燃料乙醇。目前，掺烧是燃料乙醇利用的主要方式。以乙醇和汽油掺烧方式应用的燃料乙醇，在混合燃料中乙醇的体积比例以"E"表示，乙醇占 15%，即用 E15 表示。纯烧，即单烧乙醇，可用 E100 表示，尚处于试行阶段。变性燃料乙醇指乙醇脱水后再添加变性剂而生成的燃料，现在也处于试验应用阶段。

乙醇汽油的使用不仅能够丰富能源结构、保障能源安全、替代部分石油、减轻对石油的对外依赖，还可以改善油品的质量和性能。燃料乙醇是不含烯烃和芳烃的含氧辛烷值增加剂，加入汽油中后产生稀释作用，使乙醇汽油中烯烃和芳烃含量降低，达到新汽油的标准。燃料乙醇辛烷值高，与普通汽油相比，可减少有毒物质（如苯和 1,3-丁二烯）和 $PM_{2.5}$ 的排放。乙醇汽油可增加汽油中的氧含量（达 35%），使燃料燃烧更充分，彻底有效地降低 CO_2、CO、NO_x 及可挥发性烃类化合物等有害物质的排放。乙醇的加入也可使汽油（如 90 号、93 号汽油）辛烷值提高 3%，加上其蒸发潜热大，可提高发动机的进气量，从而提高发动机的动力性。汽油中配入乙醇，能有效消除汽车油箱及油路系统中燃油杂质的沉淀和凝结（特别是胶质胶化现象），有效消除火花塞、气门、活塞顶部及排气管、消声器部位积炭的形成，具有良好的油路疏通作用，可以延长主要部件的使用寿命。此外，常温下燃料乙醇是液体，储运和使用方便。

乙醇汽油在燃烧热值和动力性上与传统汽油相比，略显不足。乙醇热值低，同样体积的乙醇其能量只有汽油的 2/3，当它与汽油进行混合时实际上降低了燃料的含热量，因此同样加满一箱油乙醇汽油能行驶里程更少。乙醇的蒸发潜热是汽油的 2 倍多，因此使用乙醇汽油会影响混合气的形成及燃烧速度，导致汽车动力性、经济性及冷启动性能的下降，不利于汽车的加速。乙醇的沸点只有 78℃，在发动机的正常工作温度下很容易产生气阻，使燃料供给量降低甚至中断供油。乙醇易对汽车密封橡胶及其他合成非金属材料产生一定的轻微腐蚀、溶胀、软化或龟裂作用[2]。此外，乙醇在燃烧过程中会产生乙酸，易对汽车金属（特别是铜）产生腐蚀。汽油中乙醇含量在 10% 以下时，对金属基本没有腐蚀，但乙醇含量超过 15% 时必须添加有效的腐蚀抑制剂。乙醇汽油对环境要求也比较高，一旦遇水就会分层，无法采用成本很低的管道输送，乙醇汽油保质期短，储运周期只有 4~5d，因此销售乙醇汽油要比普通汽油在调配、储存、运输和销售等环节严格。

5.2 燃料乙醇制备方法

在古代，人们用淀粉物质酿酒，12 世纪在蒸馏葡萄酒的过程中第一次得到酒精（乙醇）。20 世纪 30 年代以前，乙醇的唯一工业生产方法是发酵法。1825 年俄国人发现乙烯和硫酸经酯化、水解可合成乙醇，美国在 1930 年用乙烯作为原料成功制取了乙醇，而且乙烯间接水化法的第一个工业装置也在美国建立。美国壳牌化学公司 1947 年实现了乙烯直接水合制乙醇。目前，工业上燃料乙醇的主要制备方法有化学合成法和发酵法（图 5-1）。化学合成法即利用乙烯或者炼焦、石油裂解等产生的废气，经化学合成反应制备乙醇的方法；发酵法即利用微生物发酵技术制备乙醇，其原料来源广泛，包括各种含糖的农产品、农林业副产物、野生植物及合成气等[3-4]。

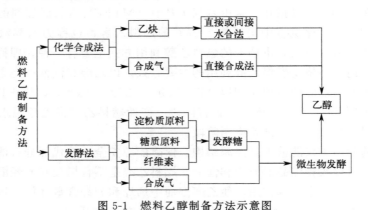

图 5-1　燃料乙醇制备方法示意图

5.2.1　化学合成法

化学合成法主要指以石油工业中石油裂解产生的乙烯为原料加水合成工业乙醇，按生产工艺可分为直接水合法和间接水合法，常用的方法是乙烯直接水合法。用化学合成法生产的乙醇在国外占乙醇产量的20%，我国的能源现状是富煤、贫油、少气，所以在客观程度上限制了化学合成法在我国工业乙醇生产中的推广使用。

乙烯直接水合法又称为一步法，比较简单，乙烯在高温下直接与水加成合成乙醇[式(5-1)]。该反应过程采用浸渍有磷酸的固体催化剂，工业生产中通常采用的催化剂是负载在硅藻土上的磷酸，乙烯与水的物质的量之比约为0.6，反应压力为7MPa左右，反应温度为280~290℃，空速为2000h^{-1}，转化率为4%~5%，选择性可达到95%~97%，所得稀乙醇溶液再经过精馏提纯以去除部分水和副产物可得到无水乙醇。当温度逐渐升高时，有许多副产品生成，副产品主要为乙醚，还包括丁烯、乙醛及乙烯聚合物等。由于乙醚与水也能反应生成乙醇，因此将乙醚收集并返回系统中再反应可以有效地提高乙醇产率。该方法具有流程简单、腐蚀性小、副产乙醚量少的优点，但要求乙烯纯度高，耗电量大，生产条件和成本均较高。

$$CH_2=CH_2 + H_2O \rightleftharpoons C_2H_5OH \tag{5-1}$$

间接水合法也称硫酸酯法，反应分为两步进行：第一步是先把95%~98%的硫酸和50%~60%的乙烯按2∶1（质量比）在塔式反应器中反应，在60~80℃和0.78~1.96MPa的条件下生成硫酸酯[式(5-2)]；第二步是将硫酸酯在水解塔中于80~100℃和0.20~0.29MPa下水解制得乙醇[式(5-3)]，同时生成副产物乙醚。当原料的纯度比较低时，间接水合法比较适合，该过程反应条件比较温和，乙烯的转化率高。但是间接水合法生产工艺比较陈旧，在生产过程中产生的稀硫酸会腐蚀设备，对设备的要求较高，并且污染环境，生产过程复杂，耗时长，现在已经被乙烯直接水合法取代。

$$CH_2=CH_2 + H_2SO_4 \rightleftharpoons CH_3CH_2-OSO_2OH \tag{5-2}$$

$$CH_3CH_2-OSO_2OH + H_2O \rightleftharpoons CH_3CH_2OH + H_2SO_4 \tag{5-3}$$

以合成气为原料制备乙醇是近些年乙醇制备的新工艺，CO、CO_2和H_2经过不同催化剂催化可直接转化为乙醇[式(5-4)和式(5-5)]，或者是以甲醇作为中间体转化为乙醇。

适当提高反应温度能增大反应速率，但是同时产生副反应，抑制乙醇的生成。为了提高乙醇的产率，需要寻找具有高选择性的催化剂帮助反应完成。适当加压也能促进合成反应的进行，因为合成反应是化学计量数减小的反应。合成乙醇反应在尽可能低的温度、较高的压力和较高的 H_2/CO_x 值条件下进行，但是过高的 H_2/CO_x 值会造成氢气浪费，并且过高的压力不仅不能明显提高转化率，同时还会对设备造成更加严重的损坏。

$$2CO+4H_2 \rightleftharpoons C_2H_5OH+H_2O \tag{5-4}$$

$$2CO_2+6H_2 \rightleftharpoons C_2H_5OH+3H_2O \tag{5-5}$$

合成气直接制乙醇是一个强放热的反应，它很容易进行，工艺流程较短，合成乙醇的装置、工艺条件、温度、压力等与甲醇合成极为相似，因此理论上操作成本较经济，投资成本较低。另外，合成气原料来源广泛，固体（煤、焦、生物质等）、气体（焦炉煤气、天然气和乙炔尾气等）和液体（轻油和重油等）均可用于制备乙醇。利用 CO_2 制备乙醇可以实现二氧化碳的减排和再利用，有效减缓温室效应。从经济角度来看，制备 1t 甲醇的合成气原料可以制备 718kg 乙醇，乙醇的市场价格是甲醇的 2 倍左右。但该技术仍存在很大的局限性和弊端：合成气的单程转化率低，大量原料气需要循环操作，过程能耗极高；受操作条件和催化剂组成等因素的影响，会产生甲烷、C_2～C_5 的烷烃和烯烃、丙酮、乙醛、酯类以及乙酸等副产物，分离困难。尽管研究者对合成气直接催化转化制乙醇进行了大量研究并取得了一定的进展，但仍存在催化活性不理想、选择性不高等问题，尚未实现工业化。

5.2.2 发酵法

由于化学合成法制备的工业乙醇具有含杂质较多等缺陷，其应用受到限制，因此发酵法占有重要地位，尤其是随着石油储量的锐减，发酵法生产乙醇将日趋重要。目前我国工业酒精年产量仅次于巴西和美国，列世界第 3 位，其中发酵法生产工业乙醇占绝对优势，80% 左右的工业乙醇用淀粉质原料生产，10% 左右的工业乙醇用废糖蜜生产，以亚硫酸盐纸浆废液等纤维原料生产的工业乙醇占 2% 左右，合成工业乙醇占工业乙醇总产量的 3.5% 左右[5]。

发酵法是利用微生物在无氧条件下将糖转化为乙醇，能利用的原料可分为以下 4 类。

① 淀粉质原料：包括玉米、木薯、马铃薯、蕉藕、葛根等。

② 糖质原料：甜高粱、甘蔗、甜菜等糖含量较高的生物质。

③ 纤维素原料：秸秆、农作物皮壳、林业边角余料等农业废弃物。

④ 合成气：可通过煤、重油、天然气或农林废弃物气化的方式合成，煤化工、钢铁工业、石油炼厂等生产过程中也会产生大量合成气。

5.2.2.1 乙醇发酵的生化反应过程

微生物有着各种丰富的代谢途径，这也是它们能够生产乙醇的关键因素之一。生产原料不同，乙醇发酵生化过程也有所不同。对于淀粉质或纤维素原料来说，需要先采用人工水解的方式将淀粉或纤维素降解为单糖分子，淀粉一般采用霉菌生产的淀粉酶为催化剂，而纤维素则可采用酸、碱或纤维素酶为催化剂，再由乙醇发酵菌通过糖酵解和乙醇还原，将糖发酵转化为乙醇；而糖质原料，可不经水解，由酵母菌直接将其中可利用糖通过糖酵解和乙醇还原转化为乙醇；部分厌氧微生物能以合成气为原料，进行生长并合成乙醇。

乙醇发酵过程实质上是酵母等乙醇发酵微生物在无氧条件下利用其特定酶系统所催化

的一系列有机质分解代谢的生化反应过程，发酵底物主要是己糖，以葡萄糖为底物发酵产生乙醇的反应方程式如式（5-6）所示：

$$C_6H_{12}O_6 + 2ADP + 2H_3PO_4 \longrightarrow 2C_2H_5OH + 2CO_2 + 2ATP \tag{5-6}$$

酵母是一种典型的异养兼性厌氧微生物，体内有两种呼吸酶系统，一种是好氧性的，另一种是厌氧性的。在空气畅通的有氧条件下，酵母进行好氧性呼吸，繁殖旺盛，但产乙醇少。在隔绝空气条件下，繁殖较弱，但能利用己糖（主要是葡萄糖）生成乙醇，其生化过程主要包括两个阶段。第一阶段是1mol葡萄糖经过糖酵解途径分解形成2mol丙酮酸，可通过4条途径完成，包括己糖二磷酸途径（EMP）、己糖磷酸途径（HMP）、2-酮-3-脱氧-6-磷酸葡萄糖酸途径（ED）和磷酸解酮酶途径。其中，EMP途径最重要，一般乙醇生产所用的酵母菌都是以此途径发酵葡萄糖产生乙醇。第二阶段是丙酮酸在脱羧酶的催化作用下生成乙醛和二氧化碳，乙醛再被乙醇脱氢酶进一步还原生产成乙醇（图5-2）。

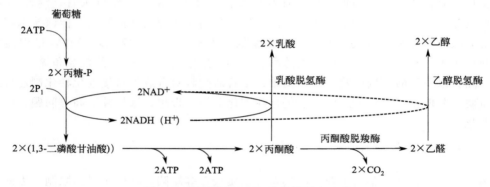

图5-2 葡萄糖经EMP途径发酵产乙醇

虽然EMP途径是微生物分解糖的最普遍途径，但有些微生物可以通过别的方式来进行酒精发酵，例如少数假单胞菌（如嗜糖假单胞菌等）以HMP途径为主，在磷酸己糖的基础上分解葡萄糖，最后主要形成乙醇和二氧化碳。

厌氧微生物利用合成气发酵产生乙醇主要通过乙酰辅酶A（acetyl-CoA）途径完成，该途径是在绝对厌氧环境下进行的一种不可逆、非循环反应途径。CO和CO_2首先通过乙酰辅酶A途径的甲基支路及羧基支路，在还原力作用下消耗ATP，经过一系列反应被还原成甲基基团、羧基基团。然后，甲基、羧基、CoA在乙酰辅酶A合成酶和一氧化碳脱氢酶（CODH）的作用下合成乙酰辅酶A。乙酰辅酶A紧接着被逐步还原成乙醇、乙酸，或者转化为细胞物质。整个代谢过程中，H_2是一种重要物质，H_2在氢化酶作用下产生还原力。

5.2.2.2 乙醇发酵微生物

在自然界中能够利用糖进行乙醇发酵的微生物种类很多，包括细菌、真菌和酵母菌等。目前应用最广泛的是酵母菌属，有酿酒酵母、粟酒裂殖酵母和葡萄汁酵母，其中酿酒酵母是国内外普遍使用的乙醇发酵菌种，它对发酵条件要求粗放，发酵过程pH值低，发酵能力强，能利用葡萄糖、麦芽糖、蔗糖、半乳糖及1/3棉子糖，乙醇产量高［实验室可达23%（体积分数）］，对生产条件的耐受性高，对发酵过程产生的有害物质抗性高。此外，酿酒酵母遗传操作技术成熟，易于改造，人们已经开始通过构建基因工程菌得到更少的副产物和更高的乙醇产率，戊糖和己糖的同步利用也能大大提升乙醇的产量[6]。最近研究发现，假丝酵母和毕赤酵母能直接利用木糖发酵生产乙醇，是半纤维素乙醇发酵的新菌种资源。

霉菌和细菌主要用来生产高活性的淀粉酶和纤维素酶，水解淀粉质和纤维素原料产生可发酵的单糖。如根霉、曲霉及枯草芽孢杆菌可生产高活性淀粉酶，木霉中的康氏木霉和绿色木霉的纤维素酶活性很高。其他的某些霉菌和细菌，如一些曲霉，包括黑曲霉、米曲霉、泡盛曲霉可发酵生产乙醇。运动发酵单胞菌也能够利用葡萄糖、果糖和蔗糖直接进行发酵生产乙醇，但至今尚未大规模应用于生产。与酿酒酵母相比，运动发酵单胞菌具有糖吸收率高、耐乙醇能力强、发酵时无需控制加氧等优点，具有实际应用价值，但也存在不足，如细胞产率低，不能利用麦芽糖、乳糖以及其他复杂的碳水化合物。热纤梭菌能直接利用纤维素发酵产生乙醇。

利用合成气生产乙醇的微生物大多属于厌氧微生物，而且多以产乙酸菌为主，代谢产物也主要为乙酸。从20世纪80年代开始，人们从动物粪便、下水道污泥、煤浆以及农业潟湖等环境中发现了能够利用合成气生产乙醇的微生物，这些菌种适宜生长温度一般在37℃左右，适宜乙醇代谢的pH值范围为4.0～7.5，包括 *Butyribacterium methylotrophicum*、*Clostridium ljungdahlii*、*Clostridium carboxidivorans*、*Clostridium autoethanogenum*、*Acetobacterium woodii*、*Eubacterium limosum*、*Peptostreptococcus productus* 等。这些菌种中研究和报道最多的是 *Clostridium ljungdahlii*，它是严格厌氧的革兰氏阳性菌，最初从鸡粪中分离得到，最适生长温度是37℃，适宜生长pH值是4.0～7.0，但是最适宜代谢生产乙醇的pH值是4.0～4.5，以纯CO为底物生长时乙醇和乙酸浓度可达1.14g/L和4.62g/L。

5.2.2.3 乙醇发酵工艺类型

乙醇发酵按照生产所用的主要原料的不同，可采用固体发酵法、半固体发酵法和液体发酵法三种。微生物发酵的方式包括间歇式发酵、半连续式发酵和连续式发酵。固体发酵法一般采用间歇式发酵，培养液在接入微生物后没有物料的加入和取出，这种发酵过程简单，周期相对较短，染菌机会少，生产过程及产品质量容易掌握。液体发酵法可采取任何一种发酵方式，半连续式发酵是在微生物发酵一定周期后不全部更换反应罐中培养液，剩余部分补充新的营养成分，能够克服营养不足导致的发酵过早结束的问题；连续式发酵是指发酵过程中一边补入新鲜料液一边放出等量的原发酵液，使发酵罐内的发酵液体积维持恒定，发酵时间较长，产量较高。

不同原料发酵制备乙醇的工艺流程也不一样，糖质原料及合成气原料可直接通过微生物发酵制备乙醇，而淀粉和纤维素制取乙醇需要水解糖化过程，并且纤维素水解比淀粉要困难得多。目前工业生产应用中，利用淀粉和纤维素制取乙醇的工艺主要包括分步糖化发酵（separate hydrolysis fermentation，SHF）、同步糖化发酵（simultaneous saccharification fermentation，SSF）和联合生物加工技术（consolidated bioprocessing，CBP）三种类型。

SHF又称为水解发酵二段法，是最早出现的乙醇大规模生产方式，也是工业上最常用的乙醇发酵工艺。生物质原料首先被相应的酶水解，再进行戊糖、己糖发酵，可分别发酵，也可利用戊糖、己糖共发酵菌株进行乙醇生产。SSF是将可生产水解生物质酶的微生物与乙醇发酵菌株整合在同一个反应器内，进行原料的糖化和发酵，酶解糖化所产生的葡萄糖能被微生物迅速利用。CBP又被称为综合生物工艺，将糖化酶的生产、生物质的酶解糖化和后续的微生物发酵过程集合为一步进行，要求一种微生物或者一个微生物群体既能生产相应的糖化酶，又能利用可发酵糖类生产乙醇。表5-2是3种常见酶解糖化和发酵方法的比较。

表5-2　3种常见酶解糖化和发酵方法的比较

方法	优点	缺点
SHF	水解和发酵过程在各自最适宜的条件下（分别为50℃和30℃）进行	水解产生的糖类会反馈抑制水解反应
SSF	葡萄糖可立即被酵母菌发酵生成乙醇，克服了糖类的反馈抑制	一般的酿酒酵母的发酵温度为30℃，而水解的温度为50℃
CBP	糖化酶的生产和乙醇发酵过程集合为一步进行，流程简化	对菌的要求严格，既能生产糖化酶又能发酵生产乙醇

SHF法主要优点是酶水解和发酵过程分别可以在各自最适宜的条件下进行，纤维素酶水解最适温度一般为45～50℃，而大多发酵微生物的最适生长温度为30～37℃。SHF法主要缺点是水解主要产物葡萄糖和纤维二糖会反馈抑制纤维素酶对底物的降解过程，即葡萄糖和纤维二糖的积累会对纤维素酶的活性产生抑制作用，最终导致酶解发酵效率降低。酶解过程温度较高，发酵过程需要对发酵罐进行冷却，因此设备比较复杂，投资较大。为了克服水解产物的抑制，必须不断将其从发酵罐中移出。此外，水解酶一般来自微生物，价格昂贵，当其活性受到抑制时就得增加用量，最终导致使用成本较高。因此，开发经济高效的水解酶体系以及快速高转化率的发酵系统，是SHF法的研究重点。

SSF可以很好地克服SHF中糖的反馈抑制作用，生物质原料酶解糖化过程中产生的葡萄糖会被同一容器中的微生物利用，直接进行发酵转化为乙醇，在一定程度上提高了酶解效率，减少了酶的用量，缩短了反应时间。此外，SSF还能避免SHF中的固液分离操作，减少还原糖的损失，同时去掉一个反应器，降低了投资成本。因为葡萄糖处于较低浓度，乙醇的存在以及发酵的厌氧环境，SSF过程中感染杂菌的机会较少，最重要的是其乙醇产量比SHF能提高40%。其主要的缺点是酶解糖化与发酵的温度不协调，不能使糖化和发酵两步反应分别在微生物的最佳状态下进行。为了克服SSF技术温度不一致的缺点，可以使用耐热酵母菌使发酵温度接近酶的最适温度，或者通过改变工艺来强化酶解发酵过程[7-8]。主要的改进工艺有预酶解同步糖化发酵技术（delayed simultaneous saccharification and fermentation，DSSF）、循环温度同步糖化发酵（cycling temperature simultaneous saccharification and fermentation，CTSSF）、变温同步糖化发酵（temperature-shift simultaneous saccharification and fermentation，TS-SSF）以及同步水解分离发酵（simultaneous saccharification, filtration and fermentation，SSFF）等。例如，DSSF是将纤维原料在高温条件下先酶解一段时间，再降温进行SSF，其结合了SHF法的优点，使纤维素酶先在其最佳温度条件下降解底物，在反应初期起到降低体系黏度的作用。

采用CBP技术转化纤维底物生产乙醇，目前有两条途径：一是直接发酵技术，即在生产乙醇的过程中，使用双功能的既能产纤维素酶也能发酵葡萄糖产乙醇的单一菌株（如热纤梭菌），利用其末端产物乙醇代谢途径的改进使菌株全功能改进提高终产物乙醇得率；二是利用基因工程技术，在能够发酵乙醇的真菌表达系统或细菌表达系统中向里面导入异源纤维素酶系统，目的是让其能够在预处理后的纤维底物上生长和发酵。目前，发展适合CBP的微生物酶系统主要有3个策略，即天然策略、重组策略和共培养策略。

天然策略是指对一些厌氧微生物进行改造,目的是能让其适应CBP生产的要求。重组策略是通过基因重组的方法,表达一系列的外切葡聚糖酶和内切葡聚糖酶等纤维素酶基因,使微生物能以纤维素为碳源,将来源于纤维素的糖类大部分或完全发酵生产乙醇。近年来,重组策略方面的研究取得了一定的成果[9],不同菌种编码的糖苷水解酶、木聚糖降解酶和阿拉伯糖降解酶的基因已经被导入酿酒酵母,使其能利用纤维素、半纤维素、纤维二糖、木聚糖和阿拉伯糖等碳源,并产生乙醇。重组策略所遇到的问题包括外源基因共表达会对细胞产生毒害、外源基因很难在宿主菌中精确与高效表达及一些分泌蛋白不能正确折叠等。纤维素糖化液含有多种糖分,如半乳糖、阿拉伯糖、麦芽糖、乳糖、木糖及葡萄糖等,使用单一的微生物很难使其完全被代谢利用,而利用共培养法能提高底物的利用效率[10,11]。所谓共培养策略有两层含义:一是指发酵液中存在的不同类型的微生物,利用不同类型的糖类底物,如将仅能利用己糖的热纤维梭菌与能利用戊糖的微生物进行共培养,可避免不同生物间对碳源的竞争,实现乙醇产量最大化;二是指存在不同特性的微生物相互协作,加强发酵效果。

固定化酵母技术是近年来发展起来的一种生物技术,通过将微生物自然固定或限定于有限的空间,保持其固有的催化活性,并能反复使用,能使反应器内细胞密度增大,提高了乙醇的发酵速率和发酵罐的设备生产强度,减小了设备总容积规模,进而减少了发酵罐固定资产建设投资。因为酵母细胞可以在发酵罐中长期连续使用,细胞不会流失,易从发酵液中分离,而且可以多次使用,因此整个发酵过程可以省去传统乙醇发酵工艺中的酵母培养过程,减少酵母增殖消耗的糖分。

5.3 淀粉质原料乙醇制备技术

淀粉质原料包括薯类原料如马铃薯、甘薯和木薯,谷物原料如玉米、小麦、大米和高粱等粮食原料,以及野生植物原料如葛根、蕨根和橡子。淀粉质原料发酵法是我国生产乙醇的主要方法,我国最常用的原料是薯类原料和谷物原料。尽管玉米是谷物原料中最理想的乙醇生产原料,但由于玉米是我国人民生活的主食,为了合理利用资源,避免产生"与人争粮"的情况,开发不同淀粉质原料生产燃料乙醇具有重要意义[12]。

淀粉质原料乙醇发酵工艺基本环节有原料粉碎、蒸煮糊化、糖化、乙醇发酵、乙醇蒸馏等,同时还有为糖化工艺做准备的培养糖化剂和为发酵工艺做准备的培养酵母等配合工艺环节(图5-3)。

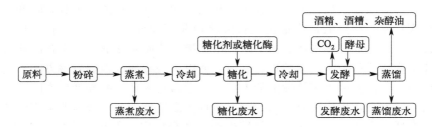

图5-3 淀粉质原料乙醇制备工艺流程

5.3.1 淀粉质原料预处理技术

以淀粉为原料生产燃料乙醇,需要对淀粉进行预处理。首先经过粉碎,破坏植物细胞组织，便于淀粉的游离。然后经蒸煮处理，使淀粉糊化、液化，并破坏细胞，形成液化醪，最后经过糖化酶的作用，使淀粉转化为可发酵性糖。

淀粉是谷物和薯类等淀粉质原料内的储备物质，常以颗粒状态存在于细胞之中，受植物组织与细胞壁的保护，既不溶于水也不易和淀粉水解酶接触。因此，需要经过机械加工，将植物组织破坏，使其中的淀粉释出，这样的机械加工就是将原料粉碎。粉碎后的原料增大了受热面积，有利于淀粉颗粒的吸水膨胀、糊化，提高热处理效率，缩短热处理时间。原料粉碎的方法可分为干粉碎和湿粉碎两种。但是湿粉碎所得到的粉碎原料只能立即直接用于生产，不宜储藏，而且耗电量较干粉碎多8%~10%。目前我国大多数乙醇工厂采用的是干粉碎法。有一部分产量较小的乙醇工厂采用间歇蒸煮，原料不经粉碎，而是直接将块状或粒状原料投入生产。

粉碎后的淀粉质原料必须经过蒸煮糊化处理。将淀粉质原料在吸水后进行高温高压蒸煮，目的首先是使植物组织和细胞彻底破裂，原料内含的淀粉颗粒因吸水膨胀而破坏，淀粉由颗粒变成溶解状态的糊液，易于受淀粉酶的作用，把淀粉水解成可发酵性糖。其次，通过高温高压蒸煮，还将原料表面附着的大量微生物杀死，具有灭菌作用，同时排除原料中的一些不良成分和气味。

蒸煮使原料中的淀粉溶解，当吸水后的淀粉加热到60~80℃时，直链淀粉溶解，淀粉颗粒体积随温度升高而膨胀到原来的50~100倍，此时各分子之间的联系削弱，使淀粉颗粒之间分开，此过程工艺上称为淀粉糊化。糊化温度因淀粉原料的不同而不同，玉米淀粉为65~73℃，小麦淀粉为64~73℃，大米淀粉为82~83℃。当温度逐渐升到120℃时，支链淀粉开始溶解，而温度在120~150℃之间进行高温高压蒸煮，则使淀粉继续溶解，当温度达到135℃以上时，细胞破裂，淀粉游离，细胞壁软化。淀粉悬浮液在糊化和溶解过程中，黏度是不断变化的，当淀粉颗粒溶解时达到最大限度后，随着温度的继续上升，黏度下降。

蒸煮温度由于原料的品种与规格不同而有差异，对于经过粉碎的原料，其蒸煮所需要的温度较低，为105~130℃，未经粉碎原料则需110~145℃。蒸煮温度、醪液浓度越高，越容易形成焦糖，不能被酵母菌发酵，还会阻碍酵母菌的发酵作用，降低酒精产量。目前，蒸煮糊化采用的主要有间歇蒸煮工艺和连续蒸煮工艺。间歇蒸煮工艺生产效率不高，所以不适合大规模的工业生产，但仍有应用。连续蒸煮工艺通过将多个间歇蒸煮单元串联，具有糊化充分、杀菌彻底、速度快和效率高的优势，目前大多数工厂采用此种工艺。

淀粉质原料经过粉碎和蒸煮糊化后成为溶解状态的醪液，尚不能直接被酵母菌利用发酵生成乙醇，而必须经过糖化酶（也称为糖化剂或葡萄糖淀粉酶）处理，转变成可发酵性糖。糖化酶底物专一性较低，能很快从直链淀粉非还原性末端依次水解 α-1,4-葡萄糖苷键，产生葡萄糖，也能缓慢水解 α-1,6-葡萄糖苷键，从而使支链淀粉水解成葡萄糖。糖化酶一般由曲霉优良品种经深层发酵提炼而成，所以也俗称曲。根据发酵方式不同可分为固体曲和液体曲。固体曲采用固体发酵的方式，对原料要求低，能耗低，产品中酶浓度比较高，但是人工成本高，操作性差，易污染，各批产品重复性差。液体曲采用液体培养的方式，人工成本低，操作性好，适宜大规模生产，产品稳定，但是对原料要求高，能耗大，酶浓度低。

5.3.2 淀粉质原料乙醇发酵技术

目前，乙醇工业化生产主要使用的微生物是酿酒酵母，乙醇发酵是酵母分解糖化醪液中己糖产生乙醇的过程，这个过程是乙醇生产的中心环节，决定着乙醇生成量的多少和生成速度的快慢。

传统的乙醇生产工艺都是先糖化后发酵，即分步糖化发酵法。目前，国内淀粉质原料乙醇普遍采用同步糖化发酵（SSF）生产工艺，采用边糖化边发酵原理，即原料不经过预先糖化，直接进入发酵，糖化和发酵在一个反应器中同时进行。同步糖化发酵法的主要特点有：a. 边发酵边水解释放葡萄糖以供酿酒酵母生长，既免去了糖化工序，缩短了发酵周期，又能使发酵液中可发酵性糖的含量始终保持在较低水平，削减了水解产物对糖化酶或者酵母菌的反馈抑制，使发酵过程比较平稳，使得乙醇产率较高；b. 能减少生产过程中配料用水和蒸汽消耗，同时也避免发酵各工段产生的废水、清液外排所造成的环境污染问题。

同步糖化发酵法可分为两种类型：一是酶糖化与微生物发酵同步进行；二是糖化与发酵均采用微生物且同步进行，具有水解淀粉功能的酵母菌和酿酒酵母以及拟内胞霉菌和酿酒酵母同步糖化发酵淀粉，可使乙醇的转化率达93%，比同等条件下单菌种的培养和利用糖化酶、淀粉酶处理的传统两步法均要高。同步糖化发酵法存在的一个主要问题就是糖化和发酵的最适温度不一致。一般来说，糖化的最适温度高于50℃，而发酵的理想温度低于40℃，为了解决这一矛盾，研究者提出了非等温同步糖化发酵法。另外，选育耐热酵母菌也是解决此矛盾的途径之一。

在以淀粉质为原料发酵生产乙醇的传统工艺中，蒸煮工序需消耗的能量可占整个工艺流程总能耗的30%～40%。生料发酵是指原料无需先经过蒸煮液化糖化而直接加水拌料，使糖化、发酵同时进行。与普遍采用的乙醇生产工艺相比，生料发酵使用生淀粉酶，可以直接作用、水解或糖化未经蒸煮的淀粉颗粒，具有降低能耗、提高乙醇产率、简化操作工序、便于工业化生产等优点[13]。但是由于生料水解酶制剂技术的脱节以及系统性应用方案的配套不足，难以很好地制备高效生料水解酶，即能在正常发酵温度下高效降解生淀粉，转化为酵母能利用的单糖，导致该项技术未能在世界范围内推广。

传统的乙醇生产工艺采用游离细胞发酵，细胞随发酵液不断流走，造成发酵罐中细胞的浓度不够大，乙醇产生速度慢，发酵时间长，而且所用发酵罐多，设备利用率不高。采用固定化细胞发酵，酵母细胞固定化后填充在发酵罐中，乙醇产生速度快，产量高，发酵效率较高。此外，微生物细胞固定化后会诱发细胞生长方式、生理机能和代谢活动等发生改变。固定化酵母发酵技术与传统的发酵技术相比，发酵速率、设备利用率和酒精产量可同时提高10%～30%。同步糖化发酵与固定化相结合的混合发酵法，包括糖化酶与产乙醇微生物的共固定化、糖化菌与产乙醇微生物的共固定化等，都可进一步提高乙醇产率。

高浓度乙醇发酵是另一种通过增加细胞浓度提高乙醇生产效率和产量的技术。但是，目前对高浓度乙醇发酵尚未有统一的定义，现阶段，乙醇生产企业淀粉质原料糖化液中可溶性固形物的质量分数多为20%～25%，因此有人将高浓度乙醇发酵定义为发酵液中含有30%或更高可溶性固形物的乙醇发酵。一般情况下，企业通过发酵法所获得的乙醇体积分数为8%～12%，而高浓度发酵可使乙醇的体积分数达到18%以上。高浓度乙醇发酵具有节约用水、提高单位设备的生产率、降低能耗、减少环境污染等优点，是一种有很大应用价值的乙醇发酵技术。

目前，国内外对高浓度乙醇发酵的研究主要集中在两个方面：一是高产和高耐受力菌种的选育；二是发酵工艺条件的研究[14]。乙醇是微生物的代谢产物，当累积到一定浓度时，它会对微生物产生毒害作用，表现为抑制其生长、存活、发酵等。以酵母菌为例，一般情况下，当发酵液中的乙醇体积分数达到23%时，酵母细胞不再生长，也不再产生乙醇；只有当乙醇体积分数低于3.8%时，它对酵母菌的抑制作用才可忽略不计。因此，要实现高浓度乙醇发酵，首先需获得高产和高乙醇耐受力的生产菌株。除了与酵母菌耐受乙醇的能力有关外，高浓度乙醇的生产还与发酵过程中细胞所处的外部环境和工艺密切相关。由于高浓度乙醇发酵存在的主要问题是产物抑制、高渗透压和营养不足，因此培养基的成分、糖的浓度、发酵温度、乙醇浓度等都是影响其发酵时间和效率的重要因素。

5.3.3 发酵成熟醪后处理

在成熟发酵醪内，除含有乙醇和大量水分外，还含有固形物和许多杂质（表5-3）。按其化学性质分，主要是醇、醛、酸、酯四大类化学物质。按来源分，有些是由酵母菌的生命活动引起的，如甘油、杂醇油、琥珀酸的生成；有些则是细菌污染所致，如乙酸、乳酸、丁酸的生成。对发酵产生的副产物应加强控制，并在蒸馏过程中提取，以保证乙醇的质量。

表 5-3 发酵成熟醪液中的杂质

物质	具体杂质	含量/%
水	水	82～90
干物质	酵母菌体、不溶性淀粉、残糖、可溶性蛋白、无机盐等	3～7
挥发性物质	醇类（甲醇、异丁醇）、酸类（丁酸、丙酸）、醛类（乙醛）、酯类（乙酸甲酯、甲酸甲酯）等	6～10

成熟醪液中的杂质可分为头级杂质、中级杂质和尾级杂质。头级杂质沸点比乙醇低，但挥发性比乙醇强，包括乙醛、乙酸乙酯、甲酸乙酯和乙酸甲酯等；中级杂质挥发性与乙醇相当，包括异丁酸己酯、异戊酸乙酯等；尾级杂质沸点比乙醇高，但挥发性比乙醇弱，一般指杂醇油（戊醇、异戊醇、异丁醇、丙醇、异丙醇等），容易和乙醇分离，从醪塔的底部排出。成熟醪液中的挥发性杂质会随着乙醇从醪塔的顶部排出，因此，想要得到纯度达到99.5%以上的燃料乙醇，还需要将这些挥发性杂质从乙醇中分离出来。乙醇的回收大致需要两步：第一步为蒸馏，利用醪塔（也称为蒸馏塔）将酒精（乙醇）中所有酒精和所有挥发性杂质从发酵醪液中分离出来，即得到粗酒精和酒糟；第二步为精馏，利用精馏塔取出酒精中的杂质，进一步提高酒精的浓度，得到成品酒精和杂醇油等副产物。

5.3.4 淀粉质原料乙醇生产典型案例及技术经济性分析

河南天冠燃料乙醇有限公司作为国家重点支持的燃料乙醇定点生产企业，采用自主开发的成熟生产工艺，并进行了全面验证优化和生产规模的同步放大。目前拥有的年产30万吨燃料乙醇生产线是国际上最大级别装置，可每年转化小麦等淀粉质原料105万吨，同时生产副产品小麦谷朊粉4.5万吨、高纯度低压液体二氧化碳2万吨、小麦麸皮20.3万吨、小麦胚芽2032吨和DDS蛋白饲料12万吨。主要包括8个工序，分别是原料预处理、糖化、酵母菌培养、乙醇发酵、蒸馏、脱水、饲料制备以及二氧化碳处理。

① 原料预处理。小麦、玉米和木薯等原料经过粉碎后由滚筒筛筛分，物料经风选、

磁选后进入细粉机，颗粒直径小于规定规格的进入挑担筛，制成粉浆储存，便于物料输送和生产。

② 糖化。粉浆中的淀粉被耐高温的α-淀粉酶在闪蒸的条件下迅速水解为可溶性糊精、少量麦芽糖和葡萄糖。

③ 酵母菌培养。使用经过纯种分离的优良酵母菌种为原菌，经固体斜面试管、液体试管、液体三角瓶、卡氏罐等逐代扩大培养，得到健壮、没有杂菌的酵母菌种子。

④ 乙醇发酵。培养成熟的酵母菌与糖化醪同时进入预先冲洗干净、灭菌后的发酵槽，在规定好的发酵条件下发酵，并做好二氧化碳和淡酒的回收。

⑤ 蒸馏。采用四塔双效差压蒸馏工艺，成熟发酵醪液在经过负压蒸馏塔、常压蒸馏塔、高压精馏塔和常压精馏塔后，发酵醪液中的乙醇与其他杂质分离，获得高浓度乙醇。在该工序中产生的杂醇油经过杂醇油分离器进入杂醇油计量槽后泵送至库区。

⑥ 脱水。来自蒸馏工序的乙醇（95%）进入酒汽化器，汽化后进入吸附塔中，酒气中的水分被吸附剂吸附，酒气则离开吸附塔，从而达到分离脱水的目的，脱水后的无水乙醇送至蒸馏工序进行冷凝。

⑦ 饲料制备。乙醇醪液经过卧螺离心机分离后得到上清液和湿糟，上清液送去沼气公司，另一部分经浓缩出售或与湿糟混合经气流干燥生产饲料。

⑧ 二氧化碳处理。发酵产生的二氧化碳经水洗、脱硫、压缩冷凝后生产食品级二氧化碳产品。

河南天冠燃料乙醇有限公司位于河南南阳，在工厂设计和产品生产上始终坚守"绿色、循环、可持续发展"的理念。中原地区原料以小麦、玉米供应为主，另外随着海外木薯的进口量逐年增大，为了增强企业应对快速多变的原料和产品市场，提高灵活性和应变能力，根据企业所处地理位置和原料供应多元化的特点，采取非粮原料与粮食原料混合发酵的新型工艺技术，新建了适宜玉米、木薯原料的预处理生产线，实现以混合原料柔性生产发酵燃料乙醇（图5-4）。其原料处理以将小麦分离麸皮、提取谷朊粉、生产淀粉浆，玉米脱胚榨油、粉碎玉米糁、与木薯粉碎制粉后混合调浆，经糖化、发酵、蒸馏、脱水后调配成变性燃料乙醇，发酵糟液经离心分离，生产饲料。

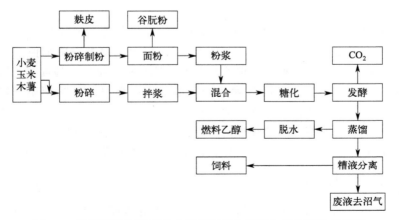

图 5-4　天冠燃料乙醇有限公司利用混合原料生产乙醇工艺流程

河南天冠燃料乙醇有限公司有着丰富的生产实践经验，各种工艺、消耗指标始终位于全国同行业领先水平。上述燃料乙醇生产工艺以陈化粮（小麦、玉米和木薯）为原料生产乙醇，再加工成燃料乙醇，主要工艺技术成熟、可靠，总投资139570.4万元，工程定员991人，占地738990m^2，年利润12986.3万元，投资回收期8.43年，具体投资情况如表5-4所列。该项目的实施，不仅可以有效改善燃油品质及大气环境质量，而且还可以缓解我国石油紧缺的矛盾，解决我国陈化粮转化问题。

表5-4 河南天冠燃料乙醇有限公司燃料淀粉质原料乙醇项目投资情况

项目	单位	数值	备注
总投资	万元	139570.4	含外汇1590万美元
建设投资	万元	124215.7	含外汇1590万美元
单位产品占用建设投资	元/单位产品	4140.52	—
流动资金	万元	15354.7	—
百元销售收入占用流动资金	元/百元	12.54	—
年总成本（100%负荷）	万元	131576.8	—
正常年主产品单位产品成本	元	3031.45	制造成本
年销售收入	万元	122488.3	—
年销售税金及附加	万元	4926.0	—
年利润	万元	12986.3	—
投资回收期	年	8.43	税后
	年	8.3	税前
投资利润率	%	9.3	—
投资利税率	%	12.83	—
财务内部收益率	%	12.2	税后
	%	12.95	税前

5.4 糖质原料乙醇制备技术

糖质原料所含的糖分主要是蔗糖，是一种由葡萄糖和果糖通过糖苷键结合的双糖，在酸性条件下可水解为葡萄糖和果糖。酵母菌可水解蔗糖为葡萄糖和果糖，并在无氧条件下发酵葡萄糖和果糖生产乙醇。因此，生产乙醇比淀粉质原料简单而直接，可以省去蒸煮、液化、糖化等工序，其工艺过程和设备均比较简单，生产周期短，但酒糟废醪的处理是其产业化的难点。

目前世界上燃料乙醇的生产原料约60%为甘蔗或甜菜等糖质原料，糖质原料主要有甘蔗、甜菜、甜高粱茎秆、菊芋以及废糖蜜等[15]。由于菊芋菊粉附加值高，不宜作乙醇原料；甘蔗、甜菜主要用于糖业，一般不作乙醇原料；从单位土地面积乙醇产量和原料成本、农民种植收益综合来看，甜高粱茎秆是适宜生产燃料乙醇的糖质原料[16]。因此，利用糖质植物原料生产乙醇需要寻求产业化种植模式来落实资源总量，提高资源保障度；此外，要进一步研究低成本、安全保质的茎秆储藏技术。糖蜜是制糖工业的副产物，有效成分丰富，富含C、N、无机盐等，可作为底物，通过生物发酵法生产乙醇。

5.4.1 糖质原料预处理技术

对于高粱、甘蔗和甜菜等糖质原料，预处理过程为压榨、制浆、提取汁液，榨汁糖度一般在12~18°Bx❶，用无机盐调配后，无需经过水解工序可直接用于酒精发酵。糖蜜干

---

❶ 白利糖度（degrees Brix，符号°Bx）是测量糖度的单位，指100g水溶液中溶解的蔗糖质量（以克计）。

物质浓度大、糖分高、产酸细菌多、灰分和胶体物质很多，发酵前必须进行预处理，包括稀释、酸化（最适 pH 值为 4.0～5.4）、灭菌、澄清和添加营养盐等[17]。

糖蜜糖度通常为 80～90°Bx，干物质含量在 80% 以上，所以发酵前必须用水稀释使糖含量降至 22%～25% 后才能进行乙醇发酵。稀释糖蜜的浓度随生产工艺流程和操作而不同，糖蜜的稀释方式可分为间歇稀释法和连续稀释法两种。糖蜜间歇稀释法是先将糖蜜由泵送入高位槽，经过磅秤称重后流入稀释罐，同时加入一定量的水，开动搅拌器充分搅拌，即得到所需浓度的稀糖液，经过滤后可供酵母培养和发酵用。糖蜜连续稀释法是将糖蜜原料不断地流入连续稀释器，稀释水连续不断地加入，稀糖液连续不断地排出。目前我国糖蜜乙醇工厂多采用连续稀释法。保证稀糖液的一定浓度是连续稀释器操作的关键，调节稀释浓度是依靠相应的阀门用人工控制，在大型工厂中采用能调节水及糖蜜流量的联动系统来控制。

糖蜜加酸酸化的目的是防止杂菌的繁殖，加速糖蜜中灰分与胶体物质的沉淀，同时调整稀糖液的酸度，使之适于酵母的生长。由于甘蔗糖蜜为微酸性，甜菜糖蜜为微碱性，而酵母发酵最适的 pH 值为 4.0～4.5，所以工艺上要求糖蜜稀释时要加酸。对于甜菜糖蜜，加酸还可以使其中的 Ca^{2+} 生成沉淀，从而加速糖蜜中胶体物质与灰分一起沉淀而去除。

除了加酸提高糖液的酸度外，最好还要进行灭菌处理，以消除其中大量的微生物污染，包括野生酵母、白色念珠菌以及乳酸菌等产酸菌，防止糖液染菌，保证发酵正常进行[18]。灭菌主要有加热灭菌和药物防腐两种方法。加热灭菌是通过蒸汽将稀糖液加热到 80～90℃，维持 1h，即可达到灭菌的目的。此外，灭菌还有澄清作用，但加热处理需要消耗大量的蒸汽，又需要增设冷却、澄清设备，一般工厂不宜采用。药物防腐是我国糖蜜乙醇工厂常用的灭菌方法，防腐剂可选漂白粉、甲醛、氟化钠和五氯苯酚钠。

糖蜜澄清的目的是除去其中的胶体物质、灰分和其他悬浮物质，因为它们是乙醇发酵产生气泡的主要原因，也会使酵母代谢受到抑制。糖蜜的澄清可采用加酸通风沉淀法，又称冷酸通风处理法，将糖蜜加水稀释至 50°Bx 左右，加入 0.2%～0.3% 的浓硫酸，通入压缩空气 1h，静置澄清 8h，取出上清液用于制备糖液。也可采用热酸处理，较高的温度和酸度对糖蜜中有害微生物的灭菌作用和胶体物质、灰分杂质的澄清沉降作用均比较强。国内有些工厂试验添加化学（聚丙烯酰胺）或生物（微生物胞外多糖）絮凝剂来进行酿酒酵母稀糖液的澄清处理，可大大缩短澄清时间。此外，还有采用压滤法或离心机分离的机械分离法。大规模生产一般采用加酸通风沉淀方法。

酵母生长繁殖时需要一定的氮源、磷源、生长素、镁盐等。新鲜的甘蔗汁和甜菜汁含有足够的含氮化合物、磷酸盐类及生长素供酵母生长和乙醇发酵，但糖蜜稀糖液中常常缺乏酵母营养物质。因此在发酵前必须对糖蜜进行分析，然后适当添加必需的营养成分。我国甘蔗糖蜜乙醇工厂普遍采用硫酸铵作为氮源，铵易被酵母消化。麸曲和酵母自溶物也可以作为氮源的补充，可大大节省硫酸铵。添加的磷酸盐多数为钠、钾、铵、钙盐类，因这些溶液为酸性，适于酵母的生长繁殖和乙醇发酵，最普遍使用的是过磷酸钙，用量一般为糖蜜的 0.25%～0.30%。通常添加硫酸镁促进酵母的生长和繁殖，提高酵母生长素的效能，同时也能促进乙醇发酵，因为激酶的催化反应需要 Mg^{2+} 存在，同时酵母的生长素需有镁盐共同存在才能发挥效能。

5.4.2 糖质乙醇发酵技术

糖质乙醇发酵早期主要以间歇发酵（又称为分批发酵）为主，该发酵方式糖利用率高，但从发酵菌种的情况来看，不能自始至终处于最优生长和发酵状况，并且设备利用率和生产效率低，只有产量较低的糖质乙醇工厂仍采用间歇发酵法。目前我国大多数糖质乙醇工厂已经从间歇发酵转向半连续发酵和连续发酵。半连续发酵又称为补料分批发酵或流加发酵，与间歇发酵相比，可以解除营养基质抑制、产物反馈抑制和葡萄糖分解阻遏效应，有效避免菌体老化及变异等问题。连续发酵的最大优点是生产过程简单，发酵周期相对较短，设备利用率和生产效率能显著提高。但是连续发酵最主要的缺点是发酵菌株长期处于厌氧条件下，合成乙醇的能力会逐渐降低，发酵运转时间长，容易染菌，产物乙醇积累到一定浓度时会对发酵菌种产生抑制。

随着发酵技术的发展和革新，人们不断利用一些新的技术，比如酵母细胞再循环法、抽提与发酵并行法和减少乙醇抑制发酵法，提高了乙醇转化率和发酵速率。酵母细胞再循环法是利用高絮凝性酵母，在短时间发酵后，酵母沉降于发酵罐底部，采用高速离心机分离回收酵母，返回发酵罐供循环发酵使用，属于无载体细胞固定化法。酵母细胞再循环法可节省酵母培养工序，减少杂菌污染，提高发酵罐中酵母的浓度，发酵直接进入主发酵期，缩短发酵周期，提高发酵罐利用率，实现增产降耗。瑞典 Alfa-Laval AB 实验室研究开发了糖蜜连续发酵生产乙醇的 Biostil 法，利用高速离心机高效分离回收酵母，使用酵母回用技术，乙醇产率可提高 5%。

抽提与发酵并行法是巴西开发的直接利用甘蔗发酵生产乙醇的方法，将整株甘蔗茎洗净，切成片段，烘干待用，生产时直接加水，接种酵母进行发酵后，蒸馏生产乙醇。整个过程一边通过水抽提甘蔗片段中的糖分，一边使用酵母发酵糖分，可以省去压榨甘蔗获取蔗汁的工序，节约设备投资，并且可以储存甘蔗，实现甘蔗生产燃料乙醇的全年均衡生产。

减少乙醇抑制发酵法是在发酵过程中从发酵醪中，通过真空蒸发法、闪蒸式发酵法、溶剂抽提法、吸附乙醇法和选择性膜分离法等分离出乙醇，减少乙醇积累对酵母发酵产生的抑制作用。在乙醇发酵过程中，随乙醇的生成不断将乙醇及时从发酵醪中分离出法，可有效达到去除反应产物的阻遏抑制的目的，以提高乙醇的转化率。其中，选择性膜分离法具有潜在的发展前景，其将发酵生产区域分为透析区和发酵区，发酵区有固定化酵母，采用培养基或发酵未完全的醪液由泵送入透析液区通过透析膜，除去乙醇和其他次级产物后，又回到发酵区，如此循环直至发酵完全后醪液才排出。选择性膜分离法的优点有：a. 发酵过程中通过酵母固定化，可省去酵母培养繁殖所需的养料；b. 可以提高发酵液的发酵基质糖的浓度；c. 可以连续排出乙醇和其他次级产物；d. 排出液中没有酵母细胞，提高酵母发酵力，培养基或透析液进入发酵区得到灭菌，降低染菌概率。

糖质乙醇发酵过程中需要大量的酵母，因此必须选择适应工业生产需要的优良酵母菌种进行纯种培养，由单一细胞出发，增殖大量酵母作为种子，然后利用酵母种子逐级扩大培养，直至酵母的细胞数足够满足乙醇的发酵需要。我国常用于甘蔗糖蜜乙醇发酵的酵母菌种为台湾酵母 363 号、As2.1189、As2.1190、川 345 以及川 102 等，常用于甜菜糖蜜乙醇发酵的酵母菌种为 Rasse 酵母。糖质植物种植区一般处于热带或亚热带地区，环境平均温度较高，导致普通酵母菌发酵受到影响。高糖度发酵可在发酵罐体积不变的情况下提高发酵强度和发酵醪中乙醇浓度。因此，选育耐高温、耐高糖浓度发酵的酵母，可缩短发酵时间，提高发酵效率，降低大规模生产燃料乙醇的成本。

糖质原料存在榨汁能耗高、废水量大和汁液保存困难等问题，生产 1t 乙醇压榨部分电耗接近 5000kW·h。将糖质原料粉碎后直接进行固体发酵，既节省了大量榨汁能耗，避免了糖汁贮存问题,又不存在废水处理难题,此外还具有所需设备简单、可发酵性糖利用率高、能耗低、预处理及后处理工艺简单等特点[19],因此固体发酵糖质原料生产乙醇具有广阔的工业化应用前景。

5.4.3 糖质乙醇生产典型案例及技术经济性分析

广西凭祥市丰浩酒精有限公司以甘蔗糖蜜为原料,经稀释并添加营养盐,在酿酒酵母MF1001的发酵作用下生产乙醇,所建的生产线年产乙醇可达5万吨。糖质乙醇生产工艺流程包括甘蔗糖蜜预处理、酿酒酵母MF1001发酵生产乙醇、蒸馏及精馏等。具体工艺流程如下。

(1) 甘蔗糖蜜预处理

在甘蔗糖厂生产过程中,将糖厂压榨机列的后3座压榨机中浓度较低的甘蔗汁(6~8°Bx)代替水稀释糖蜜到60°Bx后用于发酵。

(2) 酿酒酵母MF1001发酵生产乙醇

以酿酒酵母MF1001为发酵菌株发酵生产乙醇。MF1001是广西科学院研发的适用于甘蔗糖蜜高浓度乙醇发酵的酿酒酵母生产菌株,具有发酵酒度高、发酵效率高、成熟醪残糖含量低、发酵废水排放量少等优点。

(3) 蒸馏及精馏

采用"醪—精馏组合塔—二精馏塔—高净化塔"处理系统分离纯化乙醇。具体流程如下:

① 利用低沸物超前分离系统,将醪液中的低沸物在入塔之前进行排出,提高入塔醪液的质量;

② 醪液经过第一次加热和第二次加热,使醪塔进料温度达到90~95℃,接近沸点进料;

③ 精馏塔上巴氏区优选塔板上的第一次巴氏乙醇进入二精塔中下部,在该塔中进一步净化;

④ 二精塔上的第二次巴氏乙醇进入高净化塔中下部,在该塔中乙醇得以再一次净化精制。

该公司甘蔗糖蜜年产5万吨乙醇生产线综合能耗为234.44kg标准煤/kL酒精,其综合能耗指标低于《清洁生产标准 酒精制造业》(HJ 581—2010)中糖蜜酒精一级清洁生产水平单位产品综合能耗的限定值350kg标准煤/kL酒精。与丰浩酒精有限公司原来的木薯乙醇生产线相比,单位产品综合能耗由原来的365kg标准煤/t酒精下降到293.05kg标准煤/t酒精,节能效益显著。表5-5所列为木薯乙醇生产线与甘蔗糖蜜乙醇生产线成本对比,1t乙醇经济效益达到242.15元。

表5-5 丰浩酒精有限公司木薯乙醇生产线与甘蔗糖蜜乙醇生产线成本对比

项目	木薯乙醇成本/(元/t)	甘蔗糖蜜乙醇成本/(元/t)	经济效益/(元/t)
原料	3605	3500	105
蒸馏能耗	100	70	30
废液处理	250	142.85	107.15
总计	3955	3712.85	242.15

该公司所用的MF1001酿酒酵母与常规酵母相比,发酵时间能缩短10%以上,产酒

率提高30%以上,并减少了乙醇废液产生量,污水的排放量和COD、BOD含量减少了30%以上。产酒率由之前的10%提高至15%后,生产设备的产能提高42.86%;发酵时间由40h减少为35h后,设备产能增加12.5%。因此,生产设备与之前相比总产能增加55.36%,即由设备产能所产生的经济效益为:55.36%×242.15=134.05(元/吨)。作为年产50000t乙醇的生产线,与原来木薯乙醇生产线相比每年总经济效益为:(242.15+134.05)×50000=1881(万元)。该公司在保证乙醇产品质量的同时,节能降耗,降低成本,经济效益、社会效益和环保效益显著,为甘蔗糖蜜乙醇企业技术改革、实现清洁生产提供良好的范例。

5.5 纤维素乙醇生产技术

木质纤维类生物质是世界上来源最广泛的生物乙醇原料,秸秆、农作物壳皮、林业边角余料等都可以作为生产乙醇的可再生原料来源。我国作为农业大国,在粮食产量不断增加的同时,每年也会产生大量的秸秆等农业废弃物,并且林木加工残余物也可以作为乙醇生产的原料。利用纤维类生物质原料生产乙醇有着原料来源广泛、价格低廉和可持续再生等优点[20]。

纤维素乙醇使用纤维素物质为原料,经预处理后通过高转化率的纤维素酶将原料中的纤维素转化为可发酵的糖类物质,经特殊的发酵法生产乙醇,然后通过一定的分离提纯手段获得合格产品。纤维素乙醇生产工艺流程如图5-5所示。在技术上,纤维素乙醇同粮食乙醇存在较大的差别,在原料上也脱离了农作物的范畴,利用玉米芯、玉米秸秆等农林废弃物,充分发掘生物质资源的价值,是目前燃料乙醇的新兴研究方向[21-22]。

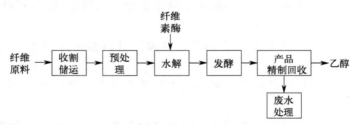

图5-5 纤维素乙醇生产工艺流程

5.5.1 纤维原料预处理

木质纤维类生物质的结构复杂、糖苷键对纤维素酶的不可及性、处理过程中可溶性抑制物的形成、混合糖的发酵效率低等,均使得原料预处理成为限制纤维素乙醇生产的因素。研究证实预处理过程的费用占总成本的20%左右,因此世界各国针对预处理方法进行了大量的研究,以期找到适当的预处理工艺解决相关技术难题[23]。

纤维素是由葡萄糖通过β-1,4-糖苷键结合起来而形成的链状高分子缩聚物,聚合度从几百到几万,并且结晶结构较多,广泛分布于植物中(占40%~50%),是用于发酵乙醇生产的主要多糖源头。半纤维素结构较为复杂,是由多种糖基、葡萄糖醛酸基和乙酰基组成,并且分子中往往带有支链的复合聚糖。半纤维素的聚合度较低且结晶结构较少,在酸性或碱性介质中容易降解,分解后主要产物为木糖、甘露糖、半乳糖和阿拉伯糖。木质素的结构单元为苯丙烷,以非线性、随机方式通过醚键和碳-碳键连接后形成三维空间结构,是一种芳香族高分子复杂无定形物质,很难被降解。

木质纤维类生物质中的纤维素可以被水解为单糖,单糖经微生物发酵后能够转化为乙醇,而结构紧凑的木质素作为保护层很难被降解,木质素内部的纤维素难被生物酶水解。因此,需要通过预处理改变物料的宏观结构,降低纤维素的结晶度,增大纤维素的比表面积和酶对木质纤维类生物质的可及性,以提高纤维素酶的酶解效率。目前常用的预处理方法虽然能够有效地分离纤维素、半纤维素和木质素,但是也存在预处理过程中出现有害物质、造成环境破坏等问题。

现有的预处理方法包括物理法、化学法、生物法及物理化学结合法(表5-6),每种方法作用机理以及特点不同,适用原料也不同,预处理后糖的产率和乙醇的产率及回收成本都有很大差异。针对不同原料设计特定处理工艺是实现木质纤维原料有效分离、减小能耗的最优方法。有效的预处理过程应能处理较大的生物质颗粒,这样整个过程的能量会比较平衡,过程效率较高;预处理过程是纤维素乙醇生产过程中的主要耗能步骤,能量需求应尽可能保持在较低的水平;预处理过程应最小化糖的损失,特别是五碳糖的损失;预处理过程中应尽量少添加化学物质,因为添加的化学物质需在发酵前进行中和脱除,否则会抑制发酵过程,这增加了过程的复杂性和过程成本。

表 5-6 纤维素原料预处理方法的比较

预处理方法	具体方法	优点	缺点
物理法	机械破碎、超声破碎、微波辐射、热水法等	操作简单、不产生有害抑制物	能耗大、成本高
化学法	酸水解、稀碱、有机溶剂、离子液体等	很好地降解木质素、半纤维素	腐蚀仪器设备、产生有害物质
生物法	纤维二糖水解酶、葡聚糖酶、漆酶等	条件温和、安全性高、对环境友好	处理效率低、周期长
物理化学结合法	蒸汽爆破、氨纤维爆破、二氧化碳爆破等	更有效地降解木质素、半纤维素	过程复杂、产生有害物质

酸水解法是一种常用的化学法,包括浓酸预处理和稀酸预处理,其机理是酸溶液中的氢离子与纤维素中的氧原子结合后易与水反应,纤维素长链即在该处断裂,同时又放出氢离子,从而实现纤维素长链的连续解聚,直到分解成为最小的单元葡萄糖。这种方法的处理时间短,药品成本低、易运输、易保存,比较适合工业化推广。浓酸水解法的糖产率较高,但是浓酸预处理对设备有腐蚀作用,酸液排放易造成环境破坏,处理后必须回收,增加了生产成本。稀酸水解一般在高温(160~220℃)和高压(1MPa)条件下进行,造成纤维素内部的氢键破坏,从而有利于纤维素的水解,而且稀酸水解木聚糖到木糖转化率很高,达80%~100%。在稀酸预处理木质纤维类生物质的温度高于130℃(即温度超过木质素的相转换温度)时会发生液化现象,在纤维素表面可能会形成一些由木质素和木质素与碳水化合物复合形成的球状液滴,对酶的糖化作用有抑制作用。另外,稀酸法能将葡萄糖进一步分解,影响了糖的产率,实际生产中常采用二级稀酸水解工艺来解决[24]。

酶水解是生化反应,加入水解反应器的是微生物产生的纤维素酶。相较于酸水解法,酶水解在常温下进行,操作条件更温和;微生物的培养与维持仅需要少量的原料,能量消耗(天然气、电)更低;酶有很高的选择性,生成产物单一,故糖产率可高达95%。此外,由于酶水解过程中基本不添加化学品且仅生成很少的副产物,所以提纯过程相对简单,投资和设备维修费用更低,因此无二次污染的酶解法更受业界欢迎。但木质纤维类生物质的非均质结构,使得酶的可及性差,降解效果不好。此法利用外切葡聚糖酶、内切葡聚糖酶和β-葡萄糖苷酶协同降解纤维素,酶的成本占比高,所需时间长,而且水解原料需经过预处理。从工业应用的角度来分析,通常情况下,单一的方法处理效果不够理想。

物理法在使用过程中一般能耗大、成本高,如机械破碎处理是指用球磨、碾磨、辊筒等将纤维素物质粉碎。经粉碎的物料粉末没有膨润性,体积小,提高基质浓度有利于酶解过程中纤维素酶或木质素酶发挥作用。热水处理法是将物料置于高压状态的热水中,高压热水能够让生物质中的半缩醛键断裂并生成酸,酸又会使半纤维素水解成单糖。微波是一种新型节能的加热技术,特点是在加热过程中无明显的温度梯度。在微波处理过程中,被加热介质是水分子,当水分子处在快速变化的高频电磁场中时,水分子的极性取向会随电磁场的改变而发生变化,分子因高速运动而相互摩擦,电磁场内的电磁能转化为水分子的热能,水分子与物料的不断碰撞使得物料温度急剧升高,从而破坏晶体结构,达到预处理的效果[25]。微波处理需要大量的电磁能,能耗较大,在工业生产中需要处理大量木质纤维素原料,现有微波处理设备难以满足要求。

蒸汽爆破法是物理化学预处理法的代表,在高压蒸汽中木质纤维素原料经过短时间加热后快速地释放压力至大气压。在反应过程中,高压蒸汽通过扩散作用渗入纤维细胞内部冷凝成液态水,在预处理结束时压力突然降低,细胞壁里冷凝的蒸汽立即蒸发,蒸汽的膨胀对周围的细胞壁结构施加了一个剪切力,导致木质纤维细胞壁破裂。蒸汽爆破法是目前应用最广泛、效果较好的预处理方法,并且具有工业化的可行性。其通常与化学试剂稀酸、氨水等结合使用,以提高预处理的效果。但这种方法处理过程复杂,并且会出现各种有害物质,对后续发酵中微生物的生长代谢产生不利影响。

从目前来看,构建高效且低耗环保的预处理方法仍迫在眉睫,不仅对乙醇产量的提高有重要影响,也对生物质资源转化率的提升有很大帮助。为此,研究者尝试利用各种新兴技术或技术联合的方式,包括电子辐射和射线为主的高能辐射新技术,微波加热法与碱法预处理结合,机械、化学或生物法联合预处理等,破坏晶体结构,增大纤维素溶解度和接触面积[26]。此外,还存在一些被认为具有应用潜力并且广受关注的预处理技术,例如电解技术能利用电泳、欧姆加热、电渗透、咪唑绿色溶剂或表面活性剂破坏秸秆结构,微生物技术可以筛选培育具备较高纤维素降解潜能且生长速度快的好氧细菌,超临界流体技术能够依靠水在临界点的特性突变完全分离木质素[27-29]。总之,纤维原料预处理是整个纤维素乙醇生产技术的关键步骤之一,纤维原料通过高效预处理,一方面能够有效提高生物质的利用率,另一方面能够使纤维素更好地转化为葡萄糖,降低生产成本。

5.5.2 纤维原料酶解糖化

木质纤维类生物质在经过预处理后,结构比较松散,但是纤维素并未完全水解为单糖,仍以葡聚糖的形式存在,因此需要经过纤维素酶水解成可发酵糖,才能通过酵母等发酵微生物代谢生产乙醇。纤维原料中的纤维素经水解生产葡萄糖,半纤维素经水解生产木糖、半乳糖、阿拉伯糖和甘露糖。

在纤维原料酶解糖化过程中,水解纤维素的β-1,4-葡萄糖苷键为纤维二糖和葡萄糖所需的一组酶的总称为纤维素酶,主要由外切β-葡聚糖酶、内切β-葡聚糖酶和β-葡萄糖苷酶等组成,它们功能不同,又相互协同作用。内切葡聚糖酶随机切割纤维素多糖链内部的无定形区,产生不同长度的寡糖和新链的末端。外切葡聚糖酶作用于这些还原性和非还原性的纤维素多糖链的末端,释放葡萄糖或纤维二糖。β-葡萄糖苷酶水解纤维二糖产生两分子的葡萄糖。此外，由于纤维原料含有大量半纤维素，为提高原料利用率和乙醇产量，还需要能降解半纤维素的木聚糖酶和 β-木糖苷酶。酶水解工艺具有反应条件温和（pH 值为 4.8，温度为 45～50℃）、能量消耗小、糖转化率高、无腐蚀、无环境污染和无发酵抑制物等一系列优点，是目前最具优势的纤维素水解技术。

纤维原料酶解糖化工艺也存在反应速度慢、生产周期长、酶成本高等缺点，因此是纤维素生产乙醇行业成本最高的单元操作。这是因为构成木质纤维类生物质的纤维素、半纤维素和木质素互相缠绕而形成的晶体结构会影响酶接近纤维原料表面，导致生物质酶水解纤维原料的效率很低。首先，木质纤维素固体基质物性引起的组分基质效应、纤维素酶吸附效应、水束缚效应、抑制物效应等，造成体系传质、传热和反应特性改变，能耗增加、反应效率降低，使得纤维原料酶解和发酵过程的控制和放大存在很大难度。其次，产菌酶的培养周期长，产酶量低，导致纤维素酶的成本居高不下，纤维素酶活性偏低，酶解过程需要使用大量昂贵的专用酶制剂。由生产实践可以看出，酶制剂是纤维素乙醇生产成本的重中之重，占比达 30%～50%，因此酶制剂成本已成为纤维素乙醇技术突破的关键，掌握了酶核心生产技术，就等于控制了未来产业链的上游高端环节，目前世界各国都在积极研究降低纤维素酶生产成本的关键技术[30,31]。

我国在纤维素酶领域起步相对较晚，无论从技术还是投入上都落后于美国和巴西等国家。Novozymes 公司是当前世界范围内纤维素酶技术的主要拥有者，但仍没有办法将纤维素酶生产成本降低到可接受范围内。纤维素酶制剂成本的居高不下导致很多公司和工厂不能进入工业级规模的生产阶段，即使一些发达国家在较为先进的酶制剂技术和政策的支持下能够将纤维素生产乙醇投入工业生产，但纤维素酶制剂的成本也依旧是整个生产过程的一大难题，这一难题甚至导致一些工厂因一直无法达到预期的经济效益而被迫停产。目前，新型纤维素酶制剂的开发和生产尤为重要，发明出一种成本低、效率高且环境友好的纤维素酶制剂仍旧是一大挑战。通过培育纤维素酶发酵生产菌株，开发出更加高产的纤维素酶生产菌种和优化发酵产酶工艺，是大幅度降低纤维素酶在纤维素乙醇生产中成本的有效途径。

5.5.3 纤维糖发酵利用

纤维原料在经过纤维素酶水解后能产生戊糖和己糖两种主要单糖，其中纤维素水解可产生葡萄糖，半纤维素水解可产生五碳糖（木糖、阿拉伯糖等）和己糖（甘露糖、半乳糖、葡萄糖等）。大宗农作物副产物水稻秸秆，半纤维素含量为 15.75%～21.55%，而且半纤维素的水解产物中 80%～90% 是五碳糖。如果能够使纤维原料中的五碳糖得到有效利用，可使乙醇的产量在原有产量的基础上提升 25%，因此是否能充分利用五碳糖，是提高纤维素乙醇产量和经济效益的关键[32]。筛选培育微生物直接利用纤维素进行发酵，可以减少原料处理步骤，缩短工艺时间，降低成本。

酿酒酵母是目前工业中常用的发酵产乙醇微生物，但酿酒酵母一般以葡萄糖为原料进行发酵生产乙醇，很难将五碳糖转化为乙醇。利用酿酒酵母进行发酵生产乙醇主要包括以下 4 个问题：a. 酿酒酵母生长和厌氧发酵受预处理副产物抑制；b. 酿酒酵母不能很好地利用半纤维素水解产生的五碳糖；c. 酿酒酵母在高温条件下发酵性能不好；d. 酿酒酵母的活性受产物乙醇的反馈抑制。

自然界中存在一些能同时利用葡萄糖和五碳糖的菌株，主要包括细菌、丝状真菌和酵母菌，酵母菌是较早被用于五碳糖转化乙醇研究的菌种，主要有休哈塔假丝酵母（*Candida shehatae*）、热带假丝酵母（*Candida tropicalis*）、嗜鞣管囊酵母（*Pachysolen tannophilus*）、粟酒裂殖酵母（*Schizosaccharomyces pombe*）、多形汉逊酵母（*Hansenula polymorpha*）、树干毕赤酵母（*Pichia stipitis*）及酒香酵母（*Brettanomyces naardenensis*）。当前，挖掘能同时代谢利用五碳糖和六碳糖的野生型酵母菌种一直是纤维素乙醇研究的热点。

能利用五碳糖发酵产乙醇的细菌主要是兼性厌氧菌，包括克雷伯杆菌（*Klebsiella ellaplanticola*）、运动发酵单胞菌（*Zymomonas mobilis*）、化糖梭状芽孢杆菌（*Clostridium Saccharolyticum*）、嗜热厌氧乙醇菌（*Thermoanaerobacter ethanolicus*）以及多动拟杆菌（*Bacteroides polypragmatus*）。但是，细菌利用五碳糖发酵产乙醇过程中通常会产生很多副产物，包括有机酸和其他醇类；细菌在利用五碳糖产乙醇的过程中，发酵的产物种类经常受到培养基成分、温度、pH 值和含氧量等发酵条件的影响，乙醇得率比较低；细菌发酵产乙醇过程中，在高 pH 值条件下，发酵液容易受到其他杂菌的污染，因此对发酵过程要求非常严格，此外有部分细菌在发酵产乙醇代谢过程中容易产生毒素，而且在生成产物的后期处理过程中难以去除。因此细菌利用五碳糖发酵产乙醇基本处于科学研究阶段，还未进入实际应用阶段。

能利用五碳糖发酵产乙醇的丝状真菌主要包括粗糙脉孢菌（*Neurospor crassa*）、镰刀菌（*Fusarium* sp）、白色念珠菌（*Candida albicans*）以及黄曲霉（*Aspergillus flavus*）等。丝状真菌不仅同时发酵五碳糖和六碳糖，还可以产生半纤维素酶和纤维素酶，降解木质纤维素原料，因此在实际的工厂化应用中，丝状真菌有潜力实现纤维原料的同步糖化与发酵，亦具有实现天然纤维原料全糖利用的潜力，而且不需要再进行酸水解等容易产生污染的处理步骤，简化加工工艺，降低生产成本，是目前一个非常具有工业化应用潜力的研究方向。

近年来，人们对生产乙醇途径的研究不断深入，发现细菌和真菌的五碳糖代谢途径不尽相同。酵母及丝状真菌首先通过依赖 NADPH（还原型烟酰胺腺嘌呤二核苷酸磷酸）的木糖还原酶（xylose reducetase，XR）将木糖还原为木糖醇，随后被依赖 NAD^+（烟酰胺嘌呤二核苷酸）的木糖醇脱氢酶（xylitol dehydrogenase，XDH）氧化形成木酮糖，再经木酮糖激酶（xylulokinase，XK）磷酸化形成 5-磷酸木酮糖，最后进入磷酸戊糖途径（PPP 途径），并经糖酵解生成乙醇。细菌则通过木糖异构酶直接将木糖转化为木酮糖，随后同样在木酮糖激酶的作用下磷酸化形成 5-磷酸木酮糖进入 PPP 途径，但与 PPP 途径偶联的是 ED 途径，通过 ED 途径产生乙醇。

微生物本身代谢五碳糖的能力是决定纤维原料水解液五碳糖发酵成败的关键，因此从自然界中筛选、对已有菌株的长期驯化筛选以及通过基因工程改造获得高糖利用率和高耐抑制物能力的戊糖发酵菌种一直是该领域的研究热点。特别是近年来，随着生物技术的快速发展，基因重组技术在戊糖发酵菌种的选育上得到了广泛应用，已构建出一批工程细菌和工程酵母，例如在酿酒酵母中引入木糖转运蛋白，使其具有同时代谢五碳糖和六碳糖的能力，可有效提高工艺的经济性。美国国家可再生能源实验室将木糖异构酶基因（*xylA*）、木酮糖激酶基因（*xylB*）、转酮醇酶基因（*talB*）和转酮醛酶基因（*tktA*）利用工程基因技术导入运动发酵单胞菌，实现了混合糖发酵生产乙醇，木糖和葡萄糖的转化率达到 82%～87%，有效地提高了纤维糖底物的利用率，并且运动发酵单胞菌对乙醇的耐受能力超过 100g/L。在工程细菌中，将控制丙酮酸脱羧酶和乙醇还原酶的基因转入大肠埃希菌等细菌中，酒精得率和产率分别达 0.44～0.52g/g（酒精/消耗的糖）和 0.18～0.96g/(L·h)。但是采用基因工程菌共发酵五碳糖和六碳糖，存在基因重组菌的变异等问题，技术并不成熟，还不能投入工业生产当中。

纤维素乙醇生产工艺对菌种的发酵性能，以及耐高压、高温和乙醇的性能都要求比较高，自然野生菌株通常无法满足要求，需要对野生菌株通过传统诱变、适应性进化、定点改造或者基因改组等方法进行改造，以适应实际工业生产[33]。培育出能够耐受各种抑制物、全面利用酶水解液中的各种难发酵性糖生成高浓度乙醇的代谢工程菌株，并构建和优化相应的酶解发酵工艺，是提高纤维素乙醇产量和经济性的主要途径。

考虑到纤维素酶水解成本高，经过人们的不断探索和创新，在工业生产应用中，纤维素原料的酶解糖化和后续的发酵能够合并到同一操作单元进行，开发了同步糖化发酵和直接微生物转化技术。同步糖化发酵通过将纤维素酶解糖化与乙醇发酵整合在同一个反应器内进行，酶解糖化所产生的葡萄糖能被微生物迅速利用，消除了糖对纤维素酶的反馈抑制作用。同步糖化发酵的工艺性能主要取决于底物特性、水解酶特性和微生物特性三方面，在反应初期限速步骤为发酵微生物的生长，之后是酶解糖化，其中最关键的是酶对纤维素的可接触性。因此在反应初期，对反应容器进行一段时间的通风有助于微生物的生长，从而缩短其限速时间，提高乙醇的产生速率。

直接微生物转化技术将纤维素酶的生产、纤维原料的酶解糖化和后续的微生物发酵过程集合为一步进行，微生物/微生物群既能生产纤维素酶，又能利用可发酵糖类生产乙醇。将纤维素原料的酶解糖化和后续的发酵过程在同一个容器中进行，这样可以很好地解决分步水解发酵法中糖的反馈抑制作用，纤维素原料酶解糖化过程中产生的葡萄糖会被同一容器中的微生物利用，直接进行发酵转化为乙醇，在一定程度上提高了酶解效率。直接微生物转化技术提升的关键在于找到能有效分泌全部纤维素酶和乙醇产量高及耐受性好的微生物，或者通过代谢工程或合成生物学的手段，将糖基水解酶基因插入乙醇高产菌，或者将能有效分泌糖基水解酶的微生物改造为乙醇高产菌。酿酒酵母分泌表达真菌或细菌来源的纤维素酶的研究已经开展了几十年，大多数研究集中在真菌来源纤维素酶的高效表达，但是纤维素酶水解机制复杂且不明晰，在酿酒酵母中同时表达降解纤维素和半纤维素酶的所有外源基因会增加细胞负担，而且会影响其代谢五碳糖和六碳糖的能力，因此难以实现[34]。根据特定微生物产纤维素酶的特点，在酿酒酵母中表达特定纤维素酶不足的部分，可提升直接微生物转化法的效率。

此外，利用生物膜技术，既能产纤维素酶，又能将可发酵糖产乙醇的微生物或微生物群固定于膜上，不仅能增强物质和信息的传递交流，也能增大纤维素酶与底物的接触面积，提高水解效率，同时膜上微生物的分层结构会使各反应有序发生，提高发酵效率和乙醇产量[35]。还有人提出利用固定化啤酒酵母和固定化毕赤酵母串联发酵混合糖生产乙醇的工艺，它既能实现发酵过程的连续化操作，又可以消除葡萄糖效应对木糖发酵的影响，保证了木糖发酵与葡萄糖发酵在串联流程中的同步性，从而大大缩短混合糖发酵的周期，保证整体发酵速率，这也是一项具有工业应用前景的新工艺。

5.5.4　纤维素乙醇生产典型案例及技术经济性分析

美国国家可再生能源实验室（national renewable energy laboratory，NREL）以玉米秸秆为原料生产乙醇的工艺流程主要包括原料预处理与脱毒、纤维原料糖化与发酵、产品回收、废水处理、产热与发电及公用工程。

① 原料预处理与脱毒。玉米秸秆粉碎后在水平螺旋反应器中（稀硫酸、158℃）短时

间停留，使半纤维素水解并破坏纤维素结构。预处理产生的乙酸、糠醛、5-羟甲基糠醛等发酵抑制物采用闪蒸冷却的方法，蒸发掉大量的水以及部分乙酸和糠醛，再通入氨气调节pH 值以降低抑制物毒性。

② 纤维原料糖化与发酵。使用现场生产的纤维素酶对纤维原料进行糖化与发酵，此过程采用分步糖化和发酵，温度分别为 48℃和 32℃，反应条件温和。

③ 产品回收。发酵后发酵液经过固液分离、精馏和分子筛吸附产生纯度 99.5%的乙醇、水和固体残渣。

④ 废水处理。乙醇生产过程中会产生各种废水及废物流，经过厌氧和有氧消化进行处理后的水可以在生产流程中回用。

⑤ 产热与发电。通过燃烧炉、过滤器和涡轮式发电机，可将各种副产物（原料中的木质素、未转化的纤维素和半纤维素、厌氧处理过程中产生的沼气和污水处理中的生物质污泥）中的有机物转化为蒸汽和电力，供全厂所需，同时可以减少固体废物的处置费用。

⑥ 公用工程。包括冷却水系统、冷冻水系统、工艺用水和动力系统等。

在整个纤维素乙醇生产过程中，纤维原料预处理与脱毒、纤维原料酶解糖化以及纤维糖发酵是比较关键的 3 个步骤。在本案例中，NREL 采用稀酸水解法对玉米秸秆进行预处理，可以减少发酵抑制物的产生并提高下一步纤维素水解的效率，但稀酸水解容易腐蚀设备，因此设备投资成本主要在于抵抗酸液腐蚀以及提高耐受压力。纤维素糖化与发酵过程 NREL 采用了分步糖化发酵技术，能够使纤维原料的糖化与发酵分别在各自最适温度下进行，并且反应条件温和，但该方法在水解过程中产生的纤维二糖和葡萄糖会对纤维原料的水解产生反馈抑制。纤维素酶制剂的开发也是纤维素乙醇生产的一大难点，NREL 选用产纤维素酶细菌 *Zymomons mobilis* 8b 进行好氧发酵生产纤维素酶，用量为 20mg 酶蛋白/g 纤维素，葡萄糖到乙醇的转化率为 95%，木糖到乙醇的转化率为 85%。

NREL 以玉米秸秆为原料生产乙醇的工艺的投资成本情况如表 5-7 所列，其中锅炉发电和污水处理一共占投资成本的 50%左右。NREL 在获取纤维素酶制剂方面采用就地产酶的方式，所以纤维素酶的成本主要表现在酶的发酵原料及设备的投资，约占 7.9%。但表 5-7 中所列 NREL 的成本未包含人工成本，其所估算的成本为不完全成本。

表 5-7　NREL 纤维素乙醇生产的投资成本情况

项目	投资/百万美元	占比/%
预处理	32.9	14.2
纤维素酶生产	18.3	7.9
纤维素糖化与发酵	31.2	13.4
蒸馏和固体回收	22.3	9.6
污水处理	49.4	21.3
产品贮存	5.0	2.2
锅炉/汽轮发电机	66.0	28.4
公用工程	6.9	3.0
总成本	232.0	100.0

5.6　合成气发酵制乙醇

合成气是一种主要由一氧化碳、二氧化碳和氢气组成的化工原料气，来源广泛，可通过煤、重油、天然气或农林废弃物气化的方式合成，煤化工、钢铁工业、石油炼厂等生产过程中也会产生大量合成气。厌氧微生物通过乙酰辅酶 A 途径，可一步发酵合成气生产乙醇，工艺流程简单，转化率高，能耗及成本相对较低，属于非石油、非粮食生产大宗化工产品路线，符合现代工业发展需要[36]。

相对于传统纤维素乙醇生产工艺，以农林生物质为初始原料的合成气生产乙醇可有效避开纤维原料酸、酶水解的技术障碍，克服传统生物转化过程中木质素不能被有效利用的缺陷，能够实现木质纤维素类生物质组分的全利用，提高原料的利用率[37]。与合成气化学催化合成相比，合成气发酵制乙醇具有反应条件温和、产物得率高、副产物少、对 CO 和 H_2 比例要求不严格、对硫化物耐受性高等优点。此外，气化过程可将原料中所有组分转化为以 CO_2、CO 和 H_2 为主要组分的合成气，可消除原料之间的化学差异性，一些有毒或难降解的有机物也可通过气化、发酵等过程，转化为乙醇和其他有用化学品。

5.6.1 合成气发酵制乙醇微生物

能够利用合成气为原料进行生长和代谢的微生物大多是厌氧乙酸菌，可分为自养菌和单碳自养菌。自养菌利用 C_1 化合物（CO 和/或 CO_2）作为唯一碳源，氢作为能源；单碳自养菌利用 C_1 化合物同时作为唯一碳源和能源。厌氧乙酸菌广泛存在于各类环境中，例如土壤、海洋沉积物和排泄物。已筛选出的能发酵合成气产乙醇的微生物则相对较少，大都是嗜温菌（表 5-8）。

表 5-8 发酵合成气产乙醇微生物

微生物	来源	产物	温度/℃
Alkalibaculum bacchi	牧场土壤	乙酸、乙醇	37
Butyribacterium methylotrophicum	下水道污泥	乙酸、乙醇、丁酸、丁醇	37
Clostridium autoethanogenum	兔粪	乙酸、乙醇	37
Clostridium carboxidivorans	污水池沉积物	乙酸、乙醇、丁酸、丁醇	37～39
Clostridium drakei	沉积物	乙醇	30～37
Clostridium ljungdahlii	鸡粪	乙酸、乙醇	37
Clostridium ragsdalei	鸭塘底池	乙醇	37
Moorella sp.	泥浆	乙醇、有机酸	55

从 20 世纪 80 年代末，科研工作者开始对合成气发酵生产乙醇进行研究。1987 年美国阿肯色大学的 Barik 和 Harrison 首次从家禽生活垃圾（鸡粪）中分离出一株新的纯培养物厌氧梭菌 *Clostridium ljungdahlii* ATCC 49587，能够利用合成气和果糖、木糖及树胶酸糖等作为底物生产乙酸和乙醇。它的形貌特征如图 5-6 所示，呈棒状，严格厌氧，属于革兰氏阳性菌，最适生长温度为 37℃。*Clostridium ljungdahlii* 是目前为止研究较多的合成气发酵产乙醇的微生物之一[38]，以纯 CO 为底物生长时，乙醇和乙酸浓度可达 1.14g/L 和 4.62g/L。当 pH 值为 4.0～4.5 时细胞处于非生长期，合成气发酵生成乙醇的量多于乙酸；当 pH 值为 5.0～7.0 时细胞处于生长期，生成乙酸的量较多。在无酵母膏的分批式培养、连续供气下，生产乙醇和乙酸的物质的量之比为 9，利于乙醇的生成。

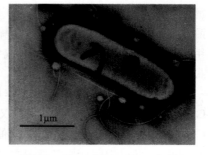

图 5-6 *Clostridium ljungdahlii* 菌株透射电镜照片[1,39]

20 世纪 90 年代，俄克拉荷马州立大学的 Tanner 等从农业潟湖里分离得到一种新的梭菌 *Clostridium carboxidivorans* P7，能够利用合成气生成乙醇和乙酸，发酵产物乙醇的选择性和产率都高于 *Clostridium ljungdahlii* ATCC 49587。*Clostridium carboxidivorans* P7 的最佳生长 pH 值为 4.4～7.6，适宜温度为 37～39℃，可代谢的底物非常广泛，包括 CO、H_2/CO_2、葡萄糖、果糖、木糖、甘露糖、半乳糖、纤维素等。同时，该菌株表现出更优异的菌种稳定性，在组合培养基里也能生长，对氧和高浓度的乙醇也具有一定的耐受性，也是目前为止研究较多的合成气发酵产乙醇微生物之一。

Clostridium autoethanogenum 是 20 世纪 90 年代从兔粪中分离获得的一株可利用 CO 和 H_2/CO_2 进行生长，合成乙醇和乙酸的严格厌氧革兰氏阳性菌，细胞呈杆状，产芽孢，周生鞭毛，能运动，长时间培养后细胞可由荚膜包裹形成丝状。*Clostridium autoethanogenum* 的最佳生长温度是 37℃，最适 pH 值为 5.8～6.0，可利用 CO 作为能量和碳的唯一来源，可以代谢利用木糖、丙酮酸和果糖等简单的碳水化合物[40]。

目前可以利用合成气生产乙醇的嗜热菌报道比较少，日本广岛大学的 Sakai 等从泥浆中筛选出首株可以利用合成气生产有机酸和乙醇的嗜热菌 *Moorella* sp. HUC22-1，适宜温度在 55℃左右，pH 值控制在 5 时，乙醇的产量比 pH 值不受控制的培养物高 3.7 倍[41]。

5.6.2 合成气发酵制乙醇原理和途径

微生物利用合成气发酵产生乙醇涉及的反应如式(5-7)～式(5-10)所示。根据自由能值的大小，可知 CO 比 H_2 更容易被微生物吸收。乙醇和乙酸的生成比率取决于微生物菌种种类和发酵工艺条件，根据反应方程式可知，当 CO 和 H_2 比值为 1∶2 时，CO 中的 C 理论上可以全部转化为乙醇[42]。

$$6CO + 3H_2O \longrightarrow CH_3CH_2OH + 4CO_2 \quad \Delta H = -217.9 \text{kJ/mol} \quad (5-7)$$

$$2CO_2 + 6H_2 \longrightarrow CH_3CH_2OH + 3H_2O \quad \Delta H = -97.3 \text{kJ/mol} \quad (5-8)$$

$$4CO + 2H_2O \longrightarrow CH_3COOH + 2CO_2 \quad \Delta H = -154.9 \text{kJ/mol} \quad (5-9)$$

$$2CO_2 + 4H_2 \longrightarrow CH_3COOH + 2H_2O \quad \Delta H = -75.3 \text{kJ/mol} \quad (5-10)$$

乙酸菌主要通过还原性的乙酰辅酶 A（acetyl-CoA）途径利用合成气发酵产生乙醇（图 5-7），为了纪念 Wood 和 Ljungdahl 两位科学家在阐明该途径上所做的重大贡献，也称该途径为 Wood-Ljungdahl 途径。从合成气（CO、CO_2 和 H_2）到乙醇，与 CO 和 CO_2 代谢利用密切相关的酶类主要有甲酸脱氢酶和 CO 脱氢酶/乙酰辅酶 A 合成酶。CO_2 在甲酸脱氢酶的作用下形成甲酸，然后和四氢叶酸反应生成甲酰四氢叶酸，最终在蛋白酶的作用下形成甲基。CO_2 和 CO 在一氧化碳脱氢酶（CODH）的作用下形成羰基。CODH 是一个双功能的酶，不仅能够可逆地将 CO 氧化并产生电子，同时可以催化甲基、羰基和辅酶 A 形成中间产物乙酰辅酶 A。乙酰辅酶 A 在乙酰磷酸转移酶的作用下最终生成乙酸和 ATP（腺嘌呤核苷三磷酸）。乙酰辅酶 A 在乙醛脱氢酶的作用下生成乙醛，进一步被乙醇脱氢酶催化生成乙醇。乙酰辅酶 A 生成乙

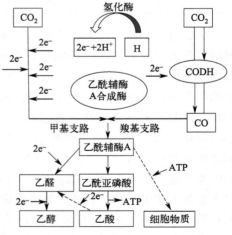

图 5-7 乙酰辅酶 A 途径合成乙醇

醇的过程需消耗还原性物质 NADH。若体系中缺少 H_2 或者氧化酶受到抑制，部分 CO 会在一氧化碳脱氢酶的作用下产生还原性物质 CO_2，降低碳的转化率。

在整个 Wood-Ljungdahl 途径中，生成乙酸会产生一分子的 ATP，但合成甲酰四氢叶酸过程又会消耗一分子 ATP，因此净生成的 ATP 为零。微生物自养生长所需的 ATP 由电子传递产生，CO 或 H_2 的氧化反应可向电子传递链提供质子和电子，电子传递过程所产生的跨膜质子梯度促使 ATP 合成酶作用产生 ATP。

甲酸脱氢酶（formate dehydrogenase, FDH）是一种保守度较高的酶，广泛存在于厌氧菌和兼性厌氧肠道细菌中，不同来源的甲酸脱氢酶中有 60 个氨基酸是完全保守的，有些甲酸脱氢酶间的同源性可高达 75%。FDH 可以催化甲酸和二氧化碳的可逆氧化还原反应。来自厌氧微生物的甲酸脱氢酶为 NAD^+ 依赖型酶，含有对氧气敏感的氧化还原活性中心，这些中心包含有过渡金属，如钼、钨和非血红素铁等，还含有烟酰胺腺嘌呤二核苷酸辅因子等。

一氧化碳脱氢酶/乙酰辅酶 A 合成酶（carbonmonoxide dehydrogenase/acetyl-CoA synthase, CODH/ACS）是双功能酶，同时具有 CODH 和 ACS 的活性，可以催化 CO 氧化成 CO_2，也可催化甲基、CO 和辅酶 A 生成乙酰辅酶 A，是 Wood-Ljungdahl 途径中的关键酶。它对氧高度敏感，是四聚体结构，中间两个亚基是 β-亚基-CODH，外侧两个亚基为 α-亚基-ACS。CODH 的晶体结构包含 5 个金属簇（B 簇、C 簇和 D 簇），每个亚基各有一个 B 簇和一个 C 簇，D 簇为两个亚基所共有。C 簇是催化 CO 氧化的反应活性中心，B 簇和 D 簇是氧化还原中心，B 簇可以调节 C 簇和 D 簇间的电子传递，靠近分子表面的 D 簇可调节 CODH 与末端电子受体间的电子传递。还原性的电子供体可将电子传递给 D 簇和 B 簇，使得 C 簇还原，然后在 C 簇上催化 CO_2 还原为 CO。CODH/ACS 中存在一条从 C 簇到 A 簇的 CO 通道，由 CO_2 还原获得的 CO 经过这条通道传递到 ACS 亚基的 A 簇，在这里参与合成乙酰辅酶 A。

5.6.3 合成气发酵制乙醇工艺

合成气发酵制乙醇过程涉及多种操作参数，包括营养物质组成和浓度、温度、培养基 pH 值、压力、接种量、气体流量、气体浓度、生物反应器类型选择等[43-45]。培养过程中要合理调控这些参数，使培养条件达到最佳值，从而提高细胞生长速率和产物量。合成气发酵是一个由气体底物、培养液和微生物细胞等组成的气、液、固三相反应过程，影响合成气发酵的关键限速步骤就是气液传质。由于 H_2 和 CO 在水中的溶解度很低，对传质的影响较大，因此选择高气液传质速率的合成气发酵反应器至关重要。

搅拌罐式反应器的搅拌桨能够将大气泡打碎成小气泡，增大气液传质的面积，小气泡的缓慢上升可延长气液接触的时间，能有效提高传质效率，因此在合成气发酵实验室研究中应用非常广泛[46]。该类反应器的单位体积搅拌功率与体积传质系数及空塔气速有关，提高空塔气速或单位体积搅拌功率均能有效提高体积传质系数，但提高空塔气速会使气体底物的转化率降低，所以通常采用高单位体积搅拌功率来获得高体积传质系数。但是，搅拌功率增加意味着能耗的增加，这在一定程度上也限制了搅拌罐式反应器在工业规模上的推广和应用。

柱式反应器如气升式反应器和滴流床反应器，不需要机械搅拌，比搅拌罐式反应器耗能要少，较容易获得高体积传质系数。滴流床反应器通常为填充床，细胞可固定于固体填充物上，气体连续通过时，液体向下滴过填充物，气体可以逆流或顺流流动，气液流速都比较低，也可以获得较高的体积传质系数。但该反应器因为微生物的生长容易导致反应器堵塞反应器混合性能不佳及 pH 值不易控制等缺点，很少在实际生产中应用。

对于受传质影响的合成气发酵而言，采用不同的发酵工艺也会影响到发酵的转化效率和产物的产率。目前常见的发酵工艺改进途径有：a. 循环利用气体以提高气体底物的利用率；b. 采用细胞循环和连续操作，随着反应器中细胞浓度的逐步提高，产物浓度也会随之提高；c. 根据菌株生长和发酵环境条件的不同，采用两步全混流连续搅拌反应器，使细胞生长和产物生成在不同反应器中进行。如 *Clostridium ljungdahlii* 采用两个反应器发酵时乙醇产率比只用一个反应器高 30 倍。此外，也可利用固定化细胞技术，增强细胞对外界环境的耐受和抵抗能力。

5.6.4 合成气发酵制乙醇典型案例及技术经济性分析

新西兰的 LanzaTech 公司和美国的 Coskata 公司是目前世界上从事生物质合成气乙醇发酵研究较为成功的两家公司，它们合成气发酵法制乙醇的技术路线大体相同，均为气化＋发酵＋精馏，其中合成气的制备工艺已很成熟。表 5-9 所列为两公司燃料乙醇生产情况比较。

表 5-9 LanzaTech 和 Coskata 公司合成气发酵生产乙醇情况比较

项目	LanzaTech 公司	Coskata 公司
合成气来源	工业有机垃圾、工业废气、城市垃圾和废木料等	玉米秸秆、柳枝稷、木屑、城镇垃圾和废旧轮胎等
发酵菌株	*C. autoethanogenum*	*C. coskatii*
生物质转化率	≥90%	≥92%
生产规模	45kt/a	150～300kt/a
副产品	蛋白饲料 7650t/a，压缩天然气 $330×10^4 m^3/a$	无
总投资	3.5 亿美元	4 亿美元

LanzaTech 公司成立于 2005 年，主要以来源于生物质的合成气和工业废气为原料发酵生产燃料乙醇。该公司拥有自主知识产权的专利菌株，可将工业有机垃圾、城市垃圾和废木料等通过气化后发酵，能够利用生物质中 90% 以上的能量。2010 年，中国科学院生物局、河南煤业化工集团和 LanzaTech 公司签署三方合作协议，利用煤炭气化发酵生产乙醇燃料和其他的化工产品，并建立联合生物能源研发中心。2011 年，朗泽公司与首钢集团合作成立合资公司，并于 2018 年在河北唐山建成以转炉煤气（CO 占 40%～60%，其余为 N_2、CO_2）为原料的工业化示范装置，年生产乙醇 $4.5×10^4$ t，相当于 $4.6×10^4$ t 变性燃料乙醇，并产蛋白饲料 7650t/a，压缩天然气 $330×10^4 m^3/a$。装置总投资 3.5 亿美元，共 3 条生产线，每条生产线产能为 $1.5×10^4$ t/a。该装置的 CO 转化率及乙醇选择性均大于 85%，乙醇生产成本比粮食路线低 20%～30%。

Coskata 公司是目前世界上从事生物质合成气乙醇发酵研究较为成功的公司之一，公司的生产技术路线包括生物质原料气化、合成气发酵生产乙醇及乙醇分离 3 个部分，其中合成气的制备工艺非常成熟。该公司通过将玉米秸秆、柳枝稷、木屑、城镇垃圾和废旧轮胎等各种生物质原料进行气化获得合成气，合成气过滤净化后通入发酵罐中发酵，最后利用膜分离技术分离浓缩乙醇，最终的乙醇浓度可达 99.7%。Coskata 公司拥有自主知识产权的发酵菌种（一种只产乙醇的梭状芽孢杆菌）和设备，建有 115t/a 中试装置，1t 干生物质可产超 400L 以上的乙醇，1t 干基纤维素原料可产 300kg 乙醇。该公司于 2009 年 10 月投产一条年产（2~4.5）×10^8L 的合成气乙醇发酵生产示范线，总投资约 2500 万美元；2012 年又在美国宾夕法尼亚州建设 150~300kt/a 工业化装置，总投资约 4 亿美元。该公司的具体生产技术路线如下。

① 生物质原料气化：该公司将该工段的目标定位于处理市政垃圾、农林废料，甚至蔗糖加工废料，采用等离子体气化合成气技术，气化的生物质原料较为广泛并且价格低廉。

② 合成气发酵生产乙醇：该公司的有机微生物对乙醇的针对选择性远远高于任何化学催化系统，不需要对合成气进行转化以达到期望的碳氢比，并且该微生物具有极强的耐硫等毒害物的能力，因此合成气只需要简单清洗即可被微生物利用。

③ 乙醇分离：微生物发酵产生的乙醇利用该公司的膜技术分离得到，其他的液体返回反应器中，大大减少了废弃物排放。

整体来看，合成气发酵要实现大规模推广面临的主要挑战有：气液传质的限制，不同来源的合成气的杂质对乙酸菌的影响，以及乙酸菌生长缓慢和产物抑制。

5.7 我国燃料乙醇产业、技术现状与发展趋势

燃料乙醇是目前世界上替代汽油数量最多、应用最广泛的可再生能源，也是我国战略性新兴产业的重要组成部分。近年来，在国家政策推动下，我国生物燃料乙醇产业引起社会各界的高度关注，一系列国家层面的扶持和推广政策也陆续出台，推动了我国燃料乙醇产业的快速发展。

5.7.1 我国燃料乙醇产业政策环境分析

我国于 2001 年开始试点使用燃料乙醇，目前已是世界上第三大生物燃料乙醇生产国和应用国，仅次于美国和巴西。从长远看，发展生物燃料乙醇将会更好地促进粮食供需平衡，带动经济发展[47]。2017 年，我国确定加快发展燃料乙醇的策略，国家发展改革委、国家能源局等 15 部门联合印发了《关于扩大生物燃料乙醇生产和推广使用车用生物乙醇汽油的实施方案》，一方面是为了有效处置超期超标等国内粮食库存、提高国家粮食安全水平，另一方面是为了充分发挥生物燃料乙醇产业对优化能源结构、改善生态环境的重要作用。之后，又确定了《全国生物燃料乙醇产业总体布局方案》，指出以生物燃料乙醇为代表的生物能源是国家战略性新兴产业。2023 年国家能源局发布的《2023 年能源监管工作要点》中指出将生物燃料乙醇和乙醇汽油使用情况纳入派出机构日常监管，确保销售企业按规定销售乙醇汽油。这些"方案"的发布和落实正在推动我国生物燃料乙醇产业发展步入一个新阶段，也引起相关生产企业、科研机构、石化和汽车等行业的高度关注，做了大量实践和研究，从不同视角探讨新阶段下生物燃料乙醇行业带来的影响及发展趋势[48]。截至 2022 年年底，我国燃料乙醇年产量约为 270 万吨，辽宁省、吉林省、黑龙江省、河南省、安徽省和广西壮族自治区必须使用乙醇汽油。

我国年汽油表观消费量超过 1.2×10^8t，按照我国目前推广的 E10 乙醇汽油，燃料乙醇需求潜力巨大。据《中国生物质能产业发展路线图 2050》预测，我国生物质能的可利用总量在 2030 年、2050 年将分别达到 2.42×10^8t 标准煤和 3.37×10^8t 标准煤。未来，我国生物液体燃料将进入高速发展时期，原料增量将基本用于生物液体燃料的生产需求。

预计到2050年,生物质能替代化石能源总量占同时期全社会能源消费总量的5%~8%,我国燃料乙醇产业即将迎来广阔的发展空间和重大的发展机遇。

近年来,企业层面也不断加强与科研机构合作,注重创新生产模式和生产技术,坚持自主研发与引进吸收并举、基础研究与商业化应用结合的原则,建立完善以企业为主体、市场为导向、产学研相结合的技术创新体系。大型石油公司加强创新平台建设,增强自主研究能力,集中力量突破关键共性技术,探索适合国情的先进生物燃料技术路线。

燃料乙醇生产受国家政策影响较大,生物燃料乙醇生产和车用乙醇汽油推广使用工作需要加强顶层设计,从国家战略层面引导产业发展,加快制定培育生物燃料产业智能化发展的专项纲领性文件,有助于进一步健全生物燃料乙醇产业标准体系。加强组织管理,尽快建立国家生物液体燃料推广和研发工作协调机制,成立国家生物液体燃料工作领导小组。地方政府在国家战略明确的基础上,开展体制机制改革试点,针对现有产业规模企业、基地和集群,出台相关政策,对产业智能化升级和建设给予必要扶持,加强对相关企业政策优惠支持。引导生物燃料乙醇产业基地特色化、联合化、智能化发展,有步骤、有重点地培育若干世界级生物液体燃料产业集群,在有条件的地区开展生物液体燃料新技术和新模式示范,积极促进产业新形态形成。

5.7.2 我国燃料乙醇产业、技术现状

我国生物燃料乙醇产业经过十多年发展,已基本形成了从生产、混配、储运到销售的完整产业体系。目前主要采用第1代燃料乙醇技术进行生产,主要原料为玉米和木薯等淀粉类原料,发酵产乙醇工艺可分为"干法"和"湿法"。河南天冠企业集团有限公司主要采用"干法"技术,玉米经干燥粉碎后加入水成糊浆,再进行液化、糖化、发酵、蒸馏、脱水;吉林燃料乙醇采用"改良湿法"技术,玉米经湿式粉碎,只分离出玉米胚芽并提取胚芽油,剩余淀粉经液化、糖化等,副产品均为酒糟蛋白饲料和CO_2[49]。近十多年来,我国生物燃料乙醇产业累计生产量超过1.98×10^7t,调合汽油近2×10^8t,改善了现有的能源消费结构,间接减少原油进口量达3.2×10^8t。生物燃料乙醇产业有效消化人畜不能食用的玉米、水稻、小麦等粮食作物1.43×10^7t,副产1.24×10^7t高蛋白饲料;累计减排CO_2当量2.52×10^7t,减少汽车尾气有害物质排放,替代甲基叔丁基醚(MTBE)使用,减少其带来的地下水资源污染。

目前,国内燃料乙醇生产普遍存在两个问题。一个问题是生产成本高,燃料乙醇的生产成本主要包括原料成本、运输成本、设备成本以及人工和管理费用等。原料成本过高是制约我国燃料乙醇产业发展的主要因素。目前,美国1t玉米可转化0.33t乙醇,而我国1t玉米只能转化0.31t乙醇,我国燃料乙醇生产的原料占成本的70%~80%。另一个问题是技术基础薄弱,在生产技术上,我国燃料乙醇技术工艺、资源利用和环境保护水平落后,在生产能源消耗、原料转化率等方面与美国、巴西等也存在差距。

《国家可再生能源中长期发展规划》中明确提出,从长远考虑,要积极发展以纤维素类生物质为原料的生物燃料技术。基于木质纤维素的第2代燃料乙醇技术持续优化,已经进行工业示范,正处于规模化应用的起步阶段。目前第2代纤维素乙醇发展的瓶颈问题在于缺乏先进、高效、廉价的酶和工业菌种,核心技术尚缺乏竞争力和抗风险能力,尤其受制于纤维原料综合利用水平差、技术集成度低等因素。亟须有效整合不同学科和特定技术领域,重点攻克秸秆预处理、糖平台、生物转化、生化分离、生物炼制和副产物联产等制

约纤维醇类产业化发展的关键技术，将相关技术组合形成一套完整的技术体系[50]。目前行业先行者建议将纤维素乙醇作为发展切入点，推行互利共赢的理念，与现有生产装置（第1代或第1.5代）进行深度整合，这种新模式可依托其公用工程来实现资源的最大化利用，从而降低纤维素乙醇工厂的整体投资和运行成本[51]。总的来说，在整体突破的基础上，将解决方案整合集成为紧密衔接的完整工艺包，进行产业化示范和推广，由此保障我国油品质量升级和替代，有望带来可观的经济效益、社会效益和环境效益。

近年来，我国生物燃料乙醇生产线逐步实现了自动化，通过"机器代人"显著提升了生产效率，同时降低了生产过程的人力劳动成本[52]。然而，生产线的信息化和智能化程度依然偏低，难以通过感知、获取、分析生产线的全要素信息进一步优化生产线资源配置和生产力，同时企业决策层难以及时了解和掌握生产现场的实际情况，导致管理难度大、成本高。

5.7.3　我国燃料乙醇产业、技术发展趋势

燃料乙醇产业是国家重点推广的新型产业，是基于石油危机和控制大气污染所产生的新兴绿色产业之一。使用生物发酵法制乙醇在我国主要经历了3个发展阶段：第1代燃料乙醇以玉米、小麦等陈粮为原料；第1.5代燃料乙醇以非粮农作物（木薯）为原料，虽然此路线可避免"与人争粮"的问题，但仍存在"与粮争地"的问题；第2代燃料乙醇主要是纤维素乙醇，但由于我国的纤维素乙醇关键技术还没有实现突破，所以成本与粮食乙醇相比偏高[53]。

目前我国燃料乙醇生产水平正处于从第1代向第1.5代过渡的阶段。但是，美国大规模发展的以玉米为原料的第1代燃料乙醇并不适合我国国情。以甜高粱为原料的第1.5代燃料乙醇同样面临着需要耕地的问题，只能在条件适宜的地区研究生产，发展空间有限，不具备大面积推广的可能性。基于我国国情，燃料乙醇的生产技术必须由粮食原料向非粮食原料转化。

坚持非粮路线仍是今后我国燃料乙醇的发展方向，第2代纤维素乙醇将是未来生物燃料乙醇的主流路线。秸秆制纤维素乙醇具有生产成本低、生产耗能和生产碳排放少等优势，既不与人争粮，同时能减少秸秆燃烧对大气的污染[54,55]。在生产耗能方面，第2代秸秆燃料乙醇的耗水量是2.5～3L/t，而一般汽油耗水量是5L/t，使用秸秆燃料乙醇每年可为我国节省数亿吨水资源。此外，我国秸秆理论资源量为1×10^9 t/a 以上，每年超过2×10^8 t 的秸秆被焚烧或废弃，造成严重的环境污染。按8t秸秆生产1t乙醇计算，潜在的乙醇年产量高达2.5×10^7 t。同时，第2代秸秆燃料乙醇在生产中的二氧化碳排放量与石油提炼汽油相比微乎其微，这将大大减少汽油生产带来的环境污染。但是，纤维素乙醇生产技术的成本高，需要国家在财政、税收等方面加大政策扶持力度，鼓励企业加大技术投入，构建经济、高效的秸秆利用产业体系，改变目前中国生物燃料乙醇主要以粮食为原料的生产现状，在降低粮食消耗的同时解决环保问题。未来国家需重点支持来源广、数量大的1～2种秸秆类纤维素生产乙醇配套技术，通过规模效应降低纤维素乙醇生产成本。

此外，副产品和联产产物都是燃料乙醇商业价值的重要组成部分。纤维素乙醇生产过程中的固体残余物、可燃烧的生物质气体和淤泥，如果利用发电机转化成蒸汽和电力，可实现醇电联产，突破原料生物质单一组分转化的固有模式，有助于实现规模化、经济化的纤维素乙醇多联产高值化利用的产业新模式。我国石油化工企业要高度重视燃料乙醇发展

和车用乙醇汽油推广。如布局乙醇汽油调配中心的建设和运营,参与油品供应责任范围内的燃料乙醇项目建设和运营管理,尤其抢先开展万吨级纤维素乙醇联产高附加值化学品、纤维素乙醇联产电力工业示范,为我国纤维素乙醇大规模商业化运行提供技术支持。

以微藻制乙醇为代表的第3代燃料乙醇,是燃料乙醇制备研究最具潜力的研发方向[56,57]。微藻结构简单、生长周期短、生长速度快,而且不会对生态系统产生破坏性影响,同时可获得大量生物质。另外,每生产1kg干重的微藻可以固定1.7~1.9kg的CO_2,同时提供好氧生物所必需的氧气,对减少温室气体排放具有极大的价值[58]。微藻细胞所含的纤维素中氢键较弱,更容易被降解,相对简单的预处理工艺使得微藻成了较好的燃料乙醇生产原料。但目前许多关键瓶颈因素尚未解决,还需要研究者做进一步探索。微藻生产燃料乙醇的成本是应该首先考虑解决的问题,一是探索高效的光生物反应器或微藻培养方法,二是筛选高抗逆性的菌株。随着微藻产乙醇各项关键瓶颈技术的逐步攻克,预期利用微藻生物质的第3代生物乙醇将会逐步取代粮食乙醇和木质纤维素乙醇,实现燃料乙醇的高效及低成本制备。

燃料乙醇产业对经济、社会、环境具有多重贡献,因此在政策上得到了有力的支持,产业发展持续受到各方关注,整体产业链的研发活力不断加强,正带动产业向着高质量方向发展。与此同时,在我国经济社会转型背景下,工业化和城市化步伐将会加快,还面临"双碳"目标以及更严峻的能源供应和环境污染问题。目前,我国第2代燃料乙醇和第3代燃料乙醇与国际先进水平的差距不大,尤其是在与美国贸易竞争扩大的背景下,纤维素燃料乙醇产业化是国家战略性举措,对保障国家能源安全至关重要,对其关键技术研发和产业化应用迫在眉睫。我国应把握机遇,迎接挑战,在第2代燃料乙醇和第3代燃料乙醇领域持续投入,通过产业链各环节的持续研究与实践,加速燃料乙醇产业化升级,充分发挥燃料乙醇产业在农业发展、空气污染治理以及降低石油对外依存度等方面的有利作用。

参考文献

[1] 袁振宏. 生物质能高效利用技术 [M]. 北京: 化学工业出版社, 2014.

[2] 瞿国华. 我国车用乙醇汽油发展的技术经济分析 [J]. 中外能源, 2019, 4 (24): 83-90.

[3] 李振宇, 李顶杰, 黄格省, 等. 燃料乙醇发展现状及思考 [J]. 化工进展, 2013, 32 (7): 1457-1466.

[4] 唐雷, 吴淑晶, 任宏亮. 乙醇的生产工艺现状及展望 [J]. 生物化工, 2018, 4 (6): 148-151.

[5] 钱伯章. 生物乙醇与生物丁醇及生物柴油技术与应用 [M]. 北京: 科学出版社, 2010.

[6] Zabed H, Sahu J N, Suely A, et al. Bioethanol production from renewable sources: Current perspectives and technological progress [J]. Renewable and Sustainable Energy Reviews, 2017, 71: 475-501.

[7] 常春, 王铎, 王林风, 等. 高底物浓度纤维乙醇同步糖化发酵工艺的比较 [J]. 化工学报, 2012, 63 (3): 935-940.

[8] Ishola M M, Jahandideh A, Haidarian B, et al. Simultaneous saccharification, filtration and fermentation (SSFF): A novel method for bioethanol production from lignocellulosic biomass [J]. Bioresource Technology, 2013, 133: 68-73.

[9] Cheng C, Almario M P, Kao K C. Genome shuffling to generate recombinant yeasts for tolerance to inhibitors present in lignocellulosic hydrolysates [J]. Biotechnology Letters, 2015, 37 (11): 2193-2200.

[10] Zerva A, Savvides A L, Katsifas E A, et al. Evaluation of *Paecilomyces variotii* potential in bioethanol production from lignocellulose through consolidated bioprocessing [J]. Bioresource Technology, 2014, 162: 294-299.

[11] de Almeida M N, Guimaraes V M, Falkoski D L, et al. Direct ethanol production from glucose, xylose and sugarcane bagasse by the corn endophytic fungi *Fusarium verticillioides* and *Acremonium zeae* [J]. Journal of Biotechnology, 2013, 168 (1): 71-77.

[12] Vohra M, Manwar J, Manmode R, et al. Bioethanol production: Feedstock and current technologies [J]. Journal of Environmental Chemical Engineering, 2014, 2 (1): 573-584.

[13] Cripwell R A, Favaro L, Viljoen-Bloom M, et al. Consolidated bioprocessing of raw starch to ethanol by *Saccharomyces cerevisiae*: Achievements and challenges [J]. Biotechnology Advances, 2020, 42: 107579.

[14] 张强, 韩德明, 李明堂. 乙醇浓醪发酵技术研究进展 [J]. 化工进展, 2014, 33 (3): 724-729.

[15] Huang J, Khan M T, Perecin D, et al. Sugarcane for bioethanol production: Potential of bagasse in Chinese perspective [J]. Renewable and Sustainable Energy Reviews, 2020, 133: 110296.

[16] Ahmad Dar R, Ahmad Dar E, Kaur A, et al. Sweet sorghum—a promising alternative feedstock for biofuel production [J]. Renewable and Sustainable Energy Reviews, 2018, 82: 4070-4090.

[17] Zhang S, Wang J, Jiang H. Microbial production of value—added bioproducts and enzymes from molasses, a by-product of sugar industry [J]. Food Chemistry, 2020, 346 (4): 128860.

[18] Costa O Y, Souto B M, Tupinamba D D, et al. Microbial diversity in sugarcane ethanol production in a Brazilian distillery using a culture-independent method [J]. Journal of Industrial Microbiology & Biotechnology, 2015, 42 (1): 73-84.

[19] 韩冰, 范桂芳, 李十中, 等. 不同糖质原料和菌株固态发酵制取乙醇的特性比较 [J]. 农业工程学报, 2012, 28 (5): 201-206.

[20] Sarkar N, Ghosh S K, Bannerjee S, et al. Bioethanol production from agricultural wastes: An overview [J]. Renewable Energy, 2012, 37 (1): 19-27.

[21] 岳国君. 纤维素乙醇工程概论 [M]. 北京: 化学工业出版社, 2015.

[22] Rezania S, Oryani B, Cho J, et al. Different pretreatment technologies of lignocellulosic biomass for bioethanol production: An overview [J]. Energy, 2020, 199: 117457.

[23] Balat M. Production of bioethanol from lignocellulosic materials via the biochemical pathway: A review [J]. Energy Conversion and Management, 2011, 52 (2): 858-875.

[24] Zhu J Y, Pan X J. Woody biomass pretreatment for cellulosic ethanol production: Technology and energy consumption evaluation [J]. Bioresource Technology, 2010, 101 (13): 4992-5002.

[25] Aditiya H B, Mahlia T M I, Chong W T, et al. Second generation bioethanol production: A critical review [J]. Renewable and Sustainable Energy Reviews, 2016, 66: 631-653.

[26] Anu, Kumar A, Rapoport A, et al. Multifarious pretreatment strategies for the lignocellulosic substrates for the generation of renewable and sustainable biofuels: A review [J]. Renewable Energy, 2020, 160: 1228-1252.

[27] Soltanian S, Aghbashlo M, Almasi F, et al. A critical review of the effects of pretreatment methods on the exergetic aspects of lignocellulosic biofuels [J]. Energy Conversion and Management, 2020, 212: 112792.

[28] Valladares-Diestra K K, Vandenberghe L P D S, Torres L A Z, et al. Imidazole green solvent pre-treatment as a strategy for second-generation bioethanol production from sugarcane bagasse [J]. Chemical Engineering Journal, 2020.

[29] Zheng T, Jiang J, Yao J. Surfactant-promoted hydrolysis of lignocellulose for ethanol production [J]. Fuel Processing Technology, 2021, 213 (1): (106660-1) - (106660-11).

[30] Viikari L, Vehmaanperä J, Koivula A. Lignocellulosic ethanol: From science to industry [J]. Biomass and Bioenergy, 2012, 46: 13-24.

[31] 姜芹, 孙亚琴, 滕虎, 等. 纤维素燃料乙醇技术经济分析 [J]. 过程工程学报, 2012, 12 (1): 97-104.

[32] Zabed H, Sahu J N, Boyce A N, et al. Fuel ethanol production from lignocellulosic biomass: An overview on feedstocks and technological approaches [J]. Renewable and Sustainable Energy Reviews, 2016, 66: 751-774.

[33] Ferreira R M, Mota M J, Lopes R P, et al. Adaptation of *Saccharomyces cerevisiae* to high pressure (15, 25 and 35 MPa) to enhance the production of bioethanol [J]. Food Research International, 2019, 115: 352-359.

[34] 胡徐腾. 纤维素乙醇研究开发进展 [J]. 化工进展, 2011, 30 (1): 137-143.

[35] Karagoz P, Bill R M, Ozkan M. Lignocellulosic ethanol production: Evaluation of new approaches, cell immobilization and reactor configurations [J]. Renewable Energy, 2019, 143: 741-752.

[36] 许敬亮, 常春, 韩秀丽, 等. 合成气乙醇发酵技术研究进展 [J]. 化工进展, 2019, 38 (1): 586-597.

[37] Munasinghe P C, Khanal S K. Biomass-derived syngas fermentation into biofuels: Opportunities and challenges

[J]. Bioresource Technology, 2010, 101 (13): 5013-5022.

[38] Kopke M, Held C, Hujer S, et al. *Clostridium ljungdahlii* represents a microbial production platform based on syngas [J]. Proceedings of the National Academy of Sciences of the United States of America, 2010, 107 (29): 13087-13092.

[39] Tanner R S, Miller L M, Yang D. *Clostridium ljungdahlii* sp. nov., an acetogenic species in Clostridial rRNA homology group I [J]. International Journal of Systematic Bacteriology, 1993, 43 (2): 232-236.

[40] Xu H, Liang C, Yuan Z, et al. A study of CO/syngas bioconversion by *Clostridium autoethanogenum* with a flexible gas-cultivation system [J]. Enzyme and Microbial Technology, 2017, 101: 24-29.

[41] Sakai S, Inokuma K, Nakashimada Y, et al. Degradation of glyoxylate and glycolate with ATP synthesis by a thermophilic anaerobic bacterium, *Moorella* sp. strain HUC22-1 [J]. Applied and Environmental Microbiology, 2008, 74 (5): 1447-1452.

[42] Hurst K M, Lewis R S. Carbon monoxide partial pressure effects on the metabolic process of syngas fermentation [J]. Biochemical Engineering Journal, 2010, 48 (2): 159-165.

[43] Sun X, Atiyeh H K, Kumar A, et al. Enhanced ethanol production by *Clostridium ragsdalei* from syngas by incorporating biochar in the fermentation medium [J]. Bioresource Technology, 2018, 247: 291-301.

[44] Esquivel-Elizondo S, Delgado A G, Rittmann B E, et al. The effects of CO_2 and H_2 on CO metabolism by pure and mixed microbial cultures [J]. Biotechnology for Biofuels, 2017, 10: 220.

[45] Zhang J, Taylor S, Wang Y. Effects of end products on fermentation profiles in *Clostridium carboxidivorans* P7 for syngas fermentation [J]. Bioresource Technology, 2016, 218: 1055-1063.

[46] Munasinghe P C, Khanal S K. Syngas fermentation to biofuel: evaluation of carbon monoxide mass transfer coefficient (k_La) in different reactor configurations [J]. Biotechnology Progress, 2010, 26 (6): 1616-1621.

[47] Qiu H, Huang J, Yang J, et al. Bioethanol development in China and the potential impacts on its agricultural economy [J]. Applied Energy, 2010, 87 (1): 76-83.

[48] 林海龙, 林鑫, 岳国君. 我国生物燃料乙醇产业新进展 [J]. 新能源进展, 2020, 8 (3): 165-171.

[49] 邱春生, 贾晓强, 闻建平, 等. 燃料乙醇生产废弃物处理及资源化研究进展 [J]. 化工进展, 2010, 29 (9): 1747-1766.

[50] Liu H, Huang Y, Yuan H, et al. Life cycle assessment of biofuels in China: Status and challenges [J]. Renewable and Sustainable Energy Reviews, 2018, 97: 301-322.

[51] Ayodele B V, Alsaffar M A, Mustapa S I. An overview of integration opportunities for sustainable bioethanol production from first- and second-generation sugar-based feedstocks [J]. Journal of Cleaner Production, 2020, 245: 118857.

[52] 王梦, 田晓俊, 陈必强, 等. 生物燃料乙醇产业未来发展的新模式 [J]. 中国工程科学, 2020, 22 (2): 47-54.

[53] 曹运齐, 刘云云, 胡南江, 等. 燃料乙醇的发展现状分析及前景展望 [J]. 生物技术通报, 2019, 35 (4): 163-169.

[54] Ge J, Lei Y. Policy options for non-grain bioethanol in China: Insights from an economy-energy-environment CGE model [J]. Energy Policy, 2017, 105: 502-511.

[55] Fang Y R, Wu Y, Xie G H. Crop residue utilizations and potential for bioethanol production in China [J]. Renewable and Sustainable Energy Reviews, 2019, 113: 109288.

[56] 李谢昆, 周卫征, 郭颖, 等. 微藻生物质制备燃料乙醇关键技术研究进展 [J]. 中国生物工程杂志, 2014, 34 (5): 92-99.

[57] Daroch M, Geng S, Wang G. Recent advances in liquid biofuel production from algal feedstocks [J]. Applied Energy, 2013, 102: 1371-1381.

[58] Maia J L D, Cardoso J S, Mastrantonio D, et al. Microalgae starch: A promising raw material for the bioethanol production [J]. International Journal of Biological Macromolecules, 2020, 165: 2739-2749.

第6章 燃料丁醇制备技术

丁醇作为重要的大宗化工原料,也是继乙醇后又一种极具发展潜力的生物质液体燃料。丁醇可由石油基原料化学合成,也可以通过产溶剂梭菌(Clostridia)利用可再生的淀粉质或木质纤维素原料发酵生产。生物基丁醇有望提高非化石能源在能源消费中的比重,为实现2030年非化石能源达到25%能源消费目标提供有力支撑。当前,与石油基丁醇合成相比,生物发酵制备丁醇生产成本偏高,生物丁醇规模化生产需要解决的主要问题包括降低原料成本、提升丁醇发酵浓度并减少发酵副产物、降低产物分离成本等方面。

本章主要综述了丁醇的理化特性、发酵技术原理、发酵工艺、产业化及技术经济性分析和发展趋势等,并提出我国可通过廉价原料替代、高丁醇浓度和比例的菌种选育及降低丁醇发酵分离成本3项措施提升生物丁醇制备技术的经济性。

6.1 丁醇的理化特性

丁醇是含有4个碳原子的饱和醇类,主要用作溶剂、大宗化工基础原料。丁醇受烃基部分链长等因素影响,其理化性质与乙醇存在明显差异,而与汽油的特性接近,且与汽油能以任意比例混合,因此被认为是替代汽油的一种理想的生物燃料[1-4]。

正丁醇为无色透明液体,具有特殊气味。正丁醇在水中的溶解度小于乙醇,主要是因为醇分子与水分子之间会形成氢键,乙醇分子与水分子之间的引力可以克服乙醇分子间的引力以及水分子间的引力,使乙醇与水互溶;而正丁醇分子因为烃基增大,烃基部分的范德华力增大,以及烃基对羟基有遮蔽作用,阻碍了醇羟基与水形成氢键。

与其他醇类燃料相比,正丁醇更具动力性优势,有较高的热值,约为甲醇的1.67倍、乙醇的1.23倍,达到汽油的76%。醇类燃料汽化潜热普遍比汽油高,因此在发动机冷启动时存在困难,而正丁醇的汽化潜热则相对较低。正丁醇腐蚀性较低,能够和汽油以任意比例互溶,便于储存和运输;正丁醇拥有较高的辛烷值,作为混合燃料的抗爆性较高,从而提高发动机的压缩比;正丁醇含有氧元素,能够优化微粒的排放,因此对高原工况具有较强的适应力。对于大多数点燃式发动机,通过小幅改造即可应用丁醇作为辅助燃料[5-8]。

主要醇类和汽油的燃料特性比较见表6-1。

表 6-1 主要醇类和汽油的燃料特性比较

燃料名称	汽油	甲醇	乙醇	正丁醇	异丁醇
化学式	$C_5 \sim C_{11}$	CH_3OH	CH_3CH_2OH	$CH_3(CH_2)_3OH$	$(CH_3)_2CHCH_2OH$
分子量		32.04	46.07	74.12	74.12
折射率(20℃)		1.3284	1.3611	1.3993	1.3976
相对蒸气密度		1.10	1.59	2.55	2.55
饱和蒸气压(20℃)/kPa		12.3	5.33	0.739	1.72
临界温度/℃		240	243	287	265
临界压力/MPa		7.95	6.38	4.90	4.86
引燃温度/℃		436	363	340	415
溶解度		互溶	互溶	7.7g/100g	9.5g/100g
熔点/℃		−97	−114	−89	−108
沸点/℃		64.7	78.0	117.6	108.1
闪点/℃		12	12	35	27.5
研究法辛烷值	88~98	109	109	98.0	113
马达法辛烷值	80~88	89	90	85	98
低热值/(MJ/kg)	43.50	19.83	26.90	33.19	33.11
汽化潜热/(kJ/kg)	364	1103	840	626	684
空燃比	14.70	6.50	8.95	11.28	11.28
火焰传播速度(均质混合气)/(cm/s)	33~44	52	48	60	53
含氧量/%	0	50	34.78	21.60	21.60
20℃下相对密度	0.70~0.75	0.80	0.79	0.81	0.806

注：相对蒸气密度设定空气密度为 $1g/cm^3$。

丁醇包含正丁醇、异丁醇、仲丁醇和叔丁醇 4 种异构体。各异构体的理化特性略有差异，与直链正丁醇相比，支链丁醇具有更高的辛烷值，但其水溶性高于正丁醇。

6.2 丁醇发酵技术原理

6.2.1 丁醇发酵微生物

工业上生产丁醇的方法包括化学合成法和微生物发酵法。正丁醇化学合成主要通过丙烯羰基合成-丙烯氢甲酰化后合成醛，醛进一步通过加氢反应合成正丁醇。原料丙烯主要来自石油等不可再生资源[9]。传统的微生物发酵法主要以玉米淀粉、糖蜜等可再生资源为原料，通过天然产丁醇微生物——产溶剂梭菌进行丙酮-丁醇-乙醇（ABE）发酵，然后结合精馏工艺制备丁醇[10,11]。发酵法面临着严重的技术和经济挑战，而化学法只需要简单的催化反应即可合成丁醇。Ogo 等于 2011 年提出发酵法与化学法耦合生产丁醇的方法，以磷酸锶羟基磷灰石作为催化剂，利用乙醇作为原料建立了高效合成丁醇工艺。该工艺只需要在加氢配方中加入催化剂以形成高碳原子醇就可以快速合成丁醇，生产时间明显缩短，因此许多研究认为该工艺优于发酵法[12-15]。从 20 世纪 50 年代起，随着石化工业的日益成熟，以石油为原料的化学法正丁醇工业生产成本不断降低，主要依赖玉米淀粉为原料的 ABE 发酵工艺逐渐被取代，因此当前规模化正丁醇生产是以化学法生产为主，ABE 发酵设施逐渐停产[15]。

进入 21 世纪以来，全球气候变暖和环境污染等问题日益凸显，石油价格波动，寻找多样化的可再生替代能源迫在眉睫，这使依赖可再生生物质为原料的正丁醇发酵技术重新受到政府、科研界和工业界的广泛关注[16,17]。近些年，功能基因组学和以 CRISPR 等基因编辑工具为代表的合成生物学使能技术的快速发展，使得丁醇发酵已不仅再局限于传统的产溶剂梭菌，一大批能利用廉价底物、高产溶剂的工程梭菌被构建，同时以大肠埃希菌、酵母菌、蓝细菌、乳酸菌等为底盘细胞开发了很多异源产丁醇途径（表6-2）[18]。

6.2.1.1 天然产正丁醇微生物

早在1862年，正丁醇就被发现存在于一些厌氧微生物产生的天然产物中[19]。大多数天然产丁醇微生物属于梭状芽孢杆菌属，这些微生物往往还会产生丙酮、乙醇和异丙醇等溶剂。传统的正丁醇发酵中使用的产溶剂梭菌种类繁多，其系统发育与分类较为模糊。通过系统学、基因组DNA/DNA杂交和DNA指纹图谱以及发酵性能等方面的比较研究，将产溶剂梭菌归为4个"种"，分别是丙酮丁醇梭菌（*Clostridium acetobutylicum*）、拜氏梭菌（*Clostridium beijerinckii*）、糖丁基梭菌（*Clostridium saccharobutylicum*）和糖乙酸多丁醇梭菌（*Clostridium saccharoperbutylacetonicum*）。其中研究最为深入的是丙酮丁醇梭菌和拜氏梭菌，它们生产丁醇、丙酮和乙醇（ABE）的比例为6:3:1[16,17]。丙酮丁醇梭菌和拜氏梭菌分离自淀粉培养基，均具有较强的淀粉酶活性，适用于玉米和谷类等淀粉质原料的发酵工艺，另外几种产溶剂梭菌偏好糖蜜。

在以玉米淀粉为原料的ABE发酵工艺中，原料成本已超过整个生产成本的70%，一些非粮淀粉质原料，如木薯、菊芋等的价格也逐年增长，早已不具备溶剂发酵的经济性[20]。利用木质纤维素生物质为原料可以缓解正丁醇发酵原料成本高的问题，将木质纤维素水解单糖完全转化为正丁醇理论上可与石油基丁醇的经济性相竞争[16,21]。自然界很少有原生微生物或微生物系统可以直接降解木质纤维素生产丁醇，但存在几种梭菌属微生物可以天然分泌纤维素酶或纤维小体，将木质纤维素降解为单糖（五碳糖和六碳糖）进入经典的糖酵解途径，主要终产物为乙醇和有机酸。例如，热纤梭菌（*Clostridium thermocellum*）产物为乙醇、乙酸和乳酸，解纤维梭菌（*Clostridium cellulolyticum*）产物为乙醇、乙酸和乳酸，嗜纤维梭菌（*Clostridium cellulovorans*）产物为乙醇、丁酸和乳酸，等等[22]。其中，热纤梭菌是已知的自然界中降解木质纤维素最高效的微生物之一[23]。在这些纤维素降解梭菌中引入异源丁醇合成途径可获得异源产丁醇菌株，将在后面部分详细介绍。

通过自养微生物以一碳气体为原料产丁醇是解决原料价格问题的有效途径，不仅能降低原料成本，还能减少温室气体排放。近些年，以食气菌株利用合成气（CO_2、CO和H_2）发酵产生物燃料和化学品引起了广泛关注。一些厌氧细菌或古菌可通过Wood-Ljungdahl途径以一碳底物（CO_2、CO和甲酸）为原料产生乙酰辅酶，通常乙酸是唯一或主要代谢产物，这些化能食气微生物大多属于梭菌属（*Clostridium*）和醋杆菌属（*Acetobacterium*）。例如，*Acetonema longum*、*Butyribacterium methylotrophicum*、*Clostridium carboxidivorans*、*Clostridium drakei*、*Clostridium scatologenes*、*Clostridium ragsdalei*和*Eubacterium limosum*[16,24-26]。其中少数产乙酸菌如*Clostridium.carboxidivorans*和*Clostridium.ragsdalei*能够直接利用合成气为原料生产少量丁醇。*Clostridium.carboxidivorans* P7是研究最为深入的自养厌氧梭菌之一，不仅产生乙醇、乙酸和丁醇，还能合成六碳化合物如己酸酯和己醇。*Clostridium.carboxidivorans* P7发酵产物的合成与温度有关，37℃能够有效阻止酸败却导致较低的醇产量，在25℃条件下乙醇、丁醇和己醇的产量可分别达到32.1mmol/L、14.5mmol/L和8.2mmol/L[27]。迄今为止，*Clostridium.carboxidivorans*产丁醇的最高产量为15mmol/L，远低于典型产溶剂梭菌丙酮丁醇梭菌和拜氏梭菌的丁醇产量[16]。微生物生产正丁醇和异丁醇主要性能特性见表6-2。

表 6-2 微生物生产正丁醇和异丁醇主要性能特性

微生物	产品	底物	途径	过表达基因	工程改造	浓度	产量	反应器	参考文献
Escherichia coli	正丁醇	葡萄糖	辅酶 A 依赖途径	$atoB,hbd,crt,$ $bcd,etfAB,adhE2$	$\Delta adhE,\Delta ldhA,$ $\Delta frdBC,\Delta fnr,$ Δpta	0.552g/L	—	摇瓶	[1]
	正丁醇	葡萄糖	反式 β-氧化	$yqeF,fucO$	$\Delta arcA,\Delta adhE,$ $\Delta pta,\Delta frdA,$ $\Delta yqhD,\Delta eutE,$ $fadR,atoC(con),$ crp	2.2g/L	0.28g/g	摇瓶	[28]
	正丁醇	葡萄糖	改造的辅酶 A 依赖途径	$atoB,hbd,crt,ter,$ $adhE2,fdh$	$\Delta adhE,\Delta ldhA,$ $\Delta frdBC,\Delta pta$	14g/L	0.33g/g	批式生物反应器	[29]
	正丁醇	葡萄糖				15g/L	0.36g/g	试管	
	正丁醇	葡萄糖				30g/L	0.29g/g	批式生物反应器（产物原位提取）	
Saccharomyces cerevisiae	正丁醇	半乳糖	辅酶 A 依赖途径	$thl,hbd,crt,bcd,$ $etfAB,adhE2$	—	2.5mg/L	—	小型摇瓶	[30]
Clostridium cellulovorans	正丁醇	纤维素	辅酶 A 依赖途径	$adhE2$	—	1.42g/L	0.39g/g	摇瓶	[31]
	正丁醇	纤维素	辅酶 A 依赖途径	$adhE2$	—	0.12g/L	0.1g/g	摇瓶	[32]
Clostridium beijerinckii DSM-6422	正丁醇	褐海带	辅酶 A 依赖途径	—	—	7.16g/L	0.42g/g	摇瓶	[33]
Clostridium cellulovorans + Clostridium beijerinckii	正丁醇	碱预处理的玉米轴	辅酶 A 依赖途径	$clocel\_3674,ctfAB,$ $cbei\_3833/3834,xylR,$ $cbei\_2385,xylT,$ $cbei\_0109$	$\Delta clocel\_1892,$ $\Delta clocel\_1533,$ 下调 $cloxrvl\_2243$	11.5g/L	0.14g/g	批式发酵	[34]
Clostridium pasteurianum	正丁醇	甘油	辅酶 A 依赖途径	—	Δrex	9.9g/L	0.16g/g 油	血清瓶	[35]
Clostridium sp. strain HN4	正丁醇	食品废弃物	辅酶 A 依赖途径	—	—	35.63g/L	0.30g/g	分批补料发酵（原位提取）	[36]
Clostridium sp. strain WST	正丁醇	葡萄糖、半乳糖	辅酶 A 依赖途径	—	—	16.62g/L、12.11g/L	0.54g/g、0.55g/g	批式发酵	[37]
Clostridium tyrobutyricum	正丁醇	葡萄糖	辅酶 A 依赖途径	过表达 $adhE1$ 和 $adhE2$	$\Delta spo0A,\Delta pyrF,$ $\Delta cat1$	26.2g/L	0.24g/g	批式发酵	[38]

第6章 燃料丁醇制备技术

续表

微生物	产品	底物	途径	过表达基因	工程改造	浓度	产量	反应器	参考文献
Thermoanaerobacterium saccharolyticum	正丁醇	木糖	辅酶A依赖途径	*thl,hbd,crt,bcd,etfAB,adhE2*	Δ*ldh,ermR*	1.05g/L	0.10g/g	试管	[39]
Thermoanaerobacterium sp. M5	正丁醇	木聚糖	辅酶A依赖途径	—		8.34g/L（与*Clostridium acetobutylicum* NJ4共培养）		血清瓶	[40]
Pseudomonas putida	正丁醇	甘油	辅酶A依赖途径	*thl,hbd,crt,bcd,etfAB,adhEl*	—	0.122g/L	—	摇瓶	[41]
Lactobacillus brevis	正丁醇	葡萄糖	辅酶A依赖途径	*thl,hbd,crt,bcd,etfAB*	—	0.300g/L	—	小摇瓶	[42]
Bacillus subtilis	正丁醇	甘油	辅酶A依赖途径	*thl,hbd,crt,bcd,etfAB,adhE2*	—	24mg/L	—	摇瓶	[41]
Synchococcus elongatus PCC7942	正丁醇	CO_2	辅酶A依赖途径	*atoB,hbd,crt,ter,adhE2*	—	15mg/L	—	试管	[43]
	正丁醇	CO_2	改造的丙二酰辅酶A依赖途径	*nphT7,phaB,phaJ,ter,bldh,yqhD*	—	30mg/L	—	摇瓶	[44]
	正丁醇	CO_2	改造的丙二酰辅酶A依赖途径	*nphT7,crt,hbd,ter,pdup,yqhD*	—	0.404g/L	—	摇瓶	[45]
Clostridium acetobutylicum ATCC824	正丁醇	葡萄糖	辅酶A依赖途径	*adhEl*^{D485G}	Δ*buk*,Δ*pta*	18.9g/L	0.29g/g	批式生物反应器	[46]
	正丁醇	葡萄糖	辅酶A依赖途径	*groESL*	—	17.1g/L	—	批式生物反应器	[47]
Clostridium beijerinckii BA101	正丁醇	葡萄糖	辅酶A依赖途径	—	—	18.6g/L	0.32g/g	批式生物反应器	[48]
Clostridium carboxidivorans P7 (DSM15243T)	正丁醇	CO和H_2	辅酶A依赖途径	—	—	1.07g/L	—	血清瓶	[27]
Clostridium autoethanogenum	正丁醇	CO和H_2	辅酶A依赖途径	*thlA-bcd,etfA,etfB*	—	1.9g/L	—	血清瓶	[49]

续表

微生物	产品	底物	途径	过表达基因	工程改造	浓度	产量	反应器	参考文献
Escherichia coli	异丁醇	葡萄糖	酮酸途径	$alsS, ilvCD, kivD, adhA$	$\Delta adhE, \Delta ldhA, \Delta frdBC, \Delta fnr, \Delta pta, \Delta pflB$	22g/L	0.35g/g	摇瓶	[1]
	异丁醇	葡萄糖	酮酸途径	$alsS, ilvCD, kivD, adhA$	$\Delta pgi, \Delta gnd, \Delta ldhA, \Delta pflB$	50g/L	0.29g/g	批式生物反应器（原位产物提取）	[50]
	正丁醇	葡萄糖	通过柠檬酸的酮酸途径	$cimA3.7, leuABCD, kivD, adh2$	$\Delta ilvI, \Delta ilvB$	15g/L	0.37g/g	试管	[51]
	正丁醇	葡萄糖	通过苏氨酸的酮酸途径	$thrA^{fbr}BC, ilvA, leuABCD, kivD, adh2$	$\Delta ilvI, \Delta ilvB, \Delta metA, \Delta tdh, \Delta adhE$	0.524g/L	—	摇瓶	[1]
	C_4及C_{4+}生物燃料（包含异丁醇）	氨基酸	酮酸途径	$alsS, ilvCD, kivD, yqhD, leuDH, avtA, ilvE, ilvA, sdaB$	$\Delta glnA, \Delta gdhA, \Delta lsrA$	1g/L	—	摇瓶	[52]
Clostridium cellulolyticum	异丁醇	纤维素	酮酸途径	$alsS, ilvCD, kivD, yqhD$	—	4.04g/L	56%最大理论值	摇瓶	[53]
Geobacillus thermoglucosidasius	异丁醇	纤维素	酮酸途径	$kivD, ilvC, alsS$	—	0.66g/L	—	试管	[54]
Clostridium thermocellum	异丁醇	纤维素	酮酸途径	$kivD, ilvBN, ilvCD$	Δhpt	0.6g/L	0.018g/g	试管	[55]
Klebsiella pneumoniae	异丁醇	葡萄糖	酮酸途径	$ilvC, IlvD, AlsS, kivD, yqhD$	$\Delta budC, \Delta dhaD$	5.4g/L	0.17g/g	试管	[56]
Pseudomonas putida KT2440	异丁醇	葡萄糖	酮酸途径	$kivD, ilv2, ilv5, ilv3$	$\Delta sthA$	2.4g/L	895mg/g	5L生物反应器	[57]
Saccharomyces cerevisiae	异丁醇	葡萄糖	酮酸途径	$Aro10, adhA, ilv2, ilv5, ilv3$	—	0.151g/l	22mg/g	摇瓶	[58]
	异丁醇	葡萄糖	酮酸途径		—	0.635g/l	6.4mg/g	试管	[59]
									[60]

第6章 燃料丁醇制备技术

续表

微生物	产品	底物	途径	过表达基因	工程改造	浓度	产量	反应器	参考文献
Saccharomyces cerevisiae	异丁醇	葡萄糖	酮酸途径	$kivD$, $adh6$, $ilv2$, $ilv5C$, $ilv3C$, $ilv2C$, $smaE1$	$\Delta lpd1$	1.62g/L	16mg/g	摇瓶	[61]
	异丁醇	木糖	酮酸途径	xr, xdh	—	48.4mg/L	7.0mg/g	摇瓶	[62]
	异丁醇	葡萄糖	酮酸途径	als, $kar1$, $dhaD$, $kdcS$, $adhS$	$\Delta bat1$, $\Delta aldS$	0.26g/L	13mg/g	摇瓶	[63]
Shimwellia blattae	异丁醇	葡萄糖	酮酸途径	als, $ilvC$, $ilvD$, kdc, adh	—	11g/L	0.286g/g	摇瓶	[64]
Synechococcus elongatus PCC7942	异丁醇	CO_2	酮酸途径	$alsS$, $ilvCD$, $kivD$, $yqhD$	—	0.450g/L	—	摇瓶	[65]
Synechocystis PCC 6803	异丁醇	CO_2	酮酸途径	$kivD$, adh	—	—	16.8mg/g	摇瓶	[66]
	异丁醇	CO_2	酮酸途径	adh, $ilvC$, $ilvD$	—	0.911g/L	—	摇瓶	[67]
	异丁醇	CO_2	酮酸途径	$kivD$	—	—	10.59mg/L	摇瓶	[68]
Ralstonia eutropha	异丁醇	CO_2	酮酸途径	$alsS$, $ilvCD$, $kivD$, $yqhD$	$\Delta pha\,C1AB1$	0.846g/L	—	生物反应器	[69]
Zymomonas mobilis	异丁醇	葡萄糖	酮酸途径	$kdcA$, als, $ilvC$, $ilvD$, $kdcA$	—	4g/L	89mg/g	摇瓶	[70]
Bacillus subtilis	C_4及C_{4+}生物燃料（包含异丁醇）	氨基酸	酮酸途径	$leuDH$, $kivD$, $yqhD$	$\Delta codY$, $\Delta bkdB$	1g/L	46.6%（最大理论值）	摇瓶	[71]

6.2.1.2 异源产正丁醇微生物

针对产溶剂梭菌丁醇发酵存在的菌株遗传改造效率低、原料成本高、丁醇耐受性限制及副产物多等问题，主要从下面几个出发点来选择异源生产丁醇的底盘细胞：遗传操作工具完善、有高效成熟基因编辑流程的工业微生物，包括模式生物大肠杆菌（*Escherichia coli*）和酿酒酵母（*Saccharomyces cerevisiae*）；筛选得到的高丁醇耐受微生物，如恶臭假单胞菌（*Pseudomonas putida*）、短小乳杆菌（*Lactobacillus brevis*）和枯草芽孢杆菌（*Bacillus subtilis*）；能利用木质纤维素生物质、CO_2 及合成气等廉价底物的微生物，包括进行光能自养的蓝细菌，如淡水蓝藻（*Synchococcus elongatus*）；进行化能自养的产乙酸食气梭菌，如杨氏梭菌 *Clostridium ljungdahlii* 和 *Clostridium autoethanogenum*；能分泌木质纤维素降解酶的热纤梭菌、解纤维梭菌和嗜纤维梭菌等[1,30,41,42,44]。这些异源产丁醇微生物的构建策略及产丁醇特征在后面部分进行详述。

美国加州大学 Liao James 和中国科学院微生物研究所李寅实验室借鉴产溶剂梭菌正丁醇合成途径，通过替换限速酶并组合底盘细胞的多靶点改造，分别构建了与传统产溶剂梭菌丁醇生产性能相当的大肠杆菌异源丁醇生产菌株，产正丁醇水平达 15~20g/L[29]。其高产正丁醇的主要原因包括对宿主进行多重代谢工程改造以阻断副产物合成途径，利用反式烯酰辅酶 A 替换掉产溶剂梭菌天然的 Bcd-ETF 复合体[18]。与产溶剂梭菌相比，大肠杆菌发酵正丁醇能力仅在实验室规模和培养基条件得到证明，其工业条件的应用潜力还有待验证。受宿主底物利用效率、前体供应限制及胞内代谢流分配等因素限制，乳酸菌、枯草芽孢杆菌和恶臭假单胞菌产丁醇水平普遍在 1g/L 左右或更低。

在解纤维梭菌中引入产溶剂梭菌的正丁醇合成途径，可由纤维素为底物生产 0.04~0.12g/L 的正丁醇[32]。嗜纤维梭菌具有从乙酰辅酶 A 合成正丁酸的途径，通过引入催化丁酸到正丁醇合成的醇醛脱氢酶可实现由纤维素直接到正丁醇的生产[31]，利用高丁醇耐受性宿主、增强正丁醇合成途径、优化胞内辅因子供应等代谢工程策略使嗜纤维梭菌产正丁醇水平提升至 3~4g/L[34]。在杨氏梭菌（*Clostricdum. ljungdahlii*）中引入丙酮丁醇梭菌的丁醇合成途径后合成气发酵过程检测到 0.15g/L 正丁醇，最后又降低至 0.015g/L 以下。在合成气发酵过程中检测到的正丁醇浓度为 0.15g/L，但后来又降低至 0.015g/L 以下。Yu 等[23] 通过将 *Clostridium. thermocellum* 与 *Clostridium. acetobutylicum* 共培养，实现对木质纤维素水解产物的全利用，溶剂产量达到 0.3g/g，约为理论总产量的 80%。然而，即使 ABE 发酵工艺能够大规模生产，其经济性仍然低于酵母发酵生产乙醇[72-74]。主要原因是丁醇产量太低、产品回收成本高。

随着食气梭菌基因组规模代谢网络模型的建立、CRISPR 等基因编辑方法的开发，理性、系统的代谢工程改造或能将食气梭菌产正丁醇水平提高到新的高度[72]。总的来说，这些异源产正丁醇工程菌株的开发为实现规模化正丁醇发酵生产开辟了新途径。

6.2.1.3 产异丁醇微生物

异丁醇是正丁醇的同分异构体，与正丁醇类似，易与汽油进行混合。迄今为止，自然界中未发现能够自然代谢生产异丁醇的微生物。得益于基因组学、代谢组学的发展，Atsumi 等[1] 创造性地在大肠杆菌中引入真核来源的亮氨酸合成途径，驱动中间体 2-酮酸与其自身的醇类生产途径结合形成异丁醇，产量达到 22g/L，具备产业化的潜力。结合气提原位异丁醇去除技术，可使异丁醇产量达到 50g/L[50]。通过进化、分选对毒性缬氨酸类似物具有高抗性的大肠杆菌突变体，发现一些突变体流向缬氨酸的代谢流增强，促进酮异戊酸合成异丁醇[29]。异丁醇合成途径中酮醇酸还原异构酶 IlvC 依赖 NADPH，而大肠杆菌在厌氧条件下不能高效合成 NADPH。Bastian 等通过改造 IlvC，使其利用 NADH，进而通过组合 IlvC 与 NADH 依赖的丁醇脱氢酶 AdhA，使大肠杆菌厌氧条件下产异丁醇几乎达到理论最大值[75]。鉴于异丁醇在大肠杆菌中的高效合成，类似的菌株改造策略目前已被扩展到酵母菌、蓝细菌、厌氧耐热纤维素分解微生物和无机自养微生物中（表 6-2）。

6.2.2 丁醇发酵生化历程

利用微生物代谢途径和化学催化手段生产丁醇的方法主要有以下几种（图 6-1）：

① 产溶剂梭菌中以乙酰辅酶 A 为前体的正丁醇发酵途径，糖酵解获得丙酮酸后，经过丙酮酸-铁氧化还原酶、硫醇酶、脱氢酶、巴豆酶、脱氢酶和黄素蛋白、丁醇脱氢酶生产正丁醇；

② α-酮戊酸酯途径，先由糖酵解获得磷酸烯醇式丙酮酸或丙酮酸，生成 α-酮戊酸酯后经 α-酮酸脱羧酶和醇脱氢酶合成正丁醇和异丁醇；

③ 利用来源于好氧丁烷利用细菌的单氧氧化酶氧化丁烷合成丁醇；

④ 利用热化学工艺处理生物质合成丁醇，该工艺包含生物质的气化以及利用 Fischer-Tropsch 程序合成烷烃、烯烃和醇类，通过控制工艺条件和选择催化剂能够大量合成丁醇；

⑤ 以乙醇作为原料，在加氢配方中加入催化剂以形成高碳原子醇，进而快速合成丁醇[10,12-15]。

其中，方法①因为涉及产溶剂梭菌在厌氧条件下代谢葡萄糖获得能量并贮存 ATP 过程，被认为是发酵产丁醇的主要方式。

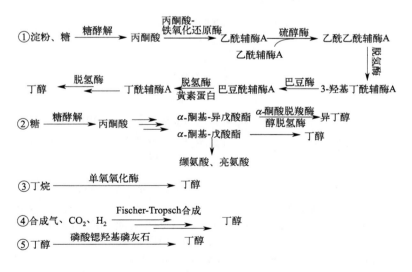

图 6-1 通过代谢途径和工程手段生产丁醇的方法

典型的产溶剂梭菌 ABE 发酵过程可分为两个时期——产酸期和产溶剂期，也称为增酸期和减酸期。

① 产酸期。发酵起始阶段，细胞生长处于指数生长期，pH 值为 6.0~7.0，葡萄糖代谢分解产生大量丁酸、乙酸、CO_2 和 H_2，大量的有机酸导致发酵液 pH 值逐渐下降，发酵液的 pH 值达到 3~4 时，发酵开始进入产溶剂期。在产酸过程中，葡萄糖经糖酵解途径（EMP）生成丙酮酸，丙酮酸在丙酮酸-铁氧还蛋白氧化还原酶作用下生成乙酰辅酶 A，乙酰辅酶 A 在硫解酶、3-羟基丁酰辅酶 A 脱氢酶、巴豆酸酶和丁酰辅酶 A 脱氢酶 4 种酶的催化下生成丁酰辅酶 A，然后经磷酸丁酰转移酶催化丁酰辅酶 A 生成丁酰磷酸盐，最后丁酰磷酸盐经丁酸激酶去磷酸化生成丁酸。丙酮丁醇梭菌和拜氏梭菌也可以利用木质纤维素中木糖和阿拉伯糖这两种主要的戊糖成分，经非氧化磷酸戊糖途径转化为 6-磷酸果糖和 3-磷酸甘油醛，进入 EMP 途径（图 6-2）。

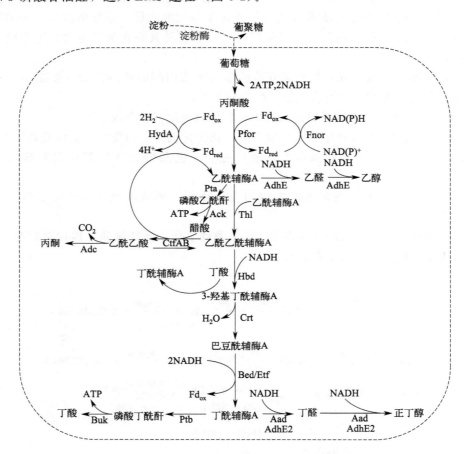

图 6-2 *Clostridium acetobutylicum* 合成丁醇生化历程

Pfor—丙酮酸-铁氧还蛋白氧化还原酶；HydA—氢化酶；Fnor—铁氧还蛋白-$NAD(P)^+$ 氧化还原酶；
Pta—磷酸转乙酰化酶；Ack—醋酸激酶；Buk—丁酸激酶；CtfAB—乙酰乙酰辅酶 A-酰基转酶 A 转移酶；
Adc—乙酰乙酰辅酶 A 脱羧酶；Thl—硫解酶；Hbd—3-羟丁酰辅酶 A 脱氢酶；Crt—巴豆酶；
Bcd—丁酰辅酶 A 脱氢酶；Etf—电子转移黄素蛋白；AdhE，Aad，AdhE2—双功能醇/醛脱氢酶；
Ptb—磷酸转丁基酶；Fd_{ox}—铁氧还蛋白的氧化；Fd_{red}—铁氧还蛋白的还原

② 产溶剂期。这一阶段的细胞生长处于稳定期，发酵液的还原倾向逐步增强，乙酸、

丁酸等回用生成乙醇、丁醇,同时偶联丙酮的合成,pH值回升。随着发酵的进行,菌株开始衰退,活力下降,底物不断消耗,溶剂产生毒性作用,菌体开始自溶或产生孢子,发酵速率开始减缓,最终达到静止结束。在酸回用过程,在乙酰乙酰辅酶A-酰基辅酶A转移酶作用下,乙酸转变成乙酰辅酶A、丁酸转变成丁酰辅酶A进入丁醇合成途径,同时由2分子乙酰辅酶A缩合形成的乙酰乙酸辅酶A转变为乙酰乙酸,在乙酰乙酸脱羧酶的作用下生成丙酮(图6-2,书后另见彩图)[21]。

6.2.3 丁醇发酵菌株选育

为改善生物基丁醇规模化生产的经济性,国内外研究者普遍关注降低ABE发酵过程的原料成本,提高发酵菌株产丁醇的转化率、浓度及溶剂耐受性等问题。近些年,以丰富可再生的木质纤维素类农林废弃物和合成气替代玉米作为丁醇发酵的原料被广泛研究,这些底物不能被传统的产溶剂梭菌利用,而食纤维或合成气微生物天然不产或能产微量丁醇,远不能满足工业化需求。对于传统的ABE发酵菌株,一方面通过系统代谢工程改造提升淀粉糖或纤维糖到丁醇转化水平、转化率和比例,另一方面是探索直接利用木质纤维素及合成气产丁醇的可行性。通过一些过程工艺,如气提和渗透蒸发技术等可缓解丁醇毒性的限制,但应用于工业生产中不可避免地会增加过程成本[21,74]。因此,选育高性能的产丁醇微生物菌株是降低丁醇生产成本最经济有效的方法。

6.2.3.1 利用木质纤维素的丁醇发酵菌株

很少有原生的微生物或微生物系统可以直接降解木质纤维素生产丁醇,当前主要通过三种策略来构建产丁醇工程菌株或混菌系统:一种是在纤维素分解梭菌中引入丁醇合成途径;第二种是改造产溶剂梭菌,使其分泌或者在细胞表面展示纤维素酶或纤维素小体,从而获得降解纤维素的功能;第三种是将纤维素分解梭菌和产丁醇梭菌组成混菌系统。每种策略都有其独特的优势,实现并推动由木质纤维素生物质直接产丁醇的联合生物加工过程的研究[76]。

解纤维梭菌(*C. cellulolyticum*)分离于腐烂的草中,可通过分泌纤维素小体降解纤维素合成乳酸、乙酸、乙醇、H_2和CO_2。通过改造解纤维梭菌的缬氨酸合成途径,利用2-酮酸中间体实现了0.66g/L异丁醇的合成[1,54]。与异丁醇合成途径相比,正丁醇合成的辅酶A途径不会因为2-酮酸分支途径影响而引发碳损失,理论产率更高,通过删除乙酸和丁酸副产物的合成,有望进一步提高丁醇产量[21]。与解纤维梭菌相比,嗜纤维梭菌(*C. cellulovorans*)能利用多聚糖(纤维素、木聚糖和果胶)、二糖(纤维二糖、蔗糖和麦芽糖)以及单糖(葡萄糖、半乳糖和乳糖)作为碳源,具备完整的乙酰辅酶A到丁酰辅酶A的合成途径,主要产物为丁酸,更易于作为产丁醇的底盘细胞[72]。

在嗜纤维梭菌中引入双功能的醛醇脱氢酶编码基因*adhE2*,经一步转化可将丁酰辅酶A转化为丁醇,浓度达到1.42g/L,而丁酸产量下降80%[31]。随后,借助TargeTron和CRISPR/Cas系统等遗传工具在高丁醇耐受性的嗜纤维梭菌进化株中引入CoA依赖的产溶剂梭菌ABE发酵途径,可从碱处理玉米芯生产3.47g/L正丁醇,是野生型嗜纤维梭菌的139倍[76]。将来自丙酮丁醇梭菌的3种不同醛/醇脱氢酶编码基因*bdhB*、*adhE1*和*adhE2*分别或组合引入嗜纤维梭菌中,发现*adhE1*过表达菌株可以获得更高的丁醇/乙醇比例,*adhE2*表达菌株由结晶纤维素产丁醇最高达4.0g/L,转化率为0.22g/L[78]。

2005年,Mingardon等首次报道了在丙酮丁醇梭菌ATCC 824中实现微型纤维小体的生产、组装和分泌[79]。随后的研究主要针对于解决异源纤维小体和纤维素酶分泌的关键问题，包括前导肽、启动子强度和分子伴侣的研究和优化[80]。通过等位基因偶联交换（allele-coupled exchange，ACE）技术将由纤维素酶和微型支架基因组成的杂合纤维小体操纵子整合到丙酮丁醇梭菌的染色体中，通过内源分选酶系统将纤维小体成功锚定在细胞壁上，成功改善了重组菌株在木质纤维素上的生长表型[81]。该研究也代表了工程化改造产溶剂梭菌降解纤维素的里程碑。

微生物菌群可拓展多样的底物谱和代谢功能，在生产生物基燃料、大宗和精细化学品生产领域展示出强大的潜力[81-87]。与自然微生物菌群比，人工定制菌群相对简单，通过纤维素分解梭菌和产丁醇梭菌混合培养构建产纤维素丁醇的人工微生物混菌体系，可对其中菌株进行定向调控以适应外部环境，并利用混菌体系中微生物之间的有益相互作用促进丁醇生产。解纤维梭菌（C. cellulolytium）和嗜纤维梭菌（C. cellulovorans）与产溶剂菌株组成的混菌体系中，嗜纤维梭菌（C. cellulovorans）降解木质纤维素为拜氏梭菌（C. beijerinckii）提供生长和丁醇合成所需的单糖，而拜氏梭菌（C. beijerinckii）重新吸收和同化嗜纤维梭菌（C. cellulovorans）产生的大量丁酸，它们相互之间建立了一种"摄食-解毒"关系。这样的共生关系可在 80h 内降解 68.6g/L 的碱处理玉米芯，共产生 11.8g/L 溶剂（8.30g/L 正丁醇、2.64g/L 丙酮和 0.87g/L 乙醇）[88]。

Tseng 和 Wu 等[89-90] 提出多元模块工程（multivariate modular metabolic engineering，MMME）策略，该策略推动了微生物菌群的代谢途径和结构优化。得益于遗传工具的开发，基于多元模块工程策略将上述基于混菌系统的纤维素丁醇合成途径分为 4 个模块。所构建的工程化双菌体系可分解 83.2g/L 的碱处理玉米芯，产溶剂 22.1g/L，其中正丁醇 11.5g/L，产溶剂性能接近传统的产溶剂梭菌[34]。类似于天然的互利共生关系，提升人工混菌系统的性能要利用好物种之间相互的好处，结合模型驱动的菌株遗传工程和培养条件的优化能进一步提升混菌系统的性能[91-92]。

总的来说，基于单菌和人工混菌系统的联合生物加工进行丁醇发酵的应用潜力巨大。值得注意的是，这些厌氧食纤维梭菌产生纤维小体的能力明显弱于好氧的纤维素降解细菌，例如热纤梭菌（C. thermocellum）仅能生产 0.1g/L 的纤维小体，而里氏木霉（Trichoderma reesei）能够产生 10g/L 的纤维素酶。因此，提高梭菌高产纤维小体等纤维素降解酶组分将会有力推动联合生物工艺的发展[93-97]。

6.2.3.2 高溶剂耐受性丁醇发酵菌株

丁醇的细胞毒性限制了基于微生物发酵生产丁醇水平的上限，是生物丁醇工业化生产需要解决的主要问题之一[21,74]。目前主要有 3 种方法解决丁醇毒性问题：a. 筛选高耐受丁醇的异源微生物，然后表达丁醇生产途径；b. 提高天然产丁醇微生物本身的耐受性；c. 生产低毒性的丁醇衍生物。参考大肠杆菌高产丁醇的策略，需要对宿主进行大量系统的遗传改造使主代谢流完全进入丁醇合成途径。然而，乳酸菌作为丁醇耐受性最高的异源宿主，受其遗传工具及内源隐秘而又强大的乳酸合成途径的限制，以其为宿主产丁醇的水平还未突破 1g/L。而通过生产低毒性的丁醇衍生物避开丁醇毒性限制，背离了生物丁醇作为化石燃料替代品的应用初衷[21,74]。丁醇耐受性是一个复杂的生理表型，阐明产溶剂微生物感应、适应丁醇胁迫的机制，有助于提高产丁醇菌株的耐受性[98]。

在未完全解析复杂的表型机制情况下，随机突变结合特定筛选是国内外研究者提高工程菌株丁醇产量和耐受性的有效方法[16]。拜氏梭菌 C. berjerinckii BA101 是在葡萄糖类似物 2-脱氧葡萄糖（2-DG）存在下使用化学诱变剂 N-甲基-N-硝基胍处理筛选出的高淀粉酶活性的突变菌株，比 C. berjerinckii NCIMB8052 产更多的溶剂且丁醇比例高[48]。近些年，C berjerinckii BA101 在不同底物、不同发酵工艺条件下的产溶剂情况被广泛研究[48]。最近通过基因组测序也解析了其高产溶剂性能的遗传机制，发现其 PAS/PAC 传感器杂交组氨酸激酶编码基因 Cbei_3078 特异突变，另外一些可能与其表型相关的转录因子、激酶和磷酸酶响应因子发生了突变。随机突变获得高耐受丁醇突变株的方法具有偶然性、耗时长等缺陷，且难以最大程度地突破菌株对丁醇的耐受极限，因此依赖对丁醇毒性分子机理的全面研究，进行理性、系统的代谢工程改造，得到理想的丁醇发酵菌株[98,99]。此外，通过传统进化工程和代谢工程手段已经获得很多耐受丁醇的突变体[47]。

6.2.4 高产和高比例丁醇发酵菌株构建

对于天然和异源的产丁醇微生物，无论是以淀粉、木质纤维素或合成气为原料，实现丁醇高浓度且为唯一产物的同型丁醇发酵都是改善丁醇发酵经济性所期望的，不仅能提高丁醇的原料转化率，更能降低后续分离工艺的成本。以丙酮丁醇梭菌 ATCC824 和拜氏梭菌 NCIMB8052 为例，菌株批次发酵产物中丁醇占总溶剂质量约 60%，浓度为 10～12g/L，丁醇对葡萄糖的质量转化率低于 23%，而最大理论转化率为 41%。因此，在丁醇耐受极限内，将用于副产物合成的碳代谢流转向丁醇合成，提高以淀粉糖或木质纤维素水解糖为原料的丁醇产量和比例是改造和选育产溶剂梭菌的主要目标[18]。几十年来，高产和高比例丁醇发酵菌株的选育技术随着基因组学和遗传学的快速发展、代谢工程和合成生物学理论与技术的创新而不断变化。

在前基因组时代，物理或化学诱变剂介导的 DNA 随机突变和高劳动强度筛选是选育工业微生物菌株的可靠方法，也成功获得了一些性能优异的产溶剂菌株。例如，通过 N-甲基-N-硝基-N-亚硝基胍（NTG）诱变和 2-脱氧葡萄糖的选择性筛选获得突变株拜氏梭菌 BA101，其解淀粉酶活显著提高，是野生型的 1.8 倍，在葡萄糖或麦芽糊精为碳源合成培养基中批次发酵产溶剂和丁醇约 28g/L 和 19g/L，是野生型拜氏梭菌 NCIMB8052 的 2 倍[48]。近些年，在产溶剂途径清晰和遗传工具完善的背景下，这些随机突变方法仍然有效，除传统的物理和化学诱变剂外，还包括一些新的诱变技术，如氮离子束注入[100]、常压室温等离子体诱变[101] 及基于转座子的随机插入突变[38]、基因组重排[102]，特别是应对如丁醇耐受性、木质纤维素衍生抑制物耐受性等机制复杂的表型。

2001 年，丙酮丁醇梭菌 C. acetobutylicum ATCC824 基因组测序工作的完成揭开了产溶剂梭菌育种工作的新篇章[103]。在最初的几年，受产溶剂梭菌可用的穿梭质粒和功能性启动子少，电转化效率及基于同源重组单双交换技术的基因敲除效率低等多方面限制[104]。对产溶剂梭菌的遗传改造更多地局限于途径基因的过表达或单个基因的失活，对产溶剂性能的提升有限。硫解酶（thiolase，THL）催化丁醇合成前体乙酰辅酶 A 的缩合，该酶受多种底物及产物特别是对 HS 辅酶 A 的抑制，在丙酮丁醇梭菌 ATCC824 中过表达经蛋白质工程改造获得的对 HS 辅酶 A 不敏感的 THL 变体，可使丁醇浓度提高 18%[105]。醇醛脱氢酶（alcohol/aldehyde dehydrogenase，ADHE）负责催化丁醇和乙醇合成的最后一步反应，过表达 ADHE 往往导致乙醇的过多积累[106]。而同时过表达 THL 和 ADHE 虽然能减少乙醇积累，却又导致丙酮合成的增加，而丁醇浓度未有明显变化[106]。

基于Ⅱ类内含子的基因插入失活技术的成功开发加速了产溶剂梭菌的代谢工程改造[107,108]。丙酮占产溶剂梭菌ABE发酵过程产物的30%左右，是仅次于丁醇的第二大产物，但丙酮并不适宜用作燃料，会对发动机的塑料和橡胶部分产生腐蚀作用[109]。其合成过程又依赖乙酸和丁酸的回用过程，通过调控产酸及回用途径或直接干扰丙酮合成途径被视为促进丁醇合成的主要靶点[110,111]。

有研究者敲除丙酮丁醇梭菌ATCC824中产丁醇途径相关基因 *ctfB*、*pta*、*ack*、*buk* 和 *ptb* 后，对乙酸、丙酮、丁酸和丁醇代谢流进行了综合分析，认为乙酰辅酶A转化是合成丁醇主要途径，而不是通过产酸和酸同化途径，从乙酰辅酶A直接合成丁醇更为有效。通过敲除乙酸和丁酸合成酶基因，并过表达高丁醇偏好性的醇醛脱氢酶基因，使工程菌株的丁醇产量达到18.9g/L，比野生型提高了60%。鉴于丙酮丁醇梭菌胞内NADPH/NADP$^+$比例高，以 *C.kluyveri* 来源NADP$^+$依赖的3-羟基丁酰辅酶A脱氢酶Hbd1替换内源NAD$^+$依赖的酶获得菌株CAB1060，将丁醇/乙醇比例提高了6倍，丁醇代谢流增加1.6倍，葡萄糖到丁醇转化率达0.34g/L。进一步设计了以高浓度葡萄糖浆为原料的连续发酵过程，联合高密度细胞培养和低压下原位蒸馏提取技术，使正丁醇生产的滴度、产量和生产率分别达到550g/L、0.35g/g和14g/(L·h)[12]。该研究代表了以系统代谢工程策略理性改造和选育产溶剂梭菌的典范。

通过不产丙酮的产溶剂菌株或突变菌株可避开丙酮对丁醇合成代谢流的竞争。Gong等[113]发现 *C.tetanomorphum* DSM665能够重吸收丁酸和乙酸合成丁醇和乙醇，但不伴随合成丙酮，结合工艺优化可生产9.81g/L丁醇和1.01g/L乙醇。通过对 *C.tetanomorphum* DSM665的基因组分析和酶活测定发现其不带有合成丙酮的乙酸/丁酸-乙酰辅酶A转移 *ctfA/B* 和 *adc* 基因。

另外，将丙酮进一步还原生成异丙醇等高附加值的产品也是一个替代方案[114]。产溶剂梭菌中具有的天然合成异丙醇的微生物主要包括 *C.beijerinckii* NRRL B-593、*C.beijerinckii* NRRL B-592、*Clostridium* sp. BT10-6、*Clostridium* sp. M10-1、*Clostridium* sp. PU31-4、*Clostridium* sp. NJP7 和 *Clostridium* sp. A1424[115-118]。其中，*Clostridium* sp. NJP7因为能够利用半纤维素等多聚糖高效生产溶剂而受到广泛关注，添加NADPH的前体物质——烟酰胺，可增强 *Clostridium* sp. NJP7的缓冲能力和醇脱氢酶的活力，使丁醇和异丙醇的产量分别达到12.21g/L和1.92g/L，溶剂生产能力提高了0.44g/(L·h)。利用原位提取可使丁醇和异丙醇的终产量达到25.58g/L和5.25g/L。而通过控制发酵体系pH值为5.5，*Clostridium* sp. A1424生产丁醇和异丁醇分别达到9.43g/L和4.49g/L。在上述发酵过程，丙酮浓度随时间的推移而降低，推测可能依赖于NADPH异丙醇脱氢酶转化为异丙醇[117,118]。Dai等在产溶剂梭菌中异源过表达来源于 *C.beijerinckii* NRRL B593的仲醇脱氢酶，可将ABE发酵转换成异丁醇-丁醇-乙醇发酵，一定程度上缓解了副产物丙酮所产生的问题[114]。

近些年，基于CRISPR/Cas系统的基因编辑和调控工具被拓展至多种产溶剂梭菌，极大加速了基因敲除、整合效率，通过CRISPR抑制和激活、碱基编辑也丰富了代谢工程改造的广度[38]。

6.3 丁醇发酵工艺

产溶剂梭菌ABE发酵迄今已有百余年历史。第一次世界大战期间因制备无烟火药对溶剂丙酮的巨大需求，建立了丙酮丁醇梭菌利用玉米淀粉生产丙酮的发酵工艺。战争结束后，ABE 发酵逐渐转向丁醇的发酵生产，到 20 世纪 50 年代，世界上大约 2/3 的丁醇供应来源于 ABE 发酵过程。此后，由于 ABE 发酵原料价格上涨、原油价格下跌，工业丁醇生产逐步由发酵法转向化学法[119,120]。近年来，由于生物经济概念的提出以及可持续发展的需要，从可再生资源获取丁醇的发酵工艺再次焕发活力[121]。但与化学合成法竞争，开发经济可持续的丁醇发酵工艺仍面临巨大挑战，随着粮食价格的上涨和政府对粮食安全的日益关注，丁醇发酵的原料正逐渐从玉米扩展到更便宜的可再生木质纤维素生物质和合成气，这就需要开发适宜于廉价原料发酵的工程菌株，同时提升丁醇发酵浓度及转化率，开发降低分离纯化成本的新工艺[74,122]。

6.3.1 淀粉和糖基丁醇发酵

传统的 ABE 发酵过程使用淀粉类原料（如玉米）或糖蜜作为首选底物，而中国的玉米、木薯、甜高粱、小麦 B 淀粉和菊芋等非粮食底物也被尝试进行正丁醇发酵，甚至达到中试规模，但都因成本高而停止[57]。大多数产溶剂梭菌具有相似的中心碳代谢途径，能高效利用淀粉或淀粉糖，在发酵过程中面临的主要问题是溶剂产率和终浓度低，相关研究也主要关注于如何提高淀粉和糖底物丁醇生产的代谢和工程策略，这些策略同样可以应用于纤维素和合成气原料丁醇发酵，尽管它们首先面临的是如何实现底物的高效利用。

6.3.2 纤维素丁醇发酵

农林废弃物等木质纤维素生物质被认为是地球上最为丰富的可再生原料，被广泛探索用于多种化学品和生物燃料的生产。根据技术经济核算，纤维素丁醇具有与石油基丁醇相媲美的经济竞争力，未来提升空间主要在于降低原料预处理及酶、废水处理等成本，这取决于多项技术的改进，包括更高效的纤维素酶、预处理及水处理技术，更重要的是对产丁醇菌株的持续改进[21,123]。以木质纤维素生物质进行丁醇发酵主要有三条途径：一是分步水解和发酵（separate hydrolysis and fermentation，SHF）；二是同步糖化发酵（simultaneous saccharification and fermentation，SSF）；三是联合生物加工（consolidated bioprocessing，CBP）[36,124]。在分步水解发酵过程，木质纤维素生物质先经物理、化学方法处理去除木质素，释放纤维素和部分水解的半纤维素，然后经纤维素和半纤维素酶处理获得包含葡萄糖、木糖和阿拉伯糖的水解液，随后微生物利用水解糖液发酵生产丁醇。同步糖化发酵与分步水解发酵类似，需要先去除木质素，然后纤维素和半纤维素的酶解过程与微生物发酵过程同步进行。联合生物加工最大的优势是节省外加纤维素酶的成本，该工艺依赖能分泌纤维素酶或纤维小体的解纤维微生物或微生物菌群，具有巨大的应用潜力[118,125]。

6.3.3 合成气丁醇发酵

与玉米淀粉和木质纤维素原料相比，合成气（CO_2、CO 和 H_2）被认为是更为经济性的底物，利用食气菌株以合成气特别是钢厂废气为原料生产化学品受到广泛关注。当前，合成气丁醇发酵的研究主要集中在两个方面：一方面是对产乙酸梭菌的代谢工程改造，如建立新的基因编辑工具、引入产溶剂梭菌丁醇合成途径、对内源支路代谢途径的阻断等，以获得或提升菌株的产丁醇能力；另一方面是改进合成气生物燃料生产的发酵工艺，如培养基组成的优化、pH 值和温度的控制、气体成分的调控、压力和传质的调控等，以降低发酵过程成本或提升产丁醇水平。总的来说，当前食气梭菌的产丁醇性能及发酵工艺均需要更深入的改造[22]。

6.3.4　丁醇发酵主要影响因素

丙酮丁醇梭菌 ATCC824 在 ABE 发酵过程中的代谢产物包括丁醇、丙酮、乙醇、乙酸和丁酸等，外源添加 7~13g/L 丁醇能够对其产生 50% 的抑制作用，而添加高达 40g/L 丙酮或乙醇才能产生相当的作用[10]。因此，丁醇被认为是抑制产溶剂梭菌生理活性的主要毒性化合物[18]。

传统研究认为丁醇对产溶剂梭菌的毒性主要归因于丁醇的疏水特性导致细胞膜磷脂键的破坏。与短链脂肪醇对细胞膜的破坏机制不同，丁醇及其他长链脂肪醇会提高膜的流动性。对丙酮丁醇梭菌 ATCC824 不同生长时期脂肪酸含量的研究表明，对数生长期的培养物只能产生低剂量的丁醇，细胞膜含有 58% 的饱和酰基链脂；进入稳定生长期后，饱和酰基链脂含量上升至 77%。然而，有研究者获得突变菌株却能够耐受并高产 18.5g/L 的丁醇，而其细胞膜结构和组分却没有任何特殊变化，这说明细胞膜模型并不能完善解释丁醇毒性的问题。Jia 等[126] 利用蛋白激酶 C 与丁醇作用机制的保守性，通过一种简化的生物信息学方法在丙酮丁醇梭菌蛋白质组中筛选到一个与蛋白激酶 C 丁醇结合区具有 30% 相似性的未知功能基因 SMB_G1518。通过在生理学、蛋白质组学和细胞学水平上的分析，发现调控细胞的完整性和运动性是 SMB_G1518-1519 介导丙酮丁醇梭菌胞内丁醇毒性的两个重要机制（图 6-3，书后另见彩图）。

丙酮丁醇梭菌（C. acetobutylicum）和拜氏梭菌（C. beijerinckii）发酵过程中需要调控 pH 值促进产酸阶段向产溶剂阶段过渡，这限制了它们在工业发酵中的应用。通过控制拜氏梭菌 C. beijerinckii IB4 发酵过程中的 pH 值至 5.5，ABE 产量达到 24.65g/L(15.70g/L 丁醇、8.63g/L 丙酮和 0.32g/L 乙醇)，明显高于不控制 pH 值条件下 ABE 的产量[127]。但是控制 pH 值不可避免地增加工业生产成本。针对这些情况，Shanmugam 等[37] 从红树林沉积物中分离到产丁醇菌株 Clostridium sp. strain WST，其在厌氧条件下能够利用低浓度的底物高效生产丁醇。该菌株能够转化葡萄糖和半乳糖分别生产丁醇达 16.62g/L 和 12.11g/L，明显高于之前报道的梭菌发酵产量。另外，该菌株具有强大的调控系统，能够在不调控 pH 值的情况下完成丁醇发酵过程。

6.3.5　丁醇发酵分离技术

ABE 发酵的下游分离回收工艺要比酵母发酵生产乙醇的提取工艺复杂很多，成本更为高昂，这主要归因于以下 3 个原因：

① ABE 发酵体系丁醇含量太低（丁醇含量为 2%，乙醇含量为 15%）；

② 丁醇/水共沸物的沸点为 93℃，与水的沸点 100℃ 非常接近，而乙醇/水共沸物的沸点为 78.2℃；

③ 共沸物中最终蒸馏丁醇含量为 55.5%，而最终蒸馏乙醇含量为 95.5%。

由于上述特点，蒸馏回收丁醇所需的能量与这些丁醇燃烧所产生的能量相当，导致丁醇生产的经济性不高。因此，开发高效、低廉的丁醇分离和回收工艺将提升 ABE 发酵的

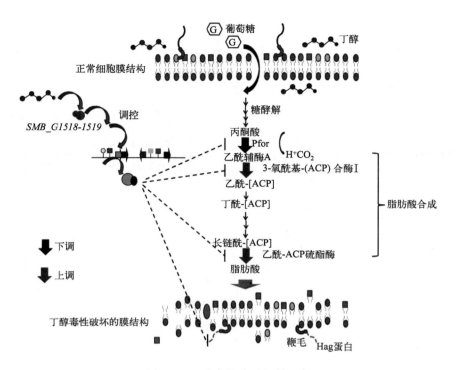

图 6-3 丁醇毒性分子机制示意

经济性[74]。丁醇原位提取工艺能够实时降低发酵培养基中丁醇浓度，减轻丁醇对细胞的毒性作用，从而长久维持发酵菌株的活性。该工艺包括液-液萃取、渗透萃取、反应萃取、吸附技术和蒸发技术等几种类型。

6.3.5.1 液-液萃取

液-液萃取是使用第二层萃取剂进行混合或者不混合萃取，可以采用连续或者不连续萃取[图 6-4(a)，书后另见彩图]。萃取剂通常在产溶剂梭菌产酸阶段之后添加，过早添加会萃取到乙酸和丁酸，对溶剂合成产生负面影响。用于液-液萃取的萃取剂需要具有高选择性、高分配系数、不形成乳化液、在溶液中有高稳定性和低溶解性等特征，同时对培养细胞的生长无抑制效应或者抑制程度较轻，还要尽可能对环境无害，细胞密度与普通培养基明显不同且易于相分离，提取过程中黏度低、能耗少，可高压灭菌，有较好的挥发性且价格低廉。液-液萃取工艺目前已应用于丙酮丁醇梭菌 *C.acetobutylicum* ATCC 824、拜氏梭菌 *C.beijerinckii* NCIMB 8052、巴氏梭菌 *C.pasteurianum* DSM 525 和糖乙酸多丁醇梭菌 *C.saccharoperbutylacetonicum* N1-4 等产丁醇微生物。

萃取剂的分配系数（K_D）和选择性（S）是决定是否适合丁醇提取的两个重要参数，丁醇分配系数 $K_{D\text{-BuOH}}$ 是有机相（β）和水相（α）的物质的量之比，选择性（S）是 $K_{D\text{-BuOH}}$ 与 $K_{D\text{-H}_2\text{O}}$ 的比值。温度是影响 K_D 和 S 值的主要因素，ABE 发酵通常设定为 35~37℃。

油醇是常用于丁醇和 ABE 原位提取的典型萃取剂，虽然油醇不具备挥发性，但无毒且具有较好的 $K_{D\text{-BuOH}}$（3~4）和选择性（200~300）[128,129]。烷烃毒性较弱，具有较高的 S 值，然而 $K_{D\text{-BuOH}}$ 值通常很小。萃取剂亲脂性越强，水相中萃取剂浓度越低。这导

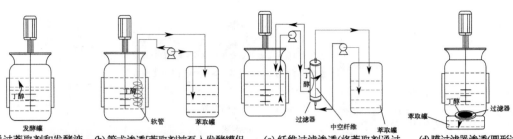

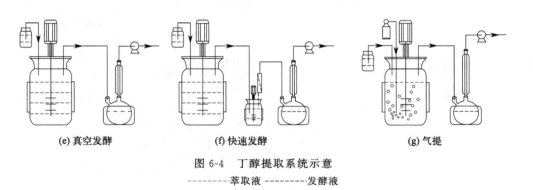

图 6-4 丁醇提取系统示意
-------- 萃取液 -------- 发酵液

致萃取剂与细胞膜的相互作用较弱,在生长介质中分散程度低,毒性低,吸水率低,同时丁醇提取能力也较低。芳香烃在高温下有更大的 K_{D-BuOH} 值[129],但它们大多对细胞有毒。天然油和甘油三酯也被用于提取发酵液中的丁醇,然而一些化合物会对发酵菌株有抑制效应,部分天然油会被微生物当作碳源利用,乙醇和丁醇会被甘油三酯提取,通过原位酯交换反应产生生物柴油。硅油不能被微生物代谢,也具有很好的选择性,然而其 K_{D-BuOH} 值非常小[130]。

酯类具有宽泛的 K_{D-BuOH} 值和选择性,短链单酯选择性较差但 K_{D-BuOH} 值大,二酯和三酯具有高 K_{D-BuOH} 值、高选择性和高沸点。短链醇具有较大的 K_{D-BuOH} 值,但其结构与丁醇相似,对产丁醇微生物有相似的毒性机制[94]。具有支链的中链醇毒性弱于其线性类似物,但是用于工业提取过于昂贵。作为萃取剂,醇类毒性随烷烃链长度和 K_{D-BuOH} 值的增加而减弱。有研究采用脂肪酸和油醇共同作为萃取剂,脂肪酸的 K_{D-BuOH} 值增大,但其表面活性未表现出理想特性[131]。

聚乙二醇(PEG)微溶于水,通常用于促进双水相的形成,其 K_{D-BuOH} 值为 3~4.8,且随着分子量(>1200)增大而降低,使用 PEG 萃取 ABE 发酵液可使丁醇进入含有 PEG 的相[132]。PEG 提取工艺的缺点在于需要去除含有 PEG 相中的水,成本过高。新聚合物溶液的研究为萃取试剂开辟了新领域。智能萃取剂可以通过开发功能化聚合物溶液获得,例如,通过调节 pH 值、温度、压力和其他因素条件,修饰超分子或可逆链延伸系统改变对丁醇的亲和力。

近些年,一些研究尝试采用不溶于水的离子液体提取丁醇。离子液体四铵化合物([Dec$_4$N][1-MeCHC]、[Hex$_4$N][DHSS]、[MeOct$_3$N][Oct] 和 [MeOct$_3$N]Cl)和三己基(四癸基)磷化合物([Ph$_3$t][(^{i}C$_8$)$_2$PO$_2$]、[Ph$_3$t][DCN]和[Ph$_3$t][Cl])的 K_{D-BuOH} 值

(7.99～21 和 7.49～59）明显高于已报道的丁醇萃取剂，且选择性高。在这些基团中，阴离子双（三氟甲基）磺酰亚胺的连接是不利的。另外，一些离子液体虽然具有超强的丁醇回收能力，但对细胞表现出毒性和抑制作用[128]。

6.3.5.2 渗透萃取

渗透萃取是使用半透膜进行辅助提取的一种方式，丁醇能够通过半透膜而萃取剂不能，从而实现丁醇的分离。这种方法能够避免萃取剂的乳化和毒性问题。在连续提取过程中，该工艺的优势是随着时间延长发酵生产力得到提高。表 6-3 总结了文献中报道的各种材料的膜在发酵丁醇回收中的性能。在 Jeon 和 Lee[133] 的研究中用硅酮膜（也称为聚二甲基硅氧烷膜）用于 ABE 发酵过程的丁醇分离。与常规分批发酵相比，该系统使总溶剂生产率提高 0.2～1.19g/(L·h)，与直接溶剂萃取分批发酵相比提高了 0.07g/(L·h)[图6-4(b)，书后另见彩图]。尽管这些值并不代表显著改善，但发酵保持活性的时间长度增加到非萃取发酵的 481%[133,134] 和常规液-液萃取发酵的 143%。

表 6-3 各种材料的膜在发酵丁醇回收中的性能

材料	膜厚度/mm	膜面积/m²	梭菌	溶剂	提取分批发酵液 丁醇/[g/(L·h)]	提取分批发酵液 丁醇/[g/(L·h·m²)]	参考文献
PTFE	0.075	0.00502	*C. saccharoperbutylaceticum* N1-4	正十二醇	0.394	78.6	[135]
PTFE	0.075	0.00502	*C. saccharoperbutylaceticum* N1-4	油醇	0.32	63.7	[135]
PDMS	0.8	0.227	*C. acetycobutylicum* ATCC824	油醇	0.705	3.07	[133]
PDMS	0.8	0.227	*C. acetycobutylicum* ATCC824	聚丙烯乙二醇	0.538	2.34	[133]
PDMS	0.8	0.227	*C. acetycobutylicum* ATCC824	三丁酸甘油酯	0.407	1.77	[133]
PDMS	0.4	0.215	*C. acetycobutylicum* P262	油醇	0.16	0.74	[134]
PDMS	ND	0.113	*C. acetycobutylicum* P262	油醇	0.1	0.88	[134]
PDMS	0.8	0.0714	*C. acetycobutylicum* ATCC824	油醇	ND	ND	[133]
PP 纤维	ND	0.1	*C. acetycobutylicum* DSM1731	油醇+癸烷(50/50)	ND	ND	[136]

注：ND—无数据；PDMS—硅酮（聚二甲基硅氧烷）；PTFE—聚四氟乙烯；PP—聚丙烯。

这意味着发酵产生的丁醇或 ABE 的最终总量已显著提高，这是非常重要的，因为这将大大节省培养基制备、接种和反应器设置所需的时间和精力。与其他材料（如聚四氟乙烯）相比，单位面积硅软管的效率较低。孔为 0.2mm 的聚丙烯（PP）纤维也已用于回收丁醇的中空纤维膜组件，如图 6-4(c) 所示（书后另见彩图）。该系统能够在相对简单的装置中提供大的接触面积[135]。它是由塑料外壳中的几个小直径（只有几毫米）的多孔聚丙烯软管组成，而肉汤是通过壳侧驱动，萃取剂在纤维内部。孔径为 1mm 的聚四氟乙烯过滤器具有较高的选择性，单位面积的丁醇回收率非常高[136]。这种渗透系统[（图 6-4(d)，书后另见彩图]用聚四氟乙烯过滤盘将萃取剂和肉汤分开，在 303～315K 的温度下进行了测试。萃取量随温度升高而增大。例如，当模型溶液中丁醇的初始浓度为 12.4kg/m³ 时，28℃时丁醇渗透量为 0.034kg/(h·m²)，35℃时为 0.039～0.042kg/(h·m²)，42℃时为 0.049kg/(h·m²)[137]。但该方法存在对设备等级要求较高且设备安装和操作较为复杂等缺点。

6.3.5.3 反应萃取

反应萃取是化学反应与萃取同时发生的过程。一些衍生物比丁醇本身更亲油，特别是长链酯，反应萃取可以改变分配平衡，从而降低发酵液中丁醇的浓度。反应萃取不容易进行，因为大多数用于与丁醇反应的化学物质对细胞培养是有毒的。此外，许多反应需要在高于最佳发酵温度的温度下进行。然而，有两种方法是可行的，使用生物催化酶或化学多相催化剂（例如硅酸盐颗粒表面的活性中心），反应酯化萃取已在乳酸和许多其他发酵中得到了很好的研究[138]。在 ABE 发酵过程中，最常见的萃取剂是长链惰性烃。在脂肪酶存在下，用植物油进行原位丁醇萃取，脂肪酸丁酯（适用于生物柴油）的酰基链长度在 12～20 个碳原子之间。所有这些酯在肉汤中都不易溶解，因此有利于萃取剂中反应的进行。油醇、长链仲醇、酯类和长链烃类可作为反应萃取的萃取剂，但也会产生一些副产物。

6.3.5.4 吸附技术

在 ABE 发酵过程中，底物、有机酸、丙酮、乙醇和丁醇的浓度都在变化，这些物质都可以被吸附。根据材料的性质、与吸附质相互作用的类型、孔径、表面积、吸附质浓度和其他吸附质的存在，有不同的模型来解释吸附现象。

当吸附物浓度远低于饱和浓度时，一些吸附剂的表现接近线性吸附曲线，而另一些则不是。一些研究人员确定了一个分配系数作为初步筛选最佳吸附剂的近似值（假设为线性行为）。饱和吸附是用于相同目的的另一种方法。常见的吸附剂包括活性炭、硅酸盐和铝硅酸盐组成的吸附剂等。需要指出的是，一些吸附剂可能是细胞生长的抑制剂。例如，树脂 Diaion HP-20 和 Dowex M43 在产丁醇发酵过程中表现出对细胞生长的严重抑制作用，丁醇产量减少 87%～99%[41]。当需要与细胞培养物直接接触时，最好使用无毒吸附剂。另一种减轻吸附剂抑制的方法是通过细胞过滤器（装有含吸附剂的滤芯）泵送培养物[134]。解吸过程对丁醇的整体回收也非常重要。一种好的吸附剂应在高温下具有较低的亲和力，解吸所需的热量对整个过程的成本也至关重要。例如，CBV28014 和 CBV901 分别需要 275J/g 和 355J/g 来解吸丁醇[139]，而 Norit Row 0.8 则需要高达 14127J/g。竞争性吸附（例如加压二氧化碳）、气提、洗脱和其他技术被视为解吸的替代方法，但成本也不低[139]。

未来吸附技术的发展取决于新材料的发现。一些金属有机骨架（MOF）材料是丁醇发生化学反应的催化剂，它们对丁醇表现出很高的吸附性和选择性，借助这一特性可以来探索吸附丁醇的原位或离位化学转化。未来的智能吸附剂应该具有可控制的吸附能力：在发酵条件下的吸附能力强，解吸条件下的吸附能力弱。当条件改变时，如果吸附位点的结构发生变化就可以实现这种行为，同时易于回收和重复使用。具有超分子结构的材料是最可行的智能吸附剂之一。

6.3.5.5 蒸发技术

(1) 渗透蒸发

渗透蒸发是一种将膜的渗透和真空蒸发相结合的分离过程。新膜可以允许丁醇高通量高选择性的渗透，所以这种技术被认为是回收丁醇的最有利、及时和有效的方法。温度、膜的厚度、真空压力、其他组分及其浓度对渗透蒸发性能的影响较小。这种方法的缺点是膜易被污染和堵塞，高特异性膜价格高，真空泵上非凝结气体易积累。因此，在实际发酵过程中需要批判性地讨论和比较渗透蒸发的效率。大多数采用渗透蒸发回收丁醇的研究都是采用硅酮［聚二甲基硅氧烷（PDMS）］膜、PDMS 共混物或 PDMS 衍生膜进行。Qureshi 等[134]和 Blaschek 等[48]评估了 PDMS 膜，用于 *C.beijerinckii* BA101 批次发酵中溶剂的回收。在渗透蒸发一体化发酵过程中，总溶剂产率由原来的 0.35g/(L·h) 提高到 0.98g/(L·h)，最终溶剂滴度达 165.1g/L。Kong 等[140] 使用渗透蒸发耦合分批发酵工艺，溶剂生产率达 0.98g/(L·h)，丁醇和 ABE 浓度分别为 93.49g/L 和 150.06g/L。

(2) 真空快速发酵

真空发酵[图 6-4(e)，书后另见彩图]和快速发酵（闪蒸）[图 6-4(f)，书后另见彩图]特别适合连续发酵过程。在真空发酵过程中，丁醇和其他产物在真空常温下从生物反应器中除去。快速发酵是在常压下使用生物反应器进行的，而肉汤被驱动通过真空室，在那里发生蒸馏。肉汤在真空室前面过滤，以便将细胞保留在反应容器中。曾有报道使用 C.beijerinckii NCIMB8052 或 C.beijerinckii P260 真空发酵生产丁醇。丁醇和水生成共沸混合物，沸点为 92.4℃。丁醇真空蒸馏得到的产物浓度更高。发酵在 711～737mmHg (1mmHg=133.3Pa)、35℃的真空条件下进行，发酵后 18h 保持恒定或循环真空。在 7L 间歇反应器中，丁醇产量从 80.6g/L 提高到 106.0g/L。采用连续真空时丁醇产量可达 120.1g/L，总 ABE 产量可达 141.2g/L。对丁醇连续发酵蒸馏提纯工艺的真空参数进行了优化，结合计算机模拟设计，丁醇快速发酵过程中丁醇产率从 4.51g/(L·h) 提高到 7.70g/(L·h)。快速发酵可以允许底物（糖或其他）的添加量达到 100～300g/L，缺点是糖的转化效率从 98.5% 降低到 92.9%[141-142]。

6.3.5.6 气提法

气提是一种简单、廉价和无毒的回收工艺。气提法是通过向发酵液中通入气体（或气体混合物）以促进气流中挥发性化合物蒸发的一种方法[图 6-4(g)，书后另见彩图]。气体剥离可以在生物反应器中进行，也可以在侧室中进行，然后将蒸发的气流在冷阱或冷凝器（热交换器）中冷凝。通常使用低成本的惰性气体，如氮气（N_2）或 ABE 发酵过程中产生的气体（CO_2 和 H_2）。气提可以使用高浓度的底物料，减小发酵所需的体积[143]。气提法与分批或补料分批发酵相结合，总丁醇产量分别从对照的 11.9g/L 提高到 16.4～46.4g/L，从 16.2g/L 提高到 19.8g/L。Xue 等在进料分批反应器中采用间歇剥离循环也证明了可提高丁醇滴度。在他们的发酵中，在 326h 内由 474.9g/L 葡萄糖得到 113.3g/L 丁醇。气提法的简单性使该技术特别适合与其他回收技术相结合，达到混合回收的目的。最近报道采用双气体捕集器或双剥离工艺的创新方法，回收的丁醇浓度可达数百克每升。气提法也被用于与渗透法结合，在 C.acetobutylicum JB200 的发酵中获得 521.3g/L 丁醇[144]。在另一项研究中，气提结合油醇提取，在 C.acetobutylicum ATCC824 的发酵中产生丁醇 549g/L[145]。

6.4 我国丁醇发酵产业化典型案例及技术经济性分析

6.4.1 我国丁醇发酵产业化典型案例

我国 ABE 发酵工业创始于 20 世纪 50 年代，在上海通过改造中国乙醇厂建立了第一家发酵生产 ABE 的企业——上海溶剂厂，主要采用玉米作为原料。随后，我国陆续建立了几十个利用淀粉生产丁醇的企业。这些企业全部的产能为 10000t/a。根据数据统计，我国全部的 ABE 产量曾经达到 $1.7×10^5$ t。随着谷物价格的上涨以及废弃物处理成本的增加，ABE 发酵工艺在经济上很难与化学法生产丙酮和丁醇工艺进行竞争，所以在 20 世纪 90 年代，全国发酵生产溶剂企业全部停产。近年来，随着石油资源及其产品对生态环境污染问题的日益突出，以及人们对生物经济学的深入认识，我国对 ABE 发酵生产企业进行了重新布局。我国丁醇供应严重依赖进口，且每年丁醇消耗量以 6.7%的平均增长速度递增。针对这些情况，我国在 2007 年以后先后建立或者重建了十几家 ABE 发酵企业，溶剂产量曾经高达 210000t，其中松原吉安生化有限公司产量为 100000t/a、广西桂平市金源酒精实业有限公司为 30000t/a、吉林凯赛生物技术有限公司为 30000t/a、江苏金茂源生物化工有限责任公司为 30000t/a、中科风电（通辽）有限公司为 10000t/a、吉林中海能源技术有限公司为 5000t/a 等。另外，一些产能超过 8×10^5 t/a 的大型丁醇企业已经开始建设。虽然 ABE 发酵企业在这段时间开始恢复生产，但是 ABE 发酵生产丁醇的成本在经济上不能与化学法生产丁醇工艺形成竞争优势，仍然需要国家从政策方面进行倾斜扶持[20]。

6.4.2 我国丁醇发酵产业技术经济性分析

我国主要利用淀粉（来源于玉米、木薯和马铃薯）、糖蜜和水解物作为原料，通过 ABE 工艺发酵生产丁醇。截至 2023 年 5 月，全国玉米价格均价已升至 2690 元/t。木薯是广泛种植于越南、泰国和中国广西的一种热带植物，是淀粉等原料的重要来源之一。木薯淀粉目前市场价格维持在 4600 元/t，而马铃薯淀粉的价格为 9000 元/t，糖蜜的价格为 1600 元/t。这些原料的价格从 2008 年以来急剧升高，而 ABE 生产效率依然维持在与 2008 年相当水平。我国每生产 1t ABE 溶剂，需要消耗的原料和能量为：玉米 4~4.5t、蒸汽 13~25t、水 20~30t、电 700~1000kW·h。使用 100kg 玉米淀粉作为原料，通过 ABE 发酵可以生产 11kg 丙酮、22.5kg 丁醇和 2.7kg 乙醇，其他副产物包括 $36m^3 CO_2$、$24m^3 H_2$ 以及玉米胚、杂色油和醪糟[20]。分离和压缩的 CO_2 和 H_2 可以作为发酵过程中有价值的副产品，醪糟因为包含营养成分蛋白质、有机酸、维生素和糖，可以用作优良的动物饲料。另外，发酵过程中也可产生副产物异丙醇、异戊醇、乙酸和丁酸，发酵原料和菌株的使用会对这些副产物的组分产生一定影响。

丁醇质量占总溶剂质量的 60%~70%，不可避免地增加了产物分离成本和能量消耗。丁醇对原料葡萄糖的质量收率为 25%~29%，仅为理论最大产量的 61%~71%。丁醇的能量含量为 36.2MJ/kg，从 2%的肉汤培养基中直接蒸馏丁醇消耗的能量大致与丁醇的能量含量相同。丁醇蒸馏提取成本约占 ABE 发酵生产总成本的 20%，而将丁醇产量由 12g/L 提高至 19g/L，丁醇蒸馏提取成本将降低 50%。然而，丁醇产量达到 13~14g/L 时即可对产溶剂梭菌产生明显毒性。渗透和吸附提取是所有丁醇提取方法中消耗能量最低的方法，其中吸附提取所需要的能量消耗很多用于解吸过程中，吸附和萃取过程的总成本也高度依赖于所用吸附剂和萃取剂的价格。气提、渗透蒸发和真空闪蒸的能耗与所使用的能源以及纯化产物的浓缩有很大关系。浓缩器维持在较低温度下可以减少丁醇的损失，但会增加丁醇生产成本。气提法因其操作简单，所以可以与其他技术整合使用。双气提系统只需要投入少于 5MJ/kg 的能量就可以生产 500g/L 丁醇。将气提与渗透蒸发整合或者双气提和双渗透蒸发整合，丁醇最高浓度可达 400~550g/L[20,74]。

6.5 我国丁醇发酵产业、技术现状与发展趋势

6.5.1 我国丁醇发酵产业政策环境分析

目前我国正丁醇盈利水平在产业链内最高，正丁醇再次引起业内关注。但由于正丁醇的生产需要合成气，合成气的制备需要煤炭或天然气，随着我国碳减排政策的实施，煤气

化设备的审批难度将会更加巨大，而天然气制备合成气成本又高。未来 5 年，合成气将是阻碍我国正丁醇生产能力发展的主要因素，正丁醇生产能力的增加将很有限。

我国科学技术部在"十三五"期间也明确了加快发展和壮大生物丁醇产业，以充分利用可再生资源，解决生物丁醇产业可能面临的资源短缺等问题，构建可持续的经济发展之路的规划。重点资助研究利用不同原料路线进行丁醇低成本生物制造的技术，运用代谢工程和系统生物学技术提高产丁醇菌株对底物的利用速率，拓展其底物利用范围，优化工艺路线，建立生物丁醇产业化应用示范。

"十三五"时期是我国生物丁醇发酵产业发展的调整期，也是发展的关键期，需要认清发展形势，理顺发展思路，明确发展目标，持续提升生物丁醇产业的内在发展动力，夯实产业综合实力，从而提高竞争力，掌握发展产业的主动权。

6.5.2　我国丁醇发酵产业、技术现状

我国科研人员虽然通过代谢工程在大肠埃希菌、酵母菌和蓝藻等微生物中实现了丁醇的生物合成，然而目前工业上仍然采用 ABE 发酵工艺生产丁醇。丁醇发酵原料的选择主要根据农业生产情况确定，如广西企业利用糖蜜作为原料生产丁醇，而其他地区大部分企业采用谷类、薯类淀粉为主要原料生产丁醇。溶剂发酵菌种多为 *C.acetobutylicum*，且由国内的研究所或工厂自行选育驯养而来，如中国科学院微生物研究所的 AS 1.70，上海溶剂厂的具有抗噬菌体能力的新抗-2 号。这些菌种所产溶剂中 3 种组分丁醇、丙酮、乙醇比例均为 6∶3∶1。"七五"期间，中国科学院上海生命科学研究院植物生理生态研究所的焦瑞身、杨蕴刘研究员等通过土样分离和诱变筛选获得了高丁醇比例菌株 EA 2018，其溶剂中 3 种组分丁醇、丙酮、乙醇比例为 7∶2∶1，淀粉转化率比传统菌种高 5%。此外，其他溶剂厂也结合自身特点，选育出适用于特定原料如糖蜜、水解液的菌种[20,110]。

我国从 20 世纪中叶开始一直采用连续发酵工艺生产丁醇。连续发酵系统通常由串联连接的 6～8 个发酵罐（每个发酵罐的容积为 200～500m^3）组成。将新鲜的底物连续加入第 1 个和第 2 个槽（每个发酵系列中有 2 个活化槽），并定期添加在较小的种子培养槽（30～60m^3）制备的种子培养液中。这种配制和接种程序可在较大的连续发酵系统中将细胞维持在其活跃期。整个系统以溢流方式连续运行，其中将底物装载到顶部，发酵物从每个发酵罐的底部排出。每个发酵罐之间保持一定的压降，第 1 个发酵罐中压力最高（约 0.1MPa），最后一个发酵罐中压力最低（约 0.05MPa）。我国 ABE 发酵过程实际上是一个"连续"过程，因此发酵可以稳定运行 170～480h，且无需灭菌和装载。与分批发酵相比，连续发酵的生产率通常高出 20%～50%[20]。

我国已经成为世界第一制造大国，石油炼制技术相对成熟，面对石油基丁醇的激烈竞争，ABE 发酵产品在经济上处于不利地位。导致丁醇发酵缺乏经济竞争力的主要原因是：a. 粮食原料的高成本；b. 丁醇毒性造成的低产物浓度；c. 发酵产物中存在丙酮和乙醇副产物[20,21,74,110]。

6.5.3　我国丁醇发酵产业、技术发展趋势

"十三五"期间，生物丁醇产业面临以下产业政策调整和环境变化。

① 国家产业政策为生物丁醇创造了良好的外部环境。"十二五"期间，生物丁醇产业得益于国家密集出台的一系列相关产业政策，得以快速发展。后续发展放缓，很大一部分

受国家整体经济进入发展调整期的影响。现有的数据显示，丁醇市场在2019年已经达到64亿美元，预计到2024年丁醇市场将增加到76亿美元。每年生物丁醇的需求量大约为8.36%，而中国、美国和欧盟将引领全球对生物丁醇的消费[110]。从大的发展形势和趋势分析，生物丁醇产业仍然是国家战略性新兴产业之一，必然继续引领我国产业结构调整及技术创新。同时，由于生物丁醇产业又归属于玉米深加工产业范畴，其在保护农民利益和发展农村经济中的地位决定了其发展的可持续性。因此，"十三五"期间国家继续从政策上对生物丁醇发展给予了鼓励和支持。

② 生物丁醇产业继续吸引资本市场的高度关注，具有较强的可持续发展动力。我国对生物丁醇项目出台了一系列扶植政策，将生物丁醇项目列入《"十三五"生物技术创新专项规划》中。未来生物丁醇产业投融资渠道更加多样，在新技术不断突破和转变经济发展方式的背景下，我国亟须资助和培育一批有代表性的创新型公司；积极采用ISO系列和国际通行认可的认证和标准，进一步健全生物丁醇的标准化体系，加强检测方法、生产规范和清洁生产等标准的制定；应继续加大国家及各级地方政府对生物丁醇产业的财政支持力度，充分利用现有财政政策及资金渠道，推动产业技术改造和工艺设备更新。

③ 消费市场对生物丁醇的认可。随着各国工业化的快速发展和现代化技术的不断提高，能源问题成为国家战略性发展的关键，备受各国政府关注。截至当前，化石燃料占全球总能源需求的83%，在未来2030年之前化石燃料依然是非常重要的能源。然而在我国工业化取得巨大成就建成了全球最为完整的工业体系的同时，全球变暖和能源危机问题也相继而生。因此，迫切需要可再生的清洁能源来部分或完全替代传统的化石燃料，以应对能源危机，减少温室气体及其他污染性气体的排放，走可持续发展的道路。生物燃料丁醇作为新型生物质能源，其具有的能量含量高、蒸气压低、腐蚀性小、不易挥发、不吸湿、辛烷值高等优点，开发生物丁醇项目可以在一定程度上解决全球市场对化石燃料的依赖，有望成为新一代极具发展潜力的生物燃料。另外，随着消费大众收入水平的提高，以及人们对石油资源及其产品引发的生态环境污染问题的深入认识，人们已经开始接受生物经济理念，认识到生物丁醇的重要性并开始消费生物丁醇。生物丁醇逐步进入大众消费并推动我国发酵工业的结构调整，促进生物丁醇产业的健康发展。

未来生物丁醇产业的发展主要依赖以下技术手段。

① 廉价原料替代。当前生产的绝大部分正丁醇都是通过化学法合成。传统化学法生产丁醇的产量可观，却存在环境污染等与可持续发展理念相悖的结果，采用发酵法生产丁醇替代石化路线成为丁醇生产的必然趋势。发酵法生产丁醇走向产业化亟须解决廉价原料替代问题。木质纤维素生物质作为可再生原料，其替代传统原料淀粉可以显著降低ABE生产成本。联合生物加工已经成为转化木质纤维素生物质生产丁醇的一种经济、有效工艺。随着遗传操作系统的成熟，很多降解纤维素的梭菌通过工程改造具有了合成丁醇能力。*C. thermocellum* 作为微生物宿主具有高效降解纤维素的功能，被认为是利用纤维素生产丁醇的优良细胞工厂。然而，*C. thermocellum* 利用纤维素生产丁醇的产量远低于其利用淀粉生产丁醇的产量。因此，推动该工艺在工业上的应用需要在 *C. thermocellum* 中引入或者增强丁醇合成途径，以及改造纤维小体系统提高纤维素降解效率[21]。

合成气发酵是一种新兴的生物丁醇生产方式。一碳气体来源广泛，既可以来源于含碳材料，如工农业废料和城市固体垃圾等的气化产物，也可以直接来源于富含一碳气体的工业尾气，如钢厂尾气等。虽然当前合成气发酵的生产效率尚不能满足商业化发酵的需求，

② 提高发酵过程中丁醇比例。ABE 发酵的产物是包括丙酮、丁醇、乙醇在内的有机混合物，副产物丙酮和乙醇属于低值产物，其中丙酮产量占 ABE 发酵总溶剂产量的 30%，这些产物既无法回收也无法利用，更是降低了原料的转化效率，增加了生产成本。在丁醇发酵过程中，提高丁醇的比重，进一步降低原料和蒸馏成本，通过提高溶剂型梭状芽孢杆菌的丁醇耐受性或在具有较高丁醇耐受性的宿主中引入正丁醇的合成途径，从而实现更高效价的丁醇发酵。代谢工程能够通过合理的设计改变菌株的代谢流分布，大肠埃希菌和嗜热菌已经被改造成发酵产丁醇的微生物工厂，通过提高丁醇耐受性，进而提高丁醇产量。中国科学院上海生命科学研究院的科研人员通过传统诱变方法，获得了高丁醇比菌株 C. acetobutylicum EA2018，产物丁醇、丙酮、乙醇比例为 7∶2∶1，比传统菌种的丁醇比例提高 10%，但从其发酵总溶剂浓度看，丁醇的浓度尚处在 14g/L 左右，表明丁醇耐受性仍是一个必须考虑的关键问题[110]。

③ 降低 ABE 纯化回收成本。产溶剂梭菌是用于生产丁醇的一类最为优秀的菌株。ABE 发酵生产丁醇过程中，丁醇在 ABE 总混合物中所占的比例通常不低于 60%，然而，发酵后期发酵液中积累的丁醇对产溶剂梭菌产生毒性，产溶剂梭菌的丁醇耐受性会成为限制丁醇产量的一个重要因素。因此，减轻丁醇对细胞的毒性，提高丁醇产量，是亟待解决的问题。研究人员通过采取液-液萃取、渗透、吸附、渗透汽化、真空发酵、闪蒸、气提等原位回收技术，降低发酵液中丁醇的含量以减弱丁醇对细胞的毒性，如应用先进的膜技术、使用最新的萃取剂、应用辅助剂辅助丁醇衍生物的原位合成。丁醇原位提取工艺能有效降低发酵培养基中产生毒性的丁醇浓度，从而能够较长时间维持发酵菌株的活性，同时还能够降低 ABE 生物发酵产丁醇的回收成本和再利用率。新材料的发现促进了膜提取技术的进步，如 MOF 和液体膜，这些新开发的膜材料更适用于丁醇回收[137]。

参考文献

[1] Atsumi S, Cann A F, Connor M R, et al. Metabolic engineering of Escherichia coli for 1-butanol production [J]. Metabolic Engineering, 2008, 10 (6): 305-311.

[2] Sakuragi H, Morisaka H, Kuroda K, et al. Enhanced butanol production by eukaryotic Saccharomyces cerevisiae engineered to contain an improved pathway [J]. Bioscience, Biotechnology, and Biochemistry, 2015, 79: 314-320.

[3] Luo H Z, Zeng Q W, Han S, et al. High-efficient *n*-butanol production by co-culturing *Clostridium acetobutylicum* and *Saccharomyces cerevisiae* integrated with butyrate fermentative supernatant addition [J]. World Journal of Microbiology and Biotechnology, 2017, 33 (4): 76.

[4] Azambuja S P H, Goldbeck R Butanol production by *Saccharomyces cerevisiae*: Perspectives, strategies and challenges [J]. World Journal of Microbiology and Biotechnology, 2020, 36: 48.

[5] Zheng J, Tashiro Y, Wang Q H, et al. Recent advances to improve fermentative butanol production: Genetic engineering and fermentation technology [J]. Journal of Bioscience and Bioengineering, 2015, 119 (1): 1-9.

[6] Lipovsky J, Patakova P, Paulova L, et al. Butanol production by *Clostridium pasteurianum* NRRL B-598 in continuous culture compared to batch and fed-batch systems [J]. Fuel Process Technology, 2016, 144: 139-144.

[7] Thangavelu S K, Ahmed A S, Ani F N. Review on bioethanol as alternative fuel for spark ignition engines [J]. Renewable & Sustainable Energy Reviews, 2016, 56: 820-835.

[8] Trindade W R D S, Santos R G D. Review on the characteristics of butanol, its production and use as fuel in internal combustion engines [J]. Renewable & Sustainable Energy Reviews, 2017, 69: 642-651.

[9] Uyttebroek M, Vam Hecke W, Vanbroekhoven K. Sustainability metrics of 1-butanol [J]. Catalysis Today,

2015, 239: 7-10.
[10] Dürre P. Fermentative production of butanol—the academic perspective [J]. Current Opinion in Biotechnology, 2011, 22: 331-336.
[11] Köpke M, Mihalcea C, Liew F, et al. 2, 3-butanediol production by acetogenic bacteria, an alternative route to chemical synthesis, using industrial waste gas [J]. Applied and Environmental Microbiology, 2011, 77 (15): 5467-5475.
[12] Riittonen T, Toukoniitty E, Madnani D K, et al. One-pot liquid-phase catalytic conversion of ethanol to 1-butanol over aluminium oxide—the effect of the active metal on the selectivity [J]. Catalysts, 2012, 2: 68-84.
[13] Dowson G R M, Haddow M F, Lee J, Wingad R L, et al. Catalytic conversion of ethanol into an advanced biofuel: unprecedented selectivity for *n*-butanol [J]. Angewandte Chemie International Edition, 2013, 125: 9175-9178.
[14] Scalbert J, Starzyk F T, Jacquot R, et al. Ethanol condensation to butanol at high temperatures over a basic heterogeneous catalyst: how relevant is acetaldehyde self-aldolization [J]. Journal of Catalysis, 2014, 311: 28-32.
[15] Ndaba B, Chiyanzu I, Marx S. *n*-Butanol derived from biochemical and chemical routes: A review [J]. Biotechnology Reports, 2015, 8: 1-9.
[16] Dürre P. Butanol formation from gaseous substrates [J]. FEMS Microbiology Letters, 2016, 363: 040.
[17] Kushwaha D, Srivastava N, MishraI, et al. Recent trends in biobutanol production [J]. Reviews in Chemical Engineering, 2019, 35: 475-504.
[18] Chen C T, James C. Frontiers in microbial 1-butanol and isobutanol production [J]. FEMS Microbiology Letters, 2016, 363: 020.
[19] Pasteur L. Quelques résultats nouveaux relatifs aux fermentations acétique et butyrique [J]. Bulletin de la Société de Chimie Biologique, 1862: 52-53.
[20] Ni Y, Sun Z H. Recent progress on industrial fermentative production of acetone-butanol-ethanol by *Clostridium acetobutylicum* in China [J]. Applied Microbiology and Biotechnology, 2009, 83: 415-423.
[21] Xin F X, Dong W L, Zhang W N, et al. Biobutanol production from crystalline cellulose through consolidated bioprocessing [J]. Trends in Biotechnology, 2019, 37: 167-180.
[22] Wen Z Q, Ledesma A R, Lu M R, et al. Combined evolutionary engineering and genetic manipulation improve low pH tolerance and butanol production in a synthetic microbial *Clostridium* community [J]. Biotechnology and Bioengineering. 2020, 117 (7): 2008-2022.
[23] Yu E K C, Chan M K H, Saddler J N. Butanol production from cellulosic substrates by sequential co-culture of *Clostridium thermocellum* and *C. acetobutylicum* [J]. Biotechnology Letters, 1985, 7: 509-514.
[24] Li F L, Hinderberger J, Seedorf H, et al. Coupled ferredoxin and crotonyl coenzyme A (CoA) reduction with NADH catalyzed by the butyryl-CoA dehydrogenase/Etf complex from *Clostridium kluyveri* [J]. Journal of Bacteriology, 2008, 190: 843-850.
[25] Herrmann G, Jayamani E, Mai G, et al. Energy conservation via electron-transferring flavoprotein in anaerobic bacteria [J]. Journal of Bacteriology, 2008, 190: 784-791.
[26] Maddipati P, Atiyeh H K, Bellmer D D, et al. Ethanol production from syngas by *Clostridium* strain P11 using corn steep liquor as a nutrient replacement to yeast extract [J]. Bioresource Technology, 2011, 102: 6494-6501.
[27] Pujol S R, Ganigue R, Baneras L, et al. Incubation at 25℃ prevents acid crash and enhances alcohol production in *Clostridium carboxidivorans* P7 [J]. Bioresource Technology, 2015, 192: 296-303.
[28] Dellomonaco C, Clomburg J M, Miller E N, et al. Engineered reversal of the β-oxidation cycle for the synthesis of fuels and chemicals [J]. Nature, 2011, 476: 355-359.
[29] Shen C R, Lan E I, Dekishima Y, et al. Driving forces enable high-titer anaerobic 1-butanol synthesis in *Escherichia coli* [J]. Applied and Environmental Microbiology, 2011, 77: 2905-2915.
[30] Steen E J, Chan R, Prasad N, et al. Metabolic engineering of Saccharomyces cerevisiae for the production of *n*-butanol [J]. Microbial Cell Factory, 2008, 7: 36.
[31] Yang X R, Xu M M, Yang S T. Metabolic and process engineering of *Clostridium cellulovorans* for biofuel pro-

duction from cellulose [J]. Metabolic Engineering, 2015, 32: 39-48.

[32] Gaida S M, Liedtke A, Jentges A H, et al. Metabolic engineering of *Clostridium cellulolyticum* for the production of *n*-butanol from crystalline cellulose [J]. Microb Cell Fact, 2016, 15: 6.

[33] Hou X R, From N, Angelidaki I, et al. Butanol fermentation of the brown seaweed laminaria digitata by *Clostridium beijerinckii* DSM-6422 [J]. Bioresource Technology, 2017, 238: 16-21.

[34] Wen Z Q, Minton N P, Zhang Y, et al. Enhanced solvent production by metabolic engineering of a twin-clostridial consortium [J]. Metabolic Engineering, 2017, 39: 38-48.

[35] Schwarz K M, Grosse-Honebrink A, Derecka K, et al. Towards improved butanol production through targeted genetic modification of *Clostridium pasteurianum* [J]. Metabolic Engineering, 2017, 40: 124-137.

[36] Qin Z D, Duns G J, Pan T, et al. Consolidated processing of biobutanol production from food wastes by solventogenic *Clostridium* sp. strain HN4 [J]. Bioresource Technology, 2018, 264: 148-153.

[37] Shanmugam S, Sun C G, Zeng X M, et al. High-efficient production of biobutanol by a novel *Clostridium* sp. strain WST with uncontrolled pH strategy [J]. Bioresource Technology, 2018, 256: 543-547.

[38] Zhang J, Zong W M, Hong W, et al. Exploiting endogenous CRISPR-Cas system for multiplex genome editing in *Clostridium tyrobutyricum* and engineer the strain for high-level butanol production [J]. Metabolic Engineering, 2018, 47: 49-59.

[39] Bhandiwad A, Shaw A J, Guss A, et al. Metabolic engineering of *Thermoanaerobacterium saccharolyticum* for *n*-butanol production [J]. Metabolic Engineering, 2014, 21: 17-25.

[40] Jiang Y J, Guo D, Lu J S, et al. Consolidated bioprocessing of butanol production from xylan by a thermophilic and butanologenic *Thermoanaerobacterium* sp. M5 [J]. Biotechnology for Biofuels, 2018, 11: 89.

[41] Nielsen D R, Prather K J. In situ product recovery of *n*-butanol using polymeric resins [J]. Biotechnology & Bioengineering, 2009, 102: 811-821.

[42] Berezina O V, Zakharova N V, Brandt A, et al. Reconstructing the clostridial *n*-butanol metabolic pathway in *Lactobacillus brevis* [J]. Applied Microbiology and Biotechnology, 2010, 87: 635-646.

[43] Lan E I, Liao J C. Metabolic engineering of cyanobacteria for 1-butanol production from carbon dioxide [J]. Metabolic Engineering, 2011, 13: 353-363.

[44] Lan E I, Liao J C. ATP drives direct photosynthetic production of 1-butanol in cyanobacteria [J]. Proceedings of National Academy of Science, 2012, 109: 601-6023.

[45] Lan E I, Liao J C. Microbial synthesis of *n*-butanol, isobutanol, and other higher alcohols from diverse resources [J]. Bioresource Technology, 2013, 135: 339-349.

[46] Jang Y S, Lee J Y, Lee J, et al. Enhanced butanol production obtained by reinforcing the direct butanol-forming route in *Clostridium acetobutylicum* [J]. mBio, 2012, 3: 429-493.

[47] Tomas C A, Welker N E, Papoutsakis E T. Overexpression of groESL in *Clostridium acetobutylicum* results in increased solvent production and tolerance, prolonged metabolism, and changes in the cell's transcriptional program [J]. Applied and Environmental Microbiology, 2003, 69: 4951-4965.

[48] Formanek J, Mackie R, Blaschek H P. Enhanced butanol production by *Clostridium beijerinckii* BA101 grown in semidefined P2 medium containing 6 percent maltodextrin or glucose [J]. Applied and Environmental Microbiology, 1997, 63: 2306-2310.

[49] Kopke M, Liew F. Production of butanol from carbon monoxide by a recombinant microorganism: JP2013543724A [P]. 2023-12-26.

[50] Baez A, Cho K M, Liao J C. High-flux isobutanol production using engineered *Escherichia coli*: A bioreactor study with in situ product removal [J]. Applied Microbiology and Biotechnology, 2011, 90: 1681-1690.

[51] Noda S, Mori Y, Oyama S, et al. Reconstruction of metabolic pathway for isobutanol production in *Escherichia coli* [J]. Microbial Cell Factories, 2019, 18: 124.

[52] Shen C R, Liao J C. Metabolic engineering of Escherichia coli for 1-butanol and 1-propanol production via the ketoacid pathways [J]. Metabolic Engineering, 2008: 312-320.

[53] Huo Y X, Cho K M, Rivera J G L, et al. Conversion of proteins into biofuels by engineering nitrogen flux [J]. Nature Biotechnology, 2011, 29: 346-351.

[54] Higashide W, Li Y, Yang Y, et al. Metabolic Engineering of *Clostridium cellulolyticum* for production of isobutanol from cellulose [J]. Applied and Environmental Microbiology, 2011, 77: 2727-2733.

[55] Lin P P, Rabe K S, Takasumi J L, et al. Isobutanol production at elevated temperatures in thermophilic *Geobacillus thermoglucosidasius* [J]. Metabolic Engineering, 2014, 24: 1-8.

[56] Lin P P, Mi L, Morioka A H, et al. Consolidated bioprocessing of cellulose to isobutanol using *Clostridium thermocellum* [J]. Metabolic Engineering, 2015, 31: 44-52.

[57] Gu J J, Zhou J D, Zhang Z X, et al. Isobutanol and 2-ketoisovalerate production by *Klebsiella pneumoniae* via a native pathway [J]. Metabolic Engineering, 2017, 43: 71-84.

[58] Nitschel R, Ankenbauer A, Welsch I, et al. Engineering *Pseudomonas putida* KT2440 for the production of isobutanol [J]. Engineering in Life Science, 2020, 20: 148-159.

[59] Lee W H, Seo S O, Bae Y H, et al. Isobutanol production in engineered *Saccharomyces cerevisiae* by overexpression of 2-ketoisovalerate decarboxylase and valine biosynthetic enzymes [J]. Bioprocess Biosystems Engineering, 2012, 35: 1467-1475.

[60] Avalos J L, Fink G R, Stephanopoulos G. Compartmentalization of metabolic pathways in yeast mitochondria improves the production of branched-chain alcohols [J]. Nature Biotechnology, 2013, 31: 335-341.

[61] Matsuda F, Ishii J, Kondo T, et al. Increased isobutanol production in *Saccharomyces cerevisiae* by eliminating competing pathways and resolving cofactor imbalance [J]. Microbial Cell Factories, 2013, 12: 119.

[62] Promdonkoy P, Siripong W, Downes J J, et al. Systematic improvement of isobutanol production from d-xylose in engineered *Saccharomyces cerevisiae* [J]. AMB express, 2019, 9: 160.

[63] Park S H, Hahn J S. Development of an efcient cytosolic isobutanol production pathway in *Saccharomyces cerevisiae* by optimizing copy numbers and expression of the pathway genes based on the toxic efect of α-acetolactate [J]. Scientific Reports, 2019, 9: 3996.

[64] Acedos M G, Ramon A, Morena S D L, et al. Isobutanol production by a recombinant biocatalyst *Shimwellia blattae* (p424IbPSO): Study of the operational conditions [J]. Biochemical Engineering Journal, 2018, 133: 21-27.

[65] Atsumi S, Higashide W, Liao J C. Direct photosynthetic recycling of carbon dioxide to isobutyraldehyde [J]. Nature Biotechnology. 2009, 27: 1177-1180.

[66] Miao R, Liu X F, Englund E, et al. Isobutanol production in *Synechocystis* PCC 6803 using heterologous and endogenous alcohol dehydrogenases [J]. Metabolic Engineerring Communications, 2017, 5: 45-53.

[67] Miao R, Xie H, Lindblad P Enhancement of photosynthetic isobutanol production in engineered cells of *Synechocystis* PCC 6803 [J]. Biotechnology for Biofuels, 2018, 11: 267.

[68] Miao R, Xie H, Ho F M, et al. Protein engineering of α-ketoisovalerate decarboxylase for improved isobutanol production in *Synechocystis* PCC 6803 [J]. Metabolic Engineering, 2018, 47: 42-48.

[69] Li H, Opgenorth P H, Wernick D G, et al. Integrated electromicrobial conversion of CO_2 to higher alcohols [J]. Science, 2012, 335: 1596.

[70] Qiu M Y, Shen W, Yan X Y, et al. Metabolic engineering of zymomonas mobilis for anaerobic isobutanol production [J]. Biotechnology for Biofuels, 2020, 13: 15.

[71] Choi K Y, Wernick D G, Tat C A, et al. Consolidated conversion of protein waste into biofuels and ammonia using *Bacillus subtilis* [J]. Metabolic Engineering, 2014, 23: 53-61.

[72] Huang H J, Ramaswamy S, Liu Y Y. Separation and purification of biobutanol during bioconversion of biomass [J]. Separation and Purification Technology, 2014, 132: 513-540.

[73] Abdehagh N, Tezel F H, Thibault J. Separation techniques in butanol production: Challenges and developments [J]. Biomass Bioenergy, 2014, 60: 222-246.

[74] Bonilla P J, Wang Yi. In situ biobutanol recovery from clostridial fermentations: A critical review [J]. Critical Reviews in Biotechnology, 2018, 38: 469-482.

[75] Bastian S, Liu X, Meyerowitz J T, et al. Engineered ketol-acid reductoisomerase and alcohol dehydrogenase enable anaerobic 2-methylpropan-1-ol production at theoretical yield in *Escherichia coli* [J]. Metabolic Engineering, 2011, 13: 345-352.

[76] Wen Z, Ledesma-Amaro R, Lin J, et al. Improved n-Butanol production from *Clostridium cellulovorans* by integrated metabolic and evolutionary engineering [J]. Applied and Environmental Microbiology, 2019, 85: 2560.

[77] Inamori T, Aburaya S, Morisaka H, et al. Characteristic strategy of assimilation of various saccharides by *Clostridium cellulovorans* [J]. AMB Express, 2016, 6: 64.

[78] Bao G H, Dong H J, Zhu Y, et al. Comparative genomic and proteomic analyses of *Clostridium acetobutylicum* Rh8 and its parent strain DSM 1731 revealed new understandings on butanol tolerance [J]. Biochemical and Biophysical Research Communications, 2014, 450: 1612-1618.

[79] Mingardon F, Perret S, Bélaïch A, et al. Heterologous production, assembly, and secretion of a minicellulosome by *Clostridium acetobutylicum* ATCC 824 [J]. Applied and Environmental Microbiology. 2005, 71 (3): 1215-1222.

[80] Hyeon C, Thirumalai D. Generalized iterative annealing model for the action of RNA chaperones [J]. The Journal of Chemical Physics, 2013, 139 (12): 121924.

[81] Willson B J, Kovács K, Wilding-Steele T, et al. Production of a functional cell wall-anchored minicellulosome by recombinant *Clostridium acetobutylicum* ATCC 824 [J]. Biotechnology for Biofuels, 2016, 9: 109.

[82] Wang J, Lu X X, Ying H X, et al. A novel process for cadaverine bio-production using a consortium of two engineered *Escherichia coli* [J]. Frontiers in Microbiology, 2018, 9: 1312.

[83] Kylilis N, Tuza Z A, Stan G B, et al. Tools for engineering coordinated system behaviour in synthetic microbial consortia [J]. Nature Communications, 2018, 9: 2677.

[84] Sgobba E, Stumpf A K, Vortmann M, et al. Synthetic *Escherichia coli-Corynebacterium glutamicum* consortia for L-lysine production from starch and sucrose [J]. Bioresource Technology, 2018, 260: 302-310.

[85] Shahab R L, Luterbacher J S, Brethauer S, et al. Consolidated bioprocessing of lignocellulosic biomass to lactic acid by a synthetic fungal-bacterial consortium [J]. Biotechnology & Bioengineering, 2018, 115: 1207-1215.

[86] Feng Y, Zhao Y P, Guo Y Z, et al. Microbial transcript and metabolome analysis uncover discrepant metabolic pathways in autotrophic and mixotrophic anammox consortia [J]. Water Research, 2018, 128: 402-411.

[87] Liu X, Li X B, Jiang J L, et al. Convergent engineering of syntrophic *Escherichia coli* coculture for efficient production of glycosides [J]. Metabolic Engineering, 2018, 47: 243-253.

[88] Wen Z Q, Wu M B, Lin Y J, et al. Artificial symbiosis for acetone-butanol-ethanol(ABE) fermentation from alkali extracted deshelled corn cobs by co-culture of *Clostridium beijerinckii* and *Clostridium cellulovorans* [J]. Microbial Cell Factories, 2014, 13 (1): 92.

[89] Tseng H C, Prather K L. Controlled biosynthesis of odd-chain fuels and chemicals via engineered modular metabolic pathways [J]. Proceedings of the National Academy of Sciences of the United States of America, 2012, 109: 17925-17930.

[90] Wu J J, Du G C, Zhou J W, et al. Metabolic engineering of *Escherichia coli* for (2S)-pinocembrin production from glucose by a modular metabolic strategy [J]. Metabolic Engineering, 2013, 16: 48-55.

[91] Salimi S, Firoozrai M, Zand H, et al. Endothelial nitric oxide synthase gene Glu298Asp polymorphism in patients with coronary artery disease [J]. Annals of Saudi Medicine, 2010, 30 (1): 33-37.

[92] Zomorrodi A R, Segrè D. Synthetic ecology of microbes: Mathematical models and applications [J]. Journal of Molecular Biology, 2016, 428 (5): 837-861.

[93] Krauss J, Zverlov V V, Schwarz W H. In vitro reconstitution of the complete *Clostridium thermocellum* cellulosome and synergistic activity on crystalline cellulose [J]. Applied and Environmental Microbiology, 2012, 78: 4301-4307.

[94] Kim S, Baek S H, Lee K, et al. Cellulosic ethanol production using a yeastconsortium displaying a minicellulosome and b-glucosidase [J]. Microbial Cell Factories, 2013, 12: 14.

[95] Schoeler C, Malinowska K H, Bernardi R C, et al. Ultrastable cellulosome-adhesion complex tightens under load [J]. Nature Communications, 2014, 5: 5635.

[96] Artzi L, Morag E, Barak Y, et al. *Clostridium clariflavum*: Key cellulosome players are revealed by proteomic analysis [J]. mBio 2015, 6: 411-415.

[97] Zhou S S, Li H F, Garlapalli R, et al. Hydrolysis of model cellulose films by cellulosomes: Extension of quartz

crystal microbalance technique to multienzymatic complexes [J]. Journal of Biotechnology, 2017, 241: 42-49.

[98] Arsov A, Petrov K, Petrova P. How to outwit nature: Omics insight into butanol tolerance [J]. Biotechnology Advances, 2020, 46: 107658.

[99] Lee S K, Chou H, Ham T S, et al. Metabolic engineering of microorganisms for biofuels production: From bugs to synthetic biology to fuels [J]. Current Opinion in Biotechnology, 2008, 19 (6): 556-563.

[100] Liu X B, Gu Q Y, Yu X B, et al. Enhancement of butanol tolerance and butanol yield in *Clostridium acetobutylicum* mutant NT642 obtained by nitrogen ion beam implantation [J]. Journal of microbiology, 2012, 50: 1024-1028.

[101] 贺爱永, 尹春燕, 孔祥平, 等. 高抗逆高丁比拜氏梭菌的选育及其性能考察 [J]. 生物加工过程, 2014, 12 (1): 23-27.

[102] Gao K, Orr V, Rehmann L. Butanol fermentation from microalgae-derived carbohydrates after ionic liquid extraction [J]. Bioresource Technology, 2016, 206: 77-85.

[103] Nölling J, Breton G, Omelchenko M V, et al. Genome sequence and comparative analysis of the solvent-producing bacterium *Clostridium acetobutylicum* [J]. Journal of Bacteriology, 2001, 183 (16): 4823-4838.

[104] Girbal L, Mortier Barrière I, Raynaud F, et al. Development of a sensitive gene expression reporter system and an inducible promoter-repressor system for *Clostridium acetobutylicum* [J]. Applied and Environmental Microbiology, 2003, 69 (8): 4985-4988.

[105] Mann M S, Lütke-Eversloh T. Thiolase engineering for enhanced butanol production in *Clostridium acetobutylicum* [J]. Biotechnology and Bioengineering, 2013, 110 (3): 887-897.

[106] Sillers R, Al Hinai M A, Papoutsakis E T. Aldehyde-alcohol dehydrogenase and/or thiolase overexpression coupled with CoA transferase downregulation lead to higher alcohol titers and selectivity in *Clostridium acetobutylicum* fermentations [J]. Biotechnology and Bioengineering, 2009, 102 (1): 38-49.

[107] Shao L J, Hu S Y, Yang Y, et al. Targeted gene disruption by use of a group II intron (targetron) vector in *Clostridium acetobutylicum* [J]. Cell Research, 2007, 17: 963-965.

[108] Heap J T, Pennington O J, Cartman S T, et al. The ClosTron: A universal gene knock-out system for the genus *Clostridium* [J]. Journal of Microbiological Methods, 2007, 70: 452-464.

[109] Schiel Bengelsdorf B, Montoya J, Linder S, et al. Butanol fermentation [J]. Environmental Technology, 2013, 34: 1691-1710.

[110] Jiang Y, Liu J L, Jiang W H, et al. Current status and prospects of industrial bio-production of *n*-butanol in China [J]. Biotechnology Advances, 2015, 33: 1493-1501.

[111] Xue C, Zhao J B, Chen L J, et al. Recent advances and state-of-the-art strategies in strain and process engineering for biobutanol production by *Clostridium acetobutylicum* [J]. Biotechnology Advances, 2017, 35: 310-322.

[112] Nguyen S, Ala F, Cardwell C, et al. Isolation and screening of carboxydotrophs isolated from composts and their potential for butanol synthesis [J]. Environmental Technology, 2013, 34 (13-14): 1995-2007.

[113] Gong F Y, Cai Z, Li Y. Synthetic biology for CO_2 fxation [J]. Science China Life Sciences. 2016, 59 (11): 1106-1114.

[114] Dai Z J, Gao J, Ma X B, et al. Antitumor effects of rapamycin in pancreatic cancer cells by inducing apoptosis and autophagy [J]. International Journal of Molecular Sciences, 2012, 14 (1): 273-285.

[115] Survase S A, Jurgens G, Heiningen A V, et al. Continuous production of isopropanol and butanol using *Clostridium beijerinckii* DSM 6423 [J]. Applid Microbiology and Biotechnology, 2011, 91: 1305-1313.

[116] Ng Z R, Takahashi K, Liu Zhibin. Isolation, characterization and evaluation of hyper 2-propanol producing bacteria from Singapore environment [J]. World Journal of Microbiology and Biotechnology, 2013, 29: 1059-1065.

[117] Wang T, Chen X J, Han J, et al. Efects of the cofactor binding sites on the activities of secondary alcohol dehydrogenase (SADH) [J]. International Journal of Biological Macromolecules, 2016, 88: 385-391.

[118] Xin F X, Chen T P, Jiang Y J, et al. Strategies for improved isopropanol-butanol production by a *Clostridium* strain from glucose and hemicellulose through consolidated bioprocessing [J]. Biotechnology for Biofuels,

2017, 10: 118.

[119] Sauer M. Industrial production of acetone and butanol by fermentation—100 years later [J]. FEMS Microbiology Letter, 2016, 363: 134.

[120] Moon H G, Jang Y S, Cho C, et al. One hundred years of clostridial butanol fermentation [J]. FEMS Microbiology Letter, 2016, 363: 001.

[121] Sun C R, Zhang S F, Xin F X, et al. Genomic comparison of *Clostridium* species with the potential of utilizing red algal biomass for biobutanol production [J]. Biotechnology for Biofuels, 2018, 11: 42.

[122] Vees C A, Neuendorf C S, Pflügl S Towards continuous industrial bioprocessing with solventogenic and acetogenic clostridia: Challenges, progress and perspectives [J]. Journal of Industrial Microbiology and Biotechnology, 2020, 47: 753-787.

[123] Jiang Y J, Xin F X, Lu J S, et al. State of the art review of biofuels production from lignocellulose by thermophilic bacteria [J]. Bioresource Technology, 2017, 245: 1498-1506.

[124] Alcalde M. Engineering the ligninolytic enzyme consortium [J]. Trends in Biotechnology, 2015, 33: 155-162.

[125] Yamada R, Hasunuma T, Kondo A. Endowing non-cellulolytic microorganisms with cellulolytic activity aiming for consolidated bioprocessing [J]. Biotechnology Advances, 2013, 31: 754-763.

[126] Jia K, Zhang Y, Li Y. Identification and characterization of two functionally unknown genes involved in butanol tolerance of *Clostridium acetobutylicum* [J]. PLoS One, 2012, 7 (6): 38815.

[127] Jiang W, Zhao J, Wang Z, Yang S T. Stable high-titer *n*-butanol production from sucrose and sugarcane juice by *Clostridium acetobutylicum* JB200 in repeated batch fermentations [J]. Bioresour Technol, 2014, 163: 172-179.

[128] Cascon H R, Choudhari S K, Nisola G M, et al. Partitioning of butanol and other fermentation broth components in phosphonium and ammonium-based ionic liquids and their toxicity to *Solventogenic clostridia* [J]. Separation & Purification Technology, 2011, 78: 164-174.

[129] Gonzalez P H, Lu C T A, Moreira M T, et al. Solvent screening methodology for in situ ABE extractive fermentation [J]. Applid Microbiology and Biotechnology, 2014, 98: 5915-5924.

[130] Kraemer K, Harwardt A, Bronneberg R, et al. Separation of butanol from acetone-butanol-ethanol fermentation by a hybrid extraction-distillation process [J]. Computers & Chemical Engineering, 2011, 35: 949-963.

[131] Zhang S Z, Huang X Y, Qu C Y, et al. Extractive fermentation for enhanced isopropanol and *n*-butanol production with mixtures of water insoluble aliphatic acids and oleyl alcohol [J]. Biochemical Engineering Journal, 2017, 117: 112-120.

[132] Wu X T, Li G X, Yang H L, et al. Study on extraction and separation of butyric acid from *Clostridium tyrobutyricum* fermentation broth in PEG/Na_2SO_4 aqueous two-phase system [J]. Fluid Phase Equilibria, 2015, 403: 36-42.

[133] Jeon Y J, Lee Y Y. Membrane-assisted extractive butanol fermentation [J]. Annals of the New York Academy of Sciences, 1987, 506: 536-542.

[134] Qureshi N, Hughes S, Maddox I S, et al. Energy-efficient recovery of butanol from model solutions and fermentation broth by adsorption [J]. Bioprocess and Biosystems Engineering, 2005, 27: 215-222.

[135] Grobben N G, Eggink G, Petrus Cuperus F, et al. Production of acetone, butanol and ethanol(ABE) from potato wastes: Fermentation with integrated membrane extraction [J]. Applied Microbiology and Biotechnology, 1993, 39: 494-498.

[136] Tanaka S, Tashiro Y, Kobayashi G, et al. Membrane-assisted extractive butanol fermentation by *Clostridium saccharoperbutylacetonicum* N1-4 with 1-dodecanol as the extractant [J]. Bioresour Technology, 2012, 116: 448-452.

[137] Bonilla P J, Wang Y. Insitu biobutanol recovery from clostridial fermentation: A critical review [J]. Critical Reviews in Biotechnology, 2017: 469-482.

[138] Wasewar K L. Reactive extraction: An intensifying approach for carboxylic acid separation [J]. International Journal of Chemical Engineering & Applications, 2012, 3: 249-255.

[139] Oudshoorn A, van der Wielen L A M, Straathof A J J. Desorption of butanol from zeolite material [J]. Biochemical

Engineering Journal,2012,67:167-172.

[140] Kong X P,He A Y,Zhao J,et al. Efcient acetone-butanol-ethanol production(ABE) by *Clostridium acetobutylicum* XY16 immobilized on chemically modifed sugarcane bagasse [J]. Bioprocess and Biosystems Engineering,2015,38:1365-1372.

[141] Mariano A P,Keshtkar M J,Atala D I P,et al. Energy requirements for butanol recovery using the flash fermentation technology [J]. Energy & Fuels,2011,25:2347-2355.

[142] Mariano A P,Qureshi N,Maciel Filho R. Assessment of in situ butanol recovery by vacuum during acetone butanol ethanol(ABE) fermentation Energy requirements for butanol recovery using the flash fermentation technology [J]. Journal of Chemical Technology & Biotechnology,2012,87:334-340.

[143] Merlet G,Uribe F,Aravena C,et al. Separation of fermentation products from ABE mixtures by perstraction using hydrophobic ionic liquids as extractants [J]. Journal of Membane Science,2017,537:337-343.

[144] Xue C,Liu F F,Xu M M,et al. Butanol production in acetone-butanol-ethanol fermentation with in situ product recovery by adsorption [J]. Bioresource Technology,2016,219:158-168.

[145] Lu K M,Chiang Y S,Wang Y R,et al. Performance of fed-batch acetone-butanol-ethanol(ABE) fermentation coupled with the integrated in situ extraction-gas stripping process and the fractional condensation [J]. Journal of Taiwan Institute of Chemical Engineers,2016,60:119-123.

[146] Benali M,Ajao O,E l Mehdi N,et al. Acetone-butanol-ethanol production from eastern Canadian Yellow birch and screening of isopropanol-butanol-ethanol-producing strains [J]. Industrial Biotechnology,2019,15:188-201.

[147] Shen S H,Wang G,Zhang M,et al. Effect of temperature and surfactant on biomass growth and higher-alcohol production during syngas fermentation by *Clostridium carboxidivorans* P7 [J]. Bioresource and Bioprocessing,2020,7:56.

第7章 生物柴油制备技术

能源是人类赖以生存和发展的物质基础和重要条件,生物柴油作为一种重要的生物质能源,通常由动植物油脂以及地沟油等加工而成,其碳原子数在 $C_{16} \sim C_{18}$ 之间,与石化柴油的碳原子数($C_{15} \sim C_{25}$)相近[1]。在化学结构方面,生物柴油由脂肪酸甲酯或脂肪酸乙酯组成,而普通柴油则由链状烃组成,其差异非常显著。生物柴油具有良好的可再生性、可降解性和低排放性等[2],可与国标柴油混合或单独用于汽车及机械,可作为石油等不可再生能源的替代品[3]。

目前,我国生物柴油产业已形成一定的产业规模,未来也有广阔的发展空间[4]。作为发展中国家,我国面临经济增长和环境保护两大任务,因而大力发展生物柴油等车用液体燃料生产技术,对于推进能源替代、实现碳减排等均具有突出的战略意义。随着我国"碳中和"目标的提出,以"负碳"著称的生物柴油行业将会迎来良好的发展机遇。

7.1 生物柴油理化特性与用途

7.1.1 生物柴油的理化特性

生物柴油是动植物油脂、废弃油脂或微生物油脂与甲醇或乙醇通过酯交换反应而生成的脂肪酸甲酯或脂肪酸乙酯[5]。生物柴油的单位能量见表7-1。生物柴油与石化柴油的燃烧单位能量较为接近,还具有环保性能好、发动机启动性能好、燃烧性能好、原料来源广泛等特点。

表7-1 生物柴油的单位能量

类型	单位能量/(kJ/lb)	单位能量/(kJ/gal)
典型2号柴油	18300	129050
生物柴油B100	16000	118170

注:1lb=453.59237g,1gal(US)=3.785412dm^3,1gal(UK)=4.546092dm^3。

评价一种生物柴油能否作为石化柴油的替代燃料,首先应当看其是否具有与石化柴油相近的性质,具体包括以下指标。

(1) 十六烷值

十六烷值(CN值)是衡量柴油在压燃式发动机中发火性能的指标。将标准燃料与所试燃料分别放入完全相同的单缸试验机中比较两者的发火性能,如果它们的发火性能完全相同,则这一标准燃料中所含十六烷的体积百分数即为所测试燃料的十六烷值。柴油的十六烷值较高,则表明该柴油的发火性能和燃烧性能均较好。

当十六烷值过高时,影响柴油的低温流动性、雾化及蒸发性能,会出现发动机功率下降、油耗升高及排气冒黑烟等现象。当十六烷值过低时,会出现爆震现象,此时车辆的冷启动困难,油耗增高。当十六烷值在 45~60 之间时,柴油燃烧均匀,热功率高,耗油量低,此时发动机工作平稳。

（2）馏程

生物柴油由一系列脂肪酸甲酯或脂肪酸乙酯组成,无固定沸点,其沸点随着气化率的增大而升高,故其沸点以温度范围来表示,该温度范围即为馏程。

馏程是表征柴油在发动机气缸内迅速蒸发汽化和燃烧的指标。我国的轻柴油指标规定,95%的馏出温度不得高于 360~365℃。为保证良好的低温启动性能,柴油中需要含有部分轻质组分（馏出温度 130~160℃）。轻柴油 50%的馏分温度应为 300℃,以保证燃烧时的平均蒸发性能,有利于燃烧平稳。轻柴油 95%的馏分温度应低于 350~355℃范围,终馏点应低于 365℃。重柴油对馏程的要求较低,控制在 250~450℃范围内即可。

（3）运动黏度

运动黏度是衡量燃料流动性能及雾化性能的重要指标。运动黏度高,则燃料流动性差,导致成油困难,喷出油滴的直径过大,油流射程过长,造成油滴的有效蒸发面积减小,蒸发速度减慢,会引起混合气的组成不均匀,燃烧不完全,燃料消耗量大。然而当黏度较低时,燃料的流动性增强,喷入气缸的燃料减少,喷出的油流射程减小,不能与空气混合均匀,导致燃烧不完全,发动机效率下降。黏度在 $1.9~6.0 mm^2/s$ 之间较为适宜。生物柴油的黏度比石化柴油略高。将生物柴油以一定比例与石化柴油或其他溶剂混合,可以降低其黏度并改善其低温性能。

（4）密度

油品计量中的密度包括标准密度、视密度、计重密度三种。我国规定油品在 20℃时的密度为其标准密度。汽油的密度约为 $0.70 g/cm^3$,0 号柴油的密度约为 $0.83 g/cm^3$,2 号柴油的密度约为 $0.85 g/cm^3$,生物柴油的密度比石化柴油略高 2%~7%,为 $0.86~0.90 g/cm^3$。柴油的密度与温度以及产品本身有关。油品密度对燃料从喷嘴喷出的射程和油品的雾化质量有很大影响。

（5）闪点及燃点

闪点是指油品在规定条件下加热到它的蒸气与火焰接触发生闪火时的最低温度。燃点是指油品在规定条件下加热到能被接触到的火焰点着火并燃烧且不少于 5s 时的最低温度。从闪点可以判断其馏分组成的轻重,油品蒸气压越高,馏分组成越轻,其闪点越低。此外,闪点也是油品（汽油除外）的爆炸下限温度,即在此温度下油品遇到明火会立即发生燃烧爆炸。利用闪点可以鉴定油品发生火灾的危险性,闪点越低,燃料越易燃。生物柴油的闪点最小值为 110℃。

（6）酸度及酸值

中和 1g 酸类化学物质所需要氢氧化钾的质量（以 mg 计）称为酸度,又称酸值。柴油的酸值对发动机的工作状况有很大影响,酸值大的柴油会造成发动机内积炭增加,导致活塞磨损、喷嘴结焦,影响发动机的雾化和燃烧性能。同时,酸值过大还会引起柴油的乳化现象。酸值也是衡量油品腐蚀性和使用性能的重要依据。生物柴油的酸值很低,通常小于 $0.5 mg/g$,远低于优质柴油的酸值（约为 $5 mg/g$）。

(7) 热值

热值是生物柴油应用于发动机的基本衡量指标,包括高热值和低热值两种类型。前者是指燃料的燃烧热和水蒸气的冷凝热的总和。后者仅指燃料的燃烧热。

表 7-2 是不同替代燃油的热值,可以看出,生物柴油的质量热值比石化柴油低 12% 左右,但其密度高于石化柴油,因此其体积热值仅比石化柴油低 3%～4%。

表 7-2 不同替代燃油的热值

燃料	汽油	柴油	天然气	沼气	乙醇	裂解气	生物油	生物柴油	甲醇	二甲醚
热值/(MJ/kg)	43.07	42.55	35.54	21.52	26.78	15.00	21.00	37.45	20.23	28.42

(8) 碘值

碘值是用来表示有机化合物不饱和程度的指标[6]。利用碘值这一指标可以判断生物柴油的性质。然而,低不饱和度生物柴油的碘值低、十六烷值高、低温性能差;高不饱和度生物柴油的碘值高、十六烷值低,但其低温性能优异。因此,碘值、十六烷值和低温性能三者之间存在着相互矛盾的关系。

(9) 酯含量

生物柴油是由各种油脂经过酯交换反应制备的脂肪酸甲酯或脂肪酸乙酯,因而测定其脂肪酸甲酯或脂肪酸乙酯含量及结构就可确定生物柴油的纯度,这对于生物柴油的质量控制具有重要意义。

(10) 硫含量

硫含量是指燃料油中包括元素硫、活性硫化物及非活性硫化物在内的总硫含量。当液体燃料中的硫含量较多时,燃烧后会形成较多的 SO_2 和 SO_3,在排气达到露点时将形成亚硫酸和硫酸而腐蚀机械。此外,硫含量对发动机尾气排放有很大影响。低硫燃料油可直接减少颗粒和 SO_2 排放,同时可保证各类柴油汽车的颗粒物和 NO_x 排放控制。生物柴油中硫含量很低,使得 SO_2 和硫化物的排放大幅度降低,因而环保特性优良。目前,我国要求柴油中的硫含量不高于 10mg/kg[7]。

(11) 水分和灰分含量

水分对生物柴油的燃烧性能有很大影响,还会对柴油机产生腐蚀作用。水分能增强生物柴油的化学活性,使其变质,降低存储稳定性。

生物柴油中的灰分主要为残留催化剂(碱催化)和其他原料中的金属元素及其盐类,限制灰分可以限制生物柴油中无机物如残留催化剂的含量等。

(12) 残炭值

残炭值是指油品在不通空气的情况下,加热至高温,油中烃类发生蒸发和分解反应成为焦炭,所生成焦炭质量占油品质量的百分数。油脂在隔绝空气的情况下加热时会蒸发、裂解和缩合,生成残炭。残炭量的高低影响了油品的稳定性、柴油机焦炭量、积炭等。

(13) 腐蚀性

腐蚀性是影响生物柴油使用的重要指标。生物柴油作为一种溶剂可以逐渐溶解人造橡胶,使过滤器和喷口堵塞。腐蚀试验是将紫铜条放入油品中,50℃下放置 3h,然后观察铜片的变化,它与硫含量有较大关系。

(14) 甲醇含量

生物柴油的生产过程需使用大量甲醇,而甲醇与酯类互溶,尽管大部分甲醇都在后续工艺中被回收，但仍有微量残存于生物柴油成品中，所含的微量甲醇和甘油会使与之接触的橡胶零件逐渐溶解，进而影响发动机的正常工作。甲醇含量的测定可通过气相色谱法进行。

(15) 游离甘油和总甘油

生物柴油中甘油含量的高低取决于酯交换的工艺过程。甘油酯的高黏度是生物柴油在启动和持久性上出现问题的主要原因，甘油酯特别是甘油三酯会在喷嘴、活塞和阀门上产生沉积。许多国家的生物柴油标准均要求游离甘油含量低于0.02%，总甘油含量低于0.25%。

(16) 磷含量

在生物柴油中，较高的磷含量易造成燃烧排放物中的颗粒物增加，同时影响汽车尾气催化剂的性能。植物油的磷含量主要取决于油脂精炼的程度，深度精炼的油脂每升只含有几毫克磷，而粗油和水化脱胶油的含磷量可达100mg/L。磷含量的测定通常采用磷钼酸比色法，磷酸盐在酸性溶液中与钼酸铵相互作用，生成磷钼酸铵，水溶性游离磷钼酸（磷钼黄）遇还原剂产生磷钼蓝，其色泽的深浅与含磷量成正比。

(17) 氧化安定性

氧化安定性是指石油产品在长期储存或长期高温下使用时抵抗热和氧化作用保持其性质不发生永久变化的能力。它是表征生物柴油质量的重要指标。生物柴油氧化安定性的测定可以依据欧盟生物柴油标准 EN 14112：2020 进行，而评价柴油氧化安定性的方法（SH/T 0175—2004）不适用于生物柴油，但调合燃料可用后者测定。

7.1.2 生物柴油的用途

7.1.2.1 作为燃料

生物柴油作为燃料的主要品种及用途包括以下几方面。

(1) 100%生物柴油

100%生物柴油指的是符合国家标准的柴油机燃料调配用的生物柴油，主要化学成分为高级脂肪酸甲酯，含量（质量分数）不低于96.5%。德国采用低芥酸、低硫苷的菜籽油生产，产品可满足欧Ⅲ排放要求。欧洲多个国家和美国都有100%生物柴油的标准。

(2) 生物柴油与石化柴油调配使用

目前，我国及大部分国家采用B2～B20柴油。在不加低温流动性改进剂的情况下，大部分油脂制备的生物柴油冷滤点都在−10℃以上，很多都在0℃以上，有的甚至超过20℃。因此在温度较低时，100%生物柴油就无法车用。即使在温度很高的夏天，有些饱和脂肪酸含量高的油脂制备的生物柴油也很难车用。解决上述问题目前最有效的、成本最低的方法就是与石化柴油调兑使用。

7.1.2.2 作为化工中间体

(1) 低硫低芳柴油润滑添加剂

由于深度加氢精制会造成柴油的润滑性下降，使用润滑性差的柴油会增加泵的磨损，易发生事故。为了改善柴油的润滑性，需加入柴油润滑添加剂。目前，工业上常用的润滑添加剂以一些胺类、酯类、酸类或其混合组分为主。生物柴油具有较好的润滑性，美国已有用生物柴油作为柴油润滑添加剂的专利（US 5730029 和 US 5891203），同时国外在生物柴油的润滑促进性方面也开展了大量研究工作。在美国用的 B2 柴油中，生物柴油实际就是作为石化柴油的润滑添加剂进行添加。

（2）工业溶剂

工业溶剂是指在工业上用于溶解、分散、悬浮其他物质的液体。水是应用最广泛且价廉易得的溶剂。芳烃、脂肪烃、醇、醛、酮、醚、酯、胺、有机酸等也是重要的工业溶剂。

环保型溶剂是工业溶剂发展的主要方向。环保型工业溶剂要求溶剂的闪点和燃点高、毒性低、可挥发性有机物含量低、气味低、易降解等。由植物油衍生的脂肪酸甲酯符合上述特点，具有可再生性、挥发性有机物含量低、闪点高、易降解、无毒、溶解能力较强等特点，在国外已被用作工业溶剂。

目前，脂肪酸甲酯作为工业溶剂应用的案例在美国较多。美国把大豆油甲酯应用在众多领域，如工业零件及金属表面的清洗、树脂洗涤和脱除剂、收集洒落的石油等。除此之外，生物柴油类型的脂肪酸酯还可以用作钻井泥浆的载体流体。

（3）表面活性剂

表面活性剂分为离子型表面活性剂、非离子型表面活性剂、两性表面活性剂、复配表面活性剂、其他表面活性剂等类型。天然可再生资源制备的易生物降解、对人体和环境安全、多功能且高效的表面活性剂已成为表面活性剂工业的主要发展方向。脂肪酸甲酯可以作为表面活性剂的原料，还可以用于生产多种表面活性剂，如通过磺化中和生产脂肪酸甲酯磺酸盐、通过加氢生产脂肪醇等。

目前，全球天然脂肪醇大部分是由脂肪酸甲酯经催化加氢生产的。脂肪醇可经乙氧基化生产醇醚，醇醚再经磺化中和可生产醇醚硫酸盐。也可将脂肪醇经磺化、中和生产伯烷基硫酸盐。因此，脂肪酸甲酯是脂肪酸甲酯磺酸盐、醇醚、醇醚硫酸盐和伯烷基硫酸盐等表面活性剂的原料和中间体。

（4）工业化学品

脂肪酸酯在工业化学品中应用广泛，包括羟基脂肪酸酯、环氧化脂肪酸酯、脂肪酸酯硫酸盐/磺基脂肪酸酯等，对应的反应是脂肪酸羟基化、环氧化、硫酸化/磺化等。它们的生产可与生物柴油的生产相结合，从而提高生物柴油厂的整体经济效益。这些生物柴油脂肪酸酯及其衍生物的用途很多，如用在医药和化妆品、各种精细化学品、印刷油墨等。

（5）润滑剂

润滑剂是用以降低摩擦副的摩擦阻力、减缓其磨损的润滑介质。润滑剂对摩擦副还能起冷却、清洗和防止污染等作用。为了改善润滑性能，在某些润滑剂中可加入合适的添加剂。

大多数润滑剂基料都来自石油，这些石油基料润滑性和热稳定性等都较差，需要加入添加剂以提高其性能。脂肪酸酯的衍生物作为汽车机油的添加剂已广泛应用，例如环氧化的脂肪酸酯可用作润滑剂的润滑促进剂，使用硫化的生物柴油类型的酯和石蜡可以提高润滑剂的高压润滑性等[8]。

（6）塑料和增塑剂

生物可降解塑料是塑料工业今后发展的一个重要方向。生产生物可降解塑料的一个方法是在聚合体的分子结构中引入能被微生物降解的含酯基结构的脂肪族聚酯。

生物柴油类型的脂肪酸酯的另一个用途是作为高分子材料的增塑剂。目前，增塑剂的生产与消费以综合性能好、价格较低的邻苯二甲酸酯类为主。脂肪酸酯作为一种重要的增塑剂，可用作汽车轮胎的增塑剂或弹性体稳定剂[9]。

7.2 生物柴油制备方法与原理

7.2.1 化学法

7.2.1.1 高温裂解法

动植物油脂经过高温裂解处理之后，其液相产物的主要成分是生物汽油和生物柴油。其中，生物柴油与普通柴油的性质非常接近。普通热裂解产物中的不饱和烃含量较高，通过加氢裂解可提高裂解产物的质量。高温裂解法对原料要求不高，但工艺复杂，成本较高。

7.2.1.2 酯化法

酯化法采用脂肪酸与甲醇在酸性催化剂存在下进行酯化反应生成脂肪酸甲酯。其原料之一脂肪酸的价格较高，制备过程中涉及酯化、酯交换两步转化过程，工艺冗长，因此该方法也很少采用。

7.2.1.3 酯交换法

酯交换法是指利用动植物油脂与甲醇在催化剂存在的情况下进行酯交换反应，产生脂肪酸甲酯和副产物甘油。该方法原料来源广，如动植物油脂、餐饮废弃油均可作为原料，被广泛应用。根据所使用的催化剂种类、是否使用催化剂、催化剂使用量多少，可将酯交换法分成低温常压均相酸碱催化法、非均相固体酸碱催化法、超临界法、亚临界催化法等。

酯交换法研究起步最早，但是反应温度较高、工艺复杂，加上反应过程中使用过量的甲醇，后续工艺必须有相应的醇回收装置，处理过程反复、能耗高。

（1）低温常压均相酸碱催化法

低温常压均相酸碱催化法是指在酯交换反应过程中加入一定量的均相碱或酸催化剂，利用其温和性和高效性，降低反应温度并缩短反应时间。常用的均相碱催化剂是NaOH、KOH及甲醇钠等。均相酸催化剂通常为硫酸、磷酸、盐酸等。均相碱催化法的优点是醇油比小、反应时间短、甘油三酯转化率高，然而碱催化时油脂中游离脂肪酸的存在会使催化剂中毒，游离脂肪酸与碱发生皂化反应，产生乳化，所以均相碱催化酯交换过程会导致催化剂直接反应难以消除、产生大量废水和乳化现象。相较于均相碱催化法，均相酸催化法的醇油比较大、反应时间更长、甲酯收率较低，但酸性催化剂受游离脂肪酸和水的影响小，当原料中的游离脂肪酸和水含量较高时用酸催化剂更合适。

（2）非均相固体酸碱催化法

为了克服均相催化剂的上述缺点，通常采用均相催化剂固载化制备非均相催化剂。所谓均相催化剂的固载化，是指将均相催化剂以物理或化学方法使之与固体载体相结合，形成一种特殊的催化剂。在这种固载催化剂中，活性组分往往与均相催化剂具有同样的性质和结构。固载化均相催化剂易从产品中分离出催化剂，可反复使用。但非均相催化剂的活性和选择性不如均相催化剂，主要是活性位分散度下降以及存在扩散阻力，同时固载化导致活性中心微化学环境发生变化。因此，载体的选择及其表面化学修饰以及固载化技术对非均相催化剂的活性和选择性起决定性作用[10]。

均相催化剂的固载化方法主要包括离子交换、吸附、胶囊化和共价键接枝。另外，材料科学中常用的一些制备方法，如溶胶凝胶法、共沉淀法、高温溶胶分解法等，经改进均可成为制备催化湿式氧化催化剂的方法。

(3) 超临界法

超临界法是将甘油三酯与甲醇直接加热到甲醇的超临界状态进行反应，反应过程中无需加入任何催化剂，因此，该方法优点是原料品质不受限、反应速度快、周期短。

超临界流体反应为均相反应，具有溶解度大、反应物质间接触容易、扩散速度快、无污染和产物易分离等优点，因而要比一般的化学反应快。超临界流体对操作温度和压力很敏感，可通过改变操作条件来改善流体的扩散速率等来提高产率和反应速度。但超临界反应要求在高温高压下进行，设备投资和能耗成本较高，且高甲醇用量会增加原料回收成本。降低甲醇用量，与固体催化剂配合使用是一个值得研究的方向。

7.2.1.4 亚临界催化法

亚临界催化法是指在甲醇亚临界状态下，向体系内添加微量碱金属氢氧化物（如NaOH等），或添加微量酸（如硫酸等），催化酯交换反应以制备生物柴油的方法。这里所采用催化剂的浓度为 $0.01\%\sim0.1\%$，远低于生物柴油生产工艺催化剂用量（$1\%\sim3\%$）。由于催化剂用量微小，反应结束后碱催化剂大部分存留在下层甘油相中，由此只需通过简单的沉降处理分离副产物甘油后，残留在甲酯层的催化剂含量将降至 $10mg/kg$，无需传统工艺中的水洗、酸洗、干燥等后处理。该方法的缺点是由于催化剂的用量很低，因而对原料的要求较高，如当利用微量碱作为催化剂时，由于原料中的脂肪酸与碱会发生皂化反应，因此，原料必须要经过脱水脱酸等精制工序，这在很大程度上增加了生物柴油的生产成本。

7.2.1.5 加氢裂化-异构化法

加氢裂化是石化工业中的一种常用工艺，即石油炼制过程中在较高的压力和温度下，氢气经催化剂作用使重质油发生加氢、裂化和异构化反应，转化为轻质油（汽油、煤油、柴油或催化裂化与裂解制烯烃的原料）的加工过程。

在加氢条件下进行催化裂化，可抑制催化裂化时发生的脱氢缩合反应，避免焦炭的生成。操作条件为压力 $6.5\sim13.5MPa$、温度 $340\sim420℃$，可以得到不含烯烃的高品位产品，液体收率可高达 100% 以上（因有氢加入油料分子中）。

加氢裂化与催化裂化不同的是在进行催化裂化反应时，同时伴随有烃类加氢反应。加氢裂化实质上是加氢和催化裂化过程的有机结合，能够使重质油品通过催化裂化反应生成汽油、煤油和柴油等轻质油品。加氢裂化的液体产品收率达 98% 以上，其质量也远较催化裂化高。虽然加氢裂化有许多优点，但由于它是在高压下操作，条件较苛刻，需较多的合金钢材，耗氢较多，投资较高，故应用普遍性不如催化裂化。

加氢裂化生产生物柴油的方法解决了生物柴油黏度大、挥发性低的问题。加氢裂化方法可直接将植物油转化为高十六烷值（可高达 $80\sim100$）的生物柴油。

7.2.2 酶法

近年来，生物酶法酯交换反应制备生物柴油备受关注，该方法所利用的酶包括动物酶、植物酶以及微生物酶，具有条件温和、醇用量小、不会产生皂化等副反应的优点，原料的来源也非常广泛。用于合成生物柴油的脂肪酶主要有酵母脂肪酶、根霉脂肪酶、毛霉脂肪酶、猪胰脂肪酶等。酶法合成生物柴油的工艺包括间歇式酶催化酯交换和连续式酶催化酯交换。

该方法的弊端在于酶的价格较高，且脂肪酶对短链脂肪醇（如甲醇或乙醇等）转化率较低，通常为40%~60%，见表7-3。

表7-3 脂肪酶对酯化过程的催化效率

脂肪酶	酯交换转化率/%	脂肪酶	酯交换转化率/%
Procine 胰蛋白酶（Sigma 公司）	22.45	来自 *Rhizoups usamii* 的固定化脂肪酶	20.60
固定化 Procine 胰蛋白酶	13.79	游离 *Candida cylindracea*（Sigma 公司）	19.72
固定化 Lipolase 100T（Novo 公司）	42.17	固定化 *Candida cylindracea*	17.20
来自 *Rhizoups arrhizus* 的游离脂肪酶	66.39	来自 *Candida* sp. 99~125 的游离脂肪酶	80.50
来自 *Rhizoups arrhizus* 的固定化脂肪酶	26.31	来自 *Candida* sp. 99~125 的固定化脂肪酶	81.51
来自 *Rhizoups usamii* 的游离脂肪酶	61.18		

注：加入脂肪酶的量为游离状态3%，固定化状态5%。

此外，甲醇等短链醇对脂肪酶具有毒性，过量的甲醇会对脂肪酶造成不可逆转的损害。此外，游离的脂肪酶难以回收，增加了生产成本。酶催化的反应时间较长，生产成本高，不能满足大规模生产的要求。

7.2.3 生物化学耦合法

生物与化学法耦合制备生物柴油，具有生物法反应条件温和、节能减排等优点，也具有化学法反应快等优点，成为生物柴油技术研发的热点。

7.2.3.1 固定化酶

固定化酶技术包括吸附、共价结合、包埋和交联四种类型。

(1) 吸附法

吸附法是最简单的固定化方式，它利用酶与载体间的弱作用力，如范德华力、疏水作用力和表面张力等。吸附法制备固定化酶的优点在于操作简单、酶活回收率高、载体易回收、成本低、见效快、不需要化学修饰；缺点是固定化酶不稳定、酶蛋白易流失、载体会对产物造成一定吸附。

(2) 共价结合法

共价结合法是通过共价键将酶表面的氨基酸残基与载体表面的活性基团连接而形成的一种稳定的固定化策略。共价结合法制备的固定化酶具有较强的稳定性，与吸附法相比几乎没有酶分子泄漏，通常能在一定程度上提高其热稳定性，但在共价反应的过程中，酶分子易发生构象改变，导致酶活性降低。

(3) 包埋法

包埋法是指利用具有格子结构的凝胶材料或具有多功能的半透膜，使酶分子被固定于特定的结构之中。包埋法固定化率高，可用于多种目的分子的共固定。其缺点是反应产物的积累难以很快地透过胶膜释放到反应溶剂中，可能会降低反应速率。

(4) 交联法

交联法是利用双功能或多功能的交联剂使酶分子之间发生化学连接，形成一种大型的复杂三维结构,且获得疏水性进而从溶液中分离出来,从而得到固定化酶。交联法很少被单独应用于酶的固定化,通常与其他固定化方法结合,以巩固或提高原有固定化策略的效果。

脂肪酶通过固定化可实现重复使用,同时也提高了其稳定性,也在一定程度上提高了制备生物柴油的经济性,因此关于固定化脂肪酶制备生物柴油的研究日益受到关注。固定化酶表现出比游离酶更高的活性,原因是固定化酶与游离酶相比活性位点更有效。实验表明,脂肪酶经凝胶包埋法固定后,催化动物油脂与多种醇的酯化反应时,反应产物中脂肪酸甲酯的含量从46%提高到96%,连续使用11次后转化率还可保持81%[11]。

7.2.3.2 全细胞催化

全细胞催化是近年来开发出来的一种避免使用纯化脂肪酶的生物柴油新工艺。其主要特点就是在微生物细胞生长时就将其固定于某一载体上,然后利用培养好的细胞催化油脂的酯化反应。有研究将 *Rhizopus oryzae* IFO4697 细胞固定于聚氨酯泡沫颗粒上,催化甲醇与油脂的酯化反应,产物中的甲酯含量达到90%,接近胞外酶催化的水平[12]。

7.2.3.3 添加适当反应介质

非极性的油脂与强极性的低碳醇相互溶解度很小,它们同时扩散到酶表面的阻力较大;另外,如果使用固定化酶或固定化细胞制备生物柴油,高黏度的甘油容易吸附于固定载体表面,也会增大后续反应的传质阻力,影响酶活性。如果在反应体系中引入适当的反应介质,既可以改善醇油的传质,也可以减少甘油的吸附。目前使用最多的是有机溶剂,如石油醚、正己烷、正庚烷、柴油、叔丁醇等。石油醚、正己烷等疏水性太强,对甲醇和甘油的溶解效果不如叔丁醇。与固定化酶相似,使用全细胞催化酯化反应时,引入叔丁醇也可使全细胞催化的效率提高,使用寿命也从4次提高到10次以上[13]。

7.2.3.4 脱毒处理

低碳醇如甲醇、乙醇的极性非常强,能够夺取脂肪酶的必需水,导致蛋白质的功能结构被破坏,使酶活性丧失或降低。研究者发现,将甲醇分步加入或连续流加,能够降低甲醇浓度,缓解甲醇对脂肪酶的破坏,避免酶活性下降,具有良好的工业应用前景。另外,也可以选用极性更弱的酰基受体,以降低反应物对脂肪酶的毒性。如以极性较弱的2-丙醇为酰基载体,Novozym 435 酶加入量为油重的10%,醇、油物质的量之比4∶1,50℃下反应8h,葵花油转化率可达93.4%,且重复使用12次后酶活基本不变[14]。

除上述调控工艺外,利用基因工程手段提高脂肪酶对低碳醇的耐受性也是提高脂肪酶使用效果的有效手段。

7.2.4 其他制备新技术

7.2.4.1 稀释法

稀释法是解决植物油黏度问题的一种可行方案。通过与纯净乙醇混合,植物油的黏度有所降低。稀释法工艺简单,技术要求不高,能降低动植物油的黏度,但制备出来的生物柴油十六烷值不高,产品质量达不到车用燃料要求,长期使用易出现堵塞喷嘴和结焦现象。因此,急需开发环境友好的生物柴油绿色生产工艺,以提高反应速率和能量利用率,降低生产成本。

7.2.4.2 微乳化法

微乳化法是利用微乳化剂将植物油分散在黏度较低的溶剂中制成微乳状液,以解决植物油高黏度的问题[15]。此方法与环境关系很大,环境变化易出现破乳现象。如在200h的实验室耐久性测试中,仍出现了积炭和润滑油黏度增加等问题,所得到的产品质量较差。

7.2.4.3 微藻生物柴油

全球已发现的藻类超过20万种,每年固定的CO_2约为950亿吨,占全球净光合产量的47.5%,在能量转化和元素循环过程中发挥了举足轻重的作用。

如果我国年消耗量约6亿吨的石油完全由微藻生物柴油代替,按藻体干重含油量30%计算,将有36.6亿吨CO_2被固定。工程微藻法制备生物柴油技术是通过对富油藻类进行基因工程改造,从藻类中提取油脂成分制备生物柴油。作为一种新型生产柴油制备技术,工程微藻法生产柴油具有重要的经济意义和生态意义,且优势明显,例如微藻生产能力高,用海水作为天然培养基可节约农业资源,比陆生植物单产油脂高出几十倍,生产的生物柴油不含硫,燃烧时不排放有毒害气体,排入环境中也可被微生物降解,不污染环境。因此,发展富含油脂的微藻或者工程微藻是生产生物柴油的一大趋势[16]。然而微藻培养成本高,效率低,微藻能量采集成本高,能耗高,这些均是制约其工业化的主要因素[17]。

7.2.4.4 微波辅助

微波辐射为非电离的电磁辐射,能够避免受热不均和加热时间较长的缺陷。利用微波法制备生物柴油,能效高,反应时间短,并能降低醇用量,提高生物柴油得率,有效克服传统加热法制取生物柴油的不足。然而,微波辅助生产生物柴油的商业化仍面临问题,如反应体系介质的介电性质差异、辐射影响健康等。

7.2.4.5 超声波辅助

超声波的频率高于20000Hz,方向性好,反射能力强,易于获得较集中的声能,在水中传播距离比在空气中远,在医学、军事、工业、农业上已广泛应用。采用超声波辅助工艺能有效缩短反应时间,提高反应效率,减少反应物料用量,提高转化率。

美国研究人员在生物柴油生产中采用超声波加工,发现在5min内即可使生物柴油产率高于99%,而采用常规的批量反应器系统需1h以上。采用超声波加工也有助于使采用常规搅拌所需的5~10h的分离时间缩短到15min以内。此外,由于气穴的存在,原料的化学活性提高,采用超声波加工还有助于使所需的催化剂用量减少50%~60%。而且超声波的作用能够提高副产物甘油的纯度。超声波加工的应用,不仅能够为化学反应提供能量,同时还能够达到较好的混合和更快的分离效果。

7.2.4.6 膜工艺

在传统的生物柴油生产中,反应与分离过程相对独立,纯化烦琐。近年来,反应-分离一体化研究受到广泛关注。膜工艺在提取、反应、分离和纯化等方面的应用很广,具有低投入、低能耗、稳定性好、控制简单等优势,由于膜的孔隙大于分子而小于油滴,使得醇/生物柴油/甘油分子能穿透膜,而油滴被阻碍,实现反应体系的物质分离,膜的多孔性还能有效增大比表面积,增强反应传质。膜分离技术与非均相催化技术的组合工艺显示出高效的生产潜力，蜂窝陶瓷是常用的整装固体催化剂载体之一，适用于生物柴油的生产。膜技术更经济、更环保，但目前成功应用于生物柴油工业化生产的案例不足，需完善一系列工艺参数。膜反应器则需要消耗昂贵的膜材料，生产成本高。

7.2.4.7 离子液体催化

离子液体是指在室温下保持液态、熔点低于100℃、由无机或有机阴阳离子构成的液体有机盐。在离子化合物中，离子之间的作用力为库仑力，离子半径越大，它们之间的作用力越小，离子化合物的熔点就越低。某些离子化合物的阴阳离子的体积很大，结构松散，故其熔点接近室温。离子液体的物化特性取决于阴阳离子种类，可通过官能团的设计实现不同用途。但离子液体催化剂价格昂贵，合成方法烦琐，会阻碍其工业化推广应用。

7.3 生物柴油制备工艺与标准

目前，由于地沟油的价格持续攀升，导致生物柴油生产企业的利润空间日益减小，不少企业濒临亏损。生物柴油的主要成本是原料地沟油，在市场经济条件下，同等地沟油的价格相差无几，因而产品品质的优劣和得率的高低对生物柴油的生产成本具有重要影响。

7.3.1 生物柴油生产工艺流程

7.3.1.1 Connemann工艺

该工艺在20世纪80年代推出，由德国的Westfalia和Connemann合作使用离心机连续分离制备出高质量的生物柴油，配套甘油蒸馏设备后还可得到医药级甘油。

Connemann工艺的生产流程为：原料油经过加热之后，加入甲醇和催化剂进行第一级反应，脂肪酸部分被甲酯化，生成的甘油与甲醇混合物被带出，离心分离出油/甲酯与甘油/甲醇混合物，甲醇与甘油在后续工艺中被回收；在第二级反应中进一步甲酯化，再次加入甲醇和催化剂，再次离心分离；残余的甲醇利用蒸发除去并回用，转化率大于99%。Connemann工艺的缺点是不适用于游离脂肪酸含量高的酸化油或粗油料。

7.3.1.2 Sket工艺

Sket工艺采用连续酯交换脱甘油方法，所利用的催化剂主要是KOH。其具体流程是：原料和催化剂进入第一级反应器，进行主要的酯交换反应和甘油沉降过程，酯相进入第二级反应器进一步发生酯交换反应，并通过第一级分离器洗涤除去甘油；补充新鲜的甲醇和催化剂进入第三级反应器进行酯交换反应，进入含水萃取缓冲剂第二级分离器，脱除催化剂、CH_3OH、皂类和甘油等杂质，再进入汽提塔进行汽提除甲醇，经洗涤、干燥后得到生物柴油产品。该工艺采用了连续脱甘油技术，有利于醇解反应平衡向右移动，转化率较高。

7.3.1.3 Greenline工艺

Greenline工艺采用两段酯交换工艺，粗酯净化采用干洗方法。具体流程是：在油脂中加入催化剂-甲醇溶液，在反应器内发生第一级酯交换反应，然后通过离心分离或重力沉降过程把甘油分离出去，分离出来的酯相补充新鲜催化剂和甲醇进行第二级酯交换反应，完成后分离出甘油，蒸馏回收未反应的甲醇，得到的粗酯经脱杂和精制过滤得到产品。

7.3.1.4 Lurgi 工艺

Lurgi 工艺以精制油脂为原料,采用两段酯交换和两段甘油回炼工艺,催化剂消耗低,是目前世界上应用最多的技术。

图 7-1 所示,Lurgi 工艺的具体过程是:将催化剂(甲醇钠)和甲醇配制成溶液,然后将油脂与甲醇的碱溶液按一定比例连续注入第一级酯交换反应器内,在搅拌下进行反应,生成的混合物分离出甘油相后溢流进入第二级酯交换反应器,补充新鲜配制成的催化剂和甲醇溶液,在搅拌下继续进行酯交换反应,再溢流进入沉降槽进行分离,得到的粗甲酯经过水洗后脱水、精制得到生物柴油产品。

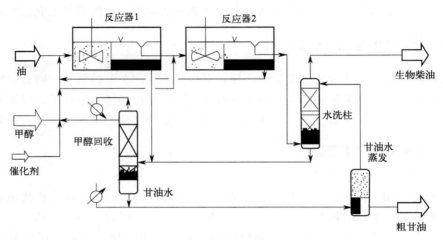

图 7-1 Lurgi 生物柴油生产工艺

该工艺的优势在于第二段酯交换后分离出的含有较高浓度甲醇和含液碱催化剂的甘油一起作为原料直接进入第一段酯交换反应器参与反应,从而减少了催化剂的用量。其缺点是对原料的要求苛刻,且生产过程中的废液排放较多。Lurgi 生物柴油生产工艺是目前世界上使用最多的技术,也是工业化装置最成熟的技术。

7.3.1.5 BIOX 工艺

BIOX 工艺包含酸催化和碱催化两个过程,原料的适应性较好。目前加拿大已将该工艺推向工业化。BIOX 技术提高了反应速率和转化效率,可用酸性催化步骤使任意含 30% 以下游离脂肪酸原料转化成生物柴油,生产成本降低了 50%。

BIOX 工艺的生产过程是:先将脂肪酸在第一个活塞流反应器内进行酸催化反应,得到甲基酯,反应温度约为 60℃,反应时间 40min;再于第二个活塞流反应器进行碱催化;甘油三酯在几秒内转化成生物柴油和甘油;冷凝潜热回收用于原料加热。整个过程在此单相系统内进行,提高了传质和反应速率。

BIOX 工艺的突出优点是:选择惰性可回收共溶剂,形成了富油的单相系统;酯交换反应在数分钟内完成,转化率高。

7.3.1.6 Henkel 工艺

德国 Henkel 工艺是把过量甲醇、未精炼油和催化剂预热至 240℃,送入压力为 9MPa 的反应器,油脂与甲醇体积比为 1∶0.8。酯化反应后分离甘油和甲酯。甘油经中和提纯,回收的甲醇可在酯交换过程中重复利用。甲酯相经水洗,再经分离塔分离,并以稀酸洗涤，最后经蒸发除去醇和溶解水后得到成品。

Henkel工艺的优点是可使用高酸值原料，催化剂用量少，工艺流程短，得到的产品质量高、颜色浅、纯度高、甘油酯含量低，适合规模化连续生产；缺点是反应条件苛刻，对反应器要求高，甘油回收的能耗高，投资较大。

7.3.1.7 国内生产工艺

我国可再生生物燃料油起步较晚，以棉籽油、菜籽油等含杂质较少、质量较好的植物油为原料的生产工艺技术得到了大力发展。中国石化石油化工科学研究院与石家庄炼油化工股份有限公司合作开发的高压醇解工艺2000t/a的中试装置已经投入运行。此工艺的特点是：对原料要求低，原料适应性强，可以加工含酸、含水较高的原料；原料预处理简单；采用多种原料时，易切换；不使用催化剂，对环境污染小；能耗低；联产甘油浓度高；等等。此工艺与德国Henkel的高温高压技术和日本的超临界技术相比，高压醇解技术提高了转化率，只使用诱导剂，不使用催化剂，大大降低了反应温度和压力，减少了能量消耗，降低了设备要求，减少了设备投资，符合国家节能减排的方针政策。

此外，中国石化石油化工科学研究院合作开发的液碱催化的常压分离耦合酯交换工艺，以菜籽油、棉籽油等杂质少、质量稳定的原料油脂为原料，具有较短的流程、设备投资小、反应速度快、甘油分离简单等优点。

7.3.2 生物柴油生产催化剂

7.3.2.1 酸催化剂

（1）无机酸催化剂

无机酸催化酯交换过程所用催化剂主要有浓硫酸、盐酸、磷酸等。在工业应用中，最常用的酸性催化剂是浓硫酸和磺酸或其混合物。硫酸价格便宜，吸水性强，这有利于脱除酯化反应生成的水；缺点是腐蚀性强，且易与碳碳双键反应，导致产物的颜色较深。磺酸催化剂的催化活性比硫酸弱，但在生成过程中产生的问题少，且不攻击碳碳双键。

当原料油中的自由脂肪酸和水含量较高时，常导致碱催化剂中毒，因而对于上述原料，可直接用无机酸催化剂进行酯交换反应，然而使用此类催化剂时，常会出现反应速度慢、分离难、易产生"三废"和腐蚀设备等问题。

（2）固体酸催化剂

固体酸催化剂对原料要求比较宽松，产品容易分离，工艺流程简单，但催化效果不理想，反应速度较慢，且催化剂价格较高。在固体酸催化反应中，起始快速反应后会陷入一个比较慢的反应周期，生成的甘油附着在催化剂上，使其催化能力下降。利用固体酸作催化剂可有效催化一些酸值较高的原油。

固体酸催化剂具有在反应条件下不易失活、对油脂的质量要求不高、能催化酸值和含水量较高的油脂的优点，已广泛应用于生物柴油的制备。在当今提倡绿色环保的要求下，固体酸性催化剂无疑是一种较好的选择。但固体酸作催化剂时，原料中的水含量高则催化活性下降明显；此外，反应慢、周期长、需醇量大均为需要解决的关键问题。

几种常见的固体酸催化剂如下：

① 金属氧化物 通常由高温下煅烧金属酸性氧化物而得。在300℃条件下，钨酸化氧化锆-氧化铝催化剂质量分数为4%，醇油物质的量之比为40:1，反应20h，生物柴油的产率可达90%以上，并在100h内具备催化能力。

② 硅酸盐　硅酸盐是指硅、氧与其他化学元素（主要是铝、铁、钙、镁、钾、钠等）结合而成的化合物的总称。硅酸盐在地壳中分布极广，是构成多数岩石和土壤的主要成分。硅酸盐熔点高，化学性质稳定，是硅酸盐工业的主要原料。

硅酸盐可以作为固体酸催化剂使用，但它的催化活性不强，原因是硅酸盐的酸性较弱，而且硅酸盐颗粒小孔内有较多的亲水性基团，有机分子难以接近孔内的催化活性部位，仅有表面的催化活性基团可以参与反应。为此，可通过调节 SiO_2/Al_2O_3 的比例改善孔内的疏水特性，达到改善催化效果的目的。

③ 磺化无定形碳　磺化无定形碳是通过煅烧葡萄糖、淀粉或芳香族化合物形成无定形碳组织，再接上磺酸基团而制得。煅烧后形成的芳香环无定形碳具有较大的比表面积，同时具有较强的疏水性。无定形碳经过磺化后具有酸性的活性中心，使其成为良好的固体酸催化剂。此类催化剂不溶于水、甲醇、油脂等，近年来已成为国内外的研究热点。

7.3.2.2　碱催化剂

碱催化剂是目前酯交换反应中应用最广泛的催化剂。其反应条件温和、反应速度快。据估计，使用碱催化剂的酯交换反应速度是使用同当量酸催化剂的 3000 倍。此外，利用碱催化的酯交换反应，其甲醇用量远低于酸催化，故工业反应器的尺寸能够大幅减小。同时，碱催化剂的腐蚀性要比酸性催化剂小，因此在工业上可采用成本较低的碳钢反应器。碱催化剂的缺点是对游离脂肪酸较敏感，对油脂原料的酸值要求较高。对于高酸值的原料，如废弃油脂，需经过脱酸或预酯化后才能进行碱催化。

(1) 无机碱催化剂

碱催化酯交换反应的速度快，常用的无机碱催化剂包括氢氧化钠、氢氧化钾、甲醇钠、碳酸钠和碳酸钾等。以无机碱为催化剂的酯交换反应是目前较为成熟的工艺，该工艺反应条件温和，反应速度快，产物收率高。但该方法的缺点是对原料要求严格，易产生工业"三废"。

(2) 有机碱催化剂

胺类有机碱可作为催化剂进行酯交换反应，其特点在于分离简单清洁，不易产生皂化物和乳状液。有机碱用于催化制备生物柴油的研究较少，主要集中在有机强碱胺类化合物。胺类化合物的相对碱度越大，其催化活性越高；高胺类同系物的同分异构体中，支链胺类比直链胺类的碳原子数更少，催化活性更高。三乙醇胺在有机碱中催化活性最高。

(3) 固体碱催化剂

1) 氧化物固体碱

用于酯交换的氧化物固体碱包括碱金属和碱土金属氧化物型以及复合氧化物型固体碱。碱金属和碱土金属氧化物型固体碱的研究较早，而复合氧化物型固体碱则常以（类）水滑石型为前驱体焙烧而成。

碱金属和碱土金属氧化物属于一类固体碱催化剂。这类金属氧化物的碱性位主要来源于表面吸附水后产生的羟基和带负电的晶格氧。由于碱土金属氧化物自身的一些原因，例如比表面积相对较小，容易吸收 H_2O 和 CO_2，易与反应产物混合形成淤浆而使产物分离困难，且必须要在高温和高真空条件下预处理才能表现出催化活性，因此在实际运用中受到一定限制。

复合氧化物型固体碱通常由前驱体焙烧制备而成，其前驱体化学式一般为

$[M(Ⅱ)_{1-x}M(Ⅲ)_x(OH)_2]^{x+}(A^{n-})_{x/n}\cdot mH_2O$，其中 M(Ⅱ) 和 M(Ⅲ) 分别是金属阳离子，$x=M(Ⅲ)/[M(Ⅱ)+M(Ⅲ)]$，A^{n-} 为阴离子，二价金属阳离子部分被三价金属阳离子代替可使层结构改变，从而改变催化剂的碱强度等性质。具有水滑石结构的 Mg-Al 阴离子型层状化合物是以水滑石为前驱体焙烧而成的 Mg-Al 复合氧化物[Mg(Al)O]，它是一种中孔材料，具有强碱性、大比表面积、高稳定性以及结构和碱性的可调性，其活性取决于前驱体中 x 的值及烧结温度等。

2）负载型固体碱

负载型固体碱催化剂制备简单、比表面积大、孔径均匀、碱性强，成为制备生物柴油固体催化剂的研究热点。用于制备生物柴油的负载型固体碱的载体有氧化铝、钙镁氧化物、氧化锆等。可作为前驱体的物质包括碱金属、碱金属氧化物、碳酸盐、氟化物、硝酸盐、醋酸盐、氨化物或碱土金属醋酸盐等。这些固体碱的活性位既有碱金属、碱土金属氧化物、氢氧化物等，也有前驱体经高温煅烧后和载体反应生成的活性位。固体碱催化剂的催化活性、碱强度等性质受负载物与载体之间相互作用的影响。总体来说，以氧化铝为载体制备的固体碱制备方法简单，碱强度高，机械强度和热稳定性好，是较有前途的一种催化剂，其缺点是氧化铝比表面积在负载活性组分后会有所降低，同时负载的活性组分存在因少量流失而在重复使用时出现产率下降的现象。

3）分子筛为载体的固体碱

自然界中存在一种天然硅铝酸盐，它们具有筛分分子、吸附、离子交换和催化作用。这种天然物质称为沸石，人工合成的则称为分子筛。分子筛骨架的最基本结构是 SiO_4 和 AlO_4 四面体，通过共有的氧原子结合而形成三维网状结构的结晶。这种结合形式，构成了具有分子级、孔径均匀的孔洞及孔道。由于结构不同，形式不同，"笼"形的空间孔洞分为 α、β、γ、六方柱、八面沸石等"笼"的结构。

以分子筛为载体的固体碱，根据制备方法和碱活性位的不同大致分为 3 种：a. 碱金属离子交换分子筛；b. 将碱金属或稀土金属以金属态或合金氨化物形态分散到分子筛上所得的固体碱；c. 将弱碱性化合物作为碱位前驱体负载在高比表面积沸石上，再经适当处理而产生强碱位所得的固体碱。

7.3.2.3 其他类型催化剂

(1) 水滑石衍生物催化剂

水滑石型化合物又称层状双金属氢氧化物或阴离子黏土，具有类似于水镁石的层状结构。层中部分二价阳离子被三价阳离子所替代，因而层板带正电荷，层间充填有平衡电荷的有机或无机阴离子以及水分子。水滑石在一定温度下焙烧后，可得到均一、稳定的复合氧化物，常作为固体碱使用。水滑石和类水滑石类材料均可用作催化剂或者载体，且可通过改变其化学组成和活化条件来调整其碱性。然而这种层状催化剂的制备难度较大，重复性较差，对游离酸及空气中的 CO_2、水分均很敏感，且易中毒，限制了它的应用。

(2) 阴离子交换树脂类催化剂

很多阴离子交换树脂也具有碱性，因此也被用于生物柴油的制备。大部分阴离子交换树脂都具有很高的反应活性，并且树脂的交联度越低颗粒越小，反应的活性越高。以阴离子交换树脂为催化剂，反应一段时间后，树脂容易失活，通过 3 步还原法可部分恢复活性。

(3) 离子液体催化剂

离子液体是指全部由离子组成的液体，其优势是既可作为催化剂又可作为溶剂使用。离子液体是一种新型的环境友好溶剂和液体催化剂，同时拥有液体酸的高密度反应活性和固体酸的不挥发性，目前，利用离子液体催化制备生物柴油的研究尚处于实验室探索阶段。然而，与传统制备方法相比，离子液体催化具有腐蚀性低、反应速度快、过程清洁、催化剂结构具有可调性、可重复使用等优点，发展前景广阔。

(4) 酶催化剂

脂肪酶是一类可以催化甘油三酯合成和分解的酶的总称，可同时催化酯化和酯交换反应，常用的脂肪酶有动物脂肪酶和微生物脂肪酶。能产脂肪酶的微生物主要有酵母（如 *Candida rugosa*，*Candida cylindracea*）、根霉（如 *Rhizopus oryzae*，*Rhizopus japonicus*）和曲霉（如 *Aspergillus niger*）等。

酶催化制备生物柴油对原料品质没有特别要求，因其具有反应条件温和、醇用量少、副产品分离工艺较为简单、废水少、设备要求低等优点而受到关注。

酶催化剂用于酯交换反应的主要缺点是酶成本高，反应时间太长，反应产率低，而且低碳醇对酶有一定的毒性，会缩短酶的使用寿命。此外，反应中游离酶易结块，难以回收。

总之，用酶做催化剂可同时催化酯化和转酯化反应，且酶催化对原料的要求不严格，又因其具有环境友好的特征而受到关注，但有待进一步提高酶的活性，以及对甲醇和温度的耐受性及其稳定性，且需要发展高效易分离的固定化酶技术。

7.3.3　生物柴油副产品综合利用

7.3.3.1　生物柴油副产物甘油的分离提纯

在生物柴油的生产过程中，每生产10kg生物柴油会产生1kg左右的甘油副产物。作为副产物的粗甘油，其杂质成分复杂，包括水、有机盐、无机盐、皂、甲醇或乙醇、色素及微量的催化剂和甘油酯等成分。为此，要重视对生物柴油副产物甘油的开发利用，以提高整个工艺的综合利用率和经济性。

粗甘油黏度大、沸点高，对热敏感，因而对其进行精制是较为困难的。当前医药和化妆品行业对于高质量、食品级甘油的需求很大，为此需要开发出高效的粗甘油精制工艺，以降低生产成本，减少废物排放，实现工业过程效用的最大化。

(1) 粗甘油提取

目前，生物柴油的生产方法包括水解和酯交换反应两种，其中，酯交换反应是主流。但通过酯交换反应得到的粗甘油含有大量脂肪酸酯、甘油、皂、部分甲醇或乙醇和少量催化剂等成分，且得到的生物柴油的黏度大、色泽深，呈胶体状，难以分离，因而品质较低。必须通过稀释、中和、脱醇等工序进行提质处理。

1) 稀释

小分子醇对甘油、酯类等具有良好的溶解性能，且易于分离，同时在酯交换的反应过程中，需要小分子醇类的参与，而生物柴油产物中也还有一定量的醇类，故稀释过程常用的稀释剂有甲醇、乙醇及水三种。其中，甲醇作稀释剂时甘油的收率最高。然而，过量的甲醇会对环境和人体造成危害，故需对甲醇进行回收，将过量的甲醇回用至酯交换反应过程。

2）中和

生物柴油制备方法有碱催化和酸催化两种，工业上普遍采用的是碱催化法。从采用碱性催化剂制备所得的生物柴油中提取粗甘油，常采用无机酸中和的方法，以有效去除碱性物质，包括过量的催化剂和大量的皂类。常用的酸有盐酸、硫酸和磷酸。酸加入生物柴油后，混合物会分为三层，上层为游离脂肪酸，底层主要是水和中和产生的盐，中层主要是甘油和甲醇或乙醇。值得注意的是，中和过程中所用酸的用量和浓度，对后续分离过程的速度和粗甘油中游离脂肪酸及盐等杂质的含量均会产生重要影响，即中和过程要控制好pH值范围。离心分离后的粗甘油呈酸性，通常需加入氢氧化钠或硼氢化钠来中和过量的酸，同时除去部分有色杂质[18]。

3）脱醇

过量未反应的甲醇或稀释过程加入的甲醇或乙醇，是离心分离后所得粗甘油中的主要杂质，尤其是甲醇。如果甘油中的甲醇含量过高，在其应用时会造成一定毒性，尤其是在甘油应用于动物饲料和医药行业时甲醇会损害视神经。因此，生产高品质甘油时必须对甲醇进行脱除，以符合相关规定。

(2) 粗甘油精制提纯

在经过简单的提取得到的粗甘油中，除了甘油之外，还含有水、游离碱、有色物质、少量的脂肪酸、催化剂及中和过程产生的自由离子盐类等杂质组分，这些杂质的存在都会对最终所得甘油的品质产生重要的影响，故要对粗甘油进行进一步的提纯精制，常用的提纯精制工艺包括减压蒸馏和离子交换两种。

甘油为热敏性物质，在204℃时会发生聚合和分解反应，且在高温下甘油中杂质组分会催化加剧聚合或分解反应，并降低甘油收率，为此应在再减压蒸馏甘油组分前，对粗甘油中的部分杂质组分进行脱除。

1）絮凝-减压蒸馏工艺

经稀释酸化中和后的粗甘油，可利用絮凝方式，进一步脱除脂肪酸等杂质，以降低料液的黏度，有助于后续的减压精馏操作。通过絮凝-减压蒸馏工序，可以得到纯度为95%的甘油，然而絮凝过程不能完全除去脂肪酸，所得到的甘油也不符合高等级甘油标准。

2）乙醇结晶-精馏工艺

粗甘油进行提取时，由于中和过程的温度较高，导致粗甘油中会溶解一定量的盐类，这些盐类会对精馏过程的顺利进行造成不利影响。

为了除去这些盐类，可以在甘油中添加适量乙醇，使其中的盐类结晶并析出，再利用减压蒸馏或分子蒸馏得到产品纯度较高的甘油，产品达到二等品标准。

3）草酸钠络合除杂-减压蒸馏工艺

草酸钠是一种络合剂，能够有效脱除金属离子并吸附部分杂质，因此可以利用草酸钠处理粗甘油，提高其附加值。草酸钠络合除杂工艺简单，成本较低，然而其脱杂率不高，可以辅之以活性炭吸附脱杂或减压蒸馏，能得到高品质甘油。

4）离子交换工艺

离子交换是溶液中的离子与某种离子交换剂上的离子进行交换的作用或现象，是借助固体离子交换剂中的离子与稀溶液中的离子进行交换，以达到提取或去除溶液中某些离子的目的，是一种属于传质分离过程的单元操作。粗甘油用水稀释后，利用离子交换树脂脱除其中的自由离子、脂肪酸及部分有色物质，再通过蒸馏脱水或精馏工艺后即可得到高纯度甘油，附加值大大提高。常用的树脂有强酸性阳离子树脂和强碱性阴离子树脂。为了提高离子交换过程的效率，可以在提取过程中加入适量的稀释剂，以保证离子交换过程的顺利进行及离子交换过程的脱盐率。

5）膜分离工艺

膜分离工艺也可以应用于粗甘油的提纯，通过选择适宜的膜材料，恰当的膜孔径、膜通量，能够脱除粗甘油中的杂质，得到高品质的甘油。

6）萃取工艺

采用液液萃取工艺提纯精制甘油是一种低成本、高效的过程。避免了高温操作，减少了甘油损失，操作简单而安全。

7.3.3.2 生物柴油副产物粗甘油的综合利用

生物柴油生产过程中会产生大量的副产粗甘油，能否提高生物柴油副产物甘油的利用价值，是决定生物柴油制备经济性的关键。图7-2为不同纯度的生物柴油副产甘油用途。

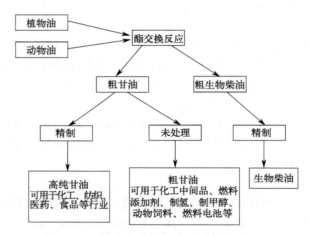

图7-2 不同纯度的生物柴油副产甘油用途

（1）化工产品

以生物柴油副产物粗甘油为原料，可用于制备多种化工产品，如1,2-丙二醇、1,3-丙二醇、聚酯及聚甘油等。它们都是重要的化工原料和产品，有着广泛的用途。

1）1,2-丙二醇

丙二醇可用作不饱和聚酯树脂的原料，在化妆品、牙膏和香皂中可与甘油或山梨醇配合用作润湿剂。在染发剂中用作调湿、匀发剂，也用作防冻剂，还用于玻璃纸、增塑剂和制药工业等。

2）1,3-丙二醇

1,3-丙二醇为无色透明黏稠液体，可用于多种药物、新型聚酯［聚对苯二甲酸丙二醇酯（PTT）］、医药中间体及新型抗氧剂的合成。如果以粗甘油为原料，采用生物法生产1,3-丙二醇技术，可利用克雷伯氏杆菌（*Klebsiella*）、短乳杆菌（*Lactobacillus brevis*）、弗氏柠檬酸杆菌（*Citrobacter freundii*）、丁酸梭菌（*Clostridium butyricum*）、巴氏梭菌（*Clostridium pasteurianum*）等多种菌株。

3）DHA和PHA

DHA即二十二碳六烯酸，是人体所必需的多不饱和脂肪酸，广泛应用于化妆品、医药、食品添加剂等行业。

以甘油为原料，采用微生物代谢生产DHA具有反应条件温和、原料利用率高、产品纯度高等特点。与化学法制备DHA相比，微生物法工艺简单可行，易于控制，从长远来看是一种可持续发展生产DHA的途径。

PHA即聚羟基脂肪酸酯，它具有类似于合成塑料的物化特性及合成塑料所不具备的生物可降解性、生物相容性、光学活性、压电性、气体相隔性等。聚羟基脂肪酸酯在可生物降解的包装材料、组织工程材料、缓释材料、电学材料以及医疗材料方面有广阔的应用前景。

PHA是粗甘油高附加值利用的有效途径，如可以用食油假单胞菌（*Pseudomonas oleovorans*）发酵甘油制备PHB（聚羟基丁酸酯）和PHA，且可通过调节菌株的生长环境达到控制两种产物浓度的目的。

4）丙烯醛

甘油还可作为碳源生产丙烯醛等产品。丙烯醛是最简单的不饱和醛，易溶于水、乙醇、乙醚、石蜡烃（正己烷、正辛烷、环戊烷）、甲苯、二甲苯、氯仿、甲醇、乙二醚、乙醛、丙酮、乙酸、丙烯酸和乙酸乙酯，是无色透明有恶臭的液体，其蒸气有很强的刺激性和催泪性。其也是化工生产中重要的合成中间体，广泛用于树脂生产和有机合成。

（2）氢能

近年来，氢能开发日益受到关注。利用粗甘油制氢是生物柴油副产物综合利用的重要途径。其主要工艺过程包括蒸汽重整、部分氧化、自热重整、水相重整及超临界水重整等，目前化工行业中应用最多的是蒸汽重整技术。

粗甘油中过量的杂质会对催化剂的活性及使用寿命造成一定的影响，因而上述工艺均需对甘油进行提纯。如果要降低生产成本，则必须研发高活性催化剂。也可以利用微生物催化转化的形式将粗甘油转化为氢气。例如，通过红假单胞菌（*Rhodopseudomonas palustris*）光发酵转化技术，可以实现每1mol甘油产生6mol氢气，且无需担忧原料中的杂质对发酵过程的抑制作用。

（3）甘油烷基醚

甘油烷基醚作为燃料添加剂能改善燃料性能，降低尾气中颗粒物、烃类及一氧化碳等物质的含量，因而是一种高附加值的甘油衍生物。

甘油还能够通过乙酰化、缩醛化等反应制得其他类型的燃料添加剂，增加燃料的十六烷值、提高燃料低温流动性能、改善燃料润滑性能等。

（4）其他应用

1）制甲醇或乙醇

粗甘油可以用于生产乙醇和甲醇。粗甘油制备乙醇是通过生物转化的方式，在菌体的作用下发酵得到乙醇。由粗甘油生产乙醇的成本比商业制备乙醇的成本低35%左右。甲醇的生产可以通过粗甘油发生加氢反应得到，该过程需要使用含过渡金属的催化剂；也可通过甘油与水在催化剂作用下重整得到甲醇。将粗甘油应用于甲醇或乙醇过程具有一定的可行性，但生物法生产乙醇的效率不高，而制甲醇过程需要加氢催化，其整体的经济性有待于进一步改善[19]。

2）动物饲料

粗甘油经过简单的处理后，可作为动物饲料。饲料中添加适量的粗甘油对牛奶的产量和组成均无显著影响，有助于减少玉米使用量，降低饲料成本。

3）燃料电池

粗甘油可用于生产微生物燃料电池，具有较好的产电效果。目前该技术仅限于实验室研究，还存在产电过程不稳定、产电效率不高等问题，随着纳米材料、生物电化学等技术的进步，相信该技术会进一步完善。

总体来看，粗甘油的用途主要是用来制备1,2-丙二醇、1,3-丙二醇、DHA、PHA、丙烯醛等化工产品。目前，甘油的市场价格较低，精制工艺的经济可行性还不够。积极拓展粗甘油的应用空间，提高其附加值，将是粗甘油未来利用的主要方向。

7.3.4 生物柴油生产国内外标准

7.3.4.1 国外生物柴油质量标准

2008年10月，美国材料与试验协会（ASTM）推出了生物柴油和调合燃料的标准，其中生物柴油调合燃料标准有3个，其中2个是修订标准，即ASTM D975-08a和ASTM D396-08b，这是ASTM首次将生物柴油作为调合组分的产品标准。前者是柴油标准，要求生物柴油含量不超过5%；后者是燃料油标准，同样也要求生物柴油含量不超过5%。另一个生物柴油调合燃料标准是B6～B20标准，编号为ASTM D7467-08。2009年和2018年，上述标准均被修订，最新的生物柴油标准是ASTM D6751-2018。

2012年，欧洲标准化委员会（CEN）修订了车用生物柴油标准EN 14214:2012，该标准使用至今。

7.3.4.2 我国生物柴油质量标准

2007年，我国发布了第一个生物柴油产品标准——《柴油机燃料调合用生物柴油（BD100）》。2011年2月1日，B5标准正式实施。B5标准的实施为生物柴油正式流入主渠道奠定了基础，但该标准随后被《B5柴油》（GB 25199—2017）代替。我国的纯生物柴油BD100国家标准历经GB/T 20828—2014、GB/T 20828—2015两次修订，于2015年与B5柴油国家标准GB 25199合并，作为GB 25199—2017的附录。

7.3.4.3 生物柴油质量标准对比

BD100生物柴油的定义是符合国家标准的柴油机燃料调合用生物柴油，它的主要化学成分是高级脂肪酸甲酯，且含量（质量分数）不低于96.5%。BD100生物柴油既可以直接用作燃料，也可以跟石化柴油调和成车用燃料。表7-4为中国、美国、欧盟的生物柴油（BD100）标准对比。

表7-4 中国、美国、欧盟的生物柴油（BD100）标准对比

项目	中国	美国	欧盟
燃烧指标	GB 25199	ASTM D6751	EN 14214
十六烷值	≥49	≥47	≥51
酯含量/%	≥96.5	—	≥96.5
硫含量/(mg/kg)	50;10	15	≤10
密度/(kg/m^3)	820～900	—	860～900
运动黏度/(mm^2/s)	1.9～6.0	1.9～6.0	3.5～5.0
闪点/℃	101	93	101
机械杂质(体积分数)/%	—	≤0.05	—

续表

项目	中国	美国	欧盟
水(质量分数)/%	≤0.05	—	≤0.05
灰分(质量分数)/%	≤0.02	≤0.02	≤0.02
酸值(以 KOH 计)/(mg/g)	≤0.5	≤0.5	≤0.5
甲醇(质量分数)/%	—	≤0.2	≤0.2
碘值/(g/100g)	—	—	≤120
磷含量/(mg/kg)	—	≤10	≤10
碱金属含量/(mg/kg)	≤5	≤5	≤5
碱土金属含量/(mg/kg)	—	≤5	—
氧化安定性(110℃)/h	≥6	≥3	≥6
甘油一酯(质量分数)/%	≤0.8	—	≤0.8
甘油二酯(质量分数)/%	—	—	≤0.2
甘油三酯(质量分数)/%	—	—	≤0.2
游离甘油(质量分数)/%	≤0.02	≤0.02	≤0.02
总甘油(质量分数)/%	≤0.24	≤0.25	≤0.25

与我国最新标准相比，欧盟的标准较为全面，而美国的生物柴油标准较为宽松[20]。总体来看，我国生物柴油国家标准是一项相对严格的标准。

7.3.4.4 生物柴油调合燃料标准对比

生物柴油调合燃料是指将生物柴油（BD100）与石化柴油按一定比例调和而成的燃料。目前，国际上通用的调配比例不大于20%，以 BX（X 表示生物柴油的体积数）表示。我国当前的国标是 B5 柴油，其含义是以1%～5%比例的生物柴油与石化柴油调和得到的燃料，以符号 B5 来表示。表 7-5 是我国与欧盟的生物柴油调合燃料标准对比。

表 7-5 我国与欧盟的生物柴油调合燃料标准对比

项目	中国	欧盟
标准号	GB 25199—2017	EN 590:2013
型号规格	B5 车用柴油（V）	B5～B20
十六烷值	≥51	≥51
硫含量/(mg/kg)	≤10	≤10
密度/(kg/m³)	810～850	820～845
运动黏度/(mm²/s)	2.5～8.0	2.0～4.5
闪点(闭口)/℃	≥60	≥55
10%蒸余物残炭(质量分数)/%	≤0.3	≤0.3
机械杂质/%	无	—
水含量(质量分数)/%	≤0.030	≤0.020
灰分(质量分数)/%	≤0.01	≤0.01
杂质锰含量/(mg/L)	—	≤2
总污染物/(mg/kg)	—	≤24
酸值(以 KOH 计)/(mg/g)	≤0.09	≤0.1
氧化安定性/(mg/100mL)	≤2.5	≤2.5
多环芳烃含量(质量分数)/%	≤11	≤8
脂肪酸甲酯含量(体积分数)/%	1～5	≤7
润滑性，校正磨斑直径(60℃)/μm	≤460	≤460
铜片腐蚀(50℃,3h)/级	≤1	≤1

7.3.4.5 生物柴油调合燃料评价指标

通常用来评价生物柴油调合燃料品质的指标主要有十六烷值、硫含量、氧化安定性、水含量、多环芳烃含量等。

(1) 十六烷值

十六烷值的大小影响柴油机的燃烧稳定性、冷启动性能及燃烧噪声等。欧盟及我国对十六烷值的要求均不小于 51。

(2) 硫含量

低含量的硫可减少颗粒排放降低大气污染,还能避免柴油车催化转化器的中毒。我国 B5 柴油(Ⅴ)的标准已与欧盟的标准一致。

(3) 氧化安定性

氧化安定性是指石油产品在长期贮存或长期高温下使用时抵抗热和氧化作用、保持其性质不发生永久变化的能力。由于氧化,石油产品往往发生游离碱含量降低或游离有机酸含量升高,滴点下降,外观颜色变深,出现异臭味及稠度、强度极限,相似黏度下降,生成腐蚀性产物和破坏润滑脂结构的物质,造成皂油分离。从表 7-5 可知,我国的该项标准与欧盟相同。

(4) 水含量

生物柴油中的水分会导致生物柴油发生氧化以及与游离脂肪酸生成酸性水溶液,进而腐蚀金属,且水含量较高时,有利于微生物的生长和繁殖,形成有机体淤泥,最终堵塞滤网。表 7-5 表明,我国的标准规定水质量分数≤0.030%,低于欧盟标准。

(5) 多环芳烃含量

多环芳烃是指含两个或两个以上苯环的芳烃,主要有两种组合方式:一种是非稠环型,即苯环与苯环之间各由一个碳原子相连,如联苯、联三苯等;另一种是稠环型,即两个碳原子为两个苯环所共有,如萘、蒽等。多环芳烃具有毒性、遗传毒性、突变性和致癌性,对人体有多种危害,被认定为影响人类健康的主要有机污染物,因此要严格控制生物柴油中的多环芳烃含量。从表 7-5 可以看到,欧盟的标准 EN 590:2013 中规定多环芳烃质量分数≤8%,而我国为≤11%。

7.4 生物柴油提质制备高附加值产品

近年来,国际油价变动频繁,发展生物柴油产业只能依靠政府政策的支持,然而一个产业能否发展,最终也必须由市场经济规律决定。为此,要大力发展以生物柴油来生产精细化工产品,以增加利润,摊薄成本,加快生物柴油的产业化进程。

7.4.1 脂肪酸甲酯生产润滑油

润滑油是复杂的碳氢化合物的混合物,其基本性能包括一般理化性能、特殊理化性能和模拟台架试验。润滑油一般由基础油和添加剂两部分组成。基础油是润滑油的主要成分,决定着润滑油的基本性质,添加剂则可弥补和改善基础油性能方面的不足,赋予某些新的性能,是润滑油的重要组成部分。脂肪酸甲酯的工业润滑剂产品的生产与销售主要集中在美国和欧洲,所用原料是大豆油和菜籽油。产品应用范围包括石化柴油润滑剂、食品机械润滑剂、日用除锈润滑剂等。由于环保要求,采用加氢技术生产超低硫、低芳清洁柴油,在加氢过程中会把石化柴油中起润滑作用的微量含氮、氧的极性化合物,以及芳烃尤其是多环芳烃脱除,从而降低石化柴油的润滑性。

脂肪酸甲酯具有较好的润滑性,具有可生物降解性,是一种很好的石化柴油润滑性添加剂。研究证实,添加0.5%的生物柴油,就能满足硫含量为0.07%的石化柴油的润滑性能要求。脂肪酸甲酯作为石化柴油润滑添加剂的加入量一般都较高。以脂肪酸甲酯为原料生产的润滑剂产品具有多种功能,不仅可以改善润滑性,还可改进十六烷值、提高燃烧效率。

有研究者先用生物柴油制备环氧生物柴油,然后在D001树脂的催化作用下,环氧生物柴油和异辛醇进行异构醚化开环反应,得到改性生物柴油,即为润滑油基础油。采用红外光谱对原料和产物的结构进行表征,并对合成的润滑油基础油的性能与环氧生物柴油和150SN矿物润滑油进行了比较。结果表明,所合成的润滑油基础油热稳定性好、黏温性能好、黏度指数大、氧化安定性良好、承载能力和抗磨性能较好[21]。

另有研究者以沉淀-浸渍法制备的固体酸 SO_4^{2-}/TiO_2 为催化剂,以环氧生物柴油(环氧菜籽油甲酯)和异辛醇为原料,进行异构醚化催化开环反应,合成了环境友好的润滑油并对其结构进行表征,考察配料比、反应时间、反应温度及催化剂质量分数(催化剂质量/环氧生物柴油的质量)对环氧生物柴油开环反应的影响,并对最终产品进行相关性能指标分析检测。结果表明,当反应时间为15h、反应温度为90℃、醇油物质的量之比为4:1、催化剂质量分数为3%时,所合成的改性生物柴油的热稳定性好,可以作为润滑油使用[22]。

7.4.2 脂肪酸甲酯生产航空煤油

大型客机在万米高空飞行,发动机必须适应高空缺氧、气温气压较低的恶劣环境。作为航空发动机燃料的航空煤油还要具有清澈透明、不含悬浮和沉降的机械杂质以及水分等特点。除此之外,航空煤油还需要有较好的低温性、安定性、蒸发性、润滑性及无腐蚀性等特性。航空煤油的密度应适宜,且热值高、燃烧性能好,能够迅速、稳定、连续、完全地燃烧,同时积炭量少、不易结焦、低温流动性好,可满足寒冷低温地区和高空飞行对油品流动性的要求。航空煤油的生产方法主要包括以下几种。

7.4.2.1 脱氧化处理

航空用油对油质要求较高,特别是表征低温性能的凝固点指标不高于-55～-60℃。一般酯交换生产的生物柴油难以达到要求。生物航油需采用特殊的方法生产,主要研究热点是利用微藻生产生物航油,且特殊海藻生产的油中含大量中度链长的脂肪酸,经脱氧化处理后,链长完全接近常规煤油中的烃类长度;与少量燃料添加剂相混合后,就可作为JP8或JetA喷气燃料。

7.4.2.2 氢化裂解处理

利用真空汽油-植物油的混合物,通过氢化裂解处理,可得到生物柴油、煤油/航空煤油和石脑油。植物油以及植物油-重真空油混合物的氢化裂解,加氢条件为300～450℃,加氢催化剂通常是Ni、Mo硫化物/Al_2O_3,产物主要为 C_{15}～C_{18} 烷烃。催化温度低于350℃时,C_{15}～C_{18} 烷烃的产量随着植物油量的增加而增加。有研究者以生物柴油加氢脱氧得到的生物烷烃为原料,采用Pt/MCM-41介孔分子筛为加氢裂解催化剂,制备出高转化率、较高选择性的航空生物煤油。该研究中以不同硅铝比MCM-41为载体,负载不同质量铂金属,制备和表征了不同组成Pt/MCM-41的催化剂;考察了不同硅铝比、反应温度、铂负载量对催化剂活性的影响。结果表明，硅铝比、反应温度和铂负载量对反应产物都有很大影响，硅铝比为 10 的 Pt/MCM-41（Pt=0.7%）催化剂在 340℃条件下，使反应的转化率达到了 98.42%，而煤汽比为 1.01，收率也达到了 89.50%；随着温度的升高，产物转化率逐渐增加，但是煤汽比随着反应温度的升高逐渐减小；随着铂负载量的增加，转化率提高显著，煤汽比在负载量达到 0.7%时才明显提高[23]。

7.4.3 脂肪酸甲酯生产工业溶剂

脂肪酸甲酯溶解能力较强，其贝壳松脂丁醇值（KB）（表示溶解能力的参数）为 47~66。此外，脂肪酸甲酯闪点高、无毒、可生物降解，属于环境友好型溶剂。作为工业溶剂应用的脂肪酸甲酯，多用于工业清洗和脱油脂领域。此外，脂肪酸甲酯还可以应用于工业零件清洗等领域，也可以作为树脂的洗涤脱除剂，替代二氯甲烷作为脱漆剂，替代甲苯作为印刷油墨清洗剂，替代丙酮作为黏合剂脱除剂等。另外，脂肪酸甲酯可以用作涂料、防腐添加剂等的载体溶剂，还可作为共溶剂的一个组分，如脂肪酸甲酯与乳酸乙酯组成的溶剂。

7.4.4 脂肪酸甲酯的间接利用

脂肪酸甲酯可作为生产表面活性剂的中间体原料。目前，常用的表面活性剂主要来源于石油、天然气和煤等不可再生资源，难以生物降解，造成环境污染。

以天然可再生资源为原料生产表面活性剂已成为近年来表面活性剂工业的主要发展方向。以脂肪酸甲酯为原料生产的表面活性剂产品种类很多，如脂肪醇、脂肪酸甲酯磺酸盐、蔗糖酯、蔗糖聚酯、乙氧基化脂肪酸甲酯、脂肪胺、烷醇酰胺等。

（1）脂肪醇

脂肪醇是表面活性剂工业的重要原料，也是脂肪酸甲酯化工利用的主要途径。国内 80%的脂肪酸甲酯用于脂肪醇的生产。由脂肪醇可衍生出多种表面活性剂，如经硫酸化反应再中和生产脂肪醇硫酸盐；与环氧乙烷加成制备非离子表面活性剂脂肪醇醚，并进一步可生产性能优良的温和型表面活性剂脂肪醇醚硫酸盐和脂肪醇醚羧酸盐；与葡萄糖糖苷反应制备性能温和的非离子表面活性剂烷基多糖苷。

（2）脂肪酸甲酯磺酸盐

目前，脂肪酸甲酯磺酸盐是国内外密切关注的、最有发展潜力的廉价高效表面活性剂和钙皂分散剂，其有优良的去污性、抗硬水性、低刺激性和毒性，表面活性优于烷基苯磺酸钠，是国际上公认的用来替代烷基苯磺酸钠的第三代表面活性剂。

脂肪酸甲酯磺酸盐是由饱和脂肪酸甲酯经磺化、中和、漂白生产的。在脂肪酸甲酯磺酸盐分子结构中，由于采用酯化的方法封闭了羧基，使其水溶性较好，而相邻的磺酸基对羧酸酯基团具有保护作用，使其具有较强的水解稳定性。

（3）蔗糖聚酯

蔗糖聚酯是脂肪酸蔗糖聚酯的简称，它是一种油脂替代品。其制备方法是先利用脂肪酸甲酯与蔗糖在催化剂作用下生成蔗糖酯，如果蔗糖分子上有 6 个以上的羟基被脂肪酸基取代时即可得到蔗糖聚酯。

蔗糖聚酯在经受反复油炸或高温处理时，仍可保持良好的品质，酸价、过氧化值等指标无明显变化。此外，蔗糖聚酯不能被人体吸收，这是其作为脂肪代用品的重要因素。由于蔗糖聚酯既不能被消化又不能被吸收，可直接从消化系统排出，所以可以降低人体能量摄入，防止肥胖疾病。近年来，有研究表明胆固醇在普通油脂和蔗糖聚酯中的溶解平衡常数相似，溶解在蔗糖聚酯中的胆固醇因蔗糖聚酯的不可吸收而不被人体吸收，从而降低了胆固醇的吸收率。然而，蔗糖聚酯中固体脂肪含量较低，在结晶方面存在一定不足，因而阻碍了其在食品专用油脂加工中的应用。

(4) 乙氧基化脂肪酸甲酯

乙氧基化脂肪酸甲酯是一种脂肪酸甲酯的乙氧基加成产物，属于低泡沫的非离子表面活性剂，在低温条件下（<60℃）具有优异的净洗性能，特别是分散性能优异，在净洗过程中能够有效防止污垢的反沾污，其渗透、乳化等性能均优于 AEO（脂肪醇聚氧乙烯醚）系列，是 TX、OP 等含有 APEO（烷基酚聚氧乙烯醚）类表面活性剂的替代品。

(5) 脂肪胺

脂肪胺是指碳链长度在 $C_8 \sim C_{22}$ 范围内的有机胺化合物，分为伯胺、仲胺、叔胺和多胺四类。伯胺可用作腐蚀抑制剂、润滑剂、脱模剂、油品添加剂、颜料加工添加剂、增稠剂、润湿剂、化肥防尘剂、机油添加剂、化肥防结块剂、成膜剂、浮选剂、齿轮润滑剂、疏水剂、防水添加剂、蜡乳等。饱和高碳伯胺如十八胺可用作硬橡胶及聚氨酯泡沫脱模剂。十二胺可用于天然与合成橡胶的再生和化学镀锡液的表面活性剂、还原胺化异麦芽糖制备麦芽衍生物以及油胺作柴油机燃料添加剂等。

伯胺及其盐可作为有效的矿石浮选剂、化肥或炸药防结块剂、纸张防水剂、腐蚀抑制剂、润滑添加剂、石油工业的杀菌剂、燃料和汽油的添加剂、电子清洗剂、乳化剂、颜料加工添加剂、水处理剂、成膜剂等。伯胺还可用来生产季铵盐型沥青乳化剂，此类乳化剂广泛用于高等级公路的铺设和维护，可减轻施工和维护的劳动量，有利于延长路面的使用寿命。

脂肪伯胺与环氧乙烷的加成物主要用作塑料工业中的抗静电剂。十二胺与丙烯酸甲酯反应经皂化中和后得 N-十二烷基-B-氨基丙酸，此类表面活性剂的水溶液为浅色或无色的透明液体，易溶于水或乙醇，易生物降解，耐硬水，对皮肤的刺激性很小，毒性也较小。其用途包括起泡剂、乳化剂、缓蚀剂、护发剂、柔软剂等。

(6) 烷醇酰胺

烷醇酰胺一般为白色至淡黄色的液体或固体。这种非离子表面活性剂具有较强的起泡和稳泡作用，常用作泡沫促进剂和泡沫稳定剂，具有润湿、抗静电等性能，也有柔软化性能。烷醇酰胺型非离子表面活性剂是由脂肪酸和烷醇胺加热缩合制备而成。除生成烷醇胺之外，还有胺酯和酰胺等副产物。为了制得高纯度的烷醇酰胺，可用脂肪酸甲酯代替脂肪酸进行合成，用这种方法可制得 90% 以上的高纯度烷醇酰胺。

7.5 我国生物柴油产业化典型案例及技术经济性分析

7.5.1 我国生物柴油产业化典型案例

2002 年 7 月，生物柴油产业被纳入我国国民经济"十五"计划的滚动创新计划之中，由此，在 2004～2010 年间我国的生物柴油产业得到了快速发展。

2002 年 8 月，四川古杉油脂化学有限公司成功开发出生物柴油，该公司以植物油下脚料为原料生产生物柴油，产品的使用性能与 0 号柴油相当，燃烧后废物的排放较普通柴油下降了 70%，主要性能指标也达到了德国的 DIN V 51606 标准。

2002 年 9 月，福建龙岩卓越新能源股份有限（简称卓越新能）公司建成了 2 万吨/年生物柴油装置，标志着我国生物柴油生产实现了产业化，其产品成本可控制在 2000 元/吨，项目总投资 1200 万元。目前，卓越新能实现了年处理 25 万吨废油脂，年收入超过 12 亿元。该公司现有 3 个生物柴油生产基地，总年产能超过 24 万吨；拥有 2 个生物基绿色材料生产基地，主要产品为生物酯增塑剂、醇酸树脂和工业甘油，总年产能超过 9 万吨，初步形成了以生物柴油为主产品，辅以深加工生物基增塑剂、工业甘油、水性醇酸树脂的产品结构。此外，该公司的生物柴油产品得到了世界顶级燃料原油贸易商的认可。

2019 年，卓越新能生产生物柴油 24.61 万吨，同比增长 10.42%，其中出口 18.78 万吨，同比增长 23.0%。卓越新能在原有项目保持高增长的同时，一直在加快产能扩建和技术创新，其中包括募集资金投资建设项目——年产 10 万吨生物柴油（非粮）及年产 5 万吨天然脂肪醇项目完成各项前期工作，已于 2019 年 9 月开工建设。2021 年 1 月 31 日，卓越新能公司的美山厂区年产 10 万吨生物柴油项目正式进入调试生产阶段。

卓越新能作为中国领先的生物柴油生产和废油脂处置企业，同时也是出口量第一的企业，该企业是国内产销规模最大、持续经营时间最长的生物柴油企业，具有突出的行业地位。目前，卓越新能生物柴油产品以出口欧洲市场为主，出口量也逐年增加。这也是由欧洲生物柴油强制掺混政策持续驱动、生物柴油常年供不应求引起的。欧盟要求 2020 年生物燃料在交通领域掺混比例达到 10%，2030 年达到 14%，所以 2030 年欧洲生产消费量有望达到 3557 万吨，欧洲市场将生物柴油作为长期低碳能源。

2015 年以后，第二代生物柴油技术开始兴起，出现了两条技术路线：一条是通过催化加氢将动植物油脂转化成直链烃类；另一条是将农林废弃物经粉碎、水解、气化、费-托合成转化为烃类航煤，也可经混合醇合成、酯交换等转化为碳酸二烷基酯。

位于河北省唐山市的金利海生物柴油股份有限公司主要以地沟油等废弃油脂为原料生产生物柴油。2019 年，该公司消耗地沟油等原料油 10.5 万吨，生产生物柴油 8.5 万吨，实现销售收入 4.63 亿元、税收 1043 万元。经检测，该公司生产的生物柴油产品已达到欧盟标准 EN 14214:2014 的要求，通过了欧盟 ISCC 认证、德国 Nabisy 认证、荷兰 DDC 认证，产品通过港口运输直销几乎全部欧盟国家。此外，该公司参与制定了多项生物柴油相关国家标准、国家行业政策等，其中企业标准 23 个，包括管理标准 11 个、技术标准 12 个。其起草的河北省地方标准《生物柴油调合燃料（B10）》（DB13/T 2140）、《生物柴油调合燃料（B20）》（DB13/T 2141）已正式发布实施，独家制定了 B5 生物柴油河北省地方标准。

北京市三聚环保新材料股份有限公司采用悬浮床工业加氢技术，以棕榈酸败油、棕榈酸化油和地沟油为原料，于 2019 年 7 月成功生产出符合欧盟标准的生物烃类燃料，产品全部出口欧洲。该公司在 2020 年 5 月底开始对装置进行为期 3 个月的升级改造，将原有的固定床升级为悬固床，在没有大幅增加投资的情况下使加工能力由 6 万吨/年扩大到（10~12）万吨/年。此次改造重点是在 MCT 悬浮床基础上，创新性地建设了悬固床反应系统，将悬浮床与固定床的优势结合在一起，通过高效催化剂和新工艺的协同，实现了装置双循环的控制体系，大幅提升了产能、降低了能耗。在开工过程中，他们克服了催化剂硫化、双循环建立、跨越反应温度启动点等诸多技术难关，摸索到了最佳工艺操作条件，为公司进一步扩大产品供给能力探索了技术条件。

三聚环保新材料股份有限公司项目以废油脂（或地沟油）和甲醇为原料，利用自主研发的一次性复合催化剂生产生物柴油。生产工艺分预处理、酯化、精馏和甘油精制四步进行。

（1）预处理

将废弃油脂加到脱油罐中，通入 90～95℃ 热水，不断搅拌，使油脂中的磷脂等溶解在水中，形成分液层。磷脂和水的混合物从罐底排出，得到副产品皂脚。脱胶油后的油脂用凹凸棒土吸附除去色素及恶臭杂质。棒土每 10 天更换一次，更换下来的棒土经过挤压释放出滤带的油脂，油脂送到脱油罐再次使用。棒土作为废弃物。脱色后经过加热去除原料中水分，然后用泵打入脱酸罐，升温分离出游离酸，得到标准原料油。预处理过程中，产生的磷脂、游离酸以及植物蜡等作为副产品皂脚出售。

（2）酯化

标准原料油与甲醇经静态混合器充分混合后，与催化剂混合，再进入合成反应器。混合物料在反应器内经加热盘管通蒸汽加热并控制压力，在甲醇大量回流以及搅拌器充分搅拌混合的条件下，反应 3.5～4h。经测试分析合格后，结束反应，向盘管内通入循环冷水，冷却并停止搅拌。反应混合物沉降分为甘油相和甲酯相，离心分离之后，甘油相通入碱液分离罐，粗柴油通入粗柴油中间罐。

（3）精馏

粗柴油由粗柴油中间罐自流到柴油水洗塔，被来自中和塔的饱和盐水充分洗涤。混合液自流到柴油分液罐，上层精制柴油干燥后经泵打至精馏系统，下层富含甲醇、碱液的饱和盐水混合液经泵送至甲醇精馏塔。

精馏系统由减压分子精馏塔 1、减压分子精馏塔 2 和精馏塔 3 组成。精制柴油首先进入减压分子精馏塔 1，塔顶压力低于 0.001MPa，控制温度，在大回流比条件下，塔顶馏出柴油进入减压分子精馏塔 2；塔底馏出富含植物沥青的柴油进入精馏塔 3 进一步精馏，分离出生物柴油，直接至罐区。减压分子精馏塔 2 进一步将柴油在大回流比 30∶1 情况下提纯。塔底分离的生物柴油至罐区；塔顶馏出柴油进入精馏塔 3，精馏塔 3 分离出的柴油装罐。精馏过程中在减压分子精馏塔和精馏塔产生精馏残液，作为副产品。经甲醇精馏塔精馏后的甲醇循环使用，甲醇精馏塔塔底液经泵送中和塔。

（4）甘油精制

粗甘油及生成水进入碱液分离罐分离后，再经过干燥后得到甘油产品。碱液分离罐分离的碱液多次循环使用后与甲醇精馏塔塔底液一起打入中和塔。中和塔混合液经过 H_2SO_4 中和后部分循环使用，多余部分回用于原料油预处理——水化脱胶油工序。

（5）废水、废渣和过量原料及副产物等处理

① 废水　废水→沉降→过滤→脱色、絮凝、中和→过滤排放→生化处理→曝气废渣。

② 废渣　废渣→发酵→混合→有机复合肥。

③ 副产物　反应混合物→分离→副产物→蒸馏→再分离→粗甲酯（重油替代品）生物柴油＋甲醇（回收再利用）＋粗甘油（纯度90%）。

该公司生物柴油的生产采用全封闭式设备管道运行，工艺操作技术规范，劳动生产率高。主产品有生物柴油、工业甘油，副产品主要有植物沥青、工业石膏。

7.5.2 我国生物柴油产业技术经济性分析

进入 21 世纪以来，我国生物柴油产业有了很大进步，在京津冀地区率先建立了良好的产业基础，仅河北省就有唐山金利海、邯郸隆海、河北金谷、河北金瑞、邢台福宽等多家生物柴油生产企业，年总产能大于 70 万吨。目前，京津冀地区交通用石化柴油年用量大于 650 万吨，如果全部以 B5 柴油取代，则能够彻底解决柴油车的排放难题。

经济性是决定生物柴油项目能否大规模应用的关键。生物柴油生产的经济可行性与采用的生产原料、转化工艺、生产规模、副产品纯度和价格直接相关[24]。

大豆油保质期较短，一般只有一年，质量越好的大豆油颜色越浅，多为淡黄色，清澈透明，且无沉淀物，无豆腥味，温度低于 0℃的优质大豆油会有油脂结晶析出。大豆油是世界上最常用的食用油之一，也是我国的主要食用油。大豆油主要产于我国东北、华北、华东和中南各区域。2021 年我国豆油产量为 1800 万吨，进口 111 万吨，出口 7.03 万吨。2022 年我国大豆油产量约为 1630.7 万吨，而需求量约为 1654.9 万吨。2022 年我国大豆油进口 34.4 万吨，出口 10.2 万吨。

目前，国内外学者多是从能源与环境两个方面对生物柴油用作替代燃料进行分析，很少有研究者从经济角度进行评价[25]。基于此，本小节对大豆生产生物柴油的经济性进行分析，旨在为我国生物柴油的商业化应用提供基础依据。

前期研究表明，当生物柴油生产工厂的生产能力高于 5 万~8 万吨/年时工厂才有可能盈利，因此，5 万吨的年产量可视为可接受的最低装机容量。基于上述分析，本小节将以生产能力为 5 万吨/年的生物柴油工厂为例，估算在正常运行时其全生命周期总生产成本，并将该生产成本与传统柴油做对比，旨在合理评价大豆基生物柴油的经济效益。

（1）原材料成本

考虑到我国的国情现状，本小节选定生产工艺为大豆油与过量甲醇进行酯交换反应，用氢氧化钠作催化剂，盐酸用于中和催化剂以及调整 pH 值。因此，该工厂的原材料成本包括豆油成本、甲醇成本、催化剂成本、盐酸以及氢氧化钠溶液成本。大豆油中参加反应的甘油三酸酯的分子量与反应后制取的生物柴油的分子量基本一样，而两者的分子量都非常大，故可认为反应制取的生物柴油质量等于参加反应的甘油三酸酯质量。

假定一次反应的转化率为 90%，则总的转化率达 99%，且假定生物柴油的总回收率也为 99%。基于以上假定，生物柴油生产量为 5 万吨/年时需要的大豆油为 8 万吨/年。根据最新市场交易价格，假定大豆油价格为 7000 元/吨，因此大豆油的成本为 56000 万元。甲醇的需求量为 0.60 万吨/年，假定其单价为 2000 元/吨，因而甲醇的成本为 1200 万元。催化剂按 1% 的添加量，可算出其成本为 100 万元，而盐酸与氢氧化钠溶液的成本为 50 万元。

综上，该工厂总的原材料成本为 57350 万元，其中，油脂成本约为原材料总成本的 98%。

（2）运作成本

运作成本主要包括电力成本和蒸汽成本。根据能量平衡定律，该工厂的运作消耗为每生产 1t 生物柴油需耗费电力 30kW·h 以及蒸汽 1.4MJ。假定工业用电的价格为 0.725 元/(kW·h)，故生产 5 万吨的生物柴油所需的电力成本约为 109 万元。对于蒸汽成本来说，假定系统热效率为 90%，通常这部分热量是由工业锅炉提供的，锅炉热效率约为

90%，由此可以确定 1 吨生物柴油消耗热值为 5000kcal/kg（1cal≈4.184J）的原煤 83kg。假定动力煤的市价为 500 元/t，故 83kg 的原煤的价格为 41.5 元，生产 5 万吨生物柴油的蒸汽成本估计为 207.5 万元。综上，可大致确定该生物柴油工厂的运作成本为 316.5 万元。

（3）单位生产成本计算

将前面两项成本加和，可知该年产 5 万吨生物柴油工厂的总变动成本为 57666.5 万元。而对于年产 5 万吨的生物柴油工厂来说，其变动成本约占其总生产成本（包括固定成本和变动成本）的 90%，故该工厂的总生产成本为 64073.9 万元。因此，该工厂生产 1t 生物柴油的成本是 12814.8 元。

值得注意的是，甘油不仅是生产生物柴油的副产品，纯净的甘油还是制造食品、药品的高值化学品，然而当生物柴油的产率达到 99% 时，生产过程中的甘油产量较少，故本小节假定从副产品获得的收入为零。

年产 5 万吨的大豆油生物柴油生产工厂的生产成本分析见表 7-6。

表 7-6　年产 5 万吨的大豆油生物柴油工厂的生产成本分析

成本分类	分项	成本
原材料成本	大豆油	56000 万元
	甲醇	1200 万元
	催化剂	100 万元
	盐酸和氢氧化钠	50 万元
	0 号柴油（中国）	8500 元/t
运作成本	用电	109 万元
	用煤	207.5 万元
生产成本	变动成本	57666.5 万元
	固定成本	6407.4 万元
合计	总成本	64073.9 万元
	单位成本	12814.8 元/t

从表 7-6 可以看出，利用大豆油为原料生产生物柴油的单位生产成本为 12814.8 元/t，远高于当前市场上 0 号柴油的价格（8500 元/t），这表明在我国由于大豆油的价格高，以此为原料制备生物柴油的经济效益差，这也是目前生物柴油难以产业化的重要原因，需要政府给予减免税收及财政补贴等政策支持。此外，大豆油成本占总生产成本很大比重，故若想降低生产成本、发展大豆油生物柴油，合理调控大豆油价格是很有必要的，政府可因地制宜地鼓励农户种植大豆，并在培育产油量高的大豆新品种、精耕细作提高大豆产量等方面做出努力。

7.6　我国生物柴油产业、技术现状与发展趋势

7.6.1　我国生物柴油产业政策环境分析

2005 年 4 月，国家发展改革委工业司主办了生物能源和生物化工产品科技与产业发展战略研讨会，其中一项会议议题涉及生物柴油。2005 年 5 月，我国"863"计划——生物和现代农业技术领域决定提前启动"生物能源技术开发与产业化"项目，并发布了指南，其中设有"生物柴油生产关键技术研究与产业化"课题。2006 年 1 月 1 日，《中华人民共和国可再生能源法》实施，生物柴油的法律地位得到明确，取得了和乙醇燃料相当的

法律地位。

2014年11月28日,国家能源局发布了《生物柴油产业发展政策》,该政策指出,要构建适合我国资源特点,以废弃油脂为主、木(草)本非食用油料为辅的可持续原料供应体系。同时提出,发展废弃油脂生物柴油产业的省份要建成比较完善的废弃油脂回收利用体系,健全回收利用法律法规;初步建立能源作(植)物油料供应模式;探索优化微藻养殖及油脂提取工艺,实现微藻生物柴油技术突破。

该政策鼓励京津冀、长江三角洲、珠江三角洲等大气污染防治重点区域推广使用生物柴油。鼓励汽车、船舶生产企业及相关研究机构优化柴油发动机系统设计,充分发挥生物柴油调合燃料的动力、节能与环保特性。

该政策对生物柴油行业重大问题给予了规范,下面主要从原材料、行业准入、销售和使用等方面对政策进行解读。

(1) 原料供应方面

在原料供应方面,目前我国生物柴油的主要原材料供应商仍为餐饮废油回收企业。从实际情况看,由于我国食用油大部分依靠进口,不可能像欧美国家那样利用食用植物油如大豆油、菜籽油进行生物柴油的生产。然而从长远看,我国北方的黄连木、南方的麻风树等野生资源量大,且不占用耕地,未来作为生物柴油主要原料具有较大发展空间。此外,近年来研究发现微藻含有大量的油脂类物质,随着工程微藻技术的逐步成熟,在沿海地区培养藻类作为原料也是未来生物柴油发展的一大趋势。

(2) 行业准入方面

在行业准入方面,《生物柴油产业发展政策》对生物柴油企业从原料供应、生产工艺和经营资质方面进行了限制,目的是规范生物柴油行业的发展,同时生物柴油的品质也可得到有效保障。从原料供应方面,以废弃油脂为原料的生产企业明确油脂来源和数量,这样可以避免废弃油脂重新流入餐饮和食品加工领域。《生物柴油产业发展政策》从环境保护的角度对生产企业提出了具体要求,指出达不到规定的生物柴油装置应该予以淘汰。在经营资质上,《生物柴油产业发展政策》要求生物柴油调配企业应具备成品油批发经营资质,具备必要的产品质量分析手段,建立严格的生物柴油及调合燃料贮存、调配及运输制度,生物柴油调合燃料销售企业应具备成品油批发或零售经营资质。同时,《生物柴油产业发展政策》里也明确指出对生物柴油按照国家规定给予税收政策支持,对生产原料中废弃油脂用量所占比重符合规定要求的生物柴油,享受资源综合利用产品及其他有关增值税、消费税税收优惠政策,这样更有利于提高生物柴油生产企业的生产积极性。

(3) 销售和使用方面

在生物柴油销售和使用方面,我国鼓励京津冀、长江三角洲、珠江三角洲地区推广和使用生物柴油,鼓励公交、环卫等政府管理的车辆优先使用生物柴油调合燃料。

总之,《生物柴油产业发展政策》在生物柴油的销售和使用上给企业打了一针强心剂,但如何从源头确保回收废弃油脂的使用,保证生物柴油的产品质量,保证生物柴油的销售和使用能够顺利实施,后期还需要出台一系列配套政策[26]。

2019年,随着国家相关政策的调整,生物柴油产业市场之路迎来转机。《商务部关于做好石油成品油流通管理"放管服"改革工作的通知》(商运函〔2019〕659号)与《国务院办公厅关于加快发展流通促进商业消费的意见》(国办发〔2019〕42号)为生物柴油企业开展成品油批发仓储零售业务消除了障碍。

2019年8月27日，印发《国务院办公厅关于加快发展流通促进商业消费的意见》。对比《成品油市场管理办法》，主要变化体现在两方面：一是成品油零售经营资格审批由原来的商务厅审批直接下放到地市级政府，相当于放开了成品油零售；二是将"由商务部决定是否给予成品油批发、仓储经营许可"改为"取消石油成品油批发仓储经营资格审批"，这让生物柴油生产企业与成品油批发经营企业签署供应协议变得更容易。

2020年7月3日，中国废止了自2007年开始实施的《成品油市场管理办法》和《原油市场管理办法》。这意味着在我国施行了13年的"两个办法"彻底退出历史舞台，生物柴油企业在达到规定的油品质量、安全、环保等11方面的法律法规要求前提下可以申请石油成品油批发、仓储经营许可。

总之，我国政府相关政策频频出台，在很大程度上改变了生物柴油"英雄无用武之地"的窘境。目前，已经有不少企业和地区行动起来，如河北隆海生物能源股份有限公司和山东东明石化集团正在积极申请建设B5车用柴油加油站。

7.6.2 我国生物柴油产业、技术现状

2020年我国的生物柴油产量约为116.4万吨，与2019年相比增加显著。在表观消费量方面，2020年我国生物柴油表观消费量约为34.23万吨。产能龙头企业是卓越新能，其产能份额占比为14%。

2022年，我国生物柴油行业产能约为414万吨，实际产量为214万吨，行业整体产能利用率为50%左右，处于较低水平。2022年我国生物柴油表观消费量约为44.26万吨。2021年我国生物柴油市场规模约为43.24亿元，2022年我国生物柴油市场规模增长至66.23亿元。2021年，因出口量继续增长，全国生物柴油表观消费量约为24.24万吨。2022年我国生物柴油行业产能达到408.9万吨，为近年峰值，同比上涨67.86%。2022年，我国进口生物柴油量仅为30.76万吨，但出口量达到179.48万吨，同比上涨38.73%。2022年生物柴油的出口总量为179.48万吨，与2021相比上涨38.7%。2022年生物柴油的全年均价为10564元/吨，较2021年上涨17%。

截至2023年12月，我国生物柴油厂商共46家，其中的上市企业有卓越新能、嘉澳环保和隆海生物。总体来看，产能大于5万吨的企业有10家，最大规模为50万吨。山东省是生产企业数量最多的省份，其次为江苏省、河北省和广东省[27]。整体来看，生物柴油的产能集中在东部沿海的发达地区，这与成品油市场的活跃程度密切相关。

国内生物柴油50%用在工业企业，20%用在农机和船舶，剩余30%用在交通行业[28]。目前，我国生物柴油的主要成本为材料成本，所用原料主要是地沟油、酸化油等废油脂，其收集多是在餐饮或食品加工业的下水道或隔油池进行，工作环境非常恶劣，因而劳动强度大、人力成本高[29]。

总体来看，现阶段我国生物柴油市场消费量较少，生物柴油行业的财政支持政策不足，仍处于试点阶段，原料以废油脂为主，而上海是目前国内唯一实行生物柴油添加的地区。

7.6.3 我国生物柴油产业、技术发展趋势

发展生物柴油产业对保障我国能源战略安全、综合治理生态环境、调整我国农业产业结构、促进经济发展均具有重要意义，因而具有良好的发展前景[30]。

目前，我国的生物柴油已初步实现了产业化。随着我国政府"碳达峰"和"碳中和"目标的提出，社会对生物柴油的研发投入和关注会持续增加。今后，随着更高产和含油量更高的能源油料作物的选育和规模种植，政府在生物柴油产业政策、技术标准、税收、投资、市场、应用等方面统筹规划、协同推进，人们环保意识的不断增强，相信我国生物柴油产业和技术也必将迎来重大的发展机遇。

参考文献

[1] 丁立军，陈静，李国银，等. Ce掺杂固体酸催化制取生物柴油的工艺优化及脂肪酸甲酯含量的测定[J]. 现代化工，2023，43（5）：140-146.

[2] 杨翔，袁红. 磺酸型固体酸催化油脂合成生物柴油的研究进展[J]. 粮食与油脂，2023，36（2）：3-8.

[3] 李小刚，雷爱莲，苏辉，等. 生物柴油对发动机油抗氧化性能的影响[J]. 石油炼制与化工，2023，54（1）：123-127.

[4] 贾云刚，张铁珍，邓旭亮，等. 钯前驱体对生物柴油加氢异构催化剂性能的影响[J]. 现代化工，2023，43（4）：194-197，204.

[5] 张春燕，苏佳俊，尹惠，等. 聚对苯乙烯磺酸微球的绿色制备及催化合成生物柴油[J]. 精细化工，2023，40（5）：1065-1072.

[6] 杜家益，杨启航，张登攀，等. 碘值对生物柴油燃烧颗粒物粒径分布和碳质组分的影响[J]. 西安交通大学学报，2021，55（5）：18-24.

[7] 李惠文，李志兵，苗长林，等. 废油脂生物柴油的脱硫处理研究[J]. 中国油脂，2019，44（11）：52-55，96.

[8] 姚志龙，闵恩泽. 生物柴油（脂肪酸甲酯）化工利用技术进展[J]. 天然气工业，2010，30（1）：127-132，152.

[9] 闵恩泽，杜泽学. 我国生物柴油产业发展的探讨[J]. 中国工程科学，2010，12（2）：11-15.

[10] Mani J, Natchimuthu K, Paulraj J M, et al. Heterogeneous base catalysts: Synthesis and application for biodiesel production—A review [J]. Bioresource Technology, 2021, 331: 125054.

[11] 王玉春，曾建立. 生化法制备生物能源中的过程调控[J]. 过程工程学报，2008，8（4）：667-675.

[12] Ban K, Kaieda M, Matsumoto T, et al. Whole cell biocatalyst for biodiesel fuel production utilizing *Rhizopus oryzae* cells immobilized within biomass support particles [J]. Biochemical engineering journal, 2001, 8 (1): 39-43.

[13] Li W, Du W, Liu D H. Optimization of whole cell-catalyzed methanolysis of soybean oil for biodiesel production using response surface methodology [J]. Journal of Molecular Catalysis B: Enzymatic, 2007, 45 (3-4): 122-127.

[14] Modi M, Reddy J, Rao B, et al. Lipase-mediated transformation of vegetable oils into biodiesel using propan-2-ol as acyl acceptor [J]. Biotechnology letters, 2006, 28 (9): 637-640.

[15] 王兆文，徐明泰，张新华，等. 柴油机用微乳生物柴油研究进展[J]. 车用发动机，2020（1）：1-9.

[16] Abhishek S, Kiran M T, Kumar S P, et al. Indoor mass cultivation of marine diatoms for biodiesel production using induction plasma synthesized nanosilica [J]. Bioresource Technology, 2021, 332: 125098.

[17] 苗长林，凡佩，吕鹏梅，等. 微藻直接离子液体脂肪酶制备生物柴油[J]. 太阳能学报，2019，40（9）：2695-2700.

[18] 孙启梅，张霖，王领民，等. 生物柴油副产物甘油的分离提纯工艺进展[J]. 化工进展，2017，36（增刊1）：155-160.

[19] 孙启梅，王崇辉，王领民，等. 生物柴油副产物粗甘油的综合利用[J]. 化工进展，2017，36（增刊1）：161-166.

[20] 李爱文，李宝石，蔺建民，等. 生物柴油产品国家标准最新修订解读[J]. 石油商技，2018，36（4）：54-63.

[21] 任庆功，潘晶晶，徐庆瑞，等. 化学改性生物柴油制备润滑油基础油[J]. 燃料化学学报，2015，43（1）：54-58.

[22] 潘晶晶，任庆功，徐庆瑞，等. SO_4^{2-}/TiO_2催化环氧生物柴油制备环境友好润滑油的研究[J]. 现代化工，

2014，34（2）：78-81+83.
[23] 卢美贞，李永强，刘学军，聂勇，陆向红，计建炳. Pt/MCM-41加氢裂化制备航空生物煤油[J]. 中国粮油学报，2016，31（12）：67-71，78.
[24] Oke E O, Adeyi O, Okolo B I, et al. Heterogeneously catalyzed biodiesel production from Azadiricha Indica oil：Predictive modelling with uncertainty quantification, experimental optimization and techno-economic analysis [J]. Bioresource Technology，2021，332：125141.
[25] 李丽萍. 生物柴油生产工艺的技术经济分析及综合评价模型[D]. 天津：天津大学，2012.
[26] 杜泽学. 生物柴油工业概论[M]. 北京：科学出版社，2009.
[27] 曾凡娇，刘文福. 生物柴油的研究与应用现状及发展建议[J]. 绿色科技，2021，23（4）：182-184.
[28] 张伟，韩立峰. 国内外生物柴油研究现状及发展趋势[J]. 化工管理，2021（12）：72-73.
[29] 张宗喜，张营华，周宇光，等. 车用生物燃料技术发展现状及建议[J]. 能源与环境，2019（3）：85-87.
[30] 孙纯，刘金迪，孙骏. 生物柴油产业发展概论[M]. 北京：中国石化出版社，2014.

第8章 其他新型车用燃料制备技术

生物质能具有原料充足、负碳排放等优点，是目前最具发展潜力的新能源之一。生物质能源利用形式多种多样，包括热解、液化、气化等，其中生物转化和热化学转化等是目前研究中最具产业化潜力的转化方法。

本章以新型车用燃料制备技术为背景，重点介绍了生物质热解、合成气制合成油技术、生物汽油制备技术、二甲醚制备技术以及长链醇生物合成技术等相关前沿科技，为新型车用燃料的制备与利用探索提供理论依据。

8.1 生物质热裂解及合成燃料技术

8.1.1 生物质热裂解基本原理

生物质热裂解（也称热解或裂解），是在隔绝氧气和一定温度下进行的一种工艺流程。具体而言，是在高温绝氧条件下，利用外部热能将生物质中的大分子化学键打碎，破坏分子聚合状态，裂解为小分子的过程。生物质热裂解主要有三种类型，分别为慢速热裂解、快速热裂解和热裂解气化[1]，如表8-1所列。其最终产物是焦炭、气相和热解油，三者的生成比例主要取决于温度。经过一次热裂解之后，热解油可进行二次热裂解，进一步裂解成气相，具体如图8-1所示。

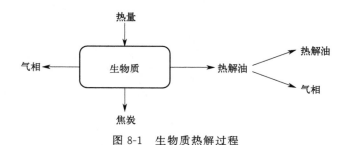

图 8-1 生物质热解过程

表 8-1 生物质热裂解工艺类型与反应条件

工艺类型		反应条件			
		停留时间	升温速率/(℃/s)	温度范围/℃	主要产物
慢速热裂解	炭化	数小时~数天	很低	300~400	炭
	常规热裂解	5~30min	0.1~1	300~700	气、油、炭

续表

工艺类型		反应条件			
		停留时间	升温速率/(℃/s)	温度范围/℃	主要产物
快速热裂解	快速	0.5～5s	10～200	500～800	油
	闪速	<0.5s	>10³	550～1000	油或者气
热裂解气化	—	0.5～10s	>10³	>800	气

生物质主要由半纤维素、纤维素、木质素组成，分别可在225～350℃、325～375℃、200～500℃条件下分解，其中半纤维素和纤维素热解后生成挥发分，木质素在热解后形成焦炭。热解过程中，影响因素众多，如原料种类、升温速率、热解温度、停留时间、原料水分等，这些因素在不同程度上影响反应过程。

(1) 原料种类

史长东等利用热重分析仪对牛粪、猪粪、稻壳、玉米秸秆、木屑等进行研究。发现秸秆热解气产率较低，并且挥发分析出的开始温度和终止温度较低。进一步研究发现，活化能可以直接反映热裂解中分子键断裂的一系列连续反应[2]。

(2) 升温速率

根据表8-1可知，升温速率越快，热解效率越高，且热解产物主要以气相为主。任强强等通过对稻壳、稻秆及麦秆进行热重分析，发现不同升温速率下三种生物质达到最大热解速率时对应的温度不同，稻壳为320～350℃、稻秆为295～325℃、麦秆则为300～335℃[3]。

(3) 热解温度

随热解温度的升高，焦炭产量降低，热解气产量升高。陈祎等以松木和稻秆颗粒为原料，采用热棒反应器进行研究分析，发现300℃时，稻秆焦油中可检测到的组分较少，随温度升高组分种类增多，500℃时焦油组分种类变化已不明显[4]。

(4) 停留时间

生物质热解气在反应器内停留的时间会对生物油质量以及产率产生较大影响，停留时间越长，挥发分二次裂解越剧烈。

(5) 原料水分

生物质热裂解过程中，主要分为干燥、预热、挥发分析出以及炭化。经研究得知，水分促进了热裂解的发生，减少了焦炭生成量，并且水分含量的增加会大大降低焦油主要组分的析出量。

8.1.2 生物质热裂解液化工艺

8.1.2.1 生物质热裂解液化工艺流程

近年来，研究者对数百种生物质原料进行了筛查选择，包括农业废弃物（稻草、橄榄壳、坚果壳、棉秆）、能源作物（芒草、高粱、海藻）、林业废弃物（树皮、木屑）、固体废物（污泥、皮革废料）等，但大多仍以木质生物质为主要研究对象[5]。研究人员还发现同种生物质不同的成熟程度以及不同的耕作方式等会对生物油物化特性造成影响。

生物质热裂解液化工艺技术主要包括干燥、粉碎、热裂解、产物炭和灰分的分离、气态生物油的冷却和生物油的收集[6]，具体工艺流程如图8-2所示。

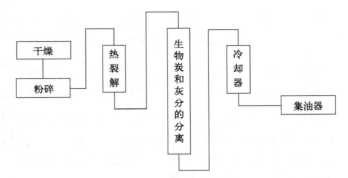

图 8-2 生物质热裂解液化工艺流程

(1) 干燥

为了避免原料中过多水分被带到生物油中,需要将物料含水率降至10%以下。现今主要有微波干燥和热风干燥两种方式,王贤华等对微波干燥和常规热风干燥进行对比,发现微波干燥速率提高了5倍以上,并且物料内部的孔隙得到了改善,有效地抑制了生物油蒸气的二次裂解,提高了生物油产率[7]。

(2) 粉碎

通过粉碎减小生物质原料尺寸,改善底物之间的热流,降低热解过程中生物质组分的聚合度和结晶度,影响生物油的产率和理化性质[8]。当颗粒的粒径>1mm时,热量从颗粒外面向内部扩散,颗粒表面的升温速率远远大于颗粒内部的升温速率,这样将导致颗粒中心发生低温解聚从而生成大量的炭。

(3) 热裂解

热裂解是生物质热解液化中的关键步骤,该工艺需要保持非常高的加热速率以及热传递效率,并且需要严格控制温度以保证挥发产物及时析出。

(4) 生物炭和灰分的分离

生物质热裂解过后留下大量的生物炭,生物炭对于二次裂解具有催化作用,必须及时将生物炭进行分离。通常,生物炭可用旋风分离器分离。灰分可水洗或酸洗去除。Abdullah等利用油棕榈(EFB)颗粒作为原料,在流化床小型快速裂解装置中热解,发现经洗涤预处理过的EFB颗粒生物油产率从50%提高到72%[9]。谷双等发现水洗可以使固体产物产率降低、液体产物产率升高,且随水洗时间的增长影响更显著;稀硫酸酸洗处理过的毛竹可以催化热裂解过程中脱水反应的进行[10]。陈涛等选用稻壳为原料,进行酸洗-烘焙预处理后,在550℃下进行热裂解,发现其生物油产率增加[11]。

(5) 气态生物油的冷凝

为保证产率,需快速冷凝挥发分产物。隋海清等以棉秆为原料采用四级冷凝系统对生物质热解气分级冷凝,发现0℃时生物油产率最大,100℃时收集到分子量为80~200的有机物,300℃时冷凝得到的产物为沥青类物质。分级冷凝技术可以将不同用途的热解油组分分别富集[12]。

8.1.2.2 生物质热裂解油特性

生物质热裂解液化的气相产物主要为CO_2、CO、H_2、CH_4等小分子物质,固相主要为生物炭以及灰分,液相主要为生物油成分[13]。生物油是含氧量高的复杂有机成分的混合物，包含醚、酯、醛、酚、有机酸、醇、酮、呋喃类以及糖类物质，热值低且油品品位较低[14]。不同生物质热裂解油所含物质种类不尽相同，无法具体地对生物油进行笼统概括。

王树荣等利用气相色谱-质谱（GC-MS）方法对水曲柳热裂解油进行组分分析，得出了几点结论：a. 生物油具有较高碳、氢含量，是一种中热值的清洁燃料；b. 生物油动力黏度随原料不同有所差异，且黏度与温度的关系呈现较典型的牛顿流体特性；c. 生物油具有较强的酸性，且较高温度下制取的生物油 pH 值相对较高[15]。朱锡锋等用木屑、稻壳、玉米秆、棉花秆为原料进行生物质热裂解并对热裂解油进行成分分析，发现当温度高于 85℃时，生物油黏度随着温度升高而上升，并且生物油中某些化合物也开始产生聚合反应[16]。

（1）外观

一般来说，从木质纤维素类生物质制取的生物油是外观呈棕黑色或暗褐色、不透明黏稠、有流动性和有刺激性气味的混合物，新鲜制备的生物油多为均匀单一相。

（2）水分

生物油中水分含量高且变化大，其质量分数占 15％～50％，这些水分是由生物质物料带入的自由水和热裂解反应过程中生成的化学水所组成。

含水量是燃料油标准严格限制的一个指标，因为水分不但会加剧设备的腐蚀，还会造成设备的爆炸。因而，在生物油的制备过程中要对生物油的水分进行适当的控制，但也不可将水分全部去除，一定量的水分可以降低生物油的黏度，改善生物油的流动性能。

（3）不溶固体物含量

生物油中的不溶物主要有 3 种来源：a. 反应过程中生成的生物炭未完全分离进入生物油中；b. 生物质原料在热裂解之前预处理未进行彻底，导致原料中含有少部分杂质；c. 在生产过程中由于不当操作导致杂质进入。在一般的生物油制品中，不溶固体物所占质量分数通常不超过 1％。

（4）灰分

生物油中的灰分含量通常较低，预处理工艺的存在导致大部分的灰分可在之前进行处理。对于灰分的研究，多是关注它们对生物油产量及成分的影响。

（5）闪点

闪点是液体燃料加热到一定温度后，液体燃料蒸气与空气混合接触火源而闪燃的最低温度。生物油含有大量低沸点的化合物，闪点通常情况下为 50～66℃，接近柴油与重油的闪点。

（6）密度

生物油的密度通常在 1130～1200kg/m³，且随环境温度的改变和存放方式的不同，生物油的密度会发生相应的变化。

（7）黏度

在实际应用中，高黏度特性是生物油使用过程中的一大难题。王树荣等[15] 在 20℃的环境温度下热解水曲柳所得到的生物油动力黏度在 10～70mPa·s，利用花梨木制取的生物油动力黏度在 70～350mPa·s，热解秸秆所得到的生物油动力黏度最小，在 5～

10mPa·s 之间。

(8) pH 值

生物油的 pH 值通常在 2~3 之间，强酸性对生物油的使用和运输都会产生较大的影响，不仅难以使用而且还会出现腐蚀仪器等情况。

(9) 生物油的热值

不同原料和工艺制取的生物油中的水分含量差别很大，因此测量出的热值差别也很大，如果根据水分含量计算生物油干基热值，计算结果则较为相似。生物油的热值虽然仅为柴油等化石燃料的 2/5，但由于生物油的密度远高于柴油等化石燃料的密度，因此生物油的体积能量密度可达到柴油的 50%~60%[17]。

(10) 生物油的降解性

研究表明，生物油中部分组分比较容易降解，而部分组分则比较难降解。总的来说，生物油的降解速度比柴油要快一些。

(11) 生物油的安定性

液体燃料在储存和使用条件下保持原有质量不变的性能称为安定性。生物油在制备过程中由于未达到热力学平衡条件便被冷凝形成液相物质，导致生物油含有大量不稳定成分，在保存和使用的过程中生物油还会随时间发生各种反应，在宏观上表现为生物油黏度和平均分子量的增大，并最终形成水油两相的分离，导致生物油安定性较差。

(12) 生物油的燃料特性

除理化性质之外，生物油的燃料特性是关注的重点。生物油具有可燃性，理论上可以代替汽油、柴油等。目前生物油燃烧的研究主要有锅炉燃烧、柴油机燃烧、燃气轮机燃烧、斯特林发动机燃烧等[1]，芬兰、美国等国家的科技公司率先对生物油进行应用试验，结果如表 8-2 所列。

表 8-2　生物油在锅炉中燃烧的试验研究

研究单位	设备	原料	运行和改造	结论
芬兰 Neste Oy 公司	2.5MW 锅炉	生物油	双燃料管路	CO 和 NO_x 排放分别为 0.003% 和 0.014%
美国 Manitowoc 发电站	20MW 燃煤锅炉	生物油提取化工原料后的残油	炉内雾化燃烧、与煤混合燃烧	未对锅炉产生不良影响，烟气中 SO_x 排放减少了 5%
加拿大 Dynamotive 公司	25kW 小型锅炉	生物油制备生物石灰后的石灰生物油	与煤共燃	SO_x 和 NO_x 排放分别减少了 90% 和 40%
美国 Red Arrow 公司	5MW 旋流燃烧器	生物油	双燃料管路,不锈钢喷嘴	NO_x 排放量为 1.2%，达到政府规定上限

8.1.2.3　生物质热裂解油应用

生物油有多种用途，可以直接使用或间接使用。通常情况下，常利用中间途径将生物油转变成工业所需物质。目前生物油的分析和分离技术尚未成熟，对生物油组分所开展的提取工作主要是：a. 将生物油水相部分作为熏液或从中提取食品添加剂；b. 提取酚类物质用以制备酚醛树脂[17]。

常规的生物质热裂解液化技术，一般是以最高的生物油产率为目的，并不是针对某一种特定的化学物质。但可以改变某种反应条件或者添加催化剂从而实现某种所需化学品的富集，有利于后续的分离提取工作。生物油可以用来提取所需化学品、制备合成气、作为燃料。

(1) 生物油制备化学品

1) 熏液

利用生物油快速热裂解制备熏液代替传统熏液具有一定优势：传统慢速热解液体产物产率低，只有部分产物为熏液，而快速热解工艺不仅可以提高熏液产率，而且可以缩短反应时间，减少有害物质的生成，弥补了传统慢速热解中无法避免的问题；生物油液相部分中羰基物质的含量比传统熏液高3～5倍，因而通过快速热解工艺制备的熏液染色性能较好[18]。

2) 酚类物质

从生物油中制取酚类物质可以用于制备酚醛树脂，酚醛树脂主要用于制备刨花板和胶合板等。在生物油中加水可以将酚类物质以沉淀的形式分离出来，该组分占生物油总量的20%～40%，其中含有30%～80%的酚类物质。目前，很多科研学者将关注点聚焦于使用可回收的溶剂从生物油中分离酚类物质，其基本原理为：酚与强碱性物质发生反应可生成溶于水而不与强碱反应的酚盐，利用该特性可以将其从酸性体系中分离出来。

3) 羟基乙醛

羟基乙醛（HAA）一般是生物油中除水以外含量最高的单种组分，可以用作食品染色剂。首先对生物油进行减压蒸馏，可得到一次水溶液馏分，对一次水溶液馏分继续减压蒸馏可得到富含羟基乙醛的二次馏分，经过除水后加入二氯甲烷等溶剂，经过沉淀分离可得到羟基乙醛。一般情况下，采用单独热解纤维素的方法用以制得高产率羟基乙醛。

4) 左旋葡聚糖

左旋葡聚糖（LG）是纤维素热解所形成的重要产物，在热解过程中，容易受到灰分等的催化产生裂解，因而需要利用脱灰处理过的生物质在一定条件下热解，得到较高产率的左旋葡聚糖[19]。Peniston等[20]利用乙酸乙酯等脂肪族小分子溶剂除去生物油中的酚类和高分子木质素裂解物，再加入碱金属氧化物去除长链羧酸，最后用阴阳离子交换柱去除参与反应的钙离子和小分子羧酸，再通过结晶等工艺可得到产物。

5) 制备某些特定化学品

由于生物油是非热力学平衡产物，可用于制备一些特定的化学品，主要包括木材防腐剂、缓释氮肥、脱硫脱硝剂、路面除冰剂[17]。

生物油中萜类和酚类物质具有杀虫功效，是一种良好的木材防腐剂，另外生物油在空气中发生聚合反应使其在树木上可以形成一层良好的保护膜。

由于生物油中含有羰基、羧基以及酚类物质，其可以和氨水、尿素和其他氨基物质进行反应，加热除水固化便可以得到氨基肥料。与普通肥料相比，生物油制缓释氮肥有许多优点：提供土壤腐殖质来源；是很多微量元素良好的螯合剂和络合剂；能通过将炭质固定于土壤中减少二氧化碳的排放。

将生物质和石灰反应可得到富含有机钙盐的生物石灰，生物石灰在焚烧过程中会形成氢气、一氧化碳等还原性气体和多孔的氧化钙，还原性气体可将氮的氧化物还原成氮气，从而起到脱硝的效果，多孔氧化钙与普通脱硫剂相比具有更强的脱硫效果。

(2) 生物油气化制备合成气

合成气是一种以CO和H_2为主的混合气体，可以合成甲醇、二甲醚、汽油等高品位的液体燃料。生物油气化制备合成气与生物质气化相比具有多方面的优势：

① 生物质流化床气化、携带床气化制取合成气都存在着难以克服的缺点；
② 生物油容易存储和运输，便于分散式热解气化合成制取高值液体燃料；
③ 生物油气化反应器可以建立起统一的规范，而生物质气化反应因原料的不同而具有不同的设计；
④ 生物油加压气化较为容易实现，而生物质加压气化则非常困难。

(3) 生物油的燃烧应用

生物油可以作为燃料直接燃烧，比燃烧生物质要高效、清洁得多。

1) 作为锅炉和窑炉燃料

锅炉和窑炉热力设备对燃料的要求比较低，开发生物油作为锅炉和窑炉燃料的燃烧技术难度相对较小，短时间内可以实现。

生物油在锅炉和窑炉上雾化燃烧的一大关键技术是点火，生物油不仅点火困难，而且燃烧初期的火焰稳定性较差。生物油成功引燃需要多方面的因素，如燃烧室温度、辅助火源、雾化颗粒粒径、喷雾速度、喷雾特性、燃烧空气温度等。所以，需要对生物油的点火过程进行合理组织。生物油燃烧主要污染气体为CO、NO_x和固体颗粒物，控制其污染气体的排放也是重点关注的问题。大量试验结果表明，性质较好的生物油，在合适的燃烧条件下污染物的排放能够达到各个国家的排放标准。

2) 作为柴油发动机燃料

内燃机（汽油机、柴油机和燃气轮机）对液体燃料的品质要求较高。

柴油机中，低速和中速柴油机对燃料的要求较低，适合初级生物油的燃烧试验。研究表明植物油在柴油机中短期运行特性较好，但长期运行存在问题，包括：喷嘴堵塞，使雾化质量恶化；气缸内炭沉积，活塞环卡死；润滑油污染；等等。

近年来，有大量的研究机构和企业开始联手进行大规模的生物油燃烧试验，已解决生物油燃烧过程中存在的一些问题。在未来的发展过程中，随着生物油燃烧技术的进步以及配合生物油的精炼改性，有望实现生物油的柴油机应用。

3) 作为燃气轮机燃料

燃气轮机一般以石油馏分或天然气为燃料，如果对燃气轮机的结构进行一定的改进，完全可以利用各种低品位的燃料。

1995年，加拿大Orenda Aerospace公司开始致力于将生物油应用于燃气轮机的研究，选用了一个能够燃用低品位燃料的OGT2500型燃气轮机，对供油系统和雾化喷嘴等部件进行改进，并涂上了防护层以防止高温下碱金属引起的腐蚀[21]。试验结果表明，经柴油点火之后，生物油可以单独稳定燃烧，CO和固体颗粒排放量均大于柴油燃烧，NO_x排放量远小于柴油燃烧，SO_2基本检测不到。理论上来说，生物油在燃气轮机上是完全可以燃烧的，未来具有广阔的研究空间。

8.1.3 生物质热裂解合成燃料与产物深加工技术

热解油具有高度氧化、不稳定、黏稠、腐蚀性强、化学组成复杂等特点，因此直接利用它取代传统的化石燃料是不可取的，需要对其进行精制与优化处理。常用的热解油优化处理方法主要有以下两种。

① 催化加氢处理：高压下加入H_2和CO，采用过渡金属或其氧化物作为催化剂，在氢供体溶剂中进行处理。

② 低压催化处理：常用沸石型催化剂，使热解油脱氧、脱水，变成轻烃（$C_1 \sim C_{10}$），而氧则变成 CO、CO_2、H_2O，并产生大量芳烃。

生物质合成燃料指由生物质原料制取的燃料，其主要包括燃料乙醇和生物柴油等，生物油热裂解合成燃料与传统化石燃料相比具有许多优点[22]：a. 合成燃料含硫量极低，含氮量不高；b. 可实现二氧化碳"零排放"；c. 可以根据汽车发动机等的不同需求，对燃料内部物质配比进行改进；d. 价格相对稳定，不受国际政治、经济等因素影响。

我国生物质合成燃料起步较晚，直到 20 世纪末才开始迅速发展。目前，我国已在河南、黑龙江、安徽、吉林和广西等地建立了生物乙醇生产厂，并在全国部分城市建设混有 10% 燃料乙醇的汽油供应点。

生物质快速热裂解油制备合成气典型的代表如 TNO-MEP 两段气化工艺，其工艺流程如图 8-3 所示。

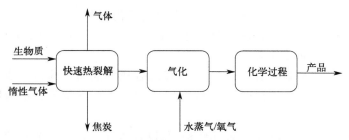

图 8-3　生物质两段气化制备合成气工艺流程

目前生物质合成液体燃料的研究单位主要包括中国科学院广州能源研究所、浙江大学、华中科技大学、华东理工大学等。但与国外相比，我们的发展大都处在实验室研究阶段，距离工业化生产还有一定的距离，制约该技术发展的因素主要在于生物质合成液体燃料的经济性以及一些关键技术的突破。

8.2　合成气制合成油技术

8.2.1　合成气制合成油技术原理

合成气制合成油技术又称间接液化技术，是先将原料热解气化得到合成气（H_2+CO），再将合成气经催化合成得到液体燃料或者是化学物质。间接液化制取燃料的工艺流程如图 8-4 所示。相比其他液化技术所具有的优势有以下几项。

① 气化环节：气化技术成熟、原料适应性好、生产成本低、气化效率高。

② 合成环节：费-托合成技术成熟、调控 H_2/CO 值定向生产燃料、燃料纯度高、可进一步开展化工生产[23]。

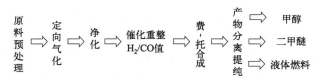

图 8-4　间接液化制取燃料的工艺流程

液化合成技术的特点如表 8-3 所列。

表 8-3　液化合成技术的特点

合成技术	产物	机理	催化剂	是否工业化
甲醇合成	甲醇	$CO+2H_2 \longrightarrow CH_3OH+90kJ/mol$ $CO_2+3H_2 \longrightarrow CH_3OH+H_2O+49.6kJ/mol$	高压：含 Cu 催化剂；低压：CuO/ZnO/M(M=Al、CrO)、ZnO 与 Al_2O_3 的混合物	是
费-托合成	费托油	$CO+2H_2 \longrightarrow -[CH_2]-+H_2O-165kJ/mol$	常用 Co 或 Fe 作为催化剂	是
甲烷合成	甲烷	$CO+3H_2 \longrightarrow CH_4+H_2O+206.4kJ/mol$	用硅藻土为载体的 Mg 改性过的 Ni 催化剂	否
有机加氢合成	化学品	$A+nH_2 \longrightarrow AH_{2n}$	雷尼镍、铜、钼，特别是惰性金属	否

8.2.1.1　合成气和费-托合成

合成气是指以氢气、一氧化碳为主要组分供化学化工合成用的一种原料气，其原料主要包括煤、油、天然气、石油残渣以及农林废料等。由于原料范围十分广泛，价格便宜，合成气在化学工业中发挥着重要的作用。

合成油是将合成气精制净化后，经费-托反应合成的油品，其主要成分包含烃类、含氧有机物和水等。费-托合成油具有不含硫、不含氮、芳烃含量低、正构烷烃含量高等优点，可广泛应用于化工领域。

费-托合成（Fischer-Tropsch synthesis）是以合成气为原料在适宜的催化剂和反应条件下生成各种烃类以及含氧有机化合物的方法。1923 年，德国的 Fischer 和 Tropsch 利用碱性铁屑作催化剂，在温度 400～450℃、压力 10～15MPa 条件下，发现 CO 和 H_2 可反应生成烃类化合物与含氧化合物的混合液体。1925～1926 年他们又使用铁和钴催化剂，在常压和 250～300℃下得到几乎不含有含氧化合物的烃类产品。此后，人们把合成气在铁或钴催化剂作用下合成烃类或醇类燃料的方法称为费-托合成。

8.2.1.2　费-托合成技术原理

费-托合成反应可表示为式(8-1)～式(8-8)[24,25]。

$$nCO+(2n+1)H_2 \longrightarrow C_nH_{2n+2}+nH_2O \tag{8-1}$$

$$nCO+2nH_2 \longrightarrow C_nH_{2n}+nH_2O \tag{8-2}$$

$$nCO+2nH_2 \longrightarrow C_nH_{2n+2}O+(n-1)H_2O \tag{8-3}$$

$$(n+1)CO+(2n+1)H_2 \longrightarrow C_nH_{2n+1}CHO+nH_2O \tag{8-4}$$

$$nCO+(2n-2)H_2 \longrightarrow C_nH_{2n}O_2+(n-2)H_2O \tag{8-5}$$

$$CO+H_2O \rightleftharpoons CO_2+H_2 \tag{8-6}$$

$$CO+H_2 \longrightarrow H_2O+C \tag{8-7}$$

$$2CO \longrightarrow CO_2+C \tag{8-8}$$

式(8-1) 和式(8-2) 为生成直链烷烃和 1-烯烃的主反应，可以认为是烃类水蒸气转化的逆反应，都是放热量很大的反应。式(8-3)～式(8-5) 为生成醇、醛、酮、酸及酯等含氧有机化合物的副反应。式(8-6) 是费-托合成体系中伴随的水煤气变换反应，它对费-托合成反应具有一定的调节作用。式(8-7) 是积炭反应，析出游离碳，引起催化剂积炭。式(8-8) 是歧化反应。以上反应均为强放热反应，根据催化剂的不同可以生成烷烃、烯烃、醇、醛、酸等多种有机化合物。

传统费-托合成的烃类产物主要遵从典型的 ASF（Anderson-Schulz-Flory）分布，只有甲烷和重质石蜡有较高的选择性，其余馏分都有选择性极限：$C_5 \sim C_{11}$ 汽油馏分 45%，$C_{12} \sim C_{20}$ 柴油馏分 30%。因此，费-托合成只能得到混合烃产物（$C_1 \sim C_{200}$ 不同烷烃、烯烃的混合物及含氧化合物等），单一产物的选择性低。

8.2.2 合成气制合成油工艺和催化剂

8.2.2.1 合成气制合成油工艺

费-托合成工艺按反应温度可分为低温费-托合成工艺和高温费-托合成工艺。通常将反应温度低于 280℃ 的称为低温费-托合成工艺，产物主要是柴油以及高品质蜡等，常采用固定床或浆态床反应器；高于 300℃ 的称为高温费-托合成工艺，产物主要是汽油、柴油、含氧有机化学品和烯烃，常采用流化床（循环流化床、固定流化床）反应器[26]。

（1）低温费-托合成工艺

以 Sasol 固定床费-托合成工艺为例，Sasol 公司低温煤间接液化采用沉淀铁催化剂和列管式 Arge 固定床反应器，工艺流程如图 8-5 所示。

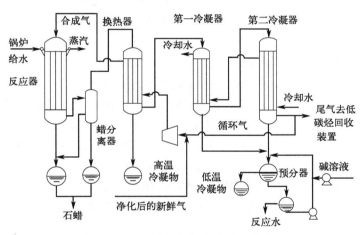

图 8-5　Sasol 固定床费-托合成工艺流程

新鲜气和循环尾气升压至 2.5MPa 进入换热器，与反应器排出的产品气换热后从顶部进入反应器，反应温度保持在 220~235℃，反应器底部排出石蜡。气体产物先经换热器冷凝后采出高温冷凝液（重质油），再经两级冷却，所得冷凝液经油水分离器分出低温冷凝物（轻油）和反应水。石蜡、重质油、轻油以及反应水经进一步加工处理，尾气一部分循环返回反应器，一部分送去低碳烃回收装置，产品主要以煤油、柴油和石蜡为主。

（2）高温费-托合成工艺

以 Sasol 公司高温费-托合成工艺为例，Sasol 公司高温煤间接液化工艺有 Synthol 循环流化床工艺和 SAS 固定流化床工艺，均采用熔铁催化剂，主要产品为汽油和轻烯烃。SAS 工艺采用固定流化床反应器，反应温度 340℃，反应压力 2.5MPa，工艺流程如图 8-6 所示。

SAS 费-托合成反应器床层内设有垂直管束水冷换热装置，其蒸汽温度控制在 260~310℃。该反应过程将催化剂全部置于反应器内，并维持一定料位高度，以保持足够的反应接触时间，其上方提供了足够的自由空间以分离出大部分催化剂，剩余的

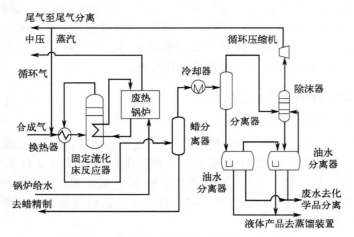

图 8-6 SAS 固定流化床费-托合成工艺流程

催化剂则通过反应器顶部的旋风分离器或多孔金属过滤器分离并返回床层。由于催化剂被控制在反应器内,因而取消了催化剂回收系统,除节省投资外,冷却更加有效,提高了热效率。

8.2.2.2 合成气制合成油催化剂

费-托合成只有在合适的催化剂作用下才能实现,开发出高活性及高选择性合成汽油、柴油、煤油的费-托催化剂,对于推进费-托技术在我国的工业化进程具有重要的现实意义[27]。试验研究证明,对费-托合成最具有活性的金属是第Ⅷ族过渡金属,如 Fe、Co、Ni、Ru 等[28,29],其中,Ru 的费-托反应活性最高,即使在 150℃ 的低温下仍有较高的活性,且能获得较高的重烃收率[28],但由于其价格昂贵,目前仅限于基础研究。Ni 吸附 CO 的能力强,对液态烃有一定的选择性,但 Ni 甲烷化趋势严重,且在高压反应时易形成挥发性的碳基镍而从反应器中流失。因此,费-托合成多采用 Fe、Co 催化剂,它们也是最早实现工业化的费-托合成催化剂。

(1) Fe 基催化剂

用于费-托合成的 Fe 基催化剂可通过沉淀、浸渍、烧结或熔融氧化物等方法制备。目前研究较多的主要是熔铁型和沉淀型 Fe 基催化剂。熔铁型催化剂比表面积小,催化活性低,一般用于高温费-托合成,产物多以低碳烃为主。沉淀型催化剂比表面积大,催化活性高,适用于低温费-托合成,产物分布广,C_{5+} 烃类选择性高,用途更为广泛。Fe 基催化剂的助剂效应非常显著,添加助剂对调节 Fe 基催化剂的费-托活性和选择性有着至关重要的作用。因此,下面主要从活性组分和助剂两个方面对 Fe 基催化剂进行介绍。

1) 活性组分

由于 Fe 基催化剂在还原和费-托反应过程中物相变化复杂(不同结构的金属铁、碳化铁及铁氧化物),使得 Fe 物相和费-托合成反应活性的关联变得尤为困难。Riedel 等[30]研究了 Fe-Al-Cu/K_2O 催化剂上的费-托反应,发现费-托反应活性与 Fe_5C_2 的形成有关,金属 Fe 的活性较低,氧化铁则促进了水煤气变换反应。鉴于铁碳化物的复杂性,目前对于费-托合成中 Fe 的活性相尚无明确结论。

单一活性组分的 Fe 催化剂具有其局限性,所以部分研究转向了双活性组分催化剂,如 Fe-Co、Fe-Zn、Fe-Mn、Fe-Cr 和 Fe-Ni 等。与单金属相比，Fe-Zn 催化剂具有较高的初活性但稳定性略差；Fe-Mn 和 Fe-Cr 催化剂则具有相对低的初活性但稳定性好[27]。

2）助剂

助剂在 Fe 基费-托催化剂中占有重要地位。单纯 Fe 催化剂的活性、选择性及稳定性均不理想，添加助剂可显著改善 Fe 基催化剂的费-托合成反应性能。常用的助剂包括电子型助剂和结构型助剂。

① 电子型助剂　电子型助剂主要有碱金属类和过渡金属类。碱金属阳离子对金属 Fe 起电子供体的作用，能够削弱 C—O 键，加强 Fe—C 键，从而促进 CO 的化学吸附，有助于控制催化剂的选择性。助剂 K 是最常用的碱金属助剂，可改变 Fe 基催化剂的活性，使 C—O 键解离能力提高，促进铁氧化物的还原和炭化，易于形成小尺寸 Fe_xC 活性相物种，从而提高费-托反应活性；但 CO 和 H_2 在催化剂表面的竞争吸附使得 K 的添加量有一个最佳值[31]。

过渡金属 Cu 是 Fe 基催化剂中最常用的还原性助剂。少量 Cu 能降低催化剂的还原温度，促进铁氧化物的还原和炭化，同时与 K 存在协同作用。但有关 Cu 对产物选择性的影响研究结果不一致。过渡金属元素 Zn 和 Mn 也是 Fe 基费-托合成催化剂中两种重要的助剂，它们对 Fe 同时存在结构效应和电子效应，能与 Fe 发生强烈的相互作用，甚至形成 $ZnFe_2O_4$ 化合物或 $(Fe_{1-x}Mn_x)_2O_3(x<1)$ 固溶体结构。

② 结构型助剂　结构型助剂能提高催化剂中活性相的分散，组织活性组分的聚集、烧结，同时还可显著提高催化剂的孔隙率和机械强度，从而在一定程度上改善催化剂的费-托合成反应性能。常见的结构型助剂主要有 SiO_2、Al_2O_3 等。

SiO_2 当前最适合充当 Fe 基催化剂的结构助剂。SiO_2 可改善沉淀 Fe-Cu-K/SiO_2 催化剂的抗磨损性能，且不会牺牲催化剂的活性[32]。Al_2O_3 的比表面积比 SiO_2 小，引入 Al_2O_3 能显著影响 Fe 催化剂的表面碱度、还原性和渗碳行为，通过 Fe-Al_2O_3 相互作用，提高了轻烃的选择性同时减少了重烃的生成[33]。

除了氧化物，碳材料也可作为 Fe 基催化剂的结构助剂，如碳纳米管等。

（2）Co 基催化剂

Co 基催化剂中金属 Co 是费-托反应的活性中心，且 Co 基催化剂的费-托反应性能受钴源、载体、助剂等诸多因素的影响。

① 钴源对 Co 基催化剂性能的影响。常用的钴源除了硝酸钴等无机盐外，还有乙酸钴、羰基钴、Co-EDTA（乙二胺四乙酸）配合物、乙酰丙酮钴配合物等。钴源可影响金属钴的还原度和分散度，进而影响催化剂的活性和选择性。

② 载体对 Co 基催化剂性能的影响。载体具有分散活性金属 Co、增大催化剂比表面积并提供合适的孔道结构、提高催化剂机械强度和热稳定性等作用。费-托合成 Co 基催化剂常用载体有氧化物、分子筛和碳材料等。

③ 助剂对 Co 基催化剂性能的影响。Co 基催化剂对助剂的依赖没有 Fe 基催化剂那么强。但适当地使用助剂可增强 Co 物种的还原度及分散度，或改善 CO 的吸附有利于碳链增长。Co 基催化剂中助剂的研究主要集中于贵金属、过渡金属氧化物和稀土氧化物。

（3）Fe 基催化剂和 Co 基催化剂的比较

Fe 基和 Co 基催化剂体系的区别主要是其催化剂本身特性的不同。为了便于比较，将两种催化剂在费-托合成过程中的应用特点和性能差异列于表 8-4。

表 8-4　Fe 基和 Co 基费托催化剂性能比较[27]

考察参数	Fe 基催化剂	Co 基催化剂
成本	较低	较高
寿命	较短	较长
产物	含氧化合物、石脑油、柴油、蜡、H_2O 和 CO_2	石脑油、柴油、蜡、少量的含氧化合物和 CO_2
产物分布	低碳烯烃含量高	蜡含量高
活性相	Fe_xC	金属 Co
催化剂活性	中等	较高
链增长概率	较低	较高
水煤气变换反应	易于发生	不显著
容许原料气硫含量	$<0.2\mu L/L$	$<0.1\mu L/L$
要求原料气 H_2/CO 值	0.5~2.5	约 2
操作温度和压力	灵活,可用于低温、高温费-托合成;较高温度下,CH_4 的选择性相对较低	不灵活,只用于低温费-托合成;温度和压力对碳烃的选择性有很大影响
抗磨性能	好	一般

无论从催化剂对反应条件（操作温度、压力、合成气成分等）的适应性，还是从反应产物选择性的控制上来说，Fe 基催化剂是一种能够满足不同要求的催化剂。通过调整助剂成分或反应温度，Fe 基催化剂可以高选择性地合成低碳烯烃、重质烃和含氧有机物等，但其易于被副产物水氧化或积炭而失活。Fe 基催化剂由于对水煤气变换反应活性较高，可在较低的 H_2/CO 值下进行费-托反应，更适用于以煤或生物质制取合成气的费-托合成技术。

相较于 Fe 基催化剂，Co 的价格较贵，一般负载于氧化物（如 SiO_2、Al_2O_3、TiO_2）或分子筛等载体上，以提高其分散度和降低 Co 的用量。Co 基催化剂具有较高的费-托反应活性和碳链增长能力，产物中含氧化合物很少，在反应过程中稳定、不易积炭和中毒。但在高温下反应时 Co 基催化剂的甲烷选择性明显升高，因此只能工作于低温条件下。另外，Co 基催化剂对水煤气变换反应不敏感，更适用于以天然气制取合成气的费-托合成技术。

8.2.3　合成气制合成油典型案例及技术经济性分析

8.2.3.1　南非 Sasol 的煤炭间接液化技术

南非 Sasol 公司，即南非煤油气公司（South African Coal, Oil and Gas Corporation, 简称"Sasol"）于 1950 年成立，是一家煤间接液化生产燃料油厂。目前 3 家厂年处理煤炭总计达 4590 万吨，是世界上规模最大的以煤为原料生产合成油及化工产品的化工厂。主要产品为汽油、柴油、蜡、氨、乙烯、丙烯、聚合物、醇、醛、酮等 113 种，总产量达 760 万吨/年，其中油品占 60% 左右，化工产品占 40% 左右[34]。

（1）Sasol 煤炭液化工艺流程

Sasol 煤炭液化工艺属于间接液化，工艺过程为：a. 煤炭经皮带运输进厂分层堆放选配；b. 采用鲁奇（Lurgi）炉煤气化制合成气；c. 合成气采用低温甲醇洗进行气体净化；d. 合成气经费-托工艺合成油品；e. 合成产品中气体经深冷溶剂分离生产乙烯、丙烯等化工产品，液体经炼制系统装置分离，生产汽油、柴油等燃料油品；f. 焦油回收分离。

(2) Sasol 工艺技术特点

① 技术先进实用　Sasol 公司的核心技术是反应器及合成技术。Sasol 公司新开发的固定床流化反应器，体积更小、更简单，但产量却提高了1倍，每台固定床流化反应器的处理量平均达 80 万吨/年，降低了反应器的建造成本和运行成本。

② 技术综合性强、自动化程度高　煤炭液化是一项综合性很强的技术，因此煤炭液化厂是一个庞大的系统工程，它包括煤炭分选、配煤、火力发电、水处理、煤炭气化、气体净化、炼油、炼焦、化工副产品加工、废物回收、污染物处理等很多子系统。Sasol 工艺的自动化程度很高，所有的运行操作都在控制室内由电脑控制完成。

③ 产品可根据需要调节　Sasol 公司的产品种类可按市场需求通过改变催化剂和操作条件来调节，可以连续生产出高价值的化学组分和合成油产品及烃类产物。

④ 技术成熟稳定　Sasol 公司的煤炭液化厂已有50多年的运行历史，运行安全、稳定、可靠。

8.2.3.2　Sasol 的投资和运营成本分析

① 投资成本分析　Sasol Ⅱ 厂和 Ⅲ 厂价值94亿美元，有8台固定床合成反应器，其中4台产量为70万吨/年，其余4台产量为127万吨/年，这样总生产能力达788万吨/年。

② 运营成本分析　根据 Sasol 公司 2002～2003 年报提供的资料，通过计算可知，生产 1t 油品耗煤为 6.42t，耗电 1.51kW·h，耗水 12.1m^3，综合成本为 170 美元/t。

③ 国际油价的影响　国际油价的变化对煤炭液化厂的盈利影响很大。

④ 投资成本　煤炭液化项目投资巨大，存在巨大的投资风险，需要采取措施降低投资风险。

Sasol 公司成功的重要原因是政府在资金与政策上的支持，启动资金全部是国家投入，完全盈利后政府不再补贴。

8.3　生物汽油制备技术

生物质应用技术发展的趋势正由电力替代转向资源替代。近十年来，多篇生物质制取高品质液体燃料或化学品的定向研究和综述性论文陆续发表在《科学》和《自然》等国际著名期刊上[35-38]，表明生物质制取高品质液体燃料和化学品已经成为生物质应用的重点发展方向和研究热点。其中利用生物质制取汽油技术已经成为近年来研发新能源的热点技术。

8.3.1　生物汽油生产工艺和原理

生物汽油的制备主要是生物质通过热化学转化方法以及中间能量载体转化而成。图 8-7 为生物质材料转化为生物汽油的3个主要途径。

8.3.1.1　生物质热解气化的基本原理及工艺

生物质的气化过程主要发生在 500～1400℃ 之间，分为加热和干燥阶段、热解阶段、氧化阶段和还原阶段四个阶段[39]。

① 加热和干燥阶段　在热量的作用下，原料中的水分蒸发出去，得到干物料和水蒸气，干燥阶段的温度为 100～250℃。对于气化过程，有学者研究发现生物质的相对湿度在 10%～15% 时气化效果最好[40]。

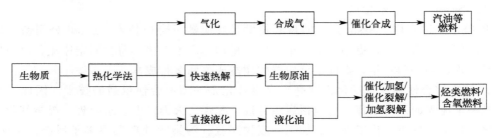

图 8-7　生物质材料转化为生物汽油的 3 个主要途径

② **热解阶段**　热解阶段是指生物质在初始加热阶段的挥发或热分解，得到热解气、焦炭和生物油，热解阶段的温度为 400～600℃。

③ **氧化阶段**　氧化阶段是指气化剂中的氧气和热解产生的焦炭发生部分氧化反应，生成 CO_2、CO 和水蒸气，同时也释放出很多的热量，氧化阶段的温度一般可达到 1000～1200℃，氧化阶段发生的主要化学反应如式(8-9)～式(8-12)所示：

$$C+O_2 \longrightarrow CO_2+393.51 \text{kJ/mol} \tag{8-9}$$

$$2C+O_2 \longrightarrow 2CO+221.34 \text{kJ/mol} \tag{8-10}$$

$$2CO+O_2 \longrightarrow 2CO_2+565.94 \text{kJ/mol} \tag{8-11}$$

$$2H_2+O_2 \longrightarrow 2H_2O+483.68 \text{kJ/mol} \tag{8-12}$$

④ **还原阶段**　还原阶段是指生物质经热分解得到的炭与 CO_2、水蒸气、H_2 发生反应生成可燃性气体的过程，由于反应吸收一部分热量，所以该阶段温度为 700～900℃，该阶段的主要反应方程式如式(8-13)～式(8-17) 所示：

$$C+CO_2 \longrightarrow 2CO-172.43 \text{kJ/mol} \tag{8-13}$$

$$C+H_2O(g) \longrightarrow CO+H_2-131.72 \text{kJ/mol} \tag{8-14}$$

$$C+2H_2O \longrightarrow CO_2+2H_2-90.17 \text{kJ/mol} \tag{8-15}$$

$$CO+H_2O(g) \longrightarrow CO_2+H_2+41.13 \text{kJ/mol} \tag{8-16}$$

$$C+2H_2 \longrightarrow 2CH_4+752.4 \text{kJ/mol} \tag{8-17}$$

氧化阶段与还原阶段总称为气化阶段，实际上各个阶段没有严格的界限，是相互交叉渗透的。

气化炉是生物质气化装置的核心部分，按照生物质与气化剂接触方式的不同，气化炉主要分为固定床气化炉、流化床气化炉两大类，而固定床气化炉与流化床气化炉又有多种不同的型式，下面就这两大类气化炉进行详细的介绍，分别为固定床气化炉和流化床气化炉。在固定床气化炉中我们主要介绍下吸式气化炉、上吸式气化炉、横吸式气化炉和开心式气化炉[41]。在流化床气化炉中我们主要介绍鼓泡流化床气化炉、循环流化床气化炉、双流化床气化炉和携带床气化炉。

固定床气化炉是指生物质原料相对于穿过床层的气流而言处于静止状态。结构比较简单，由一个容纳原料的炉腔和承载生物质原料层的炉栅组成。一般而言，该类气化炉适用于大颗粒物料。其优点是结构简单、运动部件少、制造容易、运行稳定，对生物质原料及其粒径的要求不高，但存在处理量少、内部气化过程难控制、生物质颗粒容易搭桥形成空腔等缺点。

流化床气化炉的出现比固定床晚很多。流化床气化炉既有采用惰性材料（如石英砂等）作为流化介质以强化传热，也有采用非惰性材料（石灰或催化剂）提高气化反应速率。流化床气化炉的反应速度快，产气率高。尤其适合水分含量高、热值低、着火困难的生物质原料。与固定床气化炉相比，流化床气化炉的气化断面小，气化效率高；对灰分要求不高，生物质颗粒的粒径适应范围广；产气能力弹性高。此外，还具有传热面积大、效率高、气化反应温度均衡、结渣率低等优点。但其不足之处在于合成气的显热损失大、合成气中的带出物较多。

(1) 下吸式气化炉

下吸式气化炉主要由内胆、外腔及灰室组成。内胆又分为储料区及喉管区，其中储料区为燃料准备区，喉管区为气化发生的区域。对于这两个部分而言，影响气化效果的主要因素为储料区容积、喉管区直径及高度。灰室位于炉栅下方，用于暂时储存气化反应后的灰分以及没有反应完全的炭颗粒并定期排放。通过气化炉上部的加料口，生物质颗粒直接进入炉膛上部的储料区。内胆和外壁间的空腔实际上为合成气的流动通道[42]。

(2) 上吸式气化炉

该类气化炉运行时，生物质颗粒由气化炉顶部加入，依靠重力向下运动。炉栅支撑着生物质颗粒，燃烧后的灰分和灰渣落入炉栅下方的灰室。气化剂由炉底进入气化炉，生成的合成气从气化炉上部排出。在这类气化炉中，气流自下而上流动，与生物质颗粒的运动方向相反[43]。

(3) 横吸式气化炉

横吸式气化炉也称为平吸式气化炉，生物质颗粒从气化炉顶部加入，灰分落入下部的灰室。该类气化炉的特点在于气化剂由气化炉的侧向提供，合成气由对侧流出，气流横向通过氧化区，在氧化区及还原区进行热化学反应，反应过程与其他固定床气化炉类似，由于反应温度较高，灰易熔融形成灰渣。因此，这种气化炉一般适用于灰含量很低的生物质原料，如木炭和焦炭等[44]。

(4) 开心式气化炉

开心式气化炉结构与气化原理同下吸式气化炉类似，或者说，该类气化炉是下吸式气化炉的一种特别形式。在开心式气化炉中，转动炉栅代替了高温喉管区，反应主要在炉栅上方的气化区进行。由于该类型的气化炉结构简单，因此氧化还原区较小，反应温度较低[45]。

(5) 鼓泡流化床气化炉

炉鼓泡流化床气化炉是最基本、最简单的流化床气化炉。生物质颗粒由分布板上方加入，气化剂从气体分布板底部进入，在流化床上同生物质颗粒发生气化反应，反应得到的合成气由气化炉出口进入净化系统。由于鼓泡流化床气化炉的流化速度慢，较适合颗粒较大的生物质原料。此外，还存在飞灰和炭粒夹带严重、运行费用高等问题。

(6) 循环流化床气化炉

循环流化床气化炉的流化速度较快，合成气中含有大量的未反应的固体颗粒，因此在气化炉的出口安装旋风分离器。经过旋风分离器进行气固分离后，未反应完全的炭粒返回至流化床，重新参加气化反应，通过循环提高了碳的转化率。该类气化炉适用于较小的生物质颗粒[46]。

(7) 双流化床气化炉

双流化床气化炉主要分为两部分，即第一反应器和第二反应器。在第一反应器中，生物质颗粒发生热分解反应，生成气体排出后，进入净化系统。同时生成的炭颗粒被分离后送入第二反应器，在第二反应器中进行氧化燃烧反应，待床层升高到一定温度后，床料返回第一反应器，为第一级反应器提供热源。因此，这类气化炉的碳转化率相对较高[47]。

（8）携带床气化炉

携带床气化炉是一种特殊的流化床气化炉，这种气化炉不使用惰性材料作为流化介质。由气化剂直接鼓动气化炉中的生物质颗粒，在高温条件下进行气化反应。由于携带床的床截面较小，要求生物质颗粒的粒径必须非常细小。气化过程中的运行温度较高，通常可达1100℃。这类气化炉的优点是产气中焦油及冷凝成分少，碳转化率可达100%，但由于气化过程的温度高，炉体材料易烧结。

8.3.1.2 生物质快速热解制取生物汽油

快速热解的主要特点有升温速度快、气体停留时间短、温度控制适中等，以及热解蒸汽的快速冷却或淬火[48]。根据生物质种类和所需产品的不同，热解温度在450～550℃。为了防止产物进一步裂解成更小分子量的碎片或者聚合成更大分子量的碎片，停留时间一般不超过1s，并且需要快速冷却到常温。热解气体和气溶胶的快速淬灭形成热解油、不凝性气体和焦炭三个产物相。主要产品是高热值热解油，相对于干基原料能获得最高80%的质量产量，副产品炭和气体可以在反应过程中使用，以避免废物流产生[49]。图8-8为生物质在快速热解中的化学反应以及生成产物。

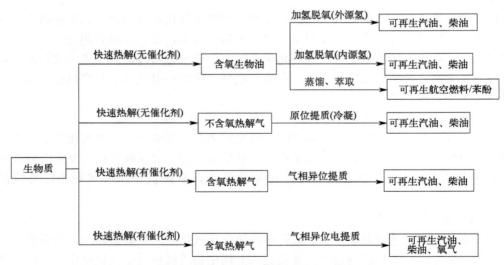

图8-8 生物质在快速热解中的化学反应以及生成产物

Karlsruhe技术研究所（KIT）的设备已经通过快速热解生产出生物汽油。其完整的bioliq工艺包括以下4个阶段。

① 在分散在各处的装置中进行快速热解，将干的残余生物质转化为类似原油的具有高能量密度的物质，这种物质被称为bioliqSynCrude，能够以经济高效的方式长距离输送，并进一步进行集中处理。

② 在高压气流床气化炉中，在温度高于1200℃和压力高达8.0MPa的条件下，将bioliqSynCrude转化为无焦油的合成气。

③ 在下游热气体的净化系统中，脱除气体中的杂质，如颗粒物、氯化物和氮化物。

④ 在合成阶段，将合成气转化为高品质的燃料。根据不同的合成途径，可以生产柴油或汽油。bioliq 合成阶段是中试装置的最后一个部分。在合成阶段将合成气转变为汽油燃料是基于两个反应步骤：首先将合成气直接转变成二甲醚，然后再合成汽油。

8.3.1.3 生物质直接液化制取生物汽油

直接液化技术无需对原料进行干燥处理，大大节省了物料的干燥成本。液化所用的溶剂介质包括水和其他各种有机溶剂，表 8-5 列出了几种常见溶剂的临界值。

表 8-5 常见溶剂的临界值

溶剂	临界压力/MPa	临界温度/℃
水	22.1	374.0
甲醇	8.1	239.5
乙醇	6.1	240.8
丙酮	4.7	235.0

（1）以水为液化介质

以水为介质液化制取生物柴油的过程称为水热液化（HTL），傅木星等[50]研究了稻草在亚临界和超临界水中的直接液化，结果表明，液化后所剩的残渣结构发生了不同程度的破坏，原料中的纤维素等大分子分解转化成了其他物质，稻草在超临界水中的液化率高于在亚临界水中的液化率，在超临界水中的液化效果更佳。Li 等[51]针对低脂高蛋白（微绿球藻）和高脂低蛋白（小球藻）这两种典型微藻，开展原料组分对水热液化过程影响的研究，结果表明，微藻的组分显著影响其产物生物油的产率和品质，但作用的效果似乎不太一样。Yang 等[52]利用硫酸和乙酸这两种酸催化剂研究大型海藻浒苔的水热液化，结果表明，湿浒苔和干浒苔粉末一样可以水热液化制备生物汽油，酸催化剂的加入对生物汽油产率影响不大，却能够明显改善生物汽油的流动性。

（2）以有机溶剂为液化介质

为了在提高生物汽油产率时兼顾其品质，各国开始尝试使用有机溶剂取代水作为液化溶剂。Li 等[53]比较了稻秆在亚/超临界水和乙醇中对产物油的影响，发现以水为介质时生物油的主要成分是酮和酚类，而以乙醇为介质时生物油的主要成分是酯和酚类，且油的品质得到显著改善。Duan 等[54]比较了小球藻在 11 种不同溶剂中的液化特性，结果表明，溶剂极性显著影响产物分布，认为乙醇是最适宜的液化介质，生物油主要成分为酯、脂肪酸、烯烃、醛、酰胺，其中，脂肪酸乙酯的相对含量最高。有机溶剂液化反应条件更为温和，对大分子有机物的溶解能力更强，供氢能力较强，液化所得的生物汽油产率和品质也得到明显提高和改善。然而，用有机溶剂取代水不仅增加了成本的投入，还需要对原料进行高能耗的干燥脱水处理，这种方法已彻底丧失直接液化法的最大优势。

（3）以混合溶剂为液化介质

鉴于水和有机溶剂各自的优点和缺点，研究者开始尝试使用水和有机溶剂的混合溶剂（也称共溶剂）作为液化反应介质。有机溶剂种类繁多，目前最常用的主要是醇-水共溶剂，包括甲醇-水共溶剂、乙醇-水共溶剂等，主要是由于乙醇等低碳醇是可再生资源，获取成本低，可由生物质自身水解发酵制得。Zhao 等[55]报道了与单一的水或甲醇作为溶剂相比，共溶剂的转化率和产油率明显增高，即甲醇和水的混合溶剂对松木液化过程具有明显的协同效应。Cheng 等[56] 进一步证实了醇-水共溶剂对木质纤维类生物质的液化具有协同增效的作用，且 50％醇-水共溶剂效果最为明显。至于藻类生物质，Peng 等[57] 报道了小球藻在乙醇-水共溶剂中的直接液化，结果表明，乙醇的加入能与生物油中的酸性物质发生酯化反应形成酯类，生物油的主要化学成分是脂肪族和杂原子化合物。张培铃等[58] 发现了 40％乙醇-水共溶剂最有利于杜氏盐藻的液化，此时生物油产油率最高，为 64.7％，而残渣率不足 2％，油中的酸类物质易与乙醇发生酯化反应生成相应的酯，从而改善了生物油的品质。图 8-9 总结了乙醇-水共溶剂作为液化介质的优势。

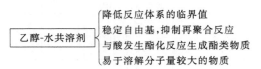

图 8-9　乙醇-水共溶剂作为液化介质的优势

8.3.2　糖类加氢制备多元醇技术

多元醇包括六元醇（山梨醇、甘露醇）、乙二醇（EG）、丙二醇（PG）等，均是重要的有机化合物。多元醇的用途广泛，可被用作食品工业的原料、制药过程的中间化合物、制备聚合物所需的单体化合物等。由于自然界中纤维素的储量丰富，且各种多元醇产物均可被广泛地直接用作或者间接生产高附加值的化学品和燃料，所以在温和水溶液中，借助催化剂的作用使纤维素中的 C—O 键和 C—C 键断裂，经水解加氢或氢解过程，催化转化纤维素制备多元醇是目前能源领域研究的热点。

纤维素水解加氢或氢解制备多元醇包含两个连续的反应步骤：首先是酸催化纤维素水解生成葡萄糖或纤维低聚糖，然后水解中间产物糖在过渡金属催化剂的催化作用下，在一定氢压（4.0～12.0MPa）氛围中经加氢或者氢解转化生成多元醇。为了更加有效地将单糖和多糖催化转化为高附加值的糖醇，每一个单独的水解和加氢或氢解催化反应步骤都已经被人们广泛研究，以期提高纤维素的转化率和产物的收率[59,60]。纤维素在酸催化剂的作用下水解得葡萄糖，葡萄糖加氢使得六元醇为主要产物；纤维素在酸催化剂的作用下水解得的产物糖在钨基催化剂的作用下氢解使得 C_2～C_3 醇为主要产物。总的来说，纤维素水解加氢或氢解制备多元醇的产物分布由纤维素水解速率和葡萄糖加氢/氢解速率之间的平衡控制，研究纤维素水解加氢或氢解制备多元醇的产物规律，进而选择合适的催化剂对纤维素转化率和产物收率的提高至关重要[61]。

到目前为止，在固体酸催化剂的作用下，纤维素一步法催化转化制备六元醇是更简单的高效利用纤维素的方法之一，反应路径如图 8-10 所示[62]。这个过程需要酸催化剂水解和金属催化剂加氢。固体酸催化剂和过渡金属催化剂结合方式有 2 种。

① 直接将过渡金属负载在固体酸载体上，制成同时具有固体酸水解活性位和金属加氢活性位的双功能非均相催化剂，用于纤维素水解加氢制六元醇。研究表明，这种催化剂体系有效地缩短了中间反应物和产物在催化剂表面的扩散路径，从而减少了副反应的发生。将贵金属 Pt 和 Ru 分别负载在固体酸 $\gamma\text{-}Al_2O_3$ 和 HUSY 分子筛上制成了固体双功能催化剂，反应后六元醇的收率为 30％左右。

② 分别加入固体酸催化剂和金属催化剂，所用的金属催化剂通常是将过渡金属负载

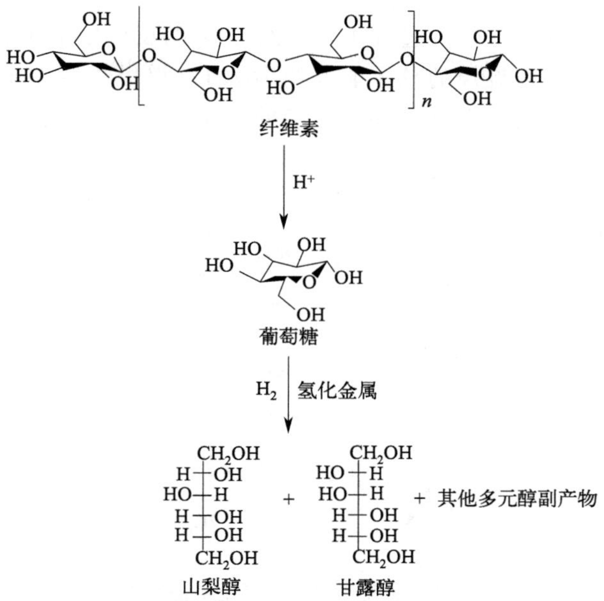

图 8-10　纤维素一步转化为六元醇反应路径

在碳载体上而成的。如选取 Ru/C 为金属催化剂，无定形的磷酸锆为固体酸催化剂，用于纤维素水解加氢制备六元醇，将微晶纤维素经球磨预处理后，纤维素的转化率可达 94.7%，六元醇的收率提高到 85.5%。

此外，245℃的高温水解离出来的 H^+ 也可作为酸性位催化纤维素水解。Luo 等[61]首次报道了以高温水解离的 H^+ 水解纤维素，以 Ru/C 为金属催化剂加氢，用于纤维素水解加氢制六元醇，六元醇的收率为 39.3%。

8.3.3　多元醇制备生物汽油技术

8.3.3.1　生物质多元醇水相催化合成烃类燃料工艺

生物质多元醇水相催化合成烃类燃料工艺主要包括生物质水解、水解液加氢制多元醇和多元醇催化重整制烷烃三个过程。基于多元醇的生物质水相催化合成烃工艺具有以下优点：

① 反应在液相中进行，不需要汽化水和碳水化合物原料，避免了大量原料加热能耗；

② 碳水化合物原料本身无毒，也不具可燃性，便于存储及预处理；

③ 在水相重整反应发生的温度、压力条件下，可以同时发生水汽转化反应，实现了氢气中较低的 CO 含量；

④ 水相重整反应压力一般为 1.5～5.0MPa，反应温度低 (240～280℃)，有效避免了裂化和炭化等副反应的发生；

⑤ 反应在水相中进行且生成的烃类产物与水相自动分离，避免了产物蒸馏分离提纯的巨大能耗。

与传统的热裂解、气化和生物发酵等生物质转化技术相比，生物质多元醇水相催化在能量转化、资源利用效率以及过程绿色化等方面具有明显的优势。如图 8-11 所示，以葡萄糖转化为烷烃的能量平衡为例，葡萄糖和氢气转化为烷烃是放热反应，反应热约为

380kJ/mol，而正己烷燃烧放热量约为 3900kJ/mol，相当于氢气和葡萄糖总能量的 90%。换言之，葡萄糖加氢转化为己烷的过程中，大约 90% 的反应物能量被烷烃产物保留。根据化学计量计算，玉米制取烷烃的总体能效约为 2.1（烷烃热值 13500kJ/kg 除以产生烷烃所需能量 6300kJ/kg），远高于玉米生产乙醇的总体能效 1.1（乙醇的热值除以从玉米生产乙醇所需的能量）。

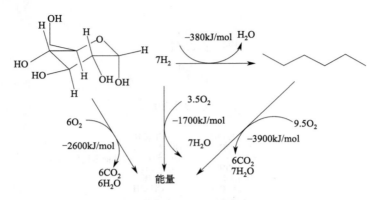

图 8-11　葡萄糖转化为己烷的能量平衡

8.3.3.2　生物质多元醇水相催化合成 $C_1 \sim C_6$ 低碳烷烃

生物质多元醇经水相催化加氢/脱水反应可制取 $C_1 \sim C_6$ 低碳烷烃，该反应可通过构筑高效的催化剂调控产物分布，工艺过程简单，利于工业化。生物质多元醇水相催化反应通常选用第Ⅷ族金属与固体酸载体制成双功能催化剂，由金属中心承担加氢功能，由固体酸载体承担脱水功能。Pt、Ru、Rh、Pd 及 Ir 等金属催化剂因具有优异的加氢活性及良好的稳定性，被广泛应用于水相催化反应。而 Ni 催化剂由于低廉的成本以及较高的产烃活性，也被用于水相催化反应。Rh、Ru 及 Ni 具有较强的 C—O 键断裂催化活性，并可同时促进费-托合成及甲烷化反应。合金催化剂由于具有特定的催化性能，也被用于多元醇的水相反应。研究发现 Sn 修饰的 Raney-Ni 可明显提高 Ni 基催化剂反应稳定性。Kirilin 等[63] 的研究表明，Pt-Ru 双金属催化剂可显著提高生物质多元醇脱氧反应生成单官能团中间含氧化合物的活性，有利于其进一步转化为烷烃。

对生物质多元醇水相催化反应体系的研究发现，酸性载体对产物调变的影响往往大于金属催化剂。Huber 等[62] 在 Pt-Al 催化的生物质多元醇水相重整反应中加入 SiO_2-Al_2O_3 或无机酸 HCl，烷烃产物分布会向重烷烃转移，且随着无机酸加入量的增大（pH 值由 3 变为 2），己烷选择性从 29% 上升到 47%。同时，许多研究者对生物质多元醇水相催化反应的催化剂载体进行了探索研究。Jiang 等研究了以 MCM-41 修饰的 HZSM-5 为载体负载 Ni 催化剂，C_5/C_6 烷烃的收率提高到 70% 以上。Davda 等[64] 在相同的催化剂及反应条件下，探索了中间化合物在合成烷烃过程中进行的反应历程。发现水相脱水/加氢反应主要由 C—C 键断裂、C—O 键断裂及加氢三个基本步骤构成。

生物质多元醇经芳构化及重整反应可制取芳烃和长链烷烃化合物，用作汽油组分或化工原料。Davda 等[64] 率先提出了三步法合成芳烃和长链烷烃的转化途径，但三步法芳构化工艺要求高，反应周期长，产率低。中国科学院广州能源研究所的科研人员提出了一步水相芳构化工艺，采用 Ni-HZSM-5/MCM-41 催化剂直接将生物质多元醇一步芳构化得到了46%的芳烃收率，为生物质高效制取芳烃提供了一条新的转化途径。

8.4 二甲醚制备技术

二甲醚（dimethyl ether，DME）又称甲醚，是结构最简单的脂肪醚化合物，化学结构式为 $CH_3—O—CH_3$。常温常压下无色、易燃、无毒，有少许的醚香味，能溶于甲醇、乙醇、丙酮、氯仿等多种有机溶剂，在水中的溶解度远大于液化石油气（液化石油气极微溶于水），100mL水中可溶解3.7mL二甲醚，加入少量助剂后可与水以任意比例互溶。具有良好的燃烧性能，燃烧时火焰略带光亮，燃烧热为347.8kcal/mol（1kcal=4.186kJ）。常温下难以活化，但在空气中长期暴露会形成不稳定的具有潜在爆炸危险性的过氧化物。二甲醚的其他物理性质与液化石油气十分相似，具有良好的易液化性、可燃性等特点。

二甲醚作为车用燃料有很好的发展前景。相同温度下二甲醚的饱和蒸气压低于液化石油气，意味着二甲醚的储存、运输要比液化石油气安全。更为重要的是，二甲醚在国际市场上的价格比液化石油气低，且较为稳定。目前，人们常常采用把二甲醚按照一定比例掺入液化石油气中的方法来改善液化石油气燃烧不充分的问题，还能提高液化石油气的质量。但二甲醚的燃烧值比等量的液化石油气低，而且具有腐蚀性，存在安全隐患，故必须严格控制液化石油气中二甲醚的含量。

8.4.1 二甲醚气化合成工艺

二甲醚最早是由高压甲醇生产中的副产品精馏制得。之后，工业上采用合成气合成甲醇，甲醇在固体催化剂下脱水制二甲醚的方法，即所谓的"两步法"。两步法工艺成熟，但运行过程复杂，设备投资大，产品成本高。

一步法可将合成气直接合成二甲醚，该方法是将合成甲醇和甲醇脱水两个反应在一个反应器内完成。合成气直接制二甲醚，在催化剂表面上主要进行甲醇合成、甲醇脱水和水煤气变换3种反应。与甲醇气相脱水法相比，具有流程短、投资省和能耗低等优点，可获得较高的单程转化率。

8.4.1.1 二步合成法

先由净化后的合成气合成为甲醇，粗甲醇或精制甲醇进一步脱水生成二甲醚，其反应式如下所示：

$$2CH_3OH \longrightarrow CH_3OCH_3 + H_2O \tag{8-18}$$

气态甲醇脱水反应是放热反应，与甲醇的合成反应相比，其发热量要少得多。来自甲醇合成单元的粗甲醇通常没有经过净化处理而直接送入二甲醚合成单元。首先，甲醇在一台隔热型反应器中进行脱水反应，然后经两段分离器，第一段是生成的二甲醚与排气的分离，第二段是回流的甲醇与流程水的分离。

在合成单元中最常用的是内有固定床的2～4个成串联排列的隔热型反应器，器间设有冷却装置，由加热高压锅炉进水产生的中压蒸汽制冷，或由预热进入第一个反应器的进料来进行冷却。隔热型反应器结构简单，投资费用省，经济适用。目前这种隔热型反应系统的设计能力已达10000t/d以上。进入反应器的甲醇温度一般保持在220～250℃，但最终仍需根据器内的甲醇转换率的高低做出具体确定。反应器出口气体温度为300～350℃，器内合成压力为 1.0~2.0MPa，甲醇合成二甲醚在器内一次性通过的转换率为 70%~85%。甲醇反应中的二甲醚选择度高，可达 99.9%。脱水反应使用的催化剂为 γ-Al_2O_3，γ-Al_2O_3 价格低廉，具有良好的适用性和高稳定性。

8.4.1.2 一步合成法

指净化后的合成气一步合成为二甲醚，而无需经过甲醇合成这一过渡单元，合成过程发生的化学反应式如式(8-19)~式(8-21)所示：

$$CO_2 + 3H_2 \longrightarrow CH_3OH + H_2O \tag{8-19}$$

$$CO + H_2O \longrightarrow CO_2 + H_2 \tag{8-20}$$

$$2CH_3OH \longrightarrow CH_3OCH_3 + H_2O \tag{8-21}$$

甲醇脱水反应生成二甲醚的同时，生成的水促使生成更多的氢，而更多的氢和二氧化碳又促成了甲醇的生成。三个反应的相互纠结和影响产生了强有力的协同作用，从而显著地提高了合成气转化为二甲醚的潜力。从合成气至二甲醚的一步合成法打破了合成气转化为甲醇时热力学方面的限制，从而使 CO 转变率达到了 90% 的高水平。

一步法中最重要的因素是双效催化剂，将甲醇合成、水汽转换和二甲醚合成同时进行催化，避免了在甲醇合成时的高压低温条件。近期研发成功的双效金属（Cu、Zn 等）-沸石催化剂具有高 CO 转换率和合成二甲醚的高选择性。一次合成法除以上这些优点和特点外，与两步合成法相比，还能节省 5%~8% 的投资费用和 5% 的运行费用。

图 8-12 是日本 JFE 公司一步法合成二甲醚的工艺流程。图中使用的二甲醚反应器为泥浆型气泡柱状反应器，合成气从反应器底部进入，与悬浮于泥浆状反应介质中的催化剂接触，促进合成反应的进行。由于反应介质的比热容和热导率都比较大，因此反应热被反应介质吸收，但温度控制较难。为此，JFE 法通过改变热交换器所生成的蒸汽压力，来有效控制反应温度。在合成气物质的量之比 $H_2/CO=1$、255℃、5MPa 的运行条件下，可以获得最高的平衡转换率。从反应器出来的未反应的气体，经气液分离器分离后，重回反应器使用。反应器出来的液体部分送 CO_2 气提器进行气提，气提分离出来的 CO_2 气体则送反应器前的自动热重整器，当辅料使用或另作他用。二甲醚作为产品从二甲醚柱顶端分出贮存，甲醇和水从二甲醚柱排出送甲醇柱，在甲醇柱中脱水，再回送反应器反应生成二甲醚。按图 8-12 配置的 JFE 100t/d 二甲醚合成车间，在正常运行的条件下，生产 1t 二甲醚约需 1.4t 甲醇，总转换率可达 93%，二甲醚选择性为 91%，二甲醚纯度达 99.6%。

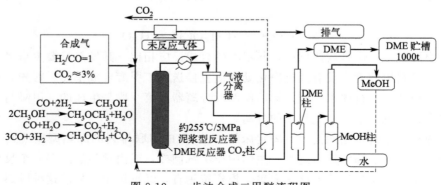

图 8-12 一步法合成二甲醚流程图

生物质气化合成二甲醚燃料是一种间接液化技术，具有原料适应性广、产品纯度和洁净度高、燃烧后无 NO_x 和 SO_x 排放等特点,在化石资源价格日益攀升的形势下,已经逐渐引起世界各国的重视。一步法制备二甲醚工艺,国内外都进行了大量的研究,如丹麦的 Topsøe 公司对天然气合成气、美国 APC 和日本 NKK 公司对煤基合成气进行了研究。目前合成气一步法制二甲醚大都处于实验室研究阶段或中小试阶段,制备工艺多为煤基合成气和天然气制合成气,由生物质制备合成气的绿色工艺还未见有关报道。此外,CO_2 加氢直接合成二甲醚的方法也在研究和开发之中。

8.4.2 二甲醚气化合成国内外进展

发达国家从 20 世纪 80 年代开始进行生物质气化制取甲醇、二甲醚燃料的相关研究,到 20 世纪 90 年代该研究得到了深入发展。1991 年美国 APC 公司开发了合成气浆态床一步合成二甲醚技术并建成 10t/a 的中试装置,该技术通过水煤气变换、合成与脱水 3 个可逆、放热反应协同进行,避免了多步合成法受平衡条件的影响,从而提高单程转化率。另外,利用惰性浆液的返混流动,吸收化学反应产生的热量,保护对热敏感的催化剂,可使反应更快、更有效地进行。近年来,丹麦托普索(Topsøe)公司对 MTG 法合成气制汽油技术进行了全面分析后提出了 TIGAS 工艺,其核心就是将合成气合成甲醇改为一步合成二甲醚及少量甲醇。我国上海青浦化工厂采用合成甲醇的铜基催化剂和具有甲醇脱水作用的 Al_2O_3、SiO_2、沸石、固体酸和固体酸离子交换树脂催化剂的组合,在压力 3.3~4.0MPa、温度 260~290℃、空速 1000~1600h^{-1}、氢碳比为 2 的条件下,合成气转化率为 85%,二甲醚选择性为 65%,二甲醚/二甲醚+甲醇的选择性为 93%,二甲醚产量达 193g/m^3。

生物质气化合成醇醚技术的发展,主要依赖气化技术的进步。近年来,我国虽然在生物质气化技术上有一定的发展,醇醚合成工业也逐渐成熟,但有关生物质气化合成醇醚的系统研究仍处于起步阶段。日前,位于广东省博罗县的千吨级生物质气化合成二甲醚示范装置一次投料试车成功,实现全流程贯通。该装置采用中国科学院广州能源研究所自主知识产权技术,采用低焦油流化床富氧-水蒸气复合气化、粗合成气一步临氧重整调变和一步法二甲醚合成等关键技术,由木粉等生物质原料生产出二甲醚产品。千吨级生物质气化合成二甲醚示范装置的成功试车,标志着具有我国自主产权的生物质气化合成二甲醚技术初步具备产业化能力,对生物质化工的高端发展有积极的推动作用。

合成气直接制二甲醚是国内外都在大力研发的新工艺路线。目前国内研究重点都在催化剂上,随着小型热模实验中成熟催化剂的不断涌现,合成气直接制二甲醚新工艺本身的研究也日益紧迫。国内在该工艺的化工基础研究及反应工程、分离工程等化工工程基础数据的测试等方面也有待深入。

8.4.2.1 合成气直接制二甲醚的热力学研究

合成气直接制二甲醚,其主要优点就是打破了合成气制甲醇的化学平衡限制,使反应向有利于生成甲醇和二甲醚的方向进行。但由 CO 加氢合成甲醇,甲醇脱水生成二甲醚和水煤气变换组成的合成气制二甲醚与甲醇也存在化学平衡的限制,近年来有多位学者研究了这方面的问题。计算了 230℃、5.2MPa 条件下 CO 加氢合成甲醇和 CO 加氢合成二甲醚反应的化学平衡。结果表明,合成气直接制二甲醚反应中的最大平衡转化率(H_2+CO)为 81.4%,而甲醇合成反应中的最大平衡转化率(H_2+CO)仅为 67.9%。显而易见,由合成气直接制二甲醚的工艺路线克服了合成气制甲醇反应中出现的化学平衡限制。

对纯 CO 与 H_2、纯 CO_2 与 H_2 以及煤基合成气为原料合成二甲醚的化学平衡进行计算表明[65]，温度、压力对煤基合成气一步法直接合成二甲醚与甲醇的影响显著，压力提高，温度降低，CO、CO_2 的平衡转化率增加，同时二甲醚的选择性略降，甲醇的选择性略增。Gogate 等[66] 研究了三相床中合成气制二甲醚的热力学问题。结果表明，H_2 和 CO 都是关键组分，当合成气中 H_2 含量低于 60％时，H_2 的转化率变化不大；当 H_2 含量>60％时，H_2 的转化率迅速降低。CO 转化率则随着合成气中 H_2 含量增加而单调上升。在合成气中 H_2 含量约为 65％时，合成气的总转化率达到最大值。

8.4.2.2 气固催化法合成气直接制二甲醚

（1）催化剂研究

在催化剂方面，主要在催化剂制备、催化剂的分散性能、催化剂的催化性能、催化剂的活性条件等方面进行研究。葛庆杰等[67] 采用共沉淀法、混浆法、浸渍法、共沉淀浸渍法、共沉淀沉积法、湿混法、干混法制备催化剂。研究表明，采用共沉淀沉积法制备的 $Cu-Zn-Al/\gamma-Al_2O_3$ 催化剂活性最高，CO 转化率达 82.2％，二甲醚选择性达 85％。

谭猗生等[69] 对合成气直接制二甲醚复合催化剂中脱水组分 HZSM-5 分子筛进行了水热处理。结果表明，在 HZSM-5 分子筛脱水组分上具有两种酸性中心。随水热处理温度提高，二甲醚的选择性随之提高。二甲醚主要在 HZSM-5 分子筛的弱酸中心上生成。

陈建刚等[70] 以 HZSM-5 代替 $\gamma-Al_2O_3$ 作脱水催化剂，可使复合催化剂活性温度从 280～290℃降至 250～260℃。此时，DME 选择性达 82％，时空产率为 0.667g/(mL·h)，均高于 $\gamma-Al_2O_3$。葛庆杰等[67] 也考察了镁、锰、锆、硼等助剂对催化剂性能的影响，结果表明镁、锰、锆是合成气制二甲醚催化剂的优良助剂。

（2）工艺条件研究

从国内外目前的研究情况看，气固催化法由合成气直接制二甲醚所采用复合催化剂应为 Cu-Zn-Al/HZSM-5，适宜的反应条件为温度 250～280℃、压力 2.0～5.0MPa、空速 1500～2000h^{-1}、$n(H_2):n(CO)=2$。但气固催化法（与三相床法相比）必须使用富氢合成气[$n(H_2):n(CO)>2$]，只能在转化率较低（大量未反应合成气循环）的情况下操作。

（3）动力学研究

合成气直接制二甲醚是由甲醇合成、甲醇脱水、水煤气变换等反应集总而成，对这样一个复杂反应体系动力学的研究具有理论和现实的双重意义。杜明仙等[71] 研究了在温度 250～280℃、压力 2.0～5.0MPa、空速 3000～9000mL/(g·h)、原料气组成 $n(H_2):n(CO)=1.0～2.0$、催化剂配比 0.5～2.0 条件下，由 $Cu-Zn-Al/\gamma-Al_2O_3$ 构成的 100 目复合催化剂在等温积分反应器上 $CO+H_2$ 合成甲醇、二甲醚的本征动力学。他们认为该反应体系由三个独立反应组成。

Ng 等[72] 利用内循环无梯度反应器，在 250℃、5MPa、$n(CO_x):n(H_2)=1:(1～4)$ 的条件下，考察了合成气在采用 $Cu-Zn-Al/\gamma-Al_2O_3$ 构成的 250～500μm 复合催化剂上的动力学行为。验证了前人的甲醇合成和甲醇脱水反应模型集总的动力学模型。

8.4.2.3 气-液-固三相床合成气直接制二甲醚

在三相床中由合成气直接制二甲醚，由于液体惰性介质的存在，具有易于导出反应热、恒温操作、CO 转化率高等优点，特别适合于富 CO 的煤基合成气。

郭俊旺等[73]利用已工业化的甲醇合成催化剂C301和甲醇脱水催化剂γ-Al_2O_3，将两种催化剂分别磨碎至<0.053mm，按一定比例机械混合后成为双功能催化剂，并在温度280℃、压力4.0MPa、尾气流量4500mL/(g·h)、催化剂C301与γ-Al_2O_3的比例为（1～10）：1的条件下考察催化剂的性能。研究发现，催化剂比例对合成气转化率、二甲醚生成速率有显著影响。在考察范围内，CO转化率和二甲醚生成速率随催化剂比例的增大达到最大值后逐渐降低，当催化剂比例为（4～5）：1时，CO转化率为58%，二甲醚选择性为75%。

Shikada等[74]将直径为100mm的γ-Al_2O_3混入Cu-Zn-Al的硝酸盐中，然后用共沉淀法在350～450℃下焙烧5h后制得催化剂，考察其性能后发现，该催化剂在三相床中能得到31.5%～36.5%的二甲醚，而传统催化剂只能得到22.9%的二甲醚。Han等[75]采用将硝酸铜、乙酸铜浸渍到γ-Al_2O_3上的方法制备用于三相床的催化剂，适宜的反应条件为温度230～300℃、压力2～5MPa、二甲醚气体流速0.0078L/min，为避免催化剂失活，在700h后需对催化剂进行再生。当采用磷酸铝为脱水催化剂时，由于其酸性温和，可避免在生产二甲醚的过程中催化剂结炭及相互作用。

气-液-固三相床合成气直接制二甲醚过程，既包括化学过程又包括溶解、扩散、解吸等物理过程，反应条件对每一过程均有影响。

(1) 反应温度的影响

郭俊旺等[73]在反应压力4.0MPa、进气空速5400mL/(g·h)、反应温度260～300℃范围内发现：二甲醚生成速率在260～280℃内增加，在280℃时达到最大，随后逐渐下降；而甲醇生成速率则不断下降。在280℃时二甲醚选择性也达最大值78%，甲醇选择性则不断下降，同时，随温度升高烃类选择性增加很快。

赵宁等[76]在压力3.0MPa、进气空速1000h^{-1}、搅拌速度1200r/min、反应温度240～280℃的条件下，也得出了CO与H_2转化率都增加，并在270℃达到最大值后下降的结论。但发现在该温度范围内，整个反应过程中二甲醚选择性呈下降趋势。

(2) 进料空速的影响

在反应温度280℃、压力3.0MPa的条件下，对进料空速4000～7000mL/(g·h)时的催化剂性能进行了研究。随着空速的增加，CO和H_2转化率逐渐降低，二甲醚生成速率在4000～6000mL/(g·h)范围内增加，在6000mL/(g·h)达到最大值后略有下降。甲醇生成速率几乎不受空速变化的影响。同时，产物（二甲醚、甲醇和副产烃类）的选择性都不受空速的影响。在反应温度270℃、压力3.0MPa的条件下也发现，二甲醚的选择性先增大随后减小。

由于合成气直接制二甲醚是一个连续反应，适当地延长原料气在三相床中的停留时间有利于二甲醚的生成，增加空速虽然可以提高目的产物的时空收率，但不利于原料气的转化，同时反应过程中合成的甲醇尚未发生进一步反应就离开了反应系统。

(3) 反应压力的影响

在反应温度280℃、空速4000～6000mL/(g·h)时考察了压力对反应的影响。CO和H_2转化率随压力增大而增大，二甲醚和甲醇的生成速率也随压力的增大而增大。但随压力增大，二甲醚选择性呈下降趋势，甲醇选择性增大，烃类选择性略有上升。

提高反应压力对整个反应有利（总反应是一个体积缩小的反应），同时也增加了反应组分在惰性溶剂中的溶解度，有利于二甲醚的合成。

(4) 原料气中 CO_2 和水的影响

在反应过程中，由于水煤气变换反应，反应中生成的水很快与 CO 反应生成 CO_2 和 H_2，因此在合成气中可加入一定量的水。Hirokazu 等[77]也提出利用合成的液相二甲醚产品将循环气中的 CO_2 吸收，这样可大大提高 CO 转化率。柯思明等[78]在温度 230~280℃、压力 2~5MPa、C302 铜基催化剂和 CM-3-1 改性分子筛复合催化剂的条件下，在三相搅拌反应器中研究表明，CO_2 可加氢合成二甲醚。

在三相床中，合成气直接制二甲醚过程包括了气体的溶解、扩散、催化剂表面反应和产物的扩散、解吸等物理和化学过程，使宏观动力学研究十分复杂。

Junwang 等[79]建立了三相床中合成气直接制二甲醚的宏观动力学模型。此外，进一步研究了三相床中合成气制二甲醚的宏观动力学。结果显示，由于反应结果未达到化学平衡，所以合成气直接制二甲醚的反应结果是动力学而不是热力学决定的，由甲醇脱水反应决定。

随着合成气直接制二甲醚工艺研究的深入，越来越多的学者开始深入研究三相床二甲醚反应器，提出了很多新颖的反应器类型。

Ogawa 等[80]也是将反应器分为两部分：上部为三相床反应器，包括气相产物出口管；下部包括原料气进口和从出口气中分离出的未反应气体进口管。当 1000m^3/min 的 CO-H_2 气体在 300℃、3.0MPa 下反应时，转化率为 50%。Ogawa 等[80]研制的反应器具有防止催化剂沉降装置，包括淤浆反应层和上部的气体层，该反应器的底部有管道可以将淤浆移出，通过淤浆补充点再将淤浆送入反应段，在反应器上部有产物出口管，下部有原料气进口管。王金福等[81]研制的三相浆态床反应器包括罐体，罐体从下而上依次设置有合成气进口、微孔分布器、内件、冷却水管、旋流除雾器及反应器出口。

8.4.2.4 分离工程研究进展

由于合成气直接制二甲醚过程需要分离未反应的合成气，与甲醇脱水法相比，其分离部分比较复杂。分离的关键是如何分离 CO_2 与二甲醚。选择合适的吸收剂及合理利用能量可使整个工艺经济实用。有研究者提出了由合成气直接制高纯度二甲醚的生产工艺。含 CO、CO_2、H_2 的合成气在 200~350℃、1~10MPa 的条件下通过甲醇合成与甲醇脱水催化剂，液相产物在反应压力下被首先分离，循环气中的 CO_2 与气态二甲醚被洗涤下来再送入解吸装置，解吸装置的压力介于反应器和第一分离塔之间，接着将产物单独或与液相产物混合后送入三个分离塔中的第一塔，CO_2 被逆流流体吸收，与轻组分一起从塔顶排出，部分二甲醚根据要求的纯度，从第二塔加入。

丹麦 Topsøe 公司的工艺以合成气为原料，在甲醇合成与甲醇脱水催化剂存在的条件下，通过一个或几个催化反应器生成二甲醚、甲醇和水的混合物，混合物经过冷却分为气相产物与液相产物，气相产物包括未转化的合成气和一部分二甲醚，液相产物包括甲醇、二甲醚和水。液相产物进入第一精馏塔，塔顶馏分为二甲醚与甲醇，塔釜为甲醇和水。塔釜馏分进入第二精馏塔，塔顶得到甲醇蒸气，将甲醇引入一个净化清洗系统。在净化清洗系统中用甲醇洗涤气相产物，从系统中抽取包含二甲醚与甲醇的洗涤液。将洗涤液通过含有脱水催化剂的反应器使其中的一部分甲醇转化为二甲醚与水，将含有二甲醚、水和未转化甲醇的反应产物与从第一精馏塔塔顶得到的馏分混合，即为燃料级二甲醚。

王金福等[81]提出在控制反应温度 140~240℃、压力 7.8~10.0MPa 的条件下，使中间产物甲醇处于近临界状态,而最终产物二甲醚处于远超临界状态,从而与处于气相的合成气及与处于液相的生成水分开。

8.4.2.5 工业示范装置

目前国内外还没有正式投产使用的由合成气直接制二甲醚装置,但不少厂家都投入极大的热情开发工业示范装置。

丹麦 Topsøe 公司在 Lyngby 建起规模为 50kg/d 的中试装置,已完成 1200h 的操作,所用催化剂为铜基催化剂,当反应温度为 200~300℃、压力为 3.0~8.0MPa 时,CO 的单程转化率达 60%~70%。有关专家指出,若单独建设 DME 装置,其工程造价比联产甲醇的装置低 4%,同时能耗降低 5%,建一套 7000t/d 的大型 DME 装置,其工程造价在 5 亿美元以上。

美国空气化工产品公司开发完成了三相床中合成气一步合成二甲醚的中间实验,采用的是铜基、氧化铝、氧化硅、沸石和固体酸构成的复合催化剂。该装置可用单一或多元分级式三相床反应器,操作压力为 3.549~6.307MPa,温度为 200~290℃,空速为 1000~10000L/(kg·h)。美国能源部准备在得克萨斯州的拉波特建立规模为 10t/d 的产品作代用燃料的试验厂。

日本 NKK 公司开发了三相床中合成气直接制二甲醚的生产工艺。在完成 50kg/d 规模的中试后,现已建成 5t/d 的工业示范装置。由造气工序来的比例合适的 CO 和 H_2 由反应器底部鼓泡进入淤浆床反应器,在中温、高压和催化剂存在条件下,反应生成二甲醚。反应产物二甲醚等汇同未反应的 CO 和 H_2 由反应器上部排出,进入分离工序。DME 淤浆床反应器反应区包括气、液、固三相。操作中可对催化剂进行更换。反应可简化为式(8-22)。

$$3CO + 3H_2 \rightleftharpoons CH_3OCH_3 + CO_2 \tag{8-22}$$

反应所放热量由淤浆床中的盘管内惰性溶剂带走,整个反应器温度分布均匀,维持最佳操作状态,保护催化剂。

我国湖北田力实业股份有限公司采用浙江大学催化剂研究所研制开发的煤气一步法合成二甲醚催化剂技术成果,由中国五环化学工程公司承担装置设计,建成了 1500t/a 规模的可生产醇醚燃料和 99.9% 以上二甲醚的生产示范装置。专家认为,该装置设备选型合理,投资少,回收期短,催化剂经长期运行仍能保持良好的生产稳定性,二甲醚收率达到国内同类催化剂领先水平,经济效益和社会效益显著,已通过有关部门组织的验收。

8.4.2.6 技术经济评价

由合成气直接生产二甲醚产值高。通过评估可知,合成气直接制二甲醚、气相甲醇脱水制二甲醚、合成气经甲醇制二甲醚产值之比为 1:2.7:5.7。与传统的甲醇脱水法相比,合成气法更具先进性,其流程短、设备规模小、操作压力低、单程转化率高,可显著降低操作费用,经济上更加合理。

现以 CO 转化率 90%、二甲醚选择性 99% 的合成气直接制二甲醚工艺,以及甲醇转化率 80%、二甲醚选择性 98% 的甲醇脱水工艺做技术经济评价。装置设计生产能力都为 5000t/a,利用现有的水、电、汽等公用工程和土地,建设期为 1 年,新增劳动定员 25 人,工人工资按 15000 元/(人·年)计,固定资产按 10 年均摊。

虽然由于添加分离设备,合成气直接制二甲醚比甲醇脱水法一次性投资增加 300 万元，但1年可节省成本160万元，投资的回收期仅34个月。可见，合成气直接制二甲醚具有良好的经济效益。

合成气一步法制二甲醚是比较适合我国能源结构的新工艺，我国应在小型热模工艺试验的基础上，总结国内外在化工过程开发方面的最新研究成果，加快该工艺的工业化进程，使其尽快发挥应有的经济效益和社会效益。

8.5 长链醇生物合成

8.5.1 长链醇理化特性

长链醇指含有4个及4个以上碳原子的直链或支链醇类，如丁醇、异丁醇、异戊醇、活性戊醇等。长链醇作为重要的有机化工原料，在有机合成、化学制药、溶剂萃取等方面应用非常广泛。此外，长链醇也是优良的生物质液体燃料，具有比燃料乙醇更适合作为汽油运输燃料替代品的特性，可替代或部分替代汽油作为发动机燃料。

作为汽油的高辛烷值组分，长链醇可提高点燃式内燃机的抗爆震性，使发动机运行更平稳；作为有氧液体燃料，长链醇掺混到汽油中，可替代对水资源有污染的汽油增氧剂甲基叔丁基醚（MTBE），使燃烧更充分，同时减排大气污染物排放量1/3以上，可以有效抑制火花塞、气门、活塞顶等部位积炭的形成。因此，积极开展长链醇类生产技术开发研究，对于发展能源替代、维护国家能源安全、减轻环境污染等有着极为重要的意义。我国在《可再生能源中长期发展规划》《可再生能源法》《农业生物质能产业发展规划（2007—2015年）》等一系列重大政策法规中，制定了确保燃料醇等生物质液体燃料优先发展的战略方向。各种醇类的理化特性比较如表8-6所列。

表8-6 各种醇类理化特性比较[82-83]

类别	密度(20℃)/(kg/L)	水溶性/(mg/L)	沸点/℃	汽化热/(kJ/kg)	黏度(20℃)/(mPa·s)	燃烧焓/(kJ/kg)	闪点/℃ 开口	闪点/℃ 闭口	辛烷值	辛醇-水分配系数
甲醇	0.79	易溶	64.51	1088	0.59	2.27×10^4	16	12	113	0.24
乙醇	0.79	易溶	78.32	854	1.17	2.97×10^4	16	14	114	0.74
正丙醇	0.80	2.20×10^5	97.20	695	2.26	3.37×10^4	22	16	112	3.31
异丙醇	0.79	易溶	82.40	662	2.43	3.30×10^4	11.7	13	107	<0.28
丁醇	0.81	7.90×10^4	117.70	582	2.95	3.61×10^4	40	35	96	0.88
异丁醇	0.80	9.30×10^4	107.90	574	4.00	3.60×10^4	27.5			8.51
正戊醇	0.81	2.30×10^4	137.50	505	3.31(25℃)	3.77×10^4	51			1.16
3-甲基-1-丁醇	0.81	1.90×10^4	130.80	486	4.20	3.77×10^4	52			33.11
2-甲基-1-丁醇	0.82	2.80×10^4	128	472	5.09	3.77×10^4	46			23.40
汽油	0.72~0.78	不溶	40~210	310~340	0.28~0.59	4.60×10^4	−20	−50	91~99	2~7
柴油	0.82~0.86	不溶	180~370	250~300	3.00~8.00	3.30×10^4	78	55	15~25	3.30~7.06
甲基叔丁基醚	0.74	1.80×10^4	55.30	337	0.36	3.82×10^4		−28	116	34.67

8.5.2 长链醇生物合成途径

8.5.2.1 Ehrlich途径合成长链醇

酿酒行业的副产物"杂醇油"是早期的生物合成长链醇，原料中的蛋白质、氨基酸经Ehrlich途径在酵母分泌的转氨酶、脱羧酶和醇脱氢酶的作用下分解而成，其主要成分为异戊醇、正戊醇、异丁醇、丙醇、异丙醇、己醇和庚醇等。1904年，Ehrlich在比较异亮氨酸和异戊醇分子结构的相似性时，发现在酵母发酵液中添加亮氨酸或异亮氨酸能够显著地提高杂醇油的产量，因此推测杂醇油可能来自氨基酸。直到20世纪50~60年代，首次证明Ehrlich途径主要是由转氨酶、脱羧酶和醇脱氢酶3种酶参与的反应。此后，Dickinson等[84]利用^{13}C标记的亮氨酸、缬氨酸、异亮氨酸、苯丙氨酸、色氨酸和蛋氨酸等为唯一氮源，证明酿酒酵母能在正常生理状态下，将氨基酸代谢为相应的长链醇。后来大量的研究结果证明杂醇油的产生的确来自氨基酸的分解代谢。

8.5.2.2 非发酵途径合成长链醇

过去一直没有微生物能够经由葡萄糖直接大量合成长链醇类的报道，传统的葡萄糖发酵途径主要用来生产乙醇和直链1-丁醇[85]。有研究者利用氨基酸合成的共同前体物α-酮酸为底物，在α-酮酸脱羧酶和醇脱氢酶的作用下生产出比直链1-丁醇具有更高辛烷值的支链异丁醇、3-甲基-1-丁醇和2-甲基-1-丁醇等生物长链醇[86]。该研究团队通过代谢途径改造，利用亮氨酸合成的共同前体物α-酮异己酸为底物，在α-异丙基苹果酸合酶基因 *leuA*、α-异丙基苹果酸异构酶复合体基因 *leuC* 与 *leuD* 以及异丙基苹果酸脱氢酶基因 *leuB* 等的代谢调控下，通过碳链延长，合成出了具6~8个碳原子的生物长链醇[86]。该研究较好地利用了宿主细胞成熟的氨基酸合成代谢途径，将氨基酸合成途径与α-酮酸的脱羧和还原途径相结合来生产长链醇。

在微生物中引入一些原来没有的代谢途径可能会造成宿主细胞的代谢紊乱，中间代谢物的累积也会引起细胞的毒性反应。为了提高目标醇类的产量，通过对生物体异亮氨酸、缬氨酸、亮氨酸和丙氨酸等氨基酸的合成途径进行改造，以获得更多的醇类，可以减少对生物体内原有合成代谢途径的改造。这一创新性的思想无疑为生物长链醇的生产合成开辟了一个新的探索方向。

C_4以上长链醇的生产合成可经由如图8-13所示路径实现。同时，α-酮异己酸在基因 *leuA*、*leuB*、*leuC* 和 *leuD* 的代谢调控下，又可通过碳链延长生成相应的α-酮酸，α-酮酸继而在脱羧酶和醇脱氢酶的作用下可合成出对应的C_6~C_x的长链醇。目前，已有大量文献和专利报道了利用非发酵途径合成支链长链醇类。

8.5.2.3 光合途径合成长链醇

CO_2作为一种主要的温室气体，其生物固定并转化为能源产品或化工产品是近年来的研究热点。光合微生物利用卡尔文循环（Calvin cycle），经CO_2的固定、固定CO_2的还原和CO_2受体的再生等步骤生成甘油醛-3-磷酸，甘油醛-3-磷酸在丙酮酸激酶等一系列酶或辅酶因子的作用下生成丙酮酸。丙酮酸再通过一系列的代谢转化，结合长链醇合成基因的克隆表达，就可以利用光合固碳途径合成长链醇。理论上，光合微生物通过卡尔文循环、还原三羧酸循环、乙酰辅酶A途径和甘氨酸途径等光合固碳途径的转化，完全可以经由丙酮酸等代谢中间物来合成长链醇类。

目前，研究者已成功利用类球红细菌（*Rhodobacter sphaeroides*）和荚膜红细菌（*Rhodobacter capsulatus*）转化CO_2和非水态氢为乙醇。Deng等[87]利用细长聚球蓝细菌（*Synechococcus elongatus*）PCC7942为宿主菌，克隆表达了来自运动发酵单胞菌中的丙酮酸脱羧酶基因 *pdc* 和乙醇脱氢酶基因 *kdh*，首次使蓝细菌具备了利用CO_2和水合成乙醇的能力。

Atsumi等[88]也利用 *S. elongatus* PCC7942为宿主菌，通过克隆表达来自乳酸链球

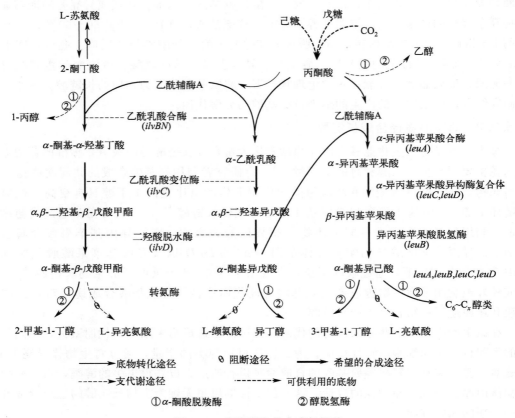

图 8-13 非发酵途径合成长链醇

菌中的酮酸脱羧酶基因 $kivD$、芽孢杆菌中的乙酰乳酸合酶基因 $alsS$，以及来自大肠埃希菌中乙酰乳酸变位酶基因 $ilvC$ 和二羟酸脱水酶基因 $ilvD$ 等，使该菌能够直接利用 CO_2 合成异丁醛和异丁醇。该工程菌能够连续 8d 保持高产异丁醛的活力，最高产率可达 6230μg/(L·h)，远高于目前已经报道的产乙醇、氢气和脂肪酸的蓝细菌和微藻的生产能力。

8.5.3 提高长链醇生物合成的方法

8.5.3.1 宿主菌选择

在所有长链醇生产合成中，国外关于异丁醇的生产合成研究相对较多。目前，异丁醇等生物长链醇生产所采用的宿主菌主要有大肠杆菌、谷氨酸棒杆菌和枯草芽孢杆菌等。利用大肠杆菌作为宿主菌，当长链醇进入菌株细胞膜后，会与膜内的磷脂双分子层作用，使膜的渗透性、流动性和无序性增大，进而会对微生物产生毒害作用。研究表明：即使溶液中含体积分数为 1% 的异丁醇，也会引起大肠杆菌细胞膜结构的破坏，阻止糖和营养物质的转运，从而造成大肠杆菌生长的停滞。

谷氨酸棒杆菌、枯草芽孢杆菌和酵母菌等仍是目前工业生产中广泛使用的菌株。谷氨酸棒杆菌等具有较厚的细胞壁，细胞壁中含有的分枝菌酸能与多糖等连接，形成包裹于细胞壁的双分子层膜，能够限制细胞壁的渗透性，从而可以耐受更高浓度的异丁醇等长链醇。目前，国内外在利用谷氨酸棒杆菌为宿主菌，构建高产氨基酸（α-酮酸）基因工程菌方面的成功案例不胜枚举[89]。

8.5.3.2 长链醇耐受菌株选育

长链醇对细胞的毒性作用，使得发酵液中长链醇的含量往往很难达到较高的浓度，进而也会影响到长链醇的产量。因此，提高生产菌株对长链醇的耐受性是提高长链醇产量的关键。目前多数研究认为，受转录因子调控的热激蛋白等蛋白的表达与宿主细胞对醇的耐受性密切相关。长链醇高耐受性生产菌株的选育，可通过理性设计、随机突变、原生质体融合等育种手段获得[90]。

目前对于长链醇耐受菌株的选育研究并不多，仅限于丁醇耐受菌株的选育。从丙酮丁醇梭菌（Clostridium acetobutylicum）ATCC824 基因文库分离到了耐受丁醇基因，这些基因属于转录调节因子，表达这些基因后，宿主菌对丁醇的耐受能力提高了 81%[91]。利用亚硝基胍诱变方法，获得 1 株丁醇高产菌拜氏梭菌（C.beijerinckii）BA101，该突变菌株以 8% 的葡萄糖为底物，可产生 20.9g/L 的丁醇。

8.5.3.3 长链醇合成代谢通路疏通

长链醇的生物合成无论是经由 Ehrlich 途径，还是经由非发酵途径或者光合途径，都会经历共同的 α-酮酸脱羧和还原过程。因此，凡有助于提高 α-酮酸产量的方法，理论上对于最终提高长链醇的产量都是有益的。目前也有诸多的研究表明，通过疏通向 α-酮酸合成的代谢通路，能够显著提高长链醇的产量和选择性[92]。

Atsumi 等[85] 在大肠埃希菌中过量表达基因 $ilvI$、$ilvH$、$ilvC$ 和 $ilvD$，以疏导 α-酮异戊酸的有效生物合成。结果表明，通过过量表达基因 $ilvI$、$ilvH$、$ilvC$ 和 $ilvD$，工程菌与对照菌相比，异丁醇产量可提高 5 倍，达 23mmol/L。德国 Ulm 大学的 Krause 等[93] 通过敲除丙酮酸脱氢酶复合体亚基 E1p 编码基因 $aceE$、转氨酶 B 基因 $ilvE$ 和丙酮酸-醌氧化还原酶基因 pqo，过量表达 $ilvB$、$ilvN$、$ilvC$ 和 $ilvD$ 基因，α-酮异戊酸的产量（以葡萄糖质量计）可高达（0.3±0.03）g/g，并计划通过进一步的代谢工程整合，得到更高的异丁醇产量。

8.5.3.4 长链醇产醇工艺优化

相对于乙醇而言，微生物对长链醇的耐受性远比乙醇要差，例如，梭菌对丁醇比较敏感，耐丁醇体积分数通常不超过 2%。而国际上报道的丁醇分批发酵的最高产量也仅为 17~21g/L，这也是造成丁醇等长链醇产醇浓度较低的主要原因。因此，如何提高长链醇的产醇浓度，减少长链醇对细胞的毒害，是提高长链醇产量的关键。

渗透气化作为一种效率高、能耗低的新型膜分离技术，因其流程简单、对微生物细胞无毒害等特点，在构造连续发酵生物反应器方面具有突出的优势而备受世界各国科研工作者普遍关注。将发酵生产与渗透气化分离技术耦合，使长链醇及时从发酵生产体系中移走，既可解除产物的反馈抑制作用又能提高长链醇的浓度，是近年来生物燃料分离工艺的研究前沿。此外，固定化细胞能够有效提高细胞对外界环境的刺激，可以较长时间、多次反复使用，提高发酵产醇的稳定性。因此，应用固定化细胞技术于长链醇的生产，对于提高微生物对长链醇的耐受性、实现长链醇生产的连续性和提高长链醇的产量是非常有利的。

8.5.4 展望

在生物长链醇研发方面，正丁醇的发酵生产在我国具有一定的基础。中国科学院上海生命科学研究院植物生理生态研究所、中国科学院微生物研究所、中国科学院过程工程研究所、中国科学院广州能源研究所、清华大学、北京化工大学、天津大学、华北制药、天冠集团和吉林吉安新能源集团有限公司等诸多科研院所、高校和企业，经过多年的科研攻关，在发酵菌种遗传改造、发酵工艺优化以及中试示范工程建设等方面取得了一定的进展，部分正丁醇发酵技术工艺处于世界领先水平。然而除了异丁醇外，国内在其他具有支链结构的异戊醇和2-甲基-1-丁醇等长链醇的生物合成研究方面还鲜有涉及。鉴于开发替代能源的急迫性，以及长链醇作为液体燃料的优越性，我国迫切需要在长链醇生产菌种选育构建、产醇机理分析及高效产醇工艺优化等方面加大科研攻关力度。

木质纤维类生物质作为自然界中一类最丰富的自然资源，是未来生产燃料醇类最为理想的原料。然而，目前自然界尚缺乏有效的戊糖、己糖共代谢利用菌株，而半纤维素水解产生的木糖等五碳糖可达生物质干质量的5%～20%，这部分资源能否有效利用是决定木质纤维类生物质生物炼制是否具有经济效益的关键。因此，在长链醇生产合成工程菌构建过程中，若能有效整合引入相关木糖等五碳糖代谢基因，对于利用木质纤维原料实现长链醇的高效生产具有十分重要的意义。

参考文献

[1] 骆仲泱. 生物质液化原理及技术应用 [M]. 生物质液化原理及技术应用, 2013.

[2] 史长东, 张锐, 车德勇, 等. 不同种类生物质热解特性研究 [J]. 东北电力大学学报, 2012, 32 (1): 57-60.

[3] 任强强, 赵长遂. 升温速率对生物质热解的影响 [J]. 燃料化学学报, 2008 (2): 232-235.

[4] 陈祎, 陆杰, 杨明辉, 等. 典型生物质在不同温度下的热解产物特性 [J]. 工业加热, 2019, 48 (1): 5-10.

[5] 隋倩倩, 杨光连, 汪娟, 等. 生物质快速热解液化工艺研究进展 [J]. 化学与生物工程, 2012, 29 (3): 1-5.

[6] 王琦. 生物质快速热裂解制取生物油及其后续应用研究 [D]. 杭州: 浙江大学, 2008.

[7] 王贤华, 陈汉平, 张世红, 等. 生物质微波干燥及其对热解的影响 [J]. 燃料化学学报, 2011, 39 (1): 14-20.

[8] 仉利, 姚宗路, 赵立欣, 等. 生物质热解制备高品质生物油研究进展 [J]. 化工进展, 2021, 40 (1): 139-150.

[9] Abdullan N, Gerhauser H. Bio-oil derived from empty fruit bunches [J]. Fuel, 2008, 87 (12): 2606-2613.

[10] 谷双, 路长通, 陈纪忠. 水洗及酸洗对毛竹热解产物的影响 [J]. 浙江大学学报（工学版）, 2013, 47 (7): 1313-1320.

[11] 陈涛, 张书平, 李弯, 等. 酸洗-烘焙预处理对生物质热解产物的影响 [J]. 化工进展, 2017, 36 (2): 506-512.

[12] 隋海清, 李攀, 王贤华, 等. 生物质热解气分级冷凝对生物油特性的影响 [J]. 化工学报, 2015, 66 (10): 4138-4144.

[13] 朱锡锋, 李明. 生物质快速热解液化技术研究进展 [J]. 石油化工, 2013, 42 (8): 833-837.

[14] 刘荣厚. 生物质快速热裂解制取生物油技术的研究进展 [J]. 沈阳农业大学学报, 2007 (1): 3-7.

[15] 王树荣, 骆仲泱, 谭洪, 等. 生物质热裂解生物油特性的分析研究 [J]. 工程热物理学报, 2004 (6): 1049-1052.

[16] 朱锡锋, 陆强, 郑冀鲁, 等. 生物质热解与生物油的特性研究 [J]. 太阳能学报, 2006 (12): 1285-1289.

[17] 朱锡锋. 生物质热解原理与技术 [M]. 北京: 科学出版社, 2014.

[18] 陆强. 生物质选择性热解液化的研究 [D]. 合肥: 中国科学技术大学, 2010.

[19] Ddbele G, Rossinskaja G, Telysheva G, et al. Levoglucosenone—A product of catalytic fast pyrolysis of cellulose [M]. John Wiley & Sons, Ltd, 2008.

[20] Peniston Q P. Separating levoglucosan and carbohydrate derived acids from aqueous mixtures containing the same by treatment with metal compounds: CA804006A [P]. 1969-01-14.

[21] Biomass pyrolysis oil properties and combustion meeting [J]. National Renewable Energy Lab, Golden, CO

(United States), 1995.

[22] 杨一峰,孙国旺. 第二代生物燃料——生物质合成液体燃料 [J]. 全球科技经济瞭望, 2006 (12): 48-50.

[23] 陈青. 生物质高温气流床气化合成气制备及优化研究 [D]. 杭州: 浙江大学, 2012.

[24] Zhou W, Bing Z, Chen D, et al. Technoeconomic assessment of China's indirect coal liquefaction projects with different CO_2 capture alternatives [J]. Energy, 2011, 36 (11): 6559-6566.

[25] Rong F, Victor D G. Coal liquefaction policy in China: Explaining the policy reversal since 2006 [J]. Energy Policy, 2011, 39 (12): 8175-8184.

[26] 孙启文,吴建民,张宗森. 费托合成技术及其研究进展 [J]. 煤炭加工与综合利用, 2020 (2): 35-42.

[27] 李娟,吴梁鹏,邱勇,等. 费托合成催化剂的研究进展 [J]. 化工进展, 2013, 32 (增刊): 100-109.

[28] Zhang Q, Kang J, Wang Y. Development of novel catalysts for Fischer-Tropsch synthesis: Tuning the product selectivity [J]. ChemCatChem, 2010, 2: 1030-1058.

[29] 门卓武,林泉,吕毅军. 煤基费托合成催化剂活性组分的选择 [J]. 神华科技, 2009, 7 (5): 85-87.

[30] Riedel T, Schulz H, Schaub G, et al. Fischer-Tropsch on iron with H_2/CO and H_2/CO_2 as synthesis gases: The episodes of formation of the Fischer-Tropsch regime and construction of the catalyst [J]. Topics in Catalysis, 2003, 26 (1): 41-54.

[31] Yang Y, Xiang H W, Xu Y Y, et al. Effect of potassium promoter on precipitated iron-manganese catalyst for Fischer-Tropsch synthesis [J]. Applied Catalysis A General, 2004, 266 (2): 181-194.

[32] Sudsakorn K, Goodwin J G, Jothimurugesan K, et al. Preparation of attrition-resistant spray-dried Fe Fischer-Tropsch catalysts using precipitated SiO_2 [J]. Industrial & Engineering Chemistry Research, 2001, 40 (22): 4778-4784.

[33] Wan H J, Wu B S, Zhang C H, et al. Study on Fe-Al_2O_3 interaction over precipitated iron catalyst for Fischer-Tropsch synthesis [J]. Catalysis Communications, 2007, 8 (10): 1538-1545.

[34] 吴春来. 南非SASOL的煤炭间接液化技术 [J]. 煤化工, 2003, 31 (2): 3-6.

[35] Vispute T P, Zhang H, Sanna A, et al. Renewable chemical commodity feedstocks from integrated catalytic processing of pyrolysis oils [J]. Science, 2010, 330 (6008): 1222-1227.

[36] Sergeev A G, Hhrtwig J F. Selective, nickel-catalyzed hydrogenolysis of aryl ethers [J]. Science, 2011, 332 (6028): 439-443.

[37] Savage N. Fuel options: The ideal biofuel [J]. Nature, 2011, 474 (7352): 9-11.

[38] Sanderson K. Lignocellulose: A chewy problem [J]. Nature, 2011, 474 (7352): 12-14.

[39] Lopez C, Corma A. Supported iron nanoparticles as catalysts for sustainable production of lower olefins [J]. ChemCatChem, 2012, 4 (6): 751-752.

[40] Morrin S, Lettieri P, Chapman C, et al. Two stage fluid bed-plasma gasification process for solid waste valorisation: Technical review and preliminary thermodynamic modelling of sulphur emissions [J]. Waste Management, 2012, 32 (4): 676-684.

[41] 喻霞,魏敦崧. 生物质固定床气化过程的研究 [J]. 煤气与热力, 2000 (4): 243-246.

[42] 马中青,张齐生,周建斌,等. 下吸式生物质固定床气化炉研究进展 [J]. 南京林业大学学报（自然科学版）, 2013, 37 (5): 139-145.

[43] 陆长清,刘光华. 秸秆生物质在上吸式固定床气化炉中的气化特性分析 [J]. 江西科学, 2013, 31 (5): 647-650.

[44] 刘方金. 生物质循环流化床气化过程分析及试验 [D]. 天津: 天津大学, 2007.

[45] 金亮. 农林生物质气化炉开发及试验研究 [D]. 杭州: 浙江大学, 2011.

[46] 刘鑫,陈文义,范晓旭,等. 不同形式的循环流化床生物质气化炉 [J]. 锅炉技术, 2012, 43 (1): 33-37.

[47] 陈平. 生物质流化床气化机理与工业应用研究 [D]. 合肥: 中国科学技术大学, 2006.

[48] Milne T, Agblevor F, Davis M, et al. A review of the chemical composition of fast-pyrolysis oils from biomass [M]. Developments in Thermochemical Biomass Conversion, 1997.

[49] Bridgwater A V, Merer D, Radlein D. An overview of fast pyrolysis of biomass [J]. Organic Geochemistry, 1999, 30 (12): 1479-1493.

[50] 傅木星,袁兴中,曾光明,等. 稻草水热法液化的实验研究 [J]. 能源工程, 2006 (2): 34-38.

[51] Li H, Liu Z, Zhang Y, et al. Conversion efficiency and oil quality of low-lipid high-protein and high-lipid low-protein microalgae via hydrothermal liquefaction [J]. Bioresource Technology, 2014, 154: 322-329.

[52] Yang W, Li X, Liu S, et al. Direct hydrothermal liquefaction of undried macroalgae Enteromorpha prolifera using acid catalysts [J]. Energy Conversion and Management, 2014, 87: 938-945.

[53] Li R, Li B, Yang T, et al. Sub-supercritical liquefaction of rice stalk for the production of bio-oil: Effect of solvents [J]. Bioresource Technology, 2015, 198: 94-100.

[54] Duan P, Jin B, Xu Y, et al. Thermo-chemical conversion of *Chlorella pyrenoidosa* to liquid biofuels [J]. Bioresource Technology, 2013, 133: 197-205.

[55] Zhao Y P, Zhu W W, Wei X Y, et al. Synergic effect of methanol and water on pine liquefaction [J]. Bioresource Technology, 2013, 142: 504-509.

[56] Cheng S, Dcruz I, Wang M, et al. Highly efficient liquefaction of woody biomass in hot-compressed alcohol water co-solvents [J]. Energy & Fuels, 2010, 24 (9): 4659-4667.

[57] Peng X, Ma X, Lin Y, et al. Effect of process parameters on solvolysis liquefaction of *Chlorella pyrenoidosa* in ethanol-water system and energy evaluation [J]. Energy & Management, 2016, 117: 43-53.

[58] 张培铃, 陈宇, 吴玉龙, 等. 亚/超临界乙醇-水体系中杜氏盐藻直接液化制备生物油 [J]. 石油学报 (石油加工), 2012, 28 (5): 791-797.

[59] Geboers J A, Stijn V, Ooms R, et al. Chemocatalytic conversion of cellulose: Opportunities, advances and pitfalls [J]. Catalysis Science & Technology, 2011, 1 (5): 714.

[60] Inderwildi O R, King D A. Quo vadis biofuels? [J]. Energy & Environmental Science, 2009, 2 (4): 343-346.

[61] Yan N, Zhao C, Luo C, et al. One-step conversion of cellobiose to C_6-alcohols using a ruthenium nanocluster catalyst. [J]. Journal of the American Chemical Society, 2006, 128 (27): 8714-8715.

[62] Huber G W, Cortright R D, Dumesic J A. Renewable alkanes by aqueous-phase reforming of biomass-derived oxygenates [J]. Angewandte Chemie, 2010, 43 (12): 1549-1551.

[63] Kirilin A, Tokarev A, Murzina E, et al. Reaction products and transformations of intermediates in the aqueous-phase reforming of sorbitol [J]. ChemSusChem, 2010, 3 (6): 708-718.

[64] Davda R R, Shabaker J W, Huber G W, et al. A review of catalytic issues and process conditions for renewable hydrogen and alkanes by aqueous-phase reforming of oxygenated hydrocarbons over supported metal catalysts [J]. Applied Catalysis B Environmental, 2005, 56 (1-2): 171-186.

[65] Woo L Y, Seung L H, Sik J M, et al. Compositional modeling of dimethyl ether-CO_2 mixed solvent for enhanced oil recovery [J]. Applied Sciences, 2021, 11 (1): 11010406.

[66] Gogate M R. The direct, one-step process for synthesis of dimethyl ether from syngas. Ⅲ. DME as a chemical feedstock [J]. Petroleum Science and Technology, 2016, 25 (5): 775-781.

[67] 葛庆杰, 黄友梅, 邱凤炎, 等. 直接合成二甲醚的新型双功能催化剂 [J]. 天然气化学, 1999 (4): 285-353.

[68] Juan L C, Jun Z Y, Hao C, et al. Highly-effective production of renewable energy dimethyl ether over geopolymer-based ferrierite [J]. Fuel, 2021, 293 (6): 120486.

[69] 谭猗生, 赵霞, 潘俊轩, 等. 复合催化剂中 H-ZSM-5 酸性对合成气制二甲醚的影响 [J]. 分子催化, 1999 (4): 246-251.

[70] 陈建刚, 牛玉琴. HZSM-5 分子筛与铜基的复合催化剂上合成气制二甲醚 [J]. 天然气化工, 1997 (6): 8-12.

[71] 杜明仙, 李永旺, 胡惠民, 等. $CO+H_2$ 合成甲醇、二甲醚过程及其动力学研究——(Ⅱ) 动力学模型 [J]. 煤炭转化, 1993 (4): 68-75.

[72] Ng K L, Chadwick D, Toseland B A. Kinetics and modelling of dimethyl ether synthesis from synthesis gas [J]. Chemical Engineering Science, 1999, 54 (15-16): 3587-3592.

[73] 郭俊旺, 牛玉琴, 张碧江. 浆态床合成气制二甲醚的宏观动力学研究 [J]. 天然气化工, 2000 (1): 4-7.

[74] Shikada T, Ohno Y, Ogawa T, et al. Direct synthesis of dimethyl ether form synthesis gas [J]. Studies in Surface Science and Catalysis, 1998, 119: 515-520.

[75] Han D, Yin H, Qian E, et al. Pyrolysis and catalysis of dimethyl ether in a flow reactor [J]. Fuel, 2020, 263: 85-96.

[76] 赵宁, 陈小平, 任杰, 等. 浆态床合成二甲醚反应工艺条件的研究 [J]. 天然气化工, 2000 (3): 1-4.

[77] Hirokazu O, Shuichi K. 507 A study of refrigerator which uses dimethyle ether as a refrigerant [C]. The Proceedings of Ibaraki District Conference, 2007.

[78] 柯思明,刘殿华,曹发海,等.三相搅拌釜反应器中二氧化碳加氢合成二甲醚[J].天然气化工,2000(2):15-18.

[79] Junwang G, Yuqin N, Bijiang Z. Study of kinetics of liquid phase dimethyl ether synthesis from synthesis gas [J]. Petroleum Science and Technology, 1998, 16: 5-6.

[80] Ogawa T, Inoue N, Shikada T, et al. Direct dimethyl ether (DME) synthesis from natural gas [J]. Studies in Surface Science and Catalysis, 2004, 147: 379-384.

[81] 王金福.聚甲氧基二甲醚（DMM$_n$）万吨级工业化技术[Z].

[82] 程能林.溶剂手册[M].3版.北京:化学工业出版社,2002.

[83] 刘娅,刘宏娟,张建安,等.新型生物燃料——丁醇的研究进展[J].现代化工,2008(6):28-31.

[84] Dickinson J R. The catabolism of amino acids to long chain and complex alcohols in *Saccharomyces cerevisiae* [J]. Journal of Biological Chemistry, 2003, 278 (10): 8028-8034.

[85] Atsumi S, Cann A F, Connor M R, et al. Metabolic engineering of Escherichia coli for 1-butanol production. [J]. Metabolic Engineering, 2007, 10 (6): 305-311.

[86] Zhang K, Sawaya M R, Eisenberg D S, et al. Expanding metabolism for biosynthesis of nonnatural alcohols [J]. Proceedings of the National Academy of Sciences of the United States of America, 2008, 105 (52): 20653-20658.

[87] Deng M D, Coleman J R. Ethanol synthesis by genetic engineering in *Cyanobacteria* [J]. Applied & Environmental Microbiology, 1999, 65 (2): 523-528.

[88] Atsumi S, Higashide W, Liao J C. Direct photosynthetic recycling of carbon dioxide to isobutyraldehyde [J]. Nature Biotechnology, 2009, 27 (12): 1177-1180.

[89] Wittmann C, Krull R. Analysis and engineering of metabolic pathway fluxes in *Corynebacterium glutamicum* [J]. Advances in biochemical engineering/biotechnology, 2010, 120 (58): 21.

[90] Jia K, Zhang Y, Yin L. Systematic engineering of microorganisms to improve alcohol tolerance [J]. Engineering in Life Sciences, 2010, 10 (5): 422-429.

[91] 杨明,刘力强,牛昆,等.丙酮丁醇发酵菌的分子遗传改造[J].中国生物工程杂志,2009,29(10):99-105.

[92] Connor M R, Liao J C. Microbial production of advanced transportation fuels in non-natural hosts [J]. Curr Opin Biotechnol, 2009, 20 (3): 307-315.

[93] Krause F S, Blombach B, Eikmanns B J. Metabolic Engineering of *Corynebacterium glutamicum* for 2-ketoisovalerate production [J]. Applied & Environmental Microbiology, 2010, 76 (24): 8053-8061.

第9章
车用生物燃料典型生产设备

车用燃料一般分为液体燃料和气体燃料,其中液体燃料产品主要有燃料乙醇、生物柴油、生物丁醇等,气体燃料产品主要有生物沼气、氢气等。燃料乙醇、生物丁醇、生物沼气、氢气一般是由微生物发酵生成。生物柴油和生物油一般由化学转化或热转化生成。不同燃料的生产工艺不同,所对应的生产设备也各不相同。本章主要针对常见气体和液体燃料生产中所用到的设备进行阐述。

9.1 车用气体燃料生产设备

目前,车用气体生物燃料的生产技术主要包括厌氧发酵产沼气、生物质气化制取合成气和生物质发酵制取氢气。车用气体燃料组分主要以甲烷和氢气为主,而甲烷燃料更为普遍[1]。

9.1.1 生物沼气典型生产设备

9.1.1.1 全混合厌氧消化器

全混合厌氧消化器,通常被称为连续搅拌反应器(continuous stirred tank reactor, CSTR),是一种传统的厌氧反应器。CSTR的结构与常规反应器类似,由于增加了搅拌器,发酵物料和微生物混合更容易,避免了料液分层,增加了底物和发酵微生物的接触面积和接触时间,使发酵更快且更完全[2]。欧洲90%以上生物燃气发酵工程采用CSTR反应装置,如图9-1所示。

根据处理规模和工艺要求的不同,CSTR可设计为卧式发酵罐、扁平立式发酵罐和高立式发酵罐(图9-2)。CSTR的发酵原料主要是生活污水、厨余垃圾或TS浓度较低的液体发酵原料[3,4]。其最大优点是适合处理高悬浮物

图 9-1 CSTR 生物燃气发酵装置

含量的发酵原料,但发酵料液浓度过高时,反应器易出现进出料堵塞问题,连续运行能力较差。另外,CSTR还存在能耗较高、底物和微生物混合不均匀、料液和微生物走短路等缺点。

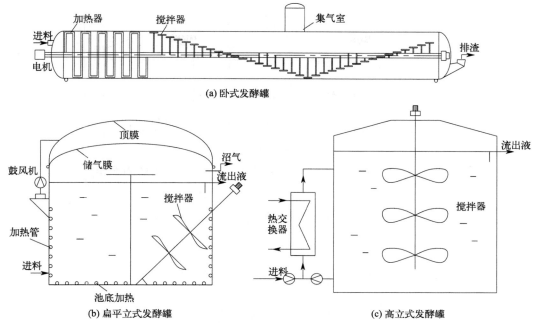

图 9-2　全混合厌氧反应器

卧式发酵罐是一种塞流式小型发酵罐，容积为 $5\sim150m^3$，见图 9-2(a)。进入罐内的原料先由加热器进行加热，达到发酵温度后再由搅拌器搅拌均匀，滞留期一般调控在 $40\sim50d$。这种发酵罐造价低廉，适合小农场用来处理各种动物粪便。

扁平立式发酵罐是一种大中型发酵罐，直径在 $10\sim20m$ 之间，高度一般为 $5\sim6m$，体积为 $500\sim1500m^3$，通常采用电机外置式螺旋桨搅拌器或水下电机搅拌器。根据原料的不同特性，发酵原料在罐内的滞留期为 $40\sim80d$。发酵罐壁上装有加热管，顶部建成双层膜结构，如图 9-2(b) 所示。内膜下部为储气空间，内膜（储气膜）的高度随着产气量的变化而变化，通过鼓风机将空气充入两膜之间可以控制沼气压力。

高立式发酵罐是一种大型发酵罐，容积通常在 $1500\sim5000m^3$ 之间，直径为 $10\sim18m$，高度一般为 $15\sim20m$。采用中央搅拌装置（搅拌器），搅拌电机安装在罐顶，具体结构见图 9-2(c)，原料的滞留期通常为 $20d$。

CSTR 设置搅拌器的作用是阻止浮渣层的形成，破坏已形成的浮渣层，促进沼气的释放，使新鲜原料与反应器内原有发酵料液快速混合。CSTR 搅拌方式有机械搅拌、液体搅拌和气体搅拌三种[5]。图 9-3 为 CSTR 不同搅拌方式的结构示意。

机械搅拌[6]　采用电机驱动桨叶或螺旋桨等机械装置进行搅拌；液体搅拌在反应器内设有射流装置，由反应器外的水泵输送循环消化液经射流装置喷射实现搅拌；气体搅拌用压缩机将沼气从池顶抽出，再从池底注入，循环沼气进行搅拌。表 9-1 对 CSTR 三种搅拌方式进行了对比。

表 9-1　CSTR 三种搅拌方式对比

搅拌方式	优点	缺点
机械搅拌	多种搅拌参数、最佳搅拌效果	运行成本高、能耗大
液体搅拌	原料适应性好、产气率高	设备密封性高、运行成本高
气体搅拌	结构简单、成本低、适合湿发酵	技术要求高、操作不易

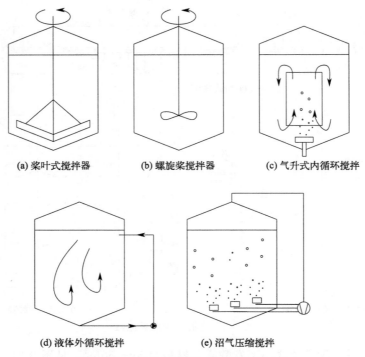

图 9-3　CSTR 不同搅拌方式的结构示意

工程上常用的机械搅拌装置有 4 种：

① 水下电机搅拌装置，通常用在立式扁平发酵罐中，可完全淹没在发酵液中。

② 轴向搅拌装置，适合连续搅拌，一般纵向安装在发酵罐的中央部位。

③ 纵长轴搅拌装置，有大面积的搅拌桨叶，搅拌电机位于轴的一端，轴以一定的倾角安装在发酵罐上。

④ 桨式搅拌装置，适合间歇式搅拌。

CSTR 结构简单、成本低、生产稳定、产气量较大，可以避免浮渣、结壳、堵塞和气体逸出，容易建立数学模型进行优化和放大，已经成为世界大型生物燃气发酵工程主要发酵设备。

9.1.1.2　升流式厌氧污泥床反应器

升流式厌氧污泥床反应器（up-flow anaerobic sludge bed/blanket，UASB）是荷兰国家农业大学（现为荷兰瓦格宁根大学）于 1977 年研制成功的一种新型发酵设备，是目前世界上发展最快的反应器。

UASB 由污泥反应区、气液固三相分离器（包括沉淀区）和气室三部分组成。高浓度絮状污泥或颗粒污泥在反应器底部聚集、絮凝，形成成熟的活性污泥层，具有良好的沉淀性和凝聚性；污水自反应器底部向上流动，通过污泥层，与发酵微生物接触进行发酵，产生甲烷和二氧化碳等气泡。气泡在污泥床上部产生搅动作用，形成一个污泥浓度较稀薄的污泥、消化液和气体三相混合体系，三相体系上升进入三相分离器。在分离器中，气体经下部反射板折回反射板周围，穿过液体进入气室，然后被导管导出反应器；气体分离后的污泥和水相则经反射进入三相分离器沉淀区，其中的污泥密度较大，经过沉降絮凝后，沿斜壁滑回厌氧反应区，使反应区内污泥积累；与污泥分离后的水相最后从溢流堰上部溢出，排出污泥床。

UASB 适合中高温发酵过程。该反应器无需搅拌、结构简单、运行稳定、成本较低、处理效率高，适合于可溶性有机废水和较低悬浮固体含量的发酵原料[7,8]。图 9-4 是国内某环保公司生产的 UASB 生物燃气发酵设备。

图 9-4　UASB 生物燃气发酵设备

9.1.1.3　升流式固体反应器

升流式固体反应器（upflow solid reactor，USR）是一种在厌氧发酵领域应用较多的反应器。主要用于处理高固体含量的悬浮物，结构简单，不需要三相分离器和搅拌装置，也不需要污泥回流。发酵过程中，未消化的原料和污泥靠重力沉降滞留于反应器中，上清液从反应器顶部排出，可以得到较高的有机质分解率和产气效率。

沼气工程中的 USR 装置及其结构示意见图 9-5，下部设有布料装置，原料由底部进料管进入反应器内，并经布料装置均匀分布到整个反应器的横截面上，与反应器底部高浓度厌氧污泥床相接触。在发酵过程中厌氧微生物将有机物降解并产生沼气，沼气和上升的水流可起到一定的搅拌作用，能够促进发酵原料与厌氧微生物的接触。反应器的上部设置挡渣板，可使未被降解的生物质固体颗粒和厌氧发酵微生物依靠重力沉降作用滞留在反应器内，上清液从反应器上部溢出。经 USR 处理后的沼液仍属于高浓度有机废水，达不到排放标准，但可以作为液体有机肥出售，或者进一步通过好氧生物处理后达标排放。

(a) 沼气工程中的USR装置

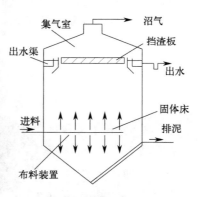
(b) USR结构示意

图 9-5　沼气工程中的 USR 装置及其结构示意

该反应器有 3 个特点：

① 进料固形悬浮物含量保持在 5%～6% 较合适，浓度过高则易出现堵塞布料管等问题。

② 无需搅拌，节省了运行成本。

③ 厌氧微生物靠污泥的自重下沉，增加了污泥滞留时间，使反应器内能够保持较高的生物量，在较高负荷条件下也能稳定运行。

9.1.1.4 厌氧塘

厌氧塘是生物氧化塘的一种，一般用作低负荷厌氧处理工艺，见图9-6。厌氧塘深度通常为3~4m，是具有防渗层的污水处理塘，地上部分筑有围堰，内部采用斜坡形池底，一般不设加温装置，可在15~25℃条件下运行。厌氧塘上部覆盖一层膜，膜沿塘的周边进行密封，起到收集沼气、保温、控制臭气排放等功能。厌氧塘内参与有机物降解的主要是产酸发酵细菌，因此塘内料液的pH值通常在6.5以下，厌氧塘的容积负荷（以COD计）一般为1.0~2.0kg/(m³·d)。这是最简单的一种厌氧发酵设施，适用于处理食品加工废弃物和养殖场粪便，也可用作污泥贮存池。

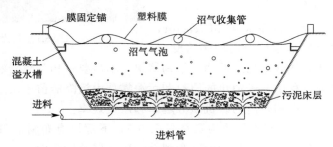

图9-6 厌氧塘结构示意

9.1.1.5 水压式厌氧发酵装置

水压式厌氧发酵装置结构简单、造价低、运行费用低，广泛应用于农户和小型沼气发酵工程中。该类装置中无搅拌装置，原料在装置内自然沉淀，从下到上分为沉渣层、活性层、上清液层和浮渣层。在活性层内充满了厌氧消化微生物，是分解有机质的主要区域。但是，该类装置产气效率较低，池容产气率可达0.2~0.5m³/(m³·d)，主要采用序批式和半连续式常温发酵工艺，图9-7是常用的黑膜水压式沼气发酵装置（书后另见彩图）。

图9-7 黑膜水压式沼气发酵装置

9.1.1.6 推流式反应器

推流式反应器（PFR）结构简单，发酵原料从一端进料口进入，从另一端出料口流出。发酵底物在反应器内呈现流动状态，主要用于处理高浓度固体悬浮物。在反应器入口段，原料酸化作用较强，随着底物不断推进，靠近反应器出口段主要发生产甲烷过程。由于原料中固体悬浮物含量较高，造成反应器底部容易沉积物料，反应器温度不容易控制。

污泥回流可使甲烷增产60%以上。PFR多用于浓度高、原料颗粒大、不易酸化、不易用泵或管道输送的原料，如牛粪、鸡粪、生活垃圾等。

9.1.1.7 内循环厌氧反应器

内循环（IC）厌氧反应器是由荷兰PAQUES公司基于UASB标志性的三相分离器和污泥颗粒化的概念开发完成的。IC厌氧反应器实际上是将两个UASB叠加在一起，形成了两个相互分离的反应室，增加了一定的污水上流速度，但出水中含有一定量的悬浮固体，给后续处理带来困难。IC厌氧反应器主要应用于污水处理和化工有机废水处理中，如图9-8所示。

图9-8 沼气工程中的IC厌氧反应器

9.1.1.8 厌氧颗粒污泥膨胀床

厌氧颗粒污泥膨胀床反应器（EBR）在UASB的基础上增加了外循环，高径比增大，污水上流速度更快，有利于污泥保持悬浮状态，增加了污泥与发酵物料的接触面积和接触时间，提高了反应器的有机负荷能力和COD去除率。EBR反应器主要用于有机废水处理，COD降解率可达97%。

UASB、IC和EBR三种反应器在废水处理中的效果对比如表9-2所列。

表9-2 三种厌氧反应器在废水处理中的效果对比

反应器类型	进水COD/(mg/L)	COD去除率/%	优点
UASB	28920	95%	处理效率高、运行费用低
IC	6000	80%以上	污水上流速度较快
EBR	800	60%左右	污水上流速度快、有机负荷高

9.1.2 生物燃气储存装置

生物燃气发酵完成后，选择适合的密封方式储存甲烷非常重要。目前，生物燃气贮存装置包括分离式储气装置和发酵产气储气一体装置，前者利用专用储气装置进行储气，后者直接在厌氧发酵装置中完成产气和储气。

9.1.2.1 分离式储气装置

分离式储气装置分为低压、高压和柔性储气装置。低压储气装置因密封方式不同分为低压干式和湿式储气柜。表9-3是两种低压储气装置的比较。

表9-3 低压储气装置的比较

内容	低压湿式储气柜	低压干式储气柜
投资规模	较大	较小
建设材料	钢板、钢筋混凝土	聚乙烯涂层膜
动力	不需要	需要
建设周期	较长	较短
优点	气体压力稳定、较安全	施工难度低、成本低
缺点	需做防腐处理、工艺复杂	气体压力较高、膜易老化

分离式储气柜容积可以按照生物燃气用途进行设计，如表9-4所列，当生物燃气用作

居民生活燃气时，可以按日用气量的 50%～60% 设计储气柜体积；当生物燃气用于发电时，可以按发电机组日用气量的 20% 设计储气柜体积。

表 9-4　储气柜容积的设计

用途	储气柜容积设计
民用	按日用气量 50%～60% 设计
连续发电	按发电机组日用气量 20% 设计
提纯压缩	按日用气量 20% 设计

（1）低压湿式储气装置

低压储气柜是气体压力小于 10kPa 的储气柜。当气量增大时，储气柜体积可以自动增大；当气量减小时，储气柜体积则自动减小。低压湿式储气柜又称为浮罩式储气柜，一般采用液封。按结构分为外导架直升湿式储气柜、无外导架直升湿式储气柜和螺旋上升湿式储气柜，其特点见表 9-5[9]。

表 9-5　三种低压湿式储气柜的结构特点

结构	导轨	上导轮	钟罩
外导架直升湿式储气柜	网状结构,固定在水封池上沿	焊在钟罩上	直线上升
无外导架直升湿式储气柜	焊在钟罩上	焊在钟罩上	直线上升
螺旋上升式湿式储气柜	焊在钟罩上	焊在钟罩上	螺旋上升

低压湿式储气柜的导向轮可沿着导轨在水槽内浮动，实现贮存空间改变以达到调节容积的目的，如图 9-9 所示（书后另见彩图）。储气柜通常采用钢结构、钢筋混凝土结构，具有压力稳定、安全可靠等优点。由于储气柜采用液封，因此需要着重考虑防腐问题。

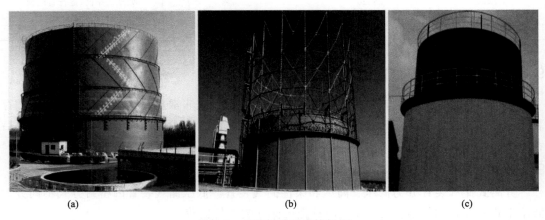

图 9-9　三种低压湿式储气柜

（2）低压干式储气装置

低压干式储气装置无水封结构，运行不受气候影响，可以避免腐蚀问题。低压干式储气装置分为刚性和柔性结构，刚性储气装置外部有一层刚性外壳，内部设活塞等用于贮存生物燃气；柔性干式储气装置使用双层膜，其中外膜能抵御外界风雪、保护内膜，内膜则用于生物燃气贮存。双膜干式储气装置外膜经常涂有聚氯乙烯涂层，具有一定的阻燃和抗紫外线侵扰能力，具有质地轻、施工难度低、成本低廉等优点，但外膜老化会影响干式储气装置使用。图 9-10 是一大型低压干式双膜储气装置。

（3）高压储气装置

由于气体分子之间存在较大的间距，因此生物燃气可经压缩通入钢瓶中贮存，压力通常在 16MPa 以下。高压储气装置结构较为简单、体积较小，但压力较高、安全问题责任重大、使用成本较高，见图 9-11。

图 9-10　大型低压干式双膜储气装置　　　图 9-11　生物燃气高压储气装置

（4）柔性气囊储气装置

当生物燃气直接使用，不需要大量贮存时，如生物燃气直接用于发电，可以利用柔性气囊进行贮存，如图 9-12 所示。

9.1.2.2 产气、储气一体化反应装置

近年来，发酵产气、储气一体化反应装置被广泛使用于生物燃气发酵工程中，该装置通常由生物燃气发酵罐、储气柜、支撑网架和压力调控装置组成，其中储气装置常采用双膜储气柜，安装在生物燃气发酵装置的顶部，采用小半球或锥形结构，如图 9-13 所示。

图 9-12　柔性气囊储气装置　　　图 9-13　德国发酵产气、储气一体发酵装置

一体化装置占地面积较小，节省了分离的气体贮存装置，工程运行费用低、成本小、施工简单，并能减少有害气体排放。生物燃气发酵罐通常安装于装置下部，罐内常使用

CSTR，采用机械搅拌。如果使用高温发酵工艺，发酵罐还需加装升温和保温装置。装置内的支撑网架通常采用混凝土、不锈钢、柔性织带等材料，可以保证双膜储气柜内膜和发酵罐内料液不接触。

9.1.3 生物燃气净化提纯技术

生物天然气（bio-natural gas）又称生物甲烷气（bio-methane），是指将沼气中的CO_2、H_2S、H_2O等组分经分离提纯去除后，得到以CH_4为主要成分的可燃性气体。沼气的组成与厌氧发酵的原料和操作方式有关，其体积组成大致为甲烷（CH_4）50%～75%、二氧化碳（CO_2）25%～45%、水（H_2O，20～40℃下）2%～7%、氮气（N_2）0%～2%、少量的氧气（O_2）、低于1%的氢气（H_2）和硫化氢（H_2S）。上述各种气体杂质的危害如表9-6所列。

表9-6 沼气中气体杂质的危害

组分	危害
二氧化碳	降低沼气热值，加重温室效应
水	与硫化氢、二氧化碳反应生成酸性气体腐蚀设备；造成沼气发电机组进气压力损耗过大，影响寿命
硫化氢	腐蚀设备、引起中毒（>5cm^3/m^3）；燃烧产生二氧化硫，污染环境
氧气	含量过高会引起爆炸
粉尘	增大机械磨损，缩短设备使用寿命；堵塞管路，流通不畅，加大压损，增加运行费用
氮气	降低沼气热值及能量密度

沼气生产生物燃气主要经过净化和提纯两个步骤，净化是将沼气中微量有害性杂质除去，提纯是除去沼气中的CO_2，以达到提高能量密度和热值的目的。

9.1.3.1 国内外生物燃气提纯净化发展研究现状

瑞典、德国等欧洲国家在沼气提纯净化产业化方面发展十分完善。瑞典将沼气净化提纯至甲烷含量95%以上，作为汽车燃料使用，并制定了相关标准。此外，瑞士、丹麦、加拿大等也是国际上沼气净化提纯技术发展较快的国家[10-14]。

近几年，我国已在河南、山东等地建成多个沼气提纯甲烷示范项目，在沼气净化脱硫和脱碳方面研究较为完善，但在与沼气工程相配套的净化设备和相关技术方面还有所欠缺。

9.1.3.2 沼气脱硫技术

沼气发酵时，因微生物对含硫化合物（多肽、氨基酸、硫酸盐）的分解或还原作用，会产生一定量的H_2S气体。H_2S是一种无色有臭鸡蛋气味的剧毒气体，在有氧和湿热条件下可以和大部分金属反应，对金属设备、管道和仪器仪表等有很强的腐蚀作用；H_2S燃烧后会产生SO_2，危害人类健康。我国环保标准规定沼气中H_2S质量浓度不得超过20mg/m^3。

目前，常见的脱硫方法为干法脱硫、湿法脱硫和生物脱硫。表9-7总结了3种常见脱硫方法及其特点。从表中可以发现，每种脱硫方法都有优势和不足，生物脱硫是一种绿色环保方法，广泛应用于大型沼气工程净化工艺中。此外，膜分离法、半渗透膜分离技术可以同时将CO_2和H_2S去除，也是研究较多的脱硫方式，但操作和维护成本高，还未实现产业化。

表 9-7 3 种常见脱硫方法及其特点

脱硫方式	成本	运行费用	适用条件	优点	缺点
干法脱硫	低	高	含硫量低、处理量小	工艺简单；投资少	间歇式运行，需定期换料；运行成本较高；单质硫不易回收
湿法脱硫	高	低	处理量大	长期连续运行，处理量大；单质硫易回收	工艺复杂；装置维护要求高
生物脱硫	低	低	处理量大、含硫量高	成本低、能耗低；不产生二次污染；有较强抗冲击负荷能力	过程控制严格、要求苛刻

(1) 干法脱硫

干法脱硫按原理分为化学吸附法、化学吸收法和催化加氢法等。

① 化学吸附法是利用脱硫剂吸附沼气中的 H_2S，如活性炭法、分子筛法等。

② 化学吸收法是利用脱硫剂与沼气中的 H_2S 反应，常用的脱硫剂有 Fe_2O_3、ZnO 和 MnO_2 等。

③ 催化加氢法是沼气在钴钼、镍钼催化作用下将硫化物转化为 H_2S 后将其去除。

此外，氧化铁脱硫是一种广泛使用的脱硫方法，在常温下进行。脱硫剂主要以氧化铁为活性组分，同时添加其他促进剂，如木屑等。干法脱硫具有操作简单、投资成本低廉、可再生性等优点，但脱硫设备笨重，同时存在单质硫不易回收、操作不连续时要定期换料的缺点。

(2) 湿法脱硫

湿法脱硫用特定溶剂与沼气逆流接触，脱除其中的 H_2S，同时溶剂可通过物理（加热）或化学（氧化）方法再生循环使用。湿法脱硫根据吸收机理和再生性质，分为化学吸收法、物理吸收法和氧化法。

① 化学吸收法利用碱性溶液[如 $NaOH$、$Ca(OH)_2$、Na_2CO_3 等]与 H_2S 发生酸碱中和反应以脱除 H_2S。

② 物理吸收法以常用的有机溶剂（甲醇、丙烯碳酸酯、聚乙二醇二甲醚等）为吸收剂，吸收 H_2S 达到脱除目的。

③ 氧化法以溶液中载氧体为催化剂，将 H_2S 氧化为单质硫。氧化法主要有氨水法、络合铁法、砷碱法和 ADA 法（蒽醌二磺酸钠法）等。目前，氧化法是较为成熟的脱硫工艺，其脱硫效率可达 99%~99.5%，可以在常温加压下操作。

(3) 生物脱硫

生物脱硫技术是利用微生物在适宜条件下通过新陈代谢作用将硫化氢为转化单质硫或硫酸盐并回收利用。生物脱硫过程中，H_2S 作为微生物的营养物质，使得生物脱硫具有长效性，同时设备操作简单、成本低、无二次污染等。但需严格控制氧含量，防止 H_2S 被氧化为硫酸盐而影响脱硫效率。

生物脱硫技术根据处理量不同分为生物过滤法、生物滴滤法、生物吸收法三种方法，所使用的生物处理反应器为生物滤池、生物滴滤池和生物洗涤器。生物滤池适用于处理气体量大但浓度低的气体；生物滴滤池适用于处理气体量小但浓度高的气体。

生物滤池中的生物相不流动，液相间歇性流动。气体预湿后从反应器底部通入，与滤床上微生物反应后由上部排出，完成脱硫过程。该滤池中生物填料需要定期更换，滤料易堵塞，影响处理效果；生物洗涤器中工艺过程包含 H_2S 吸收和生物氧化两个过程。H_2S

在气相塔中被吸收后在曝气池中被微生物氧化为硫酸盐,完成脱除过程;生物滴滤池反应过程介于生物滤池和生物洗涤器之间,在反应器内同时完成硫化氢的吸收和氧化,循环液由上部喷淋,流经生物滤床后从底部流出循环利用。

脱硫技术选取需综合考虑多种因素,包含沼气工程造价、运行成本,尤其是对 H_2S 指标的具体要求。要因地制宜综合考虑所需处理沼气量和 H_2S 含量,并从技术和经济角度综合考虑,合理选择。

9.1.3.3 生物燃气脱碳技术

沼气脱碳主要有化学吸收法、物理吸收法、变压吸附法、膜分离法、低温分离法和原位脱碳法等。

(1) 化学吸收法

化学吸收法是在常温常压下,由弱碱性溶剂(贫液)通过化学反应吸收 CO_2,并在高温条件下分解释放出来。该方法利用了贫富液原理,可以实现溶剂再生。该方法优点是对气体选择性强、提纯质量高、可处理量较大;缺点是所需能耗较高、溶剂再生系统较为复杂。

(2) 物理吸收法

物理吸收法是利用 CO_2 与 CH_4 在特定溶剂中溶解度不同对 CO_2 进行脱除,目前利用高压水作为吸收剂的脱碳工艺较为成熟。除此之外还有低温甲醇法、碳酸丙烯酯法等物理吸收法,与高压水洗工艺类似,吸收剂分别采用甲醇和碳酸丙烯酯等有机溶剂,CO_2 在其中的溶解度更高,脱碳效果更好。

(3) 变压吸附法

变压吸附法(pressure swing adsorption,PSA)是一种新型气体分离工艺,利用吸附剂对不同气体的吸附能力不同,对 CO_2 进行选择性吸附,达到脱碳目的。变压吸附常用的吸附剂有硅胶、活性炭、分子筛等,通常分为高压吸附—减压脱附—负压再生—加压还原四个阶段。目前变压吸附脱碳工艺已很成熟,自动化程度高、脱碳率高,但甲烷损失量较大,达5%,还要先进行脱硫、脱水才能再进行变压吸附脱碳。

(4) 膜分离法

膜分离法是一种节能型气体分离工艺,该方法是利用不同气体通过高分子膜时的溶解度和扩散渗透率不同实现气体分离。二氧化碳气体分离膜主要由高分子材料制成,如聚砜树脂(PS)、聚酰亚胺(PI)、聚硅氧烷(PDMS)、聚酰胺等。膜分离法脱碳工艺流程简单,可同时去除硫化氢和水,得到的生物燃气品质高,但是甲烷损失率较高、高分子膜使用寿命较短、膜制造成本较高,目前还停留在实验研发和小规模试用阶段。

(5) 低温分离法

低温分离法是最新的沼气提纯技术,利用甲烷凝固点与二氧化碳不同,在高压低温环境下(−90℃,4MPa)将二氧化碳液化,此时甲烷仍为气态,实现二者分离。虽然处理条件苛刻,但可获得高纯度二氧化碳及甲烷,同时获得液体二氧化碳,作为工业制冷剂,甲烷进一步冷却后可得到液态生物燃气。

(6) 原位脱碳法

原位脱碳法是极具发展潜力的一种净化工艺,目的是减少或去除沼气生产过程中产生的二氧化碳,达到脱碳目的。该方法投资少、使用范围有限、脱碳量小,可在沼气工程中与其他方法结合使用,达到脱碳目的。表 9-8 是不同脱碳工艺的对比。

表 9-8 不同脱碳工艺的对比

方法	优点	缺点
化学吸收法	气体选择性强、提纯度高、处理量大	能耗大,溶剂再生困难
物理吸收法	操作简单、溶剂易再生	溶剂循环量大
变压吸附法	自动化程度高	投资、运行费用高,甲烷损失率高
膜分离法	工艺简单,可同时去除水及硫化氢	使用寿命短,维护费用高
低温分离法	提纯度高,为后续工艺奠定基础	装置强度要求高,能耗大
原位脱碳法	投资成本低	使用范围有限,脱碳量小

9.1.3.4 生物燃气脱水技术

沼气脱水工艺相对比较简单,分为冷凝法、溶剂吸收法、吸附干燥法。

(1) 冷凝法

冷凝法主要处理从发酵装置中出来的沼气,利用压力变化引起温度变化,使水蒸气冷凝为液态水达到脱水目的。冷凝法有节流膨胀冷却法和加压冷却法,实际应用中一般先经过节流膨胀然后进行加压冷却,通过降低温度使水分凝结。

(2) 溶剂吸收法

溶剂吸收法采用吸水性较强的溶液分离水分,常用的脱水剂有盐类(氯化锂、氯化钙)和甘醇类(乙二醇、二甘醇等)物质。

(3) 吸附干燥法

吸附干燥法利用固体吸附剂表面作用力吸收水分,常用干燥剂有硅胶、氧化铝、氧化镁和分子筛等,各种干燥剂特点如表 9-9 所列。

表 9-9 生物燃气脱水干燥剂性能对比

干燥剂	优点	缺点	适用情况
硅胶	吸附能力好,吸水选择性强	在液态水中容易散形	适用于处理量大、含水率低的情况
氧化铝	吸附能力较好,再生温度低,可在液态水中维持较完整形状	酸性气体较多时,活性丧失快	适用于处理含酸性气体少的情况
分子筛	吸附能力较好,处理高酸性气体时,可用抗酸性分子筛	成本高	适用于处理量大、露点降要求高的气体

在沼气工程中,通常将冷凝法与其他两种方法结合使用以脱除水分,先冷凝脱除部分水分,再用溶剂吸收法或吸附干燥法脱除剩余水分。

9.1.3.5 生物燃气脱氮技术

沼气发酵过程中,会混入少量空气,去除氧气和氮气是提纯生物燃气的必要步骤。为了沼气工程安全,燃气中氧气含量必须控制在 0.5% 以下。在实际沼气工程中,使用变压吸附法或膜分离法对生物燃气脱碳过程中,通常可以同时脱除氧气和氮气。此外,还可以采用催化脱氧法和吸收脱氧法进行氧气脱除。而燃气脱氮要求则较为苛刻,可采用深冷方法对燃气进行脱氮处理。但无论是脱氧还是脱氮,处理成本都较高。因此,在沼气生产和收集过程中要注意气密性,尽量降低燃气中的氧气和氮气含量。

9.1.4 生物沼气提纯方法及生产设备

根据分离原理的不同沼气生产中所用提纯方法可分为 4 类:

① 吸收法,根据工作原理不同分为加压水洗法、化学吸收法和物理吸收法;
② 变压吸附法;
③ 膜分离法;
④ 低温分离法。

其中,应用最广的是加压水洗法和变压吸附法。

9.1.4.1 吸收法

(1) 加压水洗法

加压水洗法是在施加一定压力的条件下,使 CO_2 和 H_2S 溶于水中,从而实现沼气提纯的一种方法[15]。在常温常压下,H_2S 为可溶性气体,CO_2 为难溶性气体,而 CH_4 是极难溶气体,因此,沼气中 CO_2 和 H_2S 在水中的溶解度远远大于 CH_4,而且随着压力的增大,这种差异也不断增大。表 9-10 是在 0.1MPa 压力、不同温度条件下这 3 种气体在水中的溶解度[5]。

表 9-10　0.1MPa 压力、不同温度条件下 CO_2、H_2S 和 CH_4 在水中溶解度

温度/K	气体在水中溶解度(摩尔分数)		
	CO_2	H_2S	CH_4
288.15	8.21×10^{-4}	2.34×10^{-3}	3.12×10^{-5}
293.15	7.07×10^{-4}	2.08×10^{-3}	2.81×10^{-5}
298.15	6.15×10^{-4}	1.85×10^{-3}	2.55×10^{-5}
303.15	5.41×10^{-4}	1.66×10^{-3}	2.35×10^{-5}
308.15	4.80×10^{-4}	1.51×10^{-3}	2.18×10^{-5}

目前,加压水洗作为在沼气提纯领域应用最广的一项技术,已经成功运行工程规模的净化处理能力达到 80～10000m³/h。图 9-14 是加压水洗沼气提纯技术的工艺流程。

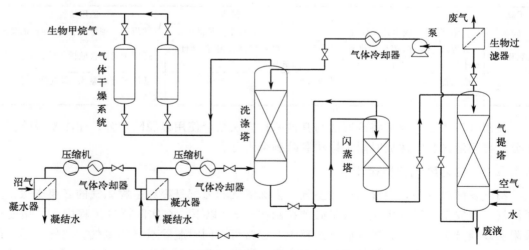

图 9-14　加压水洗沼气提纯技术的工艺流程

首先,沼气被加压(1.0～2.0MPa)后送入洗涤塔的底部,在洗涤塔内沼气向上流动,与向下的水流逆向接触。沼气中的 CO_2 和 H_2S 溶于水,从而实现与 CH_4 的分离,CH_4 从洗涤塔的上部被引出,进一步干燥后贮存待用。由于在加压条件下有一部分 CH_4 也溶入了水中,因此当从洗涤塔底部排出的水进入闪蒸塔时,由于压力下降,溶

解在水里的 CH_4 和大部分 CO_2 在闪蒸塔内从水中释放出来。该过程也可通过气提或者抽真空的方式强化 CH_4 和 CO_2 的析出。从闪蒸塔出来的这部分气体与原料气混合后重新参与洗涤分离过程；从闪蒸塔排出的水则进入气提塔进行再生，在气提塔内，通过空气与水进行逆向接触，溶解在水中的 CO_2 被空气吹脱得以解吸，然后直接或经过脱臭后排入大气。

当沼气中 H_2S 含量高时，不适合空气吹脱法对水进行再生，原因在于空气吹脱过程中会形成单质硫，造成污染并堵塞管道。这种情况下，可采用蒸汽或者惰性气体进行吹脱再生，或者对沼气提前进行脱硫处理。此外，空气吹脱产生的另外一个问题是会增加氧气和氮气的浓度。

(2) 有机溶剂物理吸收法

有机溶剂物理吸收法原理与加压水洗法相似，区别在于 CO_2 在有机溶剂中的溶解度高于在水中的溶解度。操作时，首先将沼气通入洗涤塔，在洗涤塔内沼气与物理吸收剂逆向接触，在此过程中沼气中的 CO_2 被吸收，CH_4 在塔的顶部被收集。在接近 CO_2 吸收饱和时，物理吸收剂被送入解吸塔进行再生，解吸可采取加热或减压的方式进行。

Selexol 和 Genosorb 是两个已经商业化的物理吸收剂，其中应用最广的是 Selexol，化学名称为聚乙二醇二甲醚，由美国联合化学公司开发[16]。图 9-15 是采用 Selexol 吸收脱除 CO_2 的沼气净化工艺流程。

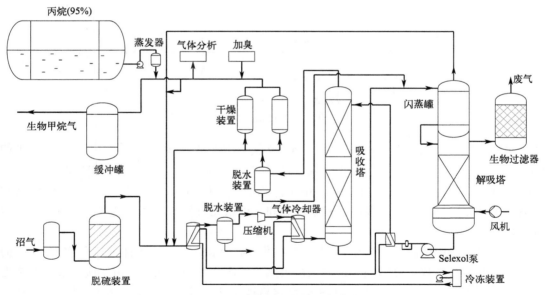

图 9-15　Selexol 吸收脱除 CO_2 的沼气净化工艺流程

Selexol 凝固点低且没有腐蚀性，其吸收 CO_2 的能力是水吸收能力的 3 倍，但是解吸过程却比水洗法困难。H_2S 在 Selexol 中的溶解度高于 CO_2 的溶解度，为了使 H_2S 在 Selexol 中解吸，需要提高解吸的温度，但是同时又会导致解吸过程能耗的增加，因此一般需要在工艺流程的前段预先对沼气进行脱硫处理。在没有预先进行脱硫处理时，Selexol 再生过程不能采用空气吹脱法，因为空气吹脱再生时会使 H_2S 被氧化为单质硫。CH_4 在 Selexol 中也有一定的溶解度，因此，从吸收塔出来的液体在进入解吸塔之前要先经过一个闪蒸罐，在罐内通过降低压力使溶解在 Selexol 中的 CH_4 解吸出来，释放出富含 CH_4 的混合气体，然后再重新由压缩机送回吸收塔，以减少 CH_4 的损失。

（3）化学吸收法

化学吸收法是利用胺溶液将 CO_2 从 CH_4 中分离出来的方法。与物理吸收法不同的是，CO_2 被液体吸收后会进一步与胺溶液发生化学反应。胺溶液的再生一般通过加热完成。化学吸收法沼气净化工艺流程见图 9-16。

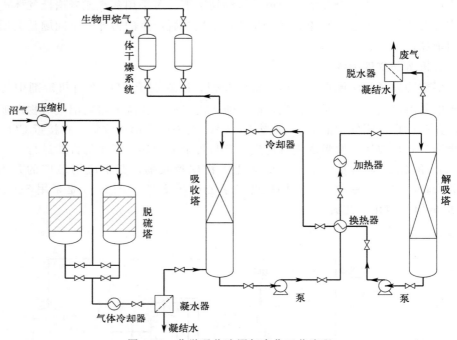

图 9-16 化学吸收法沼气净化工艺流程

化学反应具有很强的选择性，而 CH_4 被胺溶液吸收的量非常低，因此这种方法的 CH_4 损失率一般低于 0.1%，生物甲烷气的纯度可达到 97%～98%。常用的胺溶液有一乙醇胺（MEA）、二乙醇胺（DEA）、甲基二乙醇胺（MDEA）。由于 CO_2 在吸收后与胺溶液发生了化学反应，因此吸收过程条件温和，可以在较低的压力下进行，一般无需对沼气进行压缩。

化学吸收法中胺溶液的再生过程比较困难，需要在 160℃ 的条件下才能实现 CO_2 的解吸，因此运行过程中要消耗大量的工艺用热，生产能耗高。此外，由于胺溶液存在蒸发损失问题，需要经常补充；虽然 H_2S 也很容易被胺溶液吸收，但其再生过程需要更高的温度，所以必须对沼气进行预先脱硫处理。

9.1.4.2 变压吸附法

变压吸附法（PSA）是基于吸附原理，利用吸附剂对不同气体在吸附量、吸附速度、吸附力等方面的差异以及吸附剂的吸附容量随压力变化而变化的特性，在加压条件下完成混合气体的吸附分离，在降压时完成吸附剂的再生，从而实现气体分离的一种方法。

PSA 提纯沼气工艺流程如图 9-17 所示。首先通过压缩机将沼气压力提高到 0.4～1.0MPa，然后进入吸附床。在混合气体通过吸附床层时，吸附剂将选择性吸附强吸附质

CO_2 组分，而弱吸附质 CH_4 则从吸附床出口排出。吸附完成后，提纯的 CH_4 从吸附床的尾部被回收。吸附剂是比表面积很大的多孔材料，也是 PSA 工艺的核心。工程上应用最广的吸附剂有碳分子筛（carbon molecular sieves，CMS）、活性炭、沸石等。由于在吸附床减压时，被吸附的 CO_2 会从吸附剂上解吸，吸附剂获得再生。因此经过一段时间后，吸附剂达到 CO_2 吸附饱和状态，这时通过降低压力（抽真空）可使吸附剂得到再生。为了实现连续操作，常采用多个吸附床并联运行。由于吸附剂对 H_2S 的吸附一般是不可逆的，因此在变压吸附的前端应设一个脱硫工序，而水分则可以与 CO_2 一起被选择性吸附。PSA 的一个最大特点是其运行过程中不需要热源和冷源，可以适应不同的地域条件。

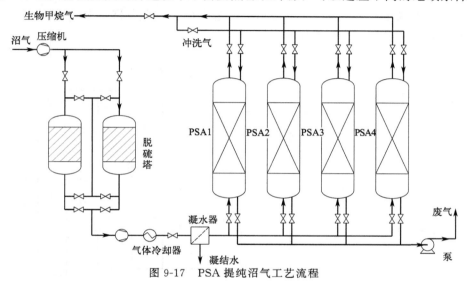

图 9-17 PSA 提纯沼气工艺流程

9.1.4.3 膜分离法

沼气膜分离时一般是在压力差为推动力的作用下，利用沼气中各组分在气体分离膜中渗透速率的不同而达到分离纯化 CH_4 的目的。气体分离用膜可分为多孔膜和非多孔膜（均质膜）两类，膜材料有无机材料、高分子材料和高分子-无机复合材料三大类。常用膜材料主要有聚二甲基硅氧烷（PDMS）、聚砜（PSF）、醋酸纤维素（CA）、聚碳酸酯（PC）等。

气体分离膜经常被加工成平板膜和中空纤维膜两种形状。平板膜主要被加工成螺旋卷式膜元件；中空纤维膜则被加工成束式膜元件。螺旋卷式膜元件是先在两片平板膜中间夹一渗透隔网，并将三端密封做成一个膜袋，然后在两膜袋间衬以网状间隔材料并紧密地卷绕在多孔中心管上，从而形成一个膜组件。原料气沿着膜的一端进入膜组件并穿过进料隔网，当原料气在膜袋中间流过时，CO_2、H_2S 和其他高渗透性成分渗透到膜袋内，这些渗透到膜袋内的气体成分只有中间的多孔中心管一个出口。螺旋卷式膜元件如图 9-18 所示。

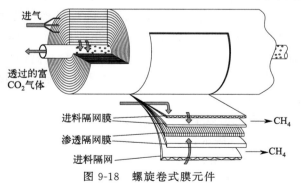

图 9-18 螺旋卷式膜元件

中空纤维膜组件是将几十根或更多的中空纤维束的一端固定在板上,另一端封死,再装入圆筒形耐压容器内制成。当原料气在纤维束之间流动时,CO_2、H_2S 等渗透性气体就会渗入中空纤维束内,这部分气体最终通过膜组件的渗透性气体收集管排出。加工好的膜元件连接在一起放入一个管内组成膜组件,最后这些膜组件以水平或垂直方向安装在支架上。

采用膜分离技术提纯沼气的工艺流程见图 9-19。膜分离法一般需要在 2.5~4MPa 的压力下进行。在操作过程中,CH_4 被留在高压侧,当生物甲烷气需要配送到管网或用作车用燃料时,就可以减少气体压缩所投入的能量。沼气提纯过程中,CH_4 的纯度和损失率两者难以同时满足。为了解决这一矛盾,工艺上可将一部分富含 CO_2 的渗透气体在膜内循环处理,但又会导致运行能耗的增加。

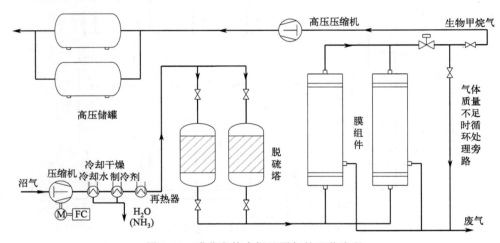

图 9-19　膜分离技术提纯沼气的工艺流程

在沼气分离提纯过程中,水分的存在会使膜的分离效率下降,因此在进入膜组件之前需要将其脱除。另外,为了避免硫化氢腐蚀现象的发生,同样需要在整个处理流程的前端对沼气预先进行脱硫处理。

9.1.4.4　低温分离法

低温分离法是利用沼气中 CH_4 和 CO_2 组分沸点/升华点的显著差异,在低温条件下将 CO_2 转变为液态或固态,而使 CH_4 依然保持为气态,因此实现两者的分离,以达到提纯沼气的目的[17]。纯 CO_2 的升华点是 194.65K,然而 CH_4 的存在会影响 CO_2 的特性,为了使 CO_2 凝结成液态或固态,则需要更高的压力或更低的温度。为了将沼气中不同组分分离出去,同时考虑到能量的优化和回收,冷却过程通常分为不同的阶段完成,如图 9-20 所示。

该系统由以下 5 个工序组成:
① 沼气脱水。
② 沼气两级压缩。
③ TCR 系统除杂。
④ 催化剂净化。SOXSIA® 催化剂适用于从沼气中脱除 H_2S,可以将 H_2S 转化为单质硫,该催化剂可以承载其自身重量 26% 的硫。

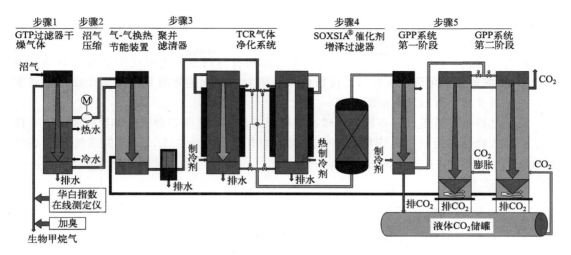

图 9-20 GPP 提纯沼气工艺流程

GTP—气体处理包（gas treatment package）；GPP—气体处理动力包（gas treatment power package）；
TCR—总污染物去除（total contaminant removal）

⑤ CO_2 液化。沼气中 CO_2 的去除通过两个阶段实现：第一阶段，制冷系统将气体的温度降低到 $-50 \sim -59℃$，此时 $30\% \sim 40\%$ 的 CO_2 被液化并送入低温贮存罐；第二阶段，将剩余的 CO_2 从系统中分离，由于 CO_2 会被冷冻成固体，因此该阶段需要按一定顺序交替运行。

9.1.5 其他车用气体类燃料生产设备

9.1.5.1 生物制氢工艺及设备

生物制氢是利用生物对特定底物进行生理代谢释放氢的一种产氢形式。与化石燃料制氢和电解水制氢相比，生物制氢对传统能源的依赖程度低、产氢条件温和、对环境污染小且部分产氢方式还可利用有机废物做产氢底物。生物制氢是氢能技术研究的热点方向，也是社会清洁能源未来供给的重要形式[18]。由于生物制氢研究起步晚，总体技术水平处在实验室研究阶段，现阶段还无法满足商业化的需要。

（1）光解水制氢工艺及设备

光解水制氢是利用产氢藻类或蓝细菌的产氢酶在光照能量的驱动下，将水分解生成 H_2 和 O_2 的过程[19,20]。光解水制氢是生物制氢中研究最早的一种方式，实验室经常采用玻璃或透明塑料等制成瓶状、管状的反应器，配备人工光源和相应的检测控制装置来实现对制氢过程的精确控制与测量。

（2）光合制氢工艺与设备

目前光合制氢反应器按照结构形式可分为管式、板式、箱式和柱式等；按照光源的分布形式可分为内置光源和外置光源两种[21]。

1）管式光合细菌制氢反应器

管式反应器是最早开发的光合细菌制氢反应器，由单支或多支管径相同的透光管组成，为了最大限度地增大采光面积，多采用圆管形式。目前已研制有单管式、多管式、异形管（如正弦波浪管、螺旋管）等形式的光合细菌制氢反应器。澳大利亚 Murdoch 大学研制出了螺旋管式光合细菌制氢反应器，由柔性透明管沿螺旋方向旋转围绕而成，容积可达到$1m^3$。

2) 板式（箱式）光合制氢反应器

相对于管式反应器的采光面必须同时作为结构材料而造成容积受限和控温难等，板（箱）式反应器常采用硬性材料做反应器框架，采光面使用透光材料，非采光面使用强度较高的材料并且还可以进行保温处理。

目前已研制有单板式、多板叠合式、网格板式、嵌槽式等多种形式的反应器。日本设计了立箱式光合细菌制氢反应器，整个反应器的有效容积为11L，其试验系统如图9-21所示。

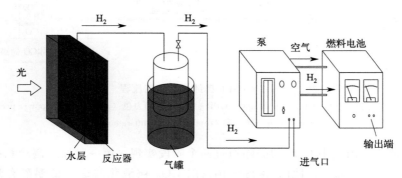

图9-21 立箱式反应器与燃料电池结构示意

3) 柱状光合细菌制氢反应器

柱状光合细菌制氢反应器是由管式反应器改进而成，通过多级串联或并联实现反应器容积的放大。目前已有单柱式、双柱式和多柱回流式等几种形式。

4) 内置光源的光合制氢反应器

内置光源的光合细菌制氢反应器通常是通过光导纤维将光引入反应器内部，能充分利用光源向四周辐射的光能，提高反应器的光能利用率。同时为了便于温度控制，反应器可做保温处理。

(3) 暗发酵制氢工艺与设备

相对于光解水制氢和光合制氢而言，暗发酵制氢摆脱了制氢过程对光的依赖[22]，其工艺技术参数更易于进行放大试验，部分研究成果已实现连续化运行，达到了工业化生产水平。

美国爱荷华州立大学研制的5L全混式反应器，实现了连续和半连续发酵制氢。哈尔滨工业大学研发的发酵制氢装置，使用糖蜜废水为原料，日产氢气$1200m^3$，是当时国际上第一条发酵法生物制氢的生产线。其生产工艺采用发酵制氢—沼气发酵—好氧降解的模式。

9.1.5.2 氢气提纯与存储

生物制氢在发酵过程中由于所用生物和底物种类不同，所产氢气中不可避免地伴随有其他气态物质的生成，如CO_2、CO、H_2O（气态）、O_2、N_2、CH_4、小分子挥发性酸（气态）等。生物制氢气体中主要杂质的气体成分与微生物的产氢方式、操作形式等有关。

(1) 氢气的提纯

氢气的提纯按其作用原理可分为物理方法和化学方法两大类。物理方法主要有膜分离、吸附分离、低温分离、金属氢化物分离等；化学方法主要指催化纯化。下面简要介绍膜分离和吸附分离两种提纯方法。

1) 膜分离

氢气的膜分离是采用选择性透过膜为介质，在压力差、浓度差等推动力的作用下使氢得到分离、纯化和浓缩。目前，氢气工业化提纯中所用分离膜主要有聚二甲基硅氧烷、醋酸纤维、聚苯醚、聚砜等材料。

2) 吸附分离

氢气吸附纯化主要采用低温吸附法和变压吸附法。

① 低温吸附法。低温吸附是在低温条件下（通常在液氮温度下），采用吸附剂对氢气源中杂质的选择性吸附作用而获取纯度较高氢气的一种气体分离方法。该方法多用于超纯氢气的制备。吸附剂种类常根据氢气源中杂质的成分而确定，通常选用活性炭、分子筛、硅胶等。

② 变压吸附法。变压吸附是根据气体在固体吸附剂上的吸附量随压力变化而变化的特性，在一定压力下吸附，再通过降低被吸附气体分压而解吸的一种气体分离方法。当气体中杂质含量过高则会引起产气纯度下降，因此常要求氢气源中的氢气体积含量不低于25%。变压吸附纯化氢气通常在吸附塔中进行，目前成熟工艺中大多采用四塔流程，即由组分气升压、吸附、降压和清洗四部分组成。

(2) 氢气贮存

氢气贮存按机理不同可分为物理贮存和化学贮存，现在随着纳米材料技术的发展，基于纳米材料的氢能贮存也逐渐发展为一个重要的研究方向。

1) 压缩储氢

压缩储氢是基于气体状态方程的一种最基本的储氢形式，也是目前氢气储存技术中应用最广、最为成熟的技术形式。高压气体钢瓶是最常用的储氢设备。加拿大研制的氢气加气站储罐压力为 82.5MPa，最高承受压力可达到 109.4MPa。浙江大学研制的车载氢气贮存罐压力为 40MPa，所研发的 $5m^3$ 罐已成功用于北京氢能汽车加气站。

由于氢气压缩储存时所用贮存容器处于高压状态，对容器的材料要求严格，既要保证该材料具有足够的强度，又要防止氢与容器材料之间发生反应产生氢脆现象。目前储氢钢瓶材料除传统的奥氏体不锈钢、铜、合金外，钛、碳纤维以及新型玻璃、陶瓷等材料也开始进入应用阶段。

2) 液化储氢

氢气在液相状态下密度可达到 $70.6kg/m^3$（相当于氢气压缩到 170MPa 的密度），液化储存被认为是理想的高密度氢储存形式。如利用液态氢作为火箭发动机的燃料。虽然液氢作为一种高密度的储运形式在某些特定领域得到了应用，但同时氢的深冷液化却面临高成本难题。此外，由于液态氢只能存在于三相点（-251.8℃）到临界点（-240℃）之间很窄的温度范围内，高于临界温度就只能以气态存在。在环境温度条件下储氢容器内外存在着巨大的温度梯度，外界热量的引入会引起液氢的沸腾，在内部形成超高压，造成安全隐患。因此，基于液氢贮存过程的低温要求，其储存容器必须使用能够耐超低温和高度绝热材料，这也是目前研究的一个热点问题。

3) 吸附储氢

吸附储氢是采用对氢具有吸附作用的材料吸附氢气后，作为氢的存储介质来达到储氢的目的。常用的储氢吸附剂有分子筛、活性炭等,其中碳基材料活性炭吸附储氢和纳米炭储氢是研究较多的储氢方式[23]。

4) 化学储氢

① 金属储氢 在一定的温度和压力下,某些金属、金属化合物、合金与氢能够发生反应,这些材料大量吸收氢后会形成金属氢化物,因而将氢贮存和固定下来,在使用时则可以通过升温或减压措施使金属氢化物发生逆反应再将氢释放出来。

② 非金属氢化物储氢 主要是指有机化合物储氢。有机化合物储氢是利用不饱和有机物液体与氢发生的可逆反应（即加氢反应和脱氢反应）来实现氢的储存。加氢反应实现氢的储存,脱氢反应则实现氢的释放。不饱和有机物作为储氢剂可以循环使用,常用的有机化合物有苯、甲苯、萘、甲基环己烷等。与传统的高压压缩、液化储氢等方法相比,有机物储氢具有储运安全、储氢量大、储氢材料成本低且可多次重复使用等优点。其不足之处在于加氢和脱氢反应装置复杂,操作费用高,反应过程中催化剂活性不稳定。

9.1.5.3 生物质气化设备

生物质气化是指在气化剂的作用下,固体或液体碳基材料通过热化学反应转化成可燃性气体的过程[24]。生物质经热化学转化后主要生成以下 3 类物质[25]:

① 气体,包括 CO、H_2、CH_4 等可燃性成分,CO_2、H_2O 等不可燃性成分,以及气化剂所携带的没有参与反应的气体,如 N_2 等;

② 液体,主要指焦油;

③ 固体,主要为炭,以及原料所携带的一些惰性组分。

生物质气化炉是气化生物质的设备,也是生物质气化系统的核心设备,生物质在气化炉内由固体燃料转变为气体燃料,分为固定床气化炉和流化床气化炉两大类。

(1) 固定床气化炉

固定床气化炉是指气流在流经炉内物料层时,物料处于静止状态,因此称作固定床。固定床气化炉主要的结构特征是有一个容纳原料的炉膛和一个装载固体原料的炉栅。根据气流在气化炉内运动方向的不同,分为上吸式气化炉、下吸式气化炉和平吸式气化炉三种类型。

1) 上吸式气化炉

上吸式气化炉主体一般是圆筒形,最上面是加料口,往下依次是炉膛、炉栅和灰室,炉膛内部又分为四个反应区,如图 9-22 所示。气化过程中原料通过加料口进入,依靠重力下落,从上到下依次经过干燥区、裂解区、还原区和氧化区 4 个不同的反应区,反应生成的燃气从上面的出气口排出,气化后残余的灰渣则通过炉栅落入灰室,定期从出灰口掏出。

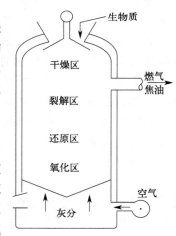

图 9-22 上吸式生物质气化炉的结构示意

上吸式气化炉工作原理如下：由风机吹入的空气在经过灰渣层时先被预热,然后同炽热的炭发生氧化反应,产生 CO_2 和 CO 的同时还释放出大量的热量,能够使氧化区的温度升高到 1000℃ 以上,气化反应所需的能量来源于原料与气化剂在氧化区所发生的氧化反应；气化剂在氧化区被消耗,产生的高温气体 CO_2 和

CO 向上流动进入还原区，CO_2 与炭和水蒸气发生还原反应生成 CO 和 H_2，而还原反应为吸热反应，在还原区反应温度被降低至 700~900℃；反应产生的气体继续向上运动，它们携带的热量能够使还原区上面的原料进一步发生热裂解反应，裂解反应生成的挥发分与 CO、H_2 等一起继续向上流动，而裂解炭则下落到还原区和氧化区继续参与氧化和还原反应；经过裂解区的气体温度依然很高，与上面的原料可进一步发生热交换，在将原料加热干燥的同时还使得自身的温度下降至 200~300℃，同时也能够将干燥过程中所产生的大部分水蒸气携带出气化炉。

通常情况下，上吸式气化炉多采用间歇进料的方式。上吸式气化炉在微正压下运行，利用鼓风机将气化剂吹入气化炉内，根据气化炉结构和运行条件的不同，其气化强度经常在 100~300kg/(m^2·h) 之间变化。气化炉的燃气出口与进料口的位置很接近，为了防止燃气泄漏，必须采取密封措施。

上吸式气化炉的优点主要有：a. 操作简便；b. 运行能耗低；c. 燃气灰分含量少；d. 热效率较高，由于氧化区位于气化炉的最下层，可保证炭的充分燃烧，还原区产生的高温燃气携带的热量在经过裂解区和干燥区时被有效利用，使燃气的出口温度在 300℃ 以下，降低了燃气带出热量产生的热损失；e. 炉栅寿命长，工作可靠。

上吸式气化炉最突出的问题是燃气中焦油含量高，焦油的净化是生物质气化技术的一个难题，这也成为了限制其应用的主要因素，另外还存在结渣、原料"架桥"等问题。上吸式气化炉适用于气化各类生物质原料，特别适合木材等堆积密度较大的原料，也适合处理水分含量高达 50% 的原料。该类气化炉常用在粗燃气不需要冷却和净化就可直接使用的场合。

2）下吸式气化炉

下吸式气化炉的主体一般也是圆筒形，上部为双层结构，形成外腔和内胆，最上面是加料口，往下依次是炉膛、喉部、炉栅和灰室，也构成了四个不同的反应区，如图 9-23 所示。气化过程中原料通过加料口进入，在重力作用下往下落，从上到下依次经过干燥区、裂解区、还原区和氧化区 4 个反应区，发生一系列反应，转变生成的燃气最后经还原层排出气化室，气化后残余的灰渣则通过炉栅落入灰室，定期从出灰口排出。

下吸式气化炉的工作原理如下：生物质从上部的加料口进入，在重力的作用下逐渐向下移动；物料首先在上部的干燥区内脱水变干，干燥区的温度在 300℃ 左右，热量主要通过热辐射和热传导由外腔和内胆里的热气体传入；随着下部氧化区和还原区的消耗，干燥后的原料进入裂解区，在较高的温度（500~700℃）下发生热裂解反应，释放出挥发性成分，同时产生炭；随着这些产物下移进入氧

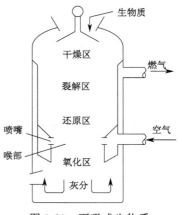

图 9-23 下吸式生物质气化炉的结构示意

化区，一部分的炭和挥发分与气化剂发生氧化反应，释放出热量用来维持其他气化反应的进行，氧化区的温度在 1000~1200℃，另有一部分炭和挥发分继续向下移动进入还原区，在还原区内，炭与 CO_2 反应生成 CO，与水蒸气反应生成 H_2 和 CO 等燃气成分；此外，在该区内还会发生 CO 转换反应，还原区内的温度为 700~900℃，还原反应过程中产生的灰渣落入下面的灰室，产生的燃气则由外腔降温后排出气化炉。

对于下吸式气化炉来说，喉部设计是其显著的特征，常用孔板或缩径来形成喉部。喉部的工作原理是由喷嘴进入喉部的气化剂和裂解区产生的炭发生氧化反应，在喷嘴附近形成氧化区。离喷嘴稍远的区域，即在喉部的下部和中心，由于氧气已经在氧化区被消耗尽，炽热的炭和裂解区产生的挥发分在此部位会进行还原反应，产生 CO 和 H_2 等可燃性气体，同时部分焦油也会在喉部的氧化区和还原区发生裂解反应，生成小分子的可燃性气体。

下吸式气化炉主要有 3 个优点：a. 燃气中焦油含量低，这是因为部分焦油会在喉部的氧化区和还原区发生裂解反应，进一步裂解转变成小分子气体；b. 结构简单，工作性能稳定，有效层高度几乎不变；c. 操作方便，气化炉可以在微负压条件下运行，可实现连续进料。

下吸式气化炉的不足之处在于：a. 能耗高，燃气流动方向与热气流方向相反，使燃气析出消耗的能量增多，另外燃气出口温度较高，造成能量损失增加；b. 灰分含量高，燃气最后经灰渣层和灰室析出，导致燃气中灰分含量高，而灰分和焦油混在一起会黏结在输气管壁和阀门等部位，容易引起堵塞。

下吸式气化炉适用于气化较干的大粒径物料，或者低水分大粒径物料和少量粗糙颗粒相混合的物料（含水量宜<30%），不适合处理高灰分含量的物料，其最大气化强度约为 $500kg/(m^2 \cdot h)$。

3）平吸式气化炉

生物质从上部进料口加入，经过一系列反应后残余的灰分落到下面的灰室。与其他两种固定床气化炉的区别在于，平吸式气化炉的气化剂从气化炉的一侧吹入，产生的燃气从对侧流出，由于燃气呈水平方向流动，故称为平吸式气化炉。平吸式气化炉的结构如图 9-24 所示。

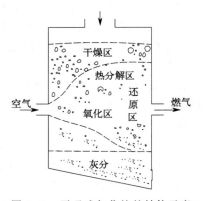

图 9-24 平吸式气化炉的结构示意

空气或空气与水蒸气的混合气从一侧单管进风喷嘴高速吹进气化炉，气化剂与生物质发生氧化反应，会形成一个高温燃烧区，温度可达 2000℃以上。产生的热量可用于原料的干燥以及还原反应和裂解反应。反应过程与其他固定床气化炉相同。

平吸式气化炉的优点是结构紧凑，启动时间短，负荷适应能力强。这种气化炉的缺点在于：

① 燃气质量不高，燃料在炉内停留时间短，影响了燃气质量，另外炉子还原层容积小，影响了 CO_2 向 CO 的转变，使燃气质量变差；

② 容易结渣，高温燃烧区的存在易造成结渣现象；

③ 能源转化率低，焦油含量高，燃气的出口温度可高达 800～900℃，造成气化炉能源转化效率较低和焦油含量高等问题。

基于上述特点，平吸式气化炉常用于灰分含量很低的物料，如木炭和焦炭等。

(2) 流化床气化炉

生物质在流化床气化炉中气化时，气化剂从气化炉的底部吹入，通过调节气流流速使原料颗粒全部悬浮于流体中，这种床层称为流化床。由于在此状态下生物质原料如液体沸腾一样漂浮起来，故流化床有时也称为沸腾床。

在流化床气化炉内经常采用惰性介质（如砂子等）作为流化介质增强传热效果，也可采用非惰性介质（如石灰或催化剂）来促进气化反应。在生物质气化过程中，流化床需要先通过外热源加热到运行温度，流化介质吸收并贮存热量。鼓入气化炉的空气先经布风板均匀分布后将床料流化，床料的湍流流动和混合使得整个床层保持恒定的温度。当适合粒度的生物质原料经供料装置加到流化床中时，与高流化介质迅速混合，在布风板上的一定空间内激烈翻滚，迅速完成干燥、热解、氧化、还原等气化反应过程。

流化床气化炉可分为鼓泡床气化炉、循环流化床气化炉、双流化床气化炉和携带床气化炉等。

1）鼓泡床气化炉

鼓泡床气化炉是最基本、最简单的气化炉。鼓泡床气化炉仅有一个流化床反应器，气化剂从底部经布风板吹入，生物质原料被送到布风板上部由细颗粒形成的流动床中与气化剂发生气化反应，最终生成生物燃气。鼓泡床气化炉系统的结构与工作原理如图 9-25 所示。

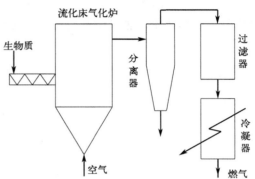

图 9-25　鼓泡床气化炉系统的结构与工作原理示意

鼓泡床的炉温通过调节气化剂的比消耗量控制在 700~900℃ 范围内。气化炉内气化剂的上升流速为 1~3m/s。生成的生物质燃气中焦油含量较低，一般为 1~3g/m³ 甚至更低。产生的燃气直接由气化炉出口送到净化系统中。鼓泡床气化炉流化速度相对较慢，适合气化颗粒较大的生物质原料，一般情况下必须增加流化介质。鼓泡床气化炉的不足之处是燃气夹带飞灰和炭粒严重，运行费用高，这种气化炉只适合在大中型生物质气化系统中使用。

2）循环流化床气化炉

与鼓泡床气化炉相比，循环流化床气化炉的流化速度更高，气化剂的上升流速为 5~10m/s，使得从气化炉中出来的燃气携带有大量的固体颗粒，这些颗粒中含有大量未完全反应的炭粒，在气化炉出气口处设置旋风分离器将这些固体颗粒从燃气中分离出来，并重新送回气化炉内，继续参与气化反应。循环流化床气化炉系统的结构与工作原理如图 9-26 所示。

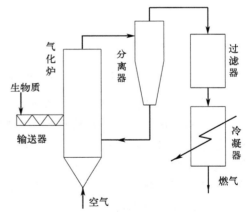

图 9-26　循环流化床气化炉系统的结构与工作原理示意

循环流化床气化炉的反应温度也经常控制在 700~900℃ 的范围。气化过程中流化速度由所供空气量调节和保持。由于生物质气化所需的空气量只占其完全燃烧所需空气量的 20%~30%，为了保持较高的流化速度，可减小气化炉的相对截面积，还可减小生物质颗粒的直径。所以，循环流化床气化炉适合气化小颗粒的生物质原料。通常情况下，可以不加流化介质，运行最简单。循环流化床气化炉气化强度高，非常适用于大型的工业供气系统，且燃气的热值可在一定的范围内任意调整。

循环流化床的不足之处是燃气中焦油和固体颗粒的含量偏高,燃气的显热损失大,以及砂子等流化介质会对流化床壁等部位造成磨损等。循环流化床气化炉是目前商业化应用最多的气化炉。

3) 双流化床气化炉

双流化床气化炉由两级反应器组成,第一级为热解床,第二级为燃烧床,其结构与工作原理如图 9-27 所示。热解床的气化剂为水蒸气,炉内温度为 800～850℃;燃烧床用空气鼓风,炉内温度为 900～950℃。生物质原料首先进入热解床,发生热解反应,产生热解气体和焦炭;经气固分离后的焦炭进入燃烧床与空气发生燃烧反应,产生的热量用来加热床层中的热载体,热载体再循环返回到热解床为生物质的热解提供能量。

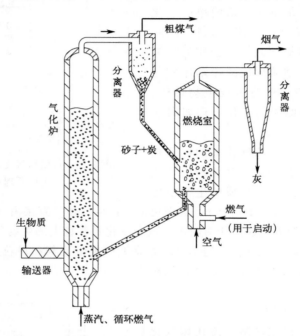

图 9-27 双流化床气化炉系统的结构与工作原理示意

该技术将气化过程中的燃烧和热解两个过程分开,分别在两个流化床中独立进行。采用了两级流化床技术,可将热解产生的燃气与燃烧过程产生的 CO_2 和 N_2 分离,因此燃气质量较好,且不需要提供额外的热源和制氧设备,相应的运行成本较低。但是,热解床的温度通常都不高,导致生物质的气化率较低。而燃烧床排出的尾气温度较高、热值也较高,需要设置余热回收装置,否则浪费较大。此外,由于运行时焦炭和流化介质都是在较高温度下循环,难以定量控制,容易引起炉温的起伏变化和不稳定。因此,控制好流化介质的循环速度和加热温度是双流化床系统最关键也是最难的技术。

4) 携带床气化炉

携带床气化炉是一种特殊形式的流化床气化炉,它没有流化介质,气化剂直接吹动生物质原料,且流速较大,为湍流床。这种气化炉的特点是气化过程在高温下完成,其运行温度达 1100℃ 以上,故所产燃气焦油含量低,碳转化率高达 100%。但由于运行温度高,这种气化炉容易出现烧结现象,因此气化炉炉体材料较难选择。

不同类型的生物质气化炉各有特色,可以根据气化系统规模、气化原料、生物质燃气用途等要求加以选择。表 9-11 对上述气化炉的优缺点进行了总结和对比[26]。

表 9-11 不同类型气化炉的优缺点

气化炉类型	优点	缺点
上吸式固定/移动床气化炉	工艺简单且成本低；燃气出口温度低，大约250℃；碳转化率高；燃气灰分含量低；热效率高	焦油产率高；会产生沟流现象；会产生架桥现象；要求原料粒度小；会产生结渣问题
下吸式固定/移动床气化炉	工艺简单；燃气焦油含量低	要求原料粉碎很细；对原料的灰分含量有限制；存在功率限制；能产生架桥和结渣现象
鼓泡床气化炉	进料速率和成分较灵活；可气化高灰分含量原料；可以加压气化；燃气 CH_4 含量高；容积负荷高；温度易于控制	操作温度受灰熔点的限制；燃气出口温度高；燃气焦油含尘量高；飞灰中碳含量可能偏高
循环流化床气化炉	操作灵活；操作温度可高达 850℃	存在腐蚀和磨损问题；气化生物质时可操控性差
双流化床气化炉	不需要氧气；床层温度低使得 CH_4 含量高	低床层温度导致焦油产量高；加压气化条件下控制困难
携带床气化炉	燃气焦油和 CO_2 含量非常低；原料适应性强	燃气 CH_4 含量低；要求原料粒度非常小；操控复杂；灰携带炭损失率高；存在灰分熔融问题

在气化发电领域，上吸式气化炉的市场吸引力不高，这主要是因为所产燃气中焦油含量高，且这种气化炉最大功率只能达到 2.5MW，如果建大型电厂需要购置多套设备，大大增加设备投资。

下吸式气化炉在 1.5MW 以下的小功率气化设备中市场需求很大，但是其最大的缺点是焦油的净化问题。虽然近年来焦油催化转换技术的发展有利于该设备的应用，但从整套技术优势角度分析，这种气化炉处于中等水平。

常压鼓泡流化床气化炉的技术成熟度和市场吸引力都比较高。这种炉型能够适应多种原料，从小功率到中等功率（大约 25MW）气化炉的可靠性也都很高。但是在气化等量原料时，这种气化炉炉体的直径要比循环流化床大很多，并且功率不能进一步提高。从经济角度考虑，中小功率的气化炉更适合采用这种炉型。

常压循环流化床气化炉生产技术非常成熟，能够适应多种原料，易于放大，功率范围可以从几兆瓦变化到 100MW，甚至功率可以超过 100MW。对于大规模应用来说，这种气化系统可作为首选，因此这种气化炉的技术成熟度和市场吸引力都比较高。

对于加压流化床气化系统而言，不管是循环床还是鼓泡床都缺乏市场吸引力。一方面是由于这类气化炉的操作更复杂，另一方面是压力仓的建设需要增加额外的投资。但是当应用在 IGCC（整体煤气化联合循环发电）系统时，采用这种气化炉可以省去燃气送到汽轮机之前的加压步骤。

常压携带床气化炉还处在初级阶段，由于要求原料的粒度非常小，限制了其市场应用。总而言之，大规模工业应用条件下应首选性能最可靠的循环流化床气化炉系统，而小规模利用宜选用下吸式气化炉，鼓泡流化床气化炉在中等规模利用条件下更具有竞争力。

（3）燃气净化设备

1）颗粒去除设备

对颗粒的净化要求主要取决于燃气的最终用途。例如，当生物质燃气用作内燃机燃料时要求颗粒浓度必须低于 $50mg/m^3$，用作燃气轮机燃料时要求直径＜$5\mu m$ 的颗粒应低于 $15mg/m^3$，而对于合成气系统则可能要达到 $0.02mg/m^3$ 的水平。颗粒去除的主要设备有旋风分离器、过滤器、电除尘器和湿式除尘器。

① 旋风分离器　旋风分离器是能够从燃气中脱除大部分颗粒的主要设备。进入旋风分离器的燃气沿着圆形轨迹流动，由于惯性，颗粒与气体沿不同的轨迹运动，在离心力的作用下从气体中分离出来。旋风分离器由于效率高且制造和运行费用低，经常被用作气化系统的初级气体净化设备。

在循环流化床和携带床气化炉上，旋风分离器常常被设计成气化炉的一部分用来从燃气中分离床料和颗粒物。旋风分离器在大颗粒去除方面特别有效，而且能在很宽的温度范围内进行操作。多级旋风分离器能去除 90% 以上直径＞$5\mu m$ 的颗粒，也能去除部分直径为 $1\sim5\mu m$ 的颗粒，但是在亚微米颗粒分离方面性能较差。

由于旋风分离器可在高温下运行，生物质燃气的焓能够保留。旋风分离器可从燃气中去除冷凝下来的焦油及碱性物质。实际操作时，焦油的去除大部分放在高温去除颗粒物的操作之后，这种分步处理的方法可减少颗粒在焦油的表面附着黏附，避免设备堵塞。

② 过滤器　过滤器指利用多孔材料在气体通过时将颗粒物截留下来的净化装置。过滤器能有效去除直径在 $0.5\sim100\mu m$ 之间的颗粒，也可以去除亚微米粒径的颗粒，但随着孔径的减小，过滤器前后的压差会不断增大。过滤器还要用清洁的反向气流定期冲洗。为降低负荷，过滤器常放在旋风分离器后。过滤器不太适合处理含水的或者具有黏性的颗粒，如焦油。焦油会黏附在滤料的表面，还会再发生炭化反应，造成过滤器的堵塞和污染，并且很难从这些材料上去除。

适合生物质气化系统的过滤器有硬材料过滤器、袋式除尘器和堆积床过滤器。

硬材料过滤器又称热气体过滤器，它可用于保留焓值的清洁燃气。在大型生物质气化系统中，对燃气净化的同时并保留其焓值对于紧凑型的气化炉/燃气轮机系统来说特别重要。根据不同的制造材料，这类过滤器可在中温或者高温条件下脱除细小的颗粒物。通常情况下，燃气要先经过旋风分离器去除大部分颗粒，然后进入过滤器净化。如果采用的是金属过滤器则需要对燃气进行冷却，以防止金属烧结。此外，金属过滤器还容易被腐蚀。陶瓷过滤器虽然适合在高温下使用，但其缺点是易碎，并且陶瓷过滤器易和碱金属蒸气发生反应而导致堵塞或解体。

袋式除尘器由织物材料加工制成，这些织物做成的过滤袋可以通过过滤、撞击和静电吸引截留细小的颗粒。袋式除尘器的效率很高，可有效滤除直径 $0.1\mu m$ 以上的细小颗粒，效率可达 99%，使用后可通过周期性的震动或气流反吹来去除积聚在表面的灰尘。袋式除尘器通常在 350℃ 以下的低温环境中使用，需对生物质燃气进行预冷却处理，所以这种过滤器适合用在对燃气携带焓值要求不高的系统中。使用袋式除尘器应避免出现焦油堵塞，必须小心操作，确保焦油在进入袋式除尘器之前被脱除，或使操作温度高于焦油的冷凝温度。

堆积床过滤器中可堆放陶瓷颗粒或者锯末等作为过滤材料。当气流从滤料中穿过时，颗粒被截留下来。被截留的颗粒需要从堆积的滤料中去除，这可通过周期性的反冲洗来实现。小型气化炉系统中的堆积床过滤器多采用锯末和活性炭作滤料，这样既可脱除颗粒还可净化焦油。由于焦油和颗粒的积聚会导致过滤器出现操作问题，所以这种过滤器尚不能用于大型生物质气化系统。

③ 静电除尘器　静电除尘器按其对微粒的作用可分成电离区和捕集区，当燃气流经高压电极时，颗粒通过电离区后被电离而带电荷，然后这些带电颗粒在捕集区向带相反电荷的收集板聚集并在其表面沉积下来。沉积在收集板表面的颗粒可利用湿式或者干式刮擦去除。干式刮擦器由机械驱动，可以定期将沉积在收集板表面的颗粒去除，而且可以在 500℃ 或更高的温度下操作；而湿式刮擦是利用喷出的薄水膜将颗粒去除，这种除尘操作只能在低于 65℃ 下进行。

④ 湿式除尘器　湿式除尘器用液体（通常用水）喷淋的方式将燃气中的颗粒物捕集下来。喷洒的液滴与颗粒发生碰撞，黏附了颗粒物的液滴在除雾器中与气体分离。最常用的湿式除尘器采用文丘里管结构设计，产生压力差使喷淋液雾化进入气流中。在文丘里管喉部的气体流速为 60~125m/s。颗粒的去除效率同文丘里管产生的压降成正比。当压差为 2.5~25kPa 时，这种除尘器能去除 99.9% 粒径 $>2\mu m$ 的颗粒，去除 95%~99% 粒径 $>1\mu m$ 的颗粒。从文丘里管出来的被浸湿的颗粒随后在除雾器中去除掉。

除雾器可采用旋风分离器、堆积床过滤器，或者其他类型的收集装置。湿式除尘器要求水以液相存在，要求进入湿式除尘器的气体应被冷却到 100℃ 以下。现在多数生物质气化系统采用湿式除尘器，主要是为了脱除焦油，防止对过滤器造成堵塞和污染。

2) 碱金属去除技术

生物质所含矿物质中碱金属盐尤其是钾盐含量较高。在高于 800℃ 时，这些碱金属盐就会气化。在被冷却到 650℃ 以下之前，碱金属会以蒸气状态存在。这些蒸气可以凝结成尺寸 $<5\mu m$ 的颗粒，也可以在其他颗粒表面或设备表面凝结。由于大型气化系统常用的湍流床气化炉的操作温度为 700~900℃，故这一现象会在这些气化系统上发生。

在现有的生物质气化系统中，碱金属蒸气的去除主要是将气体冷却到 600℃ 以下，将其凝结成固体颗粒，然后再用电除尘器、湿式除尘器或者袋式除尘器等过滤器将其最终去除。这些净化方式虽然效率较高，但是需要对气体进行冷却处理，会造成热燃气的焓值下降，使系统的热效率降低。高温过滤技术可解决这一问题。该技术采用活性矾土作为过滤材料，这种堆积床过滤器的操作温度可控制在 650~725℃ 范围内。已经应用在小型气化炉上，取得了明显的效果，使钾和钠的浓度下降了不止一个数量级。

3) 除焦油技术

从燃气中脱除焦油是绝大多数生物质气化系统迫切需要解决的问题。尤其是需要对燃气冷却后再使用的系统，除焦油是一个必需的步骤，不然焦油在管道和设备上凝结后会严重影响系统的运行。除焦油技术可以分为两大类：一类是物理方法，采用类似于除尘的设备如湿式除尘器、电除尘器等将凝结成液滴的焦油去除；另一类是催化裂解的方法。

① 物理方法除焦油　目前，焦油的脱除主要采用冷凝方法，使燃气中的焦油凝结成液滴，然后再利用湿式除尘器、静电除尘器或者旋风除尘器等将冷凝下来的焦油去除。湿式除尘器除焦油是通过水滴对焦油的碰撞捕集作用实现的。焦油和液体流进一个除雾器或者油水分离器，将焦油与气相分离开来。这种方法要求燃气出口的温度为 35~60℃。可用于除焦油的湿式除尘器种类很多，如冲击式洗涤器、喷淋塔、文丘里管洗涤器等。

在大型生物质气化系统中的应用表明，湿式除尘器能高效去除焦油。在这些系统中生物质燃气首先被冷却到大约 240℃ 或者更低的温度，先除去大部分固体颗粒。经过除尘处理的燃气进一步冷却后送入湿式除尘器脱除焦油。湿式除尘器不适合用于小型生物质气化系统的除焦油操作。

湿式静电除尘器也可用来除焦油，其除焦油的原理与除尘相同。但与除尘用的板式设计不同，用于除焦油的静电除尘器多采用管式或者线式结构。捕集器的表面可以被连续冲洗以带走捕集的焦油。无论除尘还是除焦油，静电除尘器的效率都非常高，$0.1\mu m$以下的颗粒去除率达99%，但静电除焦油对进口燃气焦油的含量要求较高，一般要求低于$5g/m^3$。另外，由于焦油与炭混合后容易黏附在电除尘设备上，这种设备对燃气中灰分的含量要求也很高，由于投资和运行费用都比较高，很少应用在大型生物质气化系统。

堆积床过滤器很早就被用在小型生物质气化系统来除焦油。堆积床可采用的过滤材料种类很多，如锯末、刨花、软木以及砂子等。尽管这些过滤材料能够用来过滤焦油，但也存在一些操作方面的问题，如过滤材料的清洗以及所产废弃物的处理等。这种除焦油方式适合在偏僻地区的小型气化炉上应用，不适合在大型生物质气化系统上应用。

脱焦油技术一直都是生物质气化领域的研究重点，一些新的净化技术和系统被不断开发出来。Boerrigter[27]研制了一种被称为OLGA（oil based gas washer）的焦油净化系统，见图9-28。该净化系统已在实验室规模的气化炉上试验成功。试验结果表明焦油能选择性地被脱除而不会对燃气主要成分如C_2H_4、CH_4、CO和H_2等造成影响。OLGA可以将重焦油完全脱除，焦油就不会在气化系统的下游设备上凝结。此外，它还可以脱去99%的苯酚和焦油中97%的杂环成分，这样可节省用于处理含苯酚和其他水溶性焦油成分废水的费用。

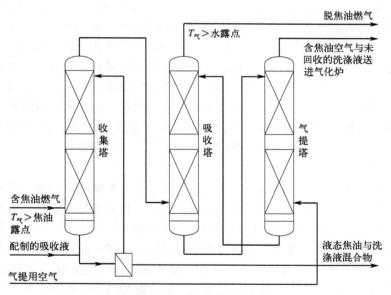

图9-28　OLGA焦油净化系统

物理除焦油方法只是利用不同的途径将焦油从燃气中分离出来，而且大多数方法把焦油分离出来后作为废物排放，这使焦油所含的能量被浪费，同时处理不当还会产生污染。所以更合理的途径是将焦油转化为永久性气体，然后与气化所产燃气一起利用。催化裂解除焦油技术可以满足这一需要。

② 催化裂解除焦油　通过高温裂解可以将焦油转化为燃气。焦油裂解后所产气体成分与气化所产燃气成分相似。但仅靠热能实现焦油的裂解温度在1200℃以上，而采用催化裂

解则可使温度降到750～900℃。催化裂解法除焦油适合在大型流化床生物质气化系统上使用，因为这种系统气化炉的燃气出口温度大约为800℃，而这正是催化裂解所需要的温度。

对焦油裂解起催化作用效果较好的材料主要有木炭、白云石和镍基催化剂。相比较而言，镍基催化剂的效果最好，温度为750℃时就能获得很高的转化效率。但这种催化剂价格昂贵，使用成本高，所以很难在生物质气化系统中使用。木炭虽然催化作用也比较明显，但是其在催化裂解焦油的同时，自身也参与气化反应，消耗很大，也不太可能用于大型生物质气化系统。

白云石和其他非金属催化剂如沸石和方解石对焦油有很好的催化效果，加之成本低、来源广，所以这类催化剂在催化裂解焦油方面很有前景。有研究表明，把白云石直接加入流化床气化炉中能对焦油产生一定的抑制效果，白云石容易在流化床内被磨损，使用鼓泡床气化炉能够延长使用寿命。为了满足除焦油的要求，气化和焦油裂解一般要求在两个单独的反应炉内进行，但会使系统变得复杂。而催化裂解需要专门的设备，系统复杂，运行成本较高，所以这种除焦油技术只适合在大型生物质气化系统上应用。

9.2 车用醇类燃料生产设备

车用醇类燃料主要有生物乙醇和丁醇。生物乙醇和丁醇主要是通过发酵技术得到。

9.2.1 车用燃料乙醇典型生产设备

发酵法生产乙醇的原料很多，凡是含有可发酵性糖或可变为发酵性糖的原料都可以作为生产乙醇的原料。根据原料的不同可分为淀粉质原料、糖蜜原料和纤维质原料生产工艺。淀粉质原料和糖蜜原料已广泛用于乙醇的生产，而纤维质原料用于乙醇生产还存在着许多技术和成本问题。本小节主要介绍淀粉质原料生产车用燃料乙醇技术。

9.2.1.1 淀粉质原料预处理

淀粉质原料包括薯类原料和谷类原料，主要有甘薯、木薯、小麦、玉米和高粱。淀粉质原料必须经处理转化为可被酵母利用的糖类后才能进入发酵阶段。处理过程一般包括除杂、粉碎、输送、液化和糖化[28]。

（1）原料除杂

淀粉质原料在收集时，会混进砂土、杂物甚至金属夹杂物等。这些杂质如果不预先除去，易造成堵塞阀门、管道、泵和关键设备，会严重影响后续工序的正常进行。特别是金属夹杂物和石块极易造成机械设备运转部位的磨损和损坏。

原料的除杂通常采用筛选和磁选。筛选多选用振动筛除去原料中的较大杂质及泥沙，常见的设备为气流-筛分分离机；磁选多选用磁力除铁器除去原料中的磁性杂质，如铁钉和螺母等，常见设备为永久性磁力除铁器和电磁除铁器。原料的除杂多置于原料粉碎之前，通常先筛选后磁选。但对于粉渣等原料，可先磁选再筛选。如果原料含砂太多，在粉碎之前还可设置除砂器或除砂池。

（2）原料粉碎

淀粉质原料中的淀粉常以颗粒状态贮存于细胞之中，由于受到植物组织和细胞壁的保护不宜被直接利用。原料经过粉碎后有利于增大原料的表面积，有利于淀粉酶的作用，提高淀粉转化率，有利于原料在生产过程中的输送。

原料的粉碎方法可分为干式粉碎和湿式粉碎，目前生产多采用干式粉碎方式。原料粉碎越细，则耗电越多，为了节省能耗，在实际生产中，可采用二级粉碎的流程。原料首先经过粗碎机粗碎，粉碎比为（1∶10）～（1∶15），粗碎过后的物料经锤式粉碎机进行二次细碎，粉碎比控制在（1∶30）～（1∶40）。随着近年来气流输送技术的应用，一级粉碎加风送的粉碎工艺流程也开始使用，可大幅降低设备投资。

（3）原料输送

原料输送常用的方法是机械输送、气流输送。

① 机械输送　机械输送多用于固体物料的输送。常用的输送机械有皮带输送器、螺旋输送器（也称绞龙）和斗式提升机。前两种多用于水平方向输送，后者多用于垂直方向输送。

② 气流输送　气流输送也称风送或气力输送。气流输送是利用风力进行运送，由引风机把原料运进料管，由低位向高位运送，原料中的金属、泥土和石块等杂质因密度比较大，不能被气流带走而滞留在接料器底部或直接落在地上。气流输送特别适合输送散粒状或块状物料，改善了物料在输送过程中对设备管道的磨损和堵塞；消除了粉碎车间粉尘的飞扬，改善了劳动条件；易于连续化和自动化运行。

9.2.1.2　淀粉质原料液化和糖化

目前，用于乙醇生产的酵母不能直接利用淀粉进行乙醇发酵，淀粉必须水解成糖类，才能被利用。淀粉原料在经过前述的预处理后，需要进一步液化和糖化后才能转化为糖类，保证乙醇发酵的顺利进行。现有的液化糖化生产工艺也称蒸煮工艺。

（1）间歇蒸煮工艺

间歇蒸煮工艺流程为：原料→粉碎→加水拌料→泵→蒸煮锅（罐）→升温→蒸煮→放醪。

原料粉碎加水混合，此时水温可控制在50℃左右，配成粉浆，应避免原料部分糊化而结块。由于原料不同，所采用的加水比也不同，一般甘薯干原料（1∶3.2）～（1∶3.4），谷物原料（1∶2.8）～（1∶3.0）。进行蒸煮时，常用的设备有蒸煮锅和蒸煮罐。

锥形蒸煮锅制造困难，易磨损，占地面积大，故现多采用长圆筒形的蒸煮罐。粉浆由下部的中心进料口压入，加热蒸汽管喷出的蒸汽能迅速加热到蒸煮温度。加热装置为短圆筒形，侧面有小孔。蒸煮罐保持一定压力，糊化醪可从上部流出。

（2）连续蒸煮工艺

连续蒸煮能够克服间歇蒸煮的缺点，使用较为广泛。常用的有罐式连续蒸煮、管式连续蒸煮和柱式连续蒸煮。

① 罐式连续蒸煮　罐式连续蒸煮主要的设备可利用工厂原有的间歇蒸煮锅改装而成，再增加一个后熟器即可。蒸煮罐或后熟器的直径不宜太大，避免部分醪液蒸煮不透就过早排出，罐数不能太少，宜采用3～6个。薯干类原料蒸煮压力较低，宜采用3～4个；玉米类原料蒸煮压力较高，可采用5～6个。罐式连续蒸煮糖分损失少，不易发生堵塞现象，但存在设备较大、厂房也要增高且耗时较长等缺点。

② 管式连续蒸煮　管式连续蒸煮是在高温高压下对淀粉质原料进行蒸煮，在管道弯处会产生压力变化，使醪液发生收缩和膨胀，从而使原料物糊化达到溶解，该工艺的流程如图9-29所示。

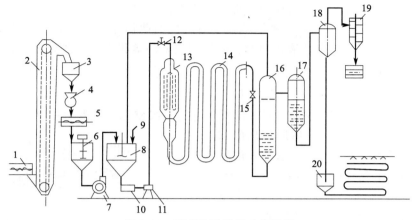

图 9-29 管式连续蒸煮工艺流程

1—输送机；2—斗式提升机；3—储料斗；4—锤式粉碎机；5—螺旋输送机；6—粉浆罐；7—泵；8—预热锅；
9—进料控制阀；10—过滤器；11—泥浆泵；12—单向阀；13—膜式加热器；14—蒸煮管道；
15—压力控制阀；16—后熟器；17—蒸汽分离器；18—真空冷凝器；19—蒸汽冷凝器；20—糖化锅

原料经输送、粉碎后首先拌料，然后可利用二次蒸汽进行加热预煮，加热温度约75℃，醪液经过滤后进入膜式加热器。在管的接头处设有锐孔板，醪液通过锐孔板前后会发生突然收缩和膨胀，产生自蒸发现象，从而更好地蒸煮醪液。

③ 柱式连续蒸煮　柱式连续蒸煮是一种常采用的流程，原料的前处理部分与管式类似，粉浆用离心泵送至柱式连续蒸煮的加热器，被 0.2~0.3MPa 的蒸汽加热至130℃左右，经缓冲器进入蒸煮柱，在蒸煮柱Ⅰ、Ⅲ内设有 6 个收缩口，醪液经过多次收缩、膨胀，促使原料细胞完全破裂。在蒸煮柱内有 12 块挡板，使粉浆与蒸汽蒸煮接触良好。醪液在柱内停留15min，出口压力为 0.15~0.17MPa，后熟器中保持88kPa压力，醪液停留时间为 60min，然后进入蒸汽分离器，排出二次蒸汽。该蒸煮工艺比管式连续蒸煮的压力低，流速较慢，蒸煮时间可以长一些，操作稳定，耗汽量少，粉浆损失也小，工艺流程如图 9-30 所示。

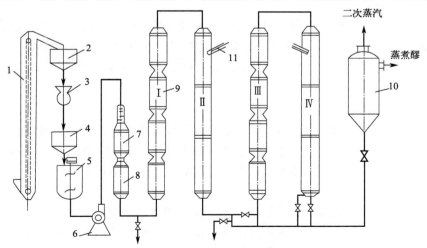

图 9-30 柱式连续蒸煮工艺流程

1—斗式提升机；2—储料斗；3—锤式粉碎机；4—储料斗；5—混合桶；6—离心泵；
7—加热器；8—缓冲器；9—蒸煮柱；10—后熟器；11—温度计

除此之外，喷射液化也是使用最广泛的液化工艺，它是利用低压蒸汽喷射器来完成淀粉的液化。淀粉在 α-淀粉酶的水解作用和喷射产生的剪切作用下，能很快液化。喷射液化具有连续液化、操作稳定、液化均匀、淀粉利用率高等优点，此外对蒸汽压力要求低，且不易堵塞，无振动。

9.2.1.3 乙醇发酵工艺

淀粉质原料乙醇发酵工艺分为间歇发酵、半连续发酵和连续发酵三种。目前在乙醇发酵过程中，为了回收 CO_2 气体所带出的部分乙醇和综合利用 CO_2 气体，乙醇发酵罐均采用钢制密闭式结构。罐身呈圆柱形，罐身直径与高度之比一般为 1：1.1，上盖和下底为圆锥形，罐内装冷却蛇管，蛇管数量一般取 $1m^3$ 发酵醪不少于 $0.25m^2$ 的冷却面积；也有采用在罐顶用淋水管或淋水围板使水沿罐壁流下，达到冷却发酵醪的目的。对于容积较大的发酵罐，这两种形式可同时采用，如图 9-31 所示。发酵罐顶部设有 CO_2 排出管、料液和酒母输入管，发酵罐底部设有醪液排出管，大型发酵罐的顶部和侧面还设有人孔，以便进入设备内部进行检修或清洗设备。

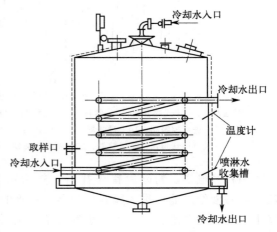

图 9-31 发酵罐结构示意

郑州大学为某企业设计的年产 30 万吨燃料乙醇的乙醇发酵设备，体积达到 $2700m^3$，为防止固形物沉淀，在罐底设置了液体喷射装置，通过循环泵的循环，使发酵醪循环起来，既防止了固形物的沉淀，又促使了发酵醪的流动，提高了混合效果，从而提高了传质和传热效果。罐温通过单独设置的外部热交换器进行控制。

9.2.1.4 乙醇蒸馏技术

乙醇的蒸馏是将成熟发酵醪中的乙醇、挥发性杂质等低沸点组分和大部分水、非挥发性组分分开[29]。在发酵醪中，各组分挥发性能不同。在蒸馏过程中，气相中含有较多的易挥发组分，液相中含有较多的难挥发组分。经过多次反复汽化与冷凝，就能将乙醇增浓。

（1）单塔蒸馏

用一个塔从发酵成熟醪中分离乙醇。这种流程设备少，操作简单，能耗低，占地面积小。因为只有一个塔，难以分离更多的杂质，乙醇质量差；进料浓度低，需要塔板数多，塔比较高；糟液含水量大，处理困难。现在的乙醇生产中已不再采用。

（2）两塔蒸馏

乙醇的蒸馏在两个塔内进行，其中一个塔称为粗馏塔（醪塔、粗塔），另一个塔称为精馏塔。粗馏塔的作用是将乙醇和挥发性杂质及一部分水从成熟发酵醪中分离出来，并排出由固形物、不挥发性杂质及大部分水组成的糟液；精馏塔的作用是使乙醇增浓和排出杂质，最后得到合格的产品并排出废水。根据精馏塔的进料方式不同，又分为气相进料和液相进料两种方式。

1) 气相进料两塔蒸馏工艺流程

气相进料两塔蒸馏工艺流程如图 9-32 所示。发酵成熟醪经预热器与精馏塔的塔顶蒸气换热，升温后进入粗馏塔顶部。粗馏塔塔底采用直接蒸汽加热。顶部出来的乙醇-水混合蒸气，进入精馏塔的中部，粗馏塔底部排出糟液。精馏塔以进料口为界分为两段，上部为精馏段，下部为提馏段（脱水段）。乙醇蒸气在精馏塔内上升，浓度逐渐提高，最后从塔顶排出，一部分作为产品进入下一工序脱水，另一部分进入醪液预热器和冷凝器。冷凝液回入精馏塔顶部作为回流。冷凝器中的不凝性气体和一部分醛类从排醛管排入大气，不含乙醇的蒸馏废水从精馏塔底部排出，杂醇油从精馏塔进料口上部取出。

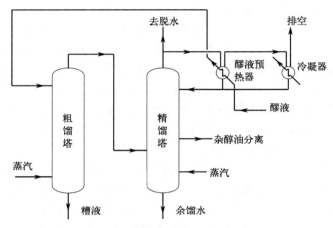

图 9-32 气相进料两塔蒸馏工艺流程

该流程的优点是：粗馏塔塔顶导出的蒸气直接进入精馏塔，中间无冷凝装置；流程简单设备少，投资省，节能节水。缺点是：精馏塔运行过程中，两塔互相影响，产品质量稍差。

2) 液相进料两塔蒸馏工艺流程

与气相进料相比，液相进料在于从粗馏塔塔顶排出的蒸气不直接进入精馏塔，而是经过一系列冷凝器将蒸气直接冷凝下来，冷凝液全部以液相的形式进入精馏塔，如图 9-33 所示。

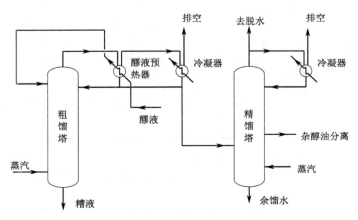

图 9-33 液相进料两塔蒸馏工艺流程

液相进料工艺与气相进料相比,增加了一次排醛机会,所以产品中头级杂质含量降低,产品质量提高。由于是液相进料,粗馏塔与精馏塔之间不直接相通,互相影响较小,操作方便。但是,液相进料要增加一组冷凝器,设备投资增加,而且蒸汽和冷却水的消耗量也增加。

(3) 多塔蒸馏

当两塔流程仍不能满足产品质量要求时,则需要采用三塔或三塔以上的多塔流程。常规的三塔流程包括粗馏塔、脱醛塔和精馏塔。脱醛塔的作用是排除醛酯类头级杂质。由于脱醛塔排除头级杂质是在乙醇浓度较低的时候进行,醛酯类头级杂质的精馏系数较大,因此比精馏塔顶部分离头级杂质的效果要好。

差压蒸馏也称为多效蒸馏。该工艺是在两个或两个以上塔系内进行,各塔在不同压力下操作,前一效塔的压力高于后一效塔的压力,前一效塔的塔顶蒸气冷凝温度高于后一效塔底液体的沸腾温度。第一效塔用生蒸汽加热,其塔顶蒸气作为第二效塔塔底再沸器加热介质,蒸气在再沸器中冷凝。依次逐效进行,直到最后一效塔顶蒸气用外源冷却介质冷凝。多效差压蒸馏使得总能量逐渐降低,充分利用各级品位的能量,从而降低总的能耗。

德国四效节能蒸馏流程如图9-34所示。该流程由4个精馏塔和1个醛塔提馏段、1个醛塔浓缩段以及6个换热器组成。精馏塔2用500kPa压力的水蒸气直接加热,精馏塔3和醛塔提馏段1用精馏塔2塔顶蒸气加热;精馏塔4用精馏塔3塔顶蒸气加热,精馏塔5用精馏塔4塔顶蒸气加热。蒸馏塔2、3、4、5组成四效蒸馏系统,塔2、3在正压下操作,塔1、4、5在负压下操作。粗乙醇先在塔1中脱醛后进入精馏塔,精馏塔2、3、4进料量分别占总量的40%、33%和27%。产品从精馏塔5中下部取出,头级杂质从塔6顶部取出,杂醇油从塔6底部导出。

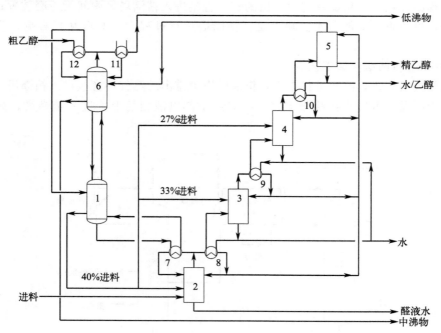

图9-34 德国四效节能蒸馏流程
1—醛塔提馏段;2~5—精馏塔;6—醛塔浓缩段;7~12—换热器

图 9-35 是郑州大学设计的三塔差压蒸馏流程。该流程在常规三塔液相进料的基础上，改变各塔的操作压力。精馏塔正压操作，采用直接蒸汽加热；粗馏塔和脱醛塔负压操作，脱醛塔直接蒸汽加热，粗馏塔采用精馏塔塔顶蒸气加热，也可以根据实际需求再补充加热蒸汽。精馏塔采用强制回流。该流程比常规蒸馏节能 25%。郑州大学设计的流程采用了四效精馏，使得能耗（1t 乙醇消耗的蒸汽质量）降到 0.9t/t，远远低于一般连续生产 3t/t 的消耗指标，甚至低于采用热泵精馏过程（1.3t/t）。四效精馏比常规精馏节省蒸汽达 70% 以上。

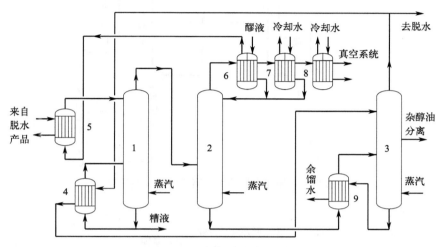

图 9-35　郑州大学设计的三塔差压蒸馏流程
1—粗馏塔；2—脱醛塔；3—精馏塔；4—再沸器；
5—醪液加热器；6—醪液预热器；7、8—冷凝器；9—脱醛液加热器

（4）热泵蒸馏

热泵蒸馏是靠补偿能量或消耗机械功，把蒸馏塔塔顶低温处的热量传递到塔釜高温处，使塔顶低温蒸气用作塔底再沸器的热源。这种方式不仅可以节省塔顶冷却水的用量，减少热量的散失，还能够降低塔底加热蒸汽的消耗，达到节能的目的。

9.2.1.5　乙醇脱水技术

在乙醇水溶液中，常压下当乙醇含量等于 97.6%（体积分数），即质量分数为 95.57% 时，气相中乙醇浓度等于液相中乙醇浓度，这个浓度的乙醇-水混合物称为恒沸化合物。用普通蒸馏方法得到的乙醇含量不会超过 95.57%（质量分数），因此，为了得到无水乙醇，去除多余的水分，就需要采用特殊的脱水方法。

目前应用于工业化生产的无水乙醇制备方法主要是恒（共）沸脱水法、分子筛脱水法和有机物吸附脱水法等。

（1）恒（共）沸精馏

恒沸精馏制取无水乙醇，是向乙醇溶液中添加恒沸剂（常用的有苯、环己烷、戊烷等）进行精馏，恒沸剂与乙醇溶液中的乙醇、水形成三元恒沸物，该三元恒沸物与纯组分乙醇或水之间的沸点差较大，可以通过精馏获得无水乙醇。

苯三元恒沸蒸馏脱水是燃料乙醇生产的传统工艺，该技术存在的最大问题是污染环境和运行成本过高。为了保证乙醇-水-苯组成的三元恒沸物带走全部水分，必须及时补加恒沸剂，在正常情况下，苯的消耗量小于无水乙醇量的 0.1%；另外，脱水溶液的乙醇含量

不能低于 80%（质量分数）。三元恒沸蒸馏脱水的结果，在蒸馏塔底部得到的是无水乙醇，属于尾级产物，从塔底采出。用苯为恒沸剂分离乙醇和水的流程如图 9-36 所示。

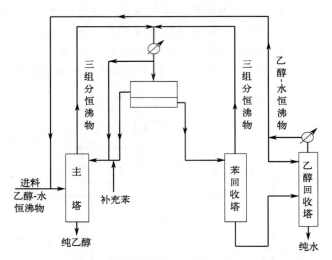

图 9-36 用苯为恒沸剂分离乙醇和水的流程

（2）萃取精馏

萃取精馏装置典型流程如图 9-37 所示，主要设备是萃取精馏塔。由于溶剂的沸点高于原溶液各组分的沸点，它总是从塔釜排出。为了能在塔的绝大部分塔板上均维持较高的溶剂浓度，溶剂加入口一定要在原料进入口以上。但一般情况下，它又不能从塔顶引入，因为溶剂入口以上必须还有若干块塔板，组成溶剂回收段，以便使馏出物从塔顶引出以前能将其中的溶剂浓度降到可忽略的程度。溶剂与重组分一起自萃取精馏塔底部引出后，送入溶剂回收装置。再用蒸馏塔将重组分从溶剂中蒸出，并送回萃取精馏塔循环使用。通常整个流程中溶剂的损失不大，只需添加少量新鲜溶剂补偿即可。

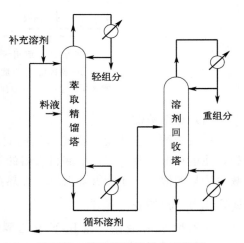

图 9-37 萃取精馏装置典型流程

（3）分子筛脱水

已实现工业化应用的燃料乙醇脱水技术主要有分子筛脱水和玉米粉吸附脱水。其中，分子筛脱水技术发展比较迅速，主要原因是能耗低。若采用蒸馏脱水技术能耗约为 6000kJ/kg，而与分子筛塔优化组合进行蒸馏、脱水时，能耗大约为 4940kJ/kg。分子筛脱水工艺有以下两种。

①乙醇蒸气的分子筛脱水系统。来自精馏塔的 95%（体积分数）左右的乙醇蒸气，通过再沸器加热后进入分子筛塔脱水，该工艺节能效果显著。

②高浓度液体乙醇作为原料进行脱水，需将液体乙醇加热至沸，再进入分子筛塔脱水，该工艺总体能耗较高。

一般大型生产企业中燃料乙醇的生产装置如图 9-38 所示，年产 10 万吨无水乙醇的两个分子筛塔，总计需要填装 0.3nm 分子筛 100 吨。两个分子筛塔的相互转换，需要靠计算机控制的转换阀门实现分子筛塔内压力的缓慢下降，否则会影响精馏塔的工作效率。

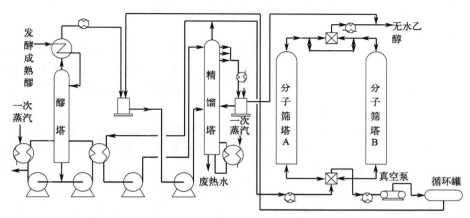

图 9-38　燃料乙醇生产装置

分子筛吸附水分子是一个放热过程，使吸附温度明显上升，为了打破乙醇-水共沸体系，吸附温度可能会上升到 120℃。脱水再生时则要吸收相应的热量。因此，乙醇蒸气脱水时温度升高，再生时温度降低。孔径 0.3nm 的分子筛吸水能力可达 22%。采用分子筛脱水技术可以得到高浓度乙醇，主要用作燃料乙醇，乙醇浓度要求达到 98.0%～99.5%（体积分数）。

(4) 有机物吸附脱水

美国普度大学（Purdue University）最早提出利用干燥玉米粉作脱水剂，对 95%（体积分数）以上的乙醇进行脱水，已经成功应用在美国酒精企业（ADM 公司），是一种非常有前景的脱水技术。

玉米粉脱水工艺流程中，脱水装置主要由两个玉米粉填充塔组成，与分子筛塔的脱水工艺相似，一塔工作，另一塔再生，可以交替进行。玉米粉吸附作用的最佳条件是在露点附近。当因吸水过多失效时，用 80～120℃ 的干燥空气、N_2 或 CO_2 吹干再生，再生温度为 80～100℃。玉米粉在塔中吸水、再生可连续使用 90d 以上。玉米粉用过一段时间后可用于乙醇发酵，可综合利用节约能耗。

采用有机物吸水制备无水乙醇，在国内应用最为成功的当属郑州大学。郑州大学生化工程中心研发出乙醇脱水专用吸附剂，成功地将该技术应用在河南天冠燃料乙醇有限公司年产 30 万吨燃料乙醇的生产中，如图 9-39 所示。

(5) 离子交换技术

干态离子交换树脂是优良的吸水剂。由于离子交换树脂为聚电解质，在干态时有强烈的吸水倾向。利用离子交换树脂的这种特性，可用干态树脂吸附除去乙醇中的微量水。首先将强酸性阳离子交换树脂转化为钠型，用纯水充分洗涤后，

图 9-39　郑州大学开发的年产 30 万吨燃料乙醇的脱水塔

烘干。然后，将干态树脂装入柱中，将待脱水的有机液体正向或反向流过树脂柱，跟踪检测流出液中的水分。待水分含量超过质量要求时，停止进料，沥干后取出树脂。树脂在一定的温度下干燥再生，同时回收树脂中所含的部分有机液体。

(6) 膜分离

渗透蒸发（pervaporation，PV）是用于液（气）体混合物分离的一种新型膜技术，能用于无水乙醇的生产[30]，被认为是最有希望替代精馏的膜过程。本节以渗透蒸发制备无水乙醇为主进行介绍。目前，渗透蒸发过程使用的膜组件主要是板框式和螺旋卷式，管式和中空纤维式膜组件正处于研制和发展阶段。

板框式膜组件是目前应用最为广泛的渗透蒸发膜组件。德国 GFT 公司最早开发的渗透蒸发组件即为板框式膜组件，膜面积可达 $50m^2$，主要用于溶剂脱水，特别是乙醇脱水，可将 94%（质量分数）乙醇浓缩至 99.8%（质量分数）；组件由膜框、膜和支撑板依次叠合而成（图 9-40）。其中膜框由两片板叠合而成，膜为复合膜，支撑板由两片多孔板中间夹支撑网构成。膜框、膜和支撑板之间用密封垫密封。清华大学设计了几种板框式膜组件，也可用于燃料乙醇脱水。

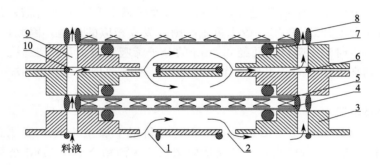

图 9-40　GFT 公司渗透蒸发板框式膜组件结构
1—进框孔；2—出框孔；3—膜框；4—支撑板；5—膜；6~8—垫圈；
9—料液主流道；10—进框流道

卷式膜组件实际上使用的也是平板膜，只不过是将平板膜、支撑板材料和分隔板等一起绕中心管卷起来，因而卷式膜组件的单位体积膜面积要大于板框式膜组件。

中空纤维渗透蒸发膜组件具有很高的单位体积膜面积，装置的占地面积小，属于自支撑型组件，组件成本较低，但是在大多数情况下组件中料液是层流状态，浓差极化的影响比较明显，物质交换性能较差，而且抗压强度较低。

管式膜组件多见于无机膜，基材一般是管状的陶瓷或金属材料。管式膜组件的装填密度小，可将多根膜管安装在一个套管中，弯头处造成的压力损失比单直管要大许多。管式膜组件优点是对堵塞不敏感、易于清洗、湍流流动，而缺点是单位膜面积的进料体积通量较大。卷式膜组件、中空纤维膜组件、管式膜组件各有优势，需要根据情况具体选择。

(7) 渗透蒸发在乙醇脱水中的应用

渗透蒸发法制备无水乙醇时，原料的水含量通常为 5%~20%。工业上用于醇水分离的渗透蒸发工艺流程通常分为连续式和间歇式两种。无论何种渗透蒸发过程，通常都是由料液加热系统、膜组件、冷凝系统、真空系统四部分组成。

法国 Betheniville 地区建成了一套采用渗透蒸发（PV）法生产无水乙醇的装置，生产流程如图 9-41 所示。整套装置生产能力为 5000kg/h，年产量为 40000t 无水乙醇。

装置总的膜面积为 2100m²，采用 GFT 公司设计的标准板框式膜组件。该组件由 100 块单板组成，膜的有效尺寸为长、宽各 0.5m，组件的有效面积为 50m²，采用不锈钢做结构材料，可承受高温且耐腐蚀，适应各种操作条件。组装时以两台组件为一级，各级串联，共有 3 个高度为 6.6m 的真空容器，分别装有 6 级、7 级、8 级组件，同时还装有各级的换热器和冷凝器。所用原料为质量分数 93.2％的乙醇，产品为质量分数高于 99.8％的乙醇。

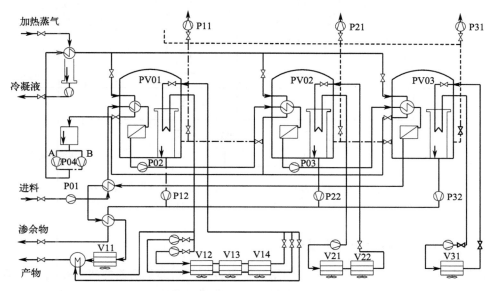

图 9-41　法国 Betheniville 地区无水乙醇生产装置
PV—渗透蒸发膜组件；P—泵；V—风冷式换热器

（8）集成方法在乙醇脱水中的应用

用单纯的渗透蒸发单元操作可以实现从低浓度的工业乙醇或发酵液直接制取无水乙醇。对于含水量小于 10％的分离体系，渗透蒸发法具有明显的优势。当料液中含水量较高时，例如从含水量高达 90％的发酵液直接制备无水乙醇，单纯的渗透蒸发法或恒沸精馏、萃取精馏等特殊的精馏操作都不经济。而采用普通精馏和渗透蒸发过程的集成是最佳的选择，可以充分发挥普通精馏在高含水量下的分离优势和渗透蒸发在低含水量下的分离优势。

采用如图 9-42 所示的多级精馏/膜分离过程的集成过程，可以更大限度地降低从发酵液制取无水乙醇的能耗。在该过程中，发酵液先经微滤分离后，过滤液与多级精馏的塔底产物换热后进入第一个精馏塔，微滤截留产物主要是酵母，重新返回发酵工序。第一精馏塔的塔底用外部蒸汽作为再沸器的热源，依次类推，直到最后一个精馏塔。这些精馏塔的塔顶物料经热量回收后（最后一个精馏塔的塔顶物料需再加热）集中进入渗透蒸发膜组件，渗余液为产物无水乙醇，渗透液返回到第一个精馏塔作为进料物料。各精馏塔的塔底物料经热量回收后进入另一组分渗透蒸发膜组件，渗余液经热量回收后进入第一个精馏塔，而渗透液则经反渗透等处理后得到可以循环利用的回水。

该流程用于渗透蒸发膜分离的蒸汽消耗量指标仅为恒沸精馏法或吸附法的 20％。除多级精馏技术有效地利用系统的能量外，还集成利用了渗透蒸发、微滤和反渗透等膜技术，这是一个典型的多类型单元操作的集成过程。

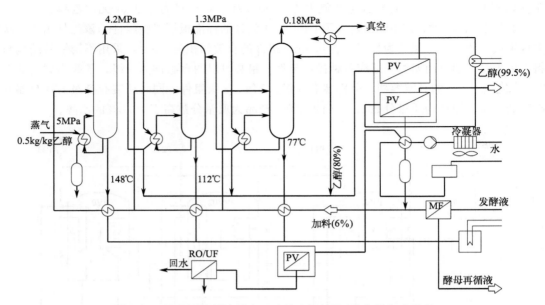

图 9-42 从发酵液制取无水乙醇的多级精馏/膜分离集成过程
PV—渗透蒸发膜组件；RO/UF—反渗透/超滤膜组件；MF—微滤膜组件

9.2.2 纤维燃料乙醇特殊生产设备

木质纤维生物质储量非常丰富，利用纤维原料生产乙醇是当前的研究热点。纤维原料结构复杂，微生物不能直接利用发酵乙醇，需要将其水解成单糖才能被利用。

9.2.2.1 纤维质原料的预处理

合理利用纤维质原料必须将纤维素转化为葡萄糖。影响纤维素分子降解的主要因素是纤维素晶体结构和其周围的木质素，破坏木质素保护层和改变纤维素的晶体结构都可促进纤维素的降解。常见的纤维质原料预处理方法包括化学法、物理法、物理与化学结合法。

（1）化学法

化学法包括碱水解法、酸处理法、臭氧处理法等。这些方法需要耐酸碱腐蚀的水解设备。

（2）物理法

物理法主要包括机械粉碎法、液态热水法、高能辐射法和微波处理法等。

机械粉碎法主要是利用削片和粉碎等机械手段将物料处理成细小颗粒。机械粉碎法是最常用的一种预处理方法，但其能耗大、成本高，近年来研究越来越少。

液态热水法是指将物料置于高压状态的热水中，温度为 200～230℃，处理物料 2～15min，使 40%～60% 的物料溶解，可除去 4%～22% 的纤维素、35%～60% 的木质素以及所有的半纤维素。

高能辐射法是采用高能射线如电子辐射、射线对纤维原料进行预处理，以降低纤维原料的聚合度（DP），增加活性，从而有利于纤维素的水解。

微波是一种新型节能的加热技术，用于处理纤维原料还停留在实验室阶段[31]。

（3）物理与化学结合法

物理与化学结合法主要包括蒸汽爆破法、氨纤维爆裂法、CO_2 爆裂法等。

蒸汽爆破法是在高温、高压下将原料用水或蒸汽处理一段时间后，立即降至常温、常压的一种方法。主要工艺包括用蒸汽加热原料至 160～260℃（0.69～4.83MPa），作用时间为几秒或几分钟，然后减压至大气压。经蒸汽爆破后，木质素与纤维素分离，使得纤维素酶水解的接触面增大。在蒸汽爆破过程中，高压蒸汽渗入纤维内部，以气流的方式从封闭的孔隙中释放出来，使纤维发生一定的机械断裂，同时高温、高压加剧纤维素内部氢键的破坏，游离出新的羟基，增强了纤维素的吸附能力。近年来，也有先添加不同的化学药品（盐酸、SO_2、碱等）预浸原料，再用蒸汽爆破法处理。该法结合物理法和化学法的长处，弥补单一方法的不足，将化学添加剂与蒸汽爆破方法相结合，可大大提高预处理过程中原料的利用率。

（4）生物法

该法是用一些微生物如白腐菌、褐腐菌、软腐菌等真菌来降解木质素。此种方法成本低、设备简单，但还停留在实验阶段。

9.2.2.2 纤维质原料的水解工艺

针对不同纤维质原料的特性，常见的水解处理工艺分为酸水解工艺和酶水解工艺。

酸水解根据水解酸浓度的不同又可分为浓酸水解和稀酸水解，需要耐酸腐蚀的水解设备。

酶水解处理工艺是应用纤维素酶催化，可以高效水解木质纤维素生成单糖。酶水解工艺的优点在于可在常温下反应，水解副产物少，糖化率高，不产生有害发酵物质，可以和发酵过程耦合。

9.2.2.3 纤维质原料的发酵工艺

纤维质原料的乙醇发酵工艺根据原料处理方法的不同可分为酸水解乙醇发酵工艺和酶水解乙醇发酵工艺。

（1）酸水解乙醇发酵工艺

① 浓酸水解工艺流程　使用浓度为 70% 左右的硫酸，在 100℃温度条件下处理木质纤维素，破坏纤维素之间的晶型结构，使其成为可流动的无定形物质，这一过程也称为纤维素的溶解或去结晶。纤维素成为无定形物质后，加水将酸的浓度稀释到 20%～30%，并在 100℃温度下维持约 1h，使半纤维素部分水解，固液分离后得到残渣和水解物；残渣可以二次加酸，使纤维素最大限度地降解，再次进行固液分离，最后得到残渣，主要成分是难降解的木质素；固液分离得到的水解产物在发酵前必须进行糖酸分离，分离得到的稀酸可以进入蒸发系统浓缩后循环使用，得到的糖液中和后进入发酵阶段。纤维素浓酸水解工艺流程如图 9-43 所示。

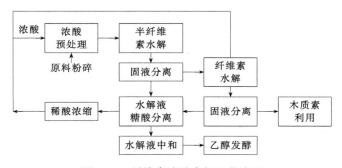

图 9-43　纤维素浓酸水解工艺流程

② 稀酸连续渗滤水解工艺流程 该流程采用固体生物质原料充填在反应器中，酸液连续通过的反应方式。木材连续渗滤水解工艺流程见图9-44。木材经粉碎后，由带式输送器填入水解器中，水解后剩下的木质素通过排渣器排出器外。水解用酸从酸储罐经计量器用往复泵送往水解器。水解液从水解器流出后，接连通过高压蒸发器和低压蒸发器，在高压蒸发器中水解液温度从175～180℃降至140～150℃，在低压蒸发器中进一步降到105～110℃，水解液最后送往中和器。主要优点有：生成的糖可及时排出，减少了糖的分解；可在

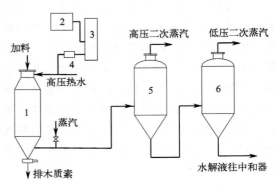

图9-44 木材连续渗滤水解工艺流程
1—水解器；2—酸储罐；3—计量器；
4—往复泵；5—高压蒸发器；6—低压蒸发器

较低的液固比下操作，提高所得糖的浓度；液体通过反应器内的过滤管流出，液固分离自然完成，反应器容易控制。

③ 稀酸两级水解工艺流程 该工艺流程中，纤维质原料共进行两次水解过程。原料经粉碎后和酸浸泡后进入一级水解反应器，反应器的温度升到190℃，用0.7%的硫酸水解，停留时间3min，可把约20%的纤维素和约80%的半纤维素水解。离开一级反应器的水解液经液固分离后，糖液进入pH调节器。固形物经螺旋压榨器脱水后进入二级水解器中，这里温度升到

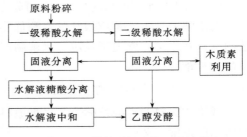

图9-45 稀酸两级水解工艺流程

220℃，用1.6%的硫酸水解，停留时间3min，可把剩余的纤维素水解为葡萄糖。水解液与一级水解液混合后，经酸碱中和后，可进入发酵阶段。工艺流程如图9-45所示。

(2) 酶水解乙醇发酵工艺

酶水解乙醇发酵工艺可大致分为非同步水解与发酵工艺（separate hydrolysis and fermentation，SHF）（图9-46）和同步水解与发酵工艺（simulataneous saccharification and fermentation，SSF）两类。两种工艺的区别是纤维素水解和水解液乙醇发酵是否在不同容器内单独进行。

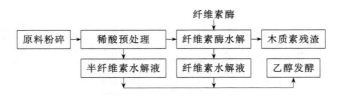

图9-46 纤维原料非同步水解与发酵工艺流程

9.2.2.4 纤维乙醇生产示例

(1) 美国国家再生实验室（NREL）工艺

2011年，NREL报道了玉米秸秆年用量为773000t的工厂规模级生产燃料乙醇的工

艺设计。以稀酸水解法预处理玉米秸秆，然后采用酶水解糖化，得到的葡萄糖和戊糖共同发酵。下面对其生产工艺进行介绍[32]。

1）原料预处理

原料为玉米秸秆，原料输送前经预处理加工均匀，然后进入预处理工段。预处理采用稀硫酸和蒸汽加热的方式进行，采用两级预处理。整个工艺流程如图9-47所示。

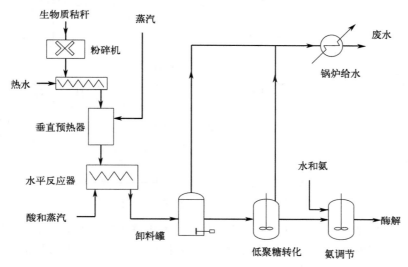

图 9-47 秸秆乙醇预处理工艺流程

2）糖化与发酵

酶解糖化与发酵是纤维乙醇生产的核心工艺部分，工艺流程如图9-48所示。

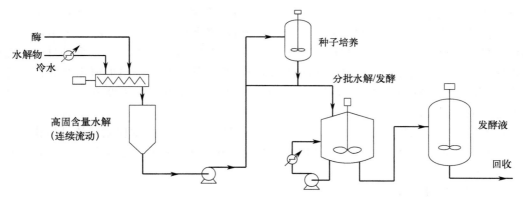

图 9-48 酶解糖化和发酵工艺流程

该工艺设计中，预处理工段的原料连续进入酶解反应器中，并连续加入酶催化剂，可实现90%的转化率。经过60h的继续酶解糖化，糖化液冷却至32℃用以发酵。

3）纤维素酶供应

纤维素酶供应是整个工艺的重要环节，目前纤维素酶主要有两种获得方式，一种采用就地生产的方式，另一种采用外购的方式。

4）后处理

含有5.4%乙醇的发酵液进入分离工段进行后处理，可以得到水、无水乙醇和可燃烧的固形物。后处理工艺流程如图9-49所示。

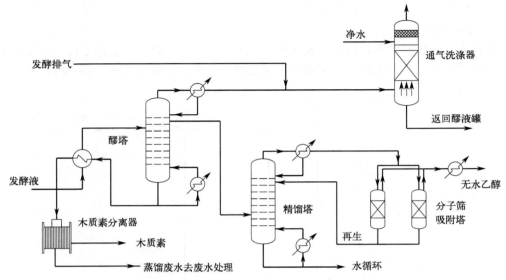

图 9-49　秸秆乙醇后处理工艺流程

料液在蒸馏醪塔中去除 CO_2 和大部分水后,气相进入精馏塔,得到92.5%的乙醇。进一步利用分子筛脱水得到99.5%的乙醇。乙醇生产工艺中会产生大量的废水,废水必须经处理后再循环利用或排放。

（2）丹麦哥本哈根大学工艺

丹麦的哥本哈根大学开发了 IBUS（integrated biomass utilisation system）工艺。

该工艺中首先使用高温液态水（190~210℃）进行预处理以水解原料,然后加入纤维素酶酶解。该工艺中采用了一个有水浴加热夹套的滚筒式液化反应器,可实现高浓度底物的连续液化。该工艺纤维原料水解过程小于100h,容易放大；糖化发酵工艺中,纤维素酶添加量（以单位质量的干原料所加酶量计）为3FPU❶/g。在45~50℃酶解18h,然后接入酿酒酵母,继续在30~33℃、pH值为4.5~5.0条件下进行同步糖化发酵,发酵时间为120h,最终的乙醇浓度可以达到72g/L。由于发酵液中乙醇浓度较高,大大降低了蒸馏过程的能量消耗。

蒸馏和原料预处理中富含五碳糖的糖蜜废液可以用作饲料,木质素残渣可用作发电厂固体燃料,实现蒸汽和电的自供。利用该工艺已经建立了示范厂,乙醇的价格与粮食乙醇的价格相当。

（3）国内纤维乙醇生产示例

在工业化方面,以河南天冠企业集团有限公司为代表的万吨级秸秆乙醇示范工厂已经投入运行,整个生产工艺流程如图9-50所示。

该工艺流程主要采用蒸汽爆破法进行原料预处理,预处理后的原料经过酶解后。进行同步水解发酵,发酵结束后的发酵液进一步经差压蒸馏,得到95%的乙醇,然后利用自主研发的专用吸附剂进行吸附脱水,最终得到无水乙醇。未经发酵利用的木质素,经干燥后作为固体燃料；废水和部分废液进入废水处理系统,产生的循环水可回用；沼气可作为

---

❶ FPU为滤纸酶活（filter paper unit）,1FPU为1min内产生1μmol葡萄糖所用的酶量。

气体燃料加以利用。该工艺流程 2011 年已经成功运行，达到了万吨级秸秆乙醇的规模，如图 9-51 所示。

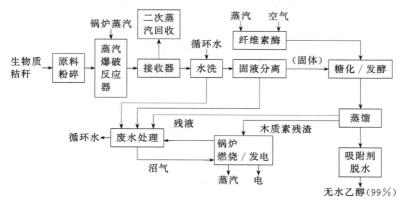

图 9-50　河南天冠企业集团有限公司秸秆乙醇工艺流程

图 9-51　河南天冠企业集团有限公司秸秆乙醇生产装置

9.2.3　其他车用醇类燃料生产设备

丁醇是一种极具发展前景的新一代液体燃料。与乙醇相比，丁醇能量高，能提高车辆的燃油效率和增加车辆的行驶里程；与汽油的混合比更高，无需对车辆进行改造，就可以使用几乎 100% 浓度的丁醇，而且混合燃料的经济性更高；丁醇与汽油混合后，对潮湿和低水蒸气压力有更好的适应能力；丁醇与其他生物燃料相比，腐蚀性较小，比乙醇、汽油更安全。

目前，工业上生产丁醇的方法共有三种：第一种是羰基合成法，即利用丙烯与 CO、H_2 在加压加温及催化剂存在下合成正、异丁醛，加氢后分馏得正丁醇；第二种方法采用发酵法，它是以淀粉等生物质为原料，接入丙酮-丁醇菌种进行厌氧发酵，微生物可以将碳水化合物转化为丙酮（acetone）、丁醇（butanol）和乙醇（ethanol）等，此类溶剂生产技术因而也被简称为 ABE 发酵，发酵液精馏后得产品正丁醇；第三种方法采用醇醛缩合法，即乙醛经缩合生成丁醇醛，脱水生成丁烯醛，再经加氢后得正丁醇。这三种方法各具特点，其中发酵法具有原料价廉、来源广泛、生产条件温和、安全性高、降低对石油资源的消耗和依赖等一系列优点。此外，发酵法生产燃料丁醇会减少温室气体的排放，与燃料乙醇一样，燃烧时不产生SO_x或NO_x，有利于环境保护。正是由于这些优势，近年来发酵生物丁醇已成为仅次于燃料乙醇的第二大可再生能源开发研究的热点。

丁醇作为生物燃料的一种，也可以分为第一代丁醇和第二代丁醇[33]。第一代丁醇的原料主要为甘蔗、谷物原料，而第二代原料主要为纤维素生物质原料，如大麦秸秆、小麦秸秆、玉米秸秆、柳枝稷等。此外，一些非粮生物质如长藻等也是重要的替代原料。这些藻类含有大量的碳水化合物，不含或较少含有木质素和发酵抑制物。目前，我国约70%的丁醇都采用化学法生产，发酵法也是采用玉米为原料。近年来，在非粮原料生产生物丁醇的领域内，国内外都加大了研究及商业化的投资力度[34]。

9.2.3.1 第一代生物丁醇

第一代丁醇的原料主要为甘蔗、谷物等淀粉质原料。生物法制丁醇过程主要分为两个部分，即发酵阶段和蒸馏阶段。

（1）发酵阶段

在发酵阶段主要是利用葡萄糖（或廉价糖质）作为生产原料。甘蔗、谷物等淀粉质原料经过预处理转化为葡萄糖，在生化反应器中通过发酵的方式生产ABE（主要为丁醇）。通过发酵工艺生成的料液通过醪塔进入精馏工段，通过多次精馏，最终得到纯度较高的乙醇、丙酮和丁醇。第一代生物丁醇生产工艺流程如图9-52所示。

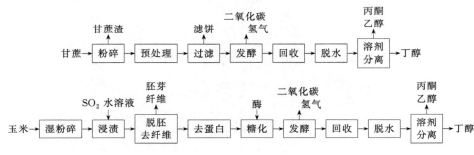

图9-52 第一代生物丁醇生产工艺流程

丁醇发酵工业多为分批发酵工艺。对工业规模的溶剂发酵而言，发酵液中的总溶剂在达到20g/L时，梭菌细胞的代谢即刻停止，按丁醇比为60%或70%计，最终丁醇浓度在12~14g/L之间。这使得现有的工业菌种很难达到更高的丁醇耐受性水平。因此，传统ABE发酵中的低产物浓度已成为影响发酵经济性的重要因素之一。此外，溶剂产率（单位质量的原料产生的总溶剂质量）较低，以玉米原料为例，总溶剂产率一般只有30%左右，在和化学法竞争时处于劣势。目前丙酮、丁醇发酵最常用的原料是玉米和糖蜜，而这些原料的价格相对较高，使得生产成本较高。针对以上问题，开发新型的发酵工艺也是必要的措施。

（2）蒸馏阶段

生物丁醇目前面临的主要困境是分离困难，分离成本比较高。精馏分离法是丁醇分离最有效、应用多样化的一种技术手段。

生物丁醇蒸馏工艺流程见图9-53。发酵液中总溶剂的质量分数大约为2%，95%以上的都是水分，发酵液经过换热器预热后进入醪塔，馏出液从塔顶流出，一部分液体经过回流再次进入醪塔，一部分粗丁醇组分进入丁醇塔1，废水及杂质料液从醪塔塔底排出，然后经污水处理系统处理向外排出废水。粗丁醇中的轻组分（乙醇、丙酮）从丁醇塔1分离出来，在塔中部析出的丁醇含量高的部分进入丁醇塔2，塔底含水分比较多的组分重新进入醪塔进行再次分离，在丁醇塔2塔顶得到纯度较高的丁醇产物，中部析出的组分回流到丁醇塔2，塔底排出的水分进入污水处理池。在丙酮塔中，主要分离丙酮和乙醇，丙酮组分从塔顶析出，粗乙醇从塔底析出。从塔底析出的粗乙醇进入乙醇塔，从塔顶得到精度较高的乙醇，塔底馏出的组分重新进入醪塔进行循环蒸馏。

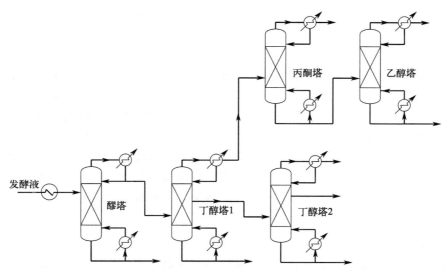

图 9-53　生物丁醇蒸馏工艺流程

9.2.3.2　第二代生物丁醇

第二代丁醇生产原料主要为纤维素生物质原料，如大麦秸秆、小麦秸秆、玉米秸秆、柳枝稷等。此外，还有一些非粮生物质，如藻类等。图 9-54 为第二代生物丁醇生产工艺流程。

图 9-54　第二代生物丁醇生产工艺流程

在丁醇发酵过程中，有采用萃取和发酵相结合的方法，通过加入萃取剂，控制发酵液中丁醇的浓度减轻或消除产物的抑制[35]。另外，适宜的表面活性剂对萃取发酵也起到促进作用。也有用气提发酵分离技术，以发酵自身产生的氢气和二氧化碳为载气，载气通过鼓泡与溶液充分接触，携带丁醇、丙酮等挥发性有机物质，通过冷凝作用将产物富集。气提法具有操作简单、不易堵塞等优点，在丁醇的在线回收中应用十分广泛，也是最有工业化前景的新型发酵方法。此外，也有采用吸附法吸附丁醇，然后通过热处理或者解吸过程来得到高浓度的产物。渗透汽化与流加发酵技术耦合近年来有所发展。

尽管生物丁醇在燃料性能方面具有很好的优势，但丁醇的产率较低，市场容量有限，生产成本偏高。作为一种新型的液体生物燃料和生物化工产品，大力发展生物丁醇相关技术和产业，仍然对石油资源替代具有重要的现实意义。

9.3 生物柴油生产设备基础

在交通燃料领域，与石化柴油相比，生物柴油具有十六烷值高、硫含量低、不含芳烃、闪点高、润滑性能好、生物降解快等优点，而且使用生物柴油还可以大幅减少温室气体和有害气体排放。随着石油危机的日益严峻以及环保要求的不断提高，生物柴油在交通燃料领域的需求快速增长。欧盟将以非粮食能源作物、不可食用的能源作物废料、木材或有机废物等不与人争粮的原料生产的生物柴油统称为第二代生物柴油[36]。

9.3.1 生物柴油制备反应器

生物柴油反应器是一种高效制备生物柴油的反应设备，用于实现液相单相反应过程和液液、气液、液固、气液固等多相反应过程。器内常设有搅拌（机械搅拌、气流搅拌等）装置。在高径比较大时，可用多层搅拌桨叶。在反应过程中物料需加热或冷却时，可在反应器壁处设置夹套，或在器内设置换热面，也可通过外循环进行换热。

反应器是生物柴油制备过程中的核心设备。这是因为油脂与甲醇为不互溶体系，传质是影响反应的重要因素之一。同时，油脂与甲醇的酯交换反应为热力学平衡反应，打破热力学平衡过程是提高单位时空产率、降低生产成本的重要途径。

9.3.1.1 传统反应器

（1）管式反应器

生物柴油连续化生产效率高，此时，管式反应器的应用较多。管式反应器是一种高效的化工反应装置，又称平推流反应器或活塞流反应器，与釜式反应器相比，长径比＞50，见图9-55。另外，沿着物料的流动方向，物料的含量不断变化，而垂直于物料流动方向的任何截面上，物料参数如温度、含量和压力、流速均相同。反应器中不会出现返混现象，反应速度较快，过程连续稳定，易实现自动控制。与常规工艺相比，因快速反应使得选择性和效率都较高，因此产率也较高，而且成本较低，产生的皂类副产物也最少。同时，过程采用较廉价的催化剂（用氢氧化钠代替甲醇钠），并使用约50℃的反应温度代替常规过程的60℃进行反应。鉴于混合器的加工和安装困难，有些研究者和生产企业通过加入共溶剂实现反应的均相。例如，加拿大的BIOX公司在制备生物柴油中加入共溶剂四氢呋喃，利用管式反应器实现了连续化制备生物柴油。

图9-55 管式反应器

（2）滴流床反应器

滴流床反应器是一种气液固三相固定床反应器，液体向下以液膜的形式通过固体催化剂，气体多数以并流的形式向下流动，如图9-56所示。滴流床反应器中的液膜通常很薄，总的传质和传热阻力相对较小，气体在平推流条件下操作可获得较高的转化率；同时由于持液量小，可最大限度减少均相的副反应；并流操作的滴流床也不存在液泛问题。由于滴流床反应器具有上述优点，在化工行业，特别是各种加氢装置中得到广泛的应用。

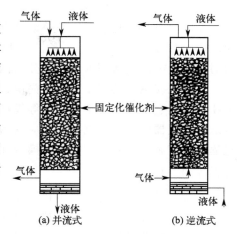

图 9-56 滴流床反应器

9.3.1.2 新型反应器

（1）膜反应器

膜反应器是膜与反应过程相结合的一种新型反应器，其同时具备了反应和分离的功能。膜反应器具有以下优点：反应和分离组合成单一的单元过程，降低分离等过程的费用；对于可逆反应，突破热力学平衡限制，通过膜扩散过程移走产物，使转化率达到100%；调节反应过程参数，缓和反应条件，提高目的产物的选择性和产率，减少副反应。

由于酯化反应属于平衡反应，因而常规反应器不能突破平衡转化率的限制。膜分离技术以膜介质实现不同的分离需要。油脂和甲醇的反应生成物如脂肪酸甲酯和甘油的性质相差较大，如果把膜反应器用于生物柴油的制备上，就可以促使醇、油的物质的量之比大幅下降，转化率显著提高。此外，膜反应器可以选择性地透过脂肪酸甲酯、甘油和催化剂，实现产品和未转化的油脂的分离。

（2）微通道反应器

微通道反应器是一类可以极大提高反应物的传质和传热效率的新型反应器，可有效改善上述传统反应器的不足，目前已经被应用于生物柴油的生产。

如图9-57所示（书后另见彩图），微通道反应器利用狭窄的空间结构提高反应液表面积与体积的比值，缩短传质距离，并因此改善传质和传热效率。最典型的是微通道反应器的反应通道直径<1mm。与常规搅拌釜反应器相比，在微通道反应器中，反应液表面积与体积比可以提高上千倍，而反应速率能提高上百倍。微通道反应器通过独特的微通道设计，传质效率是釜式反应釜的10~100倍以上，可以大幅度提高非均相反应的混合效率；同时由于其具有独立的换热层，使得单位面积的换热效

图 9-57 微通道反应器

率是普通釜式反应器的1000倍以上，还可以精确控制反应的温度。值得注意的是，该反应器不能任意提高反应温度，一方面温度过高有可能导致结焦等副反应的发生，另一方面则受制于传统反应釜较差的传热效果。

(3) 反应蒸馏反应器

反应蒸馏是将化学反应、蒸馏分离耦合为一体的过程强化和集成新技术，已得到工业化应用，如 Eastman Kodak 化学公司成功开发的乙酸甲酯和甲基叔丁基醚合成工艺。随着对生物柴油研究的深入，反应分离耦合技术也逐步引入生物柴油生产之中。

尽管反应蒸馏具有工艺流程简单、设备投资和操作费用低、转化率高、选择性好、共沸物易分离、催化剂可重复使用等优点，但也存在许多问题，如反应蒸馏的设计和操作较传统的反应器和蒸馏塔复杂，反应蒸馏过程存在化学反应和分离过程之间的相互影响而使过程非常复杂，现有的模拟算法模型都存在着明显不足，有待于改进。

9.3.1.3 发展前景

油脂与醇不能互溶，且生物柴油的生成反应为可逆反应，因而利用搅拌釜和管式反应器制备生物柴油时，会出现反应速率受传质控制和油脂转化率受化学反应平衡限制的弊端。新型反应器可解决相关难题，目前有的反应器已商业化应用，但依然存在不足。

具体来看，对于膜反应器来说，未来可将酶催化过程与膜分离过程设计为一体，不仅能够简化生产工艺，同时可克服催化过程中低碳醇对酶活性的抑制作用。此外，固定化酶膜反应器可以重复使用，实现连续化生产，提高生产效率，工业应用前景看好。

对于微通道反应器来说，可实现对反应条件的强化，具有节省资金、降低能耗、环境友好等效果。利用微通道反应器，通过过程强化，可以高效地将厨房废油转变成生物柴油。然而，过程强化对反应器的材料、制造工艺、反应器的构造设计等均有较高要求，这些将是未来研究的重点。此外，还可研发高通量微通道反应器，该类型反应器除了有良好的换热和传质特性外，还有安全、反应的选择性和转化率更高等优点。微反应器还需要提高其生产能力。在已有的研究中，在微反应器之前均需要一个额外的混合器将醇、油脂和碱催化剂混合。此类微反应系统未能充分发挥微通道的微混合和微反应的功能，而且增加了额外的设备投资。

上述新反应器主要尝试用于均相碱催化酯交换反应体系。均相碱催化剂不仅存在催化剂的分离问题，而且需要严格控制原料中的游离脂肪酸和水含量。固定化酶和固体酸催化剂对原料适应性好，而且能作为填料调整反应器内部结构，将它们巧妙地用于这些反应器内，则能在强化传质的同时提高原料适应性，避免催化剂的分离问题。在此基础上，联合使用几种技术，将强化传质与分离技术进行有效整合，使反应器小型化并缩短工艺流程，则有望建立生产效率高的便携式生物柴油厂。

9.3.2 生物柴油典型生产设备

酯交换法是目前制备生物柴油的最主要方法[37]，也被称为第一代生物柴油制备方法，即油脂在催化剂的作用下与短链醇通过酯化或转酯化反应形成长链脂肪酸单酯。该反应需催化剂分裂甘油三酯与短链醇重新结合为单酯，同时产生副产物甘油。因为甲醇成本低，同时其碳链短、极性强，能够很快地与脂肪酸甘油酯发生反应，成为工业化生物柴油生产最常用的短链醇。生物柴油化学生产技术经过多年发展已经形成比较完备的技术体系和方法，其中常压连续转酯化和加压连续转酯化生产技术在欧美发达国家形成了大规模工业化生产[38]。

典型的酸碱催化酯交换法生产生物柴油工艺流程如图 9-58 所示[39]，共分为 3 个工序：
① 甲酯化工序，制得粗酯，分出副产物甘油及黑泥渣；

② 减压分馏工序，将粗酯经闪蒸器蒸出残留的甲醇及水分，再经中碳塔蒸出中碳甲酯，最后经高碳塔蒸出高碳甲酯，并排出植物沥青；

③ 后处理工序，将金属盐溶液与中碳甲酯和高碳甲酯在室温下搅拌，在得到的高碳甲酯中加入阻凝剂和抗氧剂得到生物柴油。甘油水经石灰乳中和后经减压浓缩成80%工业甘油产品。

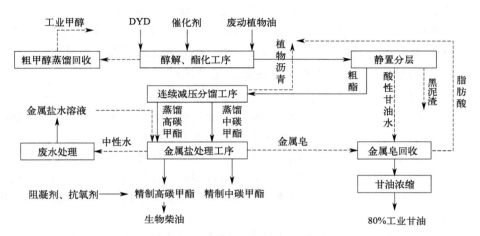

图 9-58　典型的酸碱催化酯交换法生产生物柴油工艺流程

DYD——一种催化剂

9.3.2.1　间歇式酯交换制备生物柴油设备及工艺流程

间歇式生产工艺主要特点是设备费用较低，生产工艺简单，适合小型企业生产运营。典型的间歇式酯交换制备生物柴油工艺流程如图 9-59 所示[40]。间歇式反应器可以是一个

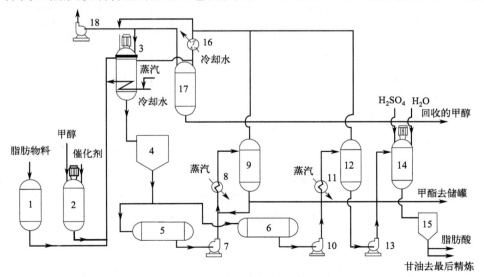

图 9-59　典型的间歇式酯交换制备生物柴油工艺流程

1—油脂原料储罐；2—甲醇储罐；3—酯交换反应器；4、15—沉降罐；5—生物柴油收集器；
6—甘油收集器；7、10、13—输送泵；8、9—甲醇蒸发器；11、12—甲醇闪蒸器；14—皂分解器；
16—甲醇冷凝器；17—冷凝甲醇收集器；18—真空泵

简单的装有某种搅拌装置的罐,加入反应物(通常是油、醇和催化剂),然后搅拌器运转一段时间。反应完成后,反应产物被排出,并进一步处理。

间歇式酯交换工艺流程中油脂、甲醇、催化剂(甲醇钠、KOH 等)分批投入反应器中,物料保持沸腾状态,在 70℃下回流 2~3h,使酯交换转化率在 95%以上。如果油脂中游离脂肪酸含量>2%,则必须进行碱炼方式把脂肪酸去除,先用甲醇对油脂进行预酯化(常用的催化剂有固体酸、H_2SO_4、HCl、对甲苯磺酸、强酸性树脂等)处理,以减少催化剂用量和粗甘油中皂化物的含量。反应物在沉降分层器中采用静置或离心方法分离出粗甘油。粗甘油中的甲醇用甲醇蒸发器蒸出回用,粗甘油送至后加工精制程序。

9.3.2.2 连续式酯交换制备生物柴油设备及工艺流程

随着我国生物柴油使用增加,间歇式生产工艺不能满足社会需求,其生产效率远不如连续法,连续式酯交换生产工艺能够较好地满足大规模的生产需求。根据生物柴油的原料不同,连续法生产工艺中需选用不同的催化剂。对于低酸值的动植物油脂[酸价(单位质量油脂中所含 KOH 质量计)≤2mg/g],工业一般选用碱作催化剂;而酸价>2mg/g,如餐饮油、地沟油、油脂加工下脚料等,工业上则选用酸作催化剂。最常见的连续流反应器是连续搅拌釜式反应器。其他类型的连续流反应器也在商业上使用,包括超声波反应器和超临界反应器。

该工艺是利用植物油通过酯交换法制备生物柴油的典型工艺,产量大,能连续不断地生产生物柴油。其工艺流程见图 9-60,将油脂、甲醇和氢氧化钠催化剂注入反应器 1,在一定压力下反应,使转化率达到 90%以上,分离甘油;为了使反应完全,在低温下,将混合物泵入反应器 2,进行二次反应。在沉降器 2 中去除甘油,两处甘油混合,浓度达 90%;甲酯中的甲醇在真空闪蒸器中除去。

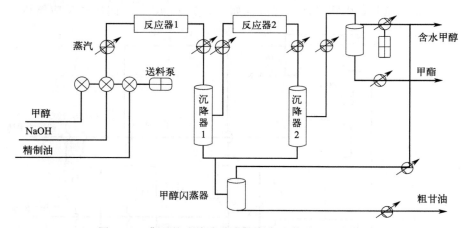

图 9-60 典型的连续式酯交换制备生物柴油工艺流程

9.3.2.3 间歇与连续酯化工艺对比

商业化生产生物柴油最常用的方法是间歇生产法。间歇、半连续与连续酯化工艺参数对比见表 9-12。在一个典型的间歇工艺过程中,没有任何反应物和催化剂流进和流出反应器,因此,在特定的时间内合成的产品是有限的。在批式反应结束时,整个浆液被送至分离提纯段。半连续处理方式是指在反应进行过程中,一种试剂或产物可以间歇地或连续地加入或从反应釜中移出,是选择性更高、对反应温度控制更好的分批处理方式的一种变形。此外，可以通过逐渐或间歇地引入一种试剂（即油）来维持较大的甲醇/油比，以提高反应速度和工艺收率。通过去除产物，可以打破反应平衡，有利于生物柴油的生产。与间歇生产工艺相似，半连续生产工艺的生产效率有限，但运行成本较高。而且半连续工艺与连续工艺一样，规模化设计比间歇模式复杂得多。

表 9-12 间歇、半连续与连续酯化工艺参数对比[41]

参数	间歇	半连续	连续
空间要求	高	中	低
资金要求	高	中	低
运行费用	高	中	低
产品品质	不同组存在差异性	均匀	均匀
运行时间	达到化学平衡	达到化学平衡	直到催化剂失活或者工艺维护
生产速率	低	中	高
反应器	低选择性、更高的多功能性、良好的灵活性、易规模化、较差的热交换、适合慢速反应	高选择性、更低的多功能性、良好的灵活性、不易规模化、较好的热交换、适合较快速反应	高选择性、更低的多功能性、良好的灵活性、不易规模化、较好的热交换、适合快速反应

半连续/连续处理方式与间歇处理方式不同的是，当产品流离开系统时进料被连续地引入半连续/连续模式反应器。值得注意的是，生物柴油工业正转向连续工艺模式，以弥补间歇工艺操作的缺点。尽管有这种趋势，间歇生产工艺仍然是全球生物柴油生产工厂的主要组成部分，因为它是中小型生物柴油合成工厂的首选工艺。值得一提的是，连续工艺运营成本较低，而产品质量更高是必然的发展趋势。

9.3.3 生物柴油特殊生产设备

传统酸碱催化酯化法要求甲醇必须过量，且产物质量不稳定，后续必须有醇回收装置，能耗高。因此，可采用生物酶法和超临界法进行特殊转酯化反应。脂肪酶所需原料油脂范围较广，且提取简单，反应条件温和，醇用量少。超临界法是在醇的临界温度和压力以上，不使用催化剂进行酯交换生产生物柴油。

9.3.3.1 固定化脂肪酶连续酯交换制备生物柴油设备及工艺流程

近年来，人们开始关注酶催化法制备生物柴油技术，即用脂肪酶催化动植物油脂与低碳醇间的酯化反应，生成相应的脂肪酸酯。脂肪酶来源广泛，具有选择性、底物与功能团专一性，在非水相中能发生催化水解、酯合成、转酯化等多种反应，且反应条件温和，无需辅助因子。利用脂肪酶还能进一步合成其他一些高价值的产品，包括可生物降解的润滑剂以及用于燃料和润滑剂的添加剂，这些优点使脂肪酶成为生物柴油生产中一种适宜的催化剂。用于合成生物柴油的脂肪酶主要是酵母脂肪酶、根霉脂肪酶、毛霉脂肪酶、猪胰脂肪酶等。酶法合成生物柴油的工艺包括间歇式和连续式酶催化酯交换。

目前，脂肪酶对短链脂肪醇的转化率较低，不如对长链脂肪醇的酯化或转酯化有效，而且短链醇对酶有一定的毒性，导致酶的使用寿命缩短。脂肪酶的价格昂贵，生产成本较高，限制了其在工业规模生产生物柴油中的应用。为解决上述问题，可采用两种方法：一是采用脂肪酶固定化技术，以提高脂肪酶的稳定性并使其能重复利用；二是将整个能产生脂肪酶的细胞作为生物催化剂。

采用固定化酶反应器的连续酯交换工艺流程如图 9-61 所示。首先在反应器 1 中填入固定化脂肪酶催化剂，然后用计量泵将油脂、低碳醇和低沸点溶剂混合后按一定比例从反应器顶部泵入，进行酯化反应。产物从反应器流出进入甘油分离器，静置分出下层粗甘油，然后进入反应器 2。产物经过三级反应器，最后经甘油分离，闪蒸脱除其中少量溶剂，得到粗产品。

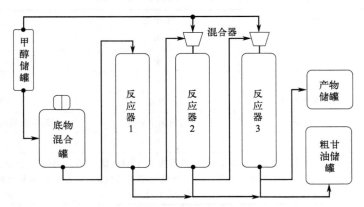

图 9-61　固定化酶反应器的连续酯交换工艺流程

与传统固相载体或游离酶相比，脂肪酶固定化在各种纳米材料上，在负载率、酶活保留、传质效率、机械稳定性以及可回收性等方面均表现出许多优势，在催化生物柴油转化中也表现出巨大的应用潜力。纳米固定化脂肪酶在填充床反应器中的应用可以降低搅拌剪切力对固定化酶活性的影响，提高固定化酶的重复使用性，也便于产物的分离纯化，是实现工业化应用的重要途径之一。同时，通过复合纳米载体的设计和构建实现多种酶的共固定化，以便于实现固定化酶对复杂原料进行生物质转化，也对促进绿色可持续生物质生产的发展具有重要意义[42]。

9.3.3.2　超临界催化酯交换制备生物柴油设备及工艺流程

超临界酯交换法是近年来才发展起来的制备生物柴油的方法，在超临界流体参与下进行酯交换反应。在反应中，超临界流体既可作为反应介质，也可直接参加反应。超临界效应能影响反应混合物在超临界流体中的溶解度、传质和反应动力学，从而提供了一种控制产率和选择性、反应产物回收的方法。若把超临界流体用作反应介质，它的物理化学性质，如密度、黏度、扩散系数、介电常数以及化学平衡常数和反应速率常数等，可通过改变操作条件得以调节。充分运用超临界流体的特点，可使传统的气相或液相反应转变成一种全新的化学过程，从而大大提高其效率。

超临界甲醇一步法制备生物柴油的主要缺陷是反应条件苛刻，温度和压强过高，对设备腐蚀大，醇油比高造成分离甲醇成本增加。对此，对上述方法进行修正和改进，提出了超临界甲醇两步法制备生物柴油工艺（图 9-62），该工艺制备生物柴油的苛刻条件得到改善。

油脂在超临界甲醇中，反应条件对酯交换率有显著影响。清华大学研究了超临界甲醇法制备生物柴油的反应条件对甲酯生成率的影响。结果表明，升温有助于提高反应速率，在临界温度 239℃附近，温度影响尤其明显；当压力高于 13.5MPa 时，压力对反应的影响不明显；原油中水的质量分数＜20% 时对反应影响不大。当甲醇与菜籽油物质的量之比

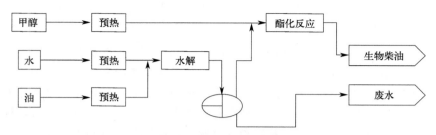

图 9-62 超临界两步法制备生物柴油工艺流程

为 42:1 时，在超临界温度 200～230℃进行反应，1h 后约有 70％的植物油转化为脂肪酸甲酯；270℃反应时，由于处于亚临界与超临界的转化阶段，转化效率仍不很高；反应温度达到 300℃以上时，4min 内有 80％～95％的植物油转化为脂肪酸甲酯；但当温度达 400℃时，分解反应代替酯化反应，产生其他物质，所以反应温度 350℃较为适宜。

与传统方法相比，超临界法工艺流程简单，产品收率高。可见，超临界法和传统方法相比具有很大的优势。但由于超临界制备生物柴油的方法需要在高温高压条件下进行，导致生产费用和能量消耗均较高，使得工业化困难，需要进一步研究开发。

9.3.3.3 第二代生物柴油生产设备

第二代生物柴油是油脂及其衍生物通过加氢脱氧和异构降凝生产的柴油组分。物化性质和成分与石化柴油近似，十六烷值高，可以任何比例与石化柴油混合。由可再生资源（各种油脂）直接生产烃类液体燃料引起了人们的关注。与食品工业广泛应用的植物油加氢改性过程不同，该过程是油脂深度加氢过程，所得产品被称为第二代生物柴油或可再生柴油和绿色柴油。第一代和第二代生物柴油性能对比见表 9-13，可以看出，第二代生物柴油在热值、使用性能、稳定性等各方面均明显优于第一代生物柴油。随着技术改进和生产成本的降低，第二代生物柴油将逐渐取代第一代，成为未来生物柴油市场的重要组成部分[43]。

表 9-13 第一代和第二代生物柴油性能对比

项目	第二代生物柴油（油脂加氢）	第一代生物柴油（酯交换）
成分	烷烃	脂肪酸甲酯或乙酯
密度/(g/mL)	0.775～0.785	0.890
低温性能	好	凝固点-3～19℃
热值/(MJ/kg)	44.0	37.2
使用性能	满足最严格的质量标准，低硫，减少温室气体、尾气、PM、NO_x、CO、C_xH_y 排放；优异的油品稳定性；不需要改动发动机和后勤供应系统	使用性能一般；增加 NO_x 排放；需要保质期内使用；对发动机有影响

第二代生物柴油在化学结构上与石化柴油完全相同，具有与石化柴油相近的黏度和发热值、较低的密度和较高的十六烷值；它的硫含量及倾点较低，氧化安定性与石化柴油相当，可以较大的比例添加到石化柴油中。第二代生物柴油的生产主要有以下 3 种工艺[44]。

（1）直接加氢脱氧

该工艺是在 240～450℃、4～15MPa、空速 0.5～5.0h^{-1} 以及 Co-Mo 或 Ni-Mo 催化剂作用下，进行油脂深度加氢过程，羧基中的氧原子和氢结合成水分子，而自身还原成烃，同时生成 CO_2、水、CO、丙烷等。直接加氢脱氧工艺比较简单，产物十六烷值高，但得到的柴油组分中主要是长链的正构烷烃，使得产品的浊点较高，低温流动性差，产品在高纬度地区环境下使用受到限制,一般只能作为高十六烷值柴油添加组分。

(2) 加氢脱氧异构

该工艺在 300~400℃、2~10MPa、空速 $0.5~5.0h^{-1}$、以及 Co、Mo、Ni、Pd、Pt 分子筛催化剂作用下进行,包括两个阶段:第一阶段为加氢脱氧,与直接加氢脱氧的条件相近;第二阶段为临氢异构,将第一阶段得到的正构烷烃进行异构化,异构化的产品具有较低的密度和黏度,发热值更高,不含多环芳烃和硫,十六烷值高且低温流动性良好,可以在低温环境中与石油基柴油以任意比例进行调配,使用范围得到进一步拓宽。

加氢脱氧再异构工艺已有工业化应用,比较典型的有芬兰 Neste 石油公司研究开发的 NExBTL 工艺,其主要操作流程为:首先制备出 Ni-Mo、Co-Mo 等价格较为低廉的过渡金属催化剂,并将其应用于各种油脂类原料的加氢脱氧催化反应中,在对原料进行加氢脱氧的同时还脱除 S、N 等杂质;然后进行异构化工艺,由于异构化反应贵金属的效果要优于过渡金属,而且稳定性高,所以该工艺采用负载型贵金属催化剂,以保证异构化效果,其加氢异构催化剂主要包括 $Pt\text{-}SAPO\text{-}11\text{-}Al_2O_3$ 或 $Pt\text{-}ZSM\text{-}22\text{-}Al_2O_3$ 催化剂。

NExBTL 可再生柴油不含硫、氧、氮或芳烃,十六烷值高,能有效燃烧,有助于保持发动机清洁;安定性好,不易溶于水;低温性质极好,可以适应多种环境条件,全年都可以使用,即使在低于-30℃气温极冷的地区也能够使用。使用这种可再生柴油时,现有的车辆和分配系统不需要改造。NExBTL 可再生柴油能大幅减少温室气体和污染物排放,与石化柴油相比,其在全生命周期过程中可使温室气体排放减少 40%~80%,NO_x 排放减少 10%,悬浮颗粒物排放减少 28%,CO 排放减少 28%,碳氢化合物排放减少 50%。此外,NExBTL 可再生柴油的原料灵活性很大,可以使用多种植物油和动物油脂,产品的性质优良。

(3) 共加氢工艺

该工艺与前两种加氢工艺不同,主要是在加氢原料上做改变,通过生物废弃油脂类或脂肪酸甲酯和现有需要加氢精炼的石化柴油进行混合作为加氢原料,使用加氢催化剂在原有的柴油精炼加氢装置上进行共加氢反应。共加氢工艺优点明显,可明显提高原本需要提质的生物油脂的十六烷值,而且不需要购买新的装置或设备,可大大节约成本。

9.3.4 生物柴油生产设备技术现状与发展趋势

目前,我国虽然有多家公司实现了生物柴油的工业化生产,但普遍存在生产能力小、耗能大、制作工艺复杂等问题,需要进一步解决甘油的分离和精细化制作、废碱液的处理等问题。生物柴油已经产业化的生产工艺主要是催化转酯法。但该法生产工艺复杂,需要使用过量甲醇,配备醇回收装置,能耗高;其次,酯化产物回收难、回收成本高,产生的废酸废碱还存在二次污染;再次,原料中的水和游离脂肪酸严重影响生物柴油的产量和品质。相比较而言,生物酶法优点很多,但工业化生产难。因此,积极开展生物柴油的生产工艺和生产技术的创新改革,是推动我国生物柴油产业发展的核心[45]。

9.3.4.1 酯交换法设备技术发展现状及发展趋势

为开发适应国内废弃油脂生物柴油转化的成套技术与装备,结合美国 Biopro 380 型设备(图 9-63),对 3 种典型废弃油脂(煎炸油、地沟油及酸化油)的生物柴油转化工艺进行了系统研究。结果表明,甲醇回流温度 65℃下,酯化反应时间 2.5h、浓硫酸加入量

0.5%、甲醇与游离脂肪酸物质的量之比2.7∶1时，酯化混合物的酸值降至1～2mg/g；转酯化反应在醇油物质的量之比6∶1、催化剂NaOH的加入量1.0%（与废弃油脂的质量百分比）、反应时间60min时，转酯化效果最佳。将该工艺条件应用于Biopro 380型设备中进行验证试验，获得的生物柴油产品质量指标基本符合中国生物柴油标准[46]。

唐山金利海生物柴油股份有限公司创建了"中温中压一步法"制备生物柴油的工艺及生产系统，发明了高效制取高品质低硫分生物柴油的新方法和新设备，实现了仅用少量催化剂进行酯化反应及连续雾化进料、连续采出生物柴油的高效制备技术，缩短了反应时间，提高了产品质量和工作效率；发明了酸水处理方法，解决了水洗过程中产生大量废水的技术难题，转化率达到了99%以上。该工艺可成熟应用于工业化生产[47]。

图9-63　Biopro 380型生物柴油生产设备

中国农业科学院油料作物研究所联合有关单位攻克了非食用油脂资源预处理技术难题，开发出高效油脂制取与回收技术装备。研制了原理新颖、高效的油料脱壳榨油机，采用双向分级聚结技术开发了高效油水分离装置，分离效率≥90%，废水排放达到国家标准。该研究所还攻克了生物柴油配套工程技术难题，形成了可工业化应用的工艺软件包，采用增效剂和表面活性剂技术，开发出多功能生物柴油品质改良剂，可显著提高不同原料生物柴油的氧化安定性、低温流动性等关键品质，得到的生物柴油产品质量达到国家标准[48]。

9.3.4.2　生物酶合成法技术及发展趋势

利用生物酶法合成生物柴油由于具有反应条件温和、醇用量小、无污染物排放等优点，日益受到人们的重视。但利用生物酶法制备生物柴油目前存在着一些亟待解决的问题，如反应物甲醇容易导致酶失活、副产物甘油影响酶反应活性及稳定性、酶的使用寿命过短等，这些问题成为生物酶法工业化生产生物柴油的主要瓶颈[49]。针对以上问题，清华大学课题组提出了全新的生产工艺，从根本上解除了传统工艺中反应物甲醇及副产物甘油对酶反应活性及稳定性的负面影响，酶的使用寿命显著延长。利用该新工艺生产生物柴油，操作简单，常温常压下可将动植物油脂有效转化成生物柴油，产率达90%以上。另外，脂肪酶不需任何处理就可直接用于下一批次反应，并且表现出相当好的操作稳定性。该新工艺已在反应器上连续运转了10个多月，近200个反应批次，酶反应活性未表现出任何下降的趋势[50]。该工艺在湖南海纳百川生物工程有限公司200kg/d的生物柴油中试装置上得到成功应用，以菜籽油为原料生产出生物柴油。中试装置的反应器连续运转3个多月，生物酶活性未表现出明显下降趋势。另外，利用目前已有的技术还可以将生物柴油生产过程中的副产物甘油进一步转化为高附加值产品1,3-丙二醇。两项技术的有机结合，可以显著提高生物柴油生产过程的经济效益。

9.3.4.3　第二代生物柴油制备技术及发展趋势

2019年，中国科学院青岛生物能源与过程研究所在稠油分子均相催化研究方面取得重大突破，开发出先进的"ZKBH均相加氢"技术，其特征是采用液体催化剂和均相加氢反应器，可加工全组分废弃矿物油和可再生生物油脂，能实现废弃油脂的资源循环利用，特别适用于制备第二代绿色生物柴油。2020年，工艺特征为液态催化沸腾床加氢耦合固态催化加氢脱氧提质的ZKBH工业化技术改造项目在石家庄常佑生物能源有限公司正式启动，一期目标处理20万吨生物质油脂生产第二代生物柴油。完成所有设备调整和工艺流程改造施工，启动装置正式试料开车，于2020年8月6日成功试运行。目前全部装置各项运行指标稳定，在生产中可实现80%以上的生物柴油收率，达到世界先进水平，产品质量满足出口欧盟标准。

江苏大学团队提出了第二代生物柴油的一步催化制备工艺及与石化燃油混燃的新技术路线，彻底解决了原两步催化制备工艺所带来的工艺复杂、生产成本高、研发难有突破进而难以产业化的问题。基于共沉淀法，利用扫描电镜、X射线光电子能谱仪等先进的测试仪器实现催化剂的结构表征，获得了第二代生物柴油催化剂的制备工艺参数，进而制备出高品质、经济性好、稳定性强的饱和烷烃结构加氢催化第二代生物柴油。基于燃油的匹配和混燃优化研究，实现了第二代生物柴油在发动机中的成功应用。分析测试表明取得了良好的油耗和排放效果，原发动机油耗、PM及NO_x排放分别降低了1.56%、27.03%和21.8%[51]。

另外，我国有丰富的植物油脂及动物油脂资源，每年消耗植物油1200万吨，直接产生下脚酸化油250万吨，大中城市餐饮业的发展产生地沟油达500万吨。目前这些垃圾油都作为废物处理，还有一些经过地下作坊处理后重新流入餐桌，直接造成污染。如果加以充分利用，有很大的市场潜力。从总体上降低生物柴油成本，使生物柴油向基地化和规模化方向发展，实行集约经营，形成产业化，走符合中国国情的生物柴油发展之路，使其在我国能源结构转变中发挥更大的作用。

9.4 其他新型车用燃料生产设备基础

除传统酯化化学方法生产生物柴油工艺外，热化学方法如热裂解液化、合成气制合成油等也具有很大发展潜力。

9.4.1 生物质热裂解液化主要设备

经过近几十年的发展，国内外研究机构开发出了许多热裂解液化反应器，国际上具有代表性的反应器有加拿大DynaMotive能源系统公司的流化床反应器、美国佐治亚理工学院的携带床反应器、美国太阳能研究所的旋涡反应器、荷兰Twente大学和Biomass技术公司的旋转锥反应器等。

在生物质热裂解的各种工艺中，一般认为常压下的快速热裂解是生产液体燃料最为经济的方法。其主要工序包括原料的干燥和粉碎、快速热裂解反应、焦炭和灰的分离以及液体的收集[52]。生物质热裂解液化工艺流程如图9-64所示。

生物质原料经过切碎，然后烘干至相对湿度为10%左右，经料仓通过一个气密系统输送到热裂解反应器。在反应器中，通过调节输入反应器的空气量和原料量，使一部分生物质原料开始燃烧，以提供足够的热量加热后继的原料，并适当调节反应温度，使生物质在缺氧条件下转化为木炭和可燃气，其中木炭可通过旋风分离机分离出去。可燃气送入冷却塔将所含有机气体冷却为生物油，剩余的可燃气排出为烘干原料提供热能或用于发电，使本系统内部实现能源自给，而生物油和木炭作为商品出售。影响生物产油的主要因素有热裂解温度、固-气在反应器内停留时间、快速的热传递、热裂解形成的蒸汽快速分离和

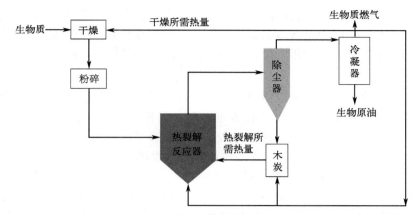

图 9-64　生物质热裂解液化工艺流程

快速冷却。在所有热裂解系统中，反应器都是其主要设备，因为反应器的类型及加热方式的选择在很大程度上决定了产物的最终分布，所以反应器类型和加热方式的选择是各种技术路线的关键环节。常见的热裂解反应器如下。

（1）气流床裂解器

气流床裂解器以美国佐治亚技术研究所开发为例。反应器直径 15cm，高 4.4m，停留时间 1~2s；系统中生物质颗粒粒度 300~420μm，给料速率 15kg/h，进口温度 745℃；反应器温度 400~550℃，同时采用较大的载气流量（与生物质的质量比为 8∶1）。所有进出气体都由多孔板控制。裂解气、蒸气、未凝结蒸气、气溶胶及可能含有的细尘进入除雾器，除去大部分气溶胶和细尘，剩余的混合物进入燃烧炉燃烧。实验中所得有机冷凝体的收率为 58%，焦炭收率为 12%，产物油热值可达 24.57MJ/kg，现有装置的最大处理量为 50kg/h。

（2）快速流化床裂解器

流化床反应器是利用反应器底部沸腾床燃烧物料加热载体，如图 9-65 所示，载体随着高温气体进入反应器与生物质混合导致生物质被加热并发生热裂解。流化床反应器具有设备小、传热速率高和床层温度稳定的优点，同时气相停留时间较短，减少了热解蒸气的二次裂解，提高了生物油产量。

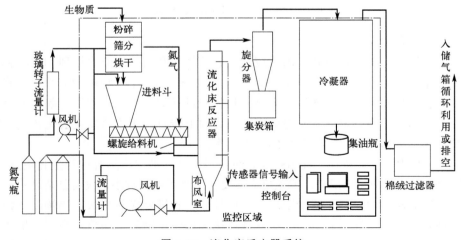

图 9-65　流化床反应器系统

流化床反应器的优点是生物油的生产工艺相对简单、快捷。所有生物质组分均可加工成燃料产品，在热解过程中没有被浪费。裂解反应器相对简单，已经达到一定程度商业生产水平。快速热解设施规模较小，应在靠近生物质源的地方生产生物油。

(3) 烧蚀涡流裂解器

比较著名的研究烧蚀热解反应器的机构有美国国家可再生能源实验室（NREL）和英国 Aston 大学。烧蚀热解反应器主要技术难点是如何使生物质颗粒和高温壁面在具有一定相对运动速度的情况下紧密接触而不脱离，一般是通过机械力或离心力的作用来实现。NREL 采用离心力的作用，Aston 大学采用机械力的作用[53]。

图 9-66 为美国可再生能源实验室研发的烧蚀涡流反应器热解流程。氮气或过热蒸汽携带生物质物料进入反应器，在高速离心力的作用下，在高温反应器壁上发生烧蚀和热解。未完全热解的物料经过循环回路重新热解。物料颗粒在外力作用下，高速运动摩擦，物料粒径不断减小，因此烧蚀反应器对物料粒径要求不太高。NREL 在 2003 年建成的热解装置规模为 20kg/h，在管壁温度 625℃时，液体产率可达 55%。烧蚀反应器热源为高温壁面，生物质与高温壁面接触快速热解，设备简单紧凑，物料加热速率快，可以提高生物油的得率。采用机械力的烧蚀反应器可以保证生物炭的快速移除，从而减少了热解气的二次裂解。但整个过程需要保证生物质和高温壁面紧密接触，这是设计和控制的难点。

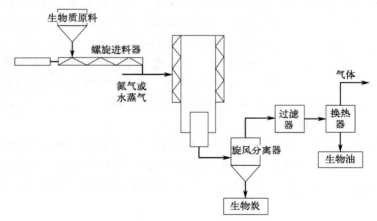

图 9-66　NREL 烧蚀涡流反应器热解流程

(4) 旋转锥裂解器

旋转锥裂解器是一个比较新颖的反应器，它巧妙地利用了离心力原理，成功将反应的热解气和固体产物分离开。该反应器由荷兰 Twente 大学研制，如图 9-67 所示。其特点是升温速度快、固相和气相滞留期短。生物质颗粒与过量的惰性载体砂子一起进入反应器底部，当生物质和砂子混合物沿着炽热的锥壁螺旋向上传时，生物质发生裂化转化。整个过程不需要载气，从而减少随后油收集的体积成本。

该工艺过程中不需要载气，气相停留时间较短，可以迅速将热解气与生物炭进行分离，抑制了气相中生物油的裂化反应。但该反应器要求生物质颗粒较小，设备复杂且不易放大。

旋转锥反应器结构紧凑，减少了成本。此外，旋转锥反应器将快速热解副产物焦炭燃烧，提供热源，加热惰性载体，然后惰性载体接触加热生物质，加热效率高，生物质加热速度快，固体和热解气在旋转锥内停留时间较短，减少了对热解气的二次催化裂解，提高

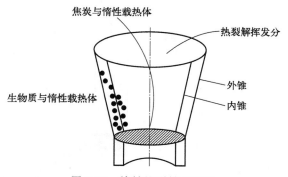

图 9-67 旋转锥裂解反应器

了生物油的得率和品质。但旋转锥反应器要求物料粒径较小,设备复杂,且设备放大较难。

(5) 真空裂解器

前述反应器主要在常压下运行,而较低加热速率下进行的真空热裂解也能产出较高的产油量。加拿大 Laval 大学和 Pyrovac 公司先后设计出生物质的真空裂解反应系统,如图 9-68 所示。物料干燥和破碎后进入反应器,很快被送进两个水平的恒温金属板间受热裂解,裂解产生的挥发分依靠反应器真空状态很快被带入反应器,直接输入两个冷凝系统,一个收集重油,一个收集清油和水分。该系统最大的优点是真空条件下一次裂解产物能很快脱离反应器从而降低了二次反应发生的概率。但需要真空泵的正常运转以及反应器极好的密闭性,而这在实际应用时会面临加大投资成本及运行难度的问题。

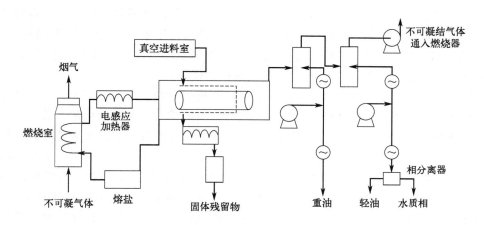

图 9-68 真空裂解反应系统

(6) 快速引射流反应器

引射流反应器又称引流床、携带床,其最大特点是不需要热载体石英砂,热解所需全部能量由载气带入,具体工艺流程如图 9-69 所示。物料经过干燥、粉碎后经过重力喂料机进入反应器,反应器是一个不锈钢垂直管,物料给入点是一段填有耐火材料的混合室,在这里生物质颗粒与载气进行接触,在上部的反应室中发生热裂解反应。在反应器上部热解挥发组分排出,经分离、冷凝之后便可得到生物油,不可凝气体再回收进行燃烧利用。

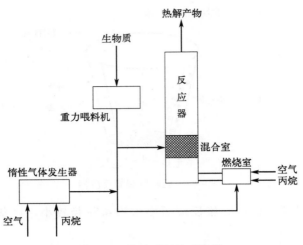

图 9-69　快速引射流反应器

9.4.2　合成气制合成油主要设备

第三代生物柴油生产技术主要是将秸秆类农林废弃物原料气化后再合成柴油。以非油脂类生物质为原料制备生物柴油的原理为通过生物质气化系统把高纤维素含量的非油脂类生物质先制备成合成气，再采用气体反应系统对其进行反应，并在气体净化系统和利用系统中催化加氢使其转化为超洁净的生物柴油。其中利用生物质气化制备合成气，进而合成生物柴油，是生物能源利用的新途径。通过生物质气化得到的合成气主要是利用费-托合成的方法合成甲醇、乙醇、二甲醚、液化石油气等化工制品和液体燃料。由此得到的燃料是理想的碳中性绿色燃料，可以代替传统的煤、石油等用于城市交通和民用燃料[54]。

费-托合成是以合成气（$CO+H_2$）为原料，在适宜的催化剂和反应条件下生成烃类及含氧有机物的过程。由于费-托合成反应是强放热反应，平均放热（以 1mol 碳原子放热量计）约 170kJ/mol，热效应较大，常发生催化剂局部过热，导致理想产物选择性降低，并引起催化剂结炭甚至堵塞床层。而反应过程中温度的控制对保持催化剂的活性、稳定性及产物的选择性至关重要，所以有效地移除反应热是反应器设计中首先应考虑的问题。

另外，从催化剂方面考虑，费-托合成的催化剂主要是 Ru、Fe、Co、Ni 催化剂，在反应状态下，它们大多以金属态的形式存在。在费-托合成反应中，金属态的催化剂活性很高，反应物吸附的热效应大。从产品上来讲，费-托合成反应过程含有许多复杂的反应，控制不好反应条件有可能导致更多副反应发生，因此对反应稳定性的控制需要合适的反应器形式和工艺条件的优化组合才能达到工业可行的目的。为了有效移热和控制好反应的状态，开发了不同形式的反应器，如管式固定床反应器、流化床反应器和浆态床反应器[55]。

（1）管式固定床反应器

管式固定床反应器结构复杂，如图 9-70 所示，又因为铁催化剂的使用周期较短且更换频繁，操作和维修十分困难，造成工厂长时间停产和操作中的扰动，产品的选择性也随催化剂的使用时间不同而不断变化，迫切需要进行改进。产生上述问题的原因是费-托合成放出的热量使反应管中存在着轴向和径向温度梯度。受催化剂积炭和温度选择性影响，以及最高温度限制，致使最高转化率所需的最高平均温度很难达到。积炭造成催化剂破裂和堵塞，需要频繁更换催化剂。灵活地控制温度有利于控制选择性。同时，由于最高温度的限制，温度的选择也受到限制。

管式固定床反应器压力降较高，因此压缩费用也较高。固定床反应器形式灵活多样，操作简单，主要优点有：

① 固定床层内的流体流动接近活塞流，合成气和催化剂充分接触，可以用较少量的催化剂和较小的反应器获得较大的生产能力；

② 反应器顶部床层催化剂吸附合成气中微量硫化物保护下部床层，因此整个装置受硫化物影响有限，催化剂的活性损失较小；

③ 液体油蜡产品从反应器底部流出，实现催化剂与液态产品的自然分离。

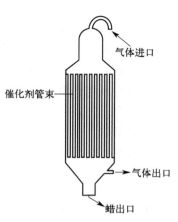

图 9-70　管式固定床反应器

(2) 流化床反应器

固定流化床与循环流化床的操作相似，如图 9-71 所示，气体稳定分布后通往流化床，速度相对较慢，催化剂床层不出现像循环流化床那样的循环流动，而是保持"静止"状态，其选择性与循环流化床相似，但转化率比循环流化床高。由于无催化剂循环，使得生产能力相同的固定流化床比循环流化床的建造和操作费用低得多；低压差节省了大量的压缩费用，更利于除去反应中放出的热；同时由于气体的流速慢，磨损问题基本不予以考虑，可实现长期运转。

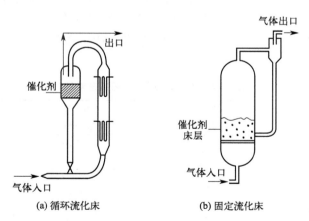

(a) 循环流化床　　(b) 固定流化床

图 9-71　流化床反应器

为了获得高的转化率，在反应区需要有较长的催化剂驻留时间。旋风分离器可能被催化剂堵塞，造成大量催化剂损失，因而滑阀间的压力平衡需要得到很好的控制。高温操作可能导致积炭和催化剂破裂，使催化剂的消耗量增加。

(3) 浆态床反应器

浆态床反应器解决了管式固定床反应器中的很多难题。浆态床反应器是一个三相鼓泡塔，在 250℃ 下操作，结构简单易于制造，价格便宜，而且易于放大。浆态床反应器的结构如图 9-72 所示，合成气从反应器底部进入，通过气体分布板以气泡形式进入浆液床反应器，反应器中是液相的熔融石蜡，反应气通过液相扩散到悬浮的催化剂颗粒表面进行反应，生成烃和水。在反应中重质烃是形成浆态相的一部分，而轻质气态产品和水通过液相扩散到气流分离区。气态产品和未反应的合成气通过床层到达顶端的气体出口，热量从浆相传递到冷却盘管并产生蒸汽，气态轻烃和未转化的反应物被压缩到冷阱中，而重质液态烃与浆相混合，通过分离工艺予以分离，从反应器上部出来的气体冷却后回收轻组分和水。由于浆态床反应器的平均温度比管式固定床反应器高得多，因而具有较高的反应速率，而且还能更好地控制产品的选择性。对浆态床和固定床反应器硫中毒的研究表明，在同样条件下，浆态床反应器由于硫中毒而引起的转化率的下降是固定床反应器的1.5～2倍。因此，在使用浆态床反应器时必须进行脱硫处理。

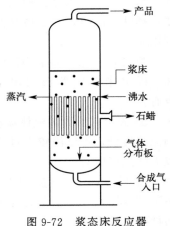

图 9-72　浆态床反应器

目前，采用生物质气化路线生产生物柴油的主要为国外公司，如美国 KiOR 公司采用生物质气化合成气催化路线；美国 S4 能源解决方案（S4 Energy Solutions）公司采用生物质等离子气化、合成气重整路线；美国 ThermoChem Recovery International（TRI）公司采用生物质 TRI 气化器气化、合成气重整路线；美国 Rentech 和 Solena 公司采用生物质气化费-托合成路线[49]。

（4）不同反应器费-托工艺对比

从表 9-14 中所列 3 种反应器的操作条件和产物分布可见，流化床反应器操作温度较高，称为高温费-托合成法，而浆态床和固定床反应器的操作温度较低，称低温费-托合成法。高温法的流化床主要产物是汽油和烯烃，而低温法主要产物是重质油或蜡，其中蜡是高附加值产品。

表 9-14　不同反应器费-托工艺对比

反应器类型		流化床	固定床	浆态床
催化剂类型		熔铁	沉淀铁	沉淀铁
操作温度/℃		330	230	250
压力/MPa		2.5	1.8	3
空塔气速/(m/s)		0.45	0.35	0.3
选择性（碳原子）/%	CH_4	7.0	2.0	3.3
	C_2H_4	4.0	0.2	1.9
	C_2H_6	3.0	0.6	1.2
	C_3H_6	10.7	0.9	3.2
	C_3H_8	1.7	0.9	0.8
	C_4H_8	9.4	1.0	3.1
	C_4H_{10}	1.1	1.4	1.9
	C_5+C_6	16.5	4.8	6.1
	$C_7 \sim C_{10}$	20.0	6.2	7.6
	$C_{11} \sim C_{20}$	15.5	18.3	17.0
	C_{20+}	6.0	62.3	49.5
	含氧化合物	5.1	1.4	4.4

管式固定床反应器的优点为：a. 操作简单，操作费用低；b. 无论费-托合成产物是气态、液态或混合态，在宽温度范围下都可使用；c. 催化剂和产物分离没有问题；d. 由于固定床可加上催化剂保护床层，床层上部可吸附大部分硫化氢，从而保护其下部床层，使催化剂活性损失较小，因而受合成气净化装置波动影响较小。管式固定床反应器的缺陷主要有：a. 大量反应热需要导出，因此催化剂管直径受到限制；b. 合成气通过催化剂床层压降大；c. 催化剂装填困难。固定床费-托合成反应器既可大型化也可小型化，因此不少公司采用此技术，Shell 公司、Sasol 公司、Syntroleum 公司和 BP 公司的 GTL 技术中的费-托合成全部或部分采用固定床反应器。当然，不排除有公司在固定床反应器的研发过程中遇到了瓶颈而放弃固定床，转向了其他形式反应器的研究。Shell 公司在固定床费-托合成反应器大型化方面取得突破性的进展，其单个固定床费托合成反应器能力未来将达到 10000~15000 桶/天。固定床反应器与浆态床反应器相比最大的优点是不存在催化剂和产物分离的问题，测算表明在反应器能力相同（19000 桶/天）情况下，固定床反应器质量（1400~1700t）比浆态床反应器质量（1800~2000t）轻，固定床反应器高度（21m）也比浆态床高度（40m）小得多。在小型化方面，Syntroleum 公司新的反应器设计为卧式固定床，改善了性能，使操作和控制更加灵活。这种新型反应器可以装在平台或船舶上使用。

浆态床反应器最大的优势是床层压降小、反应物混合好、可等温操作，从而可用更高的平均操作温度而获得更高的反应速率，且浆态床反应器催化剂可在线装卸。浆态床反应器的缺点是操作复杂，操作成本高，催化剂还原不易操作，催化剂容易磨损、消耗和失活，催化剂和产品分离困难。南非 Sasol 公司 SSPD 工艺浆态床反应器的工业化运行，主要在于解决了固液分离问题，并决定建立更大规模的浆态床反应器，以代替目前运行中的固定床反应器。美国 Exxon Mobil 公司 AGC-21 工艺、美国 Rentech 公司费-托合成技术、美国科诺克（KiOR）公司费-托合成技术以及 Syntroleum 公司等都采用了浆态床费-托合成反应器。相反，Shell 公司则从催化剂开发入手，研制出高性能和可再生的钴系催化剂，并用于固定床反应器的合成技术中，获得了成功。该公司工厂的高额产量为固定床反应器在合成技术中的应用赋予了新的价值。

反应动力学和传质特性也是当今浆态床反应器研究的热点和难点。其中传质过程是整个反应过程的控制步骤，它直接影响着反应速率的大小以及产物分布。目前浆态床的重要指标床层气含率同空塔气速、催化剂颗粒大小、床层压降等的关系还没有完全搞清楚。但冷模实验和模拟是推动这些研究向前发展的动力[56]。

9.4.3　新型车用燃料生产设备技术现状与发展趋势

生物质热解液化技术能以连续的工艺将低品位生物质转化为易储存、易运输、能量密度高且具有商业价值的高品位生物质油。该技术的研究开发将为我国生物质及有机废物的无害化处理和可再生能源的生产探索一条新的途径。随着设备处理规模的不断增大，对于进料系统，螺旋进料器是首选，但要解决好物料的提前热解及堵塞问题；对于供能系统，自热式是研究趋势，电加热的成本太高；对于快速热解反应器，流化床反应器是研究热点，流化床反应器拥有处理粒径范围广、易放大、可以较好地实现自热式等特点，应用前景良好；对于快速冷凝系统，主要考虑冷凝效果及产品品质、生产及使用成本、维修及清理难易。在保证产品品质下，设备易放大、稳定实现自热式、流程能耗低、运行稳定安全等是快速热解装置未来的研究方向[53]。

9.4.3.1 整套热裂解设备

意大利 Bioforcetech 公司设计了一整套可自循环的可持续热解设备，如图 9-73 所示（书后另见彩图）。这种热解系统利用合成气氧化产生的热量来维持其自身的热解过程，而不需要外部热源。该过程以热水的形式产生热量，可用于干燥或其他需要[57]。

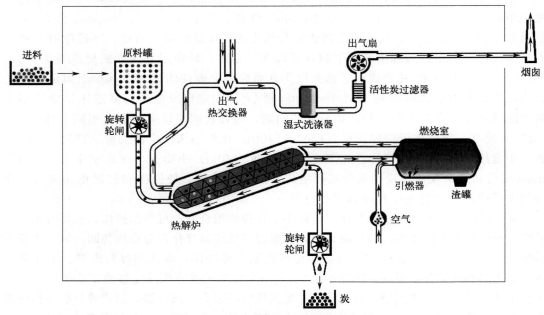

图 9-73　可自循环的可持续热解设备

华中科技大学研发出一种生物质热解液化多联产系统，该系统包括生物质预处理、热解、分级冷凝、热解气净化和燃气吸附提质等子系统。生物质预处理用于对生物质进行预处理获得生物质半焦产品；热解用于对生物质半焦产品进行热解得到挥发分及焦炭；分级冷凝用于对挥发分进行分级冷凝，得到各种生物油及热解气；热解气净化用于对热解气进行喷淋冷凝，使热解气中的醋酸蒸气冷凝溶解得到木醋液，并得到粗燃气；燃气吸附提质子系统对粗燃气进行吸附除杂，得到富甲烷的洁净燃气产品。本发明具有处理效率高、热利用率高、操控方便、适用性强等优点[58]。

与图 9-74 相对应的工作流程为：

① 生物质快速热解液化反应产生的不可冷凝气体作为循环流化载气，经过预加热系统进行预热之后进入反应器加热床料（砂子或陶瓷球）和生物质，同时起到流化的作用；

② 通过螺旋进料器输送到反应器内部的生物质颗粒与床料充分混合后被快速加热、升温，实现快速热解；

③ 快速热解反应产生的热解气、炭与载气一道进入二级旋风分离器进行气固分离，除去固体产物炭；

④ 热解气进入鼓泡式二次喷淋冷凝器冷凝后，得到生物油，不可冷凝气体继续参与循环；

⑤ 未参与循环的不可冷凝气体回收或排出系统。

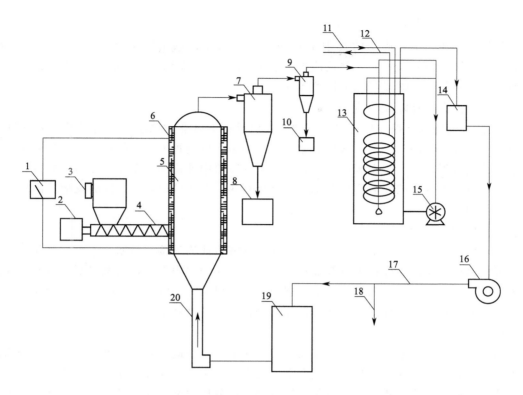

图 9-74 BL-SCFB-2 型快速热解液化设备工艺流程

1—监控系统；2—无级调频电机；3—振动式进料器；4—螺杆；5—喷动流化床反应器；6—加热器；7——级旋风分离器；8——级集炭箱；9—二级旋风分离器；10—二级集炭箱；11—进水管；12—出水管；13—鼓泡式二次喷淋冷凝器；14—过滤器；15—循环泵；16—罗茨风机；17—循环管路；18—排空；19—缓冲罐；20—预加热系统

生物燃油快速热解反应器特性评价如表 9-15 所列。生物油生产成本偏高，多数装备在实验、示范阶段，没有实际工业化。生物油是高氧含量的烃类化合物，物理、化学性质不稳定，长时间储存会发生相分离、沉淀等现象，并具有腐蚀性，不能直接用于现有动力设备，必须经过改性和精制后才可使用。针对上述问题，还需深入开展相关研究，包括研制新型大规模热解装置，探索热解工艺特性，优化过程控制因素，提高装置热解效率和生物油质量，降低生物油生产成本，完善生物油成分和物理特性的测定方法，制定统一的规范和标准，扩大生物油的应用范围，开发出适合我国使用并具有较大经济效益的工业化实用装置。

表 9-15 生物燃油快速热解反应器特性评价[58]

反应器类型	喂入颗粒尺寸	设备复杂程度	生物油得率质量分数/%	惰性气体需要量	设备尺寸	扩大规模难易度	规模/(kg/h)
流化床	小	中等	75	大	中等	容易	200~2000
烧蚀反应器	大	复杂	75	小	小	难	1~20
引流床	小	复杂	58	大	大	难	1~20
旋转锥	小	复杂	70	小	小	难	20~200
真空移动床	大	复杂	65	小	大	难	200~3500

9.4.3.2 合成气制合成油设备

到目前为止,工业应用的费-托合成反应器出现了以固定床反应器、流化床反应器、浆态床反应器为主要形式的三类反应器。费-托合成反应无论采用何种反应器,除了经济成本以外重点需要考虑以下几个技术问题。

(1) 快速高效移除反应热

费-托合成反应是强放热反应,产物分布对反应温度非常敏感,因此必须高效快速将热量移出反应器。固定床反应器的催化剂固定装填在反应管中,只能从反应管外间接移走热量,移热效果较差。浆态床反应器和流化床反应器中催化剂和合成气原料充分接触,反应器内部有足够的空间安装换热系统进行直接移热,移热效率较高,同时反应器内反应温度较为均匀。

(2) 催化剂消耗

固定床反应器中催化剂固定在反应管内,气液流体流动接近活塞流,顶部催化剂吸附合成气中微量硫化物后保护中下部催化剂,因此催化剂损失较小,消耗量低。浆态床和流化床反应器中催化剂没有保护层,催化剂与合成气以及产物混在一起,在气流的作用下不仅相互碰撞,还与内构件发生碰撞,催化剂磨损较快,消耗量大。

(3) 催化剂与产品分离

固定床反应器中液态产品从反应器底部直接流出,因此没有催化剂与液态产品分离的技术问题。浆态床反应器催化剂磨损严重,液态产品中存在较多的粉末状催化剂,必须彻底过滤分离后才能进一步加工。流化床反应器中部分催化剂颗粒会被高速上行气流带出反应器,为了维持床层中催化剂量的稳定,必须将上行气体夹带的催化剂从气体中分离并回流到催化剂中。

(4) 目标产品

费-托合成反应器的选型是一个复杂的问题,需要综合考虑经济成本、技术成熟度以及生产规模等问题。从目前发展来看,困扰浆态床反应器工业化运行的固液分离问题已经取得了较大的进展,固定流化床比循环流化床更符合市场的需求,因此未来的费-托合成市场可能需要更多的浆态床反应器以及固定流化床反应器。如果目标产品是以分子量较大的柴油和石蜡为主,建议选择浆态床反应器;如果目标是生产烯烃等高附加值的化学品,建议选择固定流化床反应器[59]。

图9-75是浙江大学自制的一套小型生物质层流气流床气化装置。周劲松等[60]在该装置上进行了4种生物质气化制取合成气的试验研究。研究表明稻壳、红松、水曲柳和樟木松4种生物质在常压气流床气化生成合成气的最佳O/B值（O_2和生物质比率）范围为0.2~0.3（气化温度1300℃）,高温气化时合成气中CH_4含量很低,停留时间为1.6s时其气化反应基本完毕,加大水蒸气含量可增大H_2/CO值,在S/B（水蒸气和生物质比率）为0.8时H_2/CO值都在1以上。

中国科学院青岛生物能源与过程研究所"生物基合成气经二甲醚制汽柴油"项目取得了阶段性成果。该项目成功实现了从实验室规模到年产100t汽油的中试规模工艺放大。其中,二甲醚转化率达到100%,汽油收率为40%~45%,产油量达12~15kg/h,各项工艺技术指标均超过项目预期。生物质气化生产的合成气氢碳比低,不能直接用于合成甲醇,而较适宜采用一步法合成二甲醚[61]。

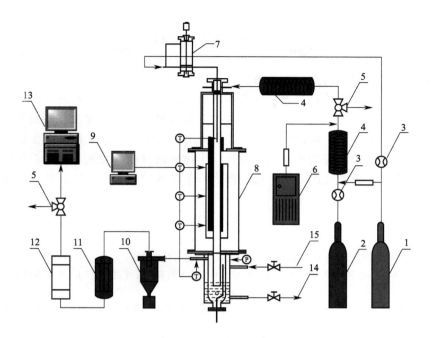

图 9-75 生物质层流气流床气化装置

1—氮气；2—氧气或空气；3—质量流量控制器；4—预热器；5—三通阀；
6—蒸汽发生器；7—气力给料器；8—气流床气化反应器；9—温控系统；
10—旋风分离器；11—冷凝器；12—棉绒过滤器；13—在线煤气分析系统；
14—冷却水出口；15—冷却水进口

要实现大规模生物质气化合成液体燃料还需要更多的努力，特别是生物质气化合成液体燃料的经济性较差，限制了该技术的发展。因此，开发该技术首先应该得到政府和企业的经济支持；其次，必须想办法解决生物质收集问题来提高整个系统的经济性；最后，进一步深入研究和开发整个系统的关键技术，实现废气、废水综合利用[62]。

规模化多联产是费-托合成技术未来发展的方向。规模化多联产有利于统筹兼顾，发挥规模效益，实现资源利用最大化、能源利用高效化、产品种类多元化、生产过程清洁化。以费-托合成为核心，多产业耦合协调发展是费-托合成的最大优势[63]。

9.4.3.3 新型车用燃料生产设备发展趋势

目前，国内外生物原油技术还不成熟，离工业化生产还有较大距离。从行业发展来看，由于我国炼油化工设备行业技术水平与国际先进水平还存在一定差距，企业大多集中生产中低端产品，因此导致低端市场供大于求，且竞争也较为激烈；而高端产品市场，则大部分依赖外资品牌或者依赖进口，处于供不应求的状态。

今后的研究应主要集中于生物质快速热解技术与生物质原料相适应，将适宜的反应器、反应工艺和反应条件有机结合在一起，提高热解产物收率；放大现有热解反应器的规模，提高系统长期运行的稳定性；降低生物原油的生产成本，向大规模商业化过渡。建议国内从事生物原油技术开发的相关科研院所与大型石油石化企业加强合作，实现优势互补，加快开发生物原油成套技术。加强生物液体燃料生产企业与航空公司及传统能源化工公司的合作，特别是与石化厂合作，有利于直接利用现有设备（如加氢、催化裂化装置），降低生物液体燃料项目投资及产品成本[64]。

大规模生产生物柴油最具挑战性的问题是原料和制造成本较高，其成本相对于石化柴油较高。因此，必须开发和不断改进具有成本效益和生态友好的生物柴油生产技术，使这种生物燃料相对于石油燃料更具竞争力。

我国燃料油整体需求体量较大，随着经济的不断发展，未来燃料油的需求将随之不断增长。而生物柴油作为可再生清洁能源，其产业发展对确保我国能源战略安全、全面管理生态环境、调整农业产业结构以促进经济发展具有重要意义。从近年来生物柴油道路使用量来看，我国生物柴油的应用正在逐步深化。生物柴油行业的发展与当前石化行业调整油产品结构和提高柴油汽油比的方向一致。作为石化柴油的替代品，生物柴油在我国具有广阔的前景。

参考文献

[1] 上海市石油学会. 车用燃气与加气站建设 [M]. 北京：中国石化出版社，2001.

[2] 赵兰兰，郭占斌，王心语，等. 全混式厌氧发酵反应器（CSTR）研究进展 [J]. 江苏农业科学，2019，47 (21)：95-99.

[3] 王世伟，马放，王萍，等. 两段式 CSTR 快速启动及厌氧发酵特性研究 [J]. 东北农业大学学报，2019，50 (1)：88-96.

[4] 刘弘博. CSTR 集中型沼气工程建设运行成本比较研究 [D]. 重庆：西南大学，2013.

[5] 杨世关，李继红，李刚. 气体生物燃料技术与工程 [M]. 上海：上海科学技术出版社，2013.

[6] Kariyama I D, Zhai X, Wu B. Influence of mixing on anaerobic digestion efficiency in stirred tank digesters: A review [J]. Water Research, 2018, 143: 503-517.

[7] 韦科陆，李洁. UASB 厌氧处理酒精废液的工程应用研究 [J]. 轻工科技，2019，35 (6)：36-37，183.

[8] Magdalena J A, Greses S, González-Fernández C. Anaerobic degradation of protein-rich biomass in an UASB reactor: Organic loading rate effect on product output and microbial communities dynamics [J]. Journal of Environmental Management, 2020, 274 (585): 111201.

[9] 康立朝. 钢制低压湿式气柜应用研究 [J]. 煤炭与化工，2016，39 (11)：153-154，157.

[10] 徐慧，韩智勇，吴进，等. 中德沼气工程发展过程比较分析 [J]. 中国沼气，2018，36 (4)：101-108.

[11] 乔玮，李冰峰，董仁杰，等. 德国沼气工程发展和能源政策分析 [J]. 中国沼气，2016，34 (3)：74-80.

[12] 朱颢，胡启春，汤晓玉，等. 德国《可再生能源法》实施及调整对其沼气产业发展的影响分析 [J]. 新能源进展，2016，4 (2)：159-164.

[13] 石祖梁，王久臣，李想，等. 我国秸秆沼气工艺特点、存在问题与对策建议 [J]. 中国农业资源与区划，2018，39 (9)：25-30.

[14] Meyer A K P, Ehimen E A, Holm-Nielsen J B. 未来欧洲沼气：畜禽粪便、秸秆和牧草促进欧洲沼气生产可持续发展的潜力 [J]. 中国沼气，2018，36 (5)：112-120.

[15] 包海军. 我国沼气提纯技术及生物天然气产业发展情况 [J]. 中国沼气，2021，39 (1)：54-58.

[16] 郑戈，张全国. 沼气提纯生物天然气技术研究进展 [J]. 农业工程学报，2013，29 (17)：1-8.

[17] 安银敏，张东东，顾红艳，等. 沼气脱碳技术研究进展 [J]. 中国沼气，2018，36 (6)：65-71.

[18] Ndayisenga F, Yu Z S, Zheng J Z, et al. Microbial electrohydrogenesis cell and dark fermentation integrated system enhances biohydrogen production from lignocellulosic agricultural wastes: Substrate pretreatment towards optimization [J]. Renewable and Sustainable Energy Reviews, 2021, 145: 111078.

[19] 刘润国. 产氢扁藻的培养优化 [D]. 大连：中国科学院大连化学物理研究所，2004.

[20] 康铸慧. 光合细菌生物产氢试验研究 [D]. 上海：同济大学，2006.

[21] 李刚，张全国. 光合细菌生物制氢反应器的现状分析 [J]. 化工进展，2009，28 (1)：41-46.

[22] 张永贵，许思远，张琴，等. 金属纳米颗粒在暗发酵生物制氢中的应用研究进展 [J]. 应用化工，2021，50 (7)：1922-1926.

第 9 章 车用生物燃料典型生产设备

[23] 张超, 鲁雪生, 顾安忠. 氢在碳纳米纤维中的低温吸附存储特性 [J]. 低温与超导, 2006, 34 (4): 276-278, 285.

[24] 马隆龙, 吴创之, 孙立. 生物质气化技术及其应用 [M]. 北京: 化学工业出版社, 2003.

[25] 刘荣厚, 牛卫生, 张大雷. 生物质热化学转换技术 [M]. 北京: 化学工业出版社, 2005.

[26] Rampling T. Fundamental research on the thermal treatment of wastes and biomass: literature review of part research on thermal treatment of biomass and waste [J]. OpenGrey Repository, 1993.

[27] Boerrigter H, Paasen S V, Bergman P, et al. Tar removal from biomass product gas: development and optimisation of the OLGA tar removal technology [J]. Biomass, 2005.

[28] 方书起, 陈俊英. 生化工程与设备 [M]. 北京: 化学工业出版社, 2017.

[29] 马晓建, 李洪亮, 刘利平, 等. 燃料乙醇生产与应用技术 [M]. 北京: 化学工业出版社, 2007.

[30] 曹中琦, 陈宁, 王庚, 等. 模拟发酵液中渗透汽化膜分离乙醇性能劣化研究 [J]. 膜科学与技术, 2018, 38 (6): 22-26, 40.

[31] Dawid M, Grzegorz K. Microwave-assisted hydrotropic pretreatment as a new and highly efficient way to cellulosic ethanol production from maize distillery stillage [J]. Applied Microbiology and Biotechnology, 2021, 105 (8): 3381-3392.

[32] 孙培勤, 孙绍晖, 常春, 等. 生物基燃料技术经济评估 [M]. 北京: 中国石化出版社, 2016.

[33] 汪江波, 孔博, 蔡林洋, 等. 新型燃料生物丁醇研究进展 [J]. 中国酿造, 2020, 39 (10): 15-20.

[34] Neethu A, Murugan A. Bioconversion of sago effluent and oil cakes for bio-butanol production using environmental isolates [J]. Biofuels, 2021, 12 (1): 35-42.

[35] 蔡的, 李树峰, 司志豪, 等. 生物丁醇分离技术的研究进展及发展趋势 [J]. 化工进展, 2021, 40 (3): 1161-1177.

[36] Bhuiya M M K, Rasul M G, Khan M M K, et al. Second generation biodiesel: Potential alternative to-edible oil-derived biodiesel [J]. Energy Procedia, 2014, 61: 1969-1972.

[37] 陈冠益, 马文超, 颜蓓蓓, 等. 生物质废物资源综合利用技术 [M]. 北京: 化学工业出版社, 2014.

[38] 吴谋成. 生物柴油 [M]. 北京: 化学工业出版社, 2007.

[39] 李海滨, 袁振宏, 马晓茜, 等. 现代生物质能利用技术 [M]. 北京: 化学工业出版社, 2011.

[40] 李为民, 王龙耀, 许娟, 等. 现代能源化工技术 [M]. 北京: 化学工业出版社, 2011.

[41] Meisam T, Mortaza A, Mona D, et al. Reactor technologies for biodiesel production and processing: A review [J]. 2019, 74: 239-303.

[42] 张玮玮, 杨慧霞, 薛屏. 纳米载体固定化脂肪酶及其在生物柴油转化中的应用进展 [J]. 生物技术通报, 2020, 36 (1): 160-166.

[43] 孙绍晖, 段运明, 马国杰, 等. 第二代生物柴油技术研究进展 [J]. 化工时刊, 2015, 29 (2): 42-58.

[44] 黄格省, 李振宁, 付兴国, 等. 现代化工 [J]. 2012, 32 (6): 6-10.

[45] 曾凡娇, 刘文福. 生物柴油的研究与应用现状及发展建议 [J]. 绿色科技, 2021, 23 (4): 182-184.

[46] 郭萍梅, 黄凤洪, 黄庆得, 等. 利用 Biopro 型设备转化废物油脂制备生物柴油 [J]. 农业工程学报, 2011, 27 (增刊 1): 133-137.

[47] 李艾军, 王洪, 李鸿鹏, 等. 基于废弃动植物油的高品质生物柴油制备关键技术及产业化 [Z]. 国家科技成果, 2019.

[48] 黄凤洪, 郭萍梅, 王存文, 等. 非食用油脂资源生物柴油转化关键技术研究与应用 [Z]. 国家科技成果, 2013.

[49] 史国强, 李军, 邢定峰. 生物柴油生产工艺技术概述 [J]. 石油规划设计, 2013, 24 (5): 29-34.

[50] 朱建芳, 钱伯章. 生物柴油生产现状及技术进展 [J]. 天然气与石油, 2007 (3): 49-52.

[51] 何志霞, 王谦, 王爽, 等. 加氢催化生物柴油车用发动机关键技术 [Z]. 国家科技成果, 2015.

[52] 程备久, 卢向阳, 蒋立科, 等. 生物质能学 [M]. 北京: 化学工业出版社, 2008.

[53] 高新源, 徐庆, 李占勇, 等. 生物质快速热解装置研究进展 [J]. 化工进展, 2016, 35 (10): 3032-3041.

[54] 李俊妮. 第三代生物柴油研究进展 [J]. 精细与专用化学品, 2012, 20 (1): 33-35.

[55] 徐谦, 左承基. 利用费托合成制取液体燃料的研究进展 [J]. 能源技术, 2008, 29 (4): 212-216.

[56] 刘永光, 田卿卿, 朱靖. 费托合成反应器的开发进展 [C]. 2012 冀苏鲁皖赣五省金属 (冶金) 学会第十六届焦

化学术年会，2012.

[57] Self-SustainedProcess. BIOFORCETECH Corporation [EB/OL]. https：//bioforcetech.com/pyrolysishtml.

[58] 王黎明，王述洋. 国内外生物质热解液化装置的研发进展 [J]. 太阳能学报，2006，27（11）：1180-1184.

[59] 杜冰，刘潇，王涛，等. 费托合成反应器应用研究进展及展望 [J]. 洁净煤技术，2016，22（05）：35-40.

[60] 周劲松，赵辉，曹小伟，等. 生物质气流床气化制取合成气的试验研究 [J]. 太阳能学报，2008，29（11）：1406-1413.

[61] 王熙庭. 生物基合成气经二甲醚制汽油研究取得进展 [J]. 天然气化工（C1化学与化工），2016，41（6）：24.

[62] 蓝平，蓝丽红，谢涛，等. 生物质合成气制备及合成液体燃料研究进展 [J]. 化学世界，2011，52（7）：437-441，436.

[63] 孙启文，吴建民，张宗森. 费托合成技术及其研究进展 [J]. 煤炭加工与综合利用，2020（2）：35-42，4.

[64] 陈伦刚，赵聪，张浅，等. 国外生物液体燃料发展和示范工程综述及其启示 [J]. 农业工程学报，2017，33（13）：8-15.

第 10 章 车用生物燃料生产过程模拟

本章主要内容为车用生物燃料生产过程的模拟，重点介绍化工过程基本特点与构成、化工数据估算方法与计算机模拟、过程单元物料衡算与计算机模拟、过程单元能量衡算与计算机模拟、过程单元物料衡算与能量衡算联解。并结合 Aspen Plus 软件在车用生物燃料制备中的应用，详细介绍车用生物燃料的生产工艺、精馏过程模拟等。

10.1 化工过程模拟

化工过程模拟可分为稳态模拟、动态模拟两类。通常情况下，化工过程模拟多为稳态模拟，是基于化工数据，采用模拟软件描述多个单元操作，组成一个有机整体，通过计算机调节相关工艺参数，获得所需结果[1]。化工过程模拟所涉及的参数有物料组成、温度、浓度、压力、流量、设备尺寸等。化工过程模拟给予设计开发人员足够的自由发挥空间，在不浪费实际设备、管线等资源条件下，利用计算机模拟软件进行不同设计方案的比较，很大程度上节省了时间和成本[2]。

10.1.1 化工过程基本特点与构成

化学工业是国民经济的重要支柱产业之一，其化学产品涉及人类日常生活、国防建设、工农业生产、科学研究等领域。化工过程是通过化学或化学-物理方法将天然原材料、化工原料加工成具有经济附加值和新的属性的化学产品的生产过程[3]。

化工加工过程和产品种类繁多，但化工过程一般分为原料预处理、化学反应、产品后处理三个基本环节，如图 10-1 所示。

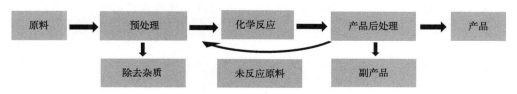

图 10-1 典型化工过程示意[3]

原料预处理为化学反应的前期准备，包括原料的制备和净化、原料的温度和压强调节、相态处理等。化学反应是化工过程的核心环节，也是将原材料转化为化学产品的核心步骤，需同时满足温度、压力等条件，才能保证化学反应顺利进行[4]。产品后处理即为反应产物纯化和分离阶段，伴随副产品的产生，如果原料未参与反应，需循环进入反应阶段。大多数反应离不开催化剂，催化剂能降低反应活化能，加快反应速度，抑制副反应的发生[5]。

10.1.2 化工数据估算方法与计算机模拟

在实际化工过程中，需要分析各种纯净物、混合物的物性数据，如热力学性质、物理性质、传递性质等。一般情况下，通过实验测定或通过计算实验数据得到物性参数比较可靠，但必须指出，在实际生产过程中涉及的物性数据常受温度、压力、组成等影响，现有实验值不能满足实际需要，需通过模型估算或计算获得物性数据。选择物性估算方法时，要根据一定的知识和经验需要考虑数据的严谨性[4]。

10.1.2.1 化工数据估算方法

本小节通过流体基础物性估算方法、相平衡数据计算与模拟方法、热力学与传递物性数据估算方法三个方面介绍化工数据的估算与模拟。

（1）流体基础物性估算方法

1）流体的沸点及临界参数估算

常见的流体的基础物性有沸点、密度、临界参数等，通常采用基团贡献法来估算。基团贡献法假定纯净物或混合物的物性等于构成此体系的各种基团对物性贡献值的总和。例如，构成有机烃类的化合物有上万种，很难获取其全部的化学性质，但可利用基团贡献法进行估算，如可以同时估算沸点 T_b、临界温度 T_c、临界压强 p_c、临界体积 V_c 的 Joback 法和 Constantinous-Gani 法（C-G 法）[3]。

2）流体状态方程

流体的状态方程是其热力学性质的函数方程式，表达式如下：

$$f(p, V_m, T) = 0 \tag{10-1}$$

上述方程可用来表示均相流体温度、压力、体积之间的关系，目前开发出的状态方程有上百种，但每个方程都各具特点，如经典的 van der Waals 方程、R-K 方程、P-R 方程等。

3）活度系数法模型

活度系数法模型更适合液相的逸度的计算，常见的有 NRTL 模型、Wilson 模型、UNIQUAC 方程、UNIFAC 方程。除此之外，还有应用于含电解质组分的其他模型，例如 ELECNRTL 模、Pitzer 模型等，以 NRTL 模型为例，其表达式如下：

$$\ln \gamma_i = \frac{\sum_{j=1}^{N} \tau_{ji} G_{ji} x_j}{\sum_{i=1}^{N} G_{ij} x_i} + \sum_{j=1}^{N} \frac{x_j G_{ij}}{\sum_{i=1}^{N} G_{ij} x_i} \times \left[\tau_{ij} - \frac{\sum_{i=1}^{N} x_i \tau_{ij} G_{ij}}{\sum_{j=1}^{N} G_{ij} x_j} \right] \tag{10-2}$$

$$G_{ij} = \exp(-\alpha_{ji} \tau_{ij}) \tag{10-3}$$

$$\alpha_{ij} = \alpha_{ji} = \alpha \tag{10-4}$$

$$\tau_{ij} = \frac{g_{ij} - g_{jj}}{RT} = \frac{\Delta g_{ij}}{RT} \tag{10-5}$$

式中 α——可调节的经验参数,反映溶液体系溶质、溶剂之间的非随机性,$\alpha_{ij}=\alpha_{ji}=\alpha$,$i\neq j$,$\alpha_{ij}$ 取值范围一般在 0.2～0.47 之间;

Δg_{ij}——NRTL 模型参数,表示交互作用能参数。

（2）相平衡数据计算与模拟方法

相平衡计算常用于化工分离过程中,如精馏、吸收、萃取、结晶、吸附等,除计算给定条件下的平衡组成外,还可计算溶解度、泡点、露点等。相平衡计算内容涉及单一组分、混合物的基础物性、热力学性质等[6]。以逸度为例,对于气体混合物,主要通过状态方程求解;对于液体混合物,主要通过活度系数模型求解。表 10-1 总结了常见化工体系适宜的物性计算或模拟方法。

表 10-1 常见化工体系适宜的物性计算或模拟方法[1]

化工体系	物性计算或模拟方法
气体加工、空气分离	P-R,SRK
气体净化	ENRTL,Kent-Eisnberg
石油炼制	P-R,SRK,BK10,Grayson-Streed
化工过程	NRTL,UNIQUAC
电解质体系	ENRTL
低聚物	Polymer NRTL

对于混合物的气液或液液相平衡数据计算,常常包括露点、泡点、气液平衡以及各项组成等内容。根据相平衡的判据：

$$\hat{f}_i^\alpha = \hat{f}_i^\beta = \cdots = \hat{f}_i^\pi \tag{10-6}$$

式中 $\hat{f}_i^\alpha$, $\hat{f}_i^\beta$, $\cdots$, $\hat{f}_i^\pi$——组分 i 在 α,β,$\cdots$,π 相中的逸度。

（3）热力学与传递物性数据估算方法

1）热力学物性估算

常见的热力学物性估算有蒸气压的计算、蒸发潜热的计算和物质热容的估算。蒸气压的估算方法有 Antoine 蒸气压方程和 Riedel 蒸气压方程[3]。

① Antoine 蒸气压方程

$$\ln p = A - \frac{B}{t+C} \tag{10-7}$$

式中 p——蒸气压,kPa;

A、B、C——Antoine 常数;

t——温度,℃。

【例 10-1】估算甲烷在 140℃下的蒸气压。

解：查表得 Antoine 方程中 $A=5.82$,$B=405.42$,$C=267.78$,其中 p 对应的单位为 kPa,代入 Antoine 方程：

$$p = \exp\left(A - \frac{B}{t+C}\right) = \exp\left(5.82 - \frac{405.42}{140+267.78}\right) = 124.68 \text{kPa}$$

② Riedel 蒸气压方程

$$\ln p = A + \frac{B}{t} + C\ln t + Dt^4 \tag{10-8}$$

式中 p——蒸气压，kPa；
A、B、C、D——Riedel 常数；
     t——温度，℃。

2）蒸发潜热计算方法

蒸发潜热，也被称为汽化焓，是指在相同温度下饱和蒸汽与饱和液体之间的焓差，通常用 ΔH_V 表示。对于正常沸点下的蒸发潜热，计算式见表 10-2。

表 10-2 常见计算蒸发潜热方程[3]

名称	常见的计算方程
Giacalone 方程	$\Delta H_{Vb} = RT_c \left(T_{br} \dfrac{\ln p_c}{1-T_{br}} \right)$
Riedel 方程	$\Delta H_{Vb} = 1.093 RT_c \left(T_{br} \dfrac{\ln p_c - 1}{0.930 - T_{br}} \right)$
Chen 方程	$\Delta H_{Vb} = RT_c T_{br} \dfrac{3.978 T_{br} - 3.938 + 1.555 \ln p_c}{1.07 - T_{br}}$
Vetere 方程	$\Delta H_{Vb} = RT_c T_{br} \dfrac{0.4343 \ln p_c - 0.68859 + 0.89684 T_{br}}{0.37691 - 0.37306 T_{br} + 0.14878 p_c^{-1} T_{br}^{-2}}$

注：表中 p_c 单位均为 bar。

10.1.2.2 化工数据计算机模拟

（1）相平衡数据计算机模拟

计算机模拟常用于相平衡计算中，Aspen Plus 模拟软件在化工、医药等领域应用广泛，其中包含各种活度系数方程、状态方程模型，兼具通用和专业特点，具体模型参考相关 Aspen Plus 书籍。溶液活度系数方程中的参数来源于相平衡实验数据的回归，但对于特定的化工过程体系，如出现模拟结果与现有实验数据偏差较大，需要从参考文献获取，但又没有参考文献时，就需要去测定相关实验数据并进行数据回归。

例如，二元液液平衡（LLE）实验数据回归活度系数方程参数，下面实例演示使用 Aspen Plus 进行数据回归。

【例 10-2】根据乙酸乙酯-水的液液相平衡实验数据（表 10-3），采用 Aspen Plus 回归 NRTL 方程的二元交互参数。

表 10-3 乙酸乙酯-水的液液相平衡实验数据[3]

$T/℃$	乙酸乙酯（x_1，摩尔分数）	水（x_2，摩尔分数）
0	0.897	0.0208
10	0.884	0.0188
20	0.870	0.0169
25	0.862	0.0160
30	0.853	0.0152
40	0.835	0.0140
50	0.815	0.0131
60	0.793	0.0124
70	0.767	0.0190

首先，输入组分，如图 10-2 所示。

第 10 章 车用生物燃料生产过程模拟

图 10-2 输入组分

物性方法设定，如图 10-3 所示。

图 10-3 物性方法设定

设置实验数据类型，如图 10-4 所示。

图 10-4 设置实验数据类型

输入实验数据，如图 10-5 所示。

图 10-5 输入实验数据

NRTL 方程 4 个参数的回归值与标准误差值，如图 10-6 所示。

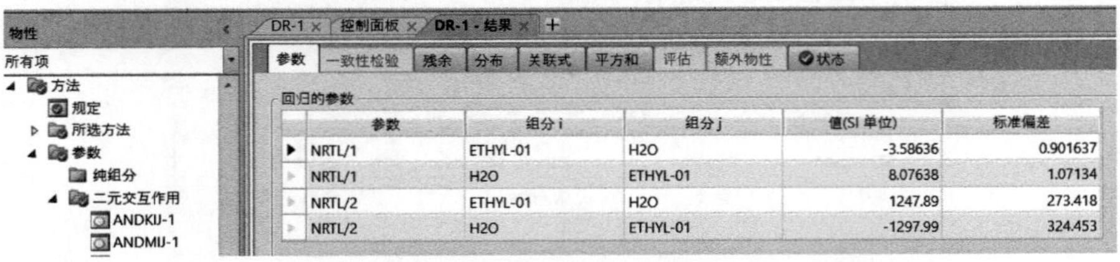

参数	组分 i	组分 j	值(SI 单位)	标准偏差
NRTL/1	ETHYL-01	H2O	-3.58636	0.901637
NRTL/1	H2O	ETHYL-01	8.07638	1.07134
NRTL/2	ETHYL-01	H2O	1247.89	273.418
NRTL/2	H2O	ETHYL-01	-1297.99	324.453

图 10-6　NRTL 方程 4 个参数的回归值与标准误差值

实验值与回归值结果对照，如图 10-7 所示。

	实验值	回归值	标准偏差	差异	%差异
1	0	-0.000212084	0.01	-0.000212084	
2	10	9.98711	0.01	-0.0128926	-0.128926
3	20	19.9858	0.01	-0.014154	-0.0707698
4	25	24.9937	0.01	-0.00628661	-0.0251465
5	30	30.0062	0.01	0.00622151	0.0207384
6	40	40.0154	0.01	0.0153703	0.0384258
7	50	50.0261	0.01	0.0261005	0.052201
8	60	60.0385	0.01	0.0384525	0.0640876
9	70	69.9469	0.01	-0.053091	-0.0758443

图 10-7　实验值与回归值结果对照

NRTL 回归乙酸乙酯-水液液相平衡 T-x_1-x_2 图，如图 10-8 所示（书后另见彩图）。

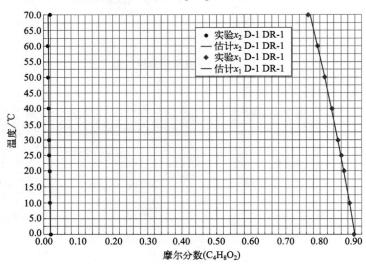

图 10-8　NRTL 回归乙酸乙酯-水液液相平衡 T-x_1-x_2 图

（2）物性计算机模拟

常见的物性的计算机模拟为纯物质的物性（沸点、临界温度等）模拟、混合物的物性模拟等[7]。Aspen Plus 软件不仅可以计算纯物质的基础物性数据，还可以计算纯组分的传递、热化学性质，Aspen Plus 数据库中不仅包含丰富的物性参数，而且这些参数是模拟过程中不可缺失的重要组成部分。在模拟过程中，如果物性数据库中存在相关数据，可直接调用；如果物性数据库中不存在需要的物性数据，则需要使用物性数据估算系统模拟计算所需物性数据。下面通过例 10-3 演示纯物质的物性查询。

【例 10-3】利用 Aspen Plus 查询乙醇的物性。

首先，输入组分，如图 10-9 所示。

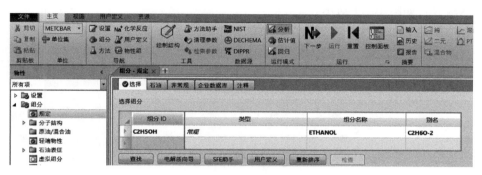

图 10-9　输入组分

选中组分 C_2H_5OH，点击检查，查看物性结果，如图 10-10 所示。

图 10-10　物性参数模拟结果

在化工实际生产过程中，常见的流体多为混合物，所需数据除相平衡、传递参数等数据，化工物性工具书中收录的基本为一定温度、压力下的物性数据，对于不同温度、压力等条件下的物性数据则需要通过模拟获得[8]。Aspen Plus 内置 8 个热导率模型，12 个混合物的黏度模型，7 个扩散系数模型，下面通过例 10-4 演示混合物质的物性模拟。

【例 10-4】 利用 Aspen Plus 模拟 25℃下甲醇溶液（摩尔分数 0.2～0.4）的密度、黏度、热导率等物性数据。

输入组分，如图 10-11 所示。

图 10-11　输入组分

物性方法设定，如图 10-12 所示。

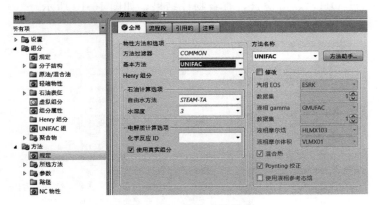

图 10-12　物性方法设定

甲醇-水溶液各物性计算结果，如图 10-13 所示。

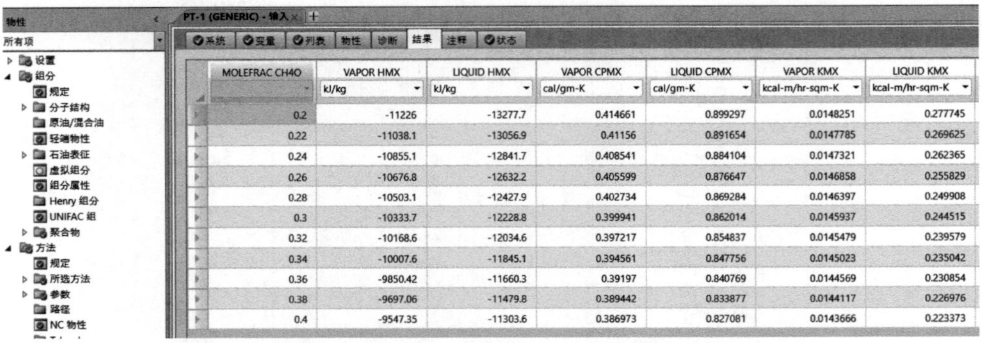

MOLEFRAC CH4O	VAPOR HMX kJ/kg	LIQUID HMX kJ/kg	VAPOR CPMX cal/gm-K	LIQUID CPMX cal/gm-K	VAPOR KMX kcal-m/hr-sqm-K	LIQUID KMX kcal-m/hr-sqm-K
0.2	-11226	-13277.7	0.414661	0.899297	0.0148251	0.277745
0.22	-11038.1	-13056.9	0.41156	0.891654	0.0147785	0.269625
0.24	-10855.1	-12841.7	0.408541	0.884104	0.0147321	0.262365
0.26	-10676.8	-12632.2	0.405599	0.876647	0.0146858	0.255829
0.28	-10503.1	-12427.9	0.402734	0.869284	0.0146397	0.249908
0.3	-10333.7	-12228.8	0.399941	0.862014	0.0145937	0.244515
0.32	-10168.6	-12034.6	0.397217	0.854837	0.0145479	0.239579
0.34	-10007.6	-11845.1	0.394561	0.847756	0.0145023	0.235042
0.36	-9850.42	-11660.3	0.39197	0.840769	0.0144569	0.230854
0.38	-9697.06	-11479.8	0.389442	0.833877	0.0144117	0.226976
0.4	-9547.35	-11303.6	0.386973	0.827081	0.0143666	0.223373

图 10-13　甲醇-水溶液各物性计算结果

溶液热导率随甲醇组成变化曲线，如图 10-14 所示。

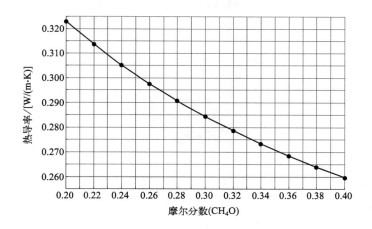

图 10-14　溶液热导率随甲醇组成变化曲线

10.1.3　过程单元物料衡算与计算机模拟

物料衡算是化工工艺的基础，其目的为：

① 确定原料消耗量与产品产量之间的定量关系，为工艺和设备设计提供依据；

② 确定原料消耗量与"三废"生成量之间的关系，为环境控制提供数据，便于合理组织生产；

③ 物料衡算是热量衡算的基础，通过热量衡算可确定设备的热负荷、载热载冷介质用量，以及设备型式、规格、数量等。

本小节通过学习过程单元物料衡算的基本原理和方法，采用 Aspen Plus 软件相关模块演示求解过程单元物料衡算问题的方法和步骤，包括物理过程和化学反应器的物料衡算等[2]。

10.1.3.1　物理过程单元的物料衡算

依据质量守恒原理，对于物理过程和化学反应过程的物料衡算方程均可描述如下：

$$进入系统质量流率-离开系统质量流率=系统内质量积累流率$$

在化工工艺设计和化工计算过程中，物料衡算需基于一定的基准，常见的基准选择方法：a. 时间基准，常以 1h、1d、1d 的投放料为基准确定物料消耗量；b. 质量基准，常以 1mol、1kg 或者 1000kg 作为质量基准；c. 体积基准，对于气体物料衡算，常以 $1m^3$ 为体积基准，并换算标准状态下的体积作为基准；d. 干湿基准，在生产中，若不计原料和产品中的水分，则为干基，否则为湿基。

现代化工模拟软件在进行物料衡算时，其基本步骤：a. 对过程涉及的物料组分进行编号；b. 画出计算简图，对物流进行编号，标注各物流的变量；c. 列出过程的全部独立物料方程式；d. 进行变量分析，统计物料方程和约束方程的个数、变量个数。

下面通过例 10-5 演示无相平衡物料衡算的计算过程。

【例 10-5】已知某化工厂将三种原料酸（97% 的工业硫酸、93% 的硝酸和含 H_2SO_4 69% 的硝化废酸）配制成混合酸使用，混酸组成 H_2SO_4 46%（质量分数，下同）、

HNO_3 46%、H_2O 8%,求混合酸流量 1000kg/h 时各原料酸的用量。

解:按照上述基本步骤将涉及的物料组分进行编:原料中的硝酸为1,硫酸为2,水为3,配制的产物为4,物料用 F 表示。

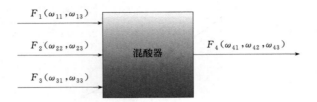

列出物料衡算方程式如下:

H_2SO_4: $F_2\omega_{22}+F_3\omega_{32}=F_4\omega_{42}$

HNO_3: $F_1\omega_{11}=F_4\omega_{41}$

H_2O: $F_1\omega_{13}+F_2\omega_{23}+F_3\omega_{33}=F_4\omega_{43}$

式中,$F_4=1000$kg,$\omega_{11}=0.93$,$\omega_{13}=1-0.93=0.07$,$\omega_{22}=0.97$,$\omega_{23}=1-0.97=0.03$,$\omega_{32}=0.69$,$\omega_{33}=1-0.69=0.31$,$\omega_{41}=0.46$,$\omega_{42}=0.46$,$\omega_{43}=0.08$,求原料组成 F_1,F_2,F_3,联立方程组,可解得:

$F_1=494.6$kg/h,$F_2=397.5$kg/h,$F_3=107.9$kg/h。

10.1.3.2 物理过程单元物料衡算的计算机模拟

下面通过 Aspen Plus 软件的混合、分流、简单分离器模块进行物理过程单元的物料衡算模拟。

(1) 混合器和分流器

Aspen Plus 软件中的混合器是将已知流量、组成、温度、压力等状态的两股或多股物流混合成一股物流,然后确定出口物流的参数。Aspen Plus 软件中的分流器是将已知流量、组成、温度、压力等状态的一股物流分成两股或多股物流,并确定出口多股物流的参数[5]。

【例 10-6】 利用 Aspen Plus 软件模拟例 10-6 中的混酸问题。

首先,输入组分,如图 10-15 所示。

图 10-15 输入组分

电解质向导如图 10-16 所示。

真实组分如图 10-17 所示。

图 10-16 电解质向导

图 10-17 真实组分

电解质对参数如图 10-18 所示。

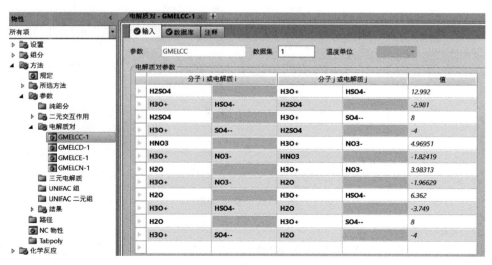

图 10-18 电解质对参数

混合器模块流程图如图 10-19 所示。

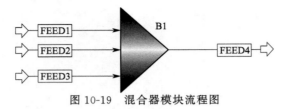

图 10-19　混合器模块流程图

物流参数如图 10-20 所示。

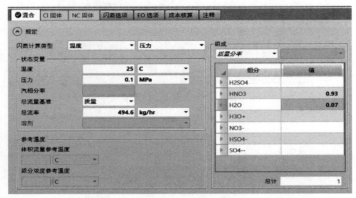

图 10-20　物流参数

模拟结果如图 10-21 所示。

物料 | 热 | 负荷 | 功 | 体积 % 曲线 | 重量 % 曲线 | 石油 | 聚合物 | 固体

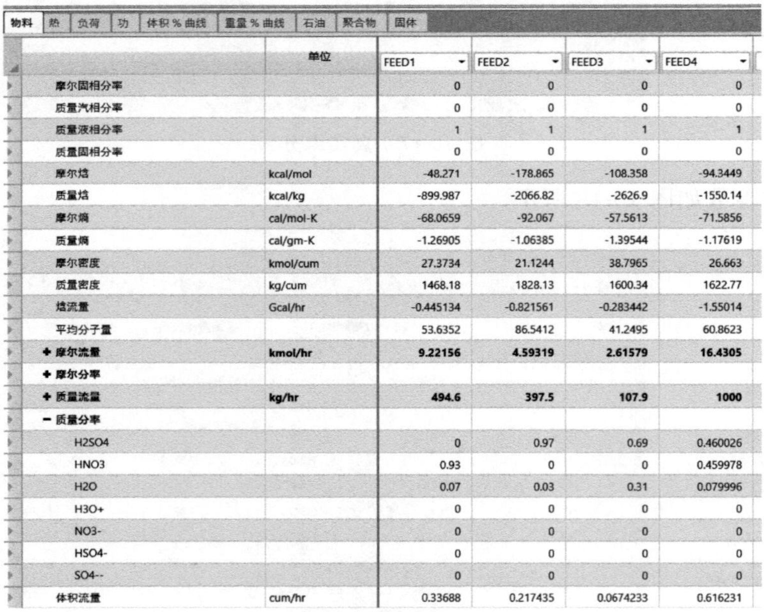

	单位	FEED1	FEED2	FEED3	FEED4
摩尔固相分率		0	0	0	0
质量汽相分率		0	0	0	0
质量液相分率		1	1	1	1
质量固相分率		0	0	0	0
摩尔焓	kcal/mol	-48.271	-178.865	-108.358	-94.3449
质量焓	kcal/kg	-899.987	-2066.82	-2626.9	-1550.14
摩尔熵	cal/mol-K	-68.0659	-92.067	-57.5613	-71.5856
质量熵	cal/gm-K	-1.26905	-1.06385	-1.39544	-1.17619
摩尔密度	kmol/cum	27.3734	21.1244	38.7965	26.663
质量密度	kg/cum	1468.18	1828.13	1600.34	1622.77
焓流量	Gcal/hr	-0.445134	-0.821561	-0.283442	-1.55014
平均分子量		53.6352	86.5412	41.2495	60.8623
+ 摩尔流量	**kmol/hr**	**9.22156**	**4.59319**	**2.61579**	**16.4305**
+ 摩尔分率					
+ 质量流量	**kg/hr**	**494.6**	**397.5**	**107.9**	**1000**
− 质量分率					
H2SO4		0	0.97	0.69	0.460026
HNO3		0.93	0	0	0.459978
H2O		0.07	0.03	0.31	0.079996
H3O+		0	0	0	0
NO3-		0	0	0	0
HSO4-		0	0	0	0
SO4--		0	0	0	0
体积流量	cum/hr	0.33688	0.217435	0.0674233	0.616231

图 10-21　模拟结果

（2）简单分离器

Aspen Plus 提供的简单分离器有两相闪蒸器模块、三相闪蒸器模块、液-液分相器、组分分离器、两出口组分分离器。下面通过实例演示两出口组分分离器的应用[5]。

【例 10-7】 一股进料物流的流率为 1000mol/h，组成为丙烷 20%（摩尔分数，下同）、异丁烷 30%、异戊烷 20%、正戊烷 30%，通过精馏塔分为两股物流。其中，塔底釜液中包含进料中全部正戊烷，塔顶采出液中包含进料中全部丙烷和 80% 的异戊烷，异丁烷占塔顶采出液的 40%，求出塔顶和塔釜剩余物料组成。

输入组分，如图 10-22 所示。

图 10-22　输入组分

物性方法选择，如图 10-23 所示。

图 10-23　物性方法选择

两出口组分分离器流程如图 10-24 所示。

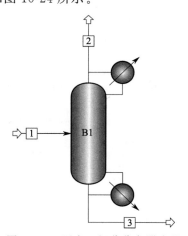

图 10-24　两出口组分分离器流程

输入物流参数,如图10-25所示。

图 10-25　输入物流参数

输入模型参数,如图10-26所示。

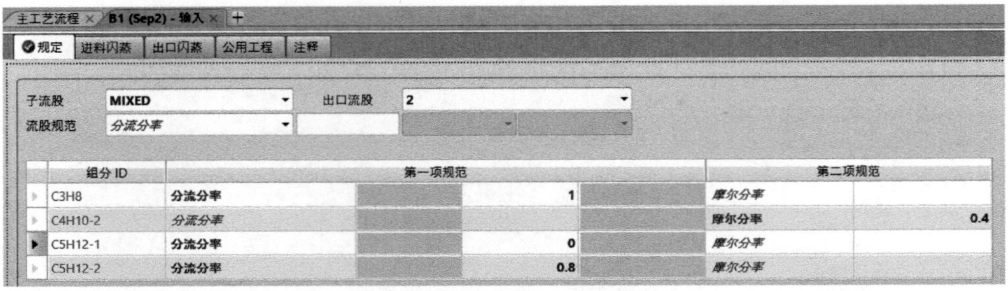

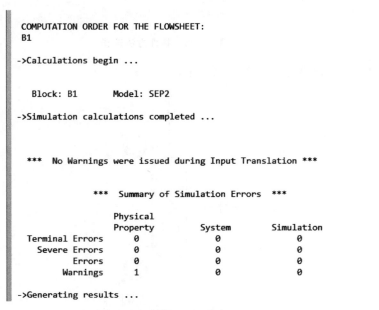

图 10-26　输入模型参数

模拟过程状态,如图10-27所示。

```
COMPUTATION ORDER FOR THE FLOWSHEET:
B1

->Calculations begin ...

  Block: B1      Model: SEP2

->Simulation calculations completed ...


   ***  No Warnings were issued during Input Translation  ***


           ***  Summary of Simulation Errors  ***

                 Physical
                 Property      System       Simulation
 Terminal Errors    0            0              0
   Severe Errors    0            0              0
          Errors    0            0              0
        Warnings    1            0              0

->Generating results ...
```

图 10-27　模拟过程状态

模拟结果如图 10-28 所示。

	单位	1	2	3
- MIXED子流股				
焓流量	Gcal/hr	-0.032531	-0.0186122	-0.0159171
+ 摩尔流量	mol/hr	1000	600	400
- 摩尔分率				
C3H8		0.2	0.333333	0
C4H10-2		0.3	0.4	0.15
C5H12-1		0.3	0	0.75
C5H12-2		0.2	0.266667	0.1
+ 质量流量	kg/hr	62.3315	34.313	28.0185
+ 质量分率				
体积流量	cum/hr	24.7892	14.8735	1.8187
温度	C	25	25	25

图 10-28　模拟结果

10.1.4　过程单元能量衡算与计算机模拟

化工过程单元往往伴随热量传递，化工设备中传热设施的设计、运行都要以热量衡算为基础，通过热量衡算，可以实现：a. 确定传热方式；b. 选择传热剂；c. 选择传热设备，确定传热面积；d. 确定传热剂的用量；e. 计算设备的传热效率和热损失情况，采取节能措施；f. 进行能量的综合利用；g. 对于绝热过程，可以确定过程的最终温度。

Aspen Plus 软件提供的能量衡算和传热计算模块有单流股换热器、多流股换热器等。

（1）单流股换热器

Aspen Plus 软件中的单流股换热器主要功能是对已知的单股或多股物流进行能量衡算，使其达到一定温度、压力等条件下的物流状态，同时可计算泡露点、热负荷等。

【例 10-8】常压下，一台蒸发器每小时可蒸发 2200kg CCl_4，有两股物流进料，其中一股为 60℃ 的液体 1200kg/h，另一股为 80℃ 的液体 1000kg/h，计算产物为 190℃ 的过热蒸气时蒸发器的热负荷[1]。

首先，输入组分，如图 10-29 所示。

模拟结果如图 10-29、图 10-30 所示。

图 10-29　模拟结果（一）

热流器流程如图 10-31 所示。

图 10-30　模拟结果（二）

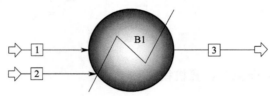

图 10-31　换热器流程图

输入物流 1 参数，如图 10-32 所示。

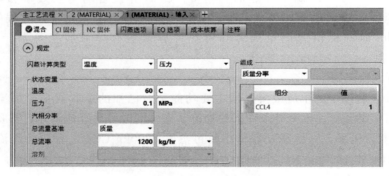

图 10-32　输入物流 1 参数

输入物流 2 参数，如图 10-33 所示。

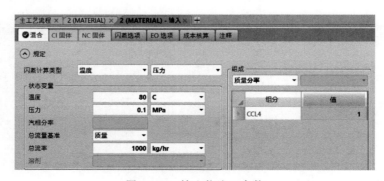

图 10-33　输入物流 2 参数

输入换热器参数，如图 10-34 所示。

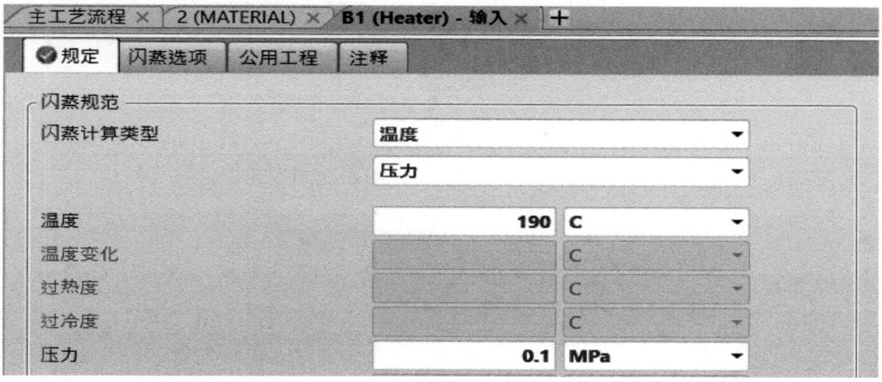

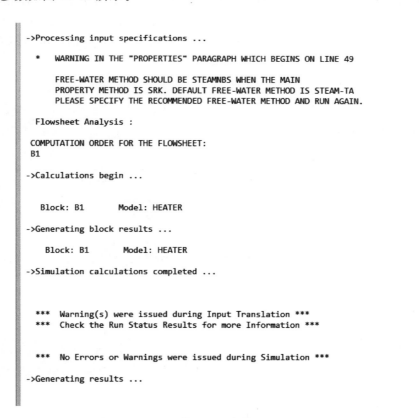

图 10-34　输入换热器参数

模拟过程参数如图 10-35 所示。

```
->Processing input specifications ...

  *   WARNING IN THE "PROPERTIES" PARAGRAPH WHICH BEGINS ON LINE 49

      FREE-WATER METHOD SHOULD BE STEAMNBS WHEN THE MAIN
      PROPERTY METHOD IS SRK. DEFAULT FREE-WATER METHOD IS STEAM-TA
      PLEASE SPECIFY THE RECOMMENDED FREE-WATER METHOD AND RUN AGAIN.

  Flowsheet Analysis :

 COMPUTATION ORDER FOR THE FLOWSHEET:
 B1

->Calculations begin ...


   Block: B1        Model: HEATER

->Generating block results ...

    Block: B1        Model: HEATER

->Simulation calculations completed ...


  ***  Warning(s) were issued during Input Translation ***
  ***  Check the Run Status Results for more Information ***


  ***  No Errors or Warnings were issued during Simulation ***

->Generating results ...
```

图 10-35　模拟过程参数

模拟结果如图 10-36 所示。

（2）多流股换热器

Aspen Plus 软件中的单流股换热器主要模拟两股流逆流或并流换热时的热交换过程，可进行简捷计算和详细计算。

图 10-36 模拟结果

【例 10-9】甲醇蒸气在 0.1MPa、温度 440℃ 条件下，离开合成塔加热废热锅炉，其中，锅炉给水的条件为温度 25℃、压力 0.40MPa（表压），产生的饱和水蒸气表压 0.40MPa，已知锅炉水与甲醇蒸气的物质的量之比为 0.1，取锅炉水摩尔流量 1kmol/h，锅炉绝热操作，计算甲醇蒸气的出口温度[5]。

首先，输入组分，如图 10-37 所示。

图 10-37 输入组分

物性方法选择，如图 10-38 所示。

图 10-38 物性方法选择

相互作用参数如图 10-39 所示。

流程如图 10-40 所示。

第 10 章 车用生物燃料生产过程模拟

图 10-39 相互作用参数

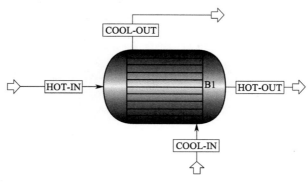

图 10-40 流程图

冷流流股参数如图 10-41 所示。

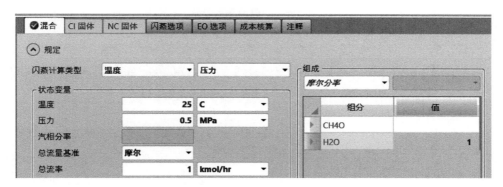

图 10-41 冷流流股参数

热流流股参数如图 10-42 所示。

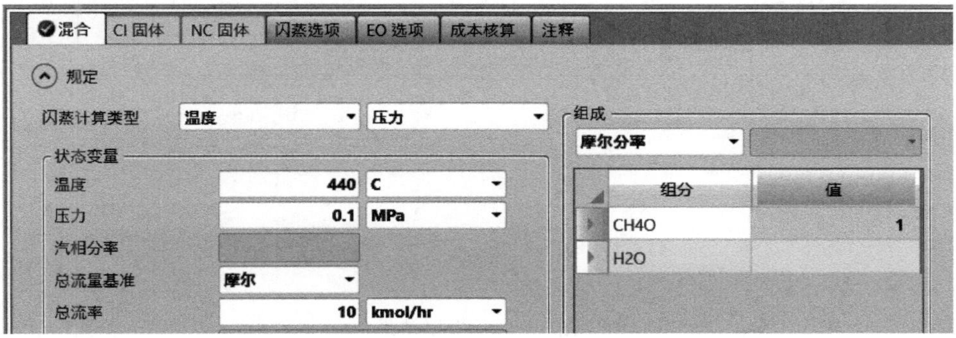

图 10-42 热流流股参数

模型参数设置，如图 10-43 所示。

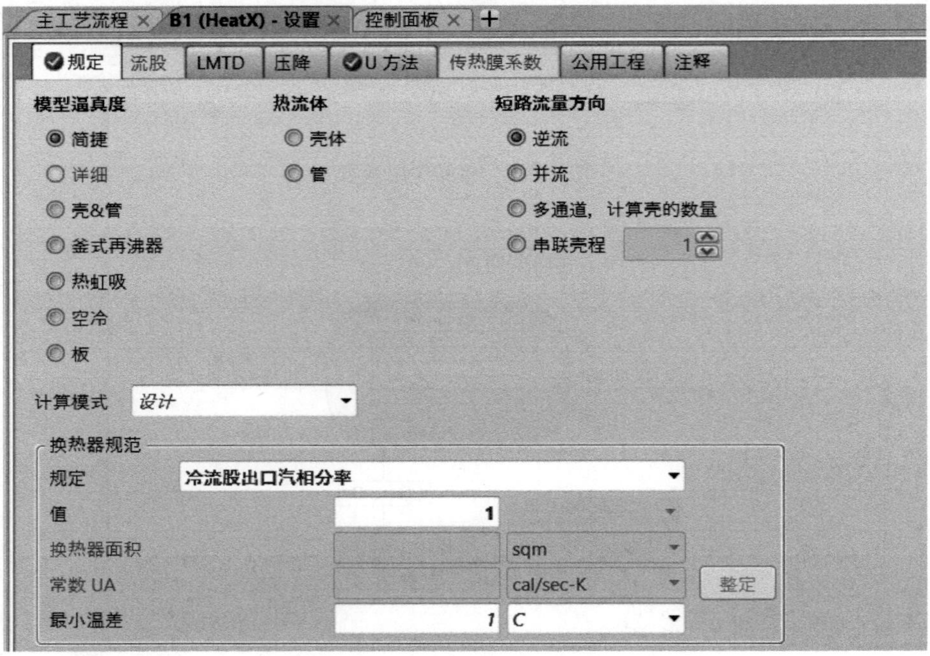

图 10-43　模型参数设置

模拟结果如图 10-44 所示。

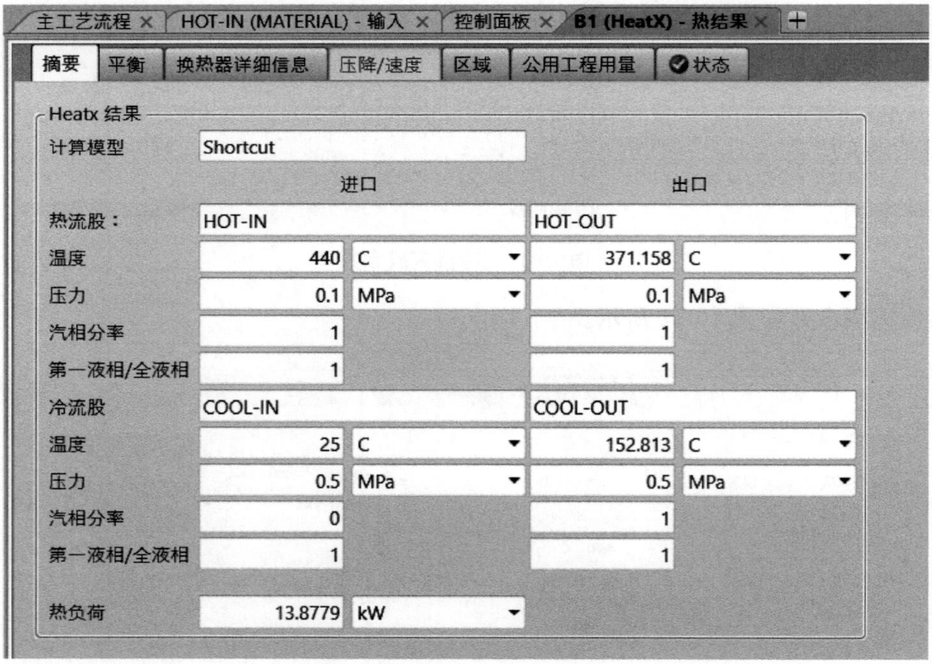

图 10-44　模拟结果

10.1.5 过程单元物料衡算与能量衡算联解

在前述章节中,介绍了化工过程单元涉及的物料衡算、能量衡算的基本原理和方法,同时讨论了物料衡算、能量衡算在 Aspen Plus 软件中的运用技巧和方法,本小节将综合上述内容,讨论物料衡算与能量衡算联立求解问题。

在对化工过程的物料平衡与能量平衡进行求解时,首先要清楚了解整个过程,画出计算简图,然后列出平衡方程和约束式,共分 5 种类型:a. 物料平衡方程;b. 设备约束式;c. 摩尔分数约束式,每股物流 1 个;d. 能量平衡方程,每个过程单元 1 个;e. 焓值方程,每股物流 1 个。

下面通过实例演示计算机模拟软件 Aspen Plus 在物料衡算与能量衡算联立求解方面的应用。

【例 10-10】 某气体混合物的温度为 35℃、压力为 1.68MPa,组成为甲烷 0.000866(摩尔分数,下同)、乙烯 0.7973、乙烷 0.19883、丙烯 0.003004,该气体混合物以流率 200mol/h 进入分凝器,在温度 -15℃、压力 2.57MPa 条件下冷凝,冷凝液进入闪蒸器进行绝热闪蒸,闪蒸压力 1.21MPa,计算冷凝器的热负荷和绝热闪蒸器的闪蒸温度[5]。

首先,输入组分,如图 10-45 所示。

图 10-45 输入组分

方法设置如图 10-46 所示。

图 10-46 方法设置

二元交互作用参数如图 10-47 所示。

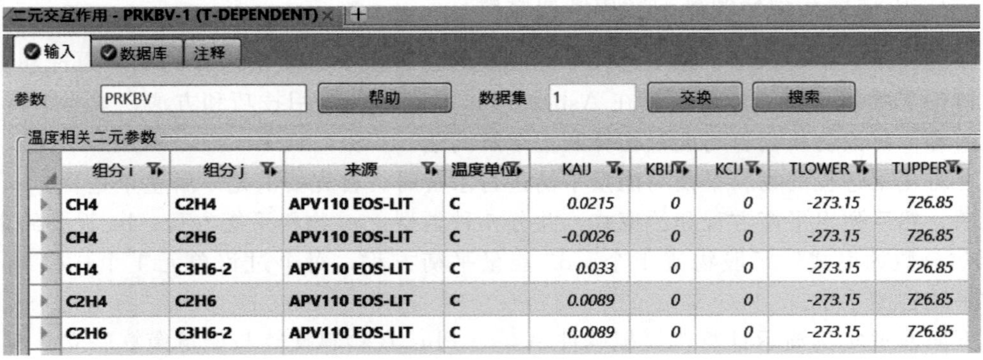

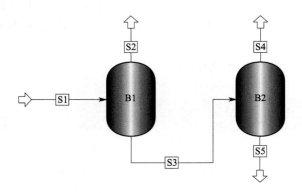

图 10-47 二元交互作用参数

工艺流程如图 10-48 所示。

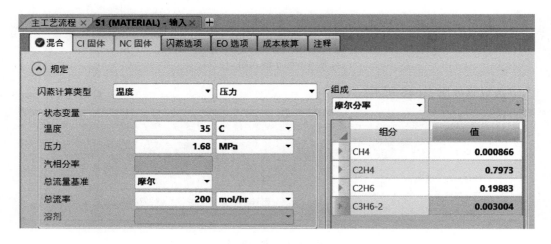

图 10-48 工艺流程图

输入流股 S1 参数，如图 10-49 所示。

图 10-49 输入流股 S1 参数

输入 B1（Flash2）模型参数，如图 10-50 所示。

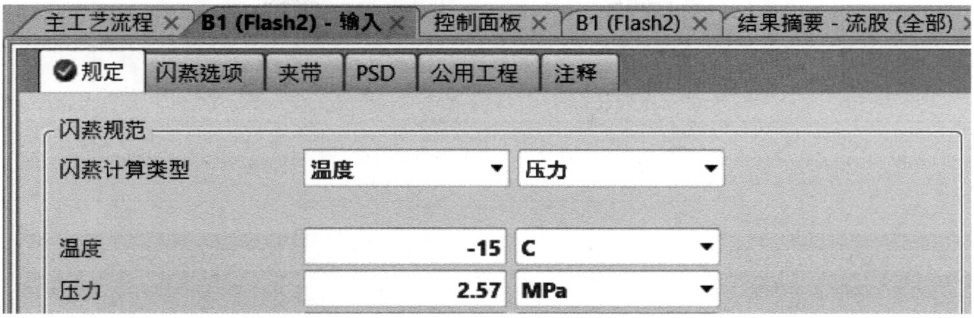

图 10-50　输入 B1（Flash2）模型参数

输入 B2（Flash2）模型参数，如图 10-51 所示。

图 10-51　输入 B2（Flash2）模型参数

B1 模拟参数结果如图 10-52 所示。

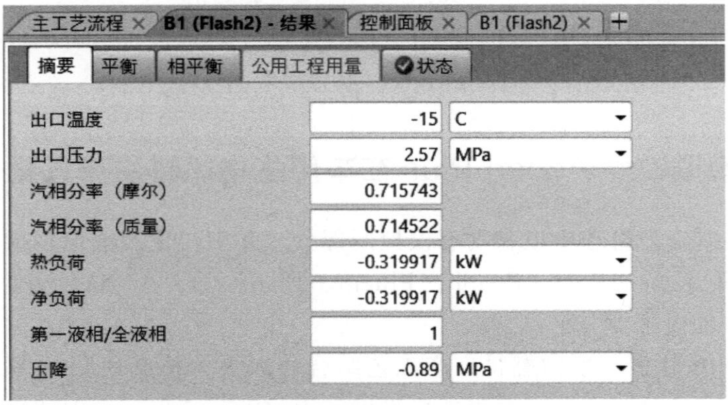

图 10-52　B1 模拟参数结果

B2 模拟参数结果如图 10-53 所示。
模拟结果如图 10-54 所示。

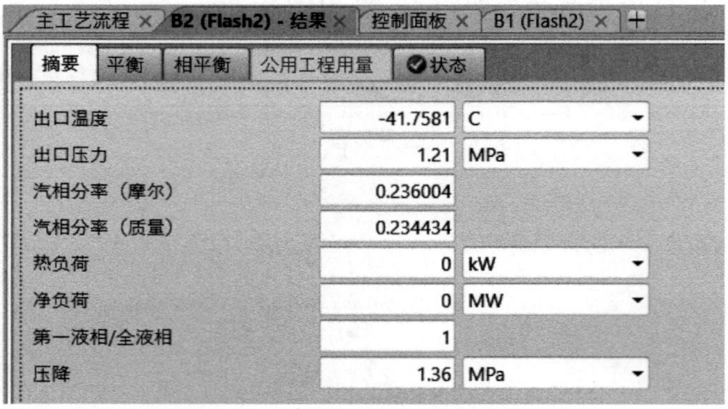

图 10-53　B2 模拟参数结果

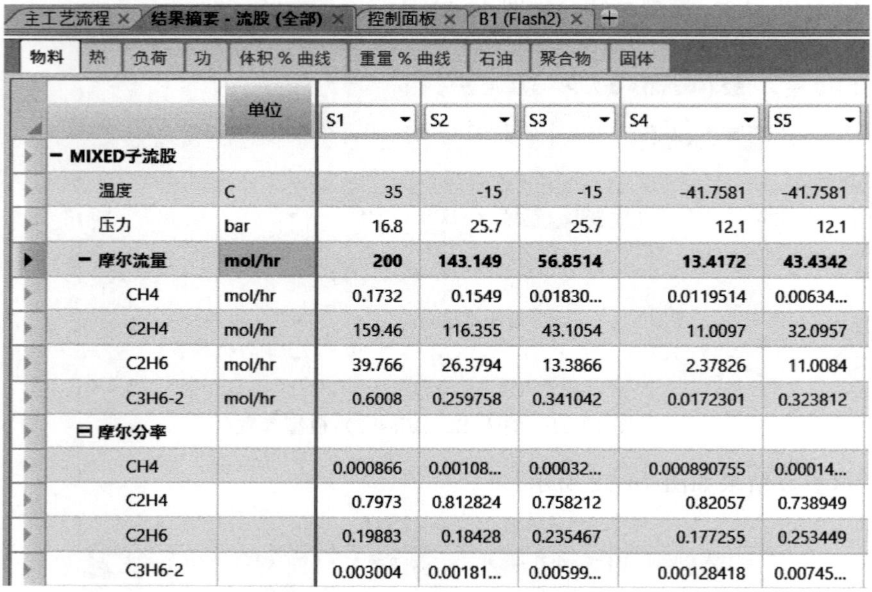

	单位	S1	S2	S3	S4	S5
− MIXED子流股						
温度	C	35	-15	-15	-41.7581	-41.7581
压力	bar	16.8	25.7	25.7	12.1	12.1
− 摩尔流量	mol/hr	200	143.149	56.8514	13.4172	43.4342
CH4	mol/hr	0.1732	0.1549	0.01830...	0.0119514	0.00634...
C2H4	mol/hr	159.46	116.355	43.1054	11.0097	32.0957
C2H6	mol/hr	39.766	26.3794	13.3866	2.37826	11.0084
C3H6-2	mol/hr	0.6008	0.259758	0.341042	0.0172301	0.323812
⊟ 摩尔分率						
CH4		0.000866	0.00108...	0.00032...	0.000890755	0.00014...
C2H4		0.7973	0.812824	0.758212	0.82057	0.738949
C2H6		0.19883	0.18428	0.235467	0.177255	0.253449
C3H6-2		0.003004	0.00181...	0.00599...	0.00128418	0.00745...

图 10-54　模拟结果

10.2　化工模拟软件 Aspen Plus 在车用生物燃料生产过程中的应用

化工过程模拟分为稳态模拟和动态模拟两部分，其中，化工模拟多指稳态模拟，常见化工模拟软件有 Aspen Plus、ProⅡ、Fluent、Plant 3D、ANSYS 等，本书主要介绍 Aspen Plus 软件的模拟[5]。

将 Aspen Plus 软件与生物燃料生产工艺结合可以大大提高研究效率。在科研实验上可以提供理论实验参数，在中试过程中可以设计优化工艺流程减少中试试验次数，缩短工业化周期，在工业化前期可以对其进行经济评价，预测工业化可行性。利用 Aspen Plus 软件能够通过使用基本方程关系式，如质量平衡和能量平衡、相态和化学平衡以及反应动力学去预测一个工艺过程的表观现象并进行相关分析计算。通过给定合理的热力学数据、实际的操作条件和严格的 Aspen Plus 平衡模型，能够模拟实际装置的运行现象并进行灵敏度分析和工况研究，估计和回归物性数据，将模拟模型与装置数据拟合。借助该软件建立的模拟流程，可以通过改变流程配置、操作条件和进料组成来运行新的工况并分析可行方案。

Aspen Plus 软件在石油炼制和煤气化、煤液化领域有着相当成熟的应用经验，是工程师进行工艺设计的重要辅助工具。生物质原料的工业分析和元素分析数据与燃煤的相关分析数据相似，并且在气化、液化工艺处理方法上也类似（如高温高压的反应条件、固液气三相产物），研究人员和工程师通过借鉴煤化工工艺模拟计算方法，运用 Aspen Plus 软件成功搭建了生物质能源利用工艺的模拟流程并取得相关研究成果[4]。

Aspen Plus 软件是一款大型通用流程模拟系统，功能强大，集化工设计与模拟于一体，源于美国能源部 20 世纪 70 年代后期在麻省理工学院（MIT）组织的会战，要求开发新型第三代流程模拟软件，最终于 1981 年底完成称为过程工程的先进系统（advanced system for process engineering，ASPEN）的项目。1982 年为了将其商品化，成立了 AspenTech 公司，并将 ASPEN 称为 Aspen Plus 软件，该软件主要分为物性数据库、单元操作模块、系统实现策略三部分。

10.2.1 物性方法

物性方法（property method）在化工模拟中起关键作用，不同的物性方法直接决定化工模拟的结果。物性方法包含计算方法和模型，可计算模拟过程中所涉及的热力学性质，例如熵、逸度系数、焓、Gibbs 自由能、扩散系数、热导率等。在整个化工模拟过程中，所选择的物性方法贯穿始末，如精馏、萃取过程中的平衡常数（K）计算、换热器设计过程中的焓值计算、泵和压缩机设计过程中的熵值计算、反应器设计过程中的 Gibbs 自由能计算和反应停留时间计算等。化工模拟过程涉及物性方法的常见单元操作如表 10-4 所列。

表 10-4 化工模拟过程涉及物性方法的常见单元操作示例[1]

物性	用途示例	单元操作示例
K	气液平衡、液液平衡	精馏、萃取
焓	能量平衡	换热器、反应器
熵	功、效率	泵、压缩机
Gibbs 自由能	化学平衡	反应器
摩尔体积	反应停留时间	反应器、管线
黏度	压降	换热器

常见的物性方法有理想物性方法、状态方程法、活度系数法等，其中理想物性方法包含 Raoult 定律和 Herry 定律等；状态方程（equation of state，EOS）法具有重要价值，不仅可表示较广范围内压力、温度、体积之间的函数关系，还可计算不能直接从实验获取的其他热力学性质；虽然状态方程可解决正规溶液汽、液相逸度计算，但对于极性溶液和电解质溶液，则需利用活度系数法计算。Aspen Plus 物性方法应用举例如下。

【例 10-11】使用 Aspen Plus 模拟计算常压下甲醇-水的气液平衡相图，物性方法 NRTL 和 NRTL-HOC。

输入组分，如图 10-55 所示。

物性方法规定如图 10-56 所示。

图 10-55　输入组分

图 10-56　物性方法规定

二元交互作用参数如图 10-57 所示。

图 10-57　二元交互作用参数

NRTL 模型模拟结果如图 10-58 所示。

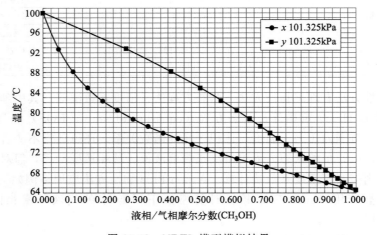

图 10-58　NRTL 模型模拟结果

NRTL-HOC 模型选择如图 10-59 所示。

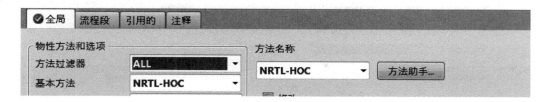

图 10-59　NRTL-HOC 模型选择

NRTL-HOC 模型模拟结果如图 10-60 所示。

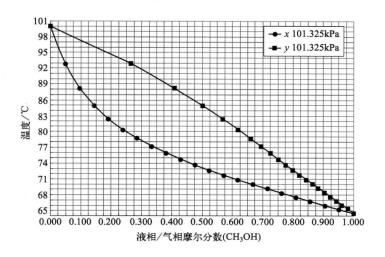

图 10-60　NRTL-HOC 模型模拟结果

以上模拟结果表明，甲醇-水物系属于理想物系，不存在共沸点，NRTL 与 NRTL-HOC 方法均符合实际情况。

物性方法确定后，可利用物性分析（property analysis）功能预测物性的可靠性。

【例 10-12】利用物性分析功能对乙醇蒸气压相对于温度（300～600K）的关系进行模拟，物性方法选择 PENG-ROB。

输入组分，如图 10-61 所示。

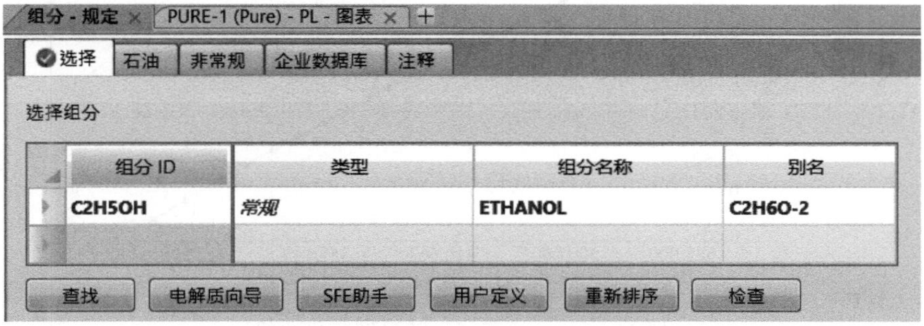

图 10-61　输入组分

输入参数，如图10-62所示。

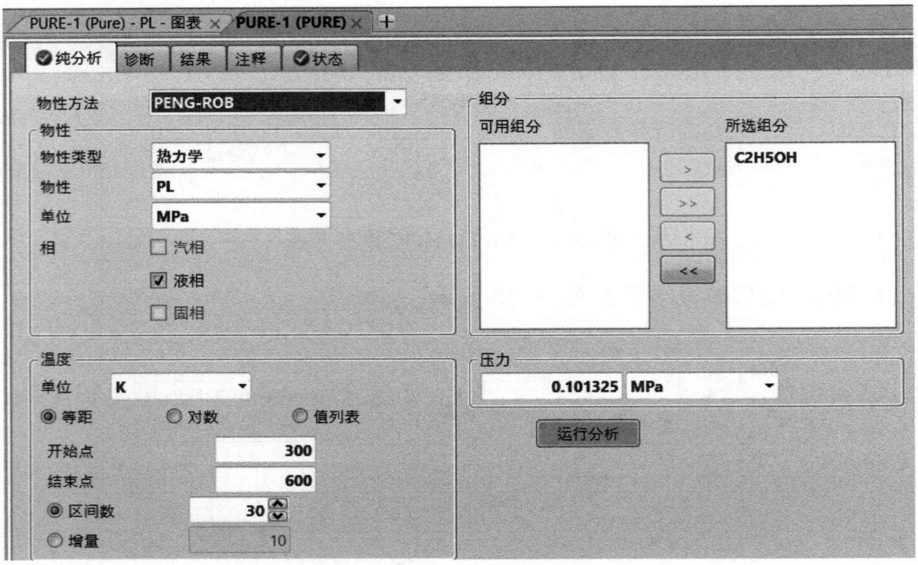

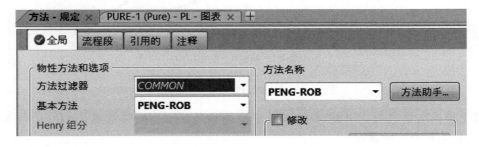

图10-62　输入参数

物性方法选择，如图10-63所示。

图10-63　物性方法选择

乙醇蒸气压随温度变化曲线如图10-64所示。

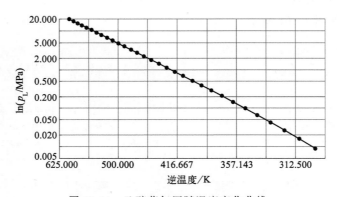

图10-64　乙醇蒸气压随温度变化曲线

纯组分物性方法分析如图 10-65 所示。

PURE-1 (PURE) - 输入 | PURE-1 (Pure) - PL - 图表

纯分析 | 诊断 | 结果 | 注释 | 状态

纯组分物性分析结果

TEMP	PRES	LIQUID PL C2H5OH
K	MPa	MPa
300	0.101325	0.0092998
310	0.101325	0.0161817
320	0.101325	0.0269769
330	0.101325	0.0432806
340	0.101325	0.0670839
350	0.101325	0.100803
360	0.101325	0.147295
370	0.101325	0.209872
380	0.101325	0.292307
390	0.101325	0.398831
400	0.101325	0.534134
410	0.101325	0.703371
420	0.101325	0.912162

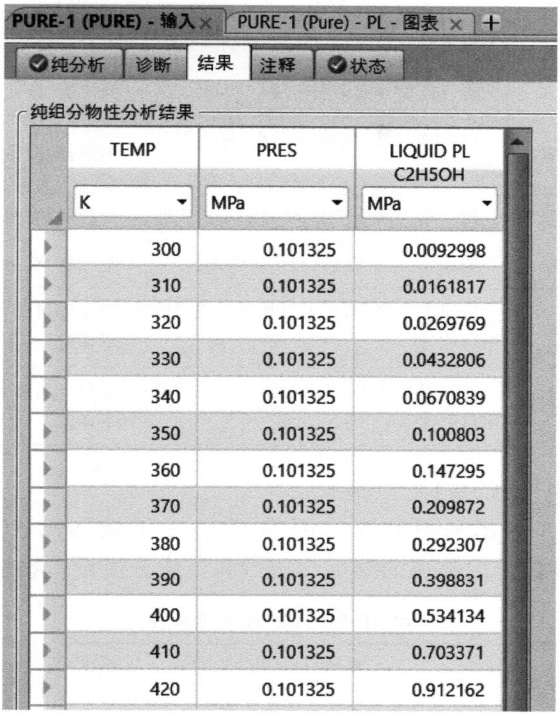

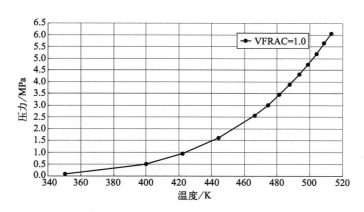

图 10-65 纯组分物性方法分析

甲醇温度-压力变化曲线如图 10-66 所示。

图 10-66 甲醇温度-压力变化曲线

VFRAC—气相摩尔分数

10.2.2 简单单元模拟

以化工模拟软件 Aspen Plus 为例，简单单元模拟常见于混合分离过程，如混合器、闪蒸器、分相器、分流器等模块，各模块说明、功能和适用对象见表 10-5。

表 10-5　简单单元模块介绍[1]

模块	说明	功能	适用对象
Mixer	混合器	将多股流股混合成一股	混合三通、流股混合操作
FSplit	分流器	将一流股分成多股流股	分流器、排气阀
Flash2	两出口闪蒸器	用严格气液、气液液平衡，将进料分成两股	闪蒸器、蒸发器、分液罐
Flash3	三出口闪蒸器	用严格气液液平衡，将进料分成三股	分相器、有两个液相出口单级分离器
Decanter	液液分相器	把进料分成两股液相出口物流	分相器、有两个液相而无气相出口的
Sep	组分分离器	按照参数要求，把入口物流分成多股出口物流	组分分离操作，如蒸馏和吸收，当分离过程不详时
Sep2	两出口组分分离器	按照参数要求，把入口物流分成两股出口物流	组分分离操作，如蒸馏和吸收，当分离过程不详时

混合器模块的应用见例 10-13。

【例 10-13】表 10-6 列出两股物流（丙烷 C3、正丁烷 NC4、正戊烷 NC5、正己烷 NC6）相关参数，计算混合后物流的温度、压力和各组分流量，物性方法 CHAO-SEA。

表 10-6　进料各物流条件

物流	组分	流量/(kmol/h)	温度/℃	压力/MPa
FEED1	C3	20	110	1.5
	NC4	10		
	NC5	30		
	NC6	20		
FEED2	C3	10	130	2
	NC4	20		
	NC5	25		
	NC6	30		

输入组分，如图 10-67 所示。

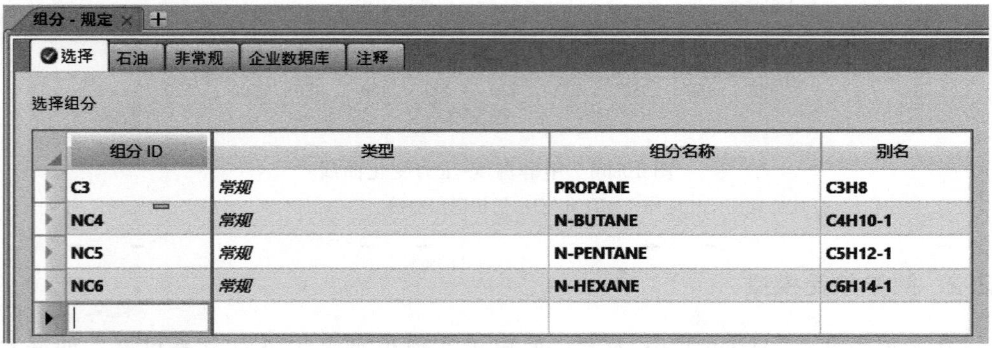

图 10-67　输入组分

物性方法选择,如图 10-68 所示。

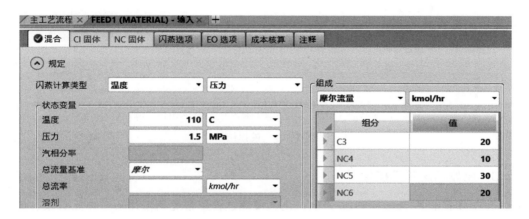

图 10-68　物性方法选择

模块参数设定,如图 10-69 所示。

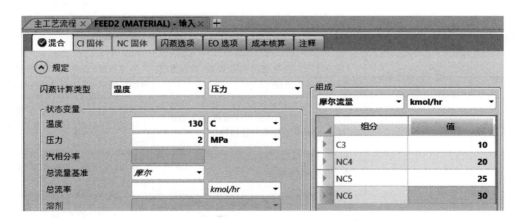

图 10-69　模块参数设定

流股参数输入,如图 10-70 所示。

图 10-70　流股参数输入

模拟结果如图 10-71 所示。

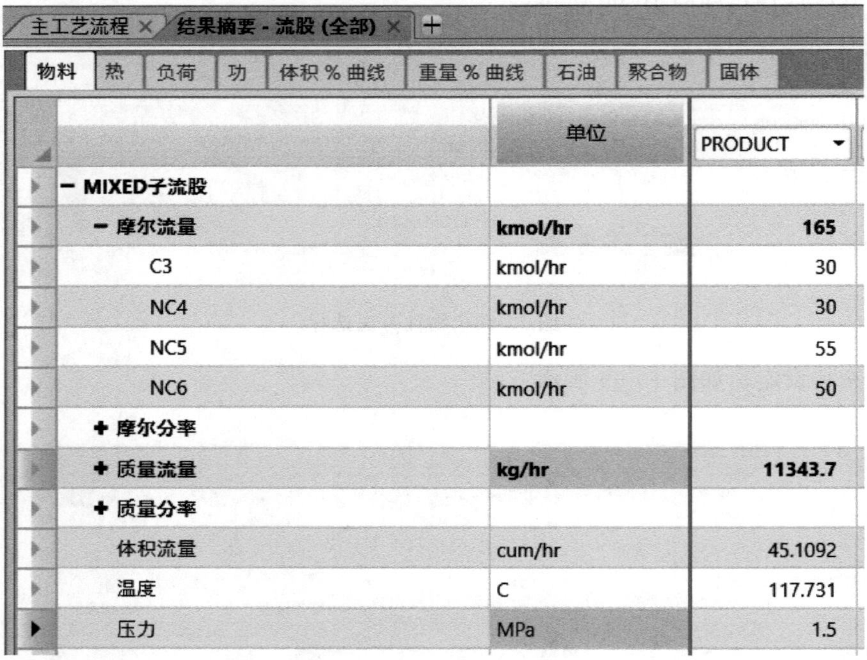
主工艺流程
结果摘要 - 流股 (全部)
物料
热
负荷
功
体积 % 曲线
重量 % 曲线
石油
聚合物
固体
单位
PRODUCT
− MIXED子流股
− 摩尔流量
kmol/hr
165
C3
kmol/hr
30
NC4
kmol/hr
30
NC5
kmol/hr
55
NC6
kmol/hr
50
+ 摩尔分率
+ 质量流量
kg/hr
11343.7
+ 质量分率
体积流量
cum/hr
45.1092
温度
C
117.731
压力
MPa
1.5

图 10-71　模拟结果

10.2.3　流体输送单元模拟

以化工模拟软件 Aspen Plus 为例，化工模拟过程中常见的流体输送单元有泵、管道、压缩机、多级压缩机、管线、阀门等，表 10-7 介绍了流体输送单元模块。

表 10-7　流体输送单元模块介绍[1]

模块	说明	功能	适用对象
Pump	泵、水轮机	当已知压力、功率或特性曲线时，改变物流压力（主要适用液体介质）	泵、水轮机
Compr	压缩机、涡轮机	当已知压力、功率或特性曲线时，改变物流压力（主要适用气体介质）	多变压缩机、等熵压缩机或多级等熵涡轮机、多变正排量压缩机
MCompr	多级压缩机、涡轮机	通过带有冷却器的多级压缩机改变物流压力，可从中间冷却器采出液相物流	多级多变压缩机、多级多变正排量压缩机、多级等熵压缩机、多级等熵涡轮机
Valve	阀门	确定压降或阀系数	球阀、截止阀、控制阀、蝶阀中的多相绝热流动
Pipe	管道	计算通过单管道或环形空间的压降或传热量	直径恒定的管道（可包括管件）
Pipeline	管线	计算通过多段管道或环形空间的压降或传热量	具有多段不同直径或标高的管道

Aspen Plus 软件中的泵模块可用来模拟实际生产过程用于流体输送的各类泵、水轮

机设备,当流体压力提高到一定值时,可计算所需功率,一般处理液相流体。可通过指定功率计算出口压力,采用特性曲线数据计算出口状态,还可以通过指定出口压力来计算泵所需功率等。

压缩机压缩过程分为等温压缩、绝热压缩、多变压缩,气体压缩过程普适方程式如下:

$$pV^m = 常数 \tag{10-9}$$

式中 p——气体压力;

V——气体体积;

m——压缩指数。

等温压缩、绝热压缩、多变压缩过程介绍如下。

(1) 等温压缩

气体在压缩过程中,温度保持不变,压缩指数 $m=1$,满足如下关系:

$$p_1 V_1 = p_2 V_2 = 常数 \tag{10-10}$$

式中 p_1——压缩机入口气体压力;

p_2——压缩机出口气体压力;

V_1——气体压缩前体积流量;

V_2——气体压缩后体积流量。

(2) 绝热压缩

气体在绝热压缩过程中,同外界没有热交换,压缩指数 $m=k$,满足如下关系:

$$p_1 V_1^m = p_2 V_2^m = 常数 \tag{10-11}$$

式中 k——绝热指数,对于理想气体,$k = c_p/c_v$;

c_p——气体的定压比热容;

c_v——气体的定容比热容。

绝热指数 k 与温度有关,常温下,k 可从相关数据手册获得。

(3) 多变压缩

气体在压缩过程中,存在热损失且与外界有热交换时,压缩指数 $1 < m < k$;当压缩过程有热损失但不存在热交换时 $m > k$,满足如下关系:

$$p_1 V_1^m = p_2 V_2^m = 常数 \tag{10-12}$$

式中 p_1——压缩机入口气体压力;

p_2——压缩机出口气体压力;

V_1——气体压缩前体积流量;

V_2——气体压缩后体积流量。

根据热力学规律,$m > k$ 时,多变压缩过程所需压缩功最大;$m = k$ 时,多变压缩过程所需压缩功次之;$1 < m < k$ 时,多变压缩过程所需压缩功再次之;$m = 1$ 时,多变压缩过程为等温压缩,所需压缩功最小。

压缩机模块通过指定出口压力、特性曲线、压力增量或比率计算所需功率,同样还可以根据指定功率计算出口压力。压缩类型不同，可选择的计算方法不同，具体见表10-8。

表10-8 常见压缩类型及计算方法[1]

压缩过程	计算方法			
	莫里尔	GPSA	ASME	分片积分
等熵压缩	√	√	√	
多变压缩		√	√	√
正排量压缩		√		√

其中，对于等熵压缩计算，莫里尔（Mollier）算法最为严格；对于多变压缩计算和等熵压缩计算，ASME算法比GPSA算法更加严格；ASME算法不能用于涡轮机。

10.2.4 换热器单元模拟

换热器单元可分为加热器、冷却器及多股物流换热器模块，换热器单元模拟可以确定带有一股或者多股进料物流混合物的热力学状态和相态。Aspen Plus软件中的换热器单元模块用于模拟实际生产中各单元模块的能耗及公用工程（高压、中压、低压蒸汽）的用量，Aspen Plus模拟软件中不同的换热器单元模块介绍见表10-9。

表10-9 换热器单元模块介绍[1]

模块	说明	功能	适用对象
Heater	加热器或冷却器	确定出口物流的热力学状态和相态	加热器、冷却器、冷凝器等
HeatX	两股物流换热器	模拟两股物流之间的换热	两股物流换热器
MHeatX	多股物流换热器	模拟多股物流之间的换热	多股物流换热器
HxFlux	传热计算	进行热阱与热源之间的对流传热计算	两个单侧换热器

加热器或冷却器（Heater）模块，可以进行物流的泡点和露点计算，设置热负荷和温度参数，进而确定物流加热或冷却至某一气相分数所需热负荷。

通过换热器单元模拟，可根据需要选择合适的公用工程类型，可指定煤、电、天然气、油、制冷剂、水、蒸汽等的价格、进出口条件，进行能耗估算和方案比较。

10.2.5 塔单元模拟

塔单元是化工生产中重要的单元设备，常见于精馏、萃取、吸收等过程，Aspen Plus模拟软件中的塔单元模块有DSTWU、Distl、SCFrac、RadFrac、MultiFrac、PetroFrac、Extract等，这些模块可用来进行设计或操作型计算，可以进行简单精馏模拟，还可以进行萃取精馏、共沸精馏、反应精馏等模拟。

【例10-14】采用简捷DSTWU模块设计甲醇-水精馏塔，工艺流程条件如下：进料温度65℃，压力110kPa，甲醇45kmol/h，水90kmol/h，采用塔顶全凝器，釜式再沸器，实际回流比取最小回流比的1.3倍，冷凝器压力10kPa，再沸器压力20kPa，要求甲醇的回收率98.38%，塔顶水的回收率5.16%，物性方法NRTL，计算实际回流比、理论板数、进料位置、塔顶产品与进料的摩尔流量比（D/F）。

首先，输入组分，如图 10-72 所示。

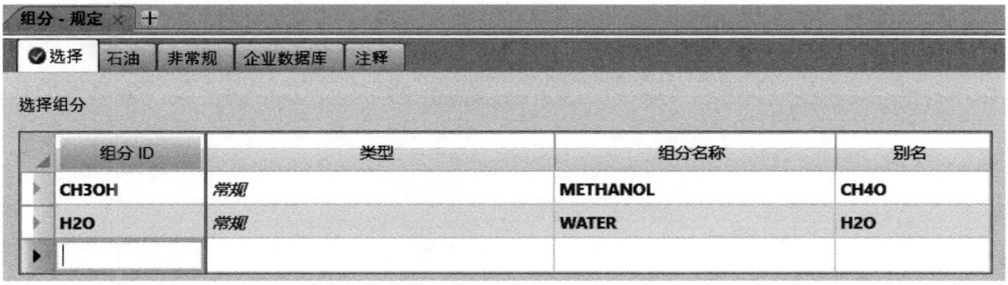

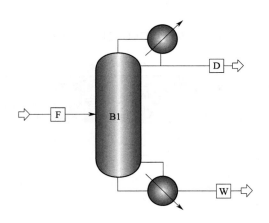

图 10-72　输入组分

模拟流程如图 10-73 所示。

图 10-73　模拟流程图

流股参数输入，如图 10-74 所示。

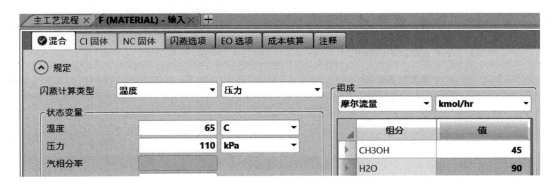

图 10-74　流股参数输入

DSTWU 模块参数输入，如图 10-75 所示。

模拟结果如图 10-76 所示。

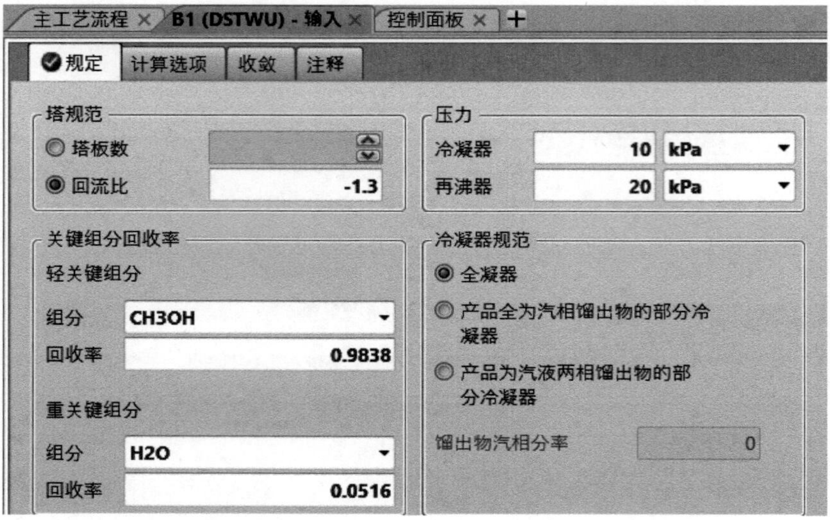

图 10-75 DSTWU 模块参数输入

图 10-76 模拟结果

10.2.6 反应器单元模拟

反应器单元是化工生产过程中的核心设备，化工模拟软件 Aspen Plus 提供的反应器模块有 3 类：基于物料平衡的反应器，如化学计量反应器（RStoic）模块、产率反应器（RYield）模块；基于化学平衡的反应器，如平衡反应器（REquil）模块、吉布斯反应器（RGibbs）模块；动力学反应器，如全混釜反应器（RCSTR）模块、平推流反应器（RPlug）模块、间歇反应器（RBatch）模块。

Aspen Plus 提供的反应器模块，可根据生成热计算反应热，所以不需要输入反应热参数，反应器单元模块介绍如表 10-10 所列。

表 10-10 反应器单元模块介绍[1]

模块	说明	功能	适用对象
RStoic	化学计量反应器	模拟已知反应程度或转化率的反应器模块	反应动力学数据未知或不重要，但化学反应式计量系数和反应程度已知的反应器
RYield	产率反应器	模拟已知产率的反应器模块	反应动力学数据与化学反应式计量系数未知或者不重要，但产率已知的反应器
REquil	平衡反应器	通过化学反应式计量关系计算化学平衡、相平衡	化学平衡和相平衡同时发生的反应器
RGibbs	吉布斯反应器	通过 Gibbs 自由能最小化计算化学平衡、相平衡	相平衡或者相平衡与化学平衡同时发生的反应器
RCSTR	全混釜反应器	模拟全混釜反应器	单相、两相和三相全混釜反应器，该反应器任一相态下的速率控制与平衡反应基于已知的化学计量关系和动力学方程
RPlug	平推流反应器	模拟平推流反应器	单相、两相和三相平推流反应器，该反应器任一相态下的速率控制与平衡反应基于已知的化学计量关系和动力学方程
RBatch	间歇反应器	模拟间歇反应器	单相、两相和三相间歇反应器，该反应器任一相态下的速率控制与平衡反应基于已知的化学计量关系和动力学方程

【例 10-15】已知反应 $CH_4 + 2H_2O \longrightarrow CO_2 + 4H_2$，进料温度为 680℃，压力为 0.1MPa，进料中甲烷流量为 400kmol/h，水蒸气的流量为 1600kmol/h。反应在恒温恒压条件下进行，反应温度、压力与进料相同，反应器出口物流中 $CH_4 : H_2O : CO_2 : H_2 = 1 : 6 : 1 : 4$。求反应器热负荷以及 CO_2 和 H_2 的流量，物性方法为 PENG-ROB。

首先，输入组分，如图 10-77 所示。

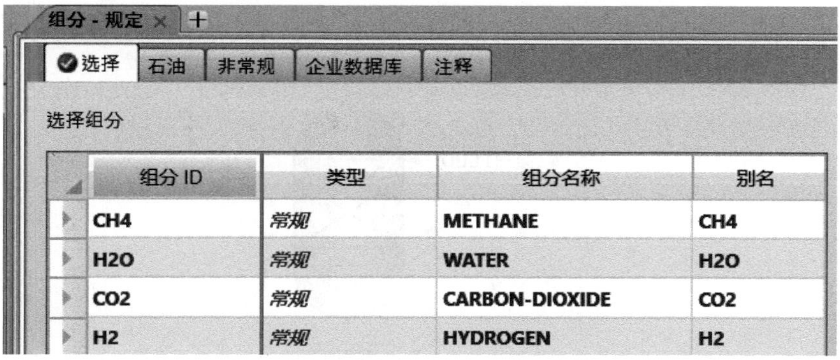

图 10-77 输入组分

物性方法选择，如图 10-78 所示。

图 10-78 物性方法选择

二元交互作用参数如图 10-79 所示。

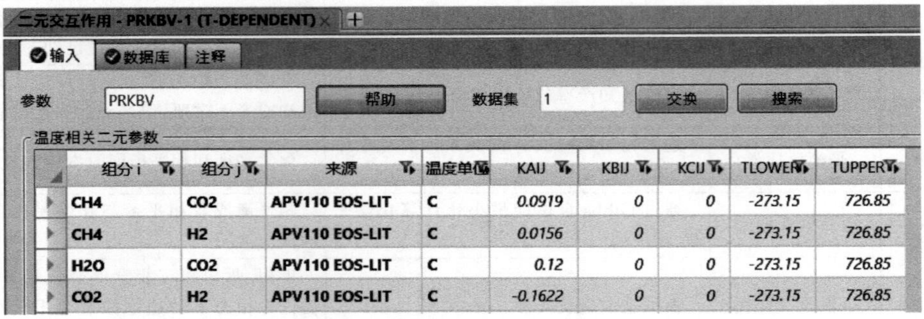

图 10-79 二元交互作用参数

输入流股参数，如图 10-80 所示。

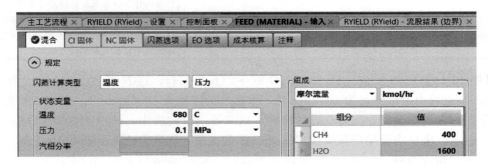

图 10-80 输入流股参数

流程如图 10-81 所示。

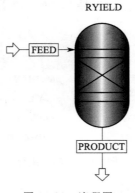

图 10-81 流程图

模块参数设置如图 10-82 所示。

图 10-82　模块参数设置

模拟结果如图 10-83 所示。

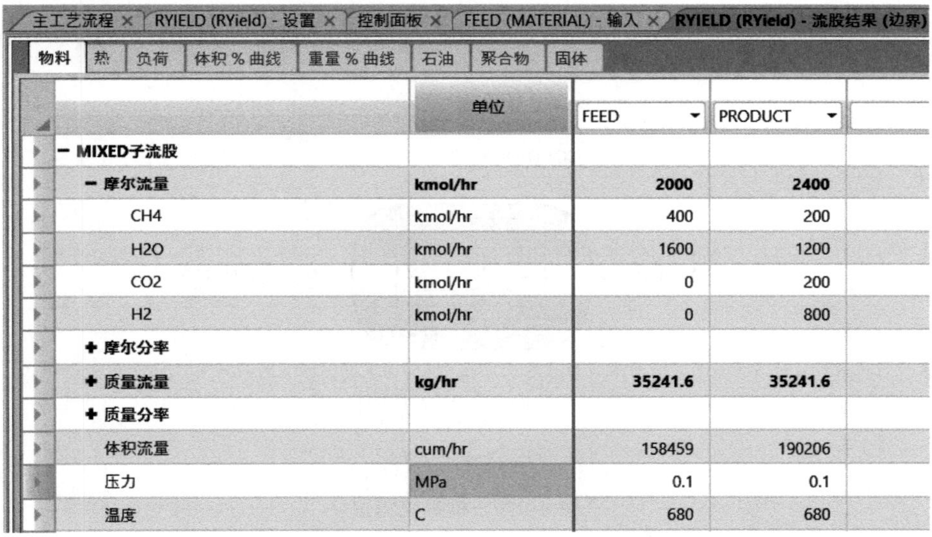

图 10-83　模拟结果

10.2.7　过程模拟工具

过程模拟工具是控制和分析模拟流程的重要模块，如设计规定（Design Spec）、计算器（Calculator）、传递（Transfer）模块、平衡（Balance）模块、灵敏度（Sensitivity）分析、优化（Optimization）、约束（Constraint）、数据拟合（Data Fit）等，下面通过例10-16 演示平衡（Balance）模块的应用。

【例 10-16】利用温度为 20℃、压力为 0.1MPa 的水将温度为 52℃、压力为 0.1MPa、流量为 200kg/h 的乙醇冷却至 35℃，且水的出口温度为 25℃，计算冷却水的质量流量。

首先，输入组分，如图 10-84 所示。
物性方法设定，如图 10-85 所示。
模拟流程如图 10-86 所示。

图 10-84 输入组分

图 10-85 物性方法设定

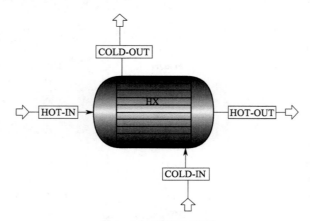

图 10-86 模拟流程图

模块参数设定,如图 10-87 所示。

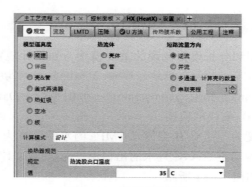

图 10-87 模块参数设定

创建物料衡算，如图 10-88 所示。

主工艺流程
B-1
控制面板
HX (HeatX) - 设置
B-1 - 设置
质量平衡
能量平衡
方程
计算
刻度
注释
质量平衡编号
1
输入用于定义质量平衡包络线的模块或流股
模块
流股
HX

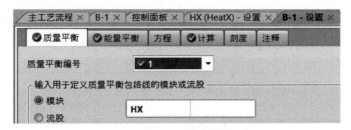

图 10-88　创建物料衡算

计算物流参数，如图 10-89 所示。

主工艺流程
B-1
控制面板
HX (HeatX) - 设置
B-1 - 设置
质量平衡
能量平衡
方程
计算
刻度
注释
流股名称
COLD-OUT
计算焓
COLD-IN
COLD-OUT
HOT-IN
HOT-OUT

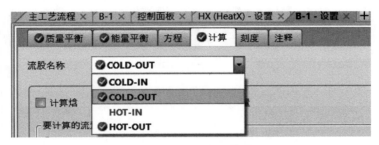

图 10-89　计算物流参数

模拟结果如图 10-90 所示。

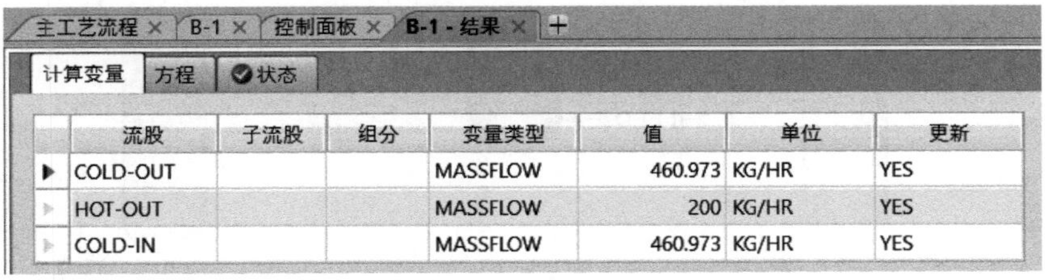

主工艺流程
B-1
控制面板
B-1 - 结果
计算变量
方程
状态
流股
子流股
组分
变量类型
值
单位
更新
COLD-OUT MASSFLOW 460.973 KG/HR YES
HOT-OUT MASSFLOW 200 KG/HR YES
COLD-IN MASSFLOW 460.973 KG/HR YES

图 10-90　模拟结果

10.2.8　工艺流程模拟

本小节以化工模拟软件 Aspen Plus 为例，介绍带循环的工艺流程，序贯模块法是 Aspen Plus 软件中单元模块默认的计算方法，通常由用户设定物流条件和模块参数，对流程中所有单元按照一定计算顺序逐一求解，直至流程结束。如果流程中含有循环物流，则需迭代计算直至包括循环物流在内的流程收敛，下面通过实例模拟计算带有循环的工艺流程问题。

【例 10-17】 采用共沸精馏的方法分离乙醇-水溶液，共沸剂为环己烷，进料 FEED1 中乙醇、水的流量分别为 20kmol/h 和 200kmol/h，进料 FEED2 为纯环己烷，流量为 0.004kmol/h，两股进料压力均为 0.1MPa，饱和液体，共沸精馏塔和分相器的操作压力均为 0.1MPa，压强可忽略，精馏塔模块均采用 Sep2，分相器模块为 Sep，只做物料衡算，计算精馏塔 B2 塔底物流中乙醇的纯度，物性方法为 NRTL，相关工艺参数见表 10-11。

表 10-11 相关工艺参数

组分	B1 各组分进入塔底物流分数	B2 进料中各组分进入物流 ORG 的分数	B3 各组分进入塔底物流分数
乙醇	0.01	0.99	0.9700
水	0.98	0.02	0.0002
环己烷	0.09	0.97	0.0002

首先，输入组分，如图 10-91 所示。

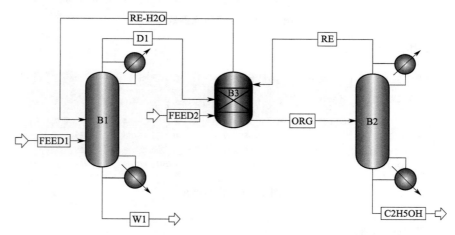

图 10-91 输入组分

模拟流程如图 10-92 所示。

图 10-92 模拟流程图

输入流股参数，如图 10-93、图 10-94 所示。

图 10-93 输入流股参数 1

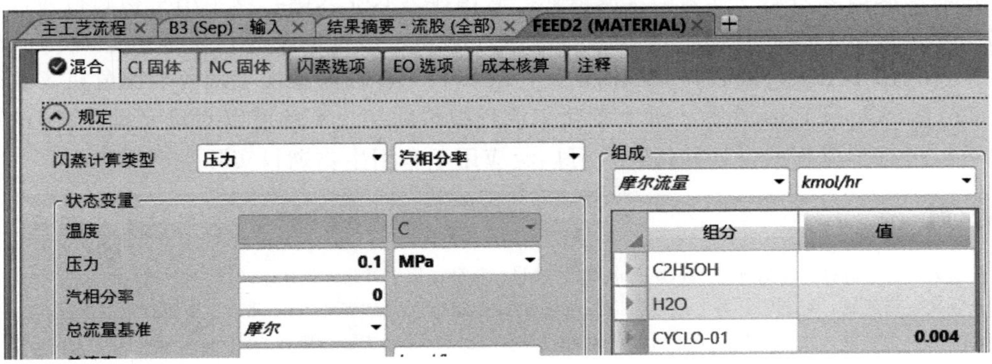

图 10-94　输入流股参数 2

设定收敛方法，如图 10-95 所示。

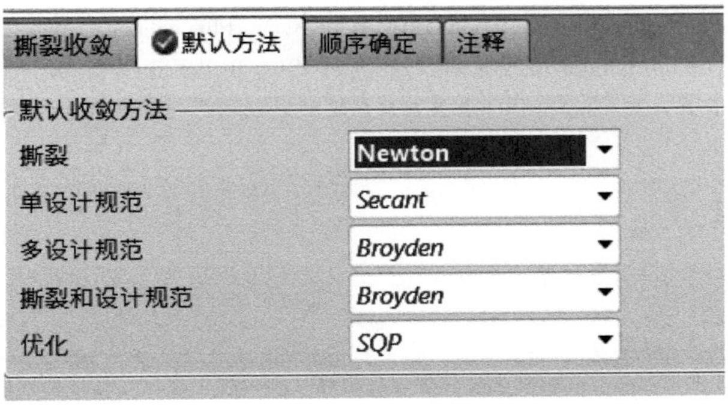

图 10-95　设定收敛方法

模拟结果如图 10-96 所示。

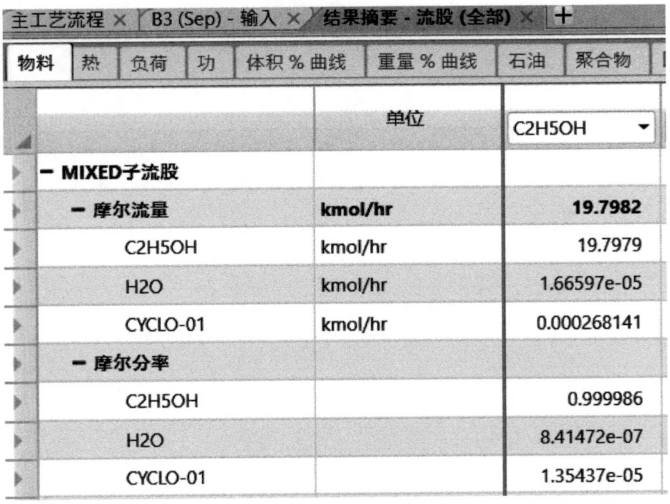

图 10-96　模拟结果

随着全球经济的飞速发展，资源短缺问题日益突出，因此促进资源发展方式转变、实现可持续发展已成为当今社会的发展共识。我国作为农业大国，以车用生物燃料为代表的生物质能是仅次于煤、石油、天然气的第四大能源，同时也是可再生碳源，应用前景广阔。开发利用车用生物燃料，发展清洁生产技术，可在一定程度上缓解能源危机，有效降低污染[9]。Aspen Plus 作为一种大型化工流程模拟软件，不仅可以对单元操作进行模拟，同时可以进行全流程的设计和优化，可广泛应用于车用生物燃料实际生产操作中。

参考文献

[1] 孙兰义. 化工过程模拟实训：Aspen Plus 教程［M］. 北京：化学工业出版社，2017.
[2] 孙兰义，张骏驰，石宝明，等. 过程模拟实训——Aspen HYSYS 教程［M］. 北京：中国石化出版社，2015.
[3] 赵宗昌，于志家. 化工计算与 Aspen Plus 应用［M］. 北京：化学工业出版社，2019.
[4] 方利国. 计算机在化学化工中的应用［M］. 3 版. 北京：化学工业出版社，2011.
[5] 孙兰义，王志刚，谢崇亮，等. 过程模拟实训——PRO/Ⅱ教程［M］. 北京：中国石化出版社，2017.
[6] 马沛生. 化工热力学［M］. 2 版. 北京：化学工业出版社，2009.
[7] 熊杰明，李江保. 化工流程模拟 Aspen Plus 实例教程［M］. 北京：化学工业出版社，2016.
[8] Chen Q. The application of process simulation software of Aspen Plus chemical engineering in the design of distillation column［C］. The International Conference on Cyber Security Intelligence and Analytics，2020.
[9] 吕奇铮，徐起翔，张长森，等. Aspen Plus 在生物质快速热解制取燃料油中的应用进展［J］. 化工进展，2016，35（增刊 1）：116-121.

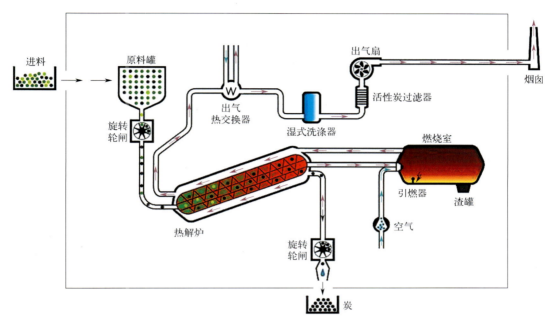

图 9-73 可自循环的可持续热解设备

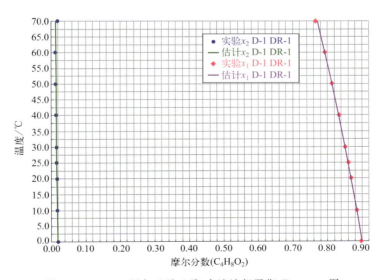

图 10-8 NRTL 回归乙酸乙酯-水液液相平衡 T-x_1-x_2 图

图 9-7 黑膜水压式沼气发酵装置

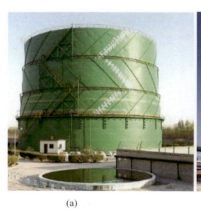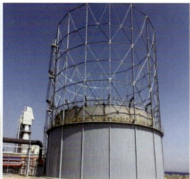

(a) (b) (c)

图 9-9 三种低压湿式储气柜

图 9-57 微通道反应器

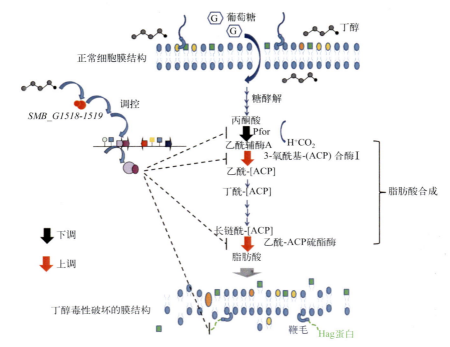

图 6-3 丁醇毒性分子机制示意

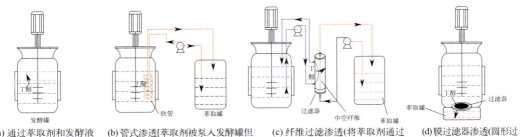

(a) 通过萃取剂和发酵液直接接触的常规溶剂萃取
(b) 管式渗透[萃取剂被泵入发酵罐但不与发酵液直接接触，丁醇从发酵液(与软管的外部接触)转移到萃取剂(软管内部)]
(c) 纤维过滤渗透(将萃取剂通过外壳泵送回发酵罐，萃取剂经过中空纤维管萃取丁醇)
(d) 膜过滤器渗透(圆形过滤器将发酵液和萃取剂隔开，丁醇通过过滤器进行交换)

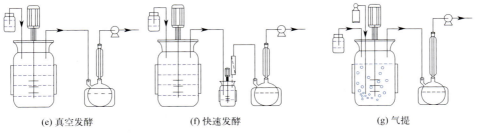

(e) 真空发酵   (f) 快速发酵   (g) 气提

图 6-4 丁醇提取系统示意
———— 萃取液   -------- 发酵液

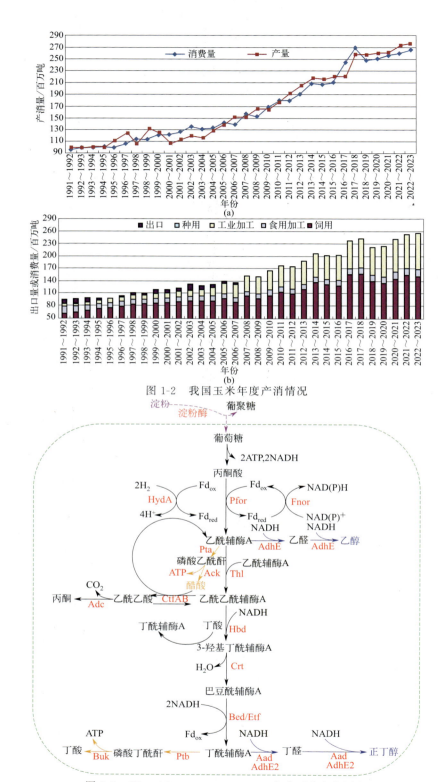

图 1-2 我国玉米年度产消情况

图 6-2 *Clostridium acetobutylicum* 合成丁醇生化历程

Pfor—丙酮酸-铁氧还蛋白氧化还原酶；HydA—氢化酶；Fnor—铁氧还蛋白-NAD(P)$^+$氧化还原酶；
Pta—磷酸转乙酰化酶；Ack—醋酸激酶；Buk—丁酸激酶；CtfAB—乙酰乙酰辅酶A-酰基辅酶A转移酶；
Adc—乙酰乙酰辅酶A脱羧酶；Thl—硫解酶；Hbd—3-羟丁酰辅酶A脱氢酶；Crt—巴豆酶；
Bcd—丁酰辅酶A脱氢酶；Etf—电子转移黄素蛋白；AdhE，Aad，AdhE2—双功能醇/醛脱氢酶；Ptb—磷酸转丁基酶；
Fd$_{ox}$—铁氧还蛋白的氧化；Fd$_{red}$—铁氧还蛋白的还原